Al. de la Mare

Lou Jordan

PUBLICATIONS IN MEDIEVAL STUDIES

Edited by
JOHN VAN ENGEN

Former editors: Philip S. Moore, C.S.C.,
Joseph N. Garvin, C.S.C., Astrik L. Gabriel, and
Ralph McInerny

THE MEDIEVAL INSTITUTE
The University of Notre Dame

Volume XXII/3

INVENTORY OF WESTERN MANUSCRIPTS IN THE BIBLIOTECA AMBROSIANA

Frontispiece. E 152 Sup., f. 17v.

INVENTORY OF WESTERN MANUSCRIPTS IN THE BIBLIOTECA AMBROSIANA

From the Medieval Institute
of the University of Notre Dame

The Frank M. Folsom Microfilm Collection

PART THREE – E SUPERIOR

by Louis Jordan

UNIVERSITY OF NOTRE DAME PRESS
NOTRE DAME, INDIANA

Manufactured in the United States of America

Library of Congress Cataloging-in-Publication Data
(Revised for vol. 3)

Biblioteca ambrosiana.
Inventory of Western manuscripts in the Biblioteca Ambrosiana.

(Publications in medieval studies ; 22/1-[22/3])
Includes bibliographies and indexes.
Contents: pt. 1. A-B superior – pt. 2. C-D superior – pt. 3. E superior.
1. Manuscripts–Italy–Milan–Catalogs.
2. Biblioteca ambrosiana–Catalogs. 3. Manuscripts on microfilm–Catalogs.
4. Frank M. Folsom Microfilm Collection–Catalogs. I. Jordan, Louis. II. Wool, Susan. III. Frank M. Folsom Microfilm Collection. IV. Title. V. Series: Publications in medieval studies ; 22/1, etc.
Z6621.M64B5 1984 011'.36'094521 84-2209
ISBN 0-268-01154-0 (pbk. : v. 1)

TO

ASTRIK L. GABRIEL

ON THE OCCASION
OF HIS EIGHTIETH BIRTHDAY

TABLE OF CONTENTS

PREFACE

This volume is dedicated to Professor Astrik L. Gabriel, Director Emeritus of the Medieval Institute and Honorary Doctor of the Biblioteca Ambrosiana. In the early 1960's Professor Gabriel put aside his lifelong research on medieval universities and spent a decade seeking funding for and coordinating the microfilming and photographing of the Ambrosiana collection for Notre Dame. Not satisfied with simply acquiring the materials, he also built an extensive reference collection focused on medieval manuscript studies and the Ambrosiana. He then when on to publicize the collection and produce a summary catalogue of one thousand scientific manuscripts from the Ambrosiana. Without his extraordinary efforts and dedication our cataloguing project could never have been undertaken.

I also owe a great personal debt to Professor Gabriel for introducing me to the Ambrosiana. For three years I worked on and studied Ambrosiana manuscripts under his close supervision and shall always be grateful to him for the research methods, knowledge and friendship he bestowed upon me. Now that he has reached his eightieth birthday I wish him continued health and prosperity and look forward to his counsel and wisdom for many years to come.

INTRODUCTION

This is the third in a series of volumes that will inventory all of the Western manuscripts in the Biblioteca Ambrosiana. For information on the project the reader is referred to the introductions of parts one and two. With this third part of the inventory the modifications to our descriptions necessitate an updated and more detailed explanation of the entry format than was presented in part one.

The first line of each description now contains the shelf mark, the dating and the localization of the manuscript. The dating of the text is to a third of a century using the conventions such as: XV-1, XV-2 and XV-3 to designate early, mid or late fifteenth century respectively. If the manuscript is dated to a specific year that date is added in parentheses following the general designation. The location of origin will normally be designated by a general area such as Northern Italy, which may then be followed by a particular province, such as Lombardy or when possible, a specific location such as a city or monastery. For our purposes Northern Italy includes Liguria, Piedmont, Lombardy, the Veneto and all Italian lands to the North. Central Italy generally refers to the area between Emilia-Romagna and Tuscany to the North and Lazio and Abruzzo to the South. The area from Campagna and Molise and below is considered to be Southern Italy. Occasionally these distinctions are less precise as when a text could be from either the Veneto (Venice or Padua) or possibly Bologna. Also border areas such as Piacenza or even Bobbio, which are now in Emilia, are often listed as Northern Italy since at the time the manuscripts were written they were in the Milanese or North Italian sphere of influence. In fact, the monastery at Bobbio has been closely associated with Northern Italian scriptoria from very early times as is mentioned in the discussion of the palimpsests in E 147 Superior. Information in brackets refers to the dating or location of fragments or secondary texts that were either used in the binding or were appended to the manuscript at a later date. Further information on these secondary works including folio references can be found in both the text and the physical description sections. Finally plate numbers are added referring to plate section I - Selections from the E Superior Manuscripts and plate section II - Dated Manuscripts from A-E Superior.

A description of each of the texts in the manuscript follows. Entry numbers are based on the sequence in which the texts appear in the manuscript. All notes and flyleaf fragments are treated in the same way as texts found in the body of the manuscript and are therefore fully catalogued rather than simply mentioned in the notes. This means that the first few entries are frequently flyleaf texts rather than the main texts of the manuscript. Also in cases where a text has extensive marginal or interlinear glossing those glosses have been treated as additional texts and are separately catalogued following the entry of the text with which they appear.

Author/Title field: Concerning authorship: when current scholarship differs from the attribution in the text we accept the current attribution. For those texts that have been traditionally attributed to St. Augustine, St. Bernard, Aristotle or other major figure but are now considered to be anonymous we have used the designation Pseudo Augustine etc. In cases where there are several attributions to a single text all documented possibilities are included, usually at the end of the entry in the edition statement. Thus the *Meditationes* are assigned to Johannes ab. Fiscamnensis but in the edition statement Pseudo Augustinus is included under other attributions, while in the manuscript itself (as in E 2 Superior item 2) the work is attributed to St. Augustine. Also, for translations we include the name of the translator in the author field when it is known. As to the title: if possible the title of the text will be the same as that found in the edition or in a recent handbook such as the *Clav. Lat.* For other texts we frequently use an abbreviated version of the title as it appears in the manuscript, and where none is given we have created one. In order to make the inventory useful to an international audience we always put the author and title in the language of the text. In the few cases where the vernacular may seem confusing we have also included the Latin form. Thus E 130 Sup. includes an Italian treatise called *La prima guerra punica* by Leonardo d'Arezzo and after the author's name we have added his Latin form, Leonardus Brunus Aretinus.

Text field: The text field begins with a listing of the folios which contain the text. For texts in two columns the letters a and b are used to designate the specific column cited, so f. 17ra is folio 17 recto left hand column and f. 94vb is folio 94 verso right hand column. Following the folio listing the description proper begins with all titles, rubrics and attributions found in the manuscript. We include incipits and explicits for all prologues, dedications and other prefatory material as well as for the main text. Brackets are used for all editorial information as well as to supply letters and words that were never added or have been rubbed off or cut out of the manuscript. Folio references within a text are given in parentheses. Three dots ... are used to signify that some text has been deleted from the description while three dots followed by a colon ...: indicate the end of the incipit and the beginning of the explicit. All colophons are added immediately following the explicit. We use a single slash / to divide lines of verse while the double slash // is used to signify that a text either begins or ends abruptly.

A few classes of texts need special explanation. Collections of materials such as poems, letters, medical recipes, or sermons will include several items for a single entry. For these types of works we have individually listed each item in the collection with incipit and explicit. Authors, titles, editions or other information regarding a specific item within such entries have been added to the text bibliography section under the appropriate entry and item number. The Bible has been treated as a single entry with incipits and explicits for the general prologues and an incipit for the text of Genesis and explicit for the Apocalypse. However we have also included incipits for all prologues and inclusive folio references to each book with any differences from the standard vulgate edition noted (we have used: Robertus Weber, Bonifatius Fischer, *et. al.*, *Biblia Sacra Iuxta Vulgatam Versionem*, editio tertio emendata, 2 vols. Stuttgart: Deutsche Bibelgesellschaft, 1983). For liturgical texts we have treated each liturgy as a single unit for purposes of the incipit and explicit. For example, E 68 sup. ff. 1r-39v contain daily liturgical texts for the period beginning on the Monday of the fourth week in lent and continuing up to May 19. For the incipit we give the opening antiphon for the Monday lenten liturgy followed by the closing Psalm for that liturgy. Then as an explicit to the text we give the title of the final liturgy (for May 19) followed by the final item in that liturgy, the communion. We have also treated unedited and fragmentary works somewhat more fully than edited works adding longer incipits and explicits and occasionally including the entire text for brief fragmented works. For the various legal handbooks and dictionaries we encountered we have added specific information on the content and the subjects covered.

Text bibliography and notes: This field is primarily for citations to an edition of the text and important handbooks that were used to supply information for the entry. All attributions listed in the description can be traced in these printed sources. Early printed editons that are only cited by the *Gesamtkatalog*, Hain or Goff number have not been seen (complete citations that include these numbers have been seen). All other citations have been checked against the manuscript text. Any notes or other pertinent information relating specifically to the text are included here (general information on the manuscript as a whole is noted below in the physical description). To clearly distinguish printed editions from other sources all information other than editons is given in brackets. With the exception of the bible any item without an edition citation is unedited to the best of our knowledge.

Physical description: Following the cataloging of the individual texts are some general categories that treat the manuscript as a whole. First is a brief statement on the physical condition of the manuscript. This begins with a general indication of the material out of which the folios were made, listed as parchment if it was from animal skins or paper if it was from cloth or pulp fibers. Next is a general indication of the dimensions of the manuscript given in centimeters. This measurement is taken directly from the late nineteenth century inventory of Antonio Ceruti and has not been checked for accuracy. In two cases I have measured the first folios: in E 122 Superior I found the actual measurements to be 283x198mm (Ceruti gives 30x21cm) and for E 154 Superior it was 308x170mm (Ceruti 33x18cm), in both cases I discovered Ceruti gave the measurements of the book cover rather than the text folio and I suspect this is the basis of all his measurements. His measurements have been included to give one a general idea on the actual size of the manuscript. From a visual inspection of the shelves one can see that E 1 to E 33 Sup. are octavo size works, E 34 to E 86 Sup. are quarto size and E 87 to E 154 Sup. are folio size manuscripts. The same general rule of progressing from smaller to larger size manuscripts is true for all of the Superior fonti. Following the measurements is the foliation of the manuscript. Roman numerals signify the front and back flyleaves (upper case letters were used rather than the conventional lower case because we did not have the ability to create superscript letters in our word processing program and a distinction had to be made between the lower case v which could signify either verso or the Roman numeral, hence Iv rather than iv for flyleaf one verso and Vv rather than vv). The foliation of each manuscript was carefully checked against the actual manuscript as well as the microfilm so that all flyleaves and blank folios that were not filmed could be accounted for. Next are the languages of the texts followed by a listing of the types of script contained in the manuscript. For a discussion of the scripts see the section "Explanation of Script Nomenclature" in Part Two of this Inventory (C-D Superior), pp. XV-XX and plates 1-12.

Following the brief physical description is an explanation of specific items that concern the physical composition of the manuscript. This begins with an accounting of all blank flyleaves and those flyleaves and folios not accounted for in either the text or provenance section (usually they contain pen trials, table of contents, modern shelf marks etc.). We also include discussions of foliation problems, watermarks, restorations, and any pertinent information on dating the manuscript or concerning scripts or scribes. We also note the presence of quire marks or catchwords and mention if there are corrections, marginal comments or brief glossing in the texts (full glosses are treated as texts). Since we do our cataloguing primarily from microfilm we are not able to give an analysis of the codicology of the manuscripts. The information given above was deemed to be the most essential in relation to the content of the manuscript and has been checked against the original manuscripts in Milan.

Illumination: Next is an inventory of the illumination in the manuscript. All the major illuminated and calligraphic initials are described using the vocabulary found in Lucia N. Valentine *Ornament in Medieval Manuscripts: A Glossary*, Faber and Faber: London, 1965. Minor one line high plain initials that usually appear throughout the text are noted but not inventoried. There is an iconographic description of all miniatures and when possible stylistic information has been included. For the illuminations in the French bibles I have used the vocabulary found in Robert Branner, *Painting in Paris during the Reign of St. Louis* as cited in the description of E 33 Superior.

Provenance: In the Provenance statement we begin with an inventory of all the previous shelf marks and signatures that have been assigned to the manuscript. Also included when available is the date the manuscript entered the Ambrosiana. Usually this is a brief dated statement written on a front flyleaf by the first Prefect of the Ambrosiana Antonio Olgiatus (collecting efforts and the construction of a building began in 1603). All ex-libris of former owners or repositories are included as well as the names of individuals listed on the flyleaves who may have read or borrowed the manuscript. A number of E Superior manuscripts have a sixteenth century acquisition date usually on the lower right hand corner of the inside back cover. These manuscripts are from the collection of Francesco Ciceri (ca. 1521 - 1595/6), professor of rhetoric at Milan, see: Mirella Ferrari, "Dalle antiche biblioteche dominicane a Milano: codici superstiti nell'Ambrosiana," in *Richerche Storiche sulla Chiesa Ambrosiana*, vol. 8, from the series, *AAmbr*, vol. 35, Milan: Centro ambrosiano, 1978-79, esp. pp. 184-88. and *Dizionario biografico degli Italiani*, Rome: Istituto della Enciclopedia Italiana, 1960-present, vol. 25, pp. 383-86.

Bibliography: Finally in the bibliography we have limited our citations to those works that offer information on the manuscript as a whole. This would include information on illumination, dating and localizing the manuscript or related concerns. Citations also include works that have catalogued or discussed a number of the texts found in the manuscript. We have not cited the late nineteenth century inventory of Antonio Ceruti. A photocopy of his handwritten inventory of the E Superior manuscripts has been published in *Inventario Ceruti dei Manoscritti della Biblioteca Ambrosiana*, Fontes Ambrosiani 57, Etimar: Milano, 1977, Vol. 3, pp. 309-422.

I would like to thank and acknowledge the contributions and assistance of numerous individuals who have helped in this cataloguing effort. Michael Woodward has been a student assistant on the project since the fall of 1986 and has assisted with a variety of tasks over the years. He has updated the abbreviations list and assisted with the cataloging of various manuscripts including among others: E 128 Sup., E 144 Sup. and E 145 Sup. as well as the transcriptions from the Hebrew in E 60 Sup. He also assisted with the dated manuscript section and has done all of the computer programming necessary to convert our data from Volkswriter to WordPerfect 5.0 and to produce the various indexes. He has also done much of the typesetting work necessary to produce a laser printed proof copy. Nancy Van Baak, a classics scholar, served as a volunteer assistant during the 1986-87 academic year and helped in cataloguing some of the earlier manuscripts such as E 38 Sup., E 41 Sup., and E 55 Sup., as well as undertaking the task of identifying the excerpts from the florilegium of classical authors in entry 9 of E 57 Sup. She also helped in listing the prefaces and the books of the bible in the three Parisian bibles, E 22 Sup., E 23 Sup., and E 33 Sup. Timothy Thibodeau served as a student assistant during the 1987-88 academic year and assisted with the cataloguing of the long letter collections in E 115 Sup. and E 124 Sup.; he also worked on the canon law materials in E 133 Sup. - E 140 Sup. and in E 148 Sup. - E 150 Sup. Without their assistance I could not have produced this work in only three years. However in all cases I have checked and revised the contributions and am responsible for any errors that still remain. During the final stages of this work two other student assistants have helped out, Patricia Hatch helped standardize the bibliographic citations. She also assisted in generating the incipit index and performed a variety of necessary but often tedious tasks as checking the descriptions to insure all folios and flyleaves were accounted for. Maureen Quackenbush has helped search for bibliographical references to the manuscripts and assisted in searching for citations to the scribes in the dated manuscript section. She has also assisted with the indexing and proofreading.

As seems most appropriate the various scholars who have answered inquiries on specific questions are acknowledged in the pertinent entries as in E 56 Sup., entries 2, 3, and 26 or E 141 Sup. in the discussion of the illumination. I also owe a debt of gratitude and thanks to a number of scholars who have provided general suggestions and encouragement, among these are Astrik L. Gabriel, Paul O. Kristeller, Leonard Boyle, Bernhard Bischoff and Richard Rouse. I should especially like to thank Professor Rouse for a number of thoughtful suggestions that were incorporated in this volume. I would also like to express my gratitude to John Van Engen, Director of the Medieval Institute, who provided me with graduate student assistants and to the American Friends of the Vatican who helped to fund the cost of traveling to Rome and Milan in the fall of 1988. Finally I must express my deep appreciation to the staff of the Biblioteca Ambrosiana. Dr. Angelo Paredi, as always, has been very helpful both while I have visited Milan and in answering postal inquiries for information or for photographic materials. Dr. Enrico Galbiati, the Ambrosiana Prefect, has been very kind and encouraging and has allowed me exceptionally convenient working conditions in the Sala Custodi. Mr. Luigi Barragia, custodian of the manuscripts, has also been extremely kind and helpful during my visits. Without their cooperation and help this catalogue could not have been produced. I would also like to thank the staff of the Domus Nostra at the Università Cattolica del Sacro Cuore for providing me with lodging during my visits to Milan.

ABBREVIATIONS

This list is reserved for works cited frequently and appearing in abbreviated form in the bibliography, edition statement or elsewhere in the manuscript descriptions. Journal abbreviations are based on those found in *Medioevo Latino*, 9 (1986): xxi - xlvii.

AAmbr	Archivio Ambrosiano, Milan.
AALM	*Atti dell'Accademia nazionale dei Lincei. Classe di scienze morali, storiche e filologiche. Memorie.*
AAPat	*Atti e Memorie dell'Accademia patavina di scienze, lettere ed arti. Classe di scienze morali, lettere ed arti*, Padua.
AA.SS.	*Acta Sanctorum*. 3rd edition. Paris: V. Palme, 1863-
AB	*Analecta Bollandiana*, Brussels.
AFH	*Archivum Franciscanum Historicum*, Grottaferrata (Rome).
AFP	*Archivum Fratrum Praedicatorum*, Rome.
Agrimi	Agrimi, Jole. *Tecnica e scienza nella cultura medievale: inventario dei manoscritti relativi alla scienza e alla tecnica medievale (secc. XI-XV)*; Biblioteche di Lombardia. Centro di Studi del Pensiero Filosofico del Cinquecento e del Seicento in relazione ai problemi della scienza del Consiglio Nazionale delle Ricerche. Strumenti bibliografici, 2nd ser., no. 4. Florence: Nuova Italia, 1976.
AH	*Analecta Hymnica Medii Aevi*. 55 vols. Leipzig: Fues's, 1886-1922. *Register*. 2 vols. in 3. Berne & Munich: Francke, 1978.
AHDE	*Anuario de historia del derecho español*, Madrid.
AHDL	*Archives d'histoire doctrinale et littraire du Moyen Age*, Paris.
AISP	*Archivio italiano per la storia della pietà, Rome.*
AIV	*Atti dell'Istituto veneto di scienze, lettere ed arti*, Venice.
AMSI	*Atti e memorie della Società istrianadi archeologia e storia patria*, Trieste.
Anth. Lat.	*Anthologia Latina*, ed. A. Riese, F. Buecheler and E. Lommatzsch. 2 vols. in 4. Leipzig: Teubner, 1869-1926.
Argelati, *Mediolanensium*	Argelati, Phillipus. *Bibliotheca Scriptorum Mediolanensium*. 2 vols. in 4. Mediolani: in Aedibus Palatinis, MDCCXLV.
Argelati, *Volgarissatori*	Argelati, Phillipus. *Bibliotecha dei volgarissatori coll' addizioni e correzioni di Angelo Teodoro Villa*, Milano: F. Agnelli, MDCCLXVII.
Arist. Latinus	*Aristoteles Latinus*, edited by L. Minio-Paluello. Bruges: Desclée De Brouwer, 1961-
ArV	*Arte veneta*, Venice.
ASI	*Archivio storico italiano*, Florence.
ASL	*Archivio storico lombardo; giornale de la Società storica lombarda*, Milan.
ASNP	*Annali della Scuola normale superiore di Pisa. Cl. di lettere e Filosofia*, Pisa.
Bazzi	Bazzi, Franco. *Catalogo dei manoscritti e degli incunaboli di*

	interesse medico-naturalistico dell Ambrosiana e della Braidense. Quaderni di "Castalia", no. 7. [Milan], 1961.
Belloni-Ferrari	Belloni, Annalisa and Ferrari, Mirella. *La Biblioteca capitolare di Monza*. Medioevo e umanesimo, vol. 21. Padua: Antenore, 1974.
Bertalot, *Initia*	Bertalot, Ludwig. *Initia Humanistica Latina*. Vol. 1: *Poesie*. Tubingen: Max Niemeyer, 1985.
Bertalot, *Studien*	Bertalot, Ludwig. *Studien zum italienischen und deutschen Humanismus*. Edited by Paul Oskar Kristeller. Roma: Edizioni di storia e letteratura, 1975.
BHL	*Bibliotheca Hagiographica Latina Antiquae et Mediae Aetatis*. 2 vols. Subsidia Hagiographica, vol. 6. Brussels: Socii Bollandiani, 1898-1901.
BHL Suppl.	*Bibliotheca Hagiographica Latina Antiquae et Mediae Aetatis Novum Supplementum*. Edited by Henricus Fros. Subsidia Hagiographica vol. 70. Brussels: Socii Bollandiani, 1986.
BHM	*Bibliotheca Hieronyma Manuscripta*. Instrumenta Patristica 4, 4 volumes in 7 parts. Edited by Bernard Lambert. Steenbrugge: in Abbatia S. Petri, 1969-1972.
BPhM	*Bulletin de la philosophie médiévale*, Société internationale pour l'étude de la philosophie médiévale, Louvain.
B.SS.	*Bibliotheca Sanctorum*. 12 vols. and index. Rome: Istituto Giovanni XXIII. Pontificia universita lateranense, 1961-1970.
Bloomfield	Bloomfield, M.W., Guyot, B.-G., Howard, D. and Kabealo, T.B. *Incipits of Latin Works on the Virtues and Vices, 1100-1500 A.D.* Cambridge, Mass.: Mediaeval Academy of America, 1979.
Briquet	Briquet, Charles-Moïse. *Les filigranes; dictionnaire historique des marques du papier dès leur apparition vers 1282 jusqu'en 1600.* 2d edition. 4 vols. Leipzig: K. W. Hiersemann, 1923.
Bursill-Hall	Bursill-Hall, G. L. *A Census of Medieval Latin Grammatical Manuscripts.* Grammatica speculativa, vol. 4. Stuttgart: Frommann-Holzboog, 1981.
Carboni, *XIII-XIV*	Carboni, Fabio. *Incipitario della lirica italiana dei secoli XIII e XIV*. Vol. I: *Biblioteca Apostolica Vaticana. Fondi Archivio S. Pietro - Urbinate latino*; Vol. II: *Biblioteca Apostolica Vaticana. Fondo Vaticano latino*. Studi e testi, nos. 277 and 288. Vatican City: Biblioteca Apostolica Vaticana, 1977; 1980.
Carboni, *XV-XX*	Carboni, Fabio. *Incipitario della lirica italiana dei secoli XV-XX*. Vol. I-IV: *Biblioteca Apostolica Vaticana. Fondo Vaticano latino*. Studi e testi, nos. 297-299,321. Vatican City: Biblioteca Apostolica Vaticana, 1982.
Carmody	Carmody, Francis J. *Arabic Astronomical and Astrological Sciences in Latin Translation: a Critical Bibliography.* Berkeley and Los Angeles: University of California Press, 1956.
Cat. Hagio. Ambr.	*Catalogus Codicorum Hagiographicum Latinorum Bibliotheca Ambrosianae Mediolanensis*. *AB* 11 (1892): 205-368.

Cat. mss. bibl. Arsenal	*Catalogue des manuscrits de la Bibliothèque de l'Arsenal.* 9 vols. in 10. Paris: Plon & Nourrit, 1885-1899.
CC and CCCM	Corpus Christianorum: Series Latina and Continuatio Medievalis. Turnholt: Brepols.
Ceruti, *Appunti*	Ceruti, Antonio. *Appunti di bibliografia storica veneta*. Venice, 1877. Offprint from *Archivio Veneto*, vols. 10-13.
Chevalier, *Bio-Bibl.*	Chevalier, Ulysse. *Répertoire des sources historiques du Moyen Age*. Bio-bibliographie. 2 vols. Paris, 1905-1907.
Chevalier, *Rep. Hymn.*	Chevalier, Ulysse. *Repertorium Hymnologicum*. 4 vols. in 6. Subsidia Hagiographica, no. 4. Louvain, 1892-1912; Brussels, 1921; Paris, 1919.
Cipriani	Cipriani, Renata. *Codici miniati dell'Ambrosiana: contributo a un catalogo*. Fontes Ambrosiani, vol. 40. Milan: Neri Pozza, 1968.
Clav. Graec.	*Clavis Patrum Graecorum*. Corpus Christianorum. 4 vols. Brepols: Turnhout, 1974-1983.
Clav. Lat.	*Clavis Patrum Latinorum*. *SE* 3 (1961).
Cod. dipl. dell' Univ. di Pavia	*Codice diplomatico dell'Università di Pavia*. Società pavese di Storia Patria. 2vols. in 3. Pavia: Premiata Tipografia Successori Fratelli Fusi, 1905-1915.
Collura	Collura, Paolo. *La precarolina e la carolina a Bobbio*. Fontes Ambrosiani, vol. 22. Milan, 1943. Reprint. Florence: Olschki, 1965.
Colophons de mss. occidentaux	Le Bouveret, Switzerland. Saint Benoît de Port-Valais (Benedictine abbey). *Colophons de manuscrits occidentaux des origines au XVIe siècle*. Spicilegii Friburgensis Subsidia, no. 2-7. Freiburg, Switzerland: Éditions universitaires, 1965-1982.
Cosenza	Cosenza, Mario Emilio, *Biographical and Bibliographical Dictionary of the Italian Humanists and of the World of Classical Scholarship in Italy, 1300-1800*, second edition, 6 vols. Boston: G. K. Hall, 1962-1967.
CSEL	Corpus Scriptorum Ecclesiasticorum Latinorum, Vienna: Hoelder, Pichler and Tempsky, 1866- .
CTC	Union Académique Internationale. *Catalogus translationum et commentariorum: Medieval and Renaissance translations and commentaries*. Washington, D.C.: Catholic University, 1960-
DAC	*Dictionnaire des Auteurs Cisterciens*. Edited by Émile Brouette, Anselme Dimier and Eugène Manning. La Documentation Cistercienne, vol. 16. Abbaye Notre Dame de St. Remy: Rochefort, Belgium, 1975.
DBI	*Dizionario biografico degli Italiani*. Rome: Istituto della Enciclopedia italiana, 1960-
DHGE	*Dictionnaire de l'histoire et de la géographie ecclésiastiques*. Paris: Letouzey, 1912-
Doucet	Doucet, Victorin. *Commentaires sur les sentences: supplément au Répertoire de M. Frédéric Stegmüller*. Florence: Ad Aquas Claras, 1954.
EETS	Early English Text Society
EHR	*English Historical Review*, London.

Eubel	Eubel, Conrad. *Hierarchia Catholica Medii Aevi*, vols. 1-7. Münster and Padua: 1913-1968.
Ferrari, *Francesco*	Ferrari, Mirella, "Un Bibliotecario Milanese del Quattrocentro: Francesco della Croce," *Archivio Ambrosiano*, 42 (1981): 175-270.
Franceschini, *Arist. nei Ambr.*	Franceschini, Ezio. "L'*Aristotele Latino* nei codici dell' Ambrosiana." In *Misc. G. Galbiati*, vol. 3, pp. 227-247.
Frati, *Dizionario*	Frati, Carlo. *Dizionario bio-bibliografico dei bibliotecari e bibliofili italiani dal sec. xiv al xix*. Raccolto da Albano Sorbelli. Firenze: Olschki, 1933.
Frati, *Indice*	Frati, Carlo and Ludovico. *Indice delle carte di Pietro Bilancioni*. Estratto dal *Propugnatore*, N.S. Vols. 2-6. Bologna: Fava e Garagnani, 1893.
Friedberg, *CIC*	Friedberg, Aemilius, ed. *Corpus Iuris Canonici*. 2 vols. Leipzig: Tauchnitz, 1879.
FSt	*Franciscan Studies*, St. Bonaventure, New York.
Gabriel	Gabriel, Astrik L. *A Summary Catalogue of Microfilms of One Thousand Scientific Manuscripts in the Ambrosiana Library, Milan*. Notre Dame, Ind.: University of Notre Dame Press, 1968.
Gamber, *CLLA*	Gamber, Klaus. *Codices Liturgici Latini Antiquiores. Spicilegii Friburgensis Subsidia*, 1 vol. in 2. 2nd edition. Freiburg, Switzerland: Universitätsverlag, 1968.
Gams	Gams, Pius Benedictus. *Series Episcoporum Ecclesiae Catholicae*. Leipzig: Hiersemann, 1931.
GCS	*Die griechischen christlichen Schriftsteller der ersten drei Jahrhunderte*. Leipzig: Akademie der Wissenschaften, Berlin, 1897-
Gengaro-Villa Gugliemetti	Gengaro, Maria Luisa and Villa Gugliemetti, Gemma. *Inventario dei codici decorati e miniati della Biblioteca Ambrosiana* (secc. VII-XIII). Florence: L. Olschki, 1968.
Gesamtkatalog	*Gesamtkatalog der Wiegendrucke*. Reprint of 1925 edition. Stuttgart and New York: Hiersemann; Kraus, 1968-
Glorieux, Migne	Glorieux, Palemon. "Pour revalorise Migne: tables rectificatives." *Mélanges de science religieuse*, IXme anne (1952), cahier supplémentaire.
Glorieux, *RMTP*	Glorieux, P. *Répertoire des maîtres en théologie de Paris au XIIIe siècle*. 2 vols. Paris: Vrin, 1933.
Goff	Goff, Frederick R. *Incunabula in American Libraries: A Third Census of Fifteenth-Century Books Recorded in North American Collections*. Millwood, New York: Kraus Reprint Co., 1973.
Goff, supp.	Goff, Frederick R. *Incunabula in American Libraries:A Supplement to the Third Census of Fifteenth- Century Books Recorded in North American Collections (1964)*. New York: The Bibliographical Society of America, 1972.
GSLI	*Giornale storico della letteratura italiana*, Turin.
Hain	Hain, L. F. T. *Repertorium bibliographicum*. 2 vols. Stuttgart, 1936-1938. Reprint. Berlin: Altmann, 1925.

Hain-Copinger	Copinger, W.A. *Supplement to Hain's Repertorium bibliographicum*. 2 vols in 3. London: H. Sotheran, 1895-1902.
IMU	*Italia medioevale e umanistica*, Padua.
IRHT Bulletin	*Bulletin d'information de l'Institut de recherche e d'histoire des textes*, Paris.
Izbicki	Izbicki, T. M. "Legal and polemical manuscripts, 1100-1500, in Biblioteca Ambrosiana, Milano." Offprint from *QCat* 5 (1983): 147-76 and 291-320.
Jaffé	Jaffé, Philippe. *Regesta Pontificium Romanorum* 2 vols. 2d edition by W. Wattenbach. Leipzig, 1885 and 1888.
JBClPh	*Jahrbücher für classische Philologie*, Leipzig, 1855-1897.
JThS	*Journal of Theological Studies*, Oxford.
JWI	*Journal of the Warburg and Courtauld Institutes*, London.
Kaeppeli, *SS.OP.*	Kaeppeli, Thomas. *Scriptores Ordinis Praedicatorum Medii Aevi*. 3 vols (A-S). Rome: ad S. Sabinae, 1970-1980.
Klebs	Klebs, Arnold C. "Incunabula Scientifica et Medica" *Osiris* vol. 4 (1938), pp. 1-359.
Kristeller, *Iter Ital.*	Kristeller, Paul Oskar. *Iter italicum*. Vol.1: *Italy - Agrigento to Novara*. Vol. 2: *Italy - Orvieto to Volterra, Vatican City*. Vol. 3: *Australia to Germany*. Leyden: E. J. Brill and London: The Warburg Institute, 1963, 1967, 1983.
Lacombe, *Arist. Latinus*	Lacombe, Georges, ed. *Aristoteles Latinus. Pars prior.* Rome: Libreria dello Stato, 1939. *Pars Posterior*. Cambridge University Press, 1955.
Lambert, *BHM*	*Bibliotheca hieronymiana manuscripta: la tradition manuscrite des oeuvres de Saint Jérôme*. 4 vols. in 7. Instrumenta patristica, vol. 4. Steenbrugge: Abbatia S. Petri, 1969-1972.
Lowe, *CLA*	Lowe, E. A. *Codices Latines Antiquiores; a palaeographical guide to Latin manuscripts prior to the ninth century*. 9 vols. Oxford: Clarendon Press, 1934-1959.
Mai, *CCA*	Mai, Angelo. "Ciceronis Codices Ambrosiani." In *M. Tullii Ciceronis sex orationum partes ante nostram aetatem ineditae*, pp. 227-253. 2d. ed. Milan: Regiis Typis, 1817.
Mansi	Mansi, Giovanni Domenico. *Sacrorum conciliorum nova, et amplissima collectio*. 53 vols. in 58. Venetiis, MDCCLXXI. Facsimile reproduction. Paris and Leipzig: H. Welter, 1902.
MGH	*Monumenta Germaniae Historica*
- AA	Auctores Antiquissimi
- DD	Diplomata
- Epp	Epistolae
- LL	Leges
- Poetae	Poetae Latini aevi Carolini
- SS	Scriptores
- SS.Rerum Lang	Scriptores Rerum Langobardicarum et Italicarum
MH	*Medievalia et Humanistica: Studies in Medieval and Renaissance Society*, Denton.
MIL	*Memorie dell'Istituto lombardo di scienze e lettere*, Milan.
Misc. G. Galbiati	*Miscellanea Giovanni Galbiati*. 3 vols. Fontes Ambrosiani, vols. 25-27. Milan: U. Hoepli, 1951.

MRS	*Mediaeval and Renaissance Studies*, London.
MS	*Mediaeval Studies*, Toronto.
Muratori, *RIS*	Muratori, L. A. *Rerum italicarum scriptores ab anno aerae christianae 500 ad 1500.* 25 vols. Milan, 1723-1751. Facsimile reprint. Sala Bolognese: Forni, 1975-1978.
Muratori, *RIS* (nuova edizione)	Muratori, L. A., *Rerum italicarum scriptores. Raccolta degli storici italiani dal cinquencento al millecinquecento.* Nuova edizione con la direzione di G. Carducci, V. Fiorini, P. Fedele, 41 vols. Bologna: Nicola Zanichelli, 1900-1931.
Nardi *FS*	Garin, E. "Ricerche sulle traduzioni di Platone nella prima met del sec. XV." In *Medioevo e Rinascimento: Studi in onore di Bruno Nardi*, vol. 1, pp. 341- 374. Florence: Sansoni, 1955.
NAV	*Nuovo archivio veneto*, R. Deputazione di storia patria per le Venezie, Venice.
Oberleitner	Oberleitner, Manfred. *Die Handschriftliche Überlieferung der Werke des Heiligen Augustinus.* 1 Vol in 2 parts: *Italien.* Österreichische Akademie der Wissenschaften, Philosophisch-Historische Klasse. Sitzungsberichte. vols. 263 and 267. Vienna: H. Böhlau, 1969-1970.
Paredi, *Bibl. Pizolpasso*	Paredi, Angelo. *La Biblioteca del Pizolpasso.* Milan: U. Hoepli, 1961.
Pauly-Wissowa	*Real-Encyklopedie der klassischen Altertumswissenschaft.* Stuttgart: Metzler, 1894-
E. Pellegrin	Pellegrin, Elisabeth. *La Bibliothèque des Sforza, ducs de Milan, au XVe siècle.* Institut de recherche et d'histoire des textes, 5. Paris: CNRS, 1955.
E. Pellegrin, *Suppl.*	Pellegrin, Elisabeth. *La Bibliothèque des Visconti et des Sforza. Supplément.* Florence: L.S. Olschki, 1969.
Peyron	Peyron, Amedeus. *M. Tulli Ciceronis Orationum Pro Scauro, Pro Tullio et in Clodium. Fragmenta Inedita Pro Cluentio, Pro Pro Caelio, Pro Caecina etc. ... Idem Praefatus est de Biblioteca Bobiensi cuius Inventarium Anno M CCCC LXI Confectum Edidit atque Illustravit.* Stuttgart and Tübingen: Libraria Joannis Georgii Cottae, 1824.
Piccard, *Wasserzeichen*	Piccard, Gerhard, *Die Wasserzeichenkartei Piccard im Hauptstaatsarchiv Stuttgart*, 15 vols. in 22 parts, Stuttgart: W. Kohlhammer, 1961-1987.
PG	Migne, J.-P. *Patrologiae Cursus Completus: Series Graeca.*
PL	Migne, J.-P. *Patrologiae Cursus Completus: Series Latina.*
Plato Latinus	*Plato Latinus.* R. Klibansky, ed. London: Warburg Institute, 1962.
PLS	*Patrologiae Cursus Completus: Series Latina, Supplementum.* 4 vols. Paris: Garnier, 1958-1974.
Potthast, *RPR*	Potthast, A., ed. *Regesta Pontificum Romanorum* (1198-1304). 2 vols. Berlin, 1874. Reprint. Graz: Akademische Druck, 1957.
Potthast, *Init.*	*Initienverzeichnis zu August Potthast, Regesta Pontificum Romanorum (1198-1304).* Munich: Monumenta Germaniae Historica, Hilfsmittel, vol. 2, 1978.
QCat	*Quaderni catanesi di studi classici e medievali*, Catania.

QFIAB	*Quellen und Forschungen aus italienischen Archiven und Bibliotheken*, Tübingen.
RB	*Revue bénédictine*, Abbaye de Maredsous.
RCCM	*Rivista di cultura classica e medioevale*, Rome.
Reifferscheid, *BPLI*	Reifferscheid, August. *Bibliotheca Patrum Latinorum Italica*. 2 vols. Vienna: Carl Gerold's Sohn, 1870-1871.
Revelli	Revelli, Paolo. *I Codici ambrosiani di contenuto geografico*. Fontes ambrosiani, vol. 1. Milan: Biblioteca Ambrosiana, 1962.
Reynolds	Reynolds, L.D., ed. *Texts and Transmission: A Survey of the Latin Classics*. Oxford: Clarendon Press, 1983.
RHCEE	*Repertorio de historia de las ciencias eclesiásticas en España*. Instituto de la teología española. 7 vols. Salamanca: Universidad pontificia, 1967-1979.
RIL	*Rendiconti. Istituto lombardo di scienze e lettere*, Milan.
Rivolta	Rivolta, Adolfo. *Catalogo dei codici Pinelliani dell'Ambrosiana*. Milan: Tipografia pontificia arcivescovile S. Giuseppe, 1933.
RLRom	*Revue des langues romanes*, Paris.
RSCA	*Ricerche storiche sulla chiesa ambrosiana*, Milan.
Roemer	Roemer, Franz. *Die Handschriftliche Überlieferung der Werke des Heiligen Augustinus*. 1 vol. in 2 parts: *Grossbritannien und Irland*. Österreichische Akademie der Wissenschaften Philosophisch-Historische Klasse. Sitzungberichte, vols. 281 and 276. Vienna: H. Bhlaus, 1972.
RSCI	*Rivista di storia della Chiesa in Italia*, Rome.
RSLR	*Rivista di storia e letteratura religiosa*, Florence.
RSPhTh	*Revue des sciences philosophiques et théologiques*, Paris.
RTAM	*Recherches de théologie ancienne et médiévale*, Louvain.
Sabbadini, *Class. e uman.*	Sabbadini, Remigio. *Classici e umanistici da Codici Ambrosiani*. Fontes Ambrosiani, 2. Florence: L. Olschki, 1912.
Sabbadini, *Cronologia*	Sabbadini, Remigio. "Cronologia della vita del Panormita e del Valla," in *Studi sul Panormita e sul Valla*, pp. xi-148. Florence, Le Monnier, 1891.
Sabbadini, *Scoperte*	Sabbadini, Remigio. *Le scoperte dei codici latini e greci ne'secoli XIV e XV*. Florence: Sansoni, 1905.
Sabbadini, *Spogli Ambr. Lat.*	Sabbadni. Remigio. "Spogli Ambrosiani Latini," *StIFCl* 11 (1903):165-388.
Sabbadini, *Storia e critica*	Sabbadini, Remigio. *Storia e critica di testi latini: Cicerone, Donato, Celso, Plauto, Plinio, Quintiliano, Livio e Sallustio, Commedia ignota. Medioevo e umanesimo*, vol. 11. 2d ed. Padua: Antenore, 1971.
SArch	*Sudhoffs Archiv*, Wiesbaden.
SATF	Société des Anciens Textes Français, Paris.
SCh	Sources chrétiennes. Paris, Editions du Cerf.
Schaller-Könsgen	Schaller, Dieter and Könsgen, Ewald. *Initia Carminum Latinorum Saeculo Undecimo Antiquiorum*. Göttingen: Vandenhoeck & Ruprecht, 1977.
Schanz-Hosius	Schanz, Martin and Hosius, Charles. *Geschichte der romischen Literatur*. Munich: Oskar Beck, 1920.

Schio, *Carmina*	Schio, Giovanni da, ed. *Antonii de Luschis Carmina quae supersunt fere omnia*. Padua, 1858.
Schio, *Vita*	*Sulla vita e sugli scritti di Antonio Loschi Vicentino*. Padua: Cio. tip. del Seminario, 1858.
Schmitt-Knox, *Ps. Arist.*	Schmitt, Charles B. and Knox, Dilwyn. *Pseudo-Aristoteles Latinus: a guide to Latin works falsely attributed to Aristotle before 1500.* London: Warburg Institute, University of London, 1985.
Schneyer	Schneyer, J. B. *Repertorium des lateinishcen Sermones des Mittelalters für die Zeit 1150-1350. Beiträge zur Geschichte der Philosophie und Theologie*, vol. 43, nos. 1-7. Münster: Aschendorff, 1969-1976.
Schumann	Schumann, Otto. *Lateinisches Hexameter-Lexikon*. 6 parts, Munich: Monumenta Germaniae Historia, Hilfsmittel, vol. 4, 1979-1983.
SE	*Sacris Erudiri. Jaarbock voor Godsdienstwetenschappen*, Steenbrugge.
SFR	*Studi di filologia romanza*, Rome; Turin.
SM	*Studi medievali*, Spoleto.
Stegmüller, *Rep. bibl.*	Stegmüller, F. *Repertorium Biblicum Medii Aevi*. 11 vols. Madrid: C.S.I.C., Instituto Francisco Suarez, 1950-1980.
Stegmüller, *Rep. comm.*	Stegmüller, F. *Repertorium commentariorum in sententias Petri Lombardi*. 2 vols. Wurzburg: F. Schningh, 1947.
StFI	*Studi di filologia italiana*, R. Accademia della Crusca, Florence.
StIFCl	*Studi italiani di filologia classica*, Florence.
Tenneroni, *Inizii*	Tenneroni, A. *Inizii di antiche poesie italiane* religiose e *morali*. Florence: L. Olschki, 1909.
Thorndike, *Hist. mag. exp. sci.*	Thorndike, Lynn. *History of Magic and Experimental Science*. 8 vols. New York: Columbia University Press, 1923-1958.
Thorndike-Kibre	Thorndike, Lynn and Kibre, Pearl. *A Catalogue of Incipits of Mediaeval Scientific Writings in Latin*. Cambridge, Mass.: Mediaeval Academy of America, 1963.
ThQ	*Theologische Quartalschrift*, Munich.
Toesa, *Pitt. et min. Lombard.*	Toesca, Pietro. *La Pittura e la Miniatura nella Lombardia dai più Antichi Monumenti alla metà del Quattrocento*, Milano: Hoepli, 1912, reprinted 1982.
Villa	Villa, Claudia. "Brixiensia." *IMU* 20 (1977): 243-75.
Walther, *Initia*	Walther, Hans. *Initia Carminum ac Versuum Medii Aevi Posterioris Latinorum: Alphabetisches Verzeichnis der Versanfänge Mittellateinischer Dichtungen. Carmina Medii Aevi Posterioris Latini*, I/1. Göttingen: Vandenhoeck & Ruprecht, 1969.
Walther, *Proverbia*	Walther, Hans. *Proverbia Sententiaeque Latinitatis Medii Aevi: Lateinische Sprichwrter und Sentenzen des Mittelalters* in alphabetischer Anordnung. Carmina Medii Aevi Posterioris Latini, II/1-6. Göttingen: Vandenhoeck & Ruprecht, 1963-1969.

Walther, *Proverbia Nova*	Walther, Hans. *Proverbia Sententiaeque Latinitatis Medii ac Recentioris Aevi, Nova Series: Lateinische Sprichwörter und Sentenzen des Mittelalters und der frühen Neuzeit in alphabetischer Anordnung. Carmina Medii Aevi Posterioris Latini*,III/7-9. Göttingen: Vandenhoeck and Ruprecht, 1982-1986.
Watson, *BL*	*Dated and Datable Manuscripts c. 700-1600 in The Department of Manuscripts, The British Library*. 2 vols. London: The British Library, 1979.
Watson, *Oxford*	*Dated and Datable Manuscripts c.435-1600 in Oxford Libraries*. 2 vols. Oxford: Claredon Press, 1984.
Zambrini -Morpurgo	Zambrini, Francesco. *Le Opere Volgari a Stampa dei Secoli XIII e XIV*. 4th edition. Bologna, 1884. And the *Supplemento con gli indici generali dei capoversi, dei manoscritti, dei nomi e soggetti* by S. Morpurgo. Bologna, 1929. Reprint of both vols. Turin: Bottega d'Erasmo, 1961.
ZBB	*Zentralblatt für Bibliothekswesen*, Leipzig.
ZWTh	*Zeitschrift für Wissenschaftliche Theologie* (Hilgenfeld), Leipzig; Frankfurt, etc.

E SUPERIOR

MANUSCRIPTS

E 2 Sup. * XV-1 * Northern Italy, Lombardy [Plate I.1]

1. ANONYMOUS, *Tabula lunae et paschae*
f. Iv: [1] Nota quod iste littere de azuro, que sunt in latere sunt littere lune et si volueris scire que currat pro luna...: accipe ultimam que remanserit pro luna. [2] Et si vis requirem pascha require litteram...: et tunc curret pascha accipiendo pro rubeo numero principium aprilis et pro nigro finem marcii. [with chart as follows: Title, in red, divided into syllables by the column lines: Littera domini calendarium. The chart is divided into seven vertical columns with each column, starting from the left, consecutively labelled with a letter A-G, in red. Below there are 19 horizontal columns with each column labelled consecutively from top to bottom A-T, in blue, in the outside left margin (there is no column J). The first line of numbers across within this grid are: ix, x, xi, xii, vi, vii, viii, (all numbers are in red unless otherwise indicated); the second row is: vi, v, iiii, iii, ii, i, i; in the second row all but the last number is in black. The numbers for the final two rows are: the eighteenth row, ii, iii, iiii, v, ii, i, i, with the 5th and 6th position numbers ii and i in black ink; and the numbers for the final row, xxiii, xxiiii, xviii, xix, xx, xxi, xxii.].

2. JOHANNES AB. FISCAMNENSIS (?), *Meditationes*
ff. 1r-104v. 1r: Meditationes beatissimi patris nostri Augustini. Domine Deus meus, da cordi meo te desiderare...: (104v) quia pius est. Ipsi gloria in saecula seculorum. Amen. Explitiunt [!] meditationes Augustini Aurelii Yponensis episcopi doctoris egregii. Deo gratias. Amen.
PL vol. 40, cols. 901-942. [Also see *Clav. Lat.* following no. 386 and Glorieux, *Migne*, p. 28. Other attribution: PSEUDO AUGUSTINUS EP. HIPPONENSIS.]

Physical Description: Parchment; 19x14 cm; ff. II+104; Latin; Textura formata (rotunda), *proto-humanistica* (XV-1, Italy) on flyleaf Iv.
Flyleaf Ir gives current shelfmark. Catchwords.

Illumination: On f. 1r, is an historiated initial D, four lines high, containing a bust of Augustine with miter and crosier and an acanthus leaf border in the margins; also, plain infilled initials, two lines high, at chapter headings.

Provenance: Old signatures: T, E 2 (f. IIr). From S. Maria Incoronata, Milan f. IIv: "Iste liber est conventus fratrem sancte marie coronata mediolani observantium sancti augustini congregationis lombardie". On f. IIr: "Hunc codicem qui fuit S. Maria Coronata Mediolani illustrissimo Card. Federico Borromeo B. Caroli patrueli et Bibliotheca Ambrosiana fundatori religiosissimi eiusdem coronati fratres simili munere donati humanissime tradiderunt anno 1607. Antonio Olgiato".

Bibliography: Cipriani, p. 34; Oberleitner, vol. 1, pt. 2, p. 147. Ferrari, *Francesco*, p. 255.

E 3 Sup. * XIV-3 (1395) * Florence (Santa Croce) [Plates II.7-8]

1. FRANCISCUS DE BUTIS, *Commentarioli super Persium*
ff. 1ra-54rb. 1ra: [Dedication] Movit tua caritativa exhortatio frater in Christo Thedalde, me devotum tuum Franciscum de Buiti de Pisis...: me vero ineptum et eius inutile instrumentum. Vale. (1rb) [Introduction] Incipiunt commentarioli super Persium editi a magistro Francisco [deleted: de Buiti] de Pisis ad instantiam et petitionem [deleted: fratris Thedaldi de Mucello] ordinis minorum. In exponendis auctoribus querenda sunt tria principaliter scilicet causarum explanatio, tituli libri expositio, et partes philosophiae assignatio...: (2vb) Et non dicitur primus quia unus liber tantum est. Ultimo sciendum est quod supponitur parti philosophiae ethicae, id est morali, quia de virtute et moribus tractat. [Commentary] Nunc ad litteram accedendum est...: (54rb) mundata sunt insatiabilia, Deus autem aeternum est bonum perfectum quod faciat mentes nostras, cui sit honor et gloria in saecula saeculorum. Amen. MCCCLXXXXV die prima marcii Florentie, Thedaldus ordinis minorum. [ff. 54v - 55v are blank.]
[*CTC*, vol. 3, pp. 247-49. Text is in black ink and the deletions were done later in brown ink. Two folios of the text have been excised between ff. 12 and 13, strips in the gutter are numbered 12A and 12B. The small amount of text in the lower right hand margin at f. 12vb ends: adulator in sin// and begins on f. 13ra with: //dicit primo secunde poeta ecce nos videmus...]

2. FRANCISCUS DE BUTIS, *Expositio poetriae Horatii*
ff. 56ra-107rb. 56ra: In nomine Domini. Amen. In exponendis autoribus [!] querenda sunt tria principaliter, scilicet explanatio causarum et qui sit libri titulus et cui parti philosophie subponatur. Et primo cause explanande super poetria Oratii...: (107rb) percipiant fructum quem expectant. Et hic finitur expositio poetrie Oratii de quo plene gratie referantur autori omnium gratiarum per infinita secula seculorum. Amen. Deo gratias. Amen. [f. 107v is blank.]

Physical Description: Parchment; 19x13 cm; ff. III+107+II; Latin; *Textura formata*.
There is a blank unnumbered front flyleaf followed by two flyleaves numbered as I and II (here referred to as flyleaves I-III). Flyleaves Irv, IIv and the back flyleaves are blank. On f. 78r there is a marginal note that has been trimmed. Catchwords. There are three hands: (1) on 1r-24v and 43r-54r is the *textura formata* of Tedaldo della Casa OFM of the convent of Santa Croce in Florence, dated 1395 (on f. 54r) [compare with British Library, MS Harley 3995 in Watson, *B L*, vol. 1, p. 141, entry 801 and plate 297. In his index Watson lists the scribe's full name as Tedaldo della Casa de Pulicciano. He appears to be the same as the Thedaldus de Mucello in

Colophons de mss. occidentaux, vol. 5, pp. 372-73, items 17,644-47. However also note Billanovich below in the bibliography]. Hands (2) ff. 25r-42v (which I take to be from Santa Croce, rather than a later restoration) and (3) ff. 56r-107r are in a contemporary *textura formata*. Inside front cover: "Restaurato a Grottaferrata 21 Nov. 1968". The reason I suspect the second hand to be contemporary with the first rather than a later restoration is as follows. Tedaldo began the manuscript with two complete quires of 12 folios each: quire 1 consisting of ff. 1r-12v and quire 2, ff. 12Ar-22v (between ff. 12 and 13 are two strips numbered as 12A and 12B; they are the remains of two folios that were excised before the modern foliation was added to the manuscript). They are followed by a single bifolio ff. 23r-24v with a catchword by Tedaldo. Next are two quires, one of 10 folios, ff. 25r-34v and another of 8 folios, ff. 35r-42v in a different hand and finally a quire of 12, ff. 43r-54r (the verso is blank) by Tedaldo. The only reason I can suppose Tedaldo included a catchword after a single bifolio is that after starting the quire he realized he would need to leave the task, therefore he pulled out the five blank bifolios from the quire and completed as much text as he could on the single bifolio ending it with a catchword. Another scribe then took the five blank bifolios and used them to create the next quire; he then continued with a quire of four bifolios. At this point Tedaldo returned to finish the text (based on his rather shakey hand I suspect Tedaldo was quite old when this text was copied). If the additions are taken to be later restorations it is quite difficult to understand why Tedaldo would have added a quire of a single bifolio with a catchword in the middle of the text.

Illumination: There are three line high calligraphic initials decorated with music stave designs on ff. 1r, 5r and 36v. On f. 56r is a nine line high calligraphic divided initial I decorated with a strung bead motif and a vine stem containing trifoliate leaves.

Provenance: Old signatures: E 3 (f. IIr); +, 5 (f. IIIv). On f. IIIr is a rubbed note 'Carissimo mio... fratello salutem est per...'. A three line note on f. IIIv, possibly an ex-libris, has been totally obliterated. See the above discussion of the scribe for the reason to locate this Florentine manuscript to Santa Croce.

Bibliography: Kristeller, *Iter Ital.*, vol. 1, p. 297; Sabbadini, *Scoperte*, vol. 2, p. 175 and note 17; Paola Scarcia Piacentini, *Saggio di un censimento dei manoscritti contenenti il testo di Persio e gli scoli e i commenti al testo*, vol. 3, pt. 1 of *Studi su persio e la scholastica persiana*, Rome, Fratelli Palombi, for the Istituto di linguae letteratura Latina, Facoltà di lingue e letterature straniere, Università di Pisa, 1973, p. 55, item 258. For another view on the scribe, see G. Billanovich, "Tra Dante e Petrarca," *IMU* 8 (1965): 2.

E 4 Sup. * XIV-2 * Southern France or Northern Spain

1. *Charta legalis* [membra disiecta]
Front flyleafs Ir and IIv and back flyleaf IIIr - behind pastedown on the inside back cover. [1] IIv: //[rubbed]... voluerunt et haberi... [rubbed]dus et Johannes Salbaterii... suos heredes et quos liber suo... obligatione omnium...: omnes predicti [followed by a rubbed line in the gutter and continued on f. Ir, but the text on that folio has been completely worn off.] [2] back flyleaf IIIv: //[rubbed]... singula predicti... et sub obligatione omnium...: omnia et singula... [last line rubbed and continued behind pastedown].
[[1] Flyleaves I-II are a single sheet legal document that has been cut down and folded in half to form a flyleaf bifolio. The text starts *in medias res* on f. IIv and once continued onto f. Ir (but the text on Ir has been worn off), with ff. Iv and IIr representing the back of the sheet. The left hand margin of the document, which is now the bottom edge of the manuscript, has been cut off so that the beginnings of the lines are missing. The text is quite rubbed. [2] This is another sheet of the same or a related document, in the same condition as item 1. The text is badly rubbed but still partially readable on back flyleaf IIIv. The other half of this sheet was glued to the inside back cover with the written side down, then another sheet was pasted down on top of it. The text can still be faintly seen, but not read, through this sheet.]

2. RAIMUNDUS LULLUS, *De doctrina pueril*
ff. Vra-71r. Vra [Table of contents] Dels xiii articles de i dieu I...: (Vvb) De paradis. C. [Invocation] Dieus honrats glorios senhers nostre, ab gracia e benedictio vostra comensa aquestes libres que es dels comensamentes de doctrina pueril. [Prologue] Aysi comensa le prologues. Deus vol que nos trebeulhem e nos contentem en el a servir...: (1ra) a amar e entemer Dieu e cossent a bos nurrimens. [Text] Dels xiiii articles de i Dieu: i. Fills tu sapehas que article son creire e amar...: (71r) et aiuda de nostre senhor Dieu, lo cal libre metem en comendam e en guarda e en benedictio de nostra dona sancta Maria verge gloriosa e de son fill nostre senhor Dieu Ihesu Crist. Amen.
Doctrina pueril, *Obres doctrinals* vol. 1, Ciutat de Mallorca: Comissio Editora Lulliana, 1906, pp. 3-199.

3. JACOPONE DA TODI (?), *De contemptu mundi*
f. 71rv. 71r: Cur mundus militat sub vana gloria...: (71v) vel leve folium quod vento rapitur. Qui scripsit scribat semper cum Domino vivat.
[Walther, *Initia*, p. 197, item 3934].

Physical Description: Parchment; 19x13 cm; ff. V+71+III; Latin; Textura formata, diplomatic cursive (Italy, XIV-1) on f.IIv and back f. IIIr.
Front flyleaves Ir, IIIv and IVv are blank, although see the first entry concerning f. Ir. Flyleaves Iv and IIIr contain current shelfmark, while f.

IVr has the shelfmark and title. Flyleaf IIr contains doodles and pen trials. Back flyleaves: Ir has the mark 'S', Iv-IIr are blank, and IIv contains the title 'Discorsi varii brevi' (17th century hand). These two back flyleaves, the only paper leaves in the manuscript, are bound in upside down. I suspect originally IIv was the title page and Ir was an ownership or shelfmark. Back flyleaf IIIv - inside back cover contains a few badly rubbed notes and doodles. The script of the *De contemptu mundi* is a large *textura formata* (XIV-2 or 3) known as *littera psalterialis*. Catchwords throughout with fish or bird drawings around them.

Illumination: Calligraphic initial D, five lines high, on f. Vv. Plain initials usually two or three lines high throughout the manuscript at the start of each chapter.

Provenance: Old signatures: E 4 (f. IVr) and S (back f. Ir), see above for explanation of back flyleaves.

Bibliography: A. Llinarés, "Noticiario medievalistico-luliano," *Estudios Lulianos* 11 (1967): 217; C. Ottaviano, *L'ars compendiosa de R. Lulle*, vol. 12 of *Études de philosophie médiévale*, Paris, 1930, pp. 5-6; Glorieux, *RMTP*, vol. 2, p. 147, no. 335, item b.

E 5 Sup. * XII-3 * Italy

1. PLATO, *Timaeus* [translated by CALCIDIUS]
ff. 1v-52v. 1v: Titulus libri qui exortatur ad virtutem homines. [Prologue] [Is]ocrates in exhortationibus suis virtutem laudans...: (2v) audendi maiorem fidutiam. [Text] [U]nus, duo, tres, qurtum [!] e numero, Thimee, vestro requiro...: (47v) ex levi ammonitione perspicuo.
Corpus Platonicum medii aevi, *Plato Latinus* ed. R. Klibansky, vol. 4 *Timaeus*, ed. J. H. Waszink, London: Warburg Institute, 1962, pp. 5-52, also p. cviii.

2. ANONYMOUS, *Timaeus - glossae* [Based on CALCIDIUS, *Commentarius in Timaei*]
ff. 1v-52v. 1v: [1] [Marginal gloss beginning in upper margin] Cum omnium id est iniunxisti mihi rem difficilem per amiciciam et volo et possum eam facere facilemque effectus...: boritit (?) [Gloss 2 at line one of the preface] Consanguinea, id est hec similitudo que datur de virtute ad amicitiam quia virtus est origo amicitiae. [The final gloss, numbered 287 is:] (52r) Notandum quia ista quaesitio...: sed quia eum conutatur mea dubitatio. [This is followed by a final unnumbered gloss on the top of the next folio] (53v) Philosophia est amor...: sive necessariam sive probabilem. [2] [Interlinear gloss beginning at *bonorum* from page 5, line 1 of the Klibansky edition] (f. 1v) Anime. [The final interlinear gloss is at *demonstrationis* from page 52, lines 4-5 of the Klibansky edition] (f. 52v) Proportionum.

[Based on the commentary of Calcidius edited in the Klibansky edition as cited in item 1, pp. 53-350. There are 287 numbered marginal glosses, after gloss 200 the numbering begins over again with 1. The text ends on f. 47v with ff. 48r-52v containg only glosses 277-287, with diagrams. There are also interlinear glosses throughout the text.]

Physical Description: Parchment; 19x12 cm; ff. III+ 53+III; Latin; Caroline minuscule.
Front flyleaves IIv-IIIr are blank as are all three back flyleaves.

Illumination: Astronomical and geographical diagrams on ff. 1r, 19v, 26rv, 48r, 52v, 53rv; there are also numerous charts throughout the text based on those in the Calcidius commentary.

Provenance: Old signatures: E 5 (f. Ir), T (f. IIr). Flyleaf Ir: "Est Antonius Franciscus Neapolita et amicorum Messanae MDLXXXIIII kal. xbris." On f. Iv is the following note in a modern hand, "De hoc viro (i.e. Antonius Franciscus Neapolita) cf. L.A. Seneca *Opera* ed. J. Lefrena, 1595 (S.B.G. I 13 p. 766). cf. C 90 Infer. cum eiusdem possessoris nota. Item C 85 Inf." On f. IIr: Olgiatus vidit anno 1603; and f. IIIv: Borrhomeo vidit et Olgiatus scripsit anno 1603.

Bibliography: P. Tannery, "Rapport sur une mission en Italie," *Archives des missions scientifiques et littéraires*, 3rd ser., 14 (1888): 430-31.

E 7 Sup. * XII-2 (1154) * Antioch
[XII-3, XIV-2, XV-2 (1431?) * Italy] [Plate II.1]

1. ANONYMOUS, *Rhetorica ad Herennium*
ff. 1r-52r. 1r: M. T. Ciceronis rethoricorum ad Erennium liber a incipit. Etsi in negotiis familiaribus vix satis ocium suppeditare possimus...: (52r) preceptionis diligentia consequemur et exercitatione. M. T. Ciceronis rethoricorum liber explicit. Scribsit hunc rethoricorum librum [erasure] scriba Stephano thesaurario Antiochie anno a passione Domini millesimo centesimo vicesimo primo. [1154]
F. Marx ed., revised by W. Trillitzsch, *M. Tulii Ciceronis Scripta quae manserunt omnia*, Fasc. 1, Leipzig: Teubner, 1964. Other attributions: PSEUDO CICERO.

2. ALANUS AB INSULIS (?), *Commentarius in Rhetoricam ad Herennium* [excerpta]
ff. 1r-51v. [1] 1r: [Marginal gloss at line 1, *Etsi negotiis*] Tractaturus Tullius doctrinam rhetorice artis integram atque perfectam prohemium premittit...: scribantium prohemium et cetera. [a gloss at the top of f. 18r reads:]

Similitudo est duplex, totalis et partialis; totalis ut talis est Petrus qualis Martinus; partialis ut istius facies est sicut tua. [The final marginal gloss is at Book 4, chapter 32, section 43, *ab eo quod continetur id quod continet ut siqius*] (42r) Contentum per continente. [2] [The first brief interlinear gloss is at book 1, ch. 1, sect. 1, *voluntas commovit*] (1r) Id est compulit [!]. [The final interlinear gloss is at Bk 4, ch. 56, sect. 69, *fecit cerera philosophie*] (51v) Finem amici.
[M.-T. D'Alverny, *Alain de Lille: textes inédits*, in *Études de philosophie médiévale*, vol. 52, Paris: Librarie Philosophique J. Vrin, 1965, pp. 52-55, especially note the incipit given at the end of the discussion on p. 55.]

3. BOETHIUS, ANICIUS MANLIUS SEVERINUS, *De consolatione philosophiae* [excerpta]

f. 52rv. 52r: [1 carm. 1.13,14,22] Nota libri primi Boetii. Mors hominum felix, que se nec dulcibus annis inserit...: (52v) [3 carm. 3.6] non comitantur opes.
CC, vol. 94. Selections from the following sections: book 1: carm. 1.13,14,22, prosa 4.1, 4.24, 4.33, 4.34, 4.43, 4.44; book 2: prosa 1.6, 1.15, 1.18, 2.8, 2.9, 2.12-13, 4.2, 4.12, 4.16, 4.20, 4.26, 5.4, 5.16, 5.23, 6.13, 6.18, 8.3-4, carm. 8.28-30; book 3: prosa 2.2-4, carm. 2.34-37, prosa 3.19, carm 3.6.

4. JUVENALIS, DECIMUS JUNIUS, *Excerpta ex Satiris*

f. 53r: Quid enim//[followed by] [1] .Quid enim salvis infamia nummis. [2] Probita laudatur et alget. [3] Maedum [!] perdundite venam. [4] Et quando uberior vitiorum copia: quando. [Followed by] [5] Facile omnia contempnit qui se moriturum putat. [For ff. 53v-55r see below, 55v blank].
[The first four lines are ascribed to Juvenalis in the manuscript and come from the *Satires* [1] Juv. 1.48; [2] Juv. 1.74; [3] Juv. 6.46; and [4] Juv. 1.87. Item [5] closely resembles the closing line of S. HIERONYMUS *Epistula 53* found in *PL* vol. 22, col. 549.]

Physical Description: Parchment; 19x12 cm; ff. IV+55; Latin; Caroline minuscule on ff. 1r-52r, *textura formata* (XV-2 ?, Italy) on f. 52r, *bastarda* (XIV-2, Italy) on f. 52rv, humanistic minuscule (XV-2, Italy) on f. 53r.
Flyleaf Ir has the current shelfmark; ff. Iv, IIIv and IVr are blank. There are extensive marginal and interlinear glosses on ff. 1r-3v, with brief glosses throughout the remainder of the manuscript. The *Rhetorica* is in Caroline minuscule (XII-2), with glosses from (XII-3 or XIII-1). One line of the *Rhetorica* "Omnes rationes honestande eloqutionis studio" is recopied on f. 52r in *textura formata* as a pen trial. The Boethius is in *bastarda* while the Juvenal is in humanistic minuscule. On f. 54v there are brief notes and pen trials in various *bastarda* and humanistic minuscule hands including the phrase *Ab illo dici non potuerit*, and the date 1431 in the lower right hand corner. This date may possibly be in the same hand as the bastarda text on f. 52r.

Illumination: Calligraphic initials four lines high infilled with music stave designs on ff. 1r and 28v; simple red initials, two lines high, throughout.

Provenance: Old signatures: E 7 (ff. IIr and IIIr) and T (f. IVv). Originally written for Stephanus thesaurarius Antiochie (f. 52r). On f. 53r (XV-3): Thome Phrisci codex, Augustini Phrisci codex, Zacharie Phrisci codex. On the owners, see Sabbadini, below. Near the top of f. 54v is a badly rubbed note : M[agister] Antonius de [...as] and the date 1431 (in the same ink and hand) in the lower right corner. On f. IIr 'Antonius Olgiatus scripsit 1603' and on f. IVv, 'Felicibus auspiciis Illustrissimi Card. Federici Borrhomaei bibliothecae et scholae Ambrosianae fundatoris. Antonio Olgiatus scripsit anno 1603'.

Bibliography: Sabbadini, *Spogli Ambr. Lat.*, pp. 272-76; mentioned in J. Folda, "A Crusader MS from Antioch [Vat. Pal. lat. 1963]," *Atti della Pontificia Accademia Romana di Archeologia, Rendiconti*, ser. 3, 42 (1969-70): 295; F. Steffens, *Lateinische Paläographie*, 2nd ed., Trier, 1909, plate 83; Mai, *CCA*, p. 238, no. 53.

E 12 Sup. * XV-3 (1476) * Lombardy, Milan [Plate II.54]

1. JOHANNES DE SACROBOSCO, *De sphaera*

ff. 1r- 57v. 1r: Tractatus sperae. [Prologue] Tractatum de spera quattuor capitulis distinguemus...: (1v) et causis eclipsium. [Text] *Divisio sperae* Spera igitur ab Euclyde sic describitur...: (57v) aut mundi machina dissolventur. Finis. Laus Domino.
L. Thorndike, *The Sphere of Sacrobosco and its Commentators*, University of Chicago Press, 1949, pp. 76-117.

2. ANONYMOUS, *Miscellanea astronomica*

ff. 58v-59r. 58v: [1] Sciendum vero est quod omnes planete in quibusdam signis...: sibi continentur. [2] Est tibi, Saturne, domus Aegocerontis et urnae...: et Leo soli. [3] (59r) *Orium signis*, Ianuarii .11. aquarius...: Decembris .13. capricornus. Laus Domino. Telos sun Theo, kai pascha hagiois autou. amen. [Greek] 3 nonas decembris 1476. Albrisii. [f. 59v is blank].
[2] J. Werner, *Beiträge zur Kunde der lateinischen Literatur des Mittelalters*, 2nd ed., Aarau: H. Sauerlander, 1905, p. 76, no. 159.

Physical Description: Paper; 18x13 cm; ff. III+59+II; Latin; Humanistic cursive.
Flyleaf Ir: "Restaurato nel laboratorio dell'abbazia di Grottaferrata settembre 1952." Flyleaves Iv, IIrv and IIIv are blank as are back flyleaves Ir and IIrv. Catchwords. Marginal gloss in Greek on f. 19r. There is an early foliation in the lower right margin that differs from the modern foliation as follows: ff. 1-6 are the same; ff. 7-12 have no early foliation; ff. 13-18 have early

foliation 7-12; ff. 19-24 no early foliation; ff. 25-54 have early foliation 13-30; from f. 55 on there is no early foliation. Signed Albrisii and dated 1476 on f. 59r.

Illumination: Astronomical diagrams on ff. 3r (chart of elements, planets and primum mobile), 47r, 54r, 56r, 58r (these diagrams deal with planetary motion as discussed in the text). Plain capital initials, five to six lines high at chapter headings on ff. 1r, 1v, 13v, 22v, 26v, 29v, 37v, 45v, 51r, 54v and 56v; with smaller three line high initials at ff. 4r and 47v.

Provenance: Old signatures: E 12 (f. IIIr) and T (back f. Iv). On the top margin of f. 1r : Hic liber est scholae domini Hieronimi Calchi [i.e. Gerolamo Calco of Milan].

Bibliography: Revelli, p. 78, no. 172; Gabriel, p. 216, no. 504; P. Toesca, *Pitt. et mini. Lomb.*, p. 161, no. 1.

E 13 Sup. * XV-2 * Northern Italy

1. VERGERIUS, PETRUS PAULUS, *De ingenuis moribus et liberalibus studiis adolescentiae*

ff. 1r-43v. 1r: De ingenuis moribus incipit feliciter. [Preface] Franciscus senior, avus tuus, cuius ut extant...: (4r) in liberalibus implicari negotiis. [Text] Omnino autem liberalis ingenii primum argumentum est...: (43v) te ipsum videri defuisse. Laus Deo. Petri Paul Ver[gerii] Iustinopoli ad Ubertinum Carariensem de ingenuis moribus et liberalibus studiis adolescentiae liber explicit.
A. Gnesotto in *AAPat*, n.s. 34 (1917-18): 95-146; emended in n.s. 37 (1920-1): 45-57; and in C. Miani *AMSI*, n.s. 20-21 (1972-73): 204-51.

Physical Description: Parchment; 18x12 cm; ff. VIII+43+II; Latin; Humanistic minuscule.
Flyleaf Ir: Restaurato nel labratorio dell'Abbazia di Grottaferrata (Settembre 1952). Flyleaves Iv, IIv, IIIv, IVr, Vrv, VIv, VIIr, VIIIv and the two back flyleaves are blank. The current shelfmark is on ff. IIr and VIr. Catchwords.

Illumination: On f. 1r is an illuminated initial F, seven lines high, infilled with void branchwork vine stems with leaf and flower terminals, and on f. 4r is a similar three lines high initial O; there are also two line high framed initials on ff. 6v, 13r, 16v, 32r, 40r, 42v, 43r.

Provenance: Old signatures: E 13 (f. IIIr), S (IVv), and T (f. VIIIr). The monogram of Annibale Lomeni, similar to an 'A5' joined together, is on f. VIr. The inverse of this monogram is on f. VIIv.

Bibliography: Cipriani, pp. 34-35; Kristeller *Iter Ital.*, vol. 1, p. 297.

E 14 Sup. * XV-2 * Northern Italy, Milan (?) [XIII-1, XV-1 (ca. 1403)]

1. *Chartae fragmenta de S. Fidele Mediolanum* [membra disiecta]
Unnumbered front flyleaf recto: //[n]omine domini [rubbed] deus millesimo quadringentesimo tertie. Iudict[rubbed] ... porta none(?) sancti Fidellis...: omnibus testibus multi [rubbed]//.
A badly rubbed and cut charter fragment consisting of 24 partial lines mentioning the date 1403. [The verso is blank].

2. S. AMBROSIUS EP. MEDIOLANENSIS, *De Abraham [Liber 1]*
ff. 1r-28v. 1r: Incipit liber sancti Ambrosii de Abraam. Llibri [!] huius titulus est quoniam per ordinem huius quoque patriarce gesta considerare animam subiit...: (28v) Itaque Abraam celebratis filiis nuptiis longeva etate et bona senectute complevit diem. Finit de Abraam. *CSEL*, vol. 32, pt. 1, pp. 501-64; [*Clav. Lat.* no. 127.]

3. S. AMBROSIUS EP. MEDIOLANENSIS, *De Isaac vel anima*
ff. 28v-54v. 28v: Incipit de Ysaac. In patre nobis sancti Ysaac vel origo satis expressa est vel gratia...: (54v) sunt quidem vestimenta ne scindantur ne inveterescant, sed ille magis qui his utitur se servare debet et custodire.
CSEL, vol. 32, pt. 1, pp. 641-700; [*Clav. Lat.* no. 128.]

4. S. AMBROSIUS EP. MEDIOLANENSIS, *De Iacob* [fragment, II.11.52 to end]
ff. 55r-56v. 55r: //essent funera quam regis imperia...: (56v) Dedit poenas tirannus et quia vos non potuit vicere et quia atroci peremptus est morte.
CSEL, vol. 32, pt. 2, pp. 66-70; [*Clav. Lat.* no.130.]

5. S. AMBROSIUS EP. MEDIOLANENSIS, *De Ioseph*
ff. 56v-80r. 56v: Sanctorum vita ceteris norma vivendi est...: (80r) Congregamini, audite Ysrael patrem vestrum.
CSEL, vol. 32, pt. 2, pp. 73-122; [*Clav. Lat.* no. 131.]

6. S. AMBROSIUS EP. MEDIOLANENSIS, *De patriarchis*
ff. 80r-96v. 80r: Primum omnium quantam discimus parentibus referre reverentiam...: (96v) ideoque, quasi bonus agricola, dixit: *Ego plantavi, Apollo irrigavit* [1 Cor 3:6].
CSEL, vol. 32, pt. 2, pp. 125-60; [*Clav. Lat.* no. 132.]

7. S. AMBROSIUS EP. MEDIOLANENSIS, *De apologia prophetae David*
ff. 96v-123r. 96v: Apologiam prophete David presenti arripimus stillo scribere...: (123r) ut Christi gratiam sibi mereantur, cui est honor et gloria, laus, perpetuitas, cum Deo patre et spiritu sancto a saeculis et nunc et semper etc.
CSEL, vol. 32, pt. 2, pp. 299-355; [*Clav. Lat.* no. 135.]

8. S. AMBROSIUS EP. MEDIOLANENSIS, *De Nabuthae*
ff. 123r-142v. 123r: Nabute historia tempore vetus est, usu cotidiana...: (142v) Sed oportet nos talia agere, ut digni bono opere omnipotentis Dei promissa accipere mereamur.
CSEL, vol. 32, pt. 2, pp. 469-516; [*Clav. Lat.* no. 138.]

9. S. NICETAS EP. REMESIENSIS, *Epistula de lapsu Susannae*
[section 1 lacking]
ff. 143r-149r. 143r: Audite nunc, qui longe estis et qui prope, qui timetis Dominum...: (149r) in eternum tibi confiteor. Amen.
Klaus Gamber, *De lapsu Susannae von Niceta von Remesiana*, Regensburg: F. Pustet, 1969; [*Clav. Lat.* no. 651; *BHM* no. 320.]

10. PSEUDO CAESARIUS EP. ARELATENSIS, *Opusculum deviduitate servanda*
ff. 149r-151r. 149r: Audi, filia derelicta, que perdidisti solatium caritatis...: (151r) sexagenium fructum merearis consequi per eum qui vivit etc.
PL vol. 67, cols. 1094-1098; [*Clav. Lat.* no. 1019a; *CC*, vol. 104, p. 957.]

11. JACOBUS BERENGARII, *Expositio super 'Pater noster'*
ff. 151r-153v. 151r: *[P]ater noster, qui es in celis...* [Mt 6:9]. Deus pater, quando misit filium suum in terras...: (153v) amplitudinem paradisi mereamur introire, ipso Deo instruente. [Bloomfield, *Incipits*, p. 585, no. 8191; Schneyer, heft 3, p. 878, no. 25.]

12. S. CAESARIUS EP. ARELATENSIS, *De sepultura divitum* or *Ad fratres in eremo sermo 75*
ff. 153v-155r. 153v: Ambrosius de amatoribus mundi. Audite, omnes qui estis in populo, et qui neglexistis aliquando, cognoscite...: (155r) et ipsa interpellat pro vobis in conspectu Domini, per.
PL vol. 40, cols. 1341-1342 (most of text, beginning at note c); *PL* vol. 40, col. 1358 (incipit); [*CC* vol. 104, p. 957.] Other attributions: PSEUDO AMBROSIUS EP. MEDIOLANENSIS, PSEUDO AUGUSTINUS EP. HIPPONENSIS.

13. PSEUDO ISIDORUS EP. HISPALENSIS, *Sermo 3* [incomplete]
ff. 155r-157r. 155r: Omelia sancti Ysidori episcopi. Satis nos oportet timere, fratres karissimi, tres causas...: (157r) dominica die resurrectionis mane, quam Dominus noster Yesus Christus surrexit a mortuis.
PL vol. 83, cols. 1223-1224C; [*Clav. Lat.* no. 1225.]

14. S. JOHANNES CHRYSOSTOMUS (?), *In psalmum 50 (miserere) homilia secunda* [sections 1-6 only] (translated by S. GELENIUS)
ff. 157r-160r. 157r: Capitulum sancti Iohannis episcopi de confessione peccati. Reliquias hesterne mense, fratres, hodie vobis reddere volo es mensa eium corporali...: (160r) et ora misericordiam Dei et invenies requiem prestante Domino nostro.
Genatiano Herveto Aurelio, interprete, *D. Iohannis Chrysostomi veri aureae in psalmos holiliae*, Venetiis: ad signum spei, 1549, folios 71va-74rb, for a text quite close to that in our manuscript; *PG* vol. 55, cols. 575-582 (Migne translation different); [*Clav. Graec.* no. 4545.]

15. PSEUDO AUGUSTINUS EP. HIPPONENSIS, *Sermo de miseria carnis et falsitate praesentis vitae* or *Ad fratres in eremo sermo 49*
ff. 160r-163r. 160r: Sermones sancti Augustini de corpore et anima. O vita que tantos de propriis decipis...: (163r) cum ipsis nos faciat eternis gaudiis perfrui, qui cum patre et spiritu sancto.
PL vol. 40, cols. 1332-1334; [see Bloomfield, 302, no. 3559.]

16. PSEUDO AMBROSIUS EP. MEDIOLANENSIS, *Sermo 14*
ff. 163r-164v. 163r: Redemite vos fratres dum pretium habetis, quando novum tempus, fratres karissimi, inchoatis...: (164v) vos qui membra estis possitis regnare per infinita secula seculorum. Amen.
PL vol. 17, cols. 631-632; [*CC* vol. 104, p. 985.]

17. PAULINUS BURDIGALENSIS, *Tractatus de initio quadragesimali*
ff. 164v-166r. 164v: Audite fratres karissimi et sollicite pertractantes intelligite...: (166r) quod in altare crucis immolatum fuit pro mundi salute, ipso auxiliante qui vivit et regnat.
PLS vol. 3, pp. 716-17.

18. PAULINUS BURDIGALENSIS, *Tractatus de initio quadragesimali 2*
ff. 166r-167v. 166r: Sicut Dominus noster Yesus Christus non permisit hunc mundum perire...: (167v) cum bona opera egerint, ad quod regnum ille nos perducat, qui vivit et regnat per infinita secula seculorum.
PLS vol. 3, pp. 717-19.

19. ANONYMOUS, *De penitentia*
ff. 167v-169r. 167v: Dominus dicit in evangelio [sic], *Convertimini ad me et ego revertar ad vos* [Za 1:3]. Hoc est quando homo committit peccatum et vadit ad sacerdotem...: (169r) nec incipit nec desinit, qui vivit et regnat.

20. ANONYMOUS, *De penitentia*
ff. 169r-170r. 169r: Audistis, dillectissimi fratres in Domino, Christum salvatorem nostrum ductum indeserto...: (170r) ipse nobis habere concedat, qui cum patre et spiritu sancto vivit et regnat.

21. ANONYMOUS, *De penitentia*
ff. 170r-171v. 170r: Iam quia quadragesimale tempus adventum Domini celebrare cepistis, fratres karissimi...: (171v) hanc vitam transeatis prestante Domino.

22. S. CAESARIUS EP. ARELATENSIS, *Sermo 179* [variant version; sections 1-7 only]
ff. 171v-173v. 171v: Audivimus, fratres, apostolum dicentem quia *Fundamentum aliud nemo potest ponere* [1Cor 3:11-15]...: (173v) *Euge serve bone et fidelis intra in gaudium Domini tui* [Mt 25:21], cui est honor et gloria.
CC vol. 104, pp. 724-28; cf. p. 958.

23. S. CAESARIUS EP. ARELATENSIS (?), *De penitentibus* or *Homilia in Quadragesima*
ff. 173v-175r. 173v: De penitentibus. Pius Dominus et misericors per prophetam nos exortatur ad penitentiam dicens: *Convertimini ad me in toto corde vestro* [Jl 2:12] ...: (175r) et veram emendationem ornata in sempiterna requie cum sede iustorum glorietur in celis. [f. 175v is blank.]
[*CC* vol. 104, p. 980. This text has the same incipit as *PL* vol. 94, col. 503 (Bede ?) but is not identical.]

24. ANONYMOUS, *Fragmentum penitentiale* [membra disiecta]
Back flyleaf Ir-Iv. Back f. Ir: //[First line rubbed and torn.] Tibi confiteor o[hole, possibly omnia peccata] mea omnia mala quicquid in hoc [hole, possibly seculo] egi dedicto de facto sive de iniquis cogitationibus de omnibus veniam peto. Peccavi erravi tamen non te negavi. quia scio et credo quia tu pius pater es. indulge nichi christe. te laudo. te magnifico. tibi gratias ago in omnibus meis quia non habeo in alium speciem? nisi in te deus meus. Ad portam ecclesie tue christe confugio et ad pignora[beginning cut]corum tuorum prosternatus indulgentiam [p]eto. precor et supplico tibi Domine ut mihi concedere dig[na]ris pro tua magna misericordia et [t]ua pieta[te] perseverentiam usque in finem meum e[hole] hora tremenda quando [a]nim[a] [m]ea assumpta erit de corpore [m]eo[cut] michi indulg[hole] omnium [hole] et da michi rectum sensum rectam [remainder of folio has been cut off]// (back flyleaf Iv) //patres omnipotentes libera

me...: supplico omnis(?) apostolis// [followed by a rubbed line.] The text on the verso is almost completely rubbed off. [Back flyleaf IIrv is blank]. [This flyleaf has been cut down and has a large hole at the top and another at the bottom of the inner margin, the text on the verso is completely worn off so that the folio appears to be blank. Readings were done from the manuscript with the use of an ultraviolet lamp.]

Physical Description: Parchment; 19x13 cm; ff. III+175+II; Latin; *Textura formata* on ff. 1r-175r, Humanistic cursive (XV-2, Lombardy) on f. 142v, Diplomatic cursive (ca. 1403, Milan) on unnumbered front flyleaf, early gothic minuscule (XIII-1) on back f. Irv.
Inside front cover: "Restaurato a Grottaferrata 21 Nov. 1968." There is one unnumbered flyleaf followed by two flyleaves numbered I and II. Flyleaf IIr contains title 'D. Ambrosius'. The first six titles are listed on f. Iv along with notes in a modern hand. On f. 142v the last three lines of *De Nabuthae* are in humanistic cursive. Catchwords.

Illumination: Plain two line high initials at beginning of each work.

Provenance: Old signatures: E 14 (f. Ir), T (f. Iv). From S. Maria Incoronata, Milan on flyleaf IIv: 'Iste liber est conventus sancte marie coronate mediolani fratrem eremetici sancti augustini observantium lombardie congregationis denomino.'

Bibliography: Oberleitner, vol. 1, pt. 2, p. 147; Ferrari, *Francesco*, pp. 229 and 255.

E 15 Sup. * XIII-2 * Northern Italy (?)

1. SALLUSTIUS, GAIUS CRISPUS, *De coniuratione catilinae*
ff. 1r-29r. 1r: [I]ncipit liber Salustii. Omnes homines qui sese student prestare ceteris animalibus...: (29r) luctus atque gaudium agitabantur.
A. Kurfess, Teubner, 1954, pp. 2-52.

2. ANONYMOUS, *De coniuratione catilinae - glossae*
ff. 16r-29r. [1] [Marginal gloss beginning at *Namque duobus*, 36.5, in the upper margin:] Viam decretum...: et cetera. [Another gloss on this passage in the left hand column is:] Cum obstinans anime...: erat multitudo catiline. [The final marginal gloss is at *inimicos suos*, 61.9:] (29r) Et quia fuere qui cognovere amicos et quidam inimicos in animo de amico perdito in vocibus exterius. [2] [The interlinear gloss begins at *Ea tempestate*, 36.4:] (16r) Id est dignum miseratione. [The final interlinear gloss is at *multi autem, qui ex castris*, 61.8:] (28v) Non tamen romani...: etiam.

3. ANONYMOUS, *Accessus in sallustii bellum iugurthinum*
f. 29r: [1] Ipse promissit se in prologo primi carptim dicturum res gestas populi romani...: queruntur de natura. [2] Huius proemii materia est gloria...: consulatum. [3] Finalis causa est honestas. [4] Intentio istius istoriographi in hoc prologo fuit prelaudare...: actibus. [5] Est notandum quanvis in alio prologo...: alio tempore fecit istud opus, non iudicandus est prologus iste superfluus.

4. SALLUSTIUS, GAIUS CRISPUS, *Bellum iugurthinum*
ff. 29v-83v. 29v: Incipit Iugurtinum bellum. Falso queritur de natura sua genus humanum...: (83v) ea tempestate spes et opes civitatis in illo sitae sunt. Finito libro, refferamus gratia Christo. [Followed by:] Qui cupis ignotum Iugurthe noscere lentum, Tarpeia rupe pulsus ad ima ruit. Qui scripsit hunc librum, Deus sit semper secum. [There is an eradicated note or colophon following the text.]
A. Kurfess, Teubner, 1954, pp. 53-147. The couplet 'Qui cupis' is in R. Sabbadini, *Spogli Amb. Lat.*, p. 304. [An *intergi* text, without a lacuna.]

5. ANONYMOUS, *Bellum iugurthium - glossae*
ff. 29v-83v. [1] [Marginal gloss beginning at *Falso queritur*, 1.1:] (29v) [In upper margin] Falso id est falsa est illa querimonia quam agit genus humanum de sua natura...: est vitio hominis. [Also in the left hand margin:] Vere falso est querimonia nam contra reputando...: videbis. [The final marginal gloss is at *et ei decreta*, 114.3:] (83v) Et quia dixi[t] gurtham vi[te]. [2] [Interlinear gloss beginning at *inbecilla*, 1.1:] (29v) Sine baculo. [The final interlinear gloss is at *prona esse*, 114.2:] (83v) Id est facilia.

6. ANONYMOUS, *Schema fragmentum virtutis et vitiis*
f. 84v. [A listing of the virtues and vices with squares containing counting marks below each entry.]

7. ANONYMOUS, *Note*
f. 84v. [1] [rubbed] garçat? rex glorio[rubbed...: paga. [2] Beg pagon [!] dormin[rubbed]...: [rubbed]uto. [3] Beg pagno in çatare? vos...: lançiloso iasaia. [4] Beg pagno fill[rubbed]...: dima[rubbed].
[This rubbed listing, possibly an accounting or invocations, starts at the bottom of the folio and continues to the middle.]

Physical Description: Parchment; 18x13 cm; ff. II+83+I, Latin, Italian (84v); Textura formata, textura cursiva (XIII-3, Italy) on f. 84v.
Flyleaves Iv-IIv and back flyleaf are blank. Numerous marginal and interlinear glosses throughout the manuscript. Folio 84r contains numerous pen trials. The script of the notes on f. 84v is similar to Arrigo Castellani, *La prosa italiana delle origini*, vol. 1, Bologna: Patron, 1982, table 260, which is dated 1273.

Illumination: Panelled initials infilled with acanthus leaves as follows: an initial O on f. 1r (about 6 lines high) and an initial F (16 lines high) on f. 29v, with numerous small initials throughout.

Provenance: Old signatures: E 15 (f. Ir) and T 125 (f. 1r). Signed by Gian Vincenzo Pinelli 'I. V. Pinelli' on f. 1r (but this manuscript is not listed in Rivolta). The shelfmark T 125 is in Pinelli's hand.

Bibliography: Cipriani, p. 35; Gengaro-Villa Gugliemetti, p. 99.

E 17 Sup. * XV-1 * Northern Italy, Milan (?) [Plate I.2]

1. ANONYMOUS, *Versus libelli ad lectorem*
f. 1r: Si quis ad aeternam festinat tendere vitam,/ me legat et vivo pane frui poterit...: perspiciat, quis sit, dona beata sequi/ mors nulli parcit sevissima filia mundi.

2. S. ISIDORUS EP. HISPALENSIS, *Synonymorum de lamentatione animae peccatricis*
ff. 1v-47v. 1v: Prologus cuiusdam in soliloquia. Incipit prologus libri soliloquiorum sancti Isidori Ispalensis urbis episcopi, libelli duo. In subsequenti hoc libro qui nuncupatur sinonima...: (2r) premiis remuneratus. Christo Domino nostro qui cum patre et spiritu sancto aequalis vivit et regnat in saecula saeculorum. Amen. [Prologus alter] Isidorus lectori salutem. Venit nuper ad manus meas...: et admonentis rationis. Explicit prologus. Incipit textus. Homo. (2v) Incipit tractatus soliloquiorum. Anima mea in angustiis est, spiritus meus aestuat...: (47v) tu mihi supra vitam meam places. Deo gratias Domino Deo et Yesu Christo meo huius lectio libri auro splendidior gemmis fulgentior...in saecula saeculorum. Amen. [48rv is blank]
PL vol. 83, cols. 825-868; [*Clav. Lat.* no. 1203.]

3. VALERIUS BERGIDENSIS (?), *De novae vitae institutione*
ff. 49r-54v. 49r: Excerptum eiusdem Isidori ad institutionem bonae vitae. Excerptum ex dictis beati Ysidori ad institutionem bonae vitae specialiter pertinens. Dilecte fili, dilige lacrimas, noli differre eas...: (54v) in terra merces promittitur. Vide, quisquis hoc legis, ne quod legendo respicis vivendo contemnas. Explicit. Franc[iscus].
PL vol. 17, cols. 749-752 and vol. 87, cols. 457-458; [*Clav. Lat.* no. 1289.]
Other attributions: PSEUDO ISIDORUS EP. HISPALENSIS, PSEUDO AUGUSTINUS EP. HIPPONENSIS, PSEUDO AMBROSIUS EP. MEDIOLANENSIS.

4. S. ISIDORUS EP. HISPALENSIS, *De differentiis rerum*
ff. 55r-86r. 55r: Eiusdem Isidori liber differentiarum nominum sacrae scripturae et aliorum. Liber differentiarum sancti Isidori Ispalensis episcopi. De Deo et Domino differentia. I. Inter Deum et Dominum ita quidam diffinierunt...: (86r) absque exemplo humilitatis Christi. Amen. Expliciunt quadraginta differentiae sancti Isidori. Deo gratias. Amen. [Followed by a list of chapter titles, capitula superscripti ff. 86v-87r.]
PL vol. 83, cols. 69-98; [*Clav. Lat.* no. 1202.]

5. MATTHAEUS DE CRACOVIA, *Dialogus conscientiae et rationis*
ff. 87v-120r. 87v: Disputatio vel dyalogus rationis et conscientie. Incipit dialogus ad frequentationem sacrae communionis exhortatorius. [Preface] Multorum tam clericorum quam laycorum querela est non modica...: (88v) eligens quid sit agendum. [Text] Aeggrediatur [!] igitur ratio conscientiam utpote minus iuste agentem...: (120r) datum est nobis corpus Domini nostri Yhesu Christi qui cum patre et spiritu sancto vivit et regnat in saecula saeculorum. Benedictus. Amen. Explicit tractatus qui intitulatur de ratione et conscientia sumendi corpus Christi. [Folio 120v is blank.]
[Bloomfield, *Incipits* no. 3136.]

6. HUGO DE SANCTO CARO, *Speculum ecclesiae*
ff. 121r-145r. 121r: Speculum ecclesiae Ugonis de Sancto Victore. Incipit speculum ecclesiae compositum a domino Ugone de Sancto Victore doctore excellentissimo. Dixit apostolus ad Ephesios capitulo vi, *Induite vos armaturam Dei ut possitis stare adversus insidias diaboli* [Eph 6:11]. Haec armatura est vestis sacerdotalis...: (145r) significat boni operis consumationem.
G. Sölch, *Hugonis a St. Charo tractatus super missam seu speculum ecclesiae*, Münster, 1940. [Bloomfield, *Incipits* no. 1589.] Other attributions: PSEUDO HUGO DE S. VICTORE.

7. ANONYMOUS, *Compendium de preparatione ad celebrandam missam*
ff. 145r-155r. 145r: Incipit quoddam compendium de dispositione ad celebrandum [!] missam valde pulchrum et amenum omnique sanctitate et devotione repletum ac observantibus semper utilissimum celebrare debentibus. (145v) Quia vero sacrificium corporis et sanguinis Domini nostri Yesu Christi quod in missa conficitur et sumitur...: (155r) hic dicta sufficiant. Amen. Deo gratias.

8. PETRUS DE MONTE, *De corpore Christi miraculum*
ff. 155v-165r. 155r: Petri de Monte Veneti de corpore Christi miraculum ad reverendissimum patrem et Christianae legis insigne speculum Domini nostri divina provedentia sacrosanctae Romanae aecclesiae sanctae crucis presbiterum kardinalem patrem et dominum suum colendissimum. [Preface] Dum mecum ipse sepenumero memoria repeto, colendissime pater...: (157v)

scio legens quia letabere. [Text] (158r) P[etri] de Monte narratio miraculi de corpore Christi. Christianae fidei religiosam perfectamque doctrinam cum alia...: (165r) nostras animas offendere valeat. Amen. Francisci memores sint haec sua scripta legentes/ omne cui subest fundere saepe preces. [165v is blank.]

9. *Notae* [membra disiecta]
Inside back cover: [1] //omnia. Quia stultam fecit deus sapiam//. [2] //ntur. Ex stultorum infinitus est numerus.
[Two brief notes are added to the top of the inside back cover in the same hand as item 10. The beginning of each quote is obscured by a piece of leather from the outer binding that has been glued over it.]

10. ANONYMOUS, *Fragmenta theologiae* [membra disiecta]
Inside back cover: //[Th]omas in responsione sua ad articulos de Christi preceptis sic incipit. Tria sunt necessaria homini ad salutem videlicet scientia, id est credendorum, scientia desiderandorum et scientia operandorum...:lex amoris.
Thomas Aquinas, *In duo praecepta caritatis et in decem legis praecepta*, beginning of the prologue, in *Opuscula theologica* vol. 2, ed. by R. Spiazzi, Rome: Marietti , 1954) p. 245. [The beginning of the title and the left side of the bottom 7 lines are obscured by flaps of binding leather that have been glued over them. The script on the inside back cover is similar to but more cursive than the script of the texts in the manuscript.]

Physical Description: Parchment; 19x13 cm; ff. IV+165+IV; Latin; Humanistic minuscule.
The manuscript dates from before 1433, see provenance. Flyleaf Ir has the current shelfmark. Flyleaves IIv, IIIr, and back flyleaves Ir-IVv (also numbered ff. 166-169 in the hand of Angelo Paredi) are blank. Flyleaf IVrv is a contemporary table of contents with folio references. Catchwords. Marginal notes in the hand of Francesco Ciceri (see provenance).

Illumination: Framed foliate initial four lines high on f. 1v, other framed initials three to four lines high, some infilled with geometric designs on 21v, ff. 55r, 121r, 155v and 158v. Plain two line high initials at the beginning of chapters and plain one line high initials at the beginning of paragraphs. Coat of arms of Francesco Pizolpasso on f. 1r.

Provenance: Old signatures: E 17 (f. IIr, IIIv); and T (f. IIIv). This manuscript is listed as item 66 in the 1433 inventory of Francesco Pizolpasso (see Paredi). The Pizolpasso coat of arms is on f. 1r. Also see final colophon on f. 165r: *Francisci memores*. On f. IIIv: 'Id est Francisci Pizolpassi Archip. Mediol.' and 'Olgiatus vidit anno 1603'. On f. Iv: 'Olgiatus vidit anno 1603'. In the bottom right corner of the inside back cover is the date '1 Mart. 82.' This is the date of acquisition by the 16th century Milanese professor of rhetoric Francesco Ciceri.

Bibliography: R. Baron, "Hugues de Saint-Victor: contribution a un nouvel examen de son oeuvre," *Traditio* 15 (1959): 268; Cipriani, p. 35; Ferrari, *Francesco*, pp. 204, 211 and 217; Kristeller, *Iter Ital.*, vol. 1, p. 297 and vol. 2, p. 531; Paredi, *Bibl.*, p. 80 and pp. 107-109, item 16; Revelli, p. 78, item 173; Sabbadini, *Spogli Ambr. Lat.*, p. 381.

E 21 Sup. * XV-2 * Northern Italy

1. JOHANNES ANDREAE, *Vita et miracula Hieronymi*
ff. 1r-10v. 1r: Incipit vita beatissimi Iheronimi cardinalis et doctoris magnifici et primo de eius nomine. [Prologue] Iheronimus a ierar, quod est sanctum...: (1v) vera confirmando, falsa confutando, dubia exponendo. [Text] Incipit vita sancti Iheronimi. Iheronimus Eusebii viri nobilis filius ab oppido Stridonis...: (10r) nec maledictio gravis est quae divina laude mutatur. [Appendix] Unde ex omnibus supradictis ad laudem gloriosi Ieronimi his verbis concludet liber. Ecce qui Christi decoravit aulam summus interpres fideique doctor...: (10v) Deus atque trinus omne per evum. Amen. Explicit vita sancti Iheronimi.
[*BHM*, numbers 905, 907; *BHL*, part 1, p. 578, no. 3876.]

2. JOHANNES ANDREAE, *De translatione Hieronymi*
ff. 10v-11r. 10v: Nunc de eius translatione. In quadam legenda transmissa de Roma dicitur quod post mortem...: (11r) magnis praeconiis extulit et devotissime laudavit. Amen.
AA.SS., Sept. vol. 8, p. 635, no. 1086. [*BHM*, numbers 907, 909.]

3. ANONYMOUS, *Epitaphium sancti Hieronymi*
f. 11r: In sepulcro sancti Iheronimi hii versus sunt scripti. Hic dux doctorum iacet et flos presbyterorum...: desuper ire cave.
AA.SS., Sept. vol. 8, p. 640, no. 1109. [*BHM*, no. 928.]

4. JOHANNES DE NOVO FORO (?), *Epistula de morte gloriosissimi Hieronymi*
ff. 11r-64v. 11r: Incipit epistola beati Eusebii discipuli beati Iheronimi quam scripsit Damasio [!] episcopo et Theo[doni]o Romanorum senatori [de] morte eiusdem Iheronimi. [Preface] Patri reverendissimo Damaso...: et suavissimum gaudium. [Text] Multifariam multisque (11v) modis olim Deus locutus est omnibus nobis...: (64v) gaudia quae iam tu possides adipisci. Amen. Deo gratias. Explicit epistola beati Eusebii discipuli gloriosissimi Iheronimi quam scripsit Damasio episcopo et Theodonio senatori Romanorum.
PL, vol. 22, cols. 239-282; [*BHM*, no. 903; *BHL*, part 1, p. 577, no. 3866.]
Other attributions: PSEUDO EUSEBIUS CREMONENSIS.

5. JOHANNES DE NOVO FORO (?), *Epistula de magnificentiis beati Hieronymi*
ff. 64v-74v. 64v: Incipit epistula sancti Augustini Yponensis episcopi ad beatum Cirillum episcopum de magnificentiis sancti Iheronimi cardinalis et doctoris. (65r) Gloriosissimi Christianae fidei athlete, sancte matris ecclesie lapidis angularis...: (74v) aliqualiter fraudatur desiderio. Explicit epistula sancti Augustini episcopi ad Cirillum Ierosolimitanum de magnificentiis sancti Iheronimi.
PL, vol. 22, cols. 281-289, and vol. 33, cols. 1120-1126. [*BHM*, no. 903; *BHL*, part 1, p. 577, no. 3867; Oberleitner, vol. 1, pt. 2, p. 148.] Other attributions: PSEUDO AUGUSTINUS EP. HIPPONENSIS.

6. JOHANNES DE NOVO FORO (?), *Epistula de miraculis Hieronymi*
ff. 74v-120v. 74v: Incipit prologus in epistula sancti Cirilli episcopi ad beatum Augustinum episcopum de miraculis sancti Iheronimi doctoris eximii. (75r) [Prologue] Venerabili viro episcoporum eximio Augustino Yponensis praesuli Cirillus...: sacerdotum minimus. [Text] Illius cupiens sequi vestigia cuius in terris sanctitas...: (120v) in tuis orationibus memor esto. Vale. Amen. Feliciter. Explicit epistola beati Cyrilli ad beatum Augustinum de miraculis gloriosi Iheronimi doctoris illustrissimi.
PL vol. 22, cols. 289-326, and vol. 33, cols. 1126-1153. [*BHM*, no. 903; *BHL*, part 1, p. 577, no. 3868.] Other attributions: PSEUDO CYRILLUS EP. HIEROSOLYMITANUS.

7. JOHANNES ANDREAE, *Miracula sancti Hieronymi*
ff. 121r-125r. 121r: Incipiunt miracula per beatum Iheronimum facta in Troia civitate Apulie et primo de ecclesia ordinata feliciter. Sciendum est quod moderno tempore in Apulia in provincia Capitanate...: (125r) concursu civium solemniter celebratur. Amen.
AA.SS., Sept. vol. 8, pp. 657-659, item numbers in the following order: 1191-3, 1195-6, 1203-4, 1201, 1206, 1208, 1197-8, 1200, 1211-2; [*BHM*, no. 907; *BHL*, part 1, p. 578, no. 3876.]

8. ALCUINUS (?), *Oratio matutinalis*
ff. 125r-126v. 125r: Incipit oratio sancti Iheronimi pro custodia diei sequentis. (125v) Mane cum surrexero intende ad me, Domine, et guberna...: (126v) toto tempore vite mee. Per redemptorem animarum nostrarum, Dominum nostrum Ihesum Christum, cui est honor et gloria in secula seculorum. Amen. Expliciunt miracula per sanctum Iheronimum in civitatem [!] Troie facta et oratio etiam sua.[ff. 127r and 128r are blank.] f. 127v [motto]: Amor animi arbitrio sumitur non ponitur.
PL, vol. 101, cols. 1385-1386; also, Frederick Warren, *The Antiphonary of Bangor*, part 2, Publications of the Henry Bradshaw Society, vol. 10, London: The Henry Bradshaw Society, 1895, p. 96; [*BHM* no. 950 II.] Other attributions: PSEUDO HIERONYMUS.

Physical Description: Parchment; 18x13 cm; ff. I+126+II; Latin; *Proto-humanistica*.
Pen trials on f. Ir. Also on back flyleaf Iv there are pen trials of *Amor animi arbitrio sumitur non ponitur.* Back flyleaves Ir, and IIr are blank. Catchwords.

Illumination: Calligraphic initials, seven to eight lines high, infilled with elaborate geometic designs and flourishes in the left margin on ff. 1r, 11r, 65v, and 75r, similar four line high initials on ff. 121r and 125v. Throughout the manuscript there are plain initials two to four lines high, whith those on ff. 56v, 58v and 59r infilled with music stave designs.

Provenance: Old signature: E 21 on flyleaf Ir and Iv. Belonged to Gerolamo Calco of Milan, f. Iv: Hic liber est domini Hieronimi Calchi et scholae eius. On f. Ir: Franciscus Alziatus rex omonium (?); also: Dato in presto da Giovanni Filippo Gherardini a mes. Alessandro [Gherardini] suo figliuolo. On back flyleaf IIv: Petrus Franciscus Calchus. On inside back cover: Francisco Calcho and Franciscus Calchus; also: //Bernardini Bamphi rectoris et capellani ecclesiarum... [text destroyed] ...et Alesandri de Cixate et... [text destroyed]... de rubee territorii de Garbagnate//.

Bibliography: *AB* 11 (1892): 301-302., Oberleiter, vol. 1, pt. 2, p. 148.

E 22 Sup. * XIII-2 * France, Paris (?) [Plate I.3]

1. *Biblia* [includes prologues of S. HIERONYMUS *et al.*]
ff. 1ra-470rb. 1ra: [General prologue] Incipit epistula sancti Ieronimi presbyteri ad Paulinum de omnibus divine hystorie libris. Frater Ambrosius michi tua munuscula perferens...: (3va) cogitat esse moriturum. Explicit epistula. [Prologue to the Pentateuch] Incipit prologus super Pentateucum. Desiderii mei desideratas accepi litteras...: (4ra) in latinum eos transferre sermonem. Explicit prologus. [Text] Incipit liber Geneseos. (4rb) In principio creavit Deus celum et terram...: *Gn* (4rb-23ra); *Ex* (23ra-38va); *Lv* (38va-48va); *Nm* (48va-63va); *Dt* (63vb-77rb); *Jos* [prol.] f. 77rb: Tandem finito Pentatheuco Moysi...: [text] (77va-87rb); *Jdc* (87rb-97vb); *Rt* [modified incipit, with rubric above: Sublegitur usi ad locum illum incipit *In diebus illis...*] f. 97vb: Elimelech peregrinatur in terram Moab itidem cum uxore...: (97vb-99va); *1Sm* [1 Regum in MS] [prol.] f. 99va: Viginti et duas litteras esse...: [text] (100rb-113va); *2Sm* [2 Regum in MS] (113vb-124vb); *3Rg* (124vb-138rb); *4Rg* (138rb-150va); *1Par* [prol.] f. 150va: Si septuaginta interpretum pura...: [text] (150vb-162ra); *2Par* [prol.] f. 162ra: Quomodo Grecorum ystorias magis...: [text] (162rb-177ra); *Oratio Manasse* f. 177ra: Domine Deus patrum nostrorum omnipotens...: (177ra-rb); *1Esr* [prol.] f. 177rb: Utrum difficilius sit facere...: [text] (177vb-182ra); *2Esr* [Neemias in MS] (182ra-188ra); *3 Esdras* [2 Esdras in MS] f. 188ra: Et fecit Iosias pascha in Ierosolimis...: (188ra-193va); *Tb* [prol.] f. 193va: Mirari non desino

exactionis vestre...: [text] (193vb-197rb); *Jdt* [prol.] f. 197rb: Apud Hebreos liber Iudith...: [text] (197rb-202rb); *Est* [two prol.] f. 202rb: Librum Hester variis translatoribus...: Rursum in libro Hester alphabetum...: [text] (202rb-207ra); *Jb* [two prol.] f. 207ra: Cogor per singulos scripture...: f. 207va: Si aut fiscellam iunco...: [text] (207vb-217ra); *PsG* (217ra-239rb); *Prv* [prol.] f. 239rb: Iungat epistula quos Christi iungit sacerdotium...: [text] (239va-246vb); *Ecl* [prol.] f. 246vb: Memini me autem hoc ferme...: [text] (247ra-249va); *Ct* (249va-250vb); *Sap* [prol.] f. 250vb: Liber sapientie apud Hebreos...: [text] (251ra-256ra); *Sir* [prol.] f. 256ra: Multorum nobis et magnorum...: [text] (256rb-270va); *Is* [two prol.] f. 270va: Nemo cum prophetas versibus...: f. 270vb: Ysaias in Ierusalem nobili genere...: [text] (270vb-288vb); *Jr* [two prol.] f. 288vb: Ieremias propheta cui hic prologus...: f. 289ra: Ioachym filius Iosie...: [text] (289rb-310rb); *Lam* [Treni in MS] [prol.] f. 310rb: Et factum est postquam in captivitatem ductus est Israel...: [text] (310rb-312ra); *Bar* [prol.] f. 312ra: Liber iste qui Barruch nomine...: [text] (312ra-314vb); *Ez* [prol.] f. 314vb: Ezechiel propheta cum Ioachym...: [text] (314vb-333vb); *Dn* [prol.] f. 333vb: Danielem prophetam iuxta septuaginta...: [text] (334rb-341vb); *Twelve Prophets* [prol.] f. 341vb: Non idem ordo est...: *Os* [prol.] f. 341vb: Temporibus Ozie et Ioathan...: [text] (342ra-344va); *Jl* [three prol.] f. 344va: Sanctus Iohel apud Hebreos...: In hoc propheta idcirco...: Iohel filius Phatuel describit...: [text] (344vb-345vb); *Am* [three prol.] f. 345vb: Ozias rex cum Domini legem...: Amos pastor et rusticus...: f. 346ra: Hic Amos propheta non fuit pater Ysaie...: [text] (346ra-348ra); *Abd* [three prol.] f. 348ra: Iacob patriarcha fratrem habuit...: Hebrei hunc esse dicunt...: Abdias qui interpretatur servus...: [text] (348ra-va); *Jon* [two prol.] f. 348va: Ionam sanctum Hebrei affirmant...: Ionas columba et dolens, filius Amathi...: [text] (348vb-349rb); *Mi* [prol.] f. 349rb: Temporibus Ioathan et Achaz...: [text] (349va-350vb); *Na* [prol.] f. 350vb: Naum prophetam ante adventum...: [text] (351ra-vb); *Hab* [prol.] f. 351vb: Quattuor prophetae in xii...: [text] (352rb-353ra); *So* [prol.] f. 353ra: Tradunt Ebrey cuiuscumque prophete...: [text] (353rb-354ra); *Agg* [two prol.] f. 354ra: Ieremias propheta ob causam...: f. 354rb: Aggeus festivus et letus...: [text] (354rb-vb); *Za* [two prol.] f. 354vb: Secundo anno Darii regis...: f. 355ra: Zacharias memor Domini sui multiplex...: [text] (355ra-358ra); *Mal* [two prol.] f. 358ra: Deus per Moysen populo Israel...: f. 358rb: Malachias aperte et in fine...: [text] (358rb-359ra); *Mcc* [two prol.] f. 359ra: Machabeorum liber licet non habeatur...: f. 359rb: Machabeorum libri duo praenotant...: *1Mcc* (359rb-371ra); *2Mcc* (371rb-378(bis)rb); *Four Gospels* [two prol.] f. 378(bis)rb: Novum opus me facere cogis ...: f. 378(bis)vb: Plures fuisse qui evangelia...: *Mt* [two prol.] f. 379rb: Mathaeus ex Iudea sicut in ordine...: f. 379va: Sciendum etiam ne quis...: [text] (379va-391va); *Mc* [prol.] f. 391va: Marchus evangelista Dei electus...: [text] (391vb-399ra); *Lc* [prol.] f. 399ra: Luchas Antiochensis, natione Syrus... nam neque uxorem umquam habens...: [text] (399rb-411ra); *Jo* [prol.] f. 411ra: Hic est Iohannes evangelista...: [text] (411rb-420va); *Epistles* [prol.] f. 420va: Principia rerum requirenda sunt...: *Rm* [prol.] f. 420vb [bottom margin]: Romani sunt in partes Ytalie. Hi praeventi sunt...: [text] (420vb-426va); *1Cor* [prol.] f. 426va [bottom margin]: [C]orinthi sunt Achaici. Et hii... audierunt verbum veritatis et subversi sunt...: [text] (426va-431ra); *2Cor* [prol.] f. 431ra: Post acceptam penitentiam, consolatoriam epistolam...: [text] (431ra-434ra); *Gal* [prol.] f. 434ra: Galathe sunt Greci. Hi verbum veritatis... sed post discessum...: [text] (434rb-435va); *Eph* [prol.] f. 435va: Ephesii sunt Asiani. Hii... perstiterunt in fide...: [text] (435va-437ra); *Phil* [prol.] f. 437ra: Phylippenses sunt Macedones. Hii accepto verbo...: [text] (437ra-438ra); *Col* [prol.] f. 438ra: Colosenses et hii sicut Laodicenses...: [text] (438rb-439ra); *1Th* [prol.] f. 439ra: Thesalonicenses sunt Macedones. Hii... etiam in persecutione...: [text] (439rb-440ra); *2Th* [prol.] f. 440ra: Ad Thesalonicenses secundam scribit epistulam...: [text] (440ra-va); *1Tm* [prol.] f. 440va: Timotheum instruit et docet de ordinatione... omnis ecclesiastice discipline, scribens...: [text] (440va-441vb); *2Tm* [prol.] f. 441vb: Item Timotheo scribit Paulus apostolus de exhortatione...: [text] (441vb-442vb); *Tt* [prol.] f. 442vb: Tito relicto episcopo Cretae...: [text] (442vb-443rb); *Epistle to the Laodiceans* f. 443rb: Paulus apostolus non ab hominibus... fratribus qui sunt Laodocie [!]...: (443rb); *Phlm* [prol.] f. 443va: Phylemoni familiares litteras mittit pro Honesimo... qui cum dampno eius fugerat...: [text] (443va); *Hbr* [prol.] f. 443va: Ecclesiis Ebreorum dicit Paulus de eminentia...: [text] (443vb-447ra); *Act* [prol.] f. 447ra: Luchas Antiocensis natione Syrus, cuius laus in evangelio canitur...: [text] (447rb-459rb); *Jac* [prol.] f. 459rb: Non ita ordo est apud Grecos...: [text] (459rb-460va); *1Pt* [prol.] f. 460va: Symon Petrus filius Iohannis provincie Galilee...: [text] (460va-461va); *2Pt* (461va-462rb); *1Jo* [prol.] f. 462rb: Rationem verbi quod Deus ipse sit caritas...: [text] (462rb-463va); *2Jo* [prol.] f. 463va: Usque adeo ad sanctam feminam scribit...: [text] (463va-vb); *3Jo* [prol.] f. 463vb: Magium [!] pietatis causa extollit...: [text] (463vb); *Jud* [prol.] f. 463vb: Iudas apostolus frater Iacobi de corruptoribus...: [text] (464ra-rb); *Apc* [prol.] f. 464rb: Omnes qui pie volunt vivere...: [text] (464vb-470rb)...: gratia Domini nostri Ihesu Christi cum omnibus vobis. Amen. [470v is blank]

2. ANONYMOUS, *Miracula Christi que leguntur in evangeliis*
f. 471ra-b. 471ra: Mutatio aquae in vinum. Jo II...: (471rb) De filio lunatico et daemoniaco aperte Iesu oblato. Mt XVII, Mr IX, Luc IX. [471v is blank.]

3. VARII, *Prologi in variis libris sacrae scripturae*
f. 472ra-va. 472ra: [1] Incipit prologus in primo libro Machabaeorum. [Introduction] Domino excellentissimo et in cultu Christiane regionis [!] strenuissimo, Lodovico regi, Rabanus vilissimus servus servorum Dei in Domino dominorum perpetuam optat salutem. [Text] Cum sim promptus animorum ad parendum...: beatitudinem pervenire concedat. [2] Item alius prologus. [Introduction] (472rb) Reverendissimo domino et omni caritatis officio dignissimo Geroldo, sacri palatii archdiacono, Rabanus vilis Dei servus servorum in Christo salutem. [Text] Memini me in palatio Wangionum civitatis constitutum...: memorem conservare dignetur. [3] Incipit secundus prologus in evangelio secundum Matthaeum. Matheus cum primo predicasset evangelium in Iudea volens transire...: (472va) exprimitur divinitatis sacrementum. [4] Titum commone facit et instruit de constitutione presbyterii...: scripturis iudaicis credunt. Scribit eis a Nicopoli. [5] In primis

dicendum est cur apostolus Paulus in hac epistola scribendo non servaverit morem suum...: excessum beati apostoli Pauli graeco sermone exposuit.
[1] RABANUS MAURUS, *Prologus in primo libro Machabaeorum*, in Dümmler, *MGH-Epp*, vol. 5, pp. 469-70; [Stegmüller, *Rep. bibl.*, no. 547.] [2] RABANUS MAURUS, *Alius prologus Machabaeorum*, Dümmler, *MGH-Epp*, vol. 5, pp. 424-25; [Stegmüller, *Rep. bibl.* no. 553.] [3] ANONYMOUS, *Prologus in evangelio secundum Matthaeum*, in *PL*, vol. 114, cols. 63-65; [Stegmüller, *Rep. bibl.* no. 589.] [4] PETRUS LOMBARDUS, *Prologus ad Titum*, *PL*, vol. 114, col. 637, and vol. 192, col. 383; [Stegmüller, *Rep. bibl.*, no. 780.] [5] PETRUS LOMBARDUS, *Prologus ad Hebreos*, *PL*, vol. 192, col. 399; [Stegmüller, *Rep. bibl.*, no. 793.]

4. ANONYMOUS, *Tabula synoptica divisionum sacrae scripturae* [fragment: left margin cropped]
f. 473r: [Sacra] scriptura [di]viditur in... [Old Testament] legem... prophetas... psalmos... [New Testament] in doctrinam evangelicam...: in doctrinam apostolicam. Haec continentur in Actibus, epistulis paulinis et epistulis canonicis et Apocalypsi. [473v is blank.]

5. REMIGIUS AUTISSIODORENSIS (?), *Interpretationes nominum hebraicorum* [incomplete]
ff. 474r-504r. 474r: Aaz, apprehendens vel apprehensio. Aad, testificans vel testimonium...: (504r) Zoromim, quae est haec aqua vel quae sunt hec cogitationes seu praeparantes aciem aut in acie praeparati. [ff. 504v-505r are blank.]
Venerabilis Bedae presbyteri opera in omni disciplinarum genere sua aetate doctiss. Bedae quotquot reperiri potuerunt omnia, Köln: Aggrip., 1612, tome 3, cols. 371-480. [*BHM* no. 402; Stegmüller, *Rep. bibl.*, no. 7708. Also see *Clav. Lat.* following no. 1384.] Other attributions: PSEUDO HIERONYMUS, PSEUDO BEDA VENERABILIS.

6. S. ISIDORUS EP. HISPALENSIS, *Etymologiae, excerpta ex libri vii, de prophetis*
f. 505v: Autem septem genera prophetiarum: primum est exstasis...: repletio spiritus sancti sicut pene in prophetis omnibus et amplum.
W. Lindsay, ed., *Isidori Hispalensis Episcopi Etymologiarum sive Originum*, Oxford: Clarendon, 1911, vol. 1, no page numbers in the text, excerpt from book 7, chapter 8, sections 33-36.

7. ANONYMOUS, *Nota de prophetia*
f. 505v: Item alia est prophetia...: cogitationes cordis vincor (?) alteri prophetia manifestatur in.

8. ANONYMOUS, *Nota de vera prophetia*
f. 505v: Quod si Cayphas fuit verus propheta qui sic numerorum secunde [!] Balaham fuit propheta...: quia per suam maliciam recusavit sic ad peccatores in mortali decendentes.

9. ANONYMOUS, *Index lectionum quae leguntur in missa*
ff. 506ra-508vb. 506ra: Dominica prima ad adventum. Epistola ad Romanos xiii, *Hoc scientes quia hora est* [Rm 13:11]; evangelium Mattheum xxi...: (508vb) De virginibus. Evangelia, Matheum xxv, *Simile est regnum caelorum x virginibus* [Mt 25:1].
[The index of readings lists first those for Sundays, followed by saints' propers and commons.]

Physical Description: Parchment; 18x12 cm; ff. I+509+I; Latin; *Textura formata*.
Between ff. 378 and 379 is a folio numbered 378(bis), thus there are 509 folios but the numbering only goes up to 508. Back flyleaf Irv is blank. Although this manuscript has numerous illuminated initials (but none are historiated) it is not listed in Cipriani nor is it mentioned in Branner (however both include E 23 Sup.).

Illumination: Divided illuminated initials, infilled with geometric designs and calligraphic flourishes extending into the margins as follows: on f. 1ra is an F forty lines high with calligraphic flourishes extending through the top and bottom margins, on f. 4rb is a twenty two line high initial I with ornate flourishes into the bottom margin, at the beginning of subsequent chapters the initials are nine lines high on ff. 23ra, 38va, 48va, 63vb, 77va, 87rb, 97vb, 100rb, 113vb, 124vb, 138rb, 150vb, [at f. 159r another illuminator takes over, the initials have less ornate flourishes and are sometimes smaller, from five to eight lines high] 162ra, 162rb, 177rb, 177vb, 182ra, 188ra, 193va, 193vb, 197ra, (two initials), 202rb (two initials), 207ra, 207va, 207vb, 217ra, 220va, 222vb, 224vb, 226vb, 229rb, 231va, 234rb, 239rb, 239va, 246vb, 247ra, 249va, 250vb, 251ra, 256ra, 256rb, 270rb, 270va, 270vb, 289rb, 310ra, 311vb, 312ra (two initials), 314vb (two initials), 333vb, 334rb, 341vb (two initials), 342ra, 344va, 344vb, 345vb (two initials), 346ra (two initials), 348ra, 348vb, 349rb, 349va, 350vb, 351ra, 351vb, 352ra, 352vb, 353ra, 353rb, 354ra, 354rb,354va, 355ra, 358ra, 358rb (two initials), 359ra, 359rb, 371rb, 378(bis)rb, 378(bis)vb, 379rb, 379va, 391va, 391vb, 399ra, 399rb, 411ra, 411rb, 420va, 421vb, 426va, 431ra, 434ra, 434rb, 435va, 437ra, 438rb, 439rb, 440ra, 440va, 441vb, 442vb, 443rb, 443va 443vb, 447ra, 447rb, 459rb (two initials), 460va, 461va, 462rb, 463va, 463vb, 464ra, 464rb, 464vb. There are two line high alternating red and blue initials with marginal calligraphic flourishes, some are infilled with music stave patterns, as the beginning of chapters from f. 1rb through the quire ending on f. 158vb. At this point another illuminator takes over (f. 159ra) and the smaller initials are usually plain without flourishes except for the Psalms (ff. 217rb-239rb). and continues through the end of the text on 470r. Following the bible there are plain initials, two lines high on ff. 472ra-472va. Also in the index of hebrew names there are four line high calligraphic initials on ff. 472ra-472va, then there are four line high plain initials throughout the rest of the text ending on f. 504ra.

Provenance: Old signatures: G (inside front cover); E 22 (f. Ir), V (f. Iv). On f. Iv: Olgiatus scripsit anno 1603.

E 23 Sup. * XIII-2, ca. 1240. [XIV-XV, XVI] * Paris [Plate I.4]

1. ANONYMOUS, *Rima.*
Flyleaf IIr: Perpe sipi iopo/ lupu dopo nipi gopo/ sipi vapa dopo/ sipi vapa dopo/ lupo dopo nipi gopo/ perpe sipi ipo.
[The last three lines repeat the first three in inverse order.]

2. *Biblia* [includes prologues of S. HIERONYMUS *et al.*]
ff. 1ra-354rb. 1ra: [General prologue] Incipit epistula sancti Ieronimi presbyteri ad Paulinum de omnibus divine historie libris. Frater Ambrosius mihi tua munuscula perferens...: (2vb) cogitat esse moriturum. [Prologue to the Pentateuch] Incipit prologus sancti Ieronimi in Pentateuchum. Desiderii mei desideratas accepi epistulas...: (3ra) in latinum transferre sermonem. Explicit prologus. [Text] Incipit liber Geneseos. (3rb) In principio creavit Deus celum et terram...: *Gn* (3rb-18rb); *Ex* (18rb-30va); *Lv* (30va-39va); *Nm* (39va-52ra); *Dt* (52ra-63ra); *Jos* [prol.] f. 63ra: Tandem finito Pentatheuco Moysi...: [text] (63rb-71ra); *Jdc* (71ra-79ra); *Rt* (79ra-80rb); *1Sm* [1 Regum in MS] [prol.] f. 80rb: Viginti duas esse litteras...: [text] (80vb-91vb); *2Sm* [2 Regum in MS] (91vb-101ra); *3Rg* (101ra-112rb); *4Rg* (112va-122vb); *1Par* [prol.] f. 122vb: Si septuaginta interpretum pura...: [text] (123ra-132va); *2Par* [prol.] f. 132va: Quomodo Grecorum historias magis...: [text] (132vb-144ra); *Oratio Manasse* [*2Par* ch. 37 in MS] f. 144ra: Domine Deus omnipotens patrum nostrorum...: (144ra); *1Esr* [prol.] f. 144ra: Utrum difficilius sit facere...: [text] (144va-147va); *2Esr* [Neemias in MS] [modified incipit] f. 147va: Et factum est in mense casleu...: (147va-151vb); *3 Esdras* [2 Esdras in MS] f. 151vb: Et fecit Iosias pascha in Ierosolimis Domino et immolavit...: (151vb-156rb); *Tb* [prol.] f. 156rb: Mirari non desino exactionis vestre...: [text] (156rb-159va); *Jdt* [prol.] f. 159va: Apud Hebreos liber Iudicum [!]...: [text] (159va-163va); *Est* [two prol.] f. 163va: Librum Hester variis translatoribus...: f. 163vb: Finito libro Hester alfabetum...: [text] (163vb-167va); *Jb* [three prol.] f. 167va: Cogor per singulos scripture...: f. 168ra: Fuit [!] in terra quidem habitasse Iob...: Si autem fiscellam iunco...: [text] (168rb-175vb); *Prv* [prol.] f. 176ra: Iungat epistula quos iungit sacerdotium...: [text] (176rb-183ra); *Ecl* [prol.] f. 183ra: Memini me hoc ferme...: [text] (183rb-185va); *Ct* (185va-186vb); *Sap* [prol.] f. 186vb: Liber sapientie apud Hebreos...: [text] (186vb-191vb); *Sir* [prol.] f. 191vb: Multorum nobis et magnorum...: [text] (192ra-204vb); *Is* [prol.] f. 205ra: Nemo cum prophetas versibus...: [text] (205rb-220ra); *Jr* [prol.] f. 220ra: Ieremias propheta cui hic prologus...: [text] (220rb-236ra); *Lm* [Treni in MS] (236ra-237vb); *Bar* [prol.] f. 237vb: Liber iste qui Baruch nomine...: [text] (238ra-239vb); *Ez* [prol.] f. 240ra: Ezechiel propheta cum Ioachim...: [text] (240ra-254vb); *Dn* [prol.] f. 254vb: Danielem prophetam iuxta

septuaginta...: [text] (255rb-261rb); *Twelve Prophets* [prol.] f. 261rb: Non idem ordo est...: *Os* [prol.] f. 261rb: Temporibus Ozie et Ionathe [!]...: [text] (261va-263rb); *Jl* [three prol.] f. 263rb: Sanctus Ioel apud Hebreos...: f. 263va: Ioel filius Phatuel describit...: Ioel de tribu Ruben...: [text] (263va-264rb); *Am* [three prol.] f. 264rb: Ozias rex cum Dei religionem...: Amos propheta et rusticus...: f. 264va: Hic Amos propheta non fuit pater Ysaie...: [text] (264va-266ra); *Abd* [two prol.] f. 266ra: Iacob patriarcha fratrem habuit...: Hebrei hunc dicunt esse...: [text] (266rb-266va); *Jon* [two prol.] f. 266va: Sanctum Ionam Hebrei affirmant...: Ionas qui columba interpretatur...: [text] (266va-267ra); *Mi* [prol.] f. 267ra: Temporibus Ioathe et Achaz...: [text] (267ra-268rb); *Na* [prol.] f. 268rb: Naum prophetam ante adventum...: [text] (268rb-vb); *Hab* [prol.] f. 268vb: Quatuor prophete in xii...: [text] (269ra-va); *So* [prol.] f. 269vb: Tradunt Hebrei cuiuscumque prophete...: [text] (269vb-270rb); *Agg* [prol.] f. 270rb: Ieremias propheta ob causam...: [text] (270va-271ra); *Za* [prol.] f. 271ra: Anno secundo Darii regis...: [text] (271rb-273rb); *Mal* [prol.] f. 273rb: Deus per Moysen populo Israel...: [text] (273va-274ra); *Mcc* [three prol.] f. 274ra: Cum sim promptus animorum ad parendum...: f. 274rb: Memini me in palatio Wangionum civitatis constitutum...: f. 274va: Machabeorum libri duo praenotant...: *1Mcc* (274va-283ra); *2Mcc* (283ra-289ra); *Mt* [two prol.] f. 289ra: Matheus sicut in ordine primus...: f. 289rb: Matheus cum primo praedicasset evangelium...: [text] (289rb-297vb); *Mc* [prol.] f. 297vb: Marcus evangelista Dei electus...: [text] (298ra-303rb); *Lc* [prol.] f. 303rb: Luchas natione Syrus Antiochensis... nam neque uxorem unquam habuit...: [text] (303va-312va); *Jo* [prol.] f. 312va: Hic est Iohannes evangelista...: [text] (312vb-319va); *Rm* [prol.] f. 319va: Romani sunt in partibus Ythaliae. Hii praeventi sunt...: [text] (319va-322vb); *1Cor* [prol.] f. 322vb: Corinthii sunt Achaici et hii... audierunt verbum veritatis et subversi sunt...: [text] (322vb-326ra); *2Cor* [prol.] f. 326ra: Post actam paenitentiam, consolatoriam epistolam...: [text] (326ra-328ra); *Gal* [prol.] f. 328rb: Galathe sunt Greci. Hii verbum veritatis... set post discessum...: [text] (328rb-329rb); *Eph* [prol.] f. 329rb: Ephesi sunt Asiani. Hii... perstiterunt in fide...: [text] (329rb-330rb); *Phil* [prol.] f. 330rb: Philippenses sunt Macedones. Hii accepto verbo...: [text] (330rb-331ra); *Col* [prol.] f. 331ra: Colosenses et hii sicut Laodicenses...: [text] (331rb-vb); *1Th* [prol.] f. 331vb: Tessalonicenses sunt Macedones. Hii... etiam in persecutione...: [text] (331vb-332va); *2Th* [prol.] f. 332va: Ad Thessalonicenses secundam scribit epistulam...: [text] (332va-333ra); *1Tm* [prol.] f. 333ra: Timotheum instruit et docet de ordinatione... omnis ecclesiastice discipline scribens...: [text] (333ra-vb); *2Tm* [prol.] f. 333vb: Item Thimotheo scribit de exhortatione...: [text] (333vb-334va); *Tt* [prol.] f. 334va: Titum commone facit et instruit...: [text] (334va-vb); *Phlm* [prol.] f. 334vb: Phillemoni familiares litteras facit pro Onesimo... ab urbe Roma...: [text] (334vb-335ra); *Epistle to the Laodiceans* f. 335ra: Paulus apostolus non ab hominibus...: (335ra) *Hbr* [prol.] f. 335ra: In primis dicendum est cur apostolus...: [text] (335rb-337va); *Act* [prol.] f. 337va: Lucas natione Sirus cuius laus in evangelio canitur...: [text] (337vb-346ra); *Canonical Epistles* [prol.] f. 346ra: Non ita ordo est apud Grecos...: *Jac* (346rb-347ra); *1Pt* (347ra-348ra); *2Pt* (348ra-va); *1Jo* (348va-349va); *2Jo* (349va); *3Jo* (349va-vb);

Jud (349vb-350ra); *Apc* [prol.] f. 350ra: Omnes qui pie volunt vivere...: [text] (350rb-354rb)...: gratia Domini nostri Iesu Christi cum omnibus vobis. Amen. Explicit. [ff. 354v - 355v are blank.]

3. REMIGIUS AUTISSIODORENSIS (?), *Interpretationes nominum hebraicorum*

ff. 356ra-385rb. 356ra: Hic incipiunt interpretationes hebraicorum nominum. Aaz, apprehendens vel apprehensio. Aad, testificans vel testimonium...: (385rb) Zuzim, consiliantes eos vel consiliatores eorum. Explitiunt interpretationes.

Venerabilis Bedae presbyteri opera in omni disciplinarum genere sua aetate doctiss. Bedae quotquot reperiri potuerunt omnia, Köln, Agripp., 1612, tome 3, cols. 371-480. [*BHM* no. 402; Stegmller, *Rep. bibl.* no. 7708. Also see *Clav. Lat.* following no. 1384.] Other attributions: PSEUDO HIERONYMUS, PSEUDO BEDA VENERABILIS.

Physical Description: Parchment; 18x12 cm; ff. III+385; Latin, Italian on f. IIr; *Textura formata*, Modern cursive (XVI) on f. Ir, *Textura cursiva* (XIV-XV) on f. 385v.

Flyleaves Irv and IIv are blank, f. IIIv contains a list of the books of the bible. The book of Psalms is omitted. Some marginal notes, also some notes and headlines have been trimmed as on f. 2rv. Catchwords. A Latin text on the lower part of f. 385v in *Bastarda* from Italy is almost completely rubbed out.

Illumination: Framed illuminated initials on the following folios: 1ra, a thirty four line high initial F with vine stems and divided acanthus leaf terminals inhabited by three lion heads; 3rb, an historiated initial I filling the entire center margin between the two columns at the beginning of Genesis contains miniatures showing God on each of the seven days of creation in quatrefoil frames (with a six petal flower below each of the first six quatrefoils) as follows: creating light from darkness, dividing water and land, creating plants and trees, creating lights in the heavens, creating birds and fish (in water), creating beasts and man and finally, God resting. At the top of the initial is a bird resting on a vine stem with leaf terminals that is shaped into a convergent scroll pattern; below the final scene is a vine stem with leaf terminals formed into a divergent scroll pattern. On the following folios are framed illuminated initials having vine stem designs with divided acanthus leaf terminals. Some books have very large initials as noted, the remainder are five to six lines high as follows: 18rb, 30va, 39va, 52ra (twenty five lines high), 63rb (four line high space left open but the initial never added), 71ra (seventeen lines high), 79ra (thirty line space left open but initial was never added) 80vb (fourteen lines high), 91vb (twenty one lines high), 101ra, 112va (twenty three lines high), 123ra (twenty line high initial inhabited by an animal head), 132vb, 144va (twenty lines high), 147va (three lines high), 151vb (three lines high), 156rb, 159va (sixteen lines high), 163vb (twenty five lines high), 168rb, 176rb (twenty two lines high), 183rb, 185va, 186vb, 192ra, 205rb, 220rb, 236ra (three lines high), 238ra, 240ra, 255rb,

261va, 263va, 264va, 266rb, 266va, 267ra, 268rb, 269ra, 269vb, 270va (about fifteen lines high), 271rb (a forty three line high initial I inhabited by two dragons), 273va, 274va, 283ra (a twenty nine line high F infilled with a four petal flower), 289rb (a thirty line high initial L), 298ra (a forty line high initial I inhabited by two dragons), 303va, 312vb (an I extending the entire length on the column), 319va (a forty line high P), 322vb (about fifteen lines high), 326ra (a twenty line high P), 328rb (a twenty line high P), 329rb (fifteen lines high), 330rb (about fifteen lines high), 331rb (fifteen lines high), 331vb (about fifteen lines high), 332va (twenty lines high), 333ra (eleven lines high), 333v (fourteen lines high), 334ra (eleven lines high), 334vb (about fifteen lines high), 335ra (twelve lines high), 335rb, 337vb (twenty one lines high), 346rb (seventeen line high I), 347ra (sixteen lines high), 348ra, 348va, 349va (two initials), 349vb (eleven line high I), 350r (inhabited by a dragon that extends into center margin). At the beginning of the prologues there are divided calligraphic initials usually six lines high but some as large as twenty to twenty five lines high (as on 163va, 176ra and 312va, and one thirty four lines high on 220ra), which are infilled with geometric designs and contain extensive marginal flourishes. At the beginning of chapters there are similar but undivided calligraphic initials usually two to six lines high. In the hebrew name index on 356ra there is a six line high illuminated initial A infilled with vine stems having divided acanthus leaf terminals and inhabited by a dragon that extends into the left border. There are also four line high calligraphic initials infilled with geometric or music stave designs at each letter of the alphabet from B through Z on ff. 361va-385rb. Illuminations are by the Pierre de Bar Atelier (see Branner, below).

Provenance: Old signatures: E 23 (f. IIr), V (f. IIIr). Inside front cover: Comprato d[a] sig. Dominico (see Villa, pp. 258-59). On f. 385v: Questo liber sia de Persio. On inside back cover: [1] Questeo librio sia de Pesrso [!] [Persio]; [2] E que la d'una Girari valat; [3] A. Oriffariis de in//; [4] Larentius [?] Orifariis; [5] est Persii de iste liber; [6] Girardus Mauri (possibly Maurus is a variant Latin form for the city of Mori in the Trentino near Rovereto) and [7] Girardus Mutinensis (Modena).

Bibliography: Robert Branner, *Manuscript Painting in Paris during the Reign of St. Louis*, Berkeley: University of California Press, 1977, pp. 70 and 212, fig. 142; and Cipriani, p. 36.

E 24 Sup. * XVI-1 * Northern Italy, Lombardy [Plate I.5]

1. POMPONIUS MELA, *De Chorographia*

ff. 1r-87v. 1r: Pomponii Melle cosmographi de situ orbis liber primus. Proemium. Orbis situm dicere aggredior impeditum opus...: (1v) paulo altius suma repetetur. [Text] Munda in quatuor partes divisio. Omne igitur hoc quicquid est cui mundi caeli qui nomen indidimus...: (87v) athlantici littoris

terminus. Finis. Pomponii Mellae cosmographi de situ orbis liber ultimus finit.
G. Ranstrand, *Studia Graeca et Latina Gothoburgensia: 28*, Stockholm: Almquist & Wiksell, 1971.

Physical Description: Parchment; 18x10 cm; ff. I+87+II; Latin; Humanistic cursive.
Back two flyleaves are blank, they are also numbered as folios 88 and 89. Catchwords. Inside back cover: "Restaurato a Viboldone a cura della Fondasione Ercole Varsi 20. 12. 1985."

Illumination: Illuminated foliate initials, four lines high, on ff. 1r, 30v, and 61v. In the lower margin of f. 1r a putto raises a club above his head in his right hand and holds a shield in his left. The upper half of the shield has a crowned eagle with outspread wings, below is a row of two squares followed by a second row with only one square.

Provenance: Old signatures: V, S, E 24 (f. Ir). Also on flyleaf Ir: Felicibus auspiciis illustrissimi Card. Federico Borrhomeo. Olgiatus vidit anno 1603. On flyleaf Iv: Dono acceptus liber a reverendissimo domino domino Galeacio Petra primo viglevanensium pontifice quem Deus servet et custodiat ab omni malo. On f. 1r is the following ex-libris: est Gaudentii Merula Novariensis.

Bibliography: Cipriani, p. 36; Gabriel, p. 217; Kristeller, *Iter Ital.* vol. 1, p. 298 and vol. 2, p. 531; Revelli, p. 78.

E 25 Sup. * XIV-1. [XV-1] * Northern Italy, Lombardy

1. GUILLELMUS PERALDUS, OP, *Summa de vitiis*

Front flyleaves Ira-196va. Ira: [Tabula alphabetica ad summam de vitiis] A. In tabula ista que est super summam de viciis, primus numerus dicit columpnam, secundus numerus et ultra dicit lineam. Pax placet Deo. 658.25.1...: (Vrb) Usurarii multiplex stulticia. 141.20. [flyleaf Vv is blank.] (1ra) [Tables] Tractatus iste continet novem partes. Prima pars continet de hiis que valent ad detestationem vicii...: (6va) taciturnitas praecipue sit reprehensabilis inpietatis. [Text] Dicturi de singulis viciis incipiemus a vicio gule et quia dicit glossa...: (196va) locutum esse aliquando penituit tacere vero numquam. Explicit summa de viciis.
Guillemmus Peraldus, *Summae virtitutum et vitiorum*, vol. 2, Paris: Petrum Variquet, 1668. [Hain, nos. 12383-12392; Bloomfield, *Incipits* no. 6045, 1628. There is a 3 line continuation of the *tabula alphabeticum* on the top of the inside back cover.]

2. GUILLELMUS PERALDUS, OP, *Summa de virtutibus*
ff. 196va-back flyleaf IIIrb. 196va: [Tabula alphabetica ad summam de virtutibus, ff. 196v-200vb and back flyleaves Ira-IIIrb] Incipit tabula super summam de virtutibus in qua primus numerus...: intermedia dicit lineam. A. Pax. Pax multiplex. 1009.15./1010.5...: (200vb) residuum istius tabulae... paginis in fine summe... [continued on back flyleaf Ira] O. Cor. Cor cum gratia est simile paradiso. 28.17...: (back flyleaf IIIrb) Contra luxuriam. 502.39./503.17.33/504.23. [Prefaces and text ff. 201ra-452vb] (201ra) Incipiunt capitula tractatus de virtutibus. [Tables] Presens opus habet quinque partes principales. Prima est de virtute in communi...: (203ra) de patiencia persecutionum. Expliciunt capitula. Incipit tractatus moralis de virtutibus. [Prologue] Cum circa utilia studere debeamus, exemplum Salomonis dicentis: *Cogitavi in corde meo* [Ecl. 2:3]...: (203va) In principio vero operis de virtute in communi aliqua tangere volui. Secundo prosequens de tribus virtutibus theologicis. Tertio de quatuor cardinalibus. Quarto de donis. Quinto de beatitudinibus. Expliciunt prologus de virtutibus. [Text] *Si separavis preciosum a villi, quasi os meum eris* Hieremias XVI [Ier. 15:19]. *Preciosum est anima*. Proverbiorum V [Prov. 6:26]. Mulier animam viri preciosam rapit...: (452vb) presentes pressure sunt debita quibus obligaverunt parentes nostri celestem hereditatem. Laus tibi sit Christe quoniam liber explicit iste. Guillemmus Peraldus, *Summae virtitutum et vitiorum*, vol. 1., Paris: Petrum Variquet, 1668. [Hain, nos. 12383-12392; Bloomfield, *Incipits*, 4046, 1066, 5601.]

3. VISCONTI, GIAN GALEAZZO, *Diplomae fragmenta* [membra disiecta]
Back flyleaves IVr-Vv. [1] (IVv-Vr): //quod idem supplicatur proinde nullatenus deberet molestari...: exinde nullo tempore possit de cetero molestari. Datum Papie [i.e. Pavia] die quinto Iunii MCCC. [2] (IVv-Vr) Domino cancellario nostro. Volumus quod sigiletis literas nostras tenoris infrascripti videlicet dux Mediolani etc. Atergo domino Johanni de Rosellis sive eius sucessori receptis literis vestris una cum informatione per vos sumpta nostrarimus in exequtione litterimus ad supplicationem Andrioli dicti de Florentia tenoris ...: de inocentia dicti supplicantis cum eodem gratiam nostram dispensare. mandamus// [3] (Vv and IVr) //deis assertis banno et condemnatione...: penam indebite non patiatur. Datum Papie. die quarto Iunii MCCCC. [4] (Vv and IVr) Domino cancellario nostro. Volumus quod expedientes literas nostras si[gutter]fatiatis quarum vigore Laurentius de quinto civis noster Veronensis quem...: quod aliqualiter contra statum Mediolani de cetero non comittet. Papie. octavo Iunii MCCCC.
[This section is a double sided sheet that has been cut down. The documents on IVv-Vr read across with part of the text in the gutter of the binding. The documents on other side of the sheet begin on what is now Vv and continue through on IVr with part of the text lost in binding. Not listed in Cesare Manaresi, *I registri Visconti*, 3 vols., Milano: Palazzo del Senato, 1915-1920 (although vol. 3 does give Jan.-April for 1400).]

Physical Description: Parchment; 18x12 cm; ff. VII+452+V; Latin; *Textura formata*, Diplomatic cursive (XV-1, Italy, documents dated to 1400) on back flyleaves IVr-Vv.
The first two front flyleaves are designates as A and B followed by five additional flyleaves listed as I-V. Flyleaf B verso is blank as are the back flyleaves Ir-IIIr. Columns for the *Summae* are numbered. Alphabetical tables are arranged in order not by initial letter but by vowel sequence. The folios have been cut down so that the sparce marginal gloss is mostly lost, as on ff. 185v and 236r.

Illumination: Vine stem initial T, about 8 lines high, inhabited by two animal heads on f. 1r; calligraphic initials throughout text.

Provenance: Old signatures: E 25 (flyleaf A recto), T (flyleaf A verso), and a mark resembling an ampersand & (inside back cover). Belonged to S. Maria Incoronata, Milan; inside front cover: "Iste liber est conventus sancte marie coronate fratri eremetici sancti augustini observantum congregationis lombardia denomino". Also on flyleaf B recto is the following note by Olgiatus: 'Hunc codicum fuit S. Maria Coronata Mediolani illustrissimo Card. Federico Borromaeo bibliotheca Ambrosiana fund. Religiosissi eiusdem Coronata frater simile muner. donati humanissime tradiderunt anno 1607, Antonio Olgiato'. On back flyleaf IIIv: "Visto per mi Furium [?] de Valeretti [?]. According to Ferrari there is a partially erased note on the inside back cover: Iste liber est ordinis fratrum predicatorum de Laude [i.e. Lodi] concessus.

Bibliography: Kaeppeli, *SS.OP.*, vol. 2, pp. 133-42; Ferrari, *Francesco*, p. 242.

E 27 Sup. * XV-2 * Northern Italy, Lombardy (Milan) [Plate I.6]

1. BARTHOLOMAEUS DE S. CONCORDIO PISANUS,
Summa de casibus conscientiae
ff. 1ra-221vb. 1ra: [Prologue] Quoniam, ut ait Gregorius super Ezechielem, nullum omnipotenti Deo sacrificium tale est...: (1va) idcircho [!] super quibuslibet omissio primum postulo correctorem. [Text] Abbas. Abbas in suo monasterio conferre potest suis subditis primam tonsuram...: (221vb) tunc est invidia ut dictum est supra invidia capitulo 2. Explicit.
[*Gesamtkatalog*, items 3450-3456; Kaeppeli, *SS.OP.*, vol. 1, pp. 158-65; Bloomfield, *Incipits* no. 5052.]

Physical Description: Parchment; 17x12 cm; ff. II+221+II; Latin; *Textura formata*. Flyleaves Iv, IIr and back flyleaves Irv and IIrv are blank. Catchwords. There is writing in a humanistic cursive script visible behind the pastedown of the inside back cover.

Illumination: Historiated initial Q, ten lines high, on f. 1r with a portrait of Bartholomaeus de S. Concordio in his dominican habit. Numerous plain initials throughout the text.

Provenance: Old signatures E 27 (f. Ir), S and V (f. IIv). On f. 1r (bottom margin): Ad usum monasterii sancte Marie blance de Caxoreto [S. Maria di Casoretto, Milan]. Inside front cover and f. Ir: Olgiatus vidit anno 1603.

Bibliography: L. Vergnano, "Per la storia di una biblioteca conventuale: S. Maria de Casoretto." In *Storia di biblioteconomia e storia del libro in onore di Francesco Barberi*, Rome: Associazione Italiana Biblioteche, 1976, pp. 435-36; Cipriani, p. 37; Izbicki, p. 168.

E 28 Sup. * XV-2 * Northern Italy, Emilia-Romagna (?)

1. PAULUS DIACONUS, *Historia Romana*

ff. 1r-113v. 1r: Incipit liber Eutropii de origine Romanorum feliciter et de eorum imperio e greco in latinum translatus. [Prologue] Primus qui in Italia, ut quibusdam placet, regnavit fuit Ianus...: (3v) in regnum suum restituerunt. [Text] Romanum igitur imperium quo ad ordinem nullius fere minus...: (113v) universamque Italiam ad reipublicae iura reduxit. Explicit liber Eutropii. Deo gratias.
MGH-AA, vol. 2, pp. 6-224. [Based on *Breviarium ab urbe condita* of EUTROPIUS. The text in this manuscript seems somewhat corrupted.]

Physical Description: Parchment; 17x12 cm; ff. III+113+II; Latin; Humanistic minuscule.
Flyleaves IIrv, IIIrv and the back flyleaves Irv and IIrv are blank. Catchwords. Marginal notes.

Illumination: On f. 1r is a foliate initial P, eleven lines high, infilled with a rosette and sprouting vine stems with seeds in the left margin. Acanthus leaves with rosettes in the other margins and in the bottom margin is a heraldic device consisting of a shield (the design within the shield, possibly a winged lion, is badly rubbed) with a bishop's mitre over it and the entire composition encircled in a wreath. Plain initials throughout the text.

Provenance: Old signatures: S (inside front cover) V, S, E 28 (f. Ir). f. Ir: Olgiatus vidit anno 1603. f. Iv: Borrohmeo vidit, Olgiatus scripsit anno 1603. On f. 1r is an unidentified episcopal coat of arms.

Bibliography: Cipriani, p. 37; A. Crivellucci, "Per l'edizione della *Historia Romana*," *Bullettino dell'Instituto historico italiano* 40 (1921): 85-86.

E 30 Sup. * XV-2 (1460's?) * Central Italy, Tuscany [Plate I.7]

1. HORATIUS FLACCUS, QUINTUS, *De arte poetica*
ff. 1r-13v. 1r: Q. Horatii Flacci ad Pisones amicos suos de arte poetica incipit feliciter. Humano capiti cervicem pictor equinam / iungere si velit...: (13v) non missura cutem nisi plena cruoris irudo. Quinti Horatii Flacci de arte poetica liber explicit feliciter.
E. Wickham and H. Garrod, eds., Oxford: Clarendon, 1941.

2. PERSIUS FLACCUS, AULUS, *Saturae*
ff. 14r-31v. 14r: Auli Flacci Persii [!] Vulterrani liber satirarum incipit. [Prologue: Choliambi] Nec fonte labra prolui caballino / nec in bicipiti somniasse Parnaso...: cantare credas per Pegaseum melos. (14v) Satyra prima. [Text] O curas hominum, O quantum in rebus inane est! / Quis leget haec...: [Satire 6] (31v) inventus, Chrysippe, tui finitor acervi. Finis.
S. Owen, ed., Oxford: Clarendon, 1908.

3. VEGIUS, MAPHEUS, *Distichus de Persio*
f. 32r: Perseus [!] exiguo nomen pergrande [!] libello/ nactus ab indoctis damnor, ob id ne minor? [f. 32v is blank.]
L. Raffaele, *Maffeo Vegio*, Bologna: Zanichelli, 1909, p. 131; [Bertalot, *Initia* vol. 1, no. 4267.]

Physical Description: Parchment; 17x12 cm; ff. I+32+I; Latin; Humanistic minuscule.
Short marginal and interlinear glosses, and some textual interpolations in the same hand as the text. Catchwords. The back flyleaf is blank.

Illumination: Void branchwork initials, five lines high, on ff. 1r and 14r; also, two line high, infilled initials at the beginning of each satire of Persius. Plain initials throughout. Doodle of a standard or banner on the inside back cover.

Provenance: Old signatures: E 30 (f. Ir), V and S (f. Iv). On f. 1r in the upper margin: "ex-libris Annibalis Lomeni," and in the lower margin a circular heraldic device consisting of a wreath surrounding a rubbed shield (the upper portion of the shield is composed of four rows of alternating white and black squares).

Bibliography: Cipriani, p. 37-38; Paola Scarcia Piacentini, *Saggio di un censimento dei manoscritti contenenti il testo di Persio e gli scoli e i commenti al testo*, vol. 3. part 1 of *Studi su persio e la scoliastica persiana*, Roma, Fratelli Palombi for the Istituto di lingua e letteratura latina, Facoltà di lingue e letterature straniere, Università di Pisa, 1973, p. 55, item 259, with additions in *Studi sulla tradizione di Persio e la scoliastica persiana*, vol. 3, part 2, of the same series, 1975, p. 138, item 259.

? Padua 1450s

E 31 Sup. * XV-3 * Northern Italy, Lombardy [Plate I.8]

1. CONTARENUS, FRANCISCUS, *De incarnatione verbi divini*
ff. 1r-38r. 1r: Reverendissimo in Christo patri et domino domino Paganino Dulcinensi pontifici, Franciscus Contarenus artium et decretorum doctor ac sacre theologiae magister. Animadvertenti saepenumero, reverendissime praesul, maiores nostros de unione verbi divini...: (38r) noscamus ut summum illud bonum ad quod nati sumus possimus adipisci. Explicit tractatus de incarnatione verbi divini, editus per Franciscum Contarenum artium et decretorum doctorem ac sacre theologiae magistrum, ad reverendissimum in Christo patrem et dominum, dominum Paganinum episcopum Dulcinensem. [ff. 38v-39v are blank.]
[This Franciscus Contarenus, not to be confused with the fifteenth-century chronicler of the same name, was bishop of Aemonia (now Novi Grad in Yugoslavia) and died in 1495 (see Gams, p. 70).]

2. CONTARENUS, FRANCISCUS, *De resurrectione Domini*
ff. 40r-49v. 40r: Reverendissimo in Christo patri et domino, domino pontifici Dulcinensi, Franciscus Contarenus. *Surexit* [!], etc. Cum considerarem, reverendissime praesul, paschale festum tam sublimis esse misterii...: (49v) ad incarnationem ut prius [?] dicendo: *Verbum caro factum est,* etc. [Jn 1:14]. Amen. Explicit tractatus de resuretione [!] Domini nostri Iesu Christi, editus per Franciscum Contarenum artium et decretorum doctorem atque sacre theologie magistrum, ad reverendissimum in Christo patrem et dominum, dominum Paganinum episcopum Dulcinensem.
[On author, see entry above.]

Physical Description: Parchment; 17x12 cm; ff. I+49+I; Latin; Humanistic minuscule.
The back flyleaf is blank. Catchwords. The rubrics and the colophons are in purple ink. On the inside back cover: Restaurato a Viboldone a cura della Fondasione Ercole Varsi 20. 12. 1985.

Illumination: Void branchwork initials with acanthus leaves, three lines high, on ff. 1r, 2r and 40r.

Provenance: Old signatures: E 31 (f. Ir), S, V (f. Iv). Inside front cover: fr[atr]is Ans[elm]i I. [?]. On f. Iv: Hunc libellum ego Antonius Olgiatus emi a Como bibliopola anno 1606.

Bibliography: Cipriani, p. 38; Kristeller, *Iter Ital.*, vol. 1, p. 298; A. Segarizzi, "Francesco Contarini politico e letterato veneziano del secolo XV," *NAV* ser. 3, vol. 12 (1906): 286-87; Antonio Ceruti, "Appunti di bibliografia storica veneta", *Archivio veneto* 10-13(1877): 118.

E 33 Sup. * XIII-3 * Northern France (probably written north of Paris but illuminated in Paris) [Plates I.9-13]

1. *Biblia* [includes prologues of S. HIERONYMUS *et al.*]
ff. 1ra-490va. 1ra: [General prologue] Incipit epistula sancti Ieronimi presbyteri ad Paulinum de omnibus divine historie libris. Frater Ambrosius michi tua munuscula perferens...: (3va) cogitat esse moriturum. [Prologue to the Pentateuch] Incipit prologus in librum Genesis. Desiderii mei desideratas accepi litteras...: (4ra) in latinum eos transferre sermonem. Explicit prologus. [Text] Incipit liber Genesis. In principio creavit Deus celum et terram...: *Gn* (4ra-24rb); *Ex* (24rb-41ra}; *Lv* (41ra-52va); *Nm* (52va-67va); *Dt* (67va-82ra); *Jos* [prol.] f. 82ra: Tandem finito Pentatheuco Moysi...: [text] (82va-92va); *Jdc* (92va-102vb); *Rt* (102vb-104ra); *1Sm* [1 Regum in MS] [prol.] f. 104ra: Viginti duas litteras esse...: [text] (104vb-119ra); *2Sm* [2 Regum in MS] (119ra-130rb); *3Rg* (130rb-143rb); *4Rg* (143rb-155rb); *1Par* [prol.] f. 155rb: Si septuaginta interpretum pura...: [text] (155va-166va); *2Par* [prol.] f. 166va: Quomodo grecorum ystorias magis...: [text] (167ra-181ra);*Oratio Manasse* f. 181ra: Domine Deus omnipotens patrum nostrorum...: (181ra-rb); *1Esr* [prol.] f. 181rb: Utrum difficilius sit facere...: [text] (181vb-185vb); *2Esr* [Neemias in MS] (185vb-191rb); *3 Esdras* [2 Esdras in MS] f. 191rb: Et fecit Iosias pascha in Ierosolimis Domino et immolavit...: (191rb-197ra); *Tb* [prol.] f. 197ra: Mirari non desino exactionis vestre...: [text] (197rb-200vb); *Jdt* [prol.] f. 200vb: Apud Hebreos liber Iudith...: [text] (200vb-205va); *Est* [two prol.] f. 205va: Librum Hester variis translatoribus...: f. 205vb: Rursum in libro Hester alphabetum...: [text] (205vb-210rb); *Jb* [two prol.] f. 210rb: Cogor per singulos scripture...: f. 210vb: Si aut fiscellam iunco...: [text] (211ra-219vb); *PsG* (220ra-244rb); *Prv* [prol.] f. 244rb: Iungat epistula quos iungit sacerdotium...: [text] (244va-253rb); *Ecl* [prol.] f. 253rb: Memini hoc me ferme...: [text] (253rb-256ra); *Ct* (256ra-257va); *Sap* [prol.] f. 257va: Liber sapientie apud Hebreos...: [text] (257va-263va); *Sir* [prol.] f. 263va: Multorum nobis et magnorum...: [text, ending at 51:38] (263vb-278vb); *Is* [prol.] f. 278vb: Nemo cum prophetas versibus...: [text] (279ra-297rb); *Jr* [prol.] f. 297rb: Ieremias propheta cui hic prologus...: [text] (297va-318vb); *Lm* [Trenis in headline] [prol.] f. 318vb: Et factum est postquam in captivitatem...: [text] (319ra-320vb); *Bar* [prol.] f. 321ra: Liber iste qui Baruch nomine...: [text] (321ra-323va); *Ez* [prol.] f. 323va: Ezechiel propheta cum Ioachim...: [text] (323vb-344va); *Dn* [prol.] f. 344va: Danielem prophetam iuxta lxx...: [text, including 14:42] (345ra-353rb); *Twelve Prophets* [prol.] f. 353rb: Non idem ordo est...: *Os* [prol.] f. 353rb: Temporibus Ozie et Ioathe...: [text] (353va-356rb); *Jl* [two prol.] f. 356rb: Sanctus Ioel apud Hebreos...: f. 356va: Ioel Fatuel filius describit...: [text] (356va-357va); *Am* [three prol.] f. 357va: Ozias rex cum Dei religionem...: f. 357vb: Amos propheta pastor et rusticus...: f. 358ra: Hic Amos propheta non fuit pater Ysaie...: [text] (358ra-360rb); *Abd* [two prol.] f. 360rb: Iacob patriarcha fratrem habuit...: f. 360rb: Hebrei hunc dicunt esse...: [text] (360va-vb); *Jon* [prol.] f. 360vb: Sanctum Ionam Hebrei affirmant...: [one folio is missing: prol. and entire text.]; *Mi* [prol. and text missing to 1:6] (361ra-362rb); *Na* [prol.] f. 362rb:

Naum prophetam ante adventum...: [text] (362va-363ra); *Hab* [prol.] f. 363ra: Quatuor prophete in xii...: [text] (363va-364rb); *So* [prol.] f. 364rb: Tradunt Hebrei cuiuscumque prophete...: [text] (364va-365va); *Agg* [prol.] f. 365va: Ieremyas propheta ob causam...: [text] (365vb-366rb); *Za* [prol.] f. 366rb: Anno secundo Darii regis...: [text] (366va-369va); *Mal* [prol.] f. 369va: Deus per Moysen populo Israel...: [text] (369vb-370va); *Mcc* [three prol.] f. 370va: Cum sim promptus animorum ad parendum...: f. 370vb: Memini me in palacio Wangonum [!] civitatis constitutum...: f. 371ra: Machabeorum libri duo praenotant...: *1Mcc* (371rb-382vb); *2Mcc* (382vb-390vb); [f. 391rv is blank.] *Mt* [two prol.] f. 392ra: Mathaeus ex Iudea sicut in ordine...: f. 392ra: Mathaeus cum primo praedicasset evangelium...: [text missing 27:25 to end] (392rb-404vb); *Mc* [one folio is missing: prol. and text to 1:6] (405ra-413ra); *Lc* [two prol.] f. 413ra: *Quoniam quidem multi conati sunt...* [*Lc* 1:1-4]...: f. 413rb: Lucas Syrus natione Antiochensis... nam neque uxorem unquam habens...: [text, beginning at 1:5] (413va-426ra); *Jo* [prol.] f. 426ra: Hic est Iohannes evangelista...: [text] (426rb-435vb); *Rm* [prol.] f. 435vb: Romani sunt in partes Ytalie. Hii praeventi sunt...: [text] (436ra-440vb); *1Cor* [prol.] f. 440vb: Corinthi sunt Achaici. Et hii... audierunt verbum veritatis et subversi sunt...: [text] (440vb-445va); *2Cor* [prol.] f. 445va: Post actam paenitentiam consolatoriam scribit...: [text] (445va-448vb); *Gal* [prol.] f. 448vb: Galathe sunt Greci. Hii verbum veritatis... sed post discessum...: [text] (448vb-450va); *Eph* [prol.] f. 450va: Ephesii sunt Asiani. Hii... perstiterunt in fide...: [text] (450va-452rb); *Phil* [prol.] f. 452rb: Philippenses sunt Macedones. Hii accepto verbo...: [text] (452rb-453va); *Col* [prol.] f. 453va: Colocenses [!] et hii sicut Laodicenses...: [text] (453va-454va); *1Th* [prol.] f. 454va: Thessalonicenses sunt Macedones. Hii etiam in persecutione...: [text] (454vb-455vb); *2Th* [prol.] f. 455vb: Ad Tessalonicenses secundam epistulam scribit...: [text] (455vb-456rb); *1Tm* [prol.] f. 456rb: Timotheum instruit et docet de ordinatione... omnis ecclesiastice discipline, scribens...: [text] (456rb-457va); *2Tm* [prol.] f. 457va: Item Timotheo scribit de exhortatione...: [text] (457va-458va); *Tt* [prol.] f. 458va: Titum commonefacit et instruit...: [text] (458va-459ra); *Phlm* [prol.] f. 459ra: Philemoni familiares litteras facit pro Onesimo... ab urbe Roma...: [text] (459ra-rb); *Hbr* [prol.] f. 459rb: In primis dicendum est cur apostolus...: [text] (459rb-463ra); *Act* [prol.] f. 463ra: Lucas Antiocensis natione Syrus, cuius laus in evangelio canitur...: [text] (463rb-476vb); *Canonical Epistles* f. 476vb: Non ita est ordo apud Grecos...: *Jac* (477ra-478va); *1Pt* (478va-480ra); *2Pt* (480ra-481ra); *1Jo* (481ra-482va); *2Jo* (482va-vb); *3Jo* (482vb-483ra); *Jud* (483ra-rb); *Apc* [prol.] f. 483rb: Iohannes apostolus et evangelista...: [text] (483va-490va)...: gratia Domini nostri Ihesu Christi cum omnibus vobis. Amen.

2. REMIGIUS AUTISSIODORENSIS (?), *Interpretationes nominum hebraicorum*

ff. 490v-529r. 490va: Incipit interpretatio hebraicorum nominum. Aaz, apprehendens vel apprehensio. Aad, testificans vel testimonium...: (529rc) Tusitidis [!], consilium vel consiliatrix. Tusim [!], consiliantes eos vel consiliatores eorum. [f. 529v is blank.]

[From f. 491v to the end the text is in three rather than two columns.] *Venerabilis Bedae presbyteri opera in omni disciplinarum genere sua aetate doctiss. Bedae quotquot reperiri potuerunt omnia*, Köln: Agripp., 1612, tome 3, columns 371-480. [*BHM* no. 402; Stegmüller, *Rep. bibl.* no. 7708; also see *Clav. Lat.* following no. 1384.] Other attributions: PSEUDO HIERONYMUS, PSEUDO BEDA VENERABILIS.

Physical Description: Parchment; 17x12 cm; ff. III+530+II; Latin; *Textura formata*.
Inside front cover: 'Restaurato a Grottaferrata 21 Nov. 1968, ff. Irv, IIr, IIIv and the back two flyleaves are blank. Folio 33 is badly damaged. There is a folio 56 and another folio numbered 56a, thus there are 530 folios but the numbering ends at 529. One folio is missing between ff. 360 and 361, another between 404 and 405, in both cases small strips of the excised folios can been seen in the gutter. See Stegmller, *Rep. bibl.* p. 59, concerning different numberings of the books of Esdras. There are various rubrication errors: the running headlines contain occasional spelling mistakes (e.g. Zachatias for Zacharias, ff. 368-369); the prologue to *2Par* is mislabeled as that of *2Esr* (f. 166va); the text of *Jb* is labeled as its prologue (f. 211ra); the section of the *Interpretationes* containing the words beginning with Z has initial T's throughout, etc. The script is close to but not the same as, G.I. Lieftick, *Manuscrits datés conservés dans les Pays-Bas*, Vol. 1, Amsterdam: North Holland, 1964, p. 13, item 30 and plate 129, (Arras, 1280-2). Also, the elaborate flourishes of the numerous calligraphic initials that usually fill the entire left margin of the column from the top of the folio to the bottom rule out Paris as the location of the scriptorium (on this point see S. Harrison Thomson, *Latin Bookhands of the Later Middle Ages 1100-1500*, Cambridge: Cambridge University Press, 1969, explanation to plate 12 for France, dated to 1277, unpaginated). For these reasons I have attributed the writing of the text to an area north of Paris, probably in the 1260's or 1270's. It should also be noted that the prologues differ slightly from the Parisian 'canon' (as listed in Branner, pp. 154-155) as follows: Lamentations has *Et factum est* rather that *Recordare*; Jonah only has the *Sanctum Ionam* prologue and does not also include the *Ionas columba* as a second prologue; and finally, the Apocalypse has *Iohannes apostolus* rather than the *Omnes qui pie* prologue. However, these few variations in the prologues cannot be taken as evidence to exclude a Parisian origin. Although there was a high degree of regularity in the Parisian bible prefaces, there does not seem to have been an exact 'canon' of prefaces rigorously adhered to. Indeed, the listing of what he calls the "usual prefaces" for Parisian bibles given in N.R. Ker, *Medieval Manuscripts in British Libraries*, vol. 1, London, Oxford: Clarendon press, 1969, pp. 96-97, is less complete and differs somewhat from the listing by Branner.

Illumination: The miniatures have numerous iconographic similarities to Mathurin atelier but are stylistically closer to the Aurifaber atelier (see below). There are historiated initials on the folios as follows: 1ra, ten lines high, (Jerome writing with the Holy Spirit above), 4ra, entire right hand margin, (the seven days of creation with each scene framed in a vesica or pointed oval formed from intertwined vine stems as follows: dividing light from darkness; god holds an orb, possibly creating the firmament; creation of plants; creation of day and night; creation of fish in the water; creation of man and finally god resting; below is the crucifixion with Mary and John. Above these scenes are two vine stems with leaf terminals formed in an intertwined convergent scroll pattern that continues down the initial framing each of the seven days and then stops with a lace pattern just above the crucifixion). The remaining historiated initials are mostly six to ten lines high as follows: 24rb (Moses leading two men), 41ra (Head of God, two men offering lamb on altar), 52va (head of God, two men seated), 67va (God and Moses seated [rubbed]), 82va (Joshua seated with head of god above [rubbed]), 92va (three men seated with head of god above), 102vb (Elimelech, Naomi and two children), 104vb (Elcana with Anna praying before altar), 119ra (David orders beheading of Amalekite), 130rb (attendant brings Abishag to David), 143rb (Ahaziah falls from tower), 155va (God, with gold nimbus, seated between two holy men), 167ra (Solomon with attendant prays before altar, head of god above), 181vb (King Cyrus orders the Temple of Jerusalem to be built, in the margin below is a small dragon), 185vb (Nehemiah presents gold cup to Artaxerxes), 191rb (priest asperging walls of Jerusalem), 197rb (Tobit praying as a swallow flys toward heaven), 200vb (Judith beheading Holofernes), 205vb (King Ahasuerus and Queen Esther), 211ra (Job and his wife), 220ra (King David harping), 223v (Samuel annointing David), 226rb (King David points to his eyes), 230ra (Above, God holds a book, while below, King David is in water), 233ra (King David playing bells), 235vb (two monks singing), 236ra (King David prays before altar, with head of God above), 238va (Trinity), 244va (King Solomon standing, Rehoboam seated with book), 253rb (King Solomon seated, preaches to a standing youth), 256ra (Virgin Mary with Child, seated), 257va (King Solomon seated, preaches to a standing knight who is holding a sword and shield), 263vb (seated Ecclesia holding a cross staff and chalice), 279ra (Isaiah kneeling with his hands bound behind him is being sawn in two), 297va (Jeremiah seated before a clay vessel with head of God above [cf. ch. 18]), 319ra (Jeremiah sits before the walls of Jerusalem), 321ra (Baruch writing), 323vb (Ezechiel sleeping has vision of the tetramorph), 345ra (Daniel in the lions' den), 353va (Osee seated, takes the hand of his kneeling bride Gomer), 356va (Joel seated with the head of God above), 358ra (Amos holding a staff while he cares for sheep, lifts up his hand to the head of God above), 360va (Obdias seated with head of God above), 362va (Nahum standing before gates of Nineveh), 363va (Habbakuk standing, holds a clay vessel while an angel directs his head below and points downwards), 364va (Sophonias prophesies to a man; both are seated), 365vb (Aggeus standing with head of God above), 366va (Zacharias standing with scroll, head of God above [rubbed]), 369vb (Malachias prophesies to a hooded priest, both are seated), 371rb (swordsman beheading an idolatrous Jew who is kneeling and holds an animal head), 382vb (rinceau), 392ra (Matthew as a nimbed and winged angel writing), 392rb (Jesus, Mary and King David are portrayed in ovals that represent the trunk of a tree sprouting from the sleeping Abraham), 413rb (nimbed winged ox), 413va (Angel appears before the priest Zachary as he is offering incense at the altar), 426ra (nimbed eagle), 426rb (John standing holding scroll) 436ra (Paul seated drawing sword), 440vb (Paul seated holding sword), 445va (Paul seated holding a book and a sword), 448vb (Paul seated holding sword), 450va (Paul seated holding a sword [badly rubbed]), 452rb (Paul seated holding sword), 453va (Paul seated holding sword), 454vb (Paul seated holding sword), 455vb (Paul seated holding sword), 456rb (Paul seated holding sword), 457va (Paul seated holding sword), 458va (Paul seated holding sword), 459ra (Paul seated holding sword), 459rb (Paul teaching a Jew, both seated), 463rb (Christ ascending, Mary and two disciples stand below), 477ra (James standing holding scroll), 478va (Peter seated holding key and book), 480ra (Peter seated holding key and book), 482va (John seated with head of God above), 482vb (John seated reading a scroll), 483ra (John standing holding a scroll), 483va (John writing, four towers in the background). Other framed illuminated initials, usually five to ten lines high, infilled with intertwined vine stems having divided leaf terminals (sometimes they are inhabited with a vine stem having an animal head terminal, as the nine line high initial S on f. 153rb, the nine line high A on f. 200vb and the twenty seven line high initial I, on f. 297ra) are used throughout the manuscript for prologues and divisions within books. Calligraphic initials usually two lines high infilled with geometric designs and containing extensive marginal flourishes are found throughout the text at the beginning of chapters. Within the hebrew name index each letter of the index from ff. 490va-528rc begins with a five to seven line high framed illuminated initial infilled with a design of vine stems with leaf terminals.

The miniatures are iconographically quite close to Charlottesville, University of Virginia, Alderman Library, ms. 4, (Alderman 4 in Branner, table 4b, pp. 180-183) by the Mathurian atelier, the only differences being: Psalm 52 (Ald. has fool, E 33 no illustration); Psalm 101 (Ald. no illustration, E 33 David praying); Nahum (Ald. seated, E 33 standing before Nineveh) and Malachi (Ald. seated, E 33 seated talking to a hooded priest). These few differences are minor and both variants can be found in contemporary Parisian illuminated bibles. According to Branner, table 4c on p. 192, Fitzwilliam 1, has both the fool of Psalm 52 and David kneeling of Psalm 101, as does Add. 15253 in table 4a on p. 180; however, it is more usual for psalm 101 to go without an illumination. Naham before Nineveh is found in Lat. 15477, Lat. 16719, Yale 433, Boston 1532 and Naples VI. A. 3; and Malachi with two men seated is found in Lat. 16719 and Yale 433 (all these manuscripts are mentioned in Branner). Stylistically however, even the curl of hair in the middle of the forehead is closer to the Aurifaber atelier. I suspect it was illuminated under the direction of a miniaturist who began at the Malthian shop but later moved to the Aurifaber shop. In this regard it would be interesting to compare E 33 with Canon. Bibl. Lat. 15 (Branner pp. 214 and 232) which has a creation miniature attributed to the Mathurian atelier while the remainder of the miniatures are attributed to the Aurifaber atelier. Based on the script I date this work to the 1260's or 1270's from a scriptorium north of Paris. Thus it seems too late for the Mathurian atelier, which according to Branner, disappeared around mid century.

Provenance: Old signatures: V, S (f. IIv) and E 33 (f. IIIr). Olgiatus vidit anno 1603 (ff. IIv and IIIr).

Bibliography: Cipriani, pp. 38-39. [This manuscript is not listed in Robert Branner, *Manuscript Painting in Paris during the Reign of Saint Louis: A Study of Styles*, Berkeley, Los Angeles and London: University of California Press, 1977.]

E 36 Sup. * XV-1 * Central Italy (?)

1. NICOLAUS DE LYRA, *Commentarius in psalmos* [incomplete: lacks commentary on parts of Psalms 16 and 148, and on all of 149 and 150]
ff. 1r-359v. 1r: IHC. [Preface] *[P]ropheta magnus surrexit in nobis*, Luc. vii [*Lc* 7:16]. Quamvis liber psalmorum apud Hebreos...: (8r) appositus inter psalmos computat ut infra dicitur. [Text] (8v) *Beatus vir qui non abiit... etc.* [*Ps* 1]. [B]eatus vir. Quamvis beatus Augustinus dicat ipsum David fuisse actorem [!] omnium psalmorum...: [*Ps* 148] (359v) ex divina celsitudine, cum dicitur// [the remaining text is lost]... Expli[cit]... a fratre Nico[lao]...
Included in *Bibliorum sacrorum cum glossa ordinaria, primum quidem a Strabo Fuldensi collecta... Et postilla Nicolai Lyrani... in commodioremque ordinem digestis*, Lugduni: Franciscum Feuardentium, Ioannem Dadraeum and Iacobum de Cueilly, 1589, columns 415-1584, paragraph 11; [Stegmüller, *Rep. bibl.* 5853. From strips in the gutter it appears that two folios have been excised after f. 359. The few words of the explicit given here are found on the verso of a small fragment of the second strip.]

Physical Description: Paper; 23x16 cm; ff. III+359+II; Latin; *Proto-humanistica*.
This commentary is based on the Septuagint version of *Psalms*. Flyleaves IIv, IIIrv and the back flyleaves are blank. Folios 45 and 46, have been excised (the commentary on Psalm 16) as well as two folios at the end of the text (see above). Flyleaf Ir contains a modern note on the foliation. Catchwords. Marginal notes. Probably dates from the 1430's or 1440's.

Illumination: No illuminated initials, however space has been left for them at the beginning of each psalm.

Provenance: Old signatures: V (f. Iv), E 36 (f. IIr). Donation of Giovanni Battista della Porta of Naples Flyleaf Iv: Ex dono Io. Baptistae Portae Neapolitani Viri clarissimi.

E 38 Sup. * XVI-1 * Italy, Padua (?)

1. ANONYMOUS, *De origine Venetorum*
ff. 1r-5v. 1r: Secundum veridicorum historiographorum auctoritates invenitur Venetorum gentem validam et prudentem...: (5v) annis Christi curentibus [!] millesimo septuagesimo septimo.
[Antonio Ceruti, "Appunti di bibliografia storica veneta", *Archivio veneto*, 10-13(1877): 29. This text frequently appears with the *Liber regiminum civitatis Paduae*: see D 149 Inf., ff. 1r-7r and Muratori cited below for item 5.]

2. DONDI, JACOPO, *Chronica aliquorum gestorum Paduae et in aliquibus partibus Italiae*
ff. 5v-9v. 5v: Hedificata [!] fuit civitas Ventorum [!] anno Domini modo et causa inferius contenta. Incipit cronica aliquorum gestorum Paduae et in aliquibus aliis partibus Italiae. Anno igitur Domini nostri Iesu Christi, qui est principium, medium et finis omnium rerum, 421...: (9v) Anno Domini 994, teremotus [!] magnus totam Italiam agitavit.
G. Marzemin, *Le origine romane di Venezia*, Venice: Fantoni, 1937, pp. 343-49.

3. ANONYMOUS, *Excerpta ex chronicis quibusdam* [possibly related to Liber regiminum, below]
ff. 9v-10v. 9v: Imperante Federico primo, quondam Suevie ducis nato, comes Paganus tunc vicarius eius in Padua multa gravia Paduanis onera imponebat...: (10v) possessiones a sorore sua quasdam aquisivisse.
Muratori, *RIS (nuova edizione)*, vol. 8, pt. 1, footnote 1, pp. 291-92. [Ceruti, *Appunti*, (as in item 1), p. 39.]

4. ANONYMOUS, *Excerpta ex chronicis quibusdam*
ff. 10v-11r. 10v: [1] Anno Christi 578 Longobardi sub rege ipsorum Albuino in Ytaliam primo venerunt...: et ideo in tempus alliud [!] differatur. [2] Sed anno Christi 752 Agillulfus rex Longobardorum filius et successor Luprandi regis Longobardorum qui imperavit annos vii...: (11r) qui fugierunt longum esset dicere. [This text frequently appears with the *Liber regiminum civitatis Paduae*: see D 149 Inf., ff. 13v-14r and Muratori cited below for item 5.]

5. ANONYMOUS, *Liber regiminum civitatis Paduae*
ff. 11r-58v. 11r: Incipit liber omnium regiminum civitatis Padue et etiam aliquorum aliorum factorum tam in Padua quam in aliquibus aliis partibus. 1174. Iste cronicus liber memorabilis est omnium regiminum civitatis Padue et aliquorum etiam factorum alibi in his partibus...: (58v) cum magna devotione ibant. [There is a blank folio between ff. 27 and 28 numbered f. 27a. Folios 41r and 59r-61v are blank.]
Muratori, *RIS (nuova edizione)*, vol. 8, pt. 1, pp. 291-376. [Ceruti, *Appunti*, (as in item 1), pp. 35-36.] There is additional material in the manuscript for the year 1375.

6. ANONYMOUS, *Statuta civitatis Paduae de rebellibus*
ff. 62r-77r. 62r: Statute noviter super officio iudicum et officio bonorum rebellium civitatis Padue. Tempora conumera trecentum mile [!] viginti. In Christi nomine, amen. Hec sunt statuta et ordinamenta domini de Valse [i.e. Ulrich von Waldsee] et communis Padue...: (64v) et ad ipsius beneplaciti voluntatem.
[Ceruti, *Appunti*, (as in item 1), pp. 57-58.]

7. ANONYMOUS, *Versus in Canem Scaligerum (Can Grande della Scala)*
f. 65r: Ecce Canis grandis rugiens sub milite multo...: post odium pietas, post casum gloria vera.
Ceruti, *Appunti*, (as in item 1), p. 48.

8. ANONYMOUS, *Provisiones civitatis Paduae super bonis rebellium*
f. 65r: Provisiones de novo facte super bonis rebellium. In Christi nomine, amen. Hec sunt provisiones statute et ordinamenta... condita et facta per sapientes [?] curie...: esset utiliora et meliora pro communi Padue et dicto domino.

9. ANONYMOUS, *Provisiones civitatis Paduae de locationibus et concessionibus cassis*
ff. 65v-66v. 65v: De locationibus et concessionibus cassis et de modo et forma inventandi. Primo providerent, statuerent et ordinaverint [?] quod omnes et singule locationes et concessiones facte...: (66v) et sapientia utilius videbitur communi. Nomina sapientium... sunt infra scripta... Antonius a scuolo Carrarensi.

10. ANONYMOUS, *Statuta civitatis Paduae de conscriptione, anno 1320*
ff. 67r-68r. 67r: Anno incarnationis Domini nostri Ihesu Christi 1320, regni nostri serenissimi domini Federici Romanorum regis semper augusti sexto, sed quoque sanctissimi patris domini Joannis vigesimi secundi sacrosancte Romane ecclesie summi pontificis quinto. Conscriptio facta ad eternam rei memoriam edicto domini Ulrici de Valse...: (67v) militie ac plebi usquequam memorabili paduanae [blurred]. (68r) Actum hoc opus et fieri ordinatum per disertos et providos viros dominos... Antonius Sanaterra, notarius.

11. ANONYMOUS, *Versus in conscriptos*
f. 68r: Protege conscriptos nec victos urbis amore/ foco, peste, siti, vinctis, algore, calore.

12. JOHANNES DE RAVENNA (DI CONVERSINO), *Familiae Carrariensis natio*
ff. 68r-77r. 68r: [Dedication] Egregio militi Rodulpho de Carraria, senioris Francisci natio [!]. Multi generis multifariique ac fortune mortales, miles insignis...: (69r) fidellis nulla retributione laboravi. (69v) [Chronicle] Familie Carrariensium natio edita per Ioannem de Ravena [!] olim seniori Francisco. Gentem Carrigeram gestarum rerum gloria virtute opibusque...: (70r) stirpe illimitata duxisse. Ferunt quippe illustrem indole iuvenem Landulfum e Narbona...: (77r) succedentium insinuat amplitudo virtutis et glorie. Laus Deo optimo. Cronica dominorum Carariensium natioque edita per clarissimum iuris notarium dominum Iohannem de Ravena. [ff. 77v-81v are blank.]
Dedication: T. Klette, *Beiträge zur Geschichte und Litteratur der italienischen Gelehrtenrenaissance*, vol 1, pp. 16-19. Chronicle: [B. Kohl, "The Works of Giovanni di Conversino da Ravenna: a catalogue of manuscripts and editions," *Traditio* 31 (1975): 356.]

13. ROLANDINUS PATAVINUS, *Cronica in factis et circa facta marchie Trivixanae*
ff. 82r-191v. 82r: Cronica Ezelini de Romano. De parentella [!] domini Ezelini de Romano, de Campo S. Petri, et quondam dolo inter eos facto. Cronica facta marchie Trivisine. Si cura diligenti recogito que partim in scriptis partim quoque relactione [!] vulgari concipio...: (191v) die xiii intrante mense Aprillis. Deo gratias. Amen. Explicit cronica domini Ezelini de Romano, tyrano Paduano. [Folio 192rv is blank. On folio 193r are corrections to *Chronica marchie Trivixanae* in a later hand. Folio 193v is blank.]
Muratori, *RIS (nuova edizione)*, vol. 8, pt. 1, pp. 15-174.

Physical Description: Paper; 22x16 cm; ff. I+193+I; Latin; Modern cursive. Table of contents (in later hand) on f. Ir. The back flyleaf is blank. A watermark is visible on f. 81 consisting of a wedged cross that does not appear in the Briquet or Piccard catalogues. It is vaguely like Piccard, *Wasserzeichen Kreuz*, Findbuch 11, p. 123, section 2, items 831-34, however it has circles at the ends of the wedges and the bottom wedge is replaced by a straight line that stands on a rectangular base decorated with divergent scroll shaped sides.

Provenance: Old signatures: X, Y, E 38 (f. Ir), and S (inside front cover and f. Ir and Iv). Inside front cover: Fuit ex libris I. Vinc. Pinelli [i.e. G. V. Pinelli].

Bibliography: Kristeller, *Iter Ital.*, vol. 1, p. 298; Rivolta, p. 12, no. 18; V. Lazzarini, *Scritti di paleografia et diplomatica* 2d ed. Padua: Antenore, 1969, p. 102; L. Muratori, *RIS (nuova edizione)*, vol. 8, pt. 1, p. 270; Marzemin (see above item 2), pp. 351-73, with manuscript cited on p. 352.

E 41 Sup. * XV-3 * Central Italy, Florence (?)

1. ANONYMOUS, *Fragmenta miscellanea*
Inside front cover - f. Iv. [1] Inside front cover: Ut non fieret michi qui postea non po...: ego iam locutus sum, ego [?] vertor//[mutilated text]. [2] Qui ci manca ordine luna...: (Ir) spirita [?] qui mostrano... [3] (Iv) Quia ille ducit... qui tenuerunt Fesolas multos homines antequam Florentia edificaretur militibus silianis...: in exilium miserandum.
[Item [1] is heavily corrected and overwritten. [2] devotional notes in Italian. [3] is a note concerning Florentine history.]

2. VERGILIUS MARO, PUBLIUS, *Eclogae*
ff. 1r-20r. 1r: P. V. Maronis Buccolicorum ad Pollionem liber incipit foeliciter. Tytire, tu patulae recubans sub tegmine fagi...: (20r) venit Hesperus, ite capellae. Finis. P. V. Maronis liber ad Pollionem foeliciter explicit. [Greek] Thelos [!]. [f. 20v is blank.]
O. Ribbeck, *P. Vergili Maronis opera*, Teubner, 1903, pp. 1-29.

3. TIBULLUS, ALBIUS, *Carmina*
ff. 21r-62v. 21r: Albii Tibulli equitis Romani poete insignis elegiarum liber primus incipit. Divitias alius fulvo sibi congerat auro...: (62v) torques, rumor acerbe, tace. Albii Tibulli equitis Romani ac poete clarissimi elegiarum tertius atque ultimus liber finit.
F. Lenz and G. C. Galinsky, *Albii Tibulli aliorumque carminum libri tres* (Leiden: Brill, 1971), pp. 51-170. [A lacuna at I.2.26 has been filled in with "Non mihi nocte sopor, non mihi nocte quies" (f. 23r); another, placed after I.10.25 in Lenz's edition, is indicated to be before l. 25 by a gap with two annotations: "sequuntur versus" and "nichil deest" (f. 37v); a lacuna at II.3.75 is filled in with "mos precor ille redi, patienter rursus ut olim" (f. 42v); II.5 is divided into two separate elegies (l. 1-38, 39-122) and III.6 into three (l. 1-32, 33-52, 53-64); IV.11 and IV.12 have been treated as one poem.]

4. ANONYMOUS, *Vita Tibulli*
f. 62v: Albius Tibullus, eques Romanus, insignis forma...: epigramma suum.
F. Lenz (as in item 3), pp. 171-72.

5. DOMITIUS MARSUS, *Epitaphium Tibulli*
f. 62v: Epigramma. Te quoque Virgilio comitem non equa, Tibulle...: regia bella pede.
F. Lenz (as in item 3), p. 171.

6. OVIDIUS NASO, PUBLIUS, *Amores 1.15.27-28*
f. 63r: Ovidius Amorum. Donec erunt ignes arcusque Cupidinis arma/ discentur numeri, culte Tibulle, tui. R. Ehwald, *P. Ovidius Naso*, vol. 1 , Teubner, 1891, p. 22.

7. QUINTILIANUS, MARCUS FABIUS, *Institutio oratoria 10.1.93*

f. 63r: Quintilianus ii. Elegia quoque Grecos provocamus, cuius mihi tersus atque elegans maxime videtur auctor Tibullus.
L. Radermacher, *M. Fabi Quintiliani institutionis...* vol. 2, Teubner, 1935, p. 253.

8. IOANNANTONIUS CAMPANUS EP. APRUTINUS (?), *Carmen de Lesbia*

f. 63r: Epigramma. Lesbia defuncti faciem [!] visura mariti...: coniugis effigiem.
[Bertalot, *Initia* 1, no. 3016, (variant); G. Mazzatinti, *Inventari dei manoscritti delle biblioteche d'Italia*, vol. 30, p. 45.]

9. PHILELPHUS, FRANCISCUS, *Carmen contra Poggium*

f. 63r: Franciscus Philelphus in Poggium Florentinum. Poggius uxorem ducit...: coniugis acer erit.
[Bertalot, *Initia* vol. 1, no. 4364; Walther, *Initia*, no. 14221.]

10. ANONYMOUS, *Euripidis epitaphium*

f. 63r: Euripidis epithaphium [!]. Siste; quid ipse velim, rogito? Cognosce viator...: care viator abi.
H. Meyer, *Anthologia veterum latinorum epigrammatum et poematum*, Leipzig: Fleischer, 1835, vol. 2, p. 191 (no. 1558). [Bertalot, *Initia*, vol. 1, no. 5989; Walther, *Initia* no. 18293.]

11. PSEUDO VERGILIUS MARO, *Ad puerum*

f. 63v: P. Virgilii. Parce puer, si forte tuas sonus improbus aures...: ignem lenito furentem.
F. Buecheler and A. Riese, *Anthologia Latina*, Leipzig: Teubner, 1906; reprint ed., Amsterdam: A. Hakkert, 1972, pt. 1, fasc. 2, pp. 299-300 (no. 812). [Bertalot, *Initia* 1, no. 4137; Walther, *Initia*, no. 13689.]

12. VEGIUS, MAPHEUS, *Distichus in Rufilium*

f. 63v: In Ruffilium. Est tibi, Ruffili, pes claudus, clauda fidesque; / Quod restat claudum nunc quoque carmen habe.
L. Raffaele, *Maffeo Vegio*, Bologna: Zanichelli, 1909, p. 134; [Bertalot, *Initia*, vol. 1, no. 1577.]

13. VEGIUS, MAPHEUS, *Distichus in Raphaelem Comensem*

f. 63v: In Raffaelem Comanum [!]. Iustitiae et iuris consultus maximus olim / Comanus Rafael hac requiescit humo.
L. Raffaele (as in item 12), p. 145; [Bertalot, *Initia*, vol. 1, no. 2933.]

14. OVIDIUS NASO, PUBLIUS, *Epistola Heroidum 15 (ad epistolam Sapphus)*
ff. 64r-68v. 64r: Sapho Phaonti. Ecquid ubi [!] aspecta est studiosae littera dextrae...: (68v) faxa [!] petantur aquae. Finit.
Henricus Döree, ed. *P. Ovidii Nasionis Epistulae Heroidum*, Texte und Kommentare eine alterumwissenschaftliche Reihe, 6, Berlin: Walter De Gruyter, 1971, pp. 312-26 [also p. 304, item 143.]

15. HILDEBERTUS EP. CENOMANENSIS, *Carmen de hermaphrodito*
f. 68v: De ortu et obitu hermafroditi. Cum mea me genetrix gravido gestaret in alvo/ Quid pareret fertur consuluisse deos...: Pes fesit ramis, caput incidit amne, tulique/ Femina, vir, neutrum, flumina, tela, crucem.
A. Brian Scott, ed., *Hildeberti Cenomannensis Episcopi carmina minora* (Leipzig: Teubner, 1969), pp. 15-16, no. 23. [Walther, *Initia*, no. 3662 (variant); Schaller-Könsgen, no. 3053.]

16. VARRO ATACINUS, PUBLIUS TERENTIUS, *Epigramma*
f. 68v: Marmoreo tumulo iacet hic Nero [!], sed Cato parvo,/ Pompeius nullo; credimus esse deos?
E. Baehrens, *Poetae latini minores*, 4, p. 64 (no. 24). [The name Nero has been substituted for Licinus in the original.]

17. PHILELPHUS, FRANCISCUS (?), *Epigramma*
f. 68v: Ad latrinas Rome. Papa Pius ventres longe miseratus onustos/ providus hoc illis nobile struxit opus.
[Bertalot, *Initia*, vol. 1, no. 4122.]

18. CLAUDIUS CLAUDIANUS, *In sepulchrum speciosae* [lines 1-2]
f. 68v: Pulcris stare diu Parcarum lege negatur; / magna repente ruunt, summa cadunt subito.
T. Birt, *MGH-AA* vol. 10, p. 292.

19. HILDEBERTUS EP. CENOMANENSIS, *Carmen de hermaphrodito*
f. 69r: De ortu et obitu hermaphroditi. Cum mea me genetrix gravido gestaret in alvo...: Mas est Phebus ait. Mars faemina: Iunoque neutrum.
[These are the first three lines of the text in item 15 above.]

20. GERMANICUS CAESAR, *Epigramma 2: De puero glacie perempto* [lines 1-6]
f. 69r: Iulii Caesaris. Thrax puer astricto glacie dum ludit in Ebro...: cetera dixit aquis.
A. Breysig, *Germanici Caesaris Aratea...accedunt Epigrammata*, Leipzig: Teubner, 1899, p. 58.

21. PHILETICUS, MARTINUS (?), *Carmen de ortu et statu Charitum*
f. 69r: Martinus Philentinus [!] de ortu et statu Charitarum [!]. Ducentes Charitas [!] vivam de marmore formam...: (69v) notus uterque puer. [Bertalot, *Initia* vol. 1, no. 1305 (this manuscript cited).]

22. PHILETICUS, MARTINUS (?), *Carmen de significatione Charitum*
f. 69v: Idem de significatione Charithum. Quesieras Charitum veras cognoscere causas...: dupla redire solet. [Bertalot, *Initia*, vol. 1, no. 4625 (this manuscript cited).]

23. VEGIUS, MAPHEUS, *In Vergilii laudem*
f. 69v: Matheus Vegius hos elegios disticos fecit in Virgilium. Pastor oves et arator agros et prelia miles / Instruxi aeterno clarus honore Maro. [Bertalot, *Initia* vol. 1, no. 4183.]

24. ANONYMOUS, *Euripidis epitaphium*
f. 69v: Euripidis ephitaphium. Siste quid ipse velim, rogito, cognosce viator...: [See text on f. 63r, above.]

25. ANONYMOUS, *Priapea 1*
f. 70r: [C]arminis incompti lusus lecture procaces...: aspicis, ista lege.
E. Cazzaniga, *Carmina ludicra Romanorum*, Turin: Paravia, 1959, p. 23; [Schaller-Könsgen, no. 1988.]

26. ANONYMOUS, *Priapea 2*
f. 70r: Ludens hec ego teste te, Priape...: accipias bonam rogamus. [f. 70v is blank.]
E. Cazzaniga (see item 25 above), pp. 23-24; [Schaller-Könsgen, no. 9055.]

27. ANONYMOUS, *Notae miscellanae*
back flyleaf Xv - Inside back cover. [On back flyleaf Xv there is a column of Arabic numerals. On f. XIr, five lines of cursive notes, possibly on a number problem; also sketches of a fortification, flags, and figures, and the name "Antonio." On f. XIv, sketches of figures and rectangles, and a line of notes; on inside back cover, another sketch and four lines of cursive notes.]

Physical Description: Paper; 23x15 cm; ff. I+70+XI; Latin, Italian (inside front cover and f. Ir); Humanistic cursive.
Back flyleaves Ir - Xr are blank. There are extensive marginal notes throughout text. Catchwords. On the back flyleaf III is a watermark of a cross on top of a mound, somewhat similar to Briquet, vol. 3, item 11696.

Illumination: Calligraphic initials two lines high at the beginning of the eclogues on ff. 1r and 21r; plain initials at the main sections of elegies and some epigrams. Sketches on front f. Ir, back f. XIrv and inside back cover.

Provenance: Old signatures: E 41, Y, I, and S 452 (f. Ir). Inside front cover: I. V. Plli [G. V. Pinelli]. Directly below the Pinelli signature is a badly rubbed ex libris "hic liber est//". On f. Ir is "HC mdanbrosia mdanbrosie". And the back flyleaf XIr contains: Antonio.

Bibliography: Rivolta, pp. 12-14, no. 19; A. Calderini, "I codici milanesi delle opere di Francesco Filelfo," *ASL* 42 (1915) esp. pp. 341 and 403; Kristeller, *Iter Ital.* I, p. 298; R. Ball, "Tibullus the elegist: a critical survery," *Hypomnemata* 77 (1983), esp. pp. 40, 96-7, 156, 174; U. Pizzani, "La *Vita Tibulli* e l'epigramma di Domizio Marso," *Studi classici in onore di Quintino Cataudella*, vol. 3, Catania: Facoltà di lettere e filosofia, Università di Catania, 1972, pp. 307-18; H. Döree, "P. Ovidius Naso: der Brief der Sappho an Phaon," *Zetemata: Monographien zur klassischen Altertumswissenschaft*, vol. 58, Munich: Beck, 1975, 66. On humanist interpolations in Tibullus, see I. G. Huschke, ed. *Albii Tibulli opera omnia*, London: Valpy, 1822, vol. 1, notes on pp. 63 and 178.

E 42 Sup. * XVI-1 * Central Italy, Tuscany (?)

1. DANIEL (MONACHUS RAITHUNIS), *Vita di S. Climaco*

ff. 1r-5v. 1r: Prologo. Incomincia el libro. Incomincia el prologo del frate che volgariza questo libro detto Climaco. [Translator's prologue] Io frate N. che ho preso ad translatare questo libro di latino in vulgare...:(1v) prendete dal povero quello che potete, et per charita vi piacci pregare Idio per me. Finisce el prologo del volgarizatore. [Vita] Incomincia la vita di sancto Giovanni abbate del monte Sinay detto scolastico, el quale scrisse queste tavole spirituali, cioe la sancta scala, la cui vita scrisse compendiosamente Daniel humile monacho del monasterio di Raythu. Quale fusse la citta degna di essere udita...: (5v) contengono doctrine contemplative. Finita la vita di sancto Iohanni Climaco.
A. Ceruti, *La Scala del Paradiso di S. Giovanni Climaco*, Bologna: Romagnoli, 1874, pp. 22-23 (prologue), pp. 3-14 (vita). Greek text in *PG*, vol. 88, cols. 596-608.

2. JOHANNES AB. RAITHUNIS, *Epistola al abbate Giovanni scolastico del monte Sinai*

ff. 5v-6v, 5v: Incomincia la epistola di Giovanni abbate de monasterio di Raythu, mandata a mirabile abbate santo Iohanni del monte Sinay, cognominato scolastico, utilamente per questa excellente opera nominato Climaco. Supermirabile, equale al angelo...: (6v) a tutta la gente potrai mostrare. Vale nel Signore, reverendissimo padre. Finita la epistola di detto Iohanni abbate di Raythu.
Ceruti, *Scala* (as in item 1), pp. 14-16. Greek text in *PG*, vol. 88, cols. 623-626.

3. S. JOHANNES CLIMACUS, *Epistola responsiva a detto Giovanni abbate di Raytù*
ff. 6v-7v. 6v: Comincia la epistola responsiva di santo Iohanni scolastico abbate del monte Sinay detto Climaco al detto Iohanni abbate e duca de li monachi del monasterio di Raythu. Giovanni a Giovanni, rallegrare...: (7v) della volonta Dio buono dona mercede e guidardone. Finita la epistola responsiva del abbate Climaco.
Ceruti, *Scala*, (as in item 1) pp. 16-19 (variant incipit). Greek text in *PG*, vol. 88, cols. 625-628.

4. S. JOHANNES CLIMACUS, *La scala del Paradiso* [Italian version attributed to GENTILE DA FOLIGNO]
ff. 7v-177r. 7v: [Prologue] Comincia el prologo del expositore sopra questo libro. Questo sancto libro si ha due nomi...: (8r) nella nostra lingua meno a dire schala. Finito el prologo. Incommincia la tavola de li capitoli di detto libro. Capitula prima...: (8v)El grado xxxo: Della fede e della speranza e della charita... Finita la tavola de li capitoli di detto libro di Climaco. [Text] (9r) Incomincia el libro detto Climato... Incomincia adunque el primo grado de la santa scala. De la fuga dal mondo e renuntiamento de le cose terene. Capitulo primo. Dal buono et soprabuono e tutto buono Idio el Re nostro...: (177r) per infinita saecula saeculorum. Amen. Questo e il fine del trigesimo e ultimo grado di questa santa scala di santo Giovanni Climaco, abbate del monasterio del monte Sinai.
Ceruti, *Scala*, (as in item 1) pp. 20-22 (prologue and table), pp. 24-490 (text). Greek text: *PG*, vol. 88, cols. 631-1164. [On the Italian translator of *La Scala del paradiso* see Zambrini-Morpurgo, vol. 1, cols. 467-68.]

5. S. JOHANNES CLIMACUS, *Libro al pastore*
ff. 177r-186v. 177r: [Rubric obscured, ending:] al pastore Iohanni abbate del monasterio di Raythu. Il questo libro materiale...: (186v) la perfezione di se medesima. Deo gratias. Amen.
Ceruti, *Scala*, (as in item 1) pp. 491-515. Greek text: *PG*, vol. 88, cols. 1165-1209.

Physical Description: Paper; 23x15 cm; ff. IV+186+VII; Italian; Modern cursive.
On inside front cover: "Ristorato nel Gennaio 1915". Front flyleaves Ir-IIIv and back flyleaves Ir-VIIv are blank. Running headlines and rubrics are in humanistic cursive. Ambrosiana manuscript D 60 Sup. contains an almost identical Italian version of these works.

Illumination: Plain initials two lines high at the beginning of each work.

Provenance: Old signatures: E 42 (IVr) and X (IVv). On the top of f. 1r: "ad usum fratris Paraclitus de S. Angelo" and "fr. Seraphinus v. q. Ind. 1526" [or possibly 1516]. On the bottom of f. 1r, is the ex-libris of Annibale Lomeni: "ex libris Annib. Lomeni".

Bibliography: *B. SS.* vol. 6, pp. 664-66; Zambrini-Morpurgo, vol. 1, cols. 467-68.

E 43 Sup. * XV-3 (1475-1476). [XII-2 XV-2]
*** Central Italy (Marche), Monterubbiano [Plate II.53]**

1. ANONYMOUS, *Fragmenta de circumcisione et presentatione Christi* [membra disiecta]
f. Irv and back flyleaf Irv. Ir: //ea que sunt hominis propter nos suscepit. Sed absque peccato. Quoniam ex virili semine nostram suscepit carmem...: et a Symeone qui erat propheta benedicitur, et accipitur in manibus ille que erat invisibilis et inpal// [bottom of folio cut at this point] (Iv) //praecaepit ut quicquid superfluo cordi nostro sive animo inrepserit. abscidi a nobis et circumcidi. Ob id enim circumcisionem accepit, quod omnia quaecumque docuit Dominus, haec et opere implevit...: Misit deus filium suum in similitudine carnis// [bottom of folio cut] (back flyleaf Ir) [partial lines: right side of folio cut off] //ubi fuerit thesaurus tuus, ibi// nemo potest duobus domine ser// enim unum hodio habebit et a//...: et contrario spiritu transgredi// eius. Qui crediderit in illum// (back flyleaf Iv) [partial lines: left side of folio cut off] //et aliis verbis qui non po //et se ipsum castrare volu //caelorum non possidebit...: //ora vestra haec est circumcisio //ponanius [rubbed] cum actibus // qui corrumpitur secundum de //et deponantes omnem.
[These are four sections are in the same hand. The fragments on Ir and Iv are full lines but some text has been cut from the bottom of the folio. On the back flyleaf Ir and Iv there are only partial lines.]

2. ANONYMOUS, *Meditationes piae, fragmenta (in latine et translatio italiano)*
ff. 1rv and 117rv. 1r: [1] Avenga dio che da multi me fosse refferito te contra rasione et debito...: dove et quando io possa converte. [2] Et si a multis mihi delectum [!] esset te contra omne ius ac debitam...: ubi et quando te conventurum sum. [3] Non te meravelgera illustrissimo principo firmano si tusi...: utilita de vertene remeritarem. [In the left margin is added] Amen. Deo gratias finis huius//[torn]. [4] Non id miraberis illustrissime princes firmare si a deo...: te deum compensaturum. (1v) [5] Avenga dio che per lo passato infra...: usi como tue. [6] Et si attenuas (?) nihil acciderunt quo meus amorem cum aliqua...: tuis uti velis. et cetera. [7] Non te faccia meravelgia se co sprolongato...: ala tua volunta. [8] Nulla te subeat admirato si in hunc usque diem...: usque de esse. [9] Se alcuno homo primo inniquo...: laude et gloria se soto posto ad omne grande pericolo. (117r) [10] Essendo venuto in asia datua...: che io te scripsi. [11] Cum in asiam venissem tuo...: que ad te scripsi te sentire animadverti. [12] Per demostrarte quisto tuo beneficio esse stato ame iuncundissimo sapi...: non esse de questo non benivolo. [13] [E]t hoc tuum beneficium mihi

iocundissimum sunt ostendam intelligens res tuas omnes mihi maxime cure fore...: benevolo mi ni me vellent. et cetera. [14] Adtioche la deliberatem del mio viagio non cedia(?) dubio alcuno...: che vaga nela mia provincia. (117v) [15] Ut ancio [for antiochio] mea itineris nihil dubitatoris tibi illata sit...: iter in provincia te cum aloqui possim. [16] Io pilgiaria grande despiacem del fatto tuo se io cognosesse te...: inganne la nostra oppinioe. [17] Non parum molestie res tua allatura videtur...: ne nostram oppinionem fallam. [18] Essendo questi di nel mio studio...: congnosata quanto io stima la tua amicioia. [19] Cum istis diebus in meo ginasio esset...: quanti amicitiam tuam facio cognosces. [For f. 2rv see Provenance.]
[Two folios containing devotional passages in Italian followed by the Latin version. Related to item 12 below. The two folios in this entry are not consecutive for there is no Latin version of item 9. Items 1-4 and 5-8 appear to be stanzas of a prayer. Items 10-19 appear to be based on the Acts of the Apostles for they mention Asia and Antioch; in fact items 10 and 11 seem to be based on Acts 20:18.]

3. CICERO, MARCUS TULLIUS, *Cato maior de senectute*
ff. 3r-29v. 3r: De senetute [!] liber foeliciter incipit. O Tite, siquid ego adiuto curamve levasso...: (29v) experti probare possitis. Deo gracias. Amen. Antonius Venetus gratia Dei hunc conplevit libellum in Monte Rubiano in domo domini Dominici nec non plebani sanctorum Stephani et Vincencii de dicta terra, et hoc vere extitit cum essem sub disiplina [!] sapientis ac excelentis viri magistri Perioannis Ulmani sui peritissimi preceptoris et sub mcccclxxv et die xxiii mensis Septembris et indictione quarta sanctissimi in Christo patris domini domini nostri Sixti divina providentia pape quarti etc. Amen.
K. Simbeck, Leipzig: Teubner, 1917, (repr. 1980), pp. 3-43.

4. ANONYMOUS, *Cato maior de senectute-glossae*
ff. 3r-29v. [1] [Marginal gloss beginning at *curam ve levasso*, 1,1:] (3r) Cura dicitur eo quam cor urget. [The final marginal gloss is at *presertim adiuncta sacietate*, 23,85:] (29v) Id est potissimum cum aliquis honorem et dignitatum et aliorum rerum satietatem ad post est non amplius longam requirat etatem que sibi laboriosa est. [2] [Interlinear gloss beginning at *O title*, 1,1:] (3r) Scilicet flaminici. [The final interlinear gloss is at *probare*, 23,85:] (29v) laudarem.

5. ANONYMOUS, *Versi*
f. 29v: [1] Pulvere qui ledit, lesus in marmore scribit. [2] Melius est unam quam decem videre mortem. [For f. 30r, see Provenance.]
[The first is in Walther, *Initia*, no. 22886; the second is unidentified.]

6. ANONYMOUS, *Notae de Cato maior de senectute*
f. 30v: Infrascripta sunt cetera notabilia Tulii de senectute, videlicet, Culpa est in moribus non in etate. Moderati videlicet et nec difficiles...: Trementas

est videlicet florentis etatis prudentia virilis scene sentis. [ff. 31r-32v are blank.]

7. CICERO, MARCUS TULLIUS, *Laelius de amicitia*
ff. 33r-61r. 33r: De amicitia ad Quintum Mucium Scevolam liber primus. Quintus Mucius augur Scevola multa narrare de C. Lelio socero suo...: (61r) amicicia esse putetis. Tulii de amicicia explicit tractatus. Amen. Anno Domini mccccIxxvi et die ultima mensis Ienuarii [!] et indictione septima tempore sanctissimi in Christo patris et domini domini nostri Sixti divina providentia pape quarti Antonius Venetus diis faventibus hunc complevit libellum in Monte Rubiano in domo donni [!] Dominici plebani sanctorum Stephani et Vincencii de Monte Rubiano quo enim die parum moestus erat quia id quod optabat minime sibi consequturum videbatur, etc. [ff. 61v-64v are blank.
K. Simbeck, Leipzig: Teubner, 1917, (rpt. 1980), pp. 46-86.

8. ANONYMOUS, *Laetius de amicitia-glossae*
ff. 33r-61r. [1] [Marginal gloss beginning at *et liceret*, 1,1:] (33r) Quantum ad necessitatem et honestatem. [The final marginal gloss is at *omnia autem brevia*, 27,104:] (61r) Eundem ad rem si diu non...: quia omnia brevia tolle rari debet. [2] [Interlinear gloss beginning at *Quintus*, 1,1:] (33r) Prenomen est. [The final interlinear gloss is at *mihi etas illa solacium*, 27,104;] (61r) Senlis in qua ego sum.

9. CICERO, MARCUS TULLIUS, *Paradoxa Stoicorum*
ff. 65r-76v. 65r: M. T. C. Paradoxa. Animadverti, Brute, saepe Catonem avunculum tuum...: (76v) pauperes extimandi [!] sunt etc. Amen. Explicit paradoxe [!] ad Brutum contra Antonium. Antonius Venetus diis faventibus hoc complevit opusculum Paradoxe in Monte Rubiano sub mccccIxx6 et die v mensis Iulii mensis [!] etc.
C.F.W. Mueller, *M. Tulli Ciceronis scripta quae manserunt omnia*, vol. 3, pt. 4, Leipzig: Teubner, 1910, pp. 197-213.

10. ANONYMOUS, *Paradoxa Stoicorum-glossae*
ff. 65r-76r. [1] [Marginal gloss beginning at *Accipes igitur hoc parvum opusculum*, section 6:] (65v) Septum et vigilatum ad lumen...: in umbra. [The final marginal gloss is at *Sed quid de me ego loquor*, section 50:] (76r) De se loqui non...: vere divitie. [2] [Interlinear gloss beginning at *Animadverti Brute*, section 1:] (65r) Cognovi et consideravi. [The final interlinear gloss is at *inopes*, section 52:] (76v) mendici.

11. RICARDUS VENUSINUS, *Versus ex De Paulino et Polla libellus*
f. 76v: Quod mihi plus alius non debeo credere de me/ sic bene vir sapiens quid sua bursia [!] ferat. [For 77r see miniatures below, 77v is blank.]
A slightly altered version of lines 49-50 of *De Paulino et Polla libellus*. Stefano Pittaluga "De Paulino et Polla" in *Commedie latine del XII e XIII*

secolo vol. 5, Pubblicazioni dell'Istituto di Filologia Classica e Medievale, 95, Genova: Università di Genova, 1986, p. 112.

12. RICARDUS VENUSINUS, *De Paulino et Polla libellus*

ff. 78r-103v. 78r: [Preface] Cedere sepe solet nostro sapientia ludo...: iudex Ricardus tale peregit opus. [Text] [M]ateriam nostri, quisquis vult, nosce libelli...: (103v) Sic in suspenso sponsalis causa remansit/ A duce dum rediens Fulco solutus erit. Deo gratias. Amen. Ego Antonius Venetus diis faventibus hunc conplevi libellum sub mccccclxxvi die xvi mensis Octubris etc. [f. 104rv is blank.]
Stefano Pittaluga, "De Paulino et Polla" as in item 8, pp. 81-224, line 1118 (lines 1119-1140 are not in this manuscript). Pittaluga includes a description of the variants in this manuscript on pp. 94-95 and a plate of f. 79v between pp. 80 and 81; [Walther, *Initia* nos. 2581 and 10448.]

13. ANONYMOUS, *De Paulino et Polla libellus-glossae*

ff. 78r-103v. [1] [Marginal gloss beginning at *Materiam nostri*, line 15 in the printed edition cited above in item 12:] (78r) Incipit fabula eius principium est Polla laudans fulgonem...: affectate etc. [The final gloss in the right margin is at *Rainaldi mox Fulco*, line 1109 of the edition] (103v) Hic appellat Fulco...: sententia etc. [and in the left column for *Sic in suspenso*, lines 1117-1118 of the edition:] Remansit causa matrimonialis suspensa...: parentibus et duci etc. [2] [Interlinear gloss beginning at *Cedere*, line 1 of the edition:] (78r) Locum dare. [The final interlinear gloss is at *Fulco*, line 1118 in the edition:] (103v) homo.

14. MAGISTER JACOBUS, *De cerdone*

ff. 105r-114r. 105r: Magistri Iacobi foeliciter incipit tractatus. Uxor erat quedam cerdonis pauperis olim...: (114r) qui leget hic discat spernere vile lucrum. Amen. Explicit liber magistri Iacobi feliciter. Amen. Ego Antonius Venetus Deo favente ultimam manum huic operi imposui, nam languens saepenumero eo sero suum votum non consequi possem. [ff. 114v-115r are blank.]
E. Franceschini, *Scritti di filologia latina medievale*, Vol. 1, Padua: Antenore, 1976, pp. 211-224; [Walther, *Initia*, no. 19938.]

15. ANONYMOUS, *Mappa mundi*

f. 115v: Isto modo designatur mundus.
[With full folio T-O type diagram.]

16. ANONYMOUS, *Annotazione religiosa*

f. 116r: O pensado longo tempo...: obligatissimo in perpetuo. [f. 116v is blank. For 117rv see f. 1r.]
[A Latin translation of the first line follows the text: Cum diu cogitassem...:a deo amicissimus.]

17. ANONYMOUS, *Notae*

Back flyleaf Ir [margin]: Iupiter ac etiam vos alia numina queso / ut circum caput Lamea serta flectat. Back flyleaf Iv [margin]: Dulcis amor pariet laudumque imansa cupido.

[These notes are in an early modern cursive hand. For the late caroline minuscule text on the back flyleaf see item 1 above.]

Physical Description: Paper; 22x16 cm; ff. I+117+I; Latin, Italian; *Proto-humanistica*, Caroline minuscule (Italy, XII-2) on ff. Irv and inside back flyleaf Irv, Diplomatic cursive (Italy, XV-2) on ff. 1rv, 116r and 117rv. Part of ff. 6v, 12v, 13v and 14v are damaged along the right margin. Extensive marginal and interlinear glosses as listed in the description. Catchwords. Pen trials in *textura formata* on f. 1r.

Illumination: Calligraphic initial O, three lines high, on f. 3r infilled with geometric designs and containing marginal flourishes. Plain initials, three lines high at the beginning of texts and two lines high at the beginning of sections. On f. 77r there are two preliminary drawings of a scroll and one finished scroll with the motto *Quoniam non est*. On ff. 78r-101r after the initial C of the incipit, each paragraph has open space for a two line high initial that was never added. However, initials were added to the beginning of *De cerdone* on f. 105r. Marginal doodles.

Provenance: Old signatures: Y (inside front cover), E 43 (inside front cover and f. 2r). "Olgiatus scripsit, 1603" (2r). And "Illustrissimus Cardinalis Federicus vidit, Olgiatus scripsit, 1603" (2v). On f. 30r, three lines in early modern cursive: "Al 19 de Setenbris 1499 lo (?) del mili quatrocento ani, ani cinque ch'ani novanta." Note by Olgiatus on f. 2r: "Codex notis adspersus ab Antonio Veneto in Monte Rubiano anno 1475 conscriptus." For scribe, date and location see ff. 29v, 61r, 76v, 103v and 114r.

Bibliography: Kristeller, *Iter Ital.*, vol. 1, p. 298; Mai, *CCA*, p. 238, no. 54; Franceschini, (see item 14 above), vol. 1, p. 207, footnote 13 ; C. Haskins, *Studies in medieval culture*, Oxford, 1929, p. 143 no. 2 and p. 144.

E 44 Sup. * XV-3 (1470) * Northern Italy, Lombardy (?)

1. ANONYMOUS, *Nota de Livia Drusilla*

flyleaf IVv: Livia Drusilla fuit quaedam de familia Claudii Salinatoris quae nupsit Tiberio...: multa magis eius consilio extinctum esse germanicum putaverunt.

2. SALLUSTUS CRISPUS, GAIUS, *Excerpta ex catilinae coniuratio, 51.1*

flyleaf IVv: Omnes qui de rebus dubiis consultant, ab ira ab odio ab amicitia vacuos esse decet.
Variant on the text edited by A.W. Ahlberg, revised by A. Kurfess, *Catalina, iugurtha, fragmenta ampliora*, Leipzig: Teubner, 1954, p. 37.

3. OVIDIUS NASO, PUBLIUS, *Fasti*

ff. 1r-78r. 1r: Tempora cum causis Latium digesta per annum...: (78r) annuit Alcides increpuitque lyra. Finis. Iam fulgens Aurora suos veniebat ad ortus/ cum posuit Marcus versibus hisque modum. iiii nonas Novembres 1470. [f. 78v is blank].
E. Alton, D. Wormell and E. Courtney 2nd ed., Leipzig: Teubner, 1985.

4. ANONYMOUS, *Fasti-glossae*

ff. 1r-78r. [1] [Marginal gloss beginning at *Sacra recognosces*, book 1, line 7:] (1r) Recognosces ac sidiceret scio te esse doctum. Et ea quae sum decapturus vidisse: sed etiam ea aliis verbis et sententiis videbis. [The final marginal gloss is at *cum data sunt*, book 6, line 796:] (78r) Eo die quo Romulus trabea inductus est. Sunt condita templa in honorem. [2] [Interlinear gloss beginning at *Tempora cum causis Latium*, book 1, line 1:] (1r) Id est mensis. [for *tempora* followed by] Qua causa celebrentur illi dies sive per Iovem sive per alios deos. [The final interlinear gloss is at *matertera Cesaris*, book 6, line 809:] Octavia soror.

Physical Description: Paper; 22x16 cm; ff. VI+78+II; Latin; *Proto-humanistica*.
Flyleaves Iv-IVr, Vr-VIv and the back flyleaves are blank. All three entries are in the same hand. Folio 1 is parchment. Extensive interlinear and marginal glosses. Catchwords, sometimes with elaborate ornamentation as on f. 40v. This manuscript was written in 1470 by a scribe named Marcus.

Illumination: Initial T, six lines high, with void branchwork ornamentation (f. 1r); plain initials at beginning of books. Some marginal doodles in an early modern hand.

Provenance: Old signatures: X (inside front cover) and E 44 (f. Ir). From the collection of G. V. Pinelli on flyleaf IVv "I.V. Plli." and the following note: "A cuius heredibus Neapoli uni cum reliquis eiusdem libris fuit hic codex emptus anno 1609."

Bibliography: Rivolta, p. 14, no. 20; L. Castiglioni, "I codici Ambrosiani e la recensione critica dei *Fasti* di Ovidio," *RIL* (Classe di lettere e scienze morali e storiche) 60 (1927): 409-410 (this manuscript mentioned).

E 45 Sup. * XV-2 (1435) * Central Italy, Città di Castello
[Plate II.15]

1. OVIDIUS NASO, PUBLIUS, *Ars amatoria*
ff. 1r-43v. 1r: Publii Ovidii Nasonis de arte amandi liber primus incipit; lege feliciter. (1v) Siquis in hoc artem populo non novit amandi...: (43v) inscribant foliis [!] Naso magister erat. [Greek] Thelos. Publii Ovidii Nasonis de arte amandi liber tertius et ultimus feliciter explicit. Ego Lysander Aurispa de Milatinis scripsi pro me in civitate Castelli sub annis Domini mccccxxxv indictione vero xiii et die xx mensis Aprilis finem imposui etc. [followed by] LY monogram.
R. Ehwald, *P. Ovidius Naso*, vol. 1, Leipzig: Teubner, 1891, pp. 183-246.

2. OVIDIUS NASO, PUBLIUS, *Remedia amoris*
ff. 44r-61v. 44r: Publii Ovidii Nasonis de remedio amoris liber incipit; lege feliciter. Inceptus die quintadecima mensis Iunii 1435. [L]egerat huius amor nomen titulumque libelli...: (61v) carmine sanati femmina [!] virque meo. Telos. Theo charin. [Greek]
R. Ehwald, (see item 1 above), pp. 247-269.

3. PORCELLIUS, JOHANNES ANTONIUS (NEAPOLITANUS), *Carmen ad Augustinum Datum*
f. 62rv. 62r: Versus Porcellii poete dignissimi. Augustine decus studii columenque Senensis...: (62v) sic dabis egregie lumina clara Sene.
[Bertalot, *Initia*, vol. 1, no. 374.]

4. PORCELLIUS, JOHANNES ANTONIUS (NEAPOLITANUS), *Carmen in Antonium Pisanum*
f. 62rv. 62r: Quisquis ob invidiam delesti nomina sacri...: (62v) futile pondus eras.
[Bertalot, *Initia*, vol. 1, no. 5162.]

5. ANTONIUS PISANUS, *Responsio contra Porcellium*
ff. 62v-63r. 62v: Responsio Antonii Pisani contra Porcellium. Quisquis ob iustitiam delerim nomina Phebi..: (63r) non est haec etas apta libidinibus.

6. PORCELLIUS, JOHANNES ANTONIUS (NEAPOLITANUS) (?), *Carmen in Aponem lenonem*
f. 63rv. 63r: In Aponem lenonem. Et iure et merito coram praetorem citaris...: (63v) ne defuit meritis praemia digna tuis.
[Bertalot, *Initia*, vol. 1, no. 1600.]

7. PORCELLIUS, JOHANNES ANTONIUS (NEAPOLITANUS), *Carmen in Augustinum [Datum?]*
ff. 63v-65v. 63v: Derisoria in nanum Senensem iam pridem mathematicum at nunc puerorum abusu pedagogulum et clarissimo vatis nomine

detrahentem. Ecce iterum atque iterum mordet me rana Senensis...: (65v) cive, et eris satrapes magnus in urbe Sene. [Greek] Telos. Theo charin. Expliciunt versus Porcelii contra Augustinum Pisanum [?].
[Bertalot, *Initia*, vol. 1, no. 1420.]

8. ANONYMOUS, *Notae*

back flyleaf Ir-v. Ir: [1] Primus quidam. [then below] Nulla potest iocunditas inter has vitae nostrae amaritudines. (Iv) [2] Cum a le pia valle...: dici cum pia valle. [3] Se tu sapis hio quella chi ho intento el cora spem...: e mi addoro.

Physical Description: Paper; 22x15 cm; ff. II+65+II; Latin; Humanistic cursive, Humanistic minuscule (f. 66r).
Flyleaf Ir: title in modern hand, f. IIv is blank. Folio 66 is damaged at the top. Back flyleaf II is blank. There are some marginal notes throughout the text. There are two other hands beside Aurispa's: one on ff. 50r-55v, the other (possibly the same as the one which wrote "quiulius qui respons" on f. 1r) on f. 61r from line 6 to the bottom of the folio; but the final three lines on f. 61v and the explicit are in Aurispa's hand. For information on scribe, date and location of script see f. 43v. There is only one catchword in the manuscript, on f. 55v.

Illumination: Colored initial S, four lines high with animal head at the top and a human head at the bottom of the letter, f. 1v. Plain colored initials, four lines high, on ff. 2r, 6v and 29v. The text title on f. 1r is written in a large square capital display script.

Provenance: Old signatures: V, E 45 (f. Iv); V 343 (f. IIr); and S, E 45 (f. 1r). Written by Lysander Aurispa de Milatinis (f. 43v), relative of Johannes Aurispa (friend of Porcellius). On flyleaf IIr: A.B.M.O./ Lucia Curtia puella nobilis/ Ambrosius/ Lucia Curtia p./ Lucia Curtia Nepos concordialis/ Lucia Concordialis / satisfacionis qui me restituunt gratis. On the back flyleaf Ir: Lucia.

Bibliography: Kristeller, *Iter Ital.*, vol. I, 298; R. Sabbadini, "Briciole umanistiche," p. 69; Cosenza, vol. 1, p. 347, col. 2 (this MS cited).

E 48 Sup. * XV-3 * Italy

1. GEORGIUS TRAPEZUNTIUS, *De partibus orationis ex Prisciano compendium*

ff. 1r-79r. 1r: Grammatice artis praecepta ad Andream filium. S. Pauli primi eremitae vita in calce. [Preface] [D]e partibus orationis brevi compendio ex his potissimum que flectuntur...: (1v) hominum longe abesse. [Text] [Q]uid est grammatica. Grammatica est ars qua latini sermonis

ratio...: (79r) ut tribuo tributus, suo sutus, acuo acutus// [incomplete text] [ff. 79v-80v are blank.]
[John Monfasani, ed., *Collectanea Trapezuntiana: Texts, Documents, and Bibliographies of George of Trebizond*, Binghamton, NY: SUNY Center for Medieval and Early Renaissance Studies in conjunction with The Renaissance Society of America, 1984, p. 478; Bursill-Hall, p. 137.]

2. S. HIERONYMUS, *Vita S. Pauli primi eremitae*
ff. 81r-87v. 81r: Incipit vita sancti Pauli primi heremitae. [Preface] [I]nter multos saepe dubitantatum [!] est a quo potissimum monachorum...: (81v) nulli hominum compertum habetur. [Text] Sub Decio et Valeriano persecutoribus, quo tempore Cornelius Rome...: (87v) cum regnis et poenis suis. [Greek] Telos. Explicit vita sancti Pauli primi heremitae. [ff. 88r-89v are blank.]
PL, vol. 23, columns 17-28; [*BHM* vol. 2, item 261; *BHL*, vol. 2, p. 957, no. 6596.]

3. ANONYMOUS, *Notae*
Back flyleaves IIv-IIIv. [1] IIv: Alidipasati recepi di 30 alle. [2] IIIr: Jesus. Lapsus per litteram et est idolum quam lentus...: a spargo est idem quam comis [rubbed]. [3] IIIv: Alidipasa.

Physical Description: Paper; 22x13 cm; ff. 87+III; Latin; Humanistic cursive. Back flyleaves Ir-IIr are blank. There are two hands: one from ff. 1r-32v, the second from f. 33r to the end. Catchwords. There are some marginal and interlinear notes in item 2.

Illumination: Plain initials, two lines high, occasionally with some calligraphic flourishes on ff. 33r-37v, 44v-47v, 57r, 71v and 73r. Space was left for initials throughout the texts but they were never added.

Provenance: Old signatures: V (inside front cover), E48 (f. 1r). On f. 1r: "Ex dono Io. Baptistae Portae Neapolitani viri clarissimi" [i.e. Giovanni Battista della Porta].

Bibliography: Kristeller, *Iter Ital.*, vol. 1, p. 298; *BHM* vol. 4B, p. 96; *Collectanea Trapezuntiana* (see item 1 above) pp. 478-80.

E 50 Sup. * XV-3 * Northern Italy, Lodi

1. ANONYMOUS, *Commentarius in lecturam super Iuvenalem*
[based on lectures by GUARINUS, BAPTISTA]
ff. 1r-252r. 1r: 'Semper ego auditor tantum?' -- Priusquam voluminis huius attingatur expositio neccessario [!]...: (252r) carnibus humanis, unde denotat perfidiam Egiptiorum. Et finis. Laus Deo et virgini Marie. Comentum super

Iuvenalem finitum est per me Philippum Trexenum clericum Laudensem sexto idus Octobris.
[*CTC* 1, pp. 213-14 (this manuscript cited).]

2. *Versus de feria secunda in rogationibus*
f. 252v: Vult crux, Lucia, cinis, charismata dia / ut det vota pia quarta sequens feria.
[Walther, *Initia*, no. 20871; for a variant see Alfred Cordoliani, "Contribution à la littérature du comput ecclésiastique au moyen âge," *SM* 3rd series, 2 (1961): 204.]

Physical Description: Paper; 22x16 cm; ff. II+252+I; Latin; Humanistic cursive.
Flyleaf Ir contains modern shelfmark, back flyleaf is blank. Catchwords. Written by several hands, including that of Philippus Trexenus Laudensis (of Lodi) as mentioned in the colophon on f. 252r. Baptista Guarinus is the son of Guarinus Veronensis (see *CTC* citation in item 1 above, p. 214).

Illumination: Calligraphic initial S, three lines high, on f. 1r.

Provenance: Old signatures: X and 492 (f. Iv), and E 50 (f. IIr). "Sum mon[aste]rii S[anc]ti Sixti de Placentia, sum numero 490" (f. 1r), [i.e. Santo Sisto of Piacenza]. On f. IIv: "S[anc]ti Colombani" [i.e. Bobbio]; on f. IIr: "Hic codex qui ex biblioteca Bobii a S. Columbano instituta prodiit...traditus est anno 1606. Antonius Olgiatus, Bibliothecarius Ambrosianus vidit."

Bibliography: Kristeller, *Iter Ital.*, vol. 1, p. 298.

E 51 Sup. * XV-3 * Northern Italy

1. PSEUDO ARISTOTELES, *Secretum secretorum* [translated by PHILIPPUS TRIPOLITANUS]
ff. 1r-74r. 1r: Philosophorum maximi Aristotelis secretum secretorum, alio nomine liber moralium de reginine principium ad Alexandrum. [Preface] [D]omino suo excellentissimo et in culto christiane religionis strenuissimo Guidoni verre de Valentia Tripoli glorioso pontifici Philippus suorum minimus clericorum se ipsum et fidele devotionis obsequium. Quantum luna ceteris stellis lucidior et solis radius luciditate lune fulgentior...: (1v) aliquid utile continetur. [Prologue] Prologus. [C]um igitur vobiscum essem apud Antiochiam...: (2v) gaudium feliciter pervenire. [followed by a list of chapter titles begining De regibus et modis and continuing through De iustitia et de bonis on 3v] [Dedication] (4r) [D]eus omnipotens custodiat regum nostrum ad gloriam credentium et confirmet regnum suum...: (5r) et erant Perses magis obedientes suo imperio quam omnes alie nationes. Prologus. Johannes qui transtulit librum Johannes qui transtulit librum [!] istum, filius patricii...: (5v) ad regis Alexandri petitionem sub hac forma. [Text] [O F]ilii

gloriosissime iustissime imperator confirmet te deus in via cognoscendi...: (74r) declina semper ad meliorem et probabilliorem partem. Explicit Physionomia Aristotelis ad Alexandrum.
Reinhold Möller, ed., *Hiltgart von Hürnheim, Mittelhochdeutsche Prosa-übersetzung des 'Secretum Secretorum'*, Berlin: Akademie Verlag, 1963, pp. 1-164. [Schmitt-Knox, *Ps. Arist.*, item 81, pp. 54-75.]

2. PSEUDO ARISTOTELES, *De signis* [translated by BARTHOLOMAEUS DE MESSANA]
ff. 74v-83v. 74v: Maximi phylosophi Aristotelis de signis aquarum ventorum et tempestatum. [S]igna aquarum et ventorum et tempestatum et serenitatum sic scripsimus...: (83v) ut ante ista aut parum post. Explicit liber de signis aquarum et ventorum et tempestatum Aristotelis.
[Thorndike-Kibre, column 1501.]

3. AVICENNA, *De mineralibus* [translated by ALFREDUS ANGLICUS (Alfred of Sareshel)]
ff. 84r-88v. 84r: Maximi phylosophi Aristotelis de mineralibus. [T]erra pura lapis non fit quia continuationem non facit...: (88r) sed accidunt ei ex hoc res (88v) quedam extranee. Explicit liber mineralibus Aristotelis.
[Schmitt-Knox, *Ps. Arist.*, item 59, pp. 43-44; also attributed to PSEUDO ARISTOTELES.]

4. PSEUDO ARISTOTELES, *Lumen luminum*
ff. 88v-90v. 88v: Incipit liber lumen luminum Aristotelis quem transtulit Rasis. [C]um de sublimiori atque precipuo rerum effectu...: (90v) quisquam mortalium sub lunari circulo paupertatis angustias deffleret. Deo gratis.
[Schmitt-Knox, *Ps. Arist.*, item 56, pp. 40-41; also attributed to RASIS and RAYMUNDUS MASILIENSIS.]

5. PSEUDO ARISTOTELES, *Liber triginta verborum*
ff. 91r-95v. 91r: Incipit liber triginta verborum Aristotelis. [M]ala mors non est putanda quam bona precesserit vita...: (95v) et hoc est trigesimum et ultimum: scias ipsum in dei nomine. Explicit liber Aristotelis de triginta verbis.
[Schmitt-Knox, *Ps. Arist.*, item 93, pp. 80-81; also attributed to GERBER and RASIS.]

6. PSEUDO ARISTOTELES, *De perfecto magisterio*
ff. 96r-115v. 96r: Incipit liber perfecti magisterii Aristotelis quem transtulit Rasis. [C]um studii solertis indagine universarum rerum artificia phylosophia comparvi sedulitate tamen carissimi filii...: (113r) in vasa vitreo bene sigillato ad horam necessitatis. Explicit preparationes. Nota quod ista que sequuntur erant scripta post istum librum inde credo quod non fuerunt Aristotelis. [L]apis autem benedictus de animata re est, sicut dixit Hermes...: (115v) lunificum et solificum verum. Et sic est finis. Explicit liber perfecti magisterii Aristotelis. Alexander P. s[cripsit].

[Schmitt-Knox, *Ps. Arist.*, item 58, pp. 41-43; also attributed to ALBERTUS MAGNUS, GERBER and RASIS.]

Physical Description: Paper; 22x15 cm; ff. III+115+IV; Latin; Humanistic cursive.
Flyleaves Iv, IIv, IIIr and the back four flyleaves are blank. "Restaurato a Modena Sett. 1952" (f. Ir). Contemporary table of contents on f. IIIv. The scribe is an Alexander P. (f. 115v), who writes in a degenerated humanistic cursive bordering on modern cursive. There are some marginal comments.

Illumination: Space is left open for illuminated initials but they were never added.

Provenance: Old signatures: E 51 (f. IIr and IIIv), +5 (f. IIIv).

Bibliography: Bazzi, p.12, item 46; E. Franceschini, "L'Aristotele Latino nei codici dell'Ambrosiana." in *Misc. G. Galbiati*, vol. 3, p. 237; Lacombe, *Arist. Latinus*, 1955, pp. 983-84.

E 52 Sup. * XII-3, XV-2. [XIV-3] * Northern Italy (?)

1. ANONYMOUS, *Frammentario trattato riguardo a amicizia* [membra disiecta]
ff. Iv-IIv: Iv: //tua percio che la tua lode di te fa generar fastidio [?]...: (IIv) cosi e dispiace volo al pigro aco//. [On the bottom of f. IIr, a damaged explicit gives the book title as] Liber p...e doctrine.
[The inside front cover is foliated as flyleaf Iv and the first flyleaf is numbered II. Both leaves have been cut down. The incipit given is line 5, the first complete line of text.]

2. HORATIUS FLACCUS, QUINTUS, *Carmina*
ff. 1r-44v. 1r: Mecenas atavis edite regibus...: (44v) progeniem Veneris canemus.
F. Vollmer, ed., Leipzig: Teubner, 1912, pp. 9-138. [At the top of folio is the headline 'Oratio no. 61' written in a humanist hand.]

3. HORATIUS FLACCUS, QUINTUS, *Epodi*
ff. 44v-53v. 44v: Ibis Liburnis inter alta navium...: (53v) plorem artis in te nil agentis exitum [!]. Horatii Flacci liber explicit epodon.
Vollmer (see above), pp. 143-67.

4. HORATIUS FLACCUS, QUINTUS, *De arte poetica*
ff. 53v-60r. 53v: Incipit liber de arte poetrica [!] epodon [!]. Humano capiti cervicem pictor equinam / iungere si velit...: (60r) non missura cutem nisi plena cruoris hirudo. Liber de arte poetica explicit.

Vollmer (see above), pp. 307-25.

5. HORATIUS FLACCUS, QUINTUS, *Epistulae*
ff. 60v-81r. 60v: Quinti Oratii Flacci epistularum liber primus incipit. Prima dicte mihi, summa dicende Camena...: (81r) rideat et pulset lasciva licentius [!] etas. Finivit epistularum libri Q[uinti] F[lacci] O[ratii].
Vollmer (see above), pp. 250-306.

6. HORATIUS FLACCUS, QUINTUS, *Sermones*
ff. 81r-110v. 81r: Sermonum liber primus incipit. Qui fit, Mecenas, ut nemo quam sibi sortem...: (110v) Canidia aflasset, peior serpentibus Affris. Explicit.
Vollmer (see above), pp. 168-249.

7. HORATIUS FLACCUS, QUINTUS, *Carmen Saeculare*
ff. 111r-112r. 111r: [P]hebe silvarum potensque Diana...: (112r) [top of folio damaged] d[o]ctus et Phebi corus et Diane / dicere laudes. [The inside back cover is numbered as f. 112r.]
Vollmer (see above), pp. 139-42.

Physical Description: Parchment; 22x13 cm; ff. III+111; Latin, Italian (front flyleaves); Caroline minuscule (XII-3) on ff. 1r-86v and 105r-110v, humanistic minuscule (XV-2) on ff. 87r-104v and 111r-112r, *Textura formata (rotunda)* (XIV-3) on ff. Iv-IIv.
The inside front cover is foliated as flyleaf Iv (there is no Ir), consequently there are only three flyleaves but the numbering goes from I-IV. Also the inside back cover is foliated as f. 112r (there is no 112v), consequently there are only 111 folios but the numbering goes from 1-112. Flyleaves IIIv and IVrv are blank. There are two contemporary caroline hands: One on ff. 1r-63r, the other on ff. 63v-86v and 105r-110v, with some marginal and interlinear glosses in humanistic hands. There are quire signatures A-H in the Carolingian section and catchwords in the humanistic section.

Illumination: On f. 1r is a panelled vine stem initial M, nine lines high, infilled with leaf and flower terminals. Plain initials, five to eight lines high, at the beginning of each work, with plain three line high initials throughout the texts at each poem on ff. 1r-85r and 106r-109v, in the humanistic portion on ff. 85v-104v and 111r the spaces for the initials were never filled in.

Provenance: Old signatures: + (f. IIv), E 52 (f. IIIr), and 26 (on inside back cover, which is numbered as f. 112r).

Bibliography: Cipriani, p. 39; Gengaro-Villa Guglielmetti, p. 74.

E 53 Sup. * XV-1 (1433) * Central Italy, Tuscany [Plate II.13]

1. CICERO, MARCUS TULLIUS, *Tusculanae disputationes*
ff. 1r-85v. 1r: M. Tullii Ciceronis Tusculanarum disputationum liber primus incipit. Cum defensionum laboribus senatoriisque muneribus aut omnino...: (85v) infusis molestiis alia nulla potuit inveniri levatio. Finis. Deo gratias. Explicit liber v et ultimus Tusculanarum disputationum M. T. Ciceronis.
M. Pohlenz, ed., Leipzig: Teubner, 1918.

2. ANONYMOUS, *Tusculanae disputationes-glossae*
ff. 1r-85v. [1] [Marginal gloss beginning at *defensionum*, book 1, part 1, section 1:] (1r) Defensionum quia aliquando pro amicis suis in iudicio procurabet. [The next to the last gloss is at *Congerantur in unum omnia*, book 5, part 40, section 117:] (85r) Super hoc loco Augustinus in epistula Ad Macedonium quae incipit. *Quamvis sapientiam quam mihi tribus* et cetera. Ubi dicit ciceroniem non esse ausum hinc ferre sententiam. Ut non est. Sed addit prematur etiam do[lores] et cetera. [And the final marginal gloss, which is merely a paraphrase at *illa lex*, book 5, part 41, section 118:] (85r) Lex olim grecorum in conviviis aut bibat aut abeat. [2] [Interlinear gloss beginning at *muneribus*, book 1, part 1, section 1:] (1r) Id est honeribus. [The final interlinear gloss is at *lacessiti*, book 5, part 41, section 121:] (85v) provocati.

3. CICERO, MARCUS TULLIUS, *Descriptio divine legis, excerpta ex De republica 3.22.33*
ff. 85v-86r. 85v: Descriptio divine legis ex libro tertio de re publica Marci Tulli. Est quidem lex vera recta ratio nature congruens...: (86r) etiamsi cetera suplicia [!] que putentur[!] effugerit. Deo gratias. Amen.
K. Ziegler, ed., Leipzig: Teubner, 1969, pp. 96-97. [This excerpt is quoted by Lucius Caecilius Firmianus Lactantius in his *Divinarum institutionum*, in book 6 *De vero cultu*, chapter 8. The portion of Lactantius's text immediately preceding and following this quote are inserted as a note at the bottom of folio 85v as follows: "Suspicienda igitur lex dei...: voce dipinxit. Et quidem quis sacrum dei sciens tam significanter...:remotus exprexit [!]. Augustinus in libro qui eius dicitur de vero cultu." This text is edited in *CSEL*, vol. 19, p. 508, section 6 , lines 5-7 and p. 509, section 10, lines 8-10.]

4. CICERO, MARCUS TULLIUS, *Somnium Scipionis* [*De republica* 6.9-26]
ff. 86r-90v. 86r: Incipit somnium Scipionis ex sexto libro de re publica eiusdem. Cum in Africam venissem A.[!] Manlio [!] consul [!] ad quartam legionem...: (90v) ille discessit; ego somno solutus sum. Explicit somnium Scipionis ex sexto libro de re publica eiusdem.
K. Ziegler, ed., (as in item 3), pp. 126-36.

5. CICERO, MARCUS TULLIUS, *Pro M. Marcello oratio*

ff. 90v-97v. 90v: Oratio eius ad C. Iulium Cesarem pro M. Marcello. Diuturni silentii, patres conscripti, quo eram his temporibus usus...: (97v) maximus hoc tuo fatto [!] cumulus acesserit [!]. Explicit oratio Marci Tulii Ciceronis ad Caium Iulium Cesarem pro Marco Marcello feliciter die xvii Novembris anno Domini mccccxxxiii. Macignus de Macignis.
A. Klotz, *M. Tulli Ciceronis scripta quae manserunt omnia*, vol. 8, Leipzig: Teubner, 1918, pp. 69-81.

6. CICERO, MARCUS TULLIUS, *Paradoxa Stoicorum*

ff. 98r-107v. 98r: Incipiunt paradoxa stoicorum eiusdem. Animadverti, Brute, sepe Catonem avunculum tuum...: (107v) pauperes extimandi sunt. Hic finem habent paradoxa stoicorum. Explicit [!] paradoxa stoicorum feliciter. Deo et Patri gratias, amen. Macignus Ioachini de Macignis scripsit et die xviiii mensis Novembris ad finem feliciter venit. Amen. Laus Deo.
C. F. W. Mueller, *M. Tulli Ciceronis scripta quae manserunt omnia*, pt. 4, vol. 3, Leipzig: Teubner, 1898, pp. 197-213.

Physical Description: Parchment; 22x15 cm; ff. I+107; Latin; *Textura formata*.
Flyleaf Iv is blank. Catchwords. Marginal and interlinear glosses throughout the *Tusculanae disputationes* and a few brief marginal comments in the *Paradoxa stoicorum*. Written by Macignus Ioachini de Macignis (ff. 97v and 107v). He is mentioned in *Colophons de mss. occidentaux* in vol. 4, on page 98 and in vol. 1, p. 145, item 1162. It seems the scribe Antonius de Mercatello wrote a manuscript for him in 1418, (Firenze, Biblioteca Laurenziana, ms. Pluteus 38, 12). According to John W. Bradley, *A Dictionary of Miniaturists, Illuminators, Calligraphers, and Copists*, London: Quaritch, 1888, vol. 2, p. 307, the manuscript contains a copy of the family heraldic device.

Illumination: Illuminated initials, five to six lines high, infilled with acanthus leaf designs and marginal borders containing acanthus leaves with seed and fruit terminals on ff. 1r, 85v, 86r, 90v and 98r. Less ornate five line high initials infilled with a design or acanthus leaves and containing short leaf terminals in the margin on ff. 21v, 33r, 48v, and 64r (at beginning of books in the *Tusculanae Disputationes*); in the remainder of the manuscript sections are begun with calligraphic initials, two lines high.

Provenance: Old signatures: V (inside front cover) and E 53 (f. Ir). In the inside front cover: "Comprato dal signor Dominico" (on Dominico see Villa, p. 258). In the bottom margin of f. 1r is an heraldic shield containing three crescents and a diagonal band ornamented with fleur-de-lys; the shield is encircled in a wreath.

Bibliography: Cipriani, p. 39; L. Laurand, "Les manuscrits de Cicéron," *Revue des études latines* 11 (1933): 107; and Mai, *CCA*, p. 238, item 55.

E 54 Sup. * XV-2 * Northern Italy, Veneto

1. BARTOLOMEO DA RINONICO DA PISA, *Libro delle conformità della vita del beato Francesco alla vita del nostro Signore* [libro 2, excerpta]
ff. 1ra-171ra. 1ra: IHS. Incomenza il libro secondo del 16 conformitate di la vita dil beato Francisco ad la vita dil nostro Signore Yesu Christo. La prima conformitate e nel ordine tredecima: Yhesu di signi mirifico, Franciscus divulgatur. Seconda expositione di la prima parte, Yhesu di signi mirifico. Da puoy che nel libro precedente dele 12 conformitate dil beato Francesco al nostro Signore...: (171ra) desprezando li mondani favori si alegrava.// [incomplete text] [ff. 171v-175v are blank.]
[A Latin edition of the section translated into Italian in this manuscript is edited in: *De conformitate vitae Beati Francisci ad vitam Domini Iesu, auctore Fr. Bartholomaeo de Pisa: Libri II et III*, ed. a Patribus Collegii S. Bonaventurae, *Analecta Franciscana* vol. 5, Quaracchi: Collegi S. Bonaventurae, 1912, pp. 1-133, line 35. This is book 2, *fructus* 1 to *fructus* 5 part 2 section 2, with some lacunae. Some of the chapter headings in the *Libro* have been translated into Italian, others left in Latin. The Ambrosiana manuscript is described in the preface to the edition on p. 126, item 7. The *Libro delle conformità* is frequently attributed to Bartolomaeus Albisius, OFM, due to a confusion of two friars sharing the sobriquet "da Pisa" (for discussions of the author's identity, see the preface to the edition, pp. 10-24 and *DBI*, vol. 6, pp. 756-58). Other attribution: PSEUDO BARTHOLOMAEUS ALBISIUS, OFM.]

2. GIOVANNI DA FECAMP (?), *Meditazioni* [chapters 12-18, middle of 19-25, 27-beginning of 31]
ff. 176ra-192vb. 176ra: Questo sie buono tractato de la summa Trinitade e una affectuosa laudatione e dignissima retributione de gratie nela consideratione de la humanita del Signore per la quale la mente del contemplatore se alaza in Dio e a Christo in desio se vinsse per amore. [Beginning of chapter 12:] Summa Trinitade, una virtu e non partita maista, Deo nostro... [text continues through the end of chapter 18:] (182vb) deo meo e mia misericordia che tu me recogli e confermi sempre. [text continues without a break in the middle of chapter 19]// May in questa cita (?) ove se vede la faza tua... [text continues to the end of chapter 25:] (188rb) dal mio padre e yo amaro luy e manifestazione me medesimo a luy in vita cena. Amen. [continues without a break with rubric of chapter 27] Lauda de la divinita excellentia nele quale l'anima del (188va) contemplatore se illumina del lumine de veritade e accendessi del focho de caritade. [text of chapter 27 begins] Anima mia da rende benedictione...: [text concludes with the beginning of chapter 31:] (192vb) fedele anima vive de fede e insperanza tene quello che in substantia de vede//.
[Italian translations of this work include Augustino, *Le divote meditationi con li soliloqui et il manuale*, Venezia: Bindoni, 1561 and *Le devote meditationi di Sant' Augustino, con il soliloquii e il manuale nella volgar lingua tradotte*,

Venezia: G. Chigero, 1568. The Latin text is found in *PL*, vol. 40, cols. 909-25. Other attribution: PSEUDO AUGUSTINUS EP. HIPPONENSIS. Also see items 4 and 11 below.]

3. ANONYMOUS, *Esclamazione del impiagato core*
ff. 192vb-195rb. 192vb: Una ardentissima exclamatione del impiagato core il quale contempla lo so sposo che zoga nela celestiale Yerusalem, per la quale exclamatione desiderano anxiosamente di coplearsi a luy con dolce exortatione provoca se in desio a receverlo qui picava [?] al languido core per intrare. Como desidera il cervo andare ale fonte dele aque, cossi desidera l'anima mia de laudare te, O Idio mio...: (195rb) mostri la gloria tua, ove te cibi e te riposi nel mezo di.

4. GIOVANNI DA FECAMP, *Meditazioni* [remainder of chapter 31, and 32-34]
ff. 195rb-199ra. 195rb: Qui l'anima affochato da l'ardore dela caritade e ferita di pietoso amore, explica laude e geta fori pregi al summo Dio el quale ella cognosce per fede e ne lo quale ella ripossa per amore. //La casta conscientia e il suave amore de la mia fede te invoca i dio mio...: (199ra) che elli vederano i dio beati quelli che habitano nela casa tua signore po che elli te laudarano in eterno [Ps 83:5]. Amen. [f. 199v is blank.]
[Latin text: *PL*, vol. 40, cols. 925-28; see item 2 above.]

5. PSEUDO AGOSTINO VESCOVO DI IPPONA, *Specchio degli peccatori*
ff. 200ra-206vb. 200ra: Qui se comenza uno utile tractato dela memoria dela morte, composto da sancto Augustino, el quale se chiama Spechio deli peccatori. Pero che la nostra fragelitade, la nostra infirmitade e la nostra mortalitade...: (206vb) ne conduca lo onnipotente Dio. Amen.
[Latin text: *PL*, vol. 40, cols. 983-92; also *Gesamtkatalog*, vol. 3, column 172, item 3028 for a different Italian translation. The *Spechio degli peccatori* has been variously described as inspired by Hugo de S. Victore (Glorieux, *Migne*, p. 28) or excerpted from him (*PLS*, vol. 2, col. 1366). Other attribution: PSEUDO HUGO DE S. VICTORE.]

6. PSEUDO AGOSTINO VESCOVO DI IPPONA, *Lamentazione della sposa*
ff. 206vb-209vb. 206vb: Incomenziamo alcune bellisimi tractati e devotissimi del predicto doctore sancto Augustino, molto incitativo a cerchare e trovare el Segnore; una pietosa lamentatione dela sposa che se lamenta de se perche se delongata dal suo Dio, essendo alaciata per li corporali sentimenti dolzeza e belleza del Creatore, e in suy domanda perdonanza, supplicando humilmente. In solo Dio ha riposso quella anima, la quale ama Dio...: (209vb) po che elli laudrano [!] te in eterno [Ps 83:5].

7. PSEUDO AGOSTINO VESCOVO DI IPPONA, *Pianto delli gradi della carità*
ff. 209vb-214rb. 209vb: Uno belissimo pianto deli gradi dela carita e delo loro effecto li quali la mente gia compiuta e perfecta ha veduto e gustati [!] per contemplatione. Veray hora presente a me, O Idio mio, el quale yo cerco...: (214rb) che ella guadagna tutti li homini a Yhesu Christo nostro Signore.

8. PIETRO DI BLOIS, *Trattato della divina carità*
ff. 214rb-217rb. 214rb: [1] Una dignissima comendatione dela divina caritade la quale la piatosa anima piena de ley desidera a sua possanza magnificare, avenga (214va) che rimanga muta nela sua excellentissima lauda. Si como ce insegni la scriptura, la amicitia non e verace se ha fondamento...: (216ra) in voce di exultatione e di confessione. [2] Certo tutta sey bella, O excellentissima caritade...: (217rb) cosi alora pienamente yo te possede e che di te usi in eterno.
[1] This is an Italian translation of PETRUS BLESENSIS, *Tractatus 2 de caritate Dei et proximi*, all of chapter 1 and parts of chapters 11 and 12; Latin text, *PL*, vol. 207, cols. 895-897 and 906C-907A.

9. PIETRO DI BLOIS, *Altro trattato della divina carità*
ff. 217rb-220ra. 217rb: [1] Una recordatione deli divini dony li quali la mente devota si recorda per non esser ingrata maximamente cercha la passione del Signore messer Yesu Christo, nela quale e stata mostrata a li homini la plenitudine de l'amore. Oditi celi e con le orechie comprendelo, o terra, quanto habia magnificata...: (217vb) O Salvatore de Yerusalem [! for Ysrael]. [2] O mirabile dignatione e dignissima de stupore...: (218vb) sentire a la intrinseca inspiratione. [3] Guardati, anima mya, che tu non sii ingrata...: (220ra) nelo incendio dela infernale fiama.
[1] This is an Italian translation of PETRUS BLESENSIS, *Tractatus 2* (see item 8), part of chapter 17; Latin text, *PL*, vol. 207, cols. 915B-D.

10. ANONYMOUS, *Apparizione delli celesti doni*
ff. 220ra-224rb. 220ra: Una ioconda apparitione o vero proceso deli celesti dony li quali la magnifica clementia di Dio ha conferito ali homini de bona voluntade per li quali (220rb) doni si da chiara notitia a ciascuno di Dio e di se, e recipissi (?) il core di dolce speranza e de ardentissima caritade. *O alteza de le richeze de la sapientia e scientia di Dio...: non ello data di sopra.* [Rm 11:33-36] E non descendo ello dal Padre deli lumy...: (224rb) e lo quale regna in eterno.

11. GIOVANNI DA FECAMP (?), *Meditazioni* [chapters 35-37]
ff. 224rb-233vb. 224rb: Quy incomincia prechi con ardente desiderio la fideli anima che la sia possente ad amare solo Christo. (224va) Iesu redemptione nostra, amore e desiderio nostro, Dio di Dio...: (233vb) con tutta la caritade abraray e con tuto il mio amore a luy me apogiay. Io lo laudo e benedico e adoro, il quale vive e regina i dio per tuti li secoli deli seculi. Amen.

[Latin text: *PL*, vol. 40, cols. 928-36. See item 2 above.]

12. PSEUDO BERNARDO DE CLARAVALLE, *Meditazione piisime del'uomo interiore* [chapter 4, sections 11 and 12]
ff. 233vb-235rb. 233vb: Del premio deli ellecti. Certo il premio deli ellecti e vedere Dio, vivere con Dio, essere con Dio...: (235rb) e habondantissima alegreza. Le quale Yhesu Christo benedetto donara in eterno a quelli che combatarano in veritade e perseverantia. Deo gratias. Amen.
Zambrini-Morpurgo, vol. 1, cols. 60-62. This is a translation of the Latin text *Meditationes piisimae 'De cognitione humanae conditionis sue de interiore homine'* in *PL*, vol. 184, cols. 492-93. Other attributions: PSEUDO AUGUSTINUS, PSEUDO AMBROSIUS, and to HUGO DE S. VICTORE as his *De anima*.

13. ANONYMOUS, *Fragmentum de peccatis*
f. 235rb-vb. 235rb: Arguit nos peccato negligentie...: (235vb) magis quam in affectu et opere gestamus.

14. ANONYMOUS, *Epistula devota*
ff. 235vb-237vb. 235vb: Incipit devota epistula. Audi, filia, doctrinam pristinam et inclina aurem tuam ad verba mea. Comoda mihi libenter auditur et corde credulo cuncta...: (237vb) et lucide scias qualis compunctio esse debet. Deo gratias.

15. S. ANSELMO D'AOSTA, *Orazione 20; Meditazioni 2, 3, 11; Orazione 10*
ff. 238r-258r. 238r: Meditationes sancti Anselmi. [Prologue] Al nome del Patre e del Fiolo e del Spirito sancto, uno Dio. Queste sono le oratione e meditatine [!] di sancto Anselmo...: zascaduna lectura sie vana. [Text] [1] Primo capitulo. Signore mio Yhesu Christo, redemptione mia, misericordia mia, ti laudo, ti adoro, a ti rendo laude...: (240v) pero che lo pietoso. E a luy sia gloria in secula seculorum. Amen. [2] Capitulo secondo. Spaventasi molto la vita mia, perche se io la ricercho bene sotilmente...: (243r) mi ralegri con tuti queli chi ameno il tuo sancto nome e benedeto. A ti sia gloria e laude in eterno. [3] Capitulo tertio. Anima mia, anima penosa, anima misera di la misera feminela...: (246r) Or fa el tuo volere per la tua grande e pietosa bontate. [4] Capitulo quarto. Non basta signore mio, non basta a l'anima mia peccatrice...: (251r) con felicitade venire da ti. Unde è sempre gloria senza fine in secula seculorum. [5] Catipulo quinto. Anima christiana anima de grave morte resuscitata...: (253v) ch'ti cerchano. A ti sia lauda summo dio in secula seculorum. [6] (254r) Capitulo septimo. Segnore mio dona al mio [core] desiderare ti e desiderando cerchare te...: (258r) io possa pervenire all'amore dela gratia. Amen. [on f. 258v "Ave maria gratia"].
This entire text is edited in Carmelo Ottaviano, *Testi medioevali inediti*, *Fontes Ambrosiani*, vol. 3, Florence: Olschki, 1933, pp. 62-92. The individual works of Anselm that make up this miscellany are as follows: [1] Orazione

20. [2] Meditazione 2. [3] Meditazione 3. [4] Meditazione 20. [5] Meditazione 11. and [6] Oratione 10 (the word *core* appears in brackets because it was added later as a correction). Ottaviano (pp. 52-53) points out various text alterations which support a hypothesis that this Italian rendering was done by a woman.

16. ANONYMOUS, *Versi religioso*
Inside back cover. De Yhesu Christo sono stata ribella fazendo contra la sua volontade,...: me arde l'amore Yhesu.

Physical Description: Paper; 22x15 cm; ff. II+258+I; Italian, Latin; *Textura formata*.
Flyleaves Iv, IIrv and the back flyleaf are blank. Items 1-14 are in double columns, while items 15-16 are single column. Pen trials on top of f. 37r and on 258v. There are two hands interspersed, both display protohumanistic elements but one is more cursive than the other. Catchwords.

Illumination: Plain initials, two lines high, at the beginning of sections.

Provenance: Old signatures: E 54 (inside front cover, f. Ir and 1r), 747 (f. 1r).

Bibliography: P. Bughetti, "Una nuova compilazione di testi intorno alla vita di S. Francesco," *AFH* 20 (1927): esp. 525-27, 544, 555-60. Oberleitner, vol. 1, pt. 1, pp. 170-71.

E 55 Sup. * XV-3 * Lombardy, Milan (?)

1. PAULUS VENETUS, OESA, *Tractatus de conceptione beatae Mariae Virginis*
ff. 2r-5v. 2r: Opinio magistri Pauli Veneti de conceptione Virginis. Querit eximius doctor magister Paulus Venetus ordinis heremitarum sancti Augustini: An beata Virgo concepta sit in peccato originali; pro quo, primo praemittit quaedam notanda. Primuum tenet quod beata Virgo fuit dupliciter concepta...: (5v) sed in cunctis Mariam aspice. Deo gratias. Amen. [For flyleaves and folio 1 see below.]
Gonzalo Diaz, "Tratado de Pablo de Venecia sobre la Inmaculada Concepcion de Maria," *Analecta Augustiniana*, 40 (1977): 120-38, also see pp. 110-12 for a brief discussion of this and other manuscripts of the text. [Alan R. Perreiah, *Paul of Venice: A Bibliographic Guide*, Bowling Green, Ohio: Philosophy Documentation center, Bowling Green State University, 1986, p. 55, entry 76; A. Zumkeller, *Manuskripten von Werken der Autoren des Augustiner-Eremitenordens in mitteleuropäischen Bibliotheken*, Würzberg: Augustinus-Verlag, 1966, p. 344, item 737.]

2. ANONYMOUS, *Quaestio de conceptione B. Virginis*
f. 6rv. 6r: Opinio de conceptione Virginis. Dicimus quod in anima Virginis gloriosae gratia sanctificationis pervenit...: (6v) sed quam ad causam solum. [ff. 7r-11v are blank.]

3. MAGISTER ADAM ANGLICUS, *Quaestio de conceptione Beatae Virginis*
ff. 12r-13r. 12r: Magister Adam Anglicus, qui creditur fuisse sacerdos secularis, in suo scripto super tertio [libro] sententiarum, distinctione 4, quaestione 1, quaerit: Utrum Virgo contraxit peccatum originale, quod sic videtur Rom. 5: *Omnes in Adam peccaverunt* [Rm 5:12, altered]...: (13r) per superiora eius.

4. PAULUS DE PERUGIA, *Lectura in libro tertio Sententiarum, distinctio 3, quaestio 6*
ff. 13r-15r, 13r: Magister Paulus de Perusio ordinis fratrum sancte Marie de Carmello sive Carmellitarum super tertio [libro] sententiarum, distinctione tertia, movet hanc quoque: Utrum beata Virgo fuerit concepta in peccato originali. Et arguit quod non...: (15r) sed potius suam sanctificationem.
[B. M. Xiberta, *De scriptoribus scholasticis saeculi XIV ex ordine Carmelitarum*, Louvain: Bureaux de la Revue, 1931, p. 293.]

5. JOHANNES DUNS SCOTUS, *Questio de conceptione Beatae Virginis*
ff. 15r-16v, 15r: Scotus super tertio [libro] sententiarum, distinctione tertia, quaerit quare et quomodo Christus non contraxit originale peccatum, ad quod adducit duas opiniones; sed obiicit contra primam et adducit secundam, quam sequimur. Unde dicit sic refutata post. [1] Aliter dicendum secundum viam Anselmi qui dicit peccatum originale...: (15v) ut Christus innocens nasceretur. [2] Hoc primae. Ex quibus satis posset evidenter concludi...: et matrem suam. [3] Hoc primae. Ad eandem etiam dixit magister Adam...: (16v) quod facere debeat. Ita in perpetuo, etc.
[1] Luke Wadding, *Joannis Duns Scoti opera omnia*, Paris: Vivés, 1894, vol. 14, pp. 178-79 in *Questiones in tertium librum setentiarum*, distinctio III, questio 2, scholium. [2] and [3] are unidentified paraphrases and commentaries on III.III.1.

6. PSEUDO AUGUSTINUS EP. HIPPONENSIS, *Tractatus adversus quinque haereses, cap. 5*
ff. 16v: Augustinus contra quinque hereses de beata Virgine sic ait: Dicit tibi Creator hominis: Quid est quod te permovet...: haec vitam perperit. Hec ille. *PL*, vol. 42, col. 1107.

7. GREGORIUS DE RIMINI (ARIMINENSIS), OESA, *Quaestio de conceptione B. Virginis*

ff. 17r-20v. 17r: Eximius doctor Gregorius de Arimino ordinis eremitarum sancti Augustini secundo suo scripto sententiarum, distinctione 30, quaestione secunda, argumento primo de beata Virgine sic ait. Vero utrum beata Virgo fuerit concepta in peccato originali. Et arguo quod non et primo auctoritate Augustini libro de natura et gratia...: (20v) ipsa fuit sancificata et ab omni reatu peccati mundata. Et in hoc terminatur praesens quaestio supradictareverendissimi doctoris nostri. Amen. [f. 21rv is blank.]
A. Damasus Trapp and Venicio Marcolino, eds., *Gregorii Arminensis OESA lectura super primum et secundum sententiarum*, Berlin: Walter De Gruyter, 1980, tome 6, pp. 197-209. [Zumkeller, as in item 1 above, p. 122, item 275.]

8. AEGIDIUS ROMANUS, OESA, *Tractatus de peccato originali*

ff. 22r-27v. 22r: IHC. Incipit liber de peccato originali editus a fratre Egidio Romano ordinis eremitarum sancti Augustini. [Preface] [E]go, cum sim pulvis et cinis, loquar ad Dominum meum...: veritas sit tremenda. [Text] Capitulum primum. [G]racie Dei innisus auxilio prius investigabo quid sit originale peccatum...: (27v) te videre possimus, qui es benedictus in secula seculorum. Amen. Explicit liber de peccato originali editus a fratre Egidio Romano ordinis fratrum eremitarum sancti Augustini.
To be in *Aegidii Romani opera omnia* III.9, edited by Francesco Del Punta and Gianfranco Fioravanti, Florence: Olschki, not yet published. [G. Bruni, *Le opere di Egidio Romano*, Florence: Olschki, 1936, pp. 120-121, item 41; Zumkeller, (see item 1 above), pp. 31-32, item 42; Glorieux, *RMTP*, vol. 2, p. 295, entry 400, item h.]

9. AEGIDIUS ROMANUS, OESA, *Tractatus de praedestinatione, praescientia, paradiso, purgatorio, et inferno*

ff. 28r-50r. 28r: [Preface and list of chapters] [N]obili in Christo sibi quam plurimum dilecto domino Chavene de Tholomeis frater Egidius Romanus ordinis fratrum eremitarum sancti Augustini salutem...Cum enim in nostro reditu versus Parisiense studium...: (28v) infligi debere eterna pena. [Text] [P]ost distinctionem capitulorum restat tractatum componere...: (50r) participes faciat Dominus Yesus Christus, qui cum Patre...in secula seculorum. Amen. Explicit tractatus de predestinatione et prescientiaet de paradyso et inferno, ubi predestinati et presciti sunt finaliter collocandi editus a fratre Egidio de Roma ordinis fratrum heremitarum sancti Augustini. [ff. 50v-51v are blank.]
To be in *Opera omnia* III.9 (see item 8 above). [G.Bruni, (see item 8 above), pp. 118-119, item 39; Zumkeller, (see item 1 above), pp. 34-35, item 51); Glorieux, *RMTP*, vol. 2, p. 299, entry 400, item x.]

10. AEGIDIUS ROMANUS (?), OESA, *Tractatus de excellentia summi pontificatus* [chapters 15, 19-24, 33]
ff. 52r-60v. 52r: Egidius libro de excellentia pape capitulo 15. Queritur ad quam potentiam spectat imperare utrum ad intellectum...: (60v) quid sit iustitia; secundum Egidium ibi hoc inest. [f. 61rv is blank.]
[G. Bruni, (see item 8 above), p. 155, entry 91.]

11. AUGUSTINUS DE ANCONA, OESA, *Tractatus de resurrectione mortuorum*
ff. 62r-104r. 62r: Theoremata Augustini de Anchona de resurrectione mortuorum. [Prologue] Venerabili ac reverendissimo patri domino Leonardo de Quartino...: (62v) accipereut affirmare dignetur. Explicit prologus. Capitulum primum: futuram esse mortuorum omnium resurrectionem nec non bonorum praemiationem. Quod futuram sit omnium mortuorum resurrectio sicut theorema...: (104r) ei conpatiens. [ff. 104v-109v are blank.]
[Zumkeller, (see item 1 above), pp. 79-80, item 147; Glorieux, *RMTP*, vol. 2, p. 325, entry 409, item s.]

12. AUGUSTINUS DE ANCONA, OESA, *Tractatus de amore Spiritus Sancti*
ff. 110r-178v. 110r: Incipit tractatus de amore Spiritus sancti per quinquaginta theoremata distinctus, compositus ab eximio sacre theologie doctore famosissimo fratre Augustino de Anchona ordinis fratrum heremitarum sancti Augustini. [Prologue] [D]omine Iesu Christe qui dixisti apostolis tuis, *Petite et accipietis* [Jo 16:24]...: tuis sanctis aptis ellargiri [!]. [Text] Capitulum primum: [F]irmiter credimus et nullatenus dubitamus amorem qui est Spiritus sanctus esse tertiam (110v) in Trinitate personam. Supposita distinctione probatur in divinis quod est articulus fidei...: (178v) sitque omnium laborum meorum merces et praemium, qui cum Patre... in secula seculorum. Amen. [f. 179rv is blank.]
[Zumkeller, (see item 1 above), p. 80, item 149; Glorieux, *RMTP*, vol. 2, p. 325, entry 409, item t.]

Physical Description: Paper; 22x15 cm; ff. V+178+V; Latin; *Textura cursiva*. Flyleaf I r: "Restaurato a Modena Sett. 1952." Flyleaves Iv, IIIrv, IVrv, Vr, the back flyleaves I-V, and folio 1v are blank. On f. IIr is a partial 17th century list of contents with a modern note below, indicating that a printed text has been removed from this codex and is now bound with incunabula no. 1315. There is a contemporary table of contents on f. 1r, with folio numbers. Beginning with f. 62r, there is a double sequence of numbering, 62r being also numbered 88r; we use the consecutive numbering from the beginning of the codex. The script is a readable textura cursive with proto-humanistic influence. Folios 22r-50r and 110r-178v are more carefully planned in regard to spacing and overall format than ff. 2r-20v and 52r-60v, while ff. 62r-104r are in a much freer style than any of the other texts.

Illumination: Plain initials, one line high, on ff. 2r-20v and a few on 52r-109r. On ff. 22r-50r and 110r-178v space is left for four and two line high initials that were never added.

Provenance: Old signatures: Q on inside front cover, E 55 (f. IIr), S (f. IIv), and Y (f. Vv). Label on inside front cover: "Deversi [!] tractatus magistrorum ordinis nostri" [i.e. OESA]. Also a strip taken fron the binding or older flyleaf was mounted on the new cover during restoration and contains the signature Q. Although it is not mentioned in the manuscript it is possible that this manuscript came from the Augustinian convent of S. Maria Incoronata, Milan. Many other Incoronata manuscripts are now in the Ambrosiana and some, such as C 31 Sup. and D 5 Sup., also have old signatures of S and Y. However there are three other Augustinian houses in Lombardy (Bergamo, Brecia and Como) and several other possibilities in nearby provinces.

Bibliography: Kristeller, *Iter Ital.*, vol. 1, 298; V. Doucet, "Bibliographia," *AFH*, 27 (1934): 587; Izbicki, pp. 301-2; Ferrari, *Francesco*, pp. 229, 231 and 252.

E 56 Sup. * XV-1 (probably soon before 1408 for the tables)
*** Tuscany [Plate I.14]**

1. ANONYMOUS, *Tabula astronomica: 1413-1431*
f. IVr: [Chart] A=1413; B=1414; C=1415...: S=1430; T=1431.
[This item consists of a badly rubbed circular chart assigning letters, possibly *littere primationum*, to the years between 1413 and 1431. Perhaps the entire chart comprises a complete 19 year cycle of new moons. The text below the chart is almost completely obliterated.]

2. ANONYMOUS, *Kalendarium de loco lunae inveniendo: 1393*
f. IVv-1r. Vr: Ianuarius. M. die 1, hora 5 punta 1005. / A. die 2, hora 19 punta 676...: (Vr also labelled as 1r) [under December] O. die 28, hora 22 punta 107./ C. die 30 hora 10 punta 858. Explicit tabula lun...[remainder of colophon badly rubbed].
[The capital letters A-U, which are found in the left hand column, represent the years in a 19 year new moon cycle. Similar to Fridericus Saaby Pedersen, ed. *Petri philomanae de dacia et petri de s. audomaro: opera quadrivialia, pars 1, opera petri philomenae*, *Corpus philosophorum danicorum medii aevi*, vol. 10, part 1 Gad: Copenhagen, 1983 pp. 336-59, columns 1-5. In our chart the new moon is represented by the letter T, found on 13 Januarius (hora 10, punta 880); 11 Februarius (hora 23, punta 593); 13 Martius (hora 12, punta 306); 12 Aprilis (hora hora 2, punta 18);...4 November (hora 18, punta 120); 4 December (hora 6, punta 963). The full moon is represented by the letter D on Jan. 28 (hora 23, punta 570); Feb. 27 (hora 12, punta 283)... Dec. 19 (hora 18, punta 653). This corresponds

to the new and full moons for 1393 as listed in Herman H. Goldstine *New and Full Moons 1001 B.C. to A.D. 1651*, Memoirs of the American Philosophical Society, vol. 94, Philadelphia: American Philosophical Scoiety, 1973, p. 200. Professor Emmanuel Poulle of the Ecole Nationale des Chartes in Paris kindly provided information for this and the following entry.]

3. ANONYMOUS, *Tabula paschalis 1397-1435*
f. 1r: [1] [P], G, I+...:R [then, without a break] [2] Y, G, B+,...:E+. [concluding with an explanation on the use of the table] Ad colligendum pasca resurrectionis domini. Nota quod [rubbed] dicte littere ubi non sunt cruces designant mensem aprilis ab introitu; et ubi sunt cruces designant mensem martii ab exitu. Verbi gratia M.CCCC.VIII est P que XVa littera alphabeti et sic pasca erit quindecima die aprilis ab introitu.
[Item [1] covers the years 1408-1435 in which P= April 15, G= April 7, I+ = March 23 to R= April 17. Item [2] covers the years 1397-1407 in which Y= April 22, G= April 7, B+ = March 30 to E+ = March 27. I am grateful to Professor Emmanuel Poulle for identifying and providing information for this entry. On the dating of the tables to soon before 1408 see the explanation at the end of the description.]

4. DOMENICO DA MONTICCHIELLO, *Rima*
ff. 1v-8v. 1v: Le vaghe rime e el dolce dir d'amore...: (8v) mista si discerneva altera brigata.
Guido Mazzoni, *Rime di m. domenico da monticchiello* per nozze casini-de simone, Roma: tip. metastasio, 1887 [reference from Zambrini-Morpurgo, 2, no.380]; [also Ernesto Lamma, "Di alcuni petrarchisti del secolo xv" *Il propugnatore* 20 (1887): 213.]

5. MONALDO CICHERIS *Visio sive novella d'amore e sancta oratione*
ff. 9r-27r. 9r: Visio. Nel tempo che l'feroce sagiptario...: (18r) ella con un palar dolce e sereno. Incomincio questa sancta oratione. [1] Ad patrem. Misericordia padre omnipotente/ che cielo e terra e mare abysso e inferno...: (18v) bianci piu che nieve. [2] Ad filium. Miserere di me animi eterno figlio/ del padre eterno nançi a tempo nato...: (19r) matheo nele sue carte. [3] Ad spiritum sanctum. Misererere di mi spirito sancto/ el qual dal padre e da filio procedi...: (19v) dove chiaréçça sença cosa bruna. [4] Ad gloriosam virginem mariam. Vergine sancta di dio madre esposa/ specchio di purita lucido e terso...: (20r) che di me e dogn'altro abia mercede. [5] Ad michaelem archangelum. Ora per noi archangel michaello/ confalonior del ciel cha la gran guerra...: (20v) [rubbed] de beati. [6] Reverendi e beati padri antichi. (21r) Reverendi e beati padri antichi/ cui dio amo per gratia e per virtute...: (22r) salvo la mente che di dio si satio. [7] Ad iohanem baptistam. Altissimo e beato precussore/ giovani baptista a cui non fu secreta...: e nele temptationi gia non ci proni. [8] Ad apostolos. Prega per noi sancta congregatione/ de gloriosi apostoli la cui fede...: (24v) altro in

dio martyriçato. [9] Ad confessores. Pregate per li miser peccatori/ el buon gesu che le peccata tolle...: (25r) che seguiro l'agnello e l'trono eycelso. [10] Ad virgines. Sancte donne e beate la cui mente/ ciascuna fu damor di dio ripiena...: (26r) mando lo spirito mio. [11] Auctor operis. Cari compagni andiamo a l'monumento...: (27r) che questo mondo yo ci rifiuto al tucto. Explicit istud opusculum editum a monaldo cicheris. Deo gratias.
[Attributed to a MONALDO GIANNI in the table of contents on flyleaf IIIr under the title *Visione o sia novella d'amore in tersa rima*.]

6. MINO DI VANNI D'AREZZO, *25 Sonetti sopra l'inferno di Dante*

ff. 27r-32v. 27r: Questi infrascripti sonetti fece Mino di Vanni Dietaiuve d'Areçço sopra la prima parte di Dante chiamata Inferno. [1] sonetto primo. La intention di colui che ne scrisse...: de'tradictori eterna confusione. [2] sonetto secundo. In sul coperchio d'inferno i gattivi...: (27v) senç'altro nome che gente gattiva. [3] sonetto terço. Gli amantimorti per carnale amore...: languendo l'alma sempre tempestata. [4] sonetto iiii. Golosi innudi per terra giacenti...: (28r) che non si pon levar, nè puon giacere. [5] sonetto v. Sempre nel mondo i prodighi et gli avari...: l'un contra ad l'altro sempre ingiuriare. [6] sonetto vi. In nun [!] palude so'messi i biçarri...: nel qual vedersi giamai non an poso. [7] sonetto vii. Gl'eretici per arche son sepolti...: (28v) morendo sempre perduto l'errore. [8] sonetto septio [!]. Tiranni stati grandi rubatori...: l'assetato di sangue crudel Ciro. [9] sonetto viii. Tucti color di se humicidiali...: (29r) che da le piante in figura si pone. [10] sonetto x. Sopra una rena sempre mai arsiccia...: a la natura nemici et contrari. [11] sonetto xi. Ruffani et lusinghieri apportatori...: e lusinghieri per schiuma di lessi. [12] (29v) sonetto xii. Symonici col capo di sotto...: nominandone alcun de principali. [13] sonetto xiii. Incantatori co'visi travolti...: quanto per tristo cuore viso si faccia. [14] sonetto xiiii. E barattieri ne la bollente pece...: (30r) chè ben sarìa che non fusser mai essuti. [15] sonetto xv. L'ypocriti incappati, tristi e stanchi...: son da quei pesi soura ad tuçti gravi. [16] sonetto xvi I ladri son puniti da serpenti...: (30v) da quel giudicio che non sa riparo. [17] sonetto xvii. E frodulenti consiglier sepulti...: vinse ad Francesco il conte doloroso. [18] sonetto xviii. Commettitor di scandal, d'uccisioni...: piangendo sempre mai con doppio duolo. [19] (31r) sonetto xviiii. Li falsatori archimi di metalli...: Lucifero principio d'ogne reo. [20] sonetto xx. Questo tormento i tradictor tormenta...: quanto è più cupo el cupo dell'inferno. [21] sonetto xxi. El più profondo che l'inferno abyssa...: (31v) com'esso fece maledecto ingrato. [22] sonetto xxii. Cayno fu ben grande tradictore...: più pena merta sença fine forte. [23] sonetto xxiii. de lescientie. Clio, Euterpe, Melpomina et Talia...: (32r) Caleope conchiudendo savere. [24] sonetto xxiiii. Stige d'inferno vie' a dir tristitia...: fregias motore ad esse gire. [25] sonetto generale di tucto l'inferno. Fanciulli, savii, gattivi, carnali...: (32v) ghiacciati sempre dal ciel più distanti.
Ludovico Frati, *Miscellanea dantesca*, Florence: Libreria Dante, 1884, pp. 19-32.

7. PETRARCA, FRANCESCO, *Sonetto* (*Rime sparse* 31) f. 32v
Quest'anima gentil che si diparti...: che con Giove sia vinta ogmi altra stella.
Emilio Bigi ed., *Opera di Francesco Petrarca*, 5th ed., Mursia: Milano, 1975, p. 30.

8. ANTONIO BECCARI DA FERRARA, *Canzone al Petrarca*
ff. 33r-34v. 33r: Io o già letto el pianto del trogiani lo giorno che del...: (34v) che'na ti manda e Antonio del Becchaio quel da Ferrara che puocho sa ma volunteri impara.
Laura Bellucci ed., *Maestro Antonio da Ferrara (Antonio Beccari) Rime*, rima 77a, pp. 178-82.

9. PSEUDO AUGUSTINUS EP. HIPPONENSIS, *Oratio*
ff. 34v-36r. 34v: [Preface] Hec est oratio facit [!] beatus Agustinus [!] quam quicumque per triginta dies devote et reverenter dixerit, si est in aliqua tribulatione infra illos triginta dies erit consolatus vel si fuerit in odio vel in discordia domini sui, reconciliabitur et revertetur in amorem ipsius ...: probatum est et est ita. [Text] Dulcissime domine Yhesu Christe, verus deus, qui de sinu patris missus es mundum relaxare peccata afflictos redimere...: (36r) benedictus laudabilis et gloriosus et superexaltatus in secula seculorum. Amen.

10. ANTONIO BECCARI DA FERRARA, *Rima*
ff. 36r-37rb. 36r: Salve te dica ogn'um col Gabriele...: (37rb) da vui non la lassate esser partita.
Bellucci, *Rime*, rima 20, pp.52-55. [The last two lines of the poem are conflated. Also, in the margin is: an[thonio].]

11. COLUCCIO SALUTATI, *Invettiva contro Gian Galeazzo Visconti*
f. 37r: O descacciato del ciel da michael...: poy che procacci crescer pena a job.
Antonio Ceruti, *I principi del duomo di milano sino alle morte del duca gian galeazzo visconti* Milano: tip. Giacomo Agnelli, 1879, p. 223.

12. GIAN GALEAZZO VISCONTI, *Responsio a Salutati*
ff. 37ra-37rb. 37ra: Responsio. O cleopatra matre d'ismahel...: (37rb) et io agia la gratia de jacob.
Antonio Ceruti, *I principi del duomo*, p. 224.

13. ANTONIO BECCARI DA FERRARA, *Rime 4*
ff. 37v-41v. 37v: [1] Le stelle universali e i ciel rotanti...: (38v) ch'assai son presso a privarme del l'essere. [2] El dicto Mastro Anthonio. El grave carco de la soma trista...: (39v) l'erba che glauco fe deventar deo. [3] El predicto M[astro] A[nthonio]. Però ch'l belle e'l male morir depende...: (40v) affar cun ley de novo altro cordoglo. [4] El predicto M[astro] A[nthonio].

Al cor dogloso el bel succurso ègionto...: (41v) conforto, pace et ben del l'occhi mei.
Bellucci, *Rime*, [1] rima 48, pp. 127-29. [2] rima 29, pp. 83-85. [3] rima 49, pp. 130-33. [4] rima 30, pp. 86-88.

14. ANTONIO BECCARI DA FERRARA, *Ballata*
f. 41v: De, come sofferisti a farti fura...: che struge quanto porge più natura. Anna Maria Cesari, "Una ballata nel codice ambrosiano e 56 sup.," *Lettere italiane*, 35 (1983): 503-08, edition on p. 507. Bellucci, *Rime* in the introduction, p. 38, attributes this ballad to ALESSO DONATI

15. ANTONIO BECCARI DA FERRARA, *A francesco petrarca*
ff. 41v-42r. 41v: El predicto M[astro] A[nthonio] domino francescho. De, dite fonte donde nasce amore...: (42r) io ne domando vuy como de suoi.//
Bellucci, *Rime*, poem 82a, pp. 189-90. [The last line of the poem is missing.]

16. PETRARCA, FRANCESCO, *Risposta a antonio beccari*
f. 42r: Per utele, per dilecto et per honore/ amor, ch passion venere suo regno...: per don gia facto a me guardando adthuy [!].// [The last line of the poem is missing but this manuscript continues with another stanza not in the edition] De guarda benché sopto spetia d'agno...: O ber altrui per cui prendeste lagno.
Bellucci, *Rime*, poem 82b, p. 190.

17. ANONYMOUS, *Canzone*
f. 42r-va. 42r: De guarda benché sopto spetia d'agno...: (42va) non pianga poi si à vita penosa.

18. ANONYMOUS, *Canzone*
ff. 42va-43vb. 42va: O falso los ingoro e pien d'inganno...: (43vb) Io t'aspectirò quanto ti piace.

19. ANONYMOUS, *Responsio a canzone*
f. 44ra-vb. 44ra: Responsio. Per certo che me piace...: (44vb) elle tue gravi pene porrò in pace. [followed by the note:] Le tempo delle ferie comandato quando le dompne non se po menare. Questo sonetto ti volgo çenare...: ne gran prohibitione per si alloctava de pasqua rosata et poy la poy menare ogni fiata.

20. ANONYMOUS, *Lamento per la morte del duca di milano*
ff. 45r-48v. 45r: Canzone facta de la morte del duca di milano. Fortuna c'ogni ben mondan remuti...: (48v) nostra colonna ferma per molti anni.
Antonio Ceruti, *I principi del duomo*, pp. 214-20; also A. Medin, *Lamenti de'secoli XIV e XV*, Firenze: Libraria Dante, 1883, pp. 58-65. [Zambrini-Morpurgo 1, appendice columns 24, and 77-78].

21. ANONYMOUS, *Canzone*
f. 49rv. 49r: Tal par con passo lento vada che...: (49v) troppo non dar contrasto.

22. ANONYMOUS, *Tabula mansionum lune*
f. 50r: In Iesu Domini Nostri. Ista est tabula ad inveniendum in quo signo sit luna. [first line of the chart across lists the months in Italian as follows:] G[ennaio], F[ebbraio], M[arzo], A[prile], M[aggio], G[iugno], L[uglio], A[gosto], S[ettembre], O[ttobre], N[ovembre], D[icembre]. [The next line across listing the first entry under each month reads] Aquarius, pisces, aries, taurus, gemini, cancer, leo, virgo, libra, scorpius, sagiptarius[!], capricornus...: [the final line across reads] capricornus, aquarius, pisces, aries, taurus, gemini, cancer, leo, virgo, libra, scorpius, sagiptarius. [followed below by] Capricornius, libra, cancer, aries mobili. /Leo, taurus, scorpius, aquarius sunt stabili. /Gemini, virgo, sagiptarius, piscis sunt communi.
[Similar to Firenze, Biblioteca Nazionale cod. II, VIII folio 65v, cf. Helene Wieruszowski, '"Brunetto Latini als Lehrer Dantes und der Florentiner' in *AISP*, 2 (1959): 169-98, especially abb. 2; also F.S. Pedersen, *Petri Philomenae de Dacia* (see item 2 above), p. 360; and Agrimi, p. 84.]

23. PETRARCA, FRANCESCO, *Sonetto* (*Rime Sparse* 84)
f. 50v: Occhi, piagnete[!] accompagnate il core...: che d'altrui colpa altrui biasmo s'acquista.
Bigi, *Petrarca*, as in item 7, p. 72.

24. AMONYMOUS, *Nota*
f. 50v: Omnis homo videlicet debet peccata timere.
[Written three additional times as pen trials.]

25. ANONYMOUS, *Rima*
f. 50v Per li bellezzi toi che tui rai altiera piu ch'nulla cerva(?) vai/ Onde vegna questa jovane ch' porta tanti bellezzi ch'omne homo conforta/ Questi ochi toi non so da va(?) in magio ch' l'uno e latrone et l'altro e saccomano/ Con meco tutti e ridi e far molti acti con altri non scavielli(?) e fai li facti.
[Below in a modern hand is: quest'occhi tuoi son chi ferito m'hanno, l'uno e latrone, e l'altro e saccomano.]

26. PSEUDO BRIGITTA, *Visio*
f. 51rv. 51r: Visio beate brigide. O desolatissima civitas que non solum viribus potentissime destrueris, sed te tu ipsa desolaberis... Ipsomet tempore veniet quidam christianorum regni ad punitionem deputatus an etiam vocatus ab ipsis qui absque gladio domabit Romanos... Assumpta autem turbatbine potentie ad Romanam civitatem populus absque lucem luco molestabitur et tacite supportabitur honus... Factio autem consilio petrus liberatus est et predicabitur adventus antichristi... [This is followed by two single sentence paragraphs] Cum autem illustrata esset sedes petri privatisque presbiteris

propriorum per eos erit caritas rebandita et vitam apostolicm que tenebunt. (51v) Cum autem illustrata esset sedes petri privatisque presbiteris propriorum per eos erit caritas redandita et vitam apostolicam retinebunt. [This is followed by the final paragraph included in its entirety as the explicit] Hoc autem facto tempore post ternis quinque accipiet rex vexillum de altare dei benedictum et cum bellicosis hominibus accedet contra paganos et per divinam gratiam victoriam obtinebit. Convictus namque infidelibus ad baptismum cedet rex cum gloria ad sanctam civitatem et vetera sunt ab eo omnia arma. Et quelibet per iustitie viam ambulabit pacem omnibus offerendo. Et sic punita est sexta etas secundum brigide beate visionem. [This appears to be a hitherto unknown but corrupted text that does not come from Brigitta's *Revelationes* or letters; however it does have some elements found in book 6 of the *Revelationes*. Since the text is unknown and unedited I have included the first sentence of each paragraph in the description. I am grateful to Dr. Tore S. Nyberg of the Historisk Institut, Odense Universitet and to Professor Birger Bergh of the Klassiska Institutionen, Lunds Universitet for examining the text and sharing their insights and transcriptions. I would also like to thank Dr. Monica Hedlund of the Uppsala Universitetsbibliotek for checking their extensive incipit file of Brigitta texts. About six months after my inquiries Dr. Nyberg found two additional copies of this text in the Biblioteca Marciana, Venice; they are MSS. Lat. III.177 (2176) f. 16r and Lat. III.229 (2791) ff. 15v-16v.]

27. PETRARCA, FRANCESCO, *Ad italiam* (*Epistole metrice* 3.24)

f. 51v: Salve cara deo tellus sanctissima salve...: Ytaliam video frondentis colle gebene/.
Bigi, *Petrarca*, as in item 7, p. 490.

28. ANONYMOUS, *Oratio Veronicae*

f. 52r: Salve sancta facies nostri redemptoris...: set captemus requium operum levamen. Amen.
A variant of this poem is edited in Friedrich Jacobs and F.A. Ukert, *Beitrage zur ältern litteratur Merwürdigkeiten der Herzogl. öffentlichen Bibliothek zu Gotha* Band 2, Leipzig: Dyk'sche Buchhandlung, 1837, p. 360. [Walther, *Initia* 17153.]

29. FAZIO DEGLI UBERTI, *Canzone*

ff. 52v-53v. 52v: Io s'guardo fra l'ernette [!] per li prati...: (53v) si morte o presonia non mi tene.
Rudolfo Renier, ed. *Liriche edite ed inedite di fazio degli uberti*, Firenze: Sansoni, 1883, pp. 47-57; and Giuseppe Corsi, *Il dittamondo e le rime*, vol. 2, Scrittori d'Italia, vol. 207, Bari: Laterza, pp. 10-13. [f. 54r is blank.]

30. ANONYMOUS, *Sonetti 2*
ff. 54v-55r. 54v: [1] Stato fussì io quando la vidi prima...: al mio animo dolente. Finis. [2] (55r) Io non o più moneta chi despende...: Gratar mi lo vedo e [remainder of explicit is rubbed]. Finis.
[This badly rubbed and highly cursive text is followed by a hastily written note in dialect: Como nui semo [for noi siamo (?)] sani ed bona vola coci [for socii (?)] peraegi cio che sun le voi.]

31. FRANCESCO DA FIANO, *Sonetto*
f. 55v: Magister francischus de fiavino compilavit hic dum ex mandato beati apostolici albam vestem sibi convenit deponere. L'abito sacro dato ad nui dal cielo...: anno lasciato lor divoto lucto.
Robert Weiss, "Poesie religiose di Francesco da Fiano" *AISP* 2 (1959): 199-206, edition on p. 206. [This text is followed by a badly rubbed note as follows: [beginning rubbed] testem membrana fit quam vitellas/ Sunt partes omni quas longo tempore(?) novi.]

32. ANTONIO BECCARI DA FERRARA, *Canzone 3*
ff. 56r-65r. 56r: [1] Salve, regina, salve, salve tanto...: (58v) per quel valor che'n dio e sempiterna. [2] [Credo di dante] El credo vulgarizato dal domino mastro anthonio. (59r) Io scripssi per amor più volte rime...: (63v) che paradiso al nostro fin ce doni. [3] El domino mastro anthonio. Virtù celeste et titol triumphante,...: (65r) contrastar non se po l'ultimo strido.
Bellucci, *Rime*, [1] poem 2, pp. 10-16; [2] poem 22, pp. 61-71; [3] poem 8, pp. 35-38.

33. PETRARCA, FRANCESCO, *Canzone* (*Rime sparse 366*) ff. 65r-66v. 65r: Dominus francischus petrarcha. Vergene bella, che di sol vistitia...: (66v) ch'acholga el mio spirito ultimo in pace.
Bigi, *Petrarcha*, as in item 7, pp. 261-64.

34. MARAMAURO, GUGLIELMO *Canzone*
ff.67r-68r. 67r: Perch'io no m'abia si de rime armato...: (68r) e gia tucto destructo.
[Frati, *Indice*, p. 420 M listing 13, item 4; also Ernesto Lamma 'Di alcuni petrarchisti del secolo XV' *Il Propugnatore*, 20 (1887): 215. The author is also known as GUGLIELMO MARAMARICO.]

35. ANONYMOUS *Canzone*
ff. 68r-69r. 68r: Nel tempo de la mia novella etade...: (69r) che me promise amando ley salute.
Sebastiano Ciampi, ed. *Vita e memorie di messer cino da pistoia*, terza edizione, of which tomo 2 is *Poesie di messer cino da pistoia*, nuova edizione, Pistoia: Manfredini, 1826, pp. 280-84. [Frati, *Indice*, p. 36 (Anonymous, item 77) and pp. 231-32 (C entry 17, item 152); also Carboni, *XIII-XV*, (vol. 277), item 2317b.] [In various manuscripts also attributed to DANTE ALIGHIERI or CINO DA PISTOIA]

36. ANONYMOUS, *Rima*

ff. 69rv. 69r: Benché lontan me trovi in altra parte...: del tuo bel nome impiendo vo le carte. [followed by four additional stanzas not in the edition] (69v) Amor ne cossa non se po celare...: et ben se bel a sença far bebe. La quagla non fara sempre qua qua...: non serra sempre prato verde in se. Io vidi lo pastor per la campagna...: che ben d'altrui se beffa chi a d'aque. Intendame chi po che mentendo io...: la vaccha ch'ebe al mio dolor merce.
Antonio Cappelli, *Poesie musicali*, Bologna: Romagnoli, 1868 [rpt. Forni, 1968], pp. 24-25.

37. ANONYMOUS, *Responsio ad benché lontan*

ff. 69v-70r. 69v: Responsio ad benché lontan et cetera. (70r) Piangendo et lagrimando/ con gran dolor el mio cor se lamenta...: sperando de parlate et non so quando.
[Carboni, *XV-XX*, no. 13990.]

38. ANONYMOUS, *Responsio ad predetta*

f. 70v: Dompna legiadra quando...: acciò ch'io viva lieto vuy laudando.

39. ANONYMOUS, *Nota*

f. 71r: Fiorenza e prossimi del alto regio...: parte di cotanti regni.

40. FAZIO DEGLI UBERTI, *Sonetti dei sette peccati mortali*

ff. 71r-72v. 71r: Vitia. [1] [Superbia] Lo so la mala pianta di superbia...: si me trabocco e tucta mecorrompe. [2] [Lussuria] (71v) Io so la scellerata de luxuria...: che fugie l'esca che per me semina. [3] [Avarizia] Io so la magra lupa d'avaritia...: (72r) e lo fiorino è l'dio che io o per idolo. [4] [Ira] Ira so'io sença rasone o regula...: si che non po giamay lo vero conprendere// [5] [Gola] Io so la gola che consumo tucto...: (72v) et cagio in poverta sença sustengo. [6] [Invidia] Et io invidia quando alcun resguardo...: dico co'la lengua e non col ferro. [7] [Accidia] Et io adcidia so'[tanto da nulla]...: e'la mente sopra esse [se trastulla]//.
Renier, *Uberti*, as in item 29, [1] pp 139-40; [2] pp. 151-53; [3] pp. 143-45; [4] pp. 145-47, lines 1-9 and 11 only; [5] pp. 148-50; [6] pp. 141-43; and [7] pp. 153-54, lines 1-4 only. And Corsi, *Dittamondo*, as in item 29, [1] pp. 48-49; [2] p. 51; [3] pp. 49-50; [4] p. 50; [5] pp. 50-51; [6] p. 49; and [7] pp. 51, lines 1-4.

Physical Description: Parchment; 22x15 cm; ff. VII+72+I; Italian, Latin; *Bastarda* on ff. 1v-32v, *proto-humanistica* on ff. 32v-49v, 51r-53v, 55v-70v and 71v-72v, *Textura formata* on ff. Vr-1r, 50r and 72v, *textura cursiva* on ff. 50v, 54v-55r and 71r.
The inside front cover contains some brief notes on the texts signed by Bernardo Gatti (employed at the Ambrosiana from 1832 and Prefect 1855-1870); f. Ir is the title page with the verso blank; f. IIrv contains an incomplete modern table of contents; f. IIIrv is blank; then the astronomical table on f. IVr is numbered as f. I, this numbering continues in order for

five flyleaves with the V on the recto of the last flyleaf later crossed out and replaced by f. 1, probably because the poems begin on the verso of that folio. Ceruti dates this manuscript to 'perhaps' 1408 based on the Easter table which uses the future tense (erit) when explaining that Easter will be April 15 in the year 1408 (which is accurate). Catchwords. Folio 50v contains pen trials. The back flyleaf is blank.

Illumination: Calligraphic initials, three to six lines high, infilled with geometric designs at the beginning of each poem on ff. 1v-26r; plain and panelled initials, two to three lines high, on ff. 27r-32r; plain initials usually one line high throughout the remainder of the manuscript.

Provenance: Old shelf mark E 56 (f. Ir).

Bibliography: Agrimi, p. 84; Bellucci, *Rima*, (see item 8 above), p. xix; Kristeller, *Iter Ital.*, vol. 1, p. 298.

E 57 Sup. * XV-3 (1500) * Central Italy, Rome [Plate II.65]

1. MARINUS DE FREGENO, *Descriptio provinciarum Alamanorum*
ff. 1r-12v. 1r: Reverendissime in Christo pater et domine, domineque mi colendissime. Et si quindecim iam effluxis annis a felicis recordationis domino Calixto papa tercio destinatus in quibusdam Alamaneae partibus conversatus aliquam de natione Germanica, specialiter de Alamanea alta et bassa ...:(12v) Scripsi, Deum testor, fideliter que novi, deprecans humillime erroribus, si qui fuerint, veniam dari. [ff. 13r-14v are blank.]
K. Voigt, "Der Kollektor Marinus de Fregeno und seine *Descriptio Provinciarum Alamanorum*," *QFIAB*, 48 (1968): 148-206 with edition and detailed index on pp. 182-206. [This manuscript is the only known copy of the text.]

2. ANONYMOUS, *Tractatus de memoria artificiali*
ff. 15r-22v. 15r: Hec igitur memoria duplex est, nam quedam est naturalis, quedam artificialis. Naturalis secundum Ciceronem est ea...: (22v) itaque de natura memorie, arte commemorandi, ipsius utilitate et sui habitus adeptione nunc dicta puto suffice[re].
[Includes *strata* (chart of numbers) on f. 17r. The text appears to have close ties to PSEUDO CICERO, *Rhetorica ad Herennium*, liber 3.]

3. ANONYMOUS, *Schemata de iniuria*
ff. 22v-23v. 22v: Videndum est cui factum sit iniuriosum ipsius facientis. Contra religionem; Deo. Contra pietatem patrum et rei publice...: (23v) Credita. Obligationis iniuriantis vel aliorum...sunt obligati. [f. 24rv is blank.]

4. S. HIERONYMUS, *De viris illustribus*, [cap. 84: *Vita Iuvenci*]
f. 25r: Divus Hieronymus in libro de viris illustribus haec ait. Iuvencus praesbiter nobilissimi generis Hispanus...: floruit sub Constantino principe.
PL, vol. 23, col. 691.

5. IUVENCUS, C. VETTIUS AQUILINUS, *Evangeliorum libri 4*
ff. 25r-98r. 25r: Iuvenci praesbyteri Hispani poetae evangelia. [Preface] Immortale nihil mundi compage tenetur...: (25v) dulcis Iordanis ut Christo digna loquamur. [Text] Rex fuit Herodes Iudaea in gente cruentus...: (98r) aeternum [!] capiat divina in saecula vitam.
CSEL, vol. 24, pp. 1-146. [The last line of the printed edition (book 4 line 812) is omitted.]

6. PETRARCA, FRANCISCUS, *Bucolicum carmen: Ecloga 10, 326-328*
f. 98r: De Iuvenco etiam Franciscus Petrarcha meminit in bucolicis. Mira loquar supraque fidem sed carmina vidi...: Hispanum nostra modulantem voce Iuvencum. [ff. 98v-104v are blank.]
A. Avena, Bologna: Forni, 1969 [reprint of 1906 ed.], p. 152.

7. ARATOR, *Epistula ad Florianum; Epistula ad Vigilium; De actibus apostolorum libri 2*
ff. 105r-159v. 105r: [1] [Preface] [A]rator iste cardinalis subdiaconus fuit sanctae Romanae ecclesiae...: auctoritate illius roboraretur volumen. [2] [Epistula ad Florianum] Domino sancto venerabili et in Christi gratia spiritualiter erudito abbati Floriano, Arator subdiaconus salutem. [Q]ui meriti florem, maturis sensibus ortum...: (105v) cedet dies operi quod pia causa iuvat. [3] [Epistula ad Vigilium] Domino sancto beatissimo atque apostolico in toto orbe priori omnium sacerdotum, papae Vigilio, Arator subdiaconus salutem. [M]oenibus undosis bellorum incendia cernens...: (106v) si quid ab ore placet, laus monitoris erit. [4] [Text] [U]t sceleris Iudaea sui polluta cruore...: (159r) et tenet aeternam socialis gratia palmam. Finis 1500. [5] [Additional preface added as a postscript] Beato Petro adiuvante, oblatus est huiusmodi codex ab Aratore...: (159v) post consulatum Basili cum viro clarissimo indictione septima. [6] [Carmen in laudem Aratoris] Versibus egregiis decursum clarus Arator...: mysticus ingenium sic indicat ordo profundum.
[1] Cuzzi, "Tre codici," as cited below, pp. 249-50. [This text seems to be conflated from two prefaces edited in *CSEL*, vol. 72, p. xxx.] [2] ad Florianum, *CSEL*, vol. 72, pp. 1-2. [3] ad Vigilium, *CSEL*, vol. 72, pp. 3-5. [4] main text, *CSEL*, vol. 72, pp. 10-149. [5] postscript, *CSEL*, vol. 72, p. xxviii. [6] Carmen, Cuzzi, "Tre codici," p. 251 and *CSEL*, vol. 72, p. xxix. [Variants of these and other prefaces accompanied by the letters and verses were frequently included with the text of *De actibus*.]

8. SEDULIUS, CAELIUS, *Paschale carmen, libri 1 et 2*
ff. 160r-176v. 160r: [Epistula ad Macedonium] Sedulius presbiter Macedonio presbytero salutem plurimam dicit. Priusquam me, venerande pater, operis nostri decurso volumine censeas...: (163v) quia pascha nostrum immolatus est Christus, cui est honor...per omnia saecula seculorum. Amen. [Preface] [P]aschales quicunque dapes conviva requiris...: (164r) rubra quod appositum testa ministrat olus. [Text] [C]um sua gentiles studeant figmenta poetae...: (176v) pronus adoraret, cuius super aethera sedes.// [ff. 177r-178v are blank.]
CSEL, vol. 10, pp. 1-57. Book 1 is complete but book 2 ends at line 193 of the printed edition.

9. ANONYMOUS, *Collectanea ad omnem vitae institutionem*
ff. 179r-224r. 179r: [Introductory letter] Dici solet, amplissime pater et domine, illud esse munus prae ceteris acceptum...: immortalitati tradere facile possint. Vale. (179v) Egregia dicta preclarissimae sententiae excerpta ex libris M. T. Ciceronis, presertim Officiorum, et in formulam redacta ad omne propositum, et ad omnes familiares confabulationes ad vitae cultumque admodum utilia, et aliis philosophorum libris etiam necessaria memoratu digna, immo vero memoriae mandanda. Ex primo libro Officiorum M. T. C., de rerum cognitione. (180r) [Text] [P]rincipio generi animantium omni est a natura tributum...: (223v) sed imitatione Salvatoris malum pro bono vincens. Conclusio. Qualem te, amplissime pater, futurum non dubito, cum sis justiciae et pacis ac bonorum morum cultor maximus et amator, et inter cardineos honores...: (224r) Romae in tuis praeclarissimis aedibus anno Alexandri pape sexti quarto [1495-1496]. [f. 224v is blank.]
[This florilegium was originally compiled in 1496 to honor a recently elevated cardinal (possibly Joannes de Borgia, el. 19 February 1496; see Eubel, vol. 2, p. 23, entry 20). It is composed of brief *sententiae* and biographical statements (some corrupted or modified into proverbial form) attributed to various classical and theological authors, including CICERO, MARCUS TULLIUS, *De officiis* (ff. 180r-192v), *Tusculanae Disputationes* (ff. 192v-196v), *Rhetorica* (ff. 196v-198r), *De oratore* (ff. 198r-198v), *De finibus* (ff. 198v-199r), *De legibus* (ff. 199r-199v), *De amicitia* (ff. 199v-200v), *De senectute* (ff. 200v-202r), Orations (ff. 202r-204r). SALLUSTIUS CRISPUS, GAIUS, *Bellum Iugurthinum* 3.3, 6.3, 10.2, 10.6, 8.1 and 16.4 combined, 31.17, 31.25, 55.4, 64.6, 64.1; and 11 unidentified excerpts (possibly Pseudo Sallust) (ff. 204r-205r); PLUTARCHUS CHAERONENSIS, excerpts from Vita Catonis Prisci, *Vita Pauli Aemilii*, *Vitae Agidis et Cleomonis*, *Vita Lysandri*, *Vita Syllae*, *Vita Pyrrhi*, *Vita Sertorii* (ff. 205r-206r); PSEUDO VARRO, *Sententiae Varronis* 10, 13, 14, [4 lines of Ausonius inserted], 16, 17, 20, 21, 34, 46, 53, 56, 67, 74, 91, 92, 113, 115, 142, 143, 149 (ff. 206r-207r); AUSONIUS, DECIMUS MAGNUS, *Epigrammata* 16, 17 (f. 206v); QUINTILIANUS, MARCUS FABIUS (ff. 207r-207v); THALES (ff. 207v-208r); SOLON (f. 208r); CHILON (f. 208v), PITTACUS (ff. 208v-209r); CLEOBULUS (f. 209r), PERIANDER (f. 209r); ANACHARSIS (ff. 209r-209v); SOCRATES (f. 209v); ARISTIPPUS (ff. 210r, 212v-213r); PLATO (ff. 210r-210v); ARISTOTELES (ff. 210v and 214v);

THEOPHRASTUS (ff. 210v-211r); DIOGENES (ff. 211r-212v); ZENO (f. 212v); PYTHAGORAS (ff. 213r-213v); "praeclarae sententiae," mostly from the collection of Publilius Syrus, as follows [Teubner numbers in parentheses]: 1 unidentified; B.12 (55), F.11 (176), C.46 (106), C.17 (104), H.19 (221), F.13 (178), J.63 (264), U.16 (645), N.7 (383), N.40 (416), P.20 (469), 1 unidentified (f. 213v); SENECA, LUCIUS ANNAEUS, 3 unidentified, [3 lines of Lucan inserted], 2 unidentified, [2 lines of Horace inserted], 2 unidentified, *Ad Lucilium Epistulae morales*, 94.28.3, *Troades* 254, 1 unidentified, *Phaedra* 876, 593, 442, 881, 978-980, 1 unidentified (ff. 213v-214v); LUCANUS, MARCUS ANNAEUS, *Pharsalia* 1.510, 2 unidentified (f. 214r); HORATIUS FLACCUS, QUINTUS, *Epistulae* 2.2.55, 1 unidentified (f. 214r); CATO, MARCUS PORCIUS (CENSORIUS) (?) (ff. 214v-215v); TERENTIUS AFER, PUBLIUS, *Andria* 60, 69, 305, 309, 920; *Eunuchus* 732; *Heautontimorumenos* 77, 483, 503; Cicero, *De officiis* [!] 1.10.33; *Heauton.* 805; *Adelphi* 98; unidentified; *Adelphi* 216; unidentified; *Adelphi* 415; 2 unidentified; *Phormio* 241; 1 attrib. to Terence by Walther, but location unknown; *Adelphi* 855; 2 unidentified; *Adelphi* 605 (ff. 215v-216v); VALERIUS MAXIMUS (ff. 216v-218r); VERGILIUS MARO, PUBLIUS, *Bucolica* 2.61-2; unidentified; *Bucolica* 2.65, 8.63, 75; *Georgica* 1.145-146; 2.490, 458-459; 3.66-68, 97; unidentified; *Aeneis* 1.515, 562, 630, 563-564; 3.56-57; 4.13; 2.316-317; 4.373, 569-570; 11.423-424, 10.501-502, 11.425-427; 5 unidentified (ff. 218r-219r); OVIDIUS NASO, PUBLIUS, unidentified (resembles *Amores* 1.8.96); *Amores* 3.8.3, 3.8.55; *Fasti* 1.218; *Heroides* 12.21; *Tristia* 1.5.25-26; 2 unidentified; *Amores* 1.10.47-48, 53-54 (ff. 219r-219v); JUVENALIS, DECIMUS JUNIUS, *Saturae* 1.48, 73-74; 3.30, 49-50, 78, 143-144, 152-153, 164-165, 182-183, 299-300; 6.298-300, 460, 221, 223, 629-630; 7.145, 197-198; 8.140-141; 9.102-104, 107-8, 118, 120-121; 10.19-20, 22, 172-173; 14.139; 15.70; 10.356 (ff. 219v-220v); PERSIUS FLACCUS, AULUS *Saturae* prologue 8-10; 1.26-27; 3.66-67; 5.52-53 (f. 220v); SAPIENS, M.(?) (f. 220v); APULEIUS *Apologia* 3.8, *Florida* 9.3-4, *De deo Socratis* 4.29-30, *Florida* 7.35 (ff. 220v-221r); RUFUS, Q. CURTIUS, *Historiae Alexandri Magni Macedonis* 7.14.13, 7.4.18, [7 lines of VICTORINUS, GAIUS MARIUS, "de architectura" inserted], 4.14.20-21, 6.3.11, [*Pamphilus* l. 371 (Walther, *Initia* 8286) inserted], 10.1.6-7 (ff. 221rv); GELLIUS, AULUS *Noctes Atticae* book 13, chapter 28 [given as ch. 25 in manuscript] (f. 221v); S. HIERONYMUS, "Pythagoras ex auctoritate Hieronymi" (f. 222r); S. BERNARDUS AB. CLARAEVALLENSIS (f. 222r); S. JOHANNES CHRYSOSTOMUS, "ex omelia de intentione mortalium"(ff. 222v-223r); S. HIERONYMUS "de officio pontificis" (ff. 223r-223v).]

Physical Description: Paper; 22x15 cm; ff. IV+224+I; Latin; *Textura cursiva* on ff. 1r-23v, humanistic cursive on ff. 25r-224r.
Flyleaf Ir: "Restaurato a Modena Sett. 1952". Flyleaves IIv and IIIr contain tables of contents, the contents on IIIr is by Olgiatus. At the top of f. IIIr is a modern note: "Scriptus sub fine pontifici Pauli II aut initi sub pontifici Sixti IV cf. folio initio," and a note by Olgiatus: "scrip[tus] an[no] 1496."

Flyleaves Iv and IIIv-IVv and the back flyleaf Irv are blank. On dating to 1500 see f. 159r. Some marginal notes. Catchwords from f. 200 to end.

Illumination: Plain one line high initials throughout the manuscript; space left for single line high initials from f. 105r to the end, but they were never added.

Provenance: Old signatures: E 57 (ff. IIv, IIIr), X (f. IIIr). "Illustrissimus Cardin. Feder. Borrhom. vidit. Olgiatus scripsit anno 1603" (f. IIv) and "Felicibus auspiciis illustrissimi et reverendissimi Cardin. Federici Borrh. Olgiatus vidit anno 1603" (f. IIIr).

Bibliography: Revelli, p. 79, item 176; Kristeller, *Iter Ital.* vol. 1, p. 298 and vol. 2, p. 531 (incorrectly labeled Inferior); Gabriel, p. 218, item 508; Ettore Cuzzi, "I tre codici ambrosiani di Aratore," *RIL* 2, ser. 69, (1936): 248-51. Voigt, (as in item 1 above), pp. 152-54.

E 58 Sup. * XV-2 (ca. 1447) * Northern Italy (?) [Plate II.21]

1. ANONYMOUS, *Tractatulus artis memoriae*
Inside front cover numbered as flyleaf Iv: Ars memorie. Locorum multitudo, locorum ordinatio, locorum praemeditatio, locorum vacuitas sive solitudo...: per loquelam. Duplex est operatio. Una rerum quando...: ymaginibus figuramus.
The beginning of the text to "per loquelam" is in P. Rossi, "Immagini e memoria locale nei secoli XIV e XV," *Rivista critica di storia della filosofia* 13 (1958): 167, note 33 citing this manuscript.

2. ANONYMOUS, *De moribus [excerpta 4]*
f. IIr: Quietissime viverent homines si duo verba a natura omnium tollerentur...: Auribus frequentius quam lingua utere.
E. Wölfflin, *Publilii Syri Sententiae*, Leipzig: Teubner, 1869, p. 144, items 98, 100, 101, 104. Other attribution: PSEUDO SENECA.

3. ANONYMOUS, *Elenchus cardinalium sanctae Romanae ecclesiae anno 1447*
f. IIr: 1447. Episcopi cardinales. Petrus Albanensis de Fuxo...: Diaconi cardinales... Johannes sancti Angeli Carvagel [Carvajal].
[The list includes 3 cardinal bishops, 21 cardinal priests, and 3 cardinal deacons.]

4. ANONYMOUS, *Tabulae signorum caelestium et planetarum*
f. IIv, left margin: Libro ha ly heben ragel. Facies Arietis... facies Tauri...: facies Piscium. [planetary symbols] Figura solis... figura lune...: figura Mercurii. [with symbols of the zodiac.]

5. ANONYMOUS, *Diagrammata de macrocosmo et microcosmo, atque de spheris caelestibus*
f. IIv: [1] [macrocosm/microcosm. Circular diagram showing relationships among the following groups of four (names of these groups are in the center): ages of man, humors, seasons, elements, and directions. Bordered by the twelve winds, with north at the bottom. Below this, 4 lines of verses about the winds] Euro, Vulturnus Subsolanusque sodales./ Affricus atque Nothus, Austro sunt sequuntur./ Et Zephirum Chorus, Fauonius atque sequuntur./ Circius ac Aquilo Boream stipare feruntur. [2] [The celestial spheres. Concentric circles containing the nine celestial spheres, with zodiac and *primum mobile* indicated.]

6. ANONYMOUS, *Synonyma*
ff. 1r-38vb. 1r: Cicero Lutio [!] Victurino suo salutem p[lurimam] d[icit]. [Preface] Collegi ea que pluribus modis dicerentur quo uberior promptiorque...: atque significationibus conveniat. Igitur per alphabetum initium capiamus. [Text] Abditum: opertum, absconsum, obscurum, obumbratum...: (38va) Vox magna, vellatur. [M]arci Tullii Ciceronis synonima expliciunt. (38vb) Synonimum dicitur a sin, quod est simul, et onoma, nomen; quasi nomina simul idem significantia.
Synonima excellentissimi rethoris ciceronis, Venetiis: I. Patavinum et V. de Roffinellis, 1537. [Prefatory letter is a variant of the version ed. by Giorgio Brugnoli, *Studi sulle Differentiae verborum* Rome: Signorelli, 1955, p. 28. Other attributions: PSEUDO CICERO.]

7. BARZIZIUS, GASPARINUS, *De compositione prima elocutionis parte*
ff. 39r-53r. 39r: [C]um omnis commode et perfecte elocutionis preceptio in tres partes...: (53r) res honestas inflamato studio rapiebatur. Deo gratias. Amen.
For ff. 39r-48v: G. A. Furietti, *Gasparini Barzizii Bergomatis et Guiniforti filii opera*, pt. 1, Rome: Salvioni, 1723, rpt. Bologna: Forni, 1969, pp. 1-14; [This manuscript contains additional text not found in the printed edition on ff. 49r-53r.]

8. CICERO, MARCUS TULLIUS, *De imperio Cn. Pompei* [excerpt: sections 1-3]
f. 53v: [Q]uanquam mihi semper frequens conspectus vester multo iocondissimus [!]...: in qua oratio deesse nemini potest.
C. F. W. Mueller, *M. Tullii Ciceronis scripta quae manserunt omnia*, pt. 2, vol. 2, Leipzig: Teubner, 1896, pp. 74-75.

9. ANONYMOUS, *Note*
back f. IIv and inside back cover: [1] (back flyleaf IIv) Per in fin che li ogi mei me servirano. [2] (inside back cover) Per in che li occi mei me servirano mea.

Physical Description: Paper; 22x15 cm; ff. I+53+II; Latin and Italian; *Proto-humanistica*.
The pastedown on the inside front cover is numbered as front flyleaf Iv, hence there is only one front flyleaf but it is numbered as f. II. The back flyleaf Ir contains a table of contents by Olgiatus. Back flyleaves Iv and IIr are blank. On the dating to ca. 1447 see the list of cardinals on flyleaf IIr. Catchwords.

Illumination: Foliate initial S, four line high, on f. 1r. Diagram of microcosm and macrocosm on f. IIv.

Provenance: Old signatures: E 58 (f. IIr), X (f. IIv). "Olgiatus vidit anno 1603" (back flyleaf Ir). On the lower right corner of the inside back cover is the date: '10 Febr 78'. This is the date of acquisition by the sixteenth century Milanese professor Francesco Ciceri.

Bibliography: Gabriel, p. 218, item 509; Agrimi, p. 84, item 99; A. Mai, *CCA* p. 238, item 56.

E 59 Sup. * XII-3. [XIII-1, XVI-2] * Northern Italy [Plate I.15]

1. ANONYMOUS, *Fragmenta medicamentorum*
f. 1r: Quam perpetua [rubbed] mentiones. [1] Experimentas quotidianus(?) didicimus tunc capud granata 2 mussillinem...: periculosa coram. [2] Dicit magister B [rubbed]...: exeunt. [3] Nota quod [rubbed]...: idem observat [rubbed]. [These recipies are followed by four rubbed notes.]
[The right margin and the entire bottom two-thirds of the folio is badly rubbed.]

2. ANONYMOUS, *Definitiones rhetoricae*
ff. 1v-2r. 1v: Argumentatio est dicta quasi argutae mentis oratio. Argumentatio est enim ipsa ratio...: (2r) cum periculo capitis non dubitavit occidere.

3. CICERO, MARCUS TULLIUS, *De inventione rhetorica*
ff. 2r-68r. 2r: [the rubric is rubbed] //per insinuacionem. [text] Sepe et multum hoc mecum cogitavi, bonine an mali plus attulerit hominibus...: (68r) et hic liber non parum continet litterarum quae restant in reliquis dicemus.
E. Stroebel, ed. *Scripta quae mansuerunt omnia* fasc. 2: *Rhetorici libri duo qui vocantur de inventione*, Stuttgart: Teubner, 1915, rpt. 1965. This manuscript is cited on p. xiii.

4. ANONYMOUS, *Summa salutationum*
f. 68rv. 68r: In hac salutationum summa queritur utilitas et non vanitas, brevitas et non prolixitas in qua omnia salutationum genera...: (68v) et salutem et indissolubile amoris vinculum. Expliciunt.
[On dating this work see the note below.]

5. ANONYMOUS, *Sibylla Delphica in templo Apollinis genita*
f. 68v: Ad memoriam eternorum premia tribuenda notabimus devocionem esse mutatam...: suspensus sum filius.
[O. Hölder-Egger, "Italienische Prophetieen des 13. Jahrhunderts: III," *Neues Archiv* 33 (1908): 100.]

6. ANONYMOUS, *De miracula in monestarii Sancti Galgani*
f. 69r: Celebrante monacho sancti Galgani missam, apparuit ei nebula...: ibi scriptis.

7. ANONYMOUS, *Prophetia de die iudicii*
f. 69r: Dicitur: Qui nolo elatos et scientiam mundi, ad Patris sedeo desteram [!] et iudicabo omnia regna. Dabo igitur salutem qui ex tumulo surrexi post biduum. In Iosaphat veniam valle et reddam unicuique prout gessit in carne.

8. ANONYMOUS, *Verba Merlini*
f. 69r: Primus F. in palis agnus, in villis leo, erit depopulator urbium...: in exitu autem suo frustrabuntur omnes qui maledixerunt sibi.
O. Hölder-Egger, "Italienische Prophetieen des 13. Jahrhunderts: I," *Neues Archiv* 15 (1890): 175-177.

9. ANONYMOUS, *Rhetorica ad Herennium*
ff. 69v-128v. 69v: Martii Tullii Ciceronis ad Herennium artis retoricae liber primus incipit. Etsi negociis familiaribus impediti vix satis otium studio suppeditare possimus...: (128v) preceptionis diligentia consequemur et exercitatione. M. T. C. ad Herennium liber sextus explicit.
F. Marx, ed., revised by W. Trillitzsch, *M. Tulli Ciceronis scripta quae mansuerunt omnia* fasc. 1 (Leipzig: Teubner, 1964). Other attributions: PSEUDO CICERO. [The fourth book of the *Rhetorica* is subdivided into three sections, hence "libri sex" in the manuscript.]

10. BOETHIUS, ANICIUS MANLIUS SEVERINUS, *De differentiis topicis liber 4*
ff. 128v-138r. 128v: Topicorum liber IIII. Si quis operis titulum diligens examinator inspiciat, cum de differentiis conscribebamus...: (138r) quos in Aristotilis topica a nobis translata conscripsimus expeditum est. Expliciunt ambae [rhetoricae, rubbed out].
PL, vol. 64, cols. 1205-1216.

11. PSEUDO AUSONIUS, *Septem sapientum sententiae* [verses 1-7: *Bias Prieneus*]
f. 138r: Quenam summa boni? mens semper conscia recti...: quid stulti proprium? non posse et velle nocere.
R. Peiper, *Decimi Magni Ausonii... opuscula* Teubner: Leipzig, 1886, p. 406 [not in ed. of S. Prete, Teubner 1978]. Schaller-Könsgen no. 12912; Walther, *Initia* no. 15065; Walther, *Proverbia*, no. 23136.

12. ANONYMOUS, *Versus de ave*
f. 138r: Garrula cantat avis, dum ventilat aura suavis; / ventilat aura gravis, garrula cessat avis.

13. MARBODUS EP. REDONENSIS, *De ornamentis verborum*
ff. 138v-140v. 138v: Versificaturo quedam tibi tradere curo/ Scemata verborum studio celebrata priorum...: (140v) haec spernens Banius, haec servans fiet honestus [!].
PL, vol. 171, cols. 1687-1692; Walther, *Initia*, no. 20244.

14. ANONYMOUS, *Nota de officiis ecclesiaticis*
f. 140v: Singula ecclesiastica iuris officia singulis quibusque quod personis committenda sunt...: non fuerunt distributo. Non fuerit// [two badly rubbed lines follow]. [f. 141 is blank.]

Physical Description: Parchment; 22x15 cm; ff. II + 141 + I; Latin; Caroline minuscule on ff. 1v-68r and 69v-140v, diplomatic cursive (XIII-1, between 1227 and 1241, see note below) on ff. 68r-69r, *bastarda* (XVI-2) on f. 1r. Flyleaf Ir contains the modern shelfmark. Flyleaves Iv, IIv and the back flyleaf are blank. Flyleaf IIr has the title and a table of contents by Olgiatus. There are alphabetical quire marks and some marginal notes. The *De inventione rhetorica* and *Rhetorica ad Herennium* are in late Caroline minuscule, while the *Summa salutationum* and the prophecies on ff. 68v-69r are in two different diplomatic hands, XIII-1 (possibly the papal chancery); compare with F. Steffens, *Lateinische Paläographie*, 2nd ed., Trier: Schaar & Dathe, 1909, plate 87a, and Vincenzo Federici, *La scrittura delle cancellerie italiane dal secolo XII al XVII*, Roma: Sansaini, plate 43. The *Summa* gives the names of the current pope and emperor as Gregory and Frederick, and hence was compiled either in the year 1187 or between 1227 and 1241 (see Sabbadini and Mai below).

Illumination: On f. 1v is a foliate initial A, nine lines high, inhabited by a seated lion. In the right margin is a winged angel holding a long scroll that continues into the lower border. The text on the scroll has been completely rubbed off. On f. 2r is an inital S, eight lines high, inhabited by a winged dragon-like creature with a bearded himan head and an animal head at the end of its tail. On f. 10r is a panelled initial I, ten lines high. On f. 70r is a six line high monogram of ET infilled with a vine and floral pattern.

There are smaller plain, infilled or calligraphic initials, one to two lines high, throughout the text.

Provenance: Old signature: E 59, X (f. IIr). Also on f. IIr: "Antonio Olgiato" and a note by Olgiatus that the manuscript was purchased in Venice: "Hic codex emptus fuit Venetiis."

Bibliography: Cipriani, p. 40; Sabbadini, *Spogli ambr. lat.*, pp. 270-71 and 384; Mai, *CCA*, p. 238, item 57; Gengaro-Villa Guglielmetti, p. 76 and tavola 72; Bursill-Hall, p. 137.

E 60 Sup. * XVI-2 (1553-1555) * Spain, Salamanca [Plates II.72-73]

1. RABBI JONATHAN BEN UZIEL AND RABBI IBN EZRA, *Enarratio in Canticum Habacuc* [translated by LUDOVICO RUVIALES]
ff. 1r-8v. 1r: Canticum Habacuc prophetae enarratum per Rabbi Jonathan paraphrasten et Rabbi Aben Ezram in latinum sermonem translatum a Ludovico Ruviales Valentino. *Oratio Habacuc prophetae pro ignorantiis* [Hab.3:1]. Rabbi Jonathan. Oratio quam oravit Abacuc propheta, quum revelatum est illi...: ac si deus lateret. Rabbi Aben Ezra. Haec oratio dicta est in spiritu prophetico...: (1v) quae a nobis explicatae sunt in liber psalorum. *Domine audivi auditum tuum et timui, domine opus tuum in medio annorum vivifica illud in medio annorum notum facies in ira misericordiae recordaberis* [Hab. 3:2]. Rabbi Jonathan. Domine audivi famam potentiae tuae, timui domine, magnifica opera tua...: (8v) *Deus dominus fortitudo mea et posuit pedes meos tamque [!] cervorum et super excelsa mea deducet me praefetto cantorum in instrumentis meis musini [!]* [Hab. 3:19]. Rabbi Jonathan. Deus dominus quam...: lauda mea. Rabbi Aven Ezra. Heli [Heb. = in hebrew letters] id est Kohi [Heb.] Fortitudo mea, est deus qui...: et lamnaseha [Heb.] iam exposui in liber psalmorum. Finis.

2. ANONYMOUS, *Chaldaea paraphrasis cantici canticorum* [translated by LUDOVICO RUVIALES]
ff. 1r-30v. [Foliation begins over with another f. 1r:] P. Ludovicus Ruviales lectori S.P. [Preface] Quanquam liber canticorum contineat epithalamium sive nuptiale carmen, de christo...: (1v) dicenda est daemonis conciliabulum. Vale. [Text] f. 2r Chaldaea paraphrasis cantici canticorum quam proxime antecedit versio ex Hebraeo in Latinum sermonem translata, a doctissimo iuvene P. Ludoico [!] Ruviales in Hebrairis litteris maxime exercitato. Caput I. Hebraea. Canticum canticorum Selomonis. Chaldaea paraphrasis. Cantica et encomia quae edidit Selomon propheta, rex Israel, divino afflatus...: (3r)ad colendum dominum factum Israel. Hebraea. *Osculetur me osculis oris sui quia suaviores [!] sunt amores tui vino* [Ct 1:1]. Chaldaea paraphrasis: Dixit Selomoli propheta, benedictum nomen domine...: (30r) Hebraea. *Fuge dilecte*

mi et a similare capreae vel hinnulo cervorum super montes aromatum [Ct. 8:14]. Chaldaea paraphrasis. In illa hora dicent senes congregationes Israel, fuge...: et offeret sacerdotes coram te incensum aromatum. [Postscript] (30v) Auctor huius versionis quod paraphrastes chaldaeus mentionem facit duovum messiarum intellige unum et eundem esse messiam, licet diversis temporibus, primo enim adventa filii Ephraim aut Joseph qui pater erat Ephraim...: duo ubera tua sicut duo gemelli filii capreae. Vale. [ff. 31r-32v are blank.]

3. ANONYMOUS, *Notae super chaldaea paraphrasis cantici canticorum*

ff. 33r-34v. 33r: Loci aliquot in Kaldaea paraphrasi intellectu difficiles qui mihi dubitationem fariunt. Caput I. In verbis illis *Nigra sum sed formosa* etc. [Ct. 1:4]. In chaldaea paraphrasis ita legi: Moses inquit dux ipsorum ascendit ad firmamentum...: (34v) si aliquando sub limioribus obstupant. Vale litterarum unium ornamentum. Marsanus. Salmantica 1555.

4. ANONYMOUS, *Brevis explicatio super chaldaea paraphrasis cantici canticorum*

ff. 35r-42r. 35r: Brevis explicatio locorum paraphraseos [o is the Greek omega] canticorum Raqi'a [Heb.]. Apud Chaldaeos non serus [!] atque apud Hebraeos raqi'a [Heb.] accipit pro toto aerio tractu sub coelis existente...: (42r) dificultates illos intelligere. I[oannes] M[arzanus] 6 cal. Martii 1555.

5. MARZANUS, JOANNES, *Epistola*

ff. 42v-43r. 42v: [beginning of letter missing] // Cum de numeris per tractare M. Martinez proposuit in medium quaestionem illam difficilem...: (43r) ad te consulto eo scribam. Vale. Salmantica XV Kal. Maii 1554. Tui amantissimi Io[annes] Marçanus. [f. 43v is blank; f. 44r repeats text on f. 42r but has been crossed out; f. 44v is blank.]

6. MARZANUS, JOANNES, *Anacephalaeosis librorum veteris testamentum cum tabula*

ff. 45r-46v. 45r: In tabulam et universorum librorum veteris instrumenti anakephalaiosin [in Greek letters] praefatio necessaria. Jo[annes] Marsani. Diversa admodum est apud Graecos et Hebraeos sacrorum librorum inscriptio Hebraei...: (46v) descriptos in sequeti tabella [followed by a foldout chart containing the Hebrew, Greek, and Latin names of the books of the Old Testament entitled:] Tabula sive anacephaeosis librorum veteris instrumenti iuxta ordinem synagoga. Io[annes] Marçani.

7. MARZANUS, JOANNES, *Anacephalaeosis legis veteris testamentum cum tabula de iis per quos legis explicatio*

f. 47rv. 47r: Anacephalaeosis [inverted omega for the o]. Judaorum per quos torah sheb'al peh [Heb.] explicatio legis descenderit. Ioan[nes] Marçani. cum annotationibus in aliquot loca. Duplex erat dogmatum genus apud Hebraeos quorum alterum torah shebketav [Heb.] hoc est legum quae ore tradita est scriptis vocat, alterum vero torah sheb'al peh [Heb.] id est legum quae ore tradita est...: (47v) synagogae magnae. Quorum nova sequenti tabella continet [Followed by a foldout chart on f. 48r listing prophets and Old Testament figures from Moses to Raban Simeon, the son of Judas, with annotations in the right hand column. Entitled:] Anacephalaiosis [os in Greek letters]. De iis per quos legis explicatio usque ad Christum divulgata est. [ff. 48v-51v are blank.]

8. HURTADO DE MENDOZA, DIDACUS, EP. HISPALENSIS, *Index librorum*

ff. 52r-63r. 52r: Index librorum bibliothecae nobilissimi viri et humanarum literarum cognitione praediti D. Hurtadi à Mendoça. Theodoreti in Hieremium [followed by a listing of the texts of Basil and Cyril on f. 52r, Chrysostomus on f. 53r, folio 53v is blank, followed by a more or less alphabetical listing of the other texts beginning on f. 54r:] Abuchaeae, Compendium diversorum canonum et consiliorum cum Photii commentariis...: [continuing sometimes alphabetically and sometimes topically to:] (62r) Nicephori Gregoriae... eiusdem compendium historium liber 10. [Followed by the appendix] (62v) *Librorum quos dono accepit a turca index* Nireta Cometa, Historia de rege emmanuale...: (63r) Orphae argonautica etc. [Colophon] Transcriptus ex judice quem nobis doctissimi Hugo Eltulius (?) de literis bene meritus mutantus est die ad diem d. Joannis Baptistae 1555. Salmantica. Sunt omnes numero 351 que omnes fere sunt manuscripti et plerique graeci ut nobis retulit doctissimi Hugo.

9. MARTIN MARTINEZ *Index librorum*

ff. 63v-67r. 63v: M. Martines Cantapetrens hebraicarum literum meritissimi professoris Salmanticae. Commentaria Theodoreti in prophetas majores...: [Followed by various biblical commentaries and Greek and Hebrew editions of the Bible, ending with:] (64r) biblia graeca Adina impressione. Heronymi opera. (64v) Augustini opera de Alemanya...: [continuing sometimes alphabeltically and sometimes topically to:] (67r) Lycophrontis cum Tzezi commentari graece. [ff. 67v-68v are blank.]

[On Martinez, a Hebrew professor at Salamanca, see *Cartulario de la Universidad de Salamanca*, Vol. 2, documents 677, 679, 684 and 693, edited by Vincente Beltran de Heredia in *Acta Salmanicensia. Historia de la Universidad* Vol. 19, Salamanca University: 1970.

10. BEUTER, ANTONIO, *De feriis ac festis diebus Judaeorum*

ff. 69r-72v. 69r: Circa caput xxiii levitici de feriis av festis diebus Judaecorum. P[edro] Anto[nio] Beuter. [Part one] Festis dies Judaeorum aut erant in dicti à lege, aut a synagoga...: (70r) festum demque aestermense undicimo, die decimo tertio, decimo quarto et decimo quinto. Ut autem res manifestior sit distribuemus festos hoc dies et indictos à lege et à synagoga per singulos menses, atque annotabimus quo die mensis festi hi dies celebrentur. [Part two] Primus mensis. Primus mensis (qui à nobis martius, ab Hebraeis vero nisan dicitur)...: (72v) xii mensis... bacchanalia pro liberatione de quo aestercelebrabatur die 13. 14. 15.

11. BEUTER, ANTONIO(?), *Tabula animalium quae prohibentur leviticus xi*
Foldout chart between ff. 72v and 73r, labelled as 72 bis: P. An[tonio] Beuter [in right hand margin, either to show authorship or to show the table should be located after the Beuter text] Tabula animalium quae prohibentur leviticus xi addita est etiam interpretatio Hebraica, targum onkelos, pagnini, et septuaginta, et vulgaris linguae. [first line of the table across reads:] gamel, gamelus, camelus, camelus, camelus, gamell...: [the last line across reads:] veath, vescha, talpa, talpa, talpa, talpo o talpa.

12. ANONYMOUS, *Notae animalium species quae habentur levitici xi* [Based on PLINIUS and ARISTOTELES]
ff. 73r-74v. 73r: Plinius liber x caput 3. de naturali historia. Aristoteleis libro nono de natura animalibus [i.e. de historia animalium]. Adducemus hoc loco circa varias illas animalium species eo quae habentur levitici xi capite, ea quae recitantur ab Aristotele at à Plinio. Ponuntur à viris istis variae aquilarum species. Quarum prima menaelaetos graece latine vero valeria et fulvia dicitur...: (74v) Deut. 24 spluga bou vulgo dicitur à Nebrissense Anto. ixiophagos graece latine turdulus dicitur.

13. ANONYMOUS, *Catalogus avium cum nominibus hispanicus*
ff. 75r-76r. 75r: Avium lacustrium catalogus cum nominibus hispanicus. Gavia alba et cinerea - gavina corba marina...: (76r) apodes - falzies. [f. 76v is blank.]

14. ANONYMOUS, *Supplicia Judaica*
ff. 77r-80r. 77r: Supplicia iudaica secundum legem quadruplicia. Quatuor erat apud Judaeos mortis genera, quibus rei plectebantur. Primum lapidationis, secundum combustionis, tertium decapitationis sive decollationis, ultimum vero strangulationes...: (80r) foemina ergo illa quae adducta est ad Christum desponsata erat. [f. 80v is blank.]

15. RUVIALES, LUDOVICUS, *De Hebraeorum mensuris*
ff. 81r-83v. 81r: De Hebraeorum mensuris. Hommer maxima Hebraeorum mensura, non est eadem cum gomor cuius meminit Moses Exodo 16, sunt enim maxime diversae...: (83v) continere liquoris quantum volamanus comprehendi postest ut ait Kmihi III Regum 17. Ex scriptis P. Lud[ovicus] Ruviales. [f. 84rv is blank.]

16. BEUTER, ANTONIO, *Glossae*
ff. 85r-87v. 85r: Loci in quibus glossa interlinearis non tenetur. Ex libris manuscripto doctissimi P. Antonii Beuter. Matth[eus] 19 habetur. Quam Moyses glossa [omega for o] interlinearis (non Deus) ad duritiam cordis...: (87v) aut quid huiusmodi vide Cajetanum, Onkelos et alios etc. [f. 88r is

blank.]

17. ANONYMOUS, *Commentaria ad caput 26 levitici*
ff. 88v-91r. 88v: Ad caput 26 levitici. Servatis domini pactum tantumque eum solum deum verum adorantis id est sabbata custodientis et pavetis ad sanctuarium nullum lapidem erigetis...: (91r) furor erat in poenis sex decim. Primus. Fame usque ad filiorum comestionem 4 Regum 6...: Sexdecimus. Liquefactione in iniquitatis patrum ac suis [cf. Lv. 26:39] Finis.

18. ANONYMOUS, *Epitome totius libri levitici*
ff. 91v-95r. 91v: [in upper margin] Epitome totius libri levitici. [Prologus] Ex eusebio libro chronicon [omega for second o] anno 17 Chencretis regis Aegypti (qui aquis fuit obrutus in mari rubio) egressus est israeliticus populus de Aegypto...: (92r) fructuum et frugum ac similia poterat offerri sed non ad altere, excepto semper melle et omni redulci ac fermento. [Epitome] (92v) I. Holah id est holacaustum totum incensum et crematum excepta pelle... caput levitici primo...: (95r) vota ad redimendum ac destinendum cum desimis levitici 27. [with a foldout chart between ff. 94v and 95r, labelled 94 bis: Tabula de votis ex caput levitici 27.]

19. RUVIALES, LUDOVICUS, *De Hebraeorum mensuris iuxta rabinorum sententiam*
ff. 95v-106v. 95v: De Hebraeorum mensuris coro, homer, omnium maximis de salis epha, batho, gomor, satio iuxta rabinorum sententiam. (96r) Tametsi lectis tuis literis vir ornatissime totius mihi displicui quod nihil eorum...: (106v) posse existima. Etiam atque etiam vale musarum ornamentum insigne P. L[udovicus] R[uviales]. [f. 107rv is blank.]

20. ANONYMOUS, *Annotationes de decreto gratiani*
f. 108r: [1] Glossa decreti. Caecutit de poenitentia distinctio 4 c. divina clementia. Habet glossa quod praeceptum de confessione vocali non obligat Graecos quia est de iure positivo et constituti ecclesiae non manavit ad Graecos. [2] Decretum. Vicesima prima distinctio. Acolyti inquit graece latine dicuntur cerophherarii...: vel certe acholdios [in Greek letters] id est assistens.
[1] note on Gratian, *Decretum*, secunda pars, causa 33, questio 3 de poenitentia, distinctio 4, cap. 24. [2] note on prima pars, distinctio 21, cap. 1,17.

21. ANONYMOUS, *Tabula de errorum Gratiani*
ff. 108v-109v. 108v: Gratiani errores in decreto. [The first entry reads:] 2 questio 6. Qui cessit [for se scit] (!) [*Decretum*, secunda pars, causa 2, questio 6, cap. 12]. Canon hic ascribitur Julio, et est Vigilii...: (109v) [The last entry reads:] 9 distinctio. Ut vestrum [prima pars, distinctio 9, cap. 6]... Hieronymi in scholio super secundo libro contra Jovinianum.

22. JEAN DRIDOENS AND ANTONIO BEUTER, *Annotationes bibliorum et augustini*
ff. 109v-110r. 109v: Driedo. Errat credens illud *Scio hominem ante annos quatuordecim* 12 ad Corinthios [2 Cor. 12:2]...: (110r) Item Augustinus non recipit consilium... tractatum hoc ipsem. Hac dictate doctissimo atque profundis cognitionis viro foelicisque memoriae P. Anto[nius] Beuterio sacrum literarum professore apud Valentinos excepimus etc. [ff. 110v-113r are blank.]

23. ANONYMOUS, *Commentaria ad capitula 11 levitici* f. 114rv. 114r: XI caput levitivi. Explicatur doctrina sacerdotibus necquam ad erubiendam...: (114v) quicumque etiam eorum morticinia asportarum inmundus unde foret [Lv. 11:35]. [f. 115rv is blank.]

24. NUNYESIO, JOANNES, *Excerpta ex Theodoro*
ff. 116r-122v. 116r: Ex [title eraticated with ink, but the following can be read: Ex Theodoro Bi[-]zi Andro[--]us] quarum rerum cognitio ad sacras literas sit necessaria. Catholica et compendiaria sacrarum scripturarum explicatio. [1] Catholica id est quae non unum sed universos sacros libros interpretatur...: illustranda aptum est. [2] Compendiaria quae nil alienum aut superfluum tradit...: (116v) verba offerant. [3] De verbis sacrae scripturae. De verbis divinis codex xxxiii continet canonicos libros primo hebraice descriptos...: (118v) ea res codicum emendationem. [4] De rebus ad sacrum literarum intelligentiam necessariis. Methodus vel praecepta catholica doctrinae christianae, ea pars doceret...: (122v) scriptura authoritatem Cypriani rejicit. Ex libello P. Jo[anni] Nunii superiora transcripta sunt 14 kalendis maii anno MDLIII. [ff. 123r-124v are blank.]

25. ANONYMOUS, *Notae biblicus de hebraica, graeca, et chaldaea linguae*
ff. 125r-134r. 125r: [1] Beparqei 'avoth [Heb.] pag. 98. Decem signa seu miracula facta fuere patribus veteris legis in domo sanctuarii...: ut possim pernoctare hierosolymis. (125v) Annotationes in praecedens capitula A. sunt etiam quam ferunt ex liber cabalisticis. Leonis imaginem in flamma...peccata quas audire posset. [2] (126r) beparqe 'avoth [Heb.] Pag. 102. Septem res sunt in homine rudi, et imperito...: unde epigramma illud de Pythagora editum est He magale paidousiv en anthropoisi siope/ Martura puthagoran ton sophon auton echo/ hos lalein ideos hetepos edidaske siopan/ Pharmakon hesuchies egerates euromevos [in Greek letters]. [3] (127r) Holalim [Heb.]. Psalmus v. Holalim [Heb.] id est scurrae suae derrisores septuaginta interpretes verterunt...: (127v) qui minima fidem adhibent rebus astrologisis. [4] (127v) 'olam haqaton [Heb.] quem Graeci mikrokosmon [in Greek letters] appellant hominum videlicet...: quam dixit candem. [128r blank]. [5] (128v) 'olam hebo' 'olam hazeh [Heb.]. Hebraei saeculum venturum ac futuram illam beataque vitam in qua visione dei si praemia nostra...: (130v) ombibus numeris absoluta etc. [followed by a note in another hand:] Non praetermittam quin a motem quod amotavit frater

Archangelus in liber de nomen Jesu...: videtur mihi archangelus interpretatit. [131rv blank]. [6] (132r) Letera apud Kaldaeos et Hebraeos communes sunt...: lingua multis in rebus communes. [7] (132v) Legimus in liber regum quam sumptibus maximis magnifictissimeque fuerit adificatur templum jerosolymitanum...: et de re has Juvenalis in satyra romanos sic judaizare solitos atque multos servasse sabbatum et praeputium scindisse. [8] (133r) Cum aliquis Judeaus alium visit...: salvatat weshalom 'aleka [Heb.] id est pax super te. [9] (133v) Mane tekel phares. Mane teqel phares [Heb.] Hunc titulum rex balthazar potentissimus vidit...: (134r) Sadducaei judicabant.

26. ANONYMOUS, *Divisio templi jerosolymitani*
ff. 134v-135r. 133v: In tres partes jerosolymitanum magnificentissimum illud templum erat divisum...: (135r) columnae ascendere. Multa tradunt Judaei de Azara quae si voles legire vide quae superius scripsimus folio 125 rescripta ex capitibus partum synagoge [omega for the o] magna.

27. ANONYMOUS, *Notae biblicus de graeca, chaldaea et hebraica*
ff. 135v-140v. 135r: [1] Quid dikaiosune [in Greek letters], quid item epieikia [in Greek letters] inter se differant. Quam Graeci dikaiosunen [in Greek letters] vocant Hebraei mishpat [Heb.]...: sancte Deum. [136r blank] [2] (137r) De paraphrasibus chaldaicis et illarum autoritate Paraphrases chaldaicae eae praesertim quae a rabbi Jonatha et rabbi Onchelos fidelissimis interpreti 6 in chaldaeum sermonem fuerunt aeditae maxime sunt auctoritatis tam apud Hebraeos, quam Christianos...: (137v) et quae apud omnes sit auctoritatis. [3] (138r) Appellant Hebraei os sive faciem peh [Heb.] Arabes aut pum [Heb.] et pom [Heb.] sunt lingua hebraea et arabica admodum similes multis vocibus. Magis similes sunt arabica et chaldaica, similima aut hebraica et chaldaica...: (138v) sive larva...quam latin ab incubando, incubum vocarunt. [139rv blank]. [4] G [gamma in Greek script]. Pythagora g [gamma in Greek script] litteram vitae hominis similem esse dixit, ob duos vertices quos haec littera habet...: praecipitium trahunt etc. [5] (140v) Inter multa quae refert Xenophon de Hercule...: socitari malvit etc. De Hercule item illud Soi charin exetelesen ponos en athesphatos hidpos/ Xopon echei poluolbon hon ho paros allos ellachen aner [in Greek letters].

28. ANONYMOUS, *Notae biblicus de hebraica et chaldaea*
ff. 141r-159v. 141r: [1] garon [Heb.] vocant hebraei gutur a verbo garar [Heb.] id est divisit...: in plurali geroniyoth [Heb.]. [2] leshon [Heb.] vocant linguae hebraei lashon [Heb.] a verbo lashan [Heb.] is est accusavit...: (141v) donatus in commentariis illis doctissimis in terentium. [142r blank]. [3] Platonii philosophi vim cogitandi vitamque ipsiam sedem habere in cerebro affirmavunt. Aristotelis contra non in cerebro sed in corde constituebant...: in corde vis cogitandi est. [143r blank]. [4] Universam vim artis magicas asserunt cabalistae sitam esse aut in rebus naturalibus aut in rebus colestibus aut in nominibus dei...: (144r) scilicet Yahweh [Heb.] intellecta etc. [144v blank]. [5] (145r) 'almah [Heb.] mirum est quam recentiores

Judaei et hi quibus propria malitia oculos...: (146r) galatinus in liber de mysteriis catholicae veritatis contra Judaeos. [146v blank]. [6] (147r) Sophim [Heb.] appellant hebraei homines doctissimos ...: sapientum assequuti sunt. [7] 'ayin [Heb.] oculum vocant Hebrae 'ayin [Heb.]...: in scriptura autem varissimum est. [147v blank]. [8] (148r) 'aph [Heb.]. In vocant Hebraei faciem sive nasum a verbo 'anaph [Heb.]...: index est atque defectum indicat. [9] (148v) Regula certa. Omnes dictiones quae in novo testamento hebraicae videntur non sunt hebraeae, sed eius linguae quae tunc communiserat in palestina, propriae. Sive ea esset kaldaea sive syriaca quae res in sequenti tibi apertissime, repetitis omnibus vocabis quibus evangelistae usi sunt probabitur. [10] (149r) Gulgoltha' [Heb.] golgota. Gulgotha'[Heb.] mons Calvariae in quo dominus noster Jesus per spiritum emisit...: kaldaea ab Hebrais foromant (!) gulgotha' [Heb.] golgolta. [11] (149v) Haqel dema'[Heb.] Chakel dema. Haqel dema [Heb.] id est ager sanguinis...: hebraice diceremus sadeh dam [Heb.]. [12] (150r) Bar Yona' [Heb.] bar ionah. Bar Yona' [Heb.] id est filius columbae...: columban significae. [13] (150v) Beth saida [Heb.] beth aida. Voces etiam sunt kaldaeae beth [Heb.] domum significat tam Hebraeis...: lingua phoenicum dictum esse a piscatione. [14] (151r) 'ephethah [Heb.] ephetah. Marci 7 [Marcus 7.34] vox est etiam chaldaeica 'ephethah [Heb.] id est aperite...: (152r) meliorum simplicioremque. [15] (152r) Marana' 'atha' [Heb.] marana atha Legimus in epistola Pauli ad [blank space] in fine has dictiones marana' 'atha' [Heb.]...: (152v) sanctiones ab eo praescriptos etc. [16] (153r) 'osa'na'[Heb.] hosana. Vox haec etiam kaldaeae est...: vivibus vitari debet. [17] (153v) Qarbam 'o Qarban [Heb.] corbam aut corban. Marci 7 [Marcus 7.11] quod est donum...: propinquiss, vicinus,\\ [154r- 157v are blank]. [18] (158r) De temporibus Hebraeorum praeterito et futuro. E quare praesenti tempore careant. Et qua ob eam primae personae et tertia numeri pluralis sunt communes. Hebraei tamen duo tempore sint. Praeteritum et futum [!]...: et pro inde est communis. [158v blank] [19] (159r) Tehinah [Heb.] et tephilah [Heb.]. Hoc inter se differunt, quod tehinah [Heb.] sit meditatio cordis...: assidue versat. [20] (159v) Comparatione Hebraei alius non explicant per yother [Heb.] ut hakam [Heb.] id est magis sapiens...: is est maximus. [ff. 160r-163r are blank].

29. CANINIUS, ANGELUS, *Observationes desumptae sunt ex institutioni linguae syriacae, assuriacae atque talmudicae*

ff. 163v-184v. 163v: Luae sequuntur observationes desumptae sunt ex institutioni linguae syriacae, assuriacae, atque talmudicae. Quas edidit doctissimus et humanarum disciplinarum peritissimus atque professor meus Angelus Caninius linguarum peregrinarum professor. Transcriptimus has observationes e libro typis caroli stephani typographi regii excusso cuius nobis copiam fecit doctissimus et de linguis bene meritus magister morcatus. (164r) Ex praefatione ad lectorem. Quemadmodum inter virtutes atque optimas disciplinas...: (167r) et prudentum vitorum iudicio. [Text] (167v) Literae quibus Hebraei Chaldaeique utilis vigenti duae sunt figura dissimiles...: (184v) novi instrumenti difficilum.

Institutioni linguae syriacae, assyriacae atque thalmudicae una cum aethiopicae atque arabicae collatione, Parisiis: Apud Carolum Stephanum, 1554. [Various marginal folio references give the location of the excerpted sections in the original text.]

30. CANINIUS, ANGELUS, *Loci aliquot novi testamenti cum Hebraeorum originibus collati atque explicati*
ff. 185r-225r. 185r: Loci aliquot novi testamenti cum Hebraeorum originibus collati et historice explicati [followed by chapter titles] (186r) [1] De nomine Jesu et Jova. Ut homines nostri, linguae chaldaicae cognitionem novi...: (193r) etymon, sive linguae hebraicae analogia spectes. [2] (193v) De omnibus dei nominibus et quo Arabes et Aetyopes Deum nominent. Postulare vester rei series, ut caetera dei...: (197r) Aetyopes quae Romae habitant, interpretatur. [3] De sa'ir [Heb.] apud machean et nequaquam minima es apud mattheus. Admonuit me hoc loco evangelii ordo et rei difficultas...: (201r) illorum defensionem cum honore accusatione coniugat. [4] De hosanna. Invitat nos celeberrima in evangelio vox hosanna ut rei origine...: (203v) ac triumphantem ovantes ipsi amitemur. [5] De amen. Receptum in primitiva ecclesia fuisse Paulus I Corinth[ius] 14 ostendit ut populus post veritatas praeces responderet amen...: (204v) et intellegeretur exactius sed de his hactenus. [6] De rabbi, rabboni et caeteris. Frequentissimum est in evangelio hoc vocabulum sed quoniam vetat Christus nequis vocetur Christus rabbi, nec pater explicanda est huius rei ratio quae certe intelligi non potest nisi libris Thalmidicis...: (206r) dignitatis ac titulorum usurpatio. [7] De raca, mammona et concilio. Dies et multum magnos et theologos...: (209r) maria, magdal, magdal, sicria, raca. [8] De publicanis. Crebra fit in evangeliis publicanorum metio quorum ordo Romae...: (210r) quasi publica notatos infamia aversabilis. [9] De camelo per foramen acus. Extat [!] apud Mattheum [Matt. 19.24] Christi dictum paroimiodes [?] [in Greek letters] ...: (212r) syrie notissimam camelum dixit quo res planus ab omnibus possit intelligi. [10] De effatha. Postulat nunc ratio ut loquitiones aliquas evam...: (213v) viderit mihi narrasse satis est. [11] (214r) De mamona [with omega for o] et aliis [called de locutionibus in chapter listings following the title]. Caetera quae in evangeliis leguntur haec sunt mamona Matth[eum] 6...: (215r) muagron [in Greek letters] vocat quidam serpentem. [12] (215v) De dimitte nobis, et aliis. Multae sunt praetera in novo testamento loquitiones syriacae...: (217v) cum suis etymis explica veritas. [13] De messia, maria et omnium apostoloris nominibus. Cur Jesus vocetur christus et messias omnes intelligent mashah [Heb.] ...: (221v) graeca forma quod fecerunt in omnibus propriis nominibus. [14] De pane quotidiano. Huic praefatio in nostrae eam coronidem...: (225r) atque in antiquam coele Jesus Jerusalem mittat possessionem. [followed by] [a] Precatio dominica quam Christus suos docuit linguae syriaca fideliter expressa. Selota' de'aliph bah Yeshua' 'echiha' maran lethalmidoi ulkal-meshiha'e. 'avunan devishmaya'...: le'almin 'amen [Heb.]. [b] Salutatio angelica syriace. Shelam lek Mariam... pharoqa' denaphshathan [Heb.]. [Followed by colophon] Tehilah le'el hai [Heb.] Universus liber angeli caninii superioribus continet paginis praeter tabulas coniugationum quas deo

favete (si liber ad nostras pervenerit manus) transcribemus Salmantica, pridie idus octobris anno 1555. Io[annes] Marçanus. [f. 225v is blank.] *Angeli Cananii Anglarensis hellenismos [in Greek letters] copiosissimi graecarum latinarumque vocum indicis accessione per Carolum Hauboesium locupletatus.... Accedunt plurimorum verborum originum explicatio, regulae quaedam breves de ratione syntaxeos et loci aliquot novi testamenti cum hebraeorum originibus conlati atque explicati*. Amstelodami, 1700, pp. 402-504. [We would like to thank Douglas Howland of The Joseph Regenstein Library, University of Chicago, for checking our description against the printed edition.]

31. ANONYMOUS, *In locum Exodi 3:14*

ff. 226r-227v. 226r: In locum exodi *Ego sum, qui sum 'ehyeh 'asher 'ehyeh* [Heb.]. Nullus locus in tota scriptura magis essentiam naturamque dei explicat quam hic...: (227v) revelationem (ut primo capitula parqe 'avoth [Heb.] ita stat fuerint inventa. [in left hand margin] Bono. Cal. Octob. 1559. [ff. 228r-235v are blank.]

32. ELIAS,LEVITA, *Vocabula hebraica irregularia* [translated by MUNSTERUS, SEBASTIANUS]

[text begins on f. 289v and continues from back to front, ending on f. 236r] f. 289v: Sapher ha-harkaba [Heb.] Vocabula hebraica irregularia, quae vel ordine, vel coniugatione aut tempore componuntur. Per eliam leviten pulchr explicata. Atque in ordinem alphabeticum digesta et per sebastianum mansperum [!] ex hebraismo in latinam linguam conversa. Salmanticae. MDLIIII. I[oannes] M[arzanus], S[almanticae] et cetera. Idibus Aprilis. [289r blank] (288v) [translator's preface] Sebastianus Munsterus. pio lectori s.d. Victus multorum precibus lector aegre tamen et hunc librum suscepi vertendum...:(288r) Simon Gryneus qui et alterum nuper candide nobis impertiit. vale. Heidelbergae x kal. novemb[ris] anno salutis M.D.XXV. [The following poem, author's preface and second poem are in Latin on the right hand versos and in Hebrew on the facing left hand of each opening.] [Poem] Carmen libri loquentis (latine redditus à Munsterus) in operis commendationem. Ego murus, sublimis statura et alius/ Fundatus cum lapidis mamoris et topasii/...: (287r) Et gionens me atque formans certe est/ grammaticus ex pueris germanorum/ genuit me anno CC. LXXVII in roma/ nomen eius a motatum est in capitibus rithmorum. [Facing this poem of 287v and 386v is:] (287v) Carmen in operis commedationem aditum ab Elia Levita Germano etc. 'ani homah gebah gomah werama/ meyusedeth be'abney shesh upazim...: (286v) shemon rashum bera'shai ha-haruzim [Heb.]. [author's preface] (287r) Praefatio auctoris in sequentem librum, monspero interprete. Dixit Elias Levites Germanus: testando contestatus sum in principio libri electi...: (283r) compositas dictiones ideo vocaut nomen eius librum compositionis. Finit praefatio. [Hebrew preface:] (286v) Haqadmah. 'amar 'elihu...: (282v) sapher he-harkabah. Suph ha-qadmah. [followed by] (283r) Dominus Deus meus ostendat mihi viam bonam/ et eruat me ab errore et culpa/ et spes mea in ipso non erit mendax/ agglutinetur igitur mihi ad opus exrogitatum etc. [Hebrew:] (282v) Yeya 'Elohi yorani ha-derek

ha-tovah...: ha-mahshavah. [282r blank] [Text] (281v) Liber irregularium dictionum aeditus ab Elia Levita Germano hebraeorum omnium nostrae aetatis doctissimo. 'obidah [Heb.] Ierem[iah] 46 'obidah [Heb.] id est disperdam...: [last entry] (236v) Titapal [Heb.] 2 Reg[um] 22 'im 'iqesh titapal [Heb.] cum perverso perverteris. Dicut aliqui quod sit futurum...: ad intelligendum legum nostram sanctum nashlam sapher ha-harkabah [Heb.]. Finis. H.X.N. 4 Calendis Maii, M.D.LIV Salmanticae.
Unedited. This work is not contained in the Froben edition: *Grammatica hebraica absolutissima, Eliae Levita Germani: nuper per sebastianum munsterum iuxta hebraismum latinitate donata*, Basel, 1525.

33. LEVITA, ELIAS, *Carmen*

f. 236r: Carmen Eliae. 'avarek lenothen...: meshnah weqashah [Heb.]. [Followed by the initials] I.M.S. [Ioannes Marzanus, Salmanticae].

34. MERCERUS, IOANNES, *Tabulae in chaldaeam grammaticam* [cum annotationes de JOANNES NUNYESIO]

ff. 290r-328v. 290r: Luhoth 'al diqduq...: uvhodesh nisan [Heb.]. Tabulae in chaldaeam grammaticam quibus continentur quaecunque sunt ad chaldaeas bibliorum paraphrases assequendas necessarìa. Authore Joanne Mercero Valentinae. Transcribebat Jo[annes] Marçanus anno M.D.LIII. [290v blank]. (291r) [Preface] Jo[annes] Mercerus linguae hebraeae candidatis omnibus. s[alutem]. Cum superioribus annis studiosi lectores lutetiae primus quidem quantum existimo chaldaeam grammaticam profiterer...: (291v) tabularum cognoscentis quae hebraeis iterum valete. Lutetiae parisiorum cal. aprilis. [followed by an historical note] Postquam adducti fuerunt capturi Judaei in Babylonem coeperunt Chaldaice loqui...: observa linguam Casdin à Cesed filio naum ut ait Kmihi dictam fuisse. [then] Annotationem hanc et huic similes complures alias in margine scriptae sunt à p. Jo[annes] Nunyesio, quas cum occurrent in margine signabimus aut scribemus. (292r) [Explaining contents] Atque ut iam ad rem ipsam quod faustum foelixque sit, aggrediamur quatuor omnino aut quinque tabulis totam chaldaeam grammaticen comprehendi posse existimamus...: Primas nos tabula verbi perfecti inclinandi rationem proponemus. Secunda imperfectorum ordines in his ea notasse contenti quibus à perfectus evarient. Tertia varias nominum formas. Quarta ad extremum simul affoxorum rationem et litterarum munera absoluemus. Quanquam haec si videbitur in geminas tabellas poteris secernere. (292v) [note on transcription of Hebrew letters in table 1] Coniugationum autem paradigma sumo verbum qetar [Heb.]...idem quod hebraeis qashar [Heb.] ...: observabis sh [Heb.] in t [Heb.] converti, in hiphil idem valet quod Hebraeos suffire. Iam ergo attende. (293r) [Text] Tablua prima. De verborum perfectorum inclinatione. Coniugatio cal. Praeteritum cuius cum sit simplex forma, prima qetar [Heb.], secunda qatir [Heb.] ...: (328r) Aegyptiae et caetera eundem ad modum atque hic sit nobis tabularum in chaldaeam grammaticen finis. Quibus si non absolute ut quidquid ad eam rem attinet traderemus illud certe nos consequutos speramus, ut commodiori ordine post hac quidquid est chaldaeae grammaticae studiosi possint discere, quod dici non potest, quantopere discentium levet laborem. Valebis interim lector et his frueris. [Followed by postscript to table 2] (328v) Ad lectorem. Observabis lector quod secunda tabula diximus yeda'inun [Heb.] genesis 19 esse tertiam pluralem...: sed sensum ipsum potius exprimere studeat paraprastes chaldaeus. [Table 1 ends on 304v; table 2 is a foldout chart between 304v and 305r, labelled 304 bis; table 3 is on 305r-318v; table 4 is on 319r-325v with a foldout chart between 319v and 320r, labelled 319 bis; a foldout chart *Tabula ultima*, labelled 352 bis, is between 325v and 326r. Folios 326r-328v contains *addenda* including numerals.] This work differs from his *Tabulae in grammaticen linguae chaldaeae quae et syriaca dicitur*, Parisiis: Apud Guil. Morelium, 1560. There is an early foliation to f. 290, then the foliation begins again with 1-40 (ff. 291-330).

35. MERCERUS, IOANNES, *Observando in chrispatri*

f. 329rv. 329r: Observando in chrispatri. Viro non minus doctrina quam morum severitate conspicuo. Matisconum praesuli dignissimo ac supremo ab eleemosinis christianissime Galliarum regi. Joannes Mercerus s[alutem]. Nuper cum nostras in tharghum Abdiae et Jonae lucubrationes...: (329v) suos iamdiu consecravit. Bene vale antistes clarissime luteria, pridiae idus maias anno à saluta humana 1550. [Followed by the following note in the bottom margin:] Transcripsit qua potuit diligentia e libro quodam excusso typis Martini Iuveris (quem nobis mutatus est P. Io. Nuny. de ipsi sui sum omnibus benemeritus) Io. Marçanus et aliis. Calendis Maias. Anno 1553. [ff. 330r-331v are blank.]

36. MERCERUS, IOANNES, *Translatio targhum Jonathan ben Uzielin abdiae et ionae cum scholiis*

ff. 332r-343v. 332r: Targum 'ovadyam weyonah... Yohanan Merserus [Heb.]. Chaldaea translatio abdiae et jonae prophetarum, latino sermone recens donata, cum scholiis haud poenitendis per Joannem Mercerum Valentinae. [332v blank]. [Preface] (333r) Ad lectores hebraismi et chaldaismi studiosos. Cum ex omnibus targhumin nobiscum reputaremus quisnam potissimum liber nunc chaldaismo primum imitatis esset...: a me accipietis quam vobis bethom levavi [Heb.] offeram. [Followed by epistle] Eruditissimo atque ornatissimo viro Petro Castellano, lectissimo matisconum praesuli supremoque ab eleemosynis christianissime Galliarum regi Joan[nes] Mercerus in Christo s[alutem]. Saepe multumque cogitavi dignissime praesul deberemne has in abdiam et jonam...: (334r) non improbari cognoverimus. Bene vale praesul ornatissime lutetiae octavo calendas martias. [The text is divided into two columns, Aramaic with facing Latin translation.] [1]Targum 'ovadyah. Navu'ath 'ovadyah...: (336v) 'alkal yathbe 'ar'a' [Heb.]. (334r) Targhum in Abdiam. Prophetia abdiae. Sic dicit dominus seus ipsi edom...: (336v) qui terram in habitant regnum domini. [2] (336v) Targum Yonah. Wahawah pithgam...: (343v) uv'irah sagi [Heb.] (336) In Ionam. Factus est sermo prophetiae à domino cum iona filo amittai in hac verba. Surge proficiscere niniven urbem magnam...: (343v) nesciunt a sinistra dignoscere

in super et iumenta multa. Finis ionae. Transcribebat Valentiae Ioannes Marçanus, tertio nonis Maii, anno 1553.
Chaldaea Jonathae Uzielis filii interpretatio in duodecim prophetas...cum explicatione locorum obscuriorum targum, Parisiis: Caroli Stephani typographi regii, 1558.

37. MERCERUS, IOANNES (?), *Observationes in abdiam et ionam*

ff. 344r-349v. 344r: Breves observationes in abdiam et ionam. [1] In abdiam. Prophetia Abdiae solet Jonathan hazon [Heb.] transferre nivu'ah [Heb.] ut in initio Isaie...: (345v) ut in Hebraeis fere fit corruptim. [2] (346r) In ionam. Cap. I. Ut in mare fugeret Tarshish [Heb.] hoc loco Jonathan quemadmodum et in ezechiele mare esse putavit...: (349v) ut a quo creati sint nesciant. Finis. [Followed by] Castig.[ationes]. In abdia pro metemuruhi [Heb.] lege metemuruhi [Heb.]. Caetera sicubi forte praeter grammaticam rationem aut adiectum est, aut omissum punctum aliquod, boni lector consule. Nonis maii anno 1553. [Then in the right margin:] I[oannes]. [Followed on 350r by Greek letters in the shape of a cross; beginning from the top it reads] TO THEO O X O X O. [Across it reads] O X O X O. pleion charis amen [appear at the arms and foot of the cross]. [ff. 350v-353r are blank.]

38. MERCERUS, IOANNES, *Notae*

ff. 353v-355v. 353v: Gorrion hispana lingua passerem significat ...: (355v) latini; et valentini n. versa in o. [This is a glossary of Greek, Hebrew, Aramaic, and some Spanish words.] [Followed by some brief notes in hebrew letters on 356r, and pen trials on 356v.]

39. ANONYMOUS, *Notae*

357r: [Hole in folio destroyed first two words] //nobile semper in contraria vulgus...: latine vocare possumus. [Notes on Hebrew, Greek, Syrian and Aramaic words including a discussion of the word dominus and a note on Hebrew syntax.] [f. 357v is blank.]

Physical Description: Paper; 20.5x15 cm; ff. VII+365+I; Latin, Hebrew, Greek, Aramaic, Spanish; Modern cursive.
The number of folios equals 365 because following folio 8 the numbering began again with folio 1 and continued through 357. Also, IV was skipped in the numbering of the flyleaves, so the numbering goes I-III then V-VIII, for a total of 7 front flyleaves. On the inside front cover: "Restaurato a Modena 12 Maggio 1953". This is followed by a blank unnumbered flyleaf that was added during the restoration. Then there are the following blank flyleaves: Irv, IIv, IIIrv, Vrv, VIr and the modern back flyleaf. There is a partial table of contents by Olgiatus on ff. VIIr-v. The manuscript was originally foliated 1-290 and then 1-40 (ff. 291-330); the remaining folios were left unfoliated, possibly because the next text is read in the Hebrew tradition from right to left and therefore begins on f. 289, continuing on

from back to front ending on f. 236. There is a modern foliation beginning after f. 290 and continuing that foliation to the end of the manuscript. The scribes were Ioannes Maraçnus et aliis, (see f. 329v) with the following dates: 1553 on 122v, 290r, 329v, 343v and 349v; 1554 on 43r, 236v and 289v; 1555 on 34v, 42r, 63r, and 225r; 1559 (in margin) 227v. On the location of the manuscript to Salamanca see ff. 34v, 225r, and 236v although at least two of the authors, Ruviales and Mercerus, are from Valencia (Valentinus). The manuscript contains a watermark somewhat similar to Briquet, vol. 3, item 10,793 on ff. II, III, VI and various text folios.

Provenance: Old signatures: Y and S (f. VIv), E 60 (ff. IIr and VIIr). On f. VIIv: "Antonius Olgiatus vidit et scripsit anno 1603."

E 62 Sup. * XV-2. [XVI-1] * Central Italy

1. ANONYMOUS, *Tabula de orationibus*

Inside front cover: [1] Oratio de concordia post Clementiam. Oratio de pace. Oratio de coronatione...: Oratio de excitandis et amplificandis litterarum studiis. [2] De lingua latina vindicanda contra [hole in sheet]. De stylo comparando ex Cicerone in primis confutatis Erasmi rationibus. De coniungendis graecis cum latinis. De philosophia et iure Ci[ceronis] iungendo cum linguae cultu.
[This is a seventeenth century list of titles of orations and works on Latin style, unrelated to the current contents of the manuscript. According to Antonio Ceruti, *Inventario Ceruti*, vol. 3, p. 360, "Aderant olim in hoc codice alias orationes saeculo XVI conscriptas de republica illius aevi, quarum tamen unicum superest fragmentum in fol. 121.122."]

2. CICERO, MARCUS TULLIUS, *Pro Q. Ligario oratio*

ff. 1r-7v. 1r: Marci Tulii Ciceronis Arpinatis pro Quinto Ligario ad Cesarem oratio incipit. Novum crimen, G. Cesar, ante hunc diem inauditum...: (7v) praesentibus his omnibus te daturum esse. Finis.
A. Klotz, *M. Tulli Ciceronis scripta quae mansueruntomnia*, vol. 8 Leipzig: Teubner, 1918, pp. 84-100.

3. CICERO, MARCUS TULLIUS, *Pro M. Marcello oratio*

ff. 8r-13v. 8r: Pro Marco Marcello eiusdem M. T. C. coram senatu oratio incipit. Diuturni silentii, patres conscripti, quo eram his temporibus...: (13v) magnus hoc tuo facto cumulus accesserit. Finis.
A. Klotz (as in item 2), pp. 69-81. [ff. 14r-16v are blank.]

4. PSEUDO SALLUSTIUS, *Invectiva in M. Tullium Ciceronem*

ff. 17r-18v. 17r: Crispi Salustii in Marcum Tullium Ciceronem coram senatu invectiva sic incipit. Graviter et iniquo animo maledicta tua paterer...: (18v) neque in illa parte fidem habens. Finis.

A. Kurfess, *Appendix Sallustiana*, fasc. 2: *Invectivae*, 4th ed. Leipzig: Teubner, 1962, pp. 1-8.

5. PSEUDO CICERO, *Invectiva in Sallustium Crispum* ff. 18v-22v. 18v: Marci T. C. in Crispum Salustium coram senatu invectiva sic incipit. Ea demum magna voluptas est, Crispe Salusti...: (22v) siqua eo honeste affari possum. Finis.
A. Kurfess, *Appendix Sallustiana*, (see item 4 above). [For authorship discussion, see Kurfess, "Die Invektive gegen Cicero." *Aevum*, 28 (1954): 230-38.]

6. CICERO, MARCUS TULLIUS, *In Catilinam oratio prima* ff. 23r-30r. 23r: Contra Catilinam eiusdem M. T. C. coram senatu incipit invectiva. Quousque tandem abutere, Catilina, patientia nostra...: (30r) vivos mortuosque mactabis. Finis.
P. Reis, *M. Tulli Ciceronis Scripta quae mansuerunt omnia*, Vol. 6, part 2, Leipzig: Teubner, 1933, pp. 5-22.

7. ANONYMOUS, *Argumentum de orationibus in Catilinam* f. 30r: Superiore libro Catilina circumventus elequentia [!] Ciceronis...: damnum superare potuerit.

8. CICERO, MARCUS TULLIUS, *In Catilinam oratio secunda* ff. 30v-37r. 30v: Eiusdem M. T. C. invective confirmatio coram populo contra Catilinam incipit.[T]andem aliquando, Quirites, Lucium Catilinam furentem audacia...: (37r) civium nefario scelere defendunt. Finis.
P. Reis, as in item 6 above, pp. 22-37.

9. CICERO, MARCUS TULLIUS, *In Catilinam oratio tertia* ff. 37r-44v. 37r: Eiusdem M. T. C. contra Catilinam ad populum enarrando eius gesta ut reddat se minus invidiosum demostrando [!] rei gravitatem. [R]em publicam, Quirites, vitamque omnium vestrum, bona, fortunas...: (44v) in perpetua pace esse possitis, providebo, Quirites. [ff. 45r-48v are blank.]
P. Reis, as in item 6 above, pp. 38-53.

10. CICERO, MARCUS TULLIUS, *Pro M. Caelio oratio* ff. 49r-68v. 49r: M. T. C. oratio pro Marco Celio ab Attratino accusato de pecunia a Clodia accepta et de veneno ei parato incipit. Siquis iudices forte nunc adsit, ignarus legum iudiciorum...: (56v) induxi ut verear ne se idem Appius repente// [interpolation from *De domo sua*; see item 11] (57v) //convertat et Celium incipiat accusare...: (68v) fructus uberes diuturnosque capietis. Finis. [ff. 69r-70v are blank.]
A. Klotz, *M. Tulli Ciceronis Scripta quae manserunt omnia*, vol. 7, Leipzig: Teubner, 1919, pp. 277-332. The interpolation is at the beginning of chapter 15, page 301, line 15 in the edition. There is no text missing.

11. CICERO, MARCUS TULLIUS, *De domo sua* [chapters 41-43]
ff. 56v-57v. 56v: //peterunt [!]. Ex his igitur bonis quam quorum venie (!) rem ullam attigit...: (57v) hanc deam quisque violare audeat et imagine// [text of *Pro Caelio* resumes]
A. Klotz, as in item 10, p. 98, line 7 - p. 100, line 7. [The text begins near the end of the third line from the bottom of the folio. There are marginal notes on f. 56v in two hands, one contemporary with text hand, "Hic locus videtur vacare usque ad aliud signum +." and one later (possibly by Angelo Mai) "Locus est ex Orat. pro domo sua c. 41-43."]

12. CICERO, MARCUS TULLIUS, *Pro rege Deiotaro oratio*
ff. 71r-78v. 71r: Marci Tulii Ciceronis Arpinatis pro rege Deiotaro ad Cesarem oratio incipit. Cum in omnibus causis gravioribus, G. Cesar, in initio dicendi...: (78v) crudelitatis est, alterum conservare clementie tue.
A. Klotz, (as in item 2), pp. 101-19.

13. CICERO, MARCUS TULLIUS, *Pro A. Licinio Archia poeta oratio*
ff. 79r-85r. 79r: M. T. pro Aulo Licinio archipoeta [!] coram iudicibus oratio incipit. Si quid est in me ingenii, iudices, quod sentio...: (85r) qui iudicium exercet, certe scio.
P. Reis, as in item 6 above, pp. 165-80.

14. CICERO, MARCUS TULLIUS, *De imperio Cn. Pompei oratio*
ff. 85r-98v. 85r: Marci Tullii pro Gneo Pompeio coram populo ut imperator eligeretur in mittendo exercitu artificiosissima oratio incipit. Quamquam mihi semper frequens conspectus vester multo iocundissimus...: (98v) rationibus praeferre oportere. Finis. [For f. 99r see provenance information below, f. 99v is blank.]
P. Reis, *M. Tulli Ciceronis Scripta quae manserunt omnia*, vol. 6, part 1, Leipzig: Teubner, 1933, pp. 3-34.

15. CICERO, MARCUS TULLIUS, *Pro T. Annio Milone oratio ad iudices*
ff. 100r-120r. 100r: Pro Milone M. T. C. mira arte incipit oratio coram iudicibus compillata [!] seu pronunciata. Etsi vereor, iudices, ne turpe sit pro fortissimo viro...: (120r) sapientissimum et fortissimum virum quemque delegit. Finis. [f. 120v is blank.]
A. Klotz (as in item 2), pp. 13-66.

16. ANONYMOUS, *Fragmentum orationis*
ff. 121r-122r. 121r: //a doctorum et dicendi copia ac varietate...: (122r) Clemens pont[ifcx] max[ime], Carole Caesar imp[erator] max[ime]...gratia et humanitate opem ac praesidium imploro. [f. 122v is blank.]

[This is a draft of an oration with many crossed out sections and insertions. It is probably datable to 1523-1534 during the reigns of Pope Clement VII and Emperor Charles V.]

Physical Description: Paper; 22x15 cm; ff. 122+I; Latin; Humanistic cursive, modern cursive (XVI-1) on ff. 121r-122r.
There are three stubs of missing front flyleaves in the gutter with writing similar to that on inside front cover. Modern table of contents in the bottom margin of f. 1r. The back flyleaf is blank. Catchwords. Some brief marginal comments from f. 49r.

Illumination: Plain initials, three lines high at beginning of each work, except f. 30v which has a space that was never filled in. Also, the inital on f. 49v is panelled and the initials on ff. 71r, 79r and 95r are four lines high.

Provenance: Old signatures: S and Y (inside front cover) and E 62 (inside front cover and f. 1r). Signature of signor Dominico in the upper right corner of f. 1r. (This manuscript is not mentioned by Villa on p. 258 in her listing of Ambrosiana manuscripts from his library.) On f. 99r, in upper case Greek letters, Palaiophilos Andreaskon (possibly this is a pseudonym for an owner).

Bibliography: Mai, *CCA*, pp. 238-39, item 58.

E 66 Sup. * XV-3 (1470, 1473) * Central Italy, Rome
[Plates II.44 and 51]

1. URSINUS, MICHAEL, EP. POLENSIS, *Epistula consolatoria sorori*
ff. 1r-13r. 1r: Michael Ursinus religiosae sorori salutem. Volui ad te saepe scribere, soror, alterius cognita...: (13r) damno nec vito fugere posse. Vale. [Gams, p. 803.]

2. HORATIUS FLACCUS, QUINTUS, *De arte poetica* [lines 412-413, variant]
f. 13v: Qui cupit optatam cursu coniungere metam / multa fecit tulitque puer [corrected from "pater"], sudavit et alsit.
Stephanus Borzsak, ed., *Q. Horati Flacci Opera*, Leipzig: Teubner, 1984, p. 308. [Walther, *Proverbia*, item 24,003.]

3. GELLIUS, AULUS, *Capitula librorum Noctium Atticarum*
ff. 14r-38v. 14r: Auli Gelii noctium Atticarum primi libri capitula incipiunt. I. [Q]uali proprietate [!] quibusque collectionibus Plutarcus ratiocinatum esse...: (38v) vestimenta a populo poscit. Finis. Laus Deo. [ff. 39r-40v are blank.]

P. K. Marshall, *A. Gellii Noctes Atticae*, Oxford: Clarendon, 1968, pp. 5-37.

4. PLATINA, BARTHOLOMAEUS, *De principe*

ff. 41r-168r. 41r: [Chapter titles] Liber primus: Unus sit princeps. De religione principis...: (41v) Liber tertius... (42r) De instrumentis bellicis. (42v) [Prologue] Platinae liber primus incipit de principe ad illustrem Foedericum Gonzagam prohoemium. [C]um essem in Albano vitandi aestus pulverisque urbani causa...: (45r) at mea causa te rogo. [Text] Unus sit princeps. [L]ycurgus ille Lacedemonius cuius tanta fuit auctoritas...: (168r) faustum et felicem volumus. Antonius minorista Calvuss de Marscoctis 1473 anno transscripsit. [ff. 168v and 176rv are blank, ff. 169-175 have been removed, see explanation below.]

Principis... Baptistae Sacci Platine, Frankfort: Hofmannum, 1608; and *Baptistae Platinae Cremoninsis de Principe, libri III*, Genoa: Calenzanus and Farronius, 1637. The author sometimes listed under the form Bartolommeo de Sacchi, detto Battista. [See Cosenza, v. 4, p. 2841, col. 1, item 2); the text was composed in 1471. Brief marginal annotations.]

5. MARLIANUS, RAIMUNDUS, *Index locorum in commentariis Caesaris descriptorum*

ff. 177r-230v. 177r: Rome 1470 mense Ianuario. Index locorum in commentarios Cesaris belli Gallici descriptorum ac nominum que eis prisca nostraque etas indidit... [C]esar in commentariis Galliam tripartiens loca Gallie provintie a Romanis tunc possesse...: (220v) Vadam inter Coloniensem... non memorat Cesar sed Tacitus. [first supplement] [C]larius autem hec scrutari volentibus non inutile erit videre provintiale camere apostolice ac quorumque ordinum etiam mendicantium legendasque et cronicas diversarum regionum et sanctorum ac itinenarium [!] Antonini Pii ad instar eius conscriptum, quod edidit Cesar, cui iter nomen fuit....: (227r) italice vero mons vici appellatur. [second supplement] Ismaelite populi postea Agareni, deinde Sarraceni sunt dicti...: (230v) Quirinalis mons Rome vocabatur olim Eugonus. [later addition] Superior Mesia nunc vocatur Bulgaria. [ff. 231r-232v are blank.]

[Hain, item 10,776; there is also a list of early editions in Cosenza, v. 3, p. 2188, col. 1; subdivisions of the text are based on E. Pellegrin, *Manuscrits classiques latins de la Bibliothèque Vaticane*, vol. 1, Paris: Centre National de la Recherche Scientifique, 1975, p. 773 (concerning Vatican ms Ottob. lat. 2056).]

6. ANONYMOUS, *Epigraphia varia*

ff. 233r-249v. 233r: [first entry] Epitafium scriptum in porta maiori alme urbis ad commendationem divi Titi [! for "Tiberii"; "Vesp." cancelled] Claudii aquas de dicte urbis longinquis partibus conducenti. Imp[erator] divus Claudius Drusi f[ilius] Cae[sar] Aug[ustus] Germanicus pon[tifex] max[imus] pot[estas] trib[unicia] xii cos [consul] vi imp[erator] xxvii p[ater] p[atriae] aquas ex fontibus qui vocantur caeruleus et exutius...: in urbem perducendas curavit;... [last entry] (249v) Trophime Aug[usti] lib[ertinus] reliqus [!] e pueri quondam...: nam tertius apstulit illum. [ff. 250r-252v are blank.] [Approximately 150 inscriptions, many of which are epitaphs; locations, in Rome and elsewhere, are identified in the rubrics. Folios 248r-249v imitate rustic and *quadrata* scripts.]

7. ANONYMOUS, *Fragmenta epigraphia*
(Unfoliated partial sheet between ff. 252v and 253r) recto: //ar iussu Q. Vatoni Telesphori...: (verso) D. M. S. L. Sesti Eutropi sibi et suis// [f. 253rv is blank.]

8. FRANCISCUS DE COPPINIS EP. INTERAMNENSIS, *Epistulae*
ff. 254r-265v. 254r: [title, in different hand from remainder of text] Fulminatio procesus super provisione magistri Petri referendarii cameracensis. [f. 254v is blank.] (255r) Reverendo in Christo patri et domino domino G[uillelmo] Dei et apostolice sedis gratia episcopo Tornacensi... Franciscus eadem gratia episcopus Interamnensis... apostolicis firmiter obediens mandatis. Pridem sanctissimus in Christo et dominus noster dominus Pius divina providentia papa secundus...: (265r) ad premissa vocare specialiter et rogare. Et ego Alexander ser Blasii de Alfirvol[is] de Piste apostolica et imperiali auctoritate notarius publicus... (265v) rogatus et requisitus ut subscripsi. Finis, finis, finis.
[Letters of credence from Francesco Coppini (bishop of Terni from 1459-1463, see Gams, p. 731) to Guillaume Fillastre, bishop of Tournai, and the dignitaries of the diocese concerning the case of a prebend once held by the deceased Franciscus de Gandavo in the church of St. Donat, committed to him by Petrus Clerici, archdeacon of Brabant, *referendarius* in the pontificate of Pius II. The case arose in the pontificate of Callistus III.]

Physical Description: Paper; 23x16 cm; ff. I+265+I; Latin, Greek; Humanistic minuscule, humanistic cursive, diplomatic cursive.
Humanistic minuscule on ff. 1r-13r, 14r-38v, 177r-224v (sometimes with cursive tendencies) by the scribe Antonius minorista Calvuss de Marscoctis as stated on f. 168r; humanistic cursive on ff. 42v-168r (80rv in a different hand), 225r-230v, 233r-247v (with diplomatic flourishes) and the unfoliated fragment between ff. 252v and 253r; diplomatic cursive on ff. 255r-265v; modern cursive (XVI-1) on f. 13v and 254r. There is an early modern (possibly 18th century) table of contents on f. Ir, following the Platina entry it lists "Iacobi Aragazonii Veneti Pro. ad Nicolaus Tronem Venetiorum. Resp. Principe", this item has been crossed out and the note "Supress." added. Flyleaf Iv is blank. On ff. 248r-249v (in the *Epigraphia*), the scribe imitates rustic and *quadrata* scripts. For the date of 1470, see f. 177r; for 1473, see f. 168r. On the back flyleaf Iv: "libro beletissimo." The *Oratio Jacobi Aragazonii*, once part of this manuscript (ff. 169-176), has been placed among the incunabula. It is now found in Incunabula 1377 IGI 777 (*Oratio ad Nic. Tronum*). See the typescript inventory: Luigi Gramatica, *Catalogo*

degli incunabuli del Biblioteca Ambrosiana shelfmark Cons. F. VII. 8 in the Ambrosiana. The manuscript was probably restored in 1964, for in the upper left corner of the inside front cover is the date "25. 9. 64" in the hand of the Prefect, Angelo Paredi.

Illumination: Space left for three line high initials at the beginning of each text and two line initials at major subdivisions, but they were never filled in. Plain one line high initials throughout the manuscript.

Provenance: Old signature X (f. 1r). Finis Lau. [Laurentius?] (back flyleaf Ir).

Bibliography: Revelli, pp. 79-80, no. 178; Kristeller, *Iter Ital.*, vol. 1, p. 330; vol. 2, p. 535.

E 67 Sup. * XV-2. [XVI-2, 1566] * Pavia (?) [Plates I.16 and II.74]

1. CICERO, MARCUS TULLIUS, *De officiis*

ff. 1r-31v. 1r: Iesus. M. T. Ciceronis de officiis ad M[arcum] filium libri tres. Proemium quo filium hortatur ad hos de officiis libros studiose legendes. Quanquam te, Marce fili, annum iam audientem Crathippum, idque Athenis...: (31v) si talibus ornamentis praeceptisque letabere. Traductus ab exemplari insignis oratoris domini Guuniforti [!] Barzizii etc. per me Bartholomeum [erasure] de Vicecomitibus clericum etc. ac litterarum apostolicarum abbreviatorem etc. die sabbati. [There is an unnumbered folio between ff. 23 and 24.]
C. Atzert, ed., Leipzig: Teubner, 1932, pp. 1-172.

2. CICERO, MARCUS TULLIUS, *Laelius de amicitia*

ff. 32r-50r. 32r: M. T. Ciceronis Lelius de amicitia feliciter incipit. Proemium ad faciendam dicendis fidem...[et argumentum...reddendos...]. Qu[i]ntus Mucius augur Scevola multa narrare de Caio Lelio socero suo...: (50r) amicitia prestabilius esse putetis. Deo gratias. Amen. Explicit liber Ciceronis de amicitia.
K. Simbeck, ed., Leipzig: Teubner, 1917, rpt. 1980, pp. 46-86. [The rubric is badly rubbed after *fidem*.

3. VARII, *Notae*

f. 50v: [1] Et quae parasti cuius erunt// [2] Mors dominum servo sceptraque ligonibus equat. [3] Est hic liber Francisci Vicecomitis. Hinc procul, O fures, avidas avertite manus / audeat hunc librum tangere nemo meum.
[Item 1 and the first copy of item 2 are in the same hand, possibly that of Ciceri (see item 4 below). The second copy of item 2 and item 3 are in an earlier humanist hand, possibly that of Visconti.] [2] HILDEBERTUS EP. CENOMANNENSIS (?), *De morte* [line 3, copied twice] *PL*, vol. 171,

col. 1442B, [Walther, *Proverbia*, item 15126 (variant)]. [3] VISCONTI, FRANCESCO (?), E. Pellegrin, p. 372.

4. CICERI, FRANCESCO (?), *Nota de libris*

f. 50v: Nota de libri che mi ritrovo l'anno del 1566 alli 26 Agosto. Prima un calepino de Leone. E piu uno tesauro di Cicerone. E piu uno Quintiliano con comento. E piu un Valerio M[axim]o con comento. E piu uno comentario sopra l'Oratore de Tulio. E piu uno comentario sopra le Oratione de Tulio. E piu uno Horatio del Lambino.
[E. Pellegrin, p. 372, suggests the last item in this listing is the edition of Horace by Denis Lambin published in Lyon in 1561. My attribution of the list to Ciceri is based on the note by Olgiatus discussed below.]

Physical Description: Parchment; 24x16 cm; ff. I+50+II; Latin; *Proto-humanistica*, early modern cursive (XVI-2, 1566) on f. 50v.
Flyleaf Iv and the two back flyleaves are blank. Two *proto-humanistica* hands: the first on ff. 1r-31v, the second on 32r-50r. f. 50v: Item 1 in *proto-humanistica*, items 2 and 3 in cursive display script (XVI-1) and item 4 in early modern cursive (XVI-2, 1566). Pellegrin identifies the first hand as that of Bartolomeo Visconti, (1402-1457; bishop of Novara), possibly while a student at the University of Pavia (but see Ruysschaert, below, for other suggested identities); the second is attributed to Pietro Carcano by Bondioli (see below). Catchwords. There are a few contemporary marginal comments and corrections, also on f. 1v-2v there are numerous brief comments probably in the hand of Francesco Ciceri.

Illumination: Four to seven line high initials infilled with vine stem and leaf designs on ff. 1r, 15r, 22v, and 32v attributed to Pietro Carcano by Bondioli (see below). There are plain initials, two to four lines high, from f. 1v-31r, throughout the *De officiis*.

Provenance: Old signatures: X, and E 67 (f. Ir). Also on flyleaf Ir are the following in the hand of Olgiatus: "Fuit aliquando Francisci Vicecomitis [Francesco Visconti], novissime Francisci Cicerei [Francesco Ciceri], ab eiusque haeredibus emptus." and "Felicibus auspiciis Illustrissimi Cardinali Federici Borrhomai. Olgiatus vidit anno 1603." The manuscript also contains the Visconti coat of arms, a shield containing an S shaped serpent devouring a man, to the left of the shield is the initial F and to the right are the initials RA. This heraldic device is found in the bottom margin on f. 32r; another copy was at the bottom of f. 1r but has been almost completely rubbed out. On f. 50v is "Est his liber Francisci Vicecomitis" (see item 3 above). Although Olgiatus states the manuscript was owned by Francesco Ciceri there is no acquisition date on the inside back cover, so there is no way to independently confirm his statement.

Bibliography: Mai, *CCA*, p. 239, no. 59; Kristeller, *Iter Ital.*, vol. 1, p. 298; E. Pellegrin, pp. 371-372; Sabbadini, *Storia e critica*, p. 113; P. Bondioli, "Un miniatore lombardo ignorato: Pietro Carcano," *Bibliofilia* 59 (1957): 20; J.

Ruysschaert, "Recherche des deux bibliothèques romaines Maffei des XVe et XVIe siècles," *Bibliofilia* 60 (1958): 352 note 4; *Colophons de mss. occidentaux*, vol. 1, item 1858; Tammaro de Marinis, *La legatura artistica in Italia nei secoli XV e XVI*, vol. 3, Firenze: Alinari, p. 18, item 2548 bis.

E 68 Sup. * XI * Northern Italy, Como

1. *Antiphonale romanum* [Incomplete]

ff. 1r-87r. 1r: [1] [Proprium de tempore]. [Feria secunda ad sanctus quattuor coronatos. Antiphona Deus in nomine tuo salvem me fac et in virtute]//tua iudica me deus exaudi...[Psalmus]. Caeli enarrant...: (39v) Die xiv kalendas maii, natale sancte potentiane [prudentiana] ...Com[munio]. Diffusa est gratia. [1b] [Antiphonae varii]. (40r) Incipit antiphonae de letania. De tribulacione clamemus ad te domine...libera in tempore angustiae. A[ntiphona] Exurge domine adiuva nos et libera nos propter nomen tuum...: (44v) De mortalitate hominum. A[ntiphona]. Libera domine populum tuum de manu mortis civitatem istam protegat// [2] [Sanctorale]. (45r) [2a] [Tempus pentecosten]. [text begins at the end of the opening antiphon for feria iv post pentecosten: ad sancte mariam] //a faci eius. Gloria seculorum amen. Alleluia. V[ersus]. Emitte spiritum tuum. Alleluia. V[ersus] Spiritus sanctus procedens a throno apostolorum... Co[mmunio]. Pacem meum do vobis alleluia pacem relinquo vobis alleluia alleluia...: (46v) Dominica octavibus pentecosten... Of[fertorium]. Confirma. Co[mmunio]. [Factus est] repente. [2b] [Proprium sanctorum]. K[alendas] iunii natale sancti nicomedis. (47r) A[ntiphona]. Letabitur iustus... Co[mmunio]. Qui vult venire...: (78v) X k[alendas] decembris natale sancte cecilie. A[ntiphona] L[oquebar te testi]moniis. [The remainder of the folio is badly stained.] [2c] [In dominicis post pentecosten] [In the stained area the text of Saint Cecilia must end and De sancte trinitate begin, for on the top of the next folio we find the verses to the gradual response of the feast of the Holy Trinity] (79r) [De sancte trinitate, responsio graduale]. V[ersus]. Benedicite deum celi quia fecit nobiscum misericordiam suam. Alleluia. V[ersus]. Benedictus es domine deus patrum nostrorum et laudabilis in secula... (79v) Co[mmunio] Benedicimus deum celi et coram omnibus viventibus confitebimur ei quia fecit nobiscum misericordiam suam. [followed by 'ut supra' crossed out, then:] Dominica prima post pentecosten. A[ntiphona]. D[omine i]n tua misericor[dia speravi exulta]vit cor me[um]... (80v) Com[munio]. Narrabo omnia mirabila tua... psallam nomini tuo altissime. Ut supra...: (84v) Dominica [vi] post pentecosten... (85v) Com[munio]. Circuibio et immolabo... psalmum dicam domino. [Followed by Dominica vii post pentecosten on ff. 85v-86v which is badly stained and only partly legible; this is followed by a small badly stained fragment numbered as f. 87 containing the first few words from the left hand margin of about the first ten lines of Dominica viii post pentecosten; the verso is very badly rubbed so that only a few letters are visible.

Section [1] begins with Monday of the fourth week in Lent and continues to May 19; [1b] contains antiphons for the *feria secunda in rogationibus* and various other feasts including *de nimia pluvia*, *de liberatione*, *de reliquias deducendas*, and others, often without rubrics; [2a] This section is one of the *Quattuor tempora* or Ember days, it includes feria iv post pentecosten, feria v, feria vi, sabbato and dominica octavibus pentecosten; [2b] contains various saints from June 1 - November 22; and [2c] has the text of the feast of the Holy Trinity, the first seven Sundays after Pentecost and a fragment of the eighth Sunday. For a full listing of the feasts contained in this manuscript see Sesini (below) pp. 27-28.

Physical Description: Parchment; 23x16 cm; ff. II+87+II; Latin; Carolingian minuscule.
Folios 1-44 and 45-87 are two separate fragments with musical notation throughout (the notation is fully described in Sesini, pp. 11-21). In this description each liturgy is treated as an individual unit. For the incipit of each section the beginning of the first liturgy in the section is given followed by three dots and the end of that liturgy (usually the communion). For the explicit of each section the title of the last liturgy in the section is given followed by three dots and the end of that liturgy. A stain in the lower right hand margin of the text begins on f. 59 and gets progressively larger so that by f. 86 most of the folio is stained. Folio 87 is only a small fragment. Flyleaf Ir 'Restaurato a Praglia nel Febbraio 1953.' Flyleaves Iv, IIv and the two back flyleaves are blank.

Illumination: Plain initials, one to two lines high, throughout the manuscript.

Provenance: Old signatures: R 306, and E 68 are found on a small fragment attached to the new flyleaf IIr. On the origins of the manuscript to the area of Como see Sesini and Huglo. Gamber goes further and gives S. Abbondio in Como as the exact location. Evidently, a partial ex-libris was visible when the manuscript was examined for *Le Graduel romain* (presumably before restoration) stating 'ab ol.... vale Blennia allato' which led the editors to hypothesize the manuscript came from Olvione. Ceruti notes 'ex valle blenia huc allatus' and Huglo states "scoperta in Val Blennia" but none give a folio reference. The only information that was saved from the pre-restoration flyleaves was a small fragment containing the old shelfmarks as noted above.

Bibliography: Ugo Sesini, *La notazione comasca nel cod. ambrosiana e 68 sup.*, Studi e testi liturgico-musicali, vol. 34, Milano: Editrice d'arte e liturgia B. Angelico, 1932 (a 34 page pamphlet); Michel Huglo *et al.*, *Fonti e paleografia del canto ambrosiano*, Archivio ambrosiano, vol. 8, Milano: a cura dell rivista 'Ambrosius', 1956, pp. 26-27, item 45, and plate 15; *Le Graduel romain édition critique, tome 2: Le sources*, edited by Les moines de Solesmes, Abbaye Saint-Pierre de Solesmes, 1957, p. 71; Gamber, *CLLA* part 2, item 1349, p. 511; R. Grégoire, "Repertorium liturgium italicum" *SM* 3rd series, 9 (1968) p. 521.

E 69 Sup. * XV-2 * Emilia-Romagna, Bologna (?) [Plate I.17]

1. *Breviarium romanum* [fragmentum, officium Beatae Virginis (in Adventu)] [membra disiecta]
Inside front cover: [Preces ad Laudes] (column B) //O gloriosa. Benedicta tu in mulieribus. Et benedictus fructus ventris tui. Beata es Dei genetrix Maria... Domine, exaudi orationem meam. Et clamor meus, et cetera. Supplicationem servorum tuorum, Deus miserator, exaudi, ut qui sancte Dei genetricis Marie memoriam agimus...: (column c) Per Dominum nostrum, et cetera. [Officium Primae] Deus, in adjutorium [meum intende]... [Psalmi] *Deus, in nomine. Laudate Dominum, omnes gentes. Confitemini...*: in electis meis// [Preces ad Primam] Preces. Deus, qui de Beate Marie Virginis utero, verbum tuum, angelo nuntiante, carnem suscipere voluisti; praesta supplicibus tuis, ut qui vere eam genetricem Dei credimus, eius apud te intercessionibus adjuvemur. Per Dominum nostrum Iesum Christum. Amen...: Speciosa sancta es... in plenitudine sc//
[Bottom half of a bifolio in four columns. The left half of column a is cut off and there are holes at the bottom of columns a and d. Partially rubbed and partially hidden by the overlapping binding.]

2. ANONYMOUS, *De laudibus beatae Virginis libellus*
ff. 1r-108v. 1r: Incipit prologus in librum sequentem. [Prologue] Quoniam de gestis beatissime Virginis, Dei genitricis, admodum pauca in evangelica reperiuntur historia...: (1v) per capitula subiecta distinxi. [summary table] Incipiunt capitula in libellum sequentem. De laudibus virginis matris. c.I...: (4r) Oratio ad filium pariter et ad matrem. c. CCXLII. Expliciunt capitula in librum sequentem. [Text] Incipit de beata Virgine libellus totus ex dictis auctenticis contextus. Et primo de laudibus Virginis matris. Capitulum primum. [in margin] Hieronimus in sermone de assumptione beate Marie. Si Deum, ore pr(4v)ophetico, iubemur in sanctis suis laudare...: (108v) et in hoc consumetur vita mea, ut in eternum psallat tota substantia mea. Amen. Explicit Petrus Comestor in laude beate Virginis. Deo gratias. Amen.
Edited in Vincentius Bellovacensis, *Opuscula*, Basel: Johann Amerbach, 1481, folios y1-D10 (each quire has 10 folios beginning with lower case ‘a’ for the first quire and continuing through the alphabet, then starting over with upper case letters). [This text is attributed to Petrus Comester both in this manuscript and in Brussels, Bibliothèque Royale Albert Ier, ms. 542-547, ff. 14r-107r; but it is attributed to Vincentius Bellovacensis (Vincent of Beauvais) in the incunabula edition cited above and in *Bibliothèque Nationale, Catalogue géneral des manuscrits latins*, vol. 5, Paris: Bibliothèque Nationale, 1975, p. 529 in the description of ms. Lat. 3698, ff. 1r-94r. Also see G. Raciti, "L’autore del *De spiritu et anima*," *Rivista di filosofia neoscolastica*, 53 (1961): 398-99, especially footnote 72, who favors the Comester attribution.]

3. PETRUS COMESTOR, *Orationes ad beatam Virginem*
ff. 108v-109r. [1] 108v: Et ideo, sancta veneranda atque immaculata Virgo intemerata, que nobis es exemplum castitatis...: per omnia secula seculorum. Amen. [2] Gaude igitur, Virgo immaculata et electa ab altissimo, quoniam: (109r) Si fieri posset quod harene pluvis et virde [!]...: que tua sit pietas, nec littera nec dabit etas. Amen.
[1] edited in G. Raciti (as cited in item 2), p. 398, footnote 72. [2] The introductory prose is in G. Raciti, (as in part 1 of this entry); for the verses, *PL*, vol. 198, col. 1045; and [Walther, *Initia*, p. 929, item 17728.]

4. PETRUS COMESTOR, *Epitaphium suum*
f. 109r: Epitaphium eiusdem auctoris super tumulum. Petrus eram quem petra tegit dictusque Comestor...: mundus cura caro celum clausere renatis. Laus sancte Trinitati. Amen.
G. Raciti (see item 3); [J. Longère, *Oeuvres oratoires de maitres parisiens au XIIe siècle*, vol. 2, Paris: Etudes Augustiniennes, 1975, p. 19, note 79.]

5. ANONYMOUS, *Epistulae Ignatii martyris et beatae Virginis: 2, 3, 4* [translated by ROBERTUS GROSSTESTE EP. LINCOLNENSIS]
ff. 109v-110r. [1] 109v: Epistola sancti Ygnacii directa sancto Iohanni evangeliste. Iohanni sancto seniori suus Ygnacius. Si licitum est mihi apud te ad Yherosolime partes volo ascendere...: iubeas et valeas. Amen. [2] Epistola sancti Ygnacii ad sanctam Mariam Virginem matrem Domini nostri Yesu Christi. Christifere Marie suus Ygnatius. Me neophitum Iohannisque tui discipulum confortare...: et in te confortentur. [3] Responsiva sancte Marie Ygnatio. Ignatio dilecto et condiscipulo humilis ancila Christi Iesu. De Yesu que a Iohanne (110r) audisti et didicisti...: sed valeat et exultet spiritus in Deo salutari tuo. Amen. Deo gratias. Amen.
PG, vol. 5, cols. 943-946; [S. Harrison Thompson, *Writings of Robert Grossteste, bishop of Lincoln*, Cambridge: University Press, 1940, pp. 58-62, this manuscript cited.]

6. ANONYMOUS, *Exemplum de alba beatae Mariae Virginis, data sancto Hildefonso*
f. 110rv. 110r: De alba data cuidam archiepiscopo a matre misericordie. Miraculum. Holdefonsus [!], archiepiscopus Toletane urbis, dulce volumen ad laudem matris Dei compilavit...: (110v) unde ipsa alba in thesauris ecclesie reposita artius observatur.
[There are numerous versions of this text, see: *AA. SS.*, Januarii, volume 3, p. 151, paragraphs 5-6; *BHL*, vol. 1, p. 584, item 3919 and *BHL, Suppl.*, p. 428, item 3922; also A. Poncelet, "Miraculorum B.V. Mariae," *AB* 21 (1902): 253, item 117.]

7. STEPHANUS LANGTON, *Psalterium beatae Mariae*
[conclusion]
f. 110v: Oratio valde pulchra ad eandem Virginem in qua continetur conclusio tocius operis. Ave virgo generans mortis fracto iure...: fac me queso liberum prorsus a ve [for 'vae'] gravi. Amen.
AH, vol. 35, p. 168.

8. PSEUDO BERNARDUS AB. CLARAEVALLENSIS, *Tractatus ad laudem gloriosae Virginis matris*
ff. 111r-117v. 111r: Ad honorem beatissime Virginis Marie, genetricis Dei et Domini nostri Iesu Christi, sequntur [!] aliqui tractatus, sermones et libelli aliquorum doctorum ut infra nominatorum. Et primo beati Bernar[di] abbatis tractatus devotissimus super "Ave Maria" sequitur. "Ave, Maria," etc. Sillabas celestibus sacramentis plenas, ore poluto, timorem mihi et verecundiam immittit...: (117v) que salutem nostram proficiendo inchoasti intercedendo perficias. Amen. Deo gratias. Amen.
PL, vol. 182, cols. 1141-1148; [not in the Corpus Christianorum Bernard concordance].

9. S. AMBROSIUS EP. MEDIOLANENSIS, *De virginibus*
[excerpt: 2.2-2.3 line 1]
ff. 117v-120r. 117v: Sequitur alia laus beate Virginis extracta de libro qui intitulatur liber de virginitate compositus per beatum Ambroxium [!] episcopum Mediolanensem valde devota ad Marcellam sororem suam et ceteras virgines. (118r) Sit igitur nobis [!] tanquam in ymagine descripta virginitas, vita beate Marie...: (120r) ergo sancta Maria disciplinam vite informet. Deo gratias. Amen.
Cazzaniga, Egnatius, ed. Turin: Paravia, 1948, pp. 36-42; *PL*, vol. 16, cols. 208-211 [*Clav. Lat.*, item 145.]

10. S. BERNARDUS AB. CLARAEVALLENSIS, *Sermones 4 ad honorem beatissime Mariae Virginis*
ff. 120r-126v. [1] 120r: Item ad laudem eiusdem alme Virginis sermo beati Bernardi abbatis. (120v) Loquamur aliquid de laude sacratissime Marie virginis...: (124r) per te quoque nos consortes efficiat divinitatis sue, qui cum Patre... secula seculorum. Amen. [2] Item alius sermo eiusdem de eadem Virgine. *Signum magnum apparuit*... [Apc 12:1]. [a] Licet de presenti ecclesia ad intelligendum prophetice visionis series ipsa demonstret...: (124v) nephas est dubitare. [b] Mulier, inquit, amicta sole, et luna sub pedibus eius...: inter Christum et ecclesiam constituta. [c] Jam te, mater misericordie, per ipsum sincerissimum tue mentis affectum...: quia vere puella es preelecta et peparata altissimi Filio, qui super omnia est benedictus in secula seculorum. Amen. [3] Item alius sermo de eadem Virgine. (125r) Sileat misericordiam tuam, Virgo beata, si quis est qui te invocatam in neccesitatibus suis...: (125v) gratie sue munera largitur Christus Yhesus, Filius tuus, Dominus noster, qui est super omnia benedictus Deus in secula. Amen. Deo gratias. Amen. [4] Sequitur alius sermo beati Bernardi ad honorem intemerate

Virginis. [a] Deus, rex ante se(126r)cula, operatus est salutem in medio terre in utero videlicet virginis marie...: creaverat recreavit. [b] Hec est mater misericordie que deficiente vino dixit...: ab animo non recessit. [c] Ceterum finitem quicquid illud est, quod offere paras...: (126v) quicquid illud sit, quod intus Marie manus invenitur.

[1] This sermon is a Pseudo Bernardus work. It is not in the Bernard *opera omnia* nor in the Corpus Christianorum concordance. [2]: *In dominica infra octavam assumptionis sermo* [excerpts from sections 3, 5, 15], J. Leclercq and H. Rochais, *S. Bernardi opera*, vol. 5, Rome: Editiones Cistercienses, 1968, (a): p. 263 line 22-p. 264 line 7; (b) p. 265, lines 15-19; (c) p. 274, line 11 to end. [3]: *In assumptione beatae Mariae sermo 4* [sections 8 and 9], Leclercq, vol. 5, pp. 249, line 17 - 250, line 15. [4]: [a] The text begins with a few words from *In resurrection domini: sermo primus*, in Leclercq, vol. 5, p. 74, line 17 and then continues with a section from *In die pentecostes, sermo secundus*, Leclercq, vol. 5, p. 167, line 22 - 168, line 8. [b] From *Dominica prima post octavam epiphaniae, sermo primus*, Leclercq, vol. 4, p. 315, lines 10-17. [c] from the end of *In nativitate Beatae Mariae*, Leclercq, vol. 5, p. 288, lines 3-12.

11. S. ANSELMUS AEP. CANTUARIENSIS, *Orationes 5 et 6, ad sanctam Mariam*

ff. 126v-128r. [1] 126v: Item sermo beati Bernardi de eadem. Sancta et inter sanctos post Deum singulariter sancta Maria [corrected from "mater"], admirabilis virginitatis...: (127v) qui sedet in dextera omnipotentis patris sui, superlaudabilis et gloriosus in secula. Amen. [2] Item Bernardus de eadem Virgine. Virgo mundo venerabilis, mater humano generi amabilis, femina angelis mirabilis, Maria sanctissima...: (128r) nobis tam necessaria obliviscaris. [followed by] Surge ergo benignissima virgo misericorditer actura pro nobis urge et amplectere misericordiam redemptoris. Et de iugiter preces pro nobis quos cernis tam graviter offensos ante oculos conditoris. Per te quam suscipiet nos, qui per te datus est nobis, Yesus Christus Dominus noster. Amen. Deo gratias. Amen.

Franciscus Schmitt, ed. *S. Anselmi Cantuariensis Archiepiscopi Opera Omnia*, vol.3, Edinburgh: Thomas Nelson, 1946. [1] Oratio 5, *Oratio ad samctam Mariam cum mens gravatur torpore*, pp. 13-14. [2] Oratio 6, *Oratio ad sanctam Mariam cum mens est sollicita timore*, p. 15, lines 3-19 [The text from *Surge* to the end is not in the Anselm or Bernard concordances].

12. S. BERNARDUS AB. CLARAEVALLENSIS, *In laudibus Virginis matris*

ff. 128v-156r. 128v: [preface] Incipit prefatio sancti Bernardi abbatis super homiliam evangelii *Missus est angelus* ad laudem Virginis Marie. Scribere me aliquid et devotio iubet et prohibet occupatio...: satisfatio devotioni. Explicit prefatio. [text] Lectio sancti evangelii secundum Lucam. *In illo tempore missus est angelus Gabriel...* [Lc 1:26-27] (129r) Homelia prima lectionis eiudem beati Bernardi abbatis. Quid sibi voluit evangelista, tot propria nomina rerum in hoc loco tam signanter exprimere...: (156r) cui hoc meum

qualecumque opusculum devotissime destinavi. Explicit beati Bernardi abbatis super *Missus est*. Deo gratias. Amen.
Leclercq and Rochais, *S. Bernardi opera*, vol. 4, Rome: Editiones Cistercienses, 1966, pp. 13-58.

13. S. BERNARDUS AB. CLARAEVALLENSIS, *In purificatione sanctae Mariae sermo 3*
ff. 156r-157v. 156r: Sermo eiusdem de purificatione beate virginis Marie de oblatione. Purificationem beate Virginis hodie celebramus, quae secundum legem Moysi facta est...: (157v) sit in conscientia simplicitas et humilitas puerilis. Explicit sermo. Deo gratias. Amen.
Leclercq and Rochais (see item 11), vol. 4, pp. 341-344.

14. PASCHASIUS RADBERTUS, *De assumptione Mariae Virginis*
ff. 158r-176r. 158r: In assumptione beate Marie Virginis sermo beati Hieronimi presbiteri devotissimus et pulcherimus. Cogitis me, O Paula et Eustochium, ymo caritas Christi me compellit...: (176r) cum ipso et vos appareatis in gloria. Amen. Amen.
PL, vol. 30, cols. 122-142; [*Clav. Lat.*, item 633, no. 9.] Other attributions: PSEUDO HIERONYMUS.

15. PSEUDO ANSELMUS AEP. CANTUARIENSIS, *Sermo de conceptione beatae Mariae*
ff. 176r-180v. 176r: Anselmus de sanctificatione gloriose Virginis Marie. Anselmus Cantuariensis archiepiscopus et pastor Anglorum suis episcopis cunctisque orthodoxis salutem et perpetuam in Domino benedictionem. Miraculum. Sanctificatio venerande Dei genetricis et perpetue Virginis Marie, fratres dilectissimi, quemadmodum per multa signorum experimenta...: (178v) Et nos fratres dilectissimi inquit anselmus... qui non celebret sanctificationem beate marie annuatim: et eius horas per unumquemque diem decantet.
This is a variant of *PL*, vol. 159, cols. 319-321D. Also attributed to Eadmer.

16. JACOBUS DE VORAGINE, *Legenda aurea, excerpta de beatae Mariae virginis*
ff. 178v-180v. 178v: [1] Miraculum. Quidam clericus gloriose virgini marie devotus ...: (179r) gaudeas veni mecum. [2] Miraculum. Miles quedam potens valde ac dives dum omnia bona...: (180r) ipsa largiente virgine receperunt. [3] Miraculum. Apud ciliciam anno domini quingentesimo trigesimo octavo, fuit vir quidam nomine Theophilus...: (180v) ipse post triduum in pace quievit. Deo gratias. Amen. Finis.
Th. Grasse, ed. *Jacobi a Voragine Legenda Aurea*, rpt. of 3rd ed., 1890, Osnabrück: Otto Zeller, 1965, [1] cap. 119 (114) *De assumtione beatae Mariae virginis*, section 2, p. 513. [2] *ibid.*, section 3, pp. 513-14. [3] cap. 131 (126) *De nativitate beatae Mariae virginis*, section 9, pp. 593-94.

17. PSEUDO BERNARDUS AB. CLARAEVALLENSIS, *Sermo de compassione Virginis Mariae*
ff. 181r-191r. 181r: Sermo beati Bernardi abbatis de compassione matris in morte Filii sequitur. Omnis quia Dominum nostrum Emanuel, hoc est verbum Patris altissimi, quod *Caro factum est et habitavit in nobis* [Jo 1:14], venire desiderat...: (191r) et honorem illius resurgere valeatis. Qui cum Patre et spititu sancto vivit et regnat deus per omnia secula seculorum. Amen. Deo gratias. Amen.
[The first few lines are a variant of Leclercq, vol. 4, p. 239, lines 10-12, but the remainder of the text is not found in the Bernard concordance.]

18. HENRICUS SUSO, *Horologium sapientiae* [excerpt: book 1, chapter 16]
ff. 191v-199r. 191v: Commendacio singularis beate Marie Virginis et de dolore eius inextimabili quem habuit in passione Filii, extracta de libro qui intitulatur horologium sapientiae, devotissima. *Stabat iuxta crucem Yhesu mater eius* [Jo 19:25] tempore vernali cum ad alta celi sol incipit ascendere...: (199r) et ad illam celestem Yherusalem cum gaudio perducantur. Deo gratias. Amen.
P. Künzle and D. Planzer, *Heinrich Seuses "Horologium Sapientiae"*, *Spicilegium Friburgense* 23 (Freiburg: Universitätsverlag, 1977), pp. 506-518.

19. PSEUDO BERNARDUS AB. CLARAEVALLENSIS, *De meditatione passionis Christi per septem diei horas libellus*
ff. 199r-209r. 199r: Incipit prologus beati Bernardi abbatis ad quemdam religiosum de contemplatione passionis Domini secundum septem horas diei. *Septies in die laudem (199v) dixi tibi* etc. [Ps 118:164]. [preface] Rogasti me, ut aliquem modum contemplandi in passione Dei nostri monstrarem tibi...: (200r) ad propositum accedamus. [text] Quomodo et qualiter Dominus noster Yhesus Christus in hora completorii debeat contemplari. Primo igitur a complectorio incipiendum est...: (209r) expectans promissam resurrectionem eius, qui cum Patre... secula seculorum. Amen. Deo gratias. Amen.
Expanded version of *PL*, vol. 94, cols. 562-568. Other attribution, PSEUDO BEDA VENERABILIS.

20. PSEUDO BERNARDUS AB. CLARAEVALLENSIS, *De passione domini*
ff. 209r-211v. 209r: Tractatus beati Bernardi abbatis de passione Domini valde devotus. [1] Quid comisisti, dulcissime puer Yhesu, ut sic crucieris? Quid fecisti, amantissime iuvenis...: (209v) tibi plorans compatitur Maria. [2] O amantissime Domine, quanta pro nobis indigna pertulisti...: (211r) super contrictione viri istius, quem in tanta mansuetudine mentis vides affectum do(211v)loribus. Amen. Explicit. Deo gratias. Amen.
[1] JOHANNES AB. FISCAMNENSIS (?), *Meditationes* [excerpt from chapter 7], *PL*, vol. 40, col. 906, first paragraph. [Also see *Clav. Lat.* following no. 386 and Glorieux, *Migne*, p. 28. Other attribution: PSEUDO

AUGUSTINUS EP. HIPPONENSIS.] [2] Anonymous, not included in the Corpus Christianorum Bernard concordance.

21. PSEUDO BERNARDUS AB. CLARAEVALLENSIS, *Oratio ad Iesum*
ff. 211v-216v. 211v: Sermo beati Bernardi abbatis. O quam vehementi amplexu amplexisti me, O bone Yhesu, quando sanguis exivit de corde...: (216v) sed misericordia dulcissime Virginis miseris sapit dulcibus si crebrius invocatur.
[Not included in the Corpus Christianorum Bernard concordance. Another copy of this text is in the Biblioteca Apostolica Vaticana, ms. Chigi, A. IV. 91/2, pars prima, ff. 260r-261v.]

22. ANONYMOUS, *Sermo de vera religione*
ff. 217r-218r. 217r: [added in the margin: De vera religione.] Religio in paupertate fundatur, erigitur obedientia, dedicatur castitate...: (218r) O infirmitas roborans.
[This text is also found in Paris, Bibliothèque Nationale, MS. Lat. 3499, ff. 1r-2r, where it is also followed by the same text as in item 23.]

23. ANONYMOUS, *Sermo de miseria huius vitae*
ff. 218r-220r. 218r: [added in the margin: De miseria huius vite.] Misera vita que tantos in prosperis decipis...: (220r) et erubesce sequi propriam voluntatem. Deo gratias. Amen.
[This text is also found in Paris, Bibliothèque Nationale, MS. Lat. 3499, ff. 2r-4r, where it is also preceeded by the same text as in item 22.]

24. PSEUDO BERNARDUS AB. CLARAEVALLENSIS, *Oratio ad Iesum*
f. 220rv: Oratio eiusdem sancti Bernardi. Iesu clementissime, qui nimia devictus caritate et misericordia innumeras pro nostra salute...: (220v) ut superni membra regis mitti tendas stipite. Amen. [For ff. 221r-222r, see below.]
[Not included in the Corpus Christianorum Bernard concordance.]

25. *Tabula librorum*
f. 221r: Tabula librorum superscriptorum. Primo liber de laudibus beate Virginis compositus per doctorum cum nomen Petrus Comester... fo. iii...: Et suprascripta tractatus et sermonis in similia continent cartas ccxx.

26. ANTONIUS DE BRUNELLO, *Libellus* [membra disiecta]
ff. 222v-pastedown to inside back cover. 222v: Beatissi[me] [hidden by leather of back cover] //ater ut amarum saluti devote... Anthonii de Brunello et Rumea...: de super expeditionem.
[A petition by Anthonius de Brunello and his wife Rumea, requesting the right to choose a confessor who can absolve ecclesiastical censures. The top

line of the document is partly obscured by the overlapping leather binding and a section of each line is hidden in the gutter, otherwise most of the document is intact and readable. The town of Brunello is in Lombardy near Varese, just west of Como.]

Physical Description: Paper with two parchment folios; 23x15 cm.; ff. II+222; Latin; *proto-humanistica* with *textura formata* on ff. 111rv and 120rv, *textura formata* (XIV-1, Italy, possibly Tuscany) on inside front cover, diplomatic cursive (XV-1, Lombardy) on ff. 222v - inside back cover.
On flyleaf Ir is a table of contents in a modern hand while ff. Iv-IIr contain pen flourishes and highly calligraphic letters 4 to 7 cm high. A similar calligraphic A is found in the *Ad* on the top line of f. 111 (one of the two parchment folios). Flyleaf IIv is blank. Folios 111 and 120 are parchment and are written by another hand. The folios are numbered in a contemporary hand with roman numerals. There are some marginal notes and catchwords, with ornamental designs, throughout the manuscript. On f. 221v is a note in 17th century hand: "Anatomia del Sig. Raineri de Graf". Folio 222r is blank.

Illumination: Illuminated initials, usually eight lines high, infilled with acanthus leaves, geometrical designs or zoomorphic figures often with seeds, buds, flowers or leaf terminals in the left margin on ff. 1r, 4r, 111r, 120v, 124r, 125r, 125v, 126v, 127v, 128v, 156r, 181r, 191v, 198r, 209r and 211v. Occasionally, as on f. 111r, the acanthus leaves are given heads and tails so that they are transformed into fish, in this case two curved fish form an initial S. A more obvious fish shape is found in the initial S of f. 128v. Inside an initial O on f. 181r are two intertwined squares forming an eight pointed star with an eight petal flower inside. There are smaller calligraphic and panelled initials, one to three lines high, throughout the manuscript. On f. 120v, there is a flying fire breathing dragon in the upper margin. There is also a geometric vine stem pattern with large seeds in the left margin on f. 211v. The design is somewhat similar to E 141 Sup. from Bologna.

Provenance: Old signature: E 69 (f. Ir). On ff. 120r and 121v is written D. Leonardus. Also see the note on f. 221v mentioning Sig. Rainer de Graf discussed above.

Bibliography: Cipriani, p. 40.

E 70 Sup. * XIV-3 * Northeastern Italy

1. S. PROSPER TIRO AQUITANUS, *Epigrammata ex sententiis augustini* [cum carmen de FLORIANUS]

ff. 1r-21r. 1r: [General preface] Iste prosper fuit equitanicus vir erudissimus...: videtur habere. [followed by a poem attributed to Florianus:]

Hec agustini[!] ex sacris epigramata dictis/ dulcisono rector componens carmine prosper...:sidereum celi cupiunt scandere regnum. [Preface to text:] Dum sacris mentem placet exercere loquelis/ celestique animum pascere pane vivat[!]...:venerit hoc promat carmine leta fides. [Text] Innocentia vera est que nec sibi nec alteri nocet...: (21r) crescere cupiens perdit adepta tepens. *PL*, vol. 51, cols. 497-532; on the Florianus poem see *Anth. Lat.*, vol. 1, part 2, item 493a for edition; [Schaller-Könsgen, p. 265, item 5836 for possible attribution; Walther, *Initia*, p. 377, item 7475] and Valerie Lagorio, "*Anthologia Latina* 493a (Riese) in Codex Ottobanianus Latinus 687," *Manuscripta* 18 (1974): 111-12, which also includes an edition.

2. PSEUDO PAULINUS EP. NOLANUS, *Carmen*

ff. 21r-23r. 21r: [following the above text without a break] Age iam precor mearum comes inremota rerum/ trepidam que brevem vitam domino deo nos dicemus...: (23r) una sit atque duos spiritus unus alat. [f. 23v is blank.] *CSEL*, vol. 30, pp. 345-48; [*Clav. Lat.*, p. 531.]

Physical Description: Parchment; 23x18cm; ff. III+23+I; Latin; *Textura formata*.
Flyleaves Irv, IIv, IIIv and back flyleaf Ir are blank. There are pen trials on f. IIr. There is a catchword on f. 20v and some obliterated notes on f. 23v. This text is also found in D 5 Superior.

Illumination: Infilled initial I, six lines high, on f. 1r and a calligraphic initial D, four lines high, on f. 12r. Plain initials, two to three lines high, throughout.

Provenance: Old signatures: E 70, X (f. IIr), E 70 and possibly S 7 (IIIr), possibly 7 E (23v). On f. IIr, is the signature 'Antonio Olgiato, Ambrosiana eiusdem bibliothecae quam primus omnium tractavit, Praefecto' and a note in his hand: "Hic codex Venetiis fuit emptiis". Obliterated ownership notes (f. IIIr) that read "Iste liber est..." . On the back flyleaf Iv there are various ownership notes that have been erased, they appear to read "Iste liber [e]st [m]ei Nicholaus...[last name obliterated]."

E 71 Sup. * XIII-2 * France

1. *Notae philosophiae*

Inside front cover: [1] Oppositiones. est. li. ari./ .scor. tau./ .sa genu. l...: intipe amante. [2] Impedim[entis]. 1. obscurata. quoniam patitur ed ipsum...: contra ab ascendente. [3] [untitled] aspectus, convinctio, seperatio...: perceptio.
[These notes comprise three different lists randomly added to the cover.]

2. ARISTOTELES, *De laudabilibus bonis* [Translated by ROBERTUS GROSSETESTE, EP. LINCOLNENSIS]
ff. 1r-2r. 1ra: [Headline 'Aristoteles de virtute'] Liber Aristotelis de virtute translatus ab episcopo linconensi. Laudabila sunt quidem bona, vituperabila autem turpia...: (2rb) omnia autem que malitie et consequentia ipsi vituperabilia sunt. [f. 2v is blank, but there are traces of a four line note in a later hand that has been rubbed out.]
[S. Harrison Thomson, *The Writings of Robert Grosseteste*, Cambridge, Cambridge University Press, 1940, p. 68.]

3. ARISTOTELES, *Physica* [Translated by GUILLELMUS DE MOERBEKE]
ff. 3r-42v. 3ra: [Headline 'physicorum I'] Quoniam quidem intelligere et scire contingit circa omnes scientias...: (42vb) et nulla habens magnitudinem. Explicit liber physicorum distinctus per tractatus et capitula. Amen. Amen. Amen.
[Thorndike-Kibre, col. 1296, which cites early editions of this work listed in Hain, item 1682 and *Gesamtkatalog*, item 2336.]

4. ARISTOTELES, *De caelo et mundo* [Translated by GERARDUS CREMONENSIS]
ff. 43r-79r. 43ra: [Headline 'de celo et mundo I'] Incipit liber de celo. Summa cognitionis nature et scientie ipsam significantis...: (79rb) completus est ergo sermo noster in hoc libro et venimus super intentionem nostrum in eo.
[Thorndike-Kibre, col. 1537. Book I includes many marginal diagrams.]

5. PSEUDO ARISTOTELES, *De proprietatibus rerum* [Translated by GERARDUS CREMONENSIS]
ff. 79v-84v. 79va: [Headline 'de alto et infino'] Postquam premissus est sermo a nobis in celo et mundo...: (84vb) hoc ergo est illud cuius volumus declarationem. Deo gratias.
[Thorndike-Kibre, col. 1076 citing *Gesamtkatalog*, 2341. Also, there is a diagram of f. 81ra.]

6. ARISTOTELES, *De generatione et corruptione*
ff. 84v-97r. 84vb: [Headline 'de generatione et corruptione I'] De generatione et corruptione et de natura generatorum et corruptorum. Similiter de omnibus...: (97rb) sed non quorum substantia generatur ens talis qualis contingit non esse.
[Thorndike-Kibre, col. 374 citing *Gesamtkatalog*, 2337 *et. al.*]

7. ARISTOTELES, *Meteorologica, liber 1-3* [Translated by GERARDUS CREMONENSIS]
ff. 97v-110r. 97va: [Headline 'meteororum I'] Postquam precessit rememoratio nostra de rebus naturalibus omnibus...: (110rb) determinemus exire moratione exquisita de unaquaque earum.

[Thorndike-Kibre, col. 1076.]

8. ARISTOTELES, *Meteorologica, liber 4* [Translated by HENRICUS ARISTIPPUS]
ff. 110r-116r. 110rb: [Headline 'meterorum IIII'] Quoniam quidem quattuor cause determinate sunt...: (116rb) et ad ultimum ex eius constantia velud hominem plantam necnon cetera huiuscemodi.
[Thorndike-Kibre, col. 1298.]

9. PSEUDO ARISTOTLES, *De Vegetabilibus* [Translated by ALFREDUS ANGLICUS DE SARESHEL]
ff. 116v-123v. 116va: [Headline 'de plantis I'] Vita in animalibus et plantis communiter inventa est...: (123va) et erit fructus amarus. [124rv blank].
[Thorndike-Kibre, cols. 1705 and 1587 'Tria ut ait Empedocles' with a citation to a mid-ninteenth century attribution of the text to NICOLAUS DAMASCENUS].

10. ARISTOTELES, *De generatione animalium* [fragmentum, liber 5]
f 125r. 125ra: [Headline 'XIX'][sectio 7] //et quod est paucum movetur velociter. Et vox velox est acuta femine autem vaccarum. Et vituli...: et omnia animalia castrata alteranter vocam feminarum propter ergo debilitatem nervorum etiam vocem animalium castrorum similes vocibus feminarum. [sectio 8] Origo vero dentium est ad abscindendum cibum...: (125rb) non ex necessitate sed propriam causam finalem et propter causam moventem.
[This is an anonymous translation (or paraphrase of a translation) from book 5, section 7, 787a30 - 787b20 and section 8, 788b30 - the end 789b20.]

11. ARISTOTELES, *De somno et vigilia*
ff. 125v-130v. 125va [Headline 'de sompno et vigilia'] De sompno autem et vigilia dicendum est quid sint...: (130va) et de divinatione que ex sompniis est dictum est. Laus Christo domino. Amen. Amen.
[Thorndike-Kibre, col. 391 citing *Gesamtkatalog* item 2341.]

12. ARISTOTELES, *De anima* [Translated by GUILLELMUS DE MOERBEKE. O.P.]
ff. 131r-146v. 131ra: [Headline 'de anima I'] Bonorum et honorabilium notitiam opinantes magis alteram altera antequam est...: (146vb) ut significet aliud sibi ipsi lingua vero quatenus significet aliquid alteri.
[Thorndike-Kibre, col. 179 citing *Gesamtkatalog*, items 2337, 2339, and 2349.]

13. ARISTOTELES, *De sensu et sensato* [Translatio nova]
ff. 147r-152v. 147ra: [Headline 'De sensu et sensato'] Quoniam autem de anima secundum ipsam determinatum est...: (152va) et secundum unumquodque instrumentum dictum est. [Followed by the first line of the next text] Reliquorum autem primum considerandum est de memoria et memorari.

[Thorndike-Kibre, col. 1262.]

14. ARISTOTELES, *De memoria et reminiscentia* [Translatio vetus]
ff. 152v-154v. 152vb: [Headline 'De memoria'] Reliquorum autem primum considerandum est de memoria et memorari et propter quas causas sit ...: (154va) et quid sit et propter quas causas dictum est.
[Thorndike-Kibre, col. 1347.]

15. ARISTOTELES, *De longitudine et brevitate vitae* [Translatio vetus]
ff. 154v-155v. 154vb: [Headline 'De morte et vita'] De eo quod est esse alia quidem longe vite animalium...: (155vb) parum alia distantia in eo quod est semper sic eam longioris vite. Deo gratias. Explicit liber aristotelis de morte et vita.
[Thorndike-Kibre, col. 372.]

16. ARISTOTELES, *De lineis indivisibilibus* [Translated by ROBERTUS GROSSETESTE, EP. LINCOLNENSIS]
ff. 156r-158r. 156r: [Headline 'Aristotelis de indivisibilibus lineis'] Aristotelis de lineis indivisibilibus liber incipit translatus ab episcopo linconiensi de greco in latinum. [U]trum sunt indivisibiles linee et totaliter in omnibus quantis est aliquid...: (158rb) amplius lapidis articulis non est neque habet puncta autem habet. Aristotelis de indivisibilibus lineis explicit.
[Harrison S. Thomson, *The Writings of Robert Grosseteste*, Cambridge: Cambridge University Press, 1940, pp. 67-68.]

17. PSEUSO ANDRONICUS, *De passionibus* [Translated by ROBERTUS GROSSETESTE, EP. LINCOLNENSIS]
ff. 158r-158v. 158rb: [no headline] Incipit liber Andronici de passionibus anime. Quis est passio? Passio est irrationalis anime motio...: (158vb) fortitudo autem scientia duorum et non duorum et neutrorum. Explicit liber andronici de passionibus anime
L. Tropia, "La versione latina medievale del 'peri pathon' dello pseudoandronico", *Aevum* 26 (1952): 97-112.

Physical Description: Parchment; 24x18cm; ff. II+158; Latin; *Textura formata*.
Flyleaf Ir contains the modern shelfmark and IIr contains a table of contents by Olgiatus. Flyleaf IIv is blank. Marginal notes, primarily in the first half of the manuscript.

Illumination: Illuminated initials, six to nine lines high, infilled with vine stem and acanthus leaf designs at the beginning of each text. The initial S on f. 43r has the form of a winged dragon whose head is being swallowed by an animal head. There are two to six line high calligraphic initials throughout the various texts at subdivisions.

Provenance: Old signatures: Y, S (f. Iv), E 71 (f.IIr), and S 45 (inside front cover). Flyleaf IIr is signed 'Antonio Olgiato, Ambrosiana bibliothecae quam primus omnium tractavit Praefecto' with a note in his hand 'Hic codex venetiis emptiis fuit'. Badly rubbed notes from inside front cover as follows: "Iste textus phylosophia est fratres... [the next two lines are completely rubbed out]. Elsewhere on the inside front cover: "Libri naturalis aristotelis precio trium m[arc]arum" and below in a different hand "nona mante C 292 fior. I doro." Also on the inside back cover are some additional badly rubbed notes: "Iste liber est mei fratris jacobi... [rubbed]... ordinis predicatorum" and "Iste textus aristotelis philosophie naturalis est fratris... [rubbed]... de venetiis ordinis predicatorum" (Italy, Venice, XIII-2). There is also a later table of contents followed by "Johanes est nomen eius." (Italy, XIV-1) and finally at the bottom of the cover is the note "Emptiis a d. Gratia" [this is Grazia Maria Grazi who purchased the manuscript for the Ambrosiana in the early 17th century; according to the note of Olgiatus discussed above, it was purchased in Venice.]

Bibliography: Cipriani, p. 40; Gabriel, p. 219; Kristeller, *Iter Ital.* vol. 1, p. 298 and vol. 2, p. 531; Lacombe, *Arist. Latinus. pars posterior*, pp. 984-985; Enzio Franceschini, "L'*Aristotele latino* nei codici dell'Ambrosiana" in *Misc. G. Galbiati*, vol. 3, p. 233.

E 72 Sup. * XV-2 * Central Italy, Tuscany

1. S. AUGUSTINUS, EP. HIPPONENSIS, *Enchiridion*

ff. 1r-57r. 1r: Incipit liber encheridion sancti augustini ad laurentium primiterium ecclesie urbis rome. Dici non potest, dilectissime fili laurenti, quantum tua eruditione delecter...: (57r) de fide et spe et caritate conscripsi. Explicit enchiridion aurelii augustini.
CC, vol. 46, pp. 49-114. [Oberleitner, vol. 1, pt. 2, p. 148.]

2. S. HIERONYMUS, *Epistola 22 ad eustochium*

ff. 57v-85v. 57v: Audi, filia, et vide et inclina aurem tuam et obliviscere populum tuum...: (85v) flumina non cooperient eam.
CSEL, vol. 54, pp. 143-211. [Lambert, *BHM*, vol. 1b, pp. 450-60, item 22]

3. PSEUDO HIERONYMUS, *De nativitate sanctae mariae*

ff. 85v-86r. 85v: Hieronymus chromatio et eliodoro episcopis. Petitis a me petitiunculam opere quidem levem...: (86r) prefationis continentiam habuisse. [A slightly modified version of the incipit of the next text follows this explicit:] Petitis a me, ut vobis rescribam de quodam libello quid mihi videatur quod de nativitate sancte marie.
Hagiographi Bollandiani eds., *Catalogus codicum hagiographicorum latinorum qui asservantur in bibliotheca nationali parisiensi* vol. 1. in *AB* 2 (1899): 92. [Lambert, *BHM*, vol. 3a, pp. 210-12, item 350 bis; and *BHL* item 5345.]

4. PASCHASIUS RADBERTUS, *Ad chromatium et heliodorum de nativitate sanctae mariae*
ff. 86r-86v. 86r: Petitis a me, ut vobis rescribam, quid michi de quodam libello videatur...: (86v) aut consequenter scribi potuerunt.
PL vol. 20, col. 372 and vol. 30, cols. 297-98. [Lambert, *BHM*, vol. 3a, pp. 205-209, item 350; *Clav. lat.*, item 633; and *BHL* item 5344. Often this text is attributed to PSEUDO HIERONYMUS.]

5. PSEUDO HIERONYMUS, *Liber de nativitate beatae mariae virginis*
ff. 87r-92v. 87r: Igitur beata et gloriosa semper virgo maria ex regia stirpe...: (92v) et peperit filium suum primo genitum, sicut sancti evangeliste testantur, dominum nostrum iesum christum, qui cum patre et spiritu sancto vivit et regnat deus per omnia secula seculorum amen.
PL, vol. 30, cols. 297-305. [Lambert *BHM*, vol. 3b, pp. 553-54, item 671; and *BHL* item 5343.]

6. *Nota de generationis mariae*
f. 92v: Gloriosa maria mater domini nostri iesu christi nata est patre nazareno nomine ioachim...: simon, frater suo iacobo in aepiscopatu successit.

7. *Nota de generationis de joseph*
f. 92v-93r. 92v: Idem vero cleophas habebat fratrem ioseph cui desponsavit filiastram suam beatum mariam...: (93r) zebedeo de quo nati sunt iacobus maior et iohannes evangelista. [ff. 93v-94v are blank.]

8. S. HIERONYMUS, *In ezechielem* [Exerpta ex libro 6]
f. 95r: Pulchre in xisti libri pithagorici sententiolis dicitur...: romanis conciliaret auribus.
CC, vol. 75, p. 236, lines 311-320 (from book 6, section 18).

9. S. AUGUSTINUS, EP. HIPPONENSIS, *Retractationes* [Excerpta ex libro 2]
f. 95r: Libro quo pelagio respondi defendens gratiam non contra naturam...: non xisti christiani.
CSEL vol. 36, p. 180, lines 6-11 (from book 2, chapter 68).

10. SEXTUS (XYSTUS), *Enchiridion* [Translated by RUFINUS]
ff. 95r-104r. 95r: [Preface] Quoniam grex ad vocem proprii pastoris adcurrit...: (95v) opusculum encheridion si grece vel si latine anulus appelletur. [Text] Fidelis homo, electus homo est; electus homo, homo dei est...: (104r) autem anime nil audeas de deo dicere. [f. 104v and inside back cover are blank]

Henry Chadwick, *The Sentences of Sextus*, Cambridge:Cambridge University Press, 1959, pp. 9-63.

Physical Description: Parchment; 24x17cm; ff. I+104; Latin; Humanistic minuscule.
There is a partial seventeenth century table of contents on the inside front cover.

Illumination: There is an initial D, three lines high, on f. 1r. In the left and upper margins is a void branchwork vine stem border with leaf terminals inhabited by a bird (upper margin), a putto (beside the initial) and a winged insect (lower left); the branchwork intertwines through the initial D. The lower border of the folio has an empty wreath (an heraldic device was never added) flanked by two putti, the lower terminal of the wreath includes two bearded human heads. This design is centered in an elaborate void branchwork border with leaf terminals, as in the left and upper margins. There are plain colored initials, three lines high, throughout the manuscript up to f. 95v. However, space left for an inital Q on f. 1v was left blank.

Provenance: Old signatures: Y, S, E 72 (f. Ir). On inside front cover "Illustrissimus Cardinale Federicus Borrhomeus vidit. Olgiatus scripsit. anno 1603." On f. Iv: "Felicibus auspiciis Illustrissimi Card. Federici Borrhomai Archiep. Mediol. Bibliotheca Ambrosiana funditoris. Antonius Olgiatus scripsit, anno 1604."

Bibliography: Cipriani, p. 41; Lambert, *BHM* no. 990; and Oberleitner, band 1, teil. 2, p. 148.

E 73 Sup. * XV-2 * Italy

1. JACOBUS DE BENEVENTO, *Viridarium consolationis de virtutibus et vitiis*

f. 1ra-19vb. 1ra: Iesus Christus. [Prologue] [Q]uoniam ut ait apostolus petrus spiritu sancto affati locuti sunt...: (1rb) quinque partibus et octoaginta tractatibus distinguitur. [Followed by chapter titles] Incipit prima pars. [P]rima pars quae tractat dicitur de principalibus et capitalibus viciis habent tractatus octo. Primus. De superbia. Capitulo primo...: (2ra) De laude superne civitatis et premio eterno. [Text] Prima pars de superbia. Quoniam omne peccatum a superbia trahit originem...: (19vb) Rectitudo sine perversitate. Pulchritudo sine deformitate. Ad quam nos perducat Jesus Christus dei filius, qui cum patre et spiritu sancto vivit et regnat deus per omnia secula seculorum amen. Explicit viridarium consolationis in quo tractatus de virtutibus et viciis. Deo gratias. Amen.
Monachorum abbatiae Montis Casini, eds., *Bibliotheca Casinensis seu codicum manuscriptorum qui in tabulario casiniensi asservantur*, vol. 4,

Florilegium Casinense, Monte Cassino: Monastery of Saint Benedict, 1880, pp. 263-314. The last part of the final chapter (pp. 314-315) is missing in the manuscript text. [Bloomfield, item 5058; Kaeppeli, item 2052.]

2. PAULUS HUNGARUS, *Summa confessionis*

f. 20ra-32rb. 20ra: Incipit summa confessionis composita per reverendum dominum Biterrensem dominum cardinalem atque paenitentiarium domini pape. [Prologue] Quoniam circa confessiones animarum pericula sunt et difficultates que emergunt ad honorem sancti Nicholai ac fratrum utilitatem et deo...: lector que velit veleat invenire. [followed by chapter titles] Cuius tractatus sunt hec regulem [for rubrice in the edition] scilicet: Quo tempore inceperit confessio. Quare sit instituta. Cui sit facienda...: (20rb) De carnalibus viciis. [Text] Videamus quo tempore inceperit confessio. Ad hoc quinque sunt opiniones...: (32ra) Temperantia est virtus et potentia resistendi illecebris in nos impetum facientibus. [At this point the manuscript differs from the printed text. The manuscript continues on as follows.] [rubric] Isti sunt visus de sodomitis. [text] Quantum peccavit dormitamina (?) probavit...: (32rb) In nostris peccatis letantur principes tenebrarum. Explicit summa confessionis.
Florilegium Casinense, (as in item 1), pp. 191-213. The end of the printed text (pp. 213-215) is not in the manuscript. [Bloomfield, item 4919; Kaeppeli, item 3184; also see, Pierre Michaud-Quantin, "La *summula in foro poenitentiali* attribuee a Berenger Fredol", *Studia Gratiana* 11 (1967): 145-67.]

3. ANONYMOUS, *Summa confessionis*

ff. 32rb-44ra. 32rb: [1] De peccatum est hominis. In ordinatio atque perversio...: (32vb) ultimo de vii virtutibus. In nomine partis domini nostri yesu christi. Amen. [2] Hoc modo facienda est confessio. Si quas accedit...: (34ra) mea maxima culpa et cetera. [3] Primo videamus de decem praeceptis. Primum praeceptum est non habebis deos alienum...: (35va) possemus peccare. [4] Sequentur de articulis fedei que sunt xii. Secundum narrationam apostolorum et per inspirationem spiritus sanctus...: (35va) dabit vitam eternam. [5] Sequentur de vii sacramentis ecclesiasticis. Primus est baptisimus...: (39rb) et tacitus. [6] De vii peccatis mortalibus. Sequentur de vii mortalibus peccatis quae sunt ista scilicet superbia, invidia, gula, luxuria...: (43rb) confessiones. [7] Sequentur de vii virtutibus quae sunt haec, scilicit fides, spes, caritas... et fortitudo. Prima est fides...: (44ra) Beatus Johannes dicit: Omne peccatum primam recipit insanitatem. Et idem nichil paenitentia quam culpam cognoscere et non defflere. Explicit summa confessionis. Deo gratias. Amen.

4. BERENGARIUS FREDOLI (?), *Tractatus de excommunicatione*

f. 44rb-64rb. 44rb: Isti sunt casus in quibus sententia excommunicationis maior fertur a iure compositi per dominum B[erengarium] episcopum Tusculanum. Primus est cum quis incidit in heresim damnatam...: (64rb) ut ad laborem pauperis sacerdotis recipiant quia dignus est operarius mercede sua, quia non potet heredicos sacerdos per se. Deo gratias. Amen. [Text is different from *Tractatus de excommunicatione et interdicto* attributed to him by Paul Viollet in the *Histoire Littéraire de la France*, vol. 34, Paris: Imprimerie Nationale for the Académie des inscriptions et Belles-Lettres, 1914, pp. 145-151.]

5. ANONYMOUS, *Tractatus de emptione et venditione ad credentiam*

f. 64va-67rb. 64va: Tractatus de emptione et venditione ad credentiam. Utrum licitum sit vendere ad credentiam. Et primo videtur quod sic queritur inveterata consuetudo quod lege non merito custoditur...: (67rb) Unde volens omne ad credentiam daret mercator quod vendit ei pro xxii certe. Hoc facere potuit ex quo valorem rei cum lucro non excessivo non excedit. Finis. Deo gratias. Amen. Qui christum bene fit (!) suficit si plurima nescit. [f. 67v is blank.]

Physical Description: Paper; 24x17 cm; ff. III+67+II; Latin; *Textura formata.* Flyleaf Ir contains table of contents in a 17th or 18th century hand. On f. Iv are the titles 'Viridarium consolationis' and 'De virtutibus et vitiis'. Flyleaves IIrv, IIIrv and back flyleaves Irv and IIr are blank. On the inside back cover is the following: 'iram inmanife'. Catchwords and some marginal comments.

Illumination: There are plain and divided initials, two to four lines high throughout the manuscript beginning on f. 2r; some are infilled with 'stave music' designs as on ff. 14r, 14v and 44r. Spaces were left for initals on f. 1r and v but they were never added.

Provenance: Old signatures: E 73 (f. Ir), X (f. Iv). On f. 1r 'Olgiatus vidit anno 1603'. Also on the bottom left corner of the back flyleaf IIv is the date '7 Oct 77' which is the usual ex libris for books from the library of Francisco Ciceri.

Bibliography: Izbicki, pp. 168-9.

E 74 Sup. * XIII-I * Northern Italy

1. OVIDIUS NASO, PUBLIUS, *Fasti*

ff. 1r-54r. 1r: P.O.N. Fastorum primus liber incipit. Tempora cum causis latium digesta per annum...: (54r) annuit Alcydes increpuitque lira. Explicit liber fastorum. [Then added in a later hand:] Versus IIII m[ilia] LXXXXV. E.H. Alton, D.E.W. Wormell, and A. Courtney eds., *P. Ovidi Nasonis Fastorum Libri Sex*, 2nd ed. Leipzig: Teubner, 1985; also Ioannes Baptista Pighi, ed., *P. Ovidii Nasonis Fastorum Libri*, in *Corpus Scriptorum Latinorum*

Paravianum, Torino: G.B. Paravia, 1973, who uses this manuscript, see p. 21 of the introduction.

2. ANONYMOUS, *Fasti-glossae*

ff. 1r-54r. [1] [Marginal gloss beginning at *Temopra*, book 1, line 1:] (1r) Quattuor anni distinctiones, scilicet estas, etc. *cum causis* Accessus et recessus solis. [The final marginal gloss is at *Marcio sacrifico deductum nomen ab Anco*, book 6, line 803:] (54r) Quia fuit de generatione Anci. [2] [Interlinear gloss beginning at *Latium*, book 1, line 1:] (1r) Id est Romanum. [The final interlinear gloss is at *matertera Caesaris illi*, book 6, line 809:] (54r) Philippo.

3. ANONYMOUS, *Nota de kalendarium romanum*

f. 54v: Argumentum de kalendis et nonis sive idibus. Kalendae dicte sunt quasi colende (!) que apud veteres...: latrones mercatum illorum que esse deberet quia abscondebant.

4. *Kalendarium romanum (januarius-junius)*

ff. 55r-57v. 55r: Kalendae ianuaria, iunonis, iovis esculapii lutiberi; IIII none...: (57v) Idus jovis, XVIII kalendae julii...pridie kalendas. [f. 58rv is blank.]

A somewhat more extensive calendar is found in the Pighi edition cited in item 1, with the calendar of each month (January-June) at the beginning of the appropriate book.

5. ANONYMOUS, *Nota ex chronicis Patavii 1311-1329*

f. 59r: M CCC XI die XV aprilis gens imperatoris...: M CCC XXIX die mensis julii obiit Canis de la Scalla [then added in another hand:] XXII diem mensis julii. [Folios 59v-61v are blank.]

[This note consists of five single line entries on Padova for the years 1311, 1314, 1320, 1328 and 1329.]

6. AUSONIUS, DECIMUS MAGNUS, *Epigrammata*

Inside back cover: Ausonii. In buculam myronis. gal. [1] ep[igrammata] 58. Bucula sum caelo genitoris facta Myronis...: inter pascentes me numerare solet. [2] ep. 59. Ubera quid pulsas frigentia matris aenae...: exteriore Myron, interiore deus. [3] In uxorem mecham zelotiparo. gal. ep. 10. Toxica zelotipo dedit uxor moecha marito...: cessit letalis noxa saluitfere.// [4] Item in avarum. ep. 23. Qui laqueum collo nectebat reperit aurum...: aptavit collo quem reperit laqueum.

Sextus Prete, ed. *Decimi Magni Ausonii Burdigalensis Opuscula* Leipzig: Teubner, 1978 *Epigrammata* numbers and pages as follows: [1] ep. 68, pp. 314-315; [2] ep. 69, p. 315; [3] ep. 3, pp. 287-288, (the manuscript lacks the last four lines of the text given in the edition); and [4] ep. 14, pp. 291-292.

Physical Description: Parchment; 23x12 cm; ff. I+61; Latin; Carolingian minuscule and (for items 2 and 5) *textura cursiva*.

Castiglioni dates this manuscript to the late twelfth or early thirteenth century. I favor an early thirteenth century date for the text of items 1 and 4 and a slightly later date for item 3, while the glosses (item 2) and item 5 probably date to the 1330's. There is a medieval sewing repair of a tear on the bottom of folio 28. Item 6 is dated by Prete XV/XVI; I put it as modern cursive, XVI-I.

Illumination: Plain initial T, four lines high, with stippling on f. 1r at the beginning of book 1, also four to five line high initials, divided or infilled with a vine stem design, at the beginning of the other five books on: ff. 9r, 18v, 28r, 38v and 46v.

Provenance: Old signatures: E 74 (f. Ir), +, V (f. Iv). Also at the top of f. Ir is 'no. 20.'

Bibliography: Luigi Castiglioni, "I codici ambrosiani e la recensione critica dei fasti di ovidio" *RIL classe di lettere e scienze morale e storiche* 60 (1927): 409-427, esp. 410; Pighi, (as cited in item 1), p. 21 of the introduction with additional bibliographical citations; S. Prete, "La tradition textuelle les manuscrits d'ausone: catalogue des manuscrits" *Revue française d'histoire du livre*, 46 (1985): 134.

E 75 Sup. * XV-II * Central Italy, Tuscany [Plate I.18]

1. LEONARDUS PISANUS, *Flos super solutionibus quarundam quaestionum ad numerum et ad geometriam*

ff. 1r-81v. 1r: Incipit flos Leonardi Bigolli Pisani super solutionibus quarundam questionum ad numerum [vel cancelled out] et ad geometriam vel ad utrumque pertinentium. [Prologue] Intellecto beate pater et domine venerande reverendissimi dei gratia sancta vestre mariae in cosmidin diaconus cardinalis dignissimi...: vestre affectuosius supponendo. Explicit prologus incipit tractatus eiusdem. [Text] Cum coram maistate vestra gloriosissime princips Federice, magister Iohannes Panormitanus phylosophus vester...: (18r) Investigatio unde procedat inventio suprascripta...(18v) primam habere debitum; quod debitum esset 97/197, 13. Et secundus habere 1/2, 148/197, 3. Tertius 99/197, 11. Quartus 1/2 123/197 15. Quintus 20/197, 20. Baldassare Boncompagni, *Scritti di Leonardo Pisano*, vol. 2, Rome: Tipografia delle scienze, matematiche e fische, 1862, pp. 227-252, edited from this unique manuscript; also [Thorndike-Kibre, columns 287 and 754.]

2. LEONARDUS PISANUS, *Liber quadratorum*

ff. 19r-39v. 19r: Incipit liber quadratorum compositus a Leonardo Pisano anni M. CC. XXV. Cum magister Dominicus pedibus celsitudinis vestre princips gloriosissime domine F. me Pisis duceret presentandum...: (39v) et eius radix est 1332. Super quo etiam quadrato. [ff. 40r-41v are blank.]

B. Boncompagni, *Scritti di Leonardo Pisano*, (as in item 1), pp. 253-83; also [Thorndike-Kibre, 316.]

Physical Description: Parchment; 23x15 cm; ff. I+41; Latin; Humanistic cursive.
Numerous geometrical diagrams and charts throughout the texts, all of which are reproduced in the printed edition. Cathchwords.

Illumination: On f. 1r there is a four line high initial I and a two line high initial C, in gold, with elaborate void branchwork with seed terminals in the left hand border. There is a similar three line high initial C with void branchwork on f. 19r. Florentine school.

Provenance: Old signatures: E 75 (f. Ir); B 10 (inside front cover and inside back cover); X (badly rubbed on f. Iv). Also on f. Iv is a note by Olgiatus: "Hic codex fuit Vincentii Pinelli viri clarissimi a cuius heredibus tota eiusdem biblioteca Neapoli empta fuit anno 1609."

Bibliography: Cipriani, p. 41; Gabriel, p. 220, item 512; Rivolta, p. 14, item 21.

E 78 Sup. * XIV-3 * Northern Italy, Milan [Plate I.19]

1. *Regola delle sorelle humiliate*
ff. 1r-28v. 1r: Qui incomenza il prologo de la regulla del padre nostro meser sancto benedito. [Prologue] Ascolta o fiolla li comandamenti del maystro et inclina le oregie del tuo core...: (3r) compagni del suo regno celeste. Amen. [Text] Qui incomenza il primo capitollo como de essere la madre. L'aministra laquale e degna de essere sopra lo monasterio sempre si de ricordare del nome che le appellata et il nome del magiore de implire con le sue operatione...: (28v) l'offitio de li canonicha domandato il divino adiuto subito vollemo sia observato. Deo gratias. Amen.

2. ANONYMOUS, *Annotazioni due*
f. 29r: [1] Memoria come il giorno di San Gacomo e San Filippo si comincia a far l'oratore dopo nona, et la sera di San Michele la si comincia a far avanti cena. [2] Bisogna il cor mondo che vole servire a dio bene sara per quela creatura che se essercitara aquistare questo [final word has been rubbed out, possibly vite]. [f. 29v is blank.]
[These notes are written in a 17th or 18th century hand.]

Physical Description: Paper; 23x16cm; ff. IV+29+IV; Italian; *Proto-humanistica*.
There are four small fragments in a XIV century Latin *textura formata* barely visible inside the spine, possibly from an earlier Humiliati manuscript. Flyleaf Ir gives the current shelfmark. Flyleaves Iv, IIv-IVv and the back

flyleaves Ir-IVv are blank. One folio following f. 29 has been cut out leaving a strip in the gutter. There is a watermark on front flyleaves II and III and back flyleaves III and IV, similar to Piccard, *Wasserzeichen Anker*, Findbuch 6, p. 204, section 5, items 11-14 (probably Torino, 1587).

Illumination: Folio 1r contains an historiated initial A, eleven lines high, at the beginning of the prologue. In the initial the nimbed St. Benedict holds a crosier and blesses a group of Humiliati kneeling in prayer; the left side of the initial A is in the shape of a bearded human head. Also, the entire folio is framed with a border of acanthus leaves and seeds. On f. 9r is an historiated O, seven lines high, at the section 'De la humillitade' (beginning the section on the twelve grades of humility). In it the nimbed St. Benedict kneels in prayer, above is a small nimbed figure wearing Humiliati attire who blesses Benedict with the right hand and holds a basket or pail in the left, possibly bringing Benedict his supper. On f. 17r is an historiated initial A, eight lines high, at the section 'De li antiqui o de le infante' with St. Catherine of Alexandria holding a martyr's palm and a spiked wheel. Finally on f. 25r there is a seven line high historiated initial A at the section 'De la porta nera del monasterio' showing a nimbed female saint wearing Humiliati attire and holding a martyr's palm and a book. All the folios with historiated initials have an acanthus leaf border with decorative seed heads. According to Cipriani below they are attributed to the Master of the *Vitae imperatorum*.

Provenance: Old signature: E 78 (f. IIr). Del monastero delle Humiliate di Santa Caterina a Brera di Milano has been written in the bottom margin of f. 1r, in a modern hand.

Bibliography: Cipriani, p. 41; Luigi Zanoni, *Gli Humiliati nei loro rapporti con l'eresia, l'industria della lana ed i communi nei secoli XII XIII sulla scorta di documenti inediti*, vol. 3 of *Biblioteca di storia economica*, Milan, 1911. Reprint. Rome: Multigrafica, 1970. p. 252.

E 79 Sup. * XV-2 (1455) * Northern Italy, Venice [Plate II.29]

1. *Fragmentum chartula de emptium* [membra disiecta]
Inside front cover: Caxilius albo aurisselis frater... actione propria libri lxxx. Antonius albo auriffinus et filius...: in libri paga.
[This is a ten line fragment of a document that was cut and used as inside cover pastedown.]

2. PSEUDO BONAVENTURA, *Stimulus amoris*
ff. 1r-208r. 1r: Ad honorem dei eterni. Amen. Hic incipit liber qui intitulatur stimulus divini amoris. Quem composuit dominus Bonaventura de balneo regio cardinalis sacrosancte romane ecclesie. Qui fuit de ordine fratrum minorum. Incipit prologus suus. [Prologue] Liber iste qui stimulus amoris

dicitur, in dulcissimum et pium Jesum salvatorem nostrum non incongrue dici potest. In tres dividitur partes...: (4v) et de statu beatorum in patria. Explicit ordo capitulorum tertie partis. (5r) [Text] Ad honorem dei eterni. Amen. Incipit prima pars presentis libri. Capitulum primum. Quomodo homo debet libenter cristi passionem meditari, et quam sit utilis eius meditatio. Currite gentes undique et miramini erga nos caritatem dei...: (207v) Laudabo dominum meum in vita mea et mecum laudet eum omnis creatura. Sic ergo terminetur noster tractatus. Ut laudet dominum omnis spiritus. Amen. Deo gratias. (208r) Ad honorem dei eterni amen. Hic explicit liber qui intitulatur stimulus divini amoris. Quem composuit dominus Bonaventura de balneo regio, cardinalis sacrosancte romane ecclesie, qui fuit de ordine fratum minorum. Scritus est liber iste et expletus anno ab incarnatione domini nostri Jesu cristi milesimo quadrigentesimo quinquagesimo quinto, de mese septembris in civitate venetiarum. Quam deus et dominus noster omnipotens per misericordiam suam, ad sui nomis honorem et gloriam pacifice conservare dignetur. Quod est sanctum et gloriosum per omnia secula seculorum amen. Deo gratias. Orate pro scriptore quia peccator fuit, ut sibi dominus misereatur. Benedictus sit deus amen. [f. 208v is blank.]
A. C. Peltier, ed., *Opera Omnia Sancti Bonaventurae*, Paris: Ludovicus Vives, 1868, Vol. 12, pp. 633-703. [This is the *currente: forma longa* version as described in Distelbrink. The text is also attributed to IACOBUS MEDIOLANENSIS.]

Physical Description: Paper; 23x13 cm; ff. II+208+I; Latin; *textura formata.* Front flyleaf IIv and back flyleaf Irv are blank. Catchwords. There are some rubbed notes in the outer margins of various folios. The date and place of the script are mentioned in colophon on f. 208r. The notes on the inside front cover are in a XV-2 *textura cursiva* probably from Venice.

Illumination: On f. 1r is a six line high foliate initial L with acanthus leaves and seed terminals in the left hand margin, this is the only illuminated initial. The remaining initials are six line calligraphic initials infilled with music stave designs at the beginning of each chapter, (with the exception of three line high calligraphic initials with miscellaneous stave designs found at the beginning of the prologue on f. 1r, at chapter 2, on f. 10v and at the explicit on f. 208r). There are small colored initials, one line high, throughout the text. Venetian school.

Provenance: Old signatures: E 79 (ff. Ir and IIr), Y 392, S (f. Iv). On f. IIr Olgiatus wrote 'Emptus fuit Venetiis' and signed the manuscript 'Antonio Olgiato Ambrosianae bibliothecae quam primus omnium tractavit, Praefecto'. In the lower right corner of the inside back cover is 'a D. Gratia'. This is Grazia Maria Grazi, who purchased the manuscript in Venice for the Ambrosiana.

Bibliography: Cipriani, pp. 41-2; Carlo Castiglioni, "Codici bonaventuriani della Biblioteca Ambrosiana", *Doctor seraphicus*, 5 (1958): 17; Balduine

Distelbrink, *Bonaventurae scripta authentica dubia vel spuria critice recensita*, vol. 5 of *Subsidia scientifica francisalia*, Rome: Istituto storico cappuccini, 1975, pp. 194-5, item 217.

E 83 sup. * XV-2 * Northeastern Italy or Emilia [Plate I.20]

1. PLATO, *Epistulae 12* [tr. LEONARDUS BRUNUS ARETINUS]

ff. 1r-58v. 1r: Leonardi Aretini viri eloquentissimi prohemium in epistulas Platonis. Inter clamosos strepitus negotiorumque procellas...: (3r) operibusque tibi non frustra collatum ostendas. Argumentum. Ter. Syracusas profectus est Plato...: (4v) neque cum hac maiestate Platonis commiscendam censui. [1] Dion Syracusanus Dionisio et fratribus. Ego tam longa vobis opera assiduitateque impensa...: (5v) qou erga caeteros probabilius te geras. [2] Platonis epistola ad Dionisium. (6r) Audivi ex archidamo te censere non solum me...: (10v) vale et hanc epistolam pluries cum eam legeris combura. [3] Platonis ad Dionisium. Petis an rectius ponatur in salutationibus gaudere...: (15v) ex Menandri sermone in verum traducas. [4] Plato Atheniensis Dioni et fratribus. Puto manifestum per omne tempus fore propensissimam voluntatem meam...: (17r) Superbia vero solitudinem amicorum parit. [5] Plato Atheniensis Amintae. Eusreo [!] suasi quemadmodum a me scripsisti tuarum...: (18r) nostrisque se honorandum putaret. [6] Plato Atheniensis Hermiae, Erusto et Dorisco. Mihi videtur deorum aliquem fortunam vobis optimam benigne abundeque parasse...: (19v) hominibus foelicitatem nanciscamur. [7] Pluto Hypparino, caeterisque Principibus Syracusas tenentibus. Scripsistis mihi censere vos eandem mentem in *Republica* esse vobis conservandam...: (50r) fieret satis quidem nobis dictum esset. [8] Plato Atheniensis Syracusanis et sociis. Qua maxime sententia prospere succedant res conabor vobis quantum valeo enarrare...: (56v) opere foelicitateque adimpleatis. [9] Plato Atheniensis Architae Tarentino. Venerunt ad nos Archippus et Philonides epistolam ferentes...: (57r) et propter ipsum adolescentem. Vale. [10] Plato Atheniensis. Audio te imprimis familiarem esse Dionis...: (57v) puto appelare. Vale igitur et in tuis persevera moribus. [11] Plato Atheniensis. Scripsimus tibi etiam prius referre plurimum ad ea quae dicis...: (58v) neque ea negligere. Vale. [12] Plato Atheniensis. Quae venerunt commentaria mirabile est quam libenter accepimus...: itaque nihil est opus cohortatione. Vale. Telos [in Greek.] Finiunt epistolae Platonis. [f. 59 has been excised.]

Hain, vol. 2, item 13066. [Also see Florence,Biblioteca Laurenziana, Ms. Plut. LXXVI, Cod. XLII in Angelo Maria Bandini, *Catalogus codicum manuscriptorum Bibliotecae mediceae Laurentianae*, rpt. Leipzig: Zentral Antiquariat der DDR, 1961, vol. 3, cols. 113-114.]

2. ISOCRATES, *Sermo de regno ad Nicoclem* [tr. BERNARDUS JUSTINIANI]

60r-75v. 60r: //igitur hunc nostrum Isocratem in quo nihil esse conspicies...: celebrando respondeant. Isocratis sermo de regno a Bernardo Iustiniano

Leonardi filio e graeco in latinum versus. Consuevere plerique O Nicocles aurum celatum...: (75v) et longe tibi commodiora praeciosioraque reddentur. Telos. [in Greek.] Valeas qui legeris. [f. 76r is blank.]
Hain, vol. 2, items 9639 and 9640. [The first folio of the prohemium to Ludovicus Gonzaga was on the excised f. 59. On this translation see: Lucia Gualdo Rosa, "Le traduzioni latine dell'*A Nicocle* di Isocrate nel Quattrocento," in *Acta Conventus Neo-Latini Lovaniensis: Proceedings of the First International Congress of Neo-Latin Studies Louvain 23-28 August 1971* eds. J. Ijsewijn and E. Kessler, München: W. Fink, 1973, p. 296, item 2, with bibliography.]

3. ISOCRATES, *Nicocles* [tr. GUARINUS VERONENSIS]
ff. 76v-95r. 76v: Clarissimi oratoris Guarini Veronensis in Isocratem de subditis ad principes prohemium ad illustrem Leonellum Estensem. Saepius ante oculos res humanas proponenti mihi Leonelle princeps...: (77v) habebis regentis officium. Argumentum. (78r) Alamin praeclara olim Cypri urbs fuit et metropolis...: (78v) viginti talenta dono misisse. (79r) Clari oratoris Guarini Veronensis prohemium explicit. Incipit Nicocles seu Symmachicus Isocratis. Lege feliciter. Plerique sunt qui graves in eloquentiam animos habeant...: (95r) haec licebit absolvere. Telos [in Greek.] Valeas qui legeris. Rectius enim valebis, si lecta observaneris.
Prohemium and argumentum edited in Remigio Sabbadini, *Epistolario di Guarino Veronese,* vol. 2, Miscellanea di Storia Veneta della R. Deputazione di Storia Patria, Serie III, vol. XI, Venezia rpt. Torino: Bottega d'Erasmo, 1967, pp. 258-260, item 675.

Physical Description: Parchment; 23x15 cm; ff. II+95+I; Latin; Humanistic minuscule.
The inside front cover contains pen trials of 'amicorum' and 'amicorum omnium et.' Most of the top one sixth of the flyleaf has been excised. Flyleaves Iv, IIrv and the back flyleaf are blank. Catchwords. Folio 59 is excised and f. 93 is incorrectly numbered as 83. Item 2 was composed in 1431 and item 3 in 1433. On flyleaf II is a watermark of a glove or hand with a six petal flower, somewhat similar to Briquet, vol. 3, items 11175 and 11205.

Illumination: Folio 1r, contains a foliate initial I, four lines high, with a vine stem border in the left margin containing pomegranates, flowers and leaf terminals. Smaller, two line high initials infilled with geometric designs are found throughout the text at the beginning of each letter and on ff. 3r, 4v, 6r, 10v, 15v, 17r, 18r, 19v, 50r, 56v, 57r, 57v, 58v, 60r, and 78r. On ff. 69r, 76v and 79r are initials four to six lines high infilled with pomegranates and leaves.

Provenance: Old signatures: S (inside front cover), E 83, Y, S (f. Ir). In the bottom margin of f. 1r is an heraldic device composed of a roundel containing a mitre with lappets resting on a shield of brown and red horizontal bands. The initial L is found to the left of the device, while the initial to the right, possibly an [S], has been rubbed off. On f. 95v: 'Octaviani Ferrarii', 'Fossanus tibi amicus amicissimusque' and the motto *Id agas, ne quis tuo te merito oderit*. Also the following has been scratched out: Octaviani Ferrarii et amicorum s. Fossani et caeterorum. On Octavianus Ferrarius (born in Milan in 1518 and died in Padua in 1586), a professor at Milan and Padua see: Cosenza, vol. 2, pp. 1384-85 and vol. 5, p. 698. On f. Ir: 'Olgiatus vidit anno 1603' and the following note by Olgiatus 'Credo hunc codicem fuisse D. Octaviani Ferrarii viri docti, novissime autem extitit [!] Francisci Cicerei.'

Bibliography: Cipriani, p. 42; Kristeller, *Iter Ital.*, vol. 1, p. 330.

E 84 Sup. * XIV-2 * Northern Italy

1. OVIDIUS NASO, PUBLIUS, *Epistulae Heroidum*

ff. 1r-55v. 1r: [1] Penelope. Hanc tua Penelope lento tibi mittit Ulixes...: (2v) facta videbor anus. [2] Philis Demophunta. Hospita, Demophon tua te Rodopeia Phillis...: (5r) ille necis causam praebuit, illa manum. [3] Briseis Achili. Quam legis a rapta Briseide littera venit...: (7v) sive manes domini more venire iube. [4] Phedra Ypolito. Qua nisi tu dederis caritura est ipa salutem...: (10v) perlegis ac lacrinas finige [!] videre meas. [5] De Oenone Paridi. Perlegis. an coniunx prohibet nova. Perlege non est...: (13r) et tua, quod superest temporis esse precor. [6] Isiphile Yasoni. Littora Thesalie reduci tetigisse carina...: (15v) vivite devoto nuptaque virque thoro. [7] Dido Enee. Sic ubi fata vocant undis abiectus in herbis...: (18v) Ipsa sua dido concidit usa manu. [8] Hermione Horesti. Pirus Achileides animosus ymagine patris...: (20v) aut ego Tantalide Tantalis uxor ero. [9] Deianira Herculi. Gratulor Oetaliam titulis accedere nostris...: (23v) virque sed ut opsis [!] et puer ille valle [!]. [10] Adriana Theseo. Mitius inveni quam te genus omne ferarum...: (26r) si prius occidero tu tamen ossa feres. [11] Machareo Canace. Siqua tamen cecis erabunt scripta lituris...: (28r) perfer, Mandatio perseuar [!] ipsa patris. [12] Medea Jasoni. Ut tibi Colcorum memini regina vacavi...: (31v) nescio quod certe mens mea maius habet. [13] Landomia Prothesilao. Mittet et optat amans quo mittur [!] ire salutem...: (34r) sit cura mei sit cura tui. [14] Ypermestra Lino. Mittit Ypermestra de tot modo fratribus uni...: (36r) est manus et vires subtrahit ipse timor. [16] Paris Helene [inc]ipit secundus. Hanc tibi Priamides mitto Letea salutem...: (40v) exige cum plena munera pacta fide. [17] Helene Paridi. Nunc oculus tua cum violarit epistula nostros...: (45r) que mihi sunt comiteo consiliumque due. [18] Leander Adero. Mittet Abydeus quam mallet ferre salutem...: (48r) quam precor ut minima prosequar ipse mora. [19] Yro Leandro. Quam mihi misisti verbis Leandre salutem...: (51v) leniat invisas littera gratia morae. [20] Aconcius Cidipe. Pone metum, nichil iterum iurabis amanti...: (55v) claus[aque con]sueto sit tibi fine. Valle. [21] [Cydippe] Aconcio epistula. [P]ertimui scriptumque tuum sine murmure legi...: quos vereor paucos ne velit esse mihi//.

Henricus Döree, ed. *P. Ovidii Nasonis Epistulae Heroidum*, Texte und Kommentare eine alterumswissenschaftliche, Reihe 6, Berlin: Walter De Gruyter, 1971, pp. 45-275. [As in numerous other manuscripts, Epistola 15 has been excluded and Epistola 21 contains only the first 12 lines (that is, lines 3-14 in the Döree edition).]

2. ANONYMOUS, *Glossae ad herodium*

ff. 1r-55r. 1r: [The first glosses are badly rubbed, the final gloss for the first epistle, following ep. 1, line 116, is:] (2v) Finis autem epistole hiis. Talus est Penolope litera...: liberavit. [the last gloss, following ep. 21, line 12, where this manuscript leaves off, is:] (55r) Finis huius epistole triplex est opinio quarum prima est talus, quidam dicunt adipe maximam infirmitatem habuit...: erat in firma ideo tantum scribere nequit. Finis huius epistule triplex est opinio quorum . Finis.

3. *Miscellanea*

f. 56rv. 56r: [1] Dic michi quid feci nisi non sapienter amavi. [2] Ego sum qui sum. [3] Crimine que[!] potui demeruisse meo. [4] Cum manibus mando, sine manibus omnia tango. [5] Marsipium [!], bursa, forulus, localusque camena. [6] Gaspar fert mirram, tus Marchior, Barcasar aurum. [7](56v) columbanus.

[1] Ovidius, *Epistula Herodium*, Ep. 2, line 27. [2] *Exodus*, 3:14. [3] Ovidius, *Epistula Herodium*, Ep. 2, line 28. [4] *Aenigma*. [5] *Sententia*. [6] *De tribus regibus*. [7] possibly part of an ex-libris. [This folio consists of numerous pen trials in a variety of *textura formata* and *bastarda* hands, with some *textura cursiva*. Many of the entries are written more than once and often one entry is written over another. I have only included the more legible portions. The outer margin of the folio is torn off and the verso is very badly rubbed so that only individual words can be read. Many crossouts and overwriting.]

Physical Description: Parchment; 23x16 cm; ff. II+56+I; Latin; *textura formata*.

Flyleaves Ir, IIv and the back flyleaf are blank. There are extensive marginal and interlinear glosses. On the inside back cover: 'Restaurato a cura della Fondazione Ercole Varzi 8.4.74' and a stamp 'Abbazia di Viboldone labratorio restauro del libro.'

Illumination: On folio 1r is a five line high divided initial H infilled with acanthus leaves and geometric designs. Each of the other epistles begins with a two line high initial, some are infilled with geometric designs (ep. 2-7), and the initial on f. 15v has calligraphic marginal designs. The remaining initials (ep. 8-21) are mostly plain.

Provenance: Old signatures: X (f. Iv), E 84 (f. IIr). On the top margin of f. 1r 'S. Columbani de Bobio'. On f. IIr 'Hunc codicem, qui aliquando fuit bibliothecae Bobii a S. Columbano institutae illustrissimo et reverendissimo Cardinalus Federico Borrhomaeo dum Ambrosianam bibliothecam manuscriptis codicibus ornaret religiosissimi S. Benedicti patris simili munere compensati benignissime tradiderunt anno 1606. Antonio Olgiato eiusdem Ambrosianae Bibliothecae quam primus omnium tractavit Praefecto.' on f. 56r: 'Iste liber est mei Nicolai Radinii' and 'Iste Ovidius est Nicolai...'. On f. 56v 'Columbanus'.

E 85 Sup. * XIII-2 * Northern Italy

1. ANONYMOUS, *Notae theologicae*
f. IIIr: [1] Augustini divini. Sermo ergo dicendi pietate distincta...: quoniam misericordis est. [2] Valeat ad duo...: virtus et laus.
[These two notes are written in a XV century Humanistic cursive script.]

2. OVIDIUS NASO, PUBLIUS, *Metamorphoses*
ff. 1r-175r. 1r: Incipit Ovidius maior. In nova fert animus mutatas dicere formas...: (175r) sequid habent vatum veri presagia, vivam. [Then added in a XIV century *bastarda*:] Explicit liber Ovidii maioris dictus metamorphoseos a meta, quod est trans, et morphoseos, quod est mutatio[nes], quia transmutationes corporum de uno in aliud tractat. Bis sex millenos versus in codice scriptos sed ter quinque minus continet Ovidius.
W.S. Anderson, ed. *P. Ovidii Nasonis Metamorphoses*, Leipzig: Teubner, 1985. [During the fifteenth century folio 1 was recopied and the original was discarded. The present f. 1 is written in a XV-2 *Proto-humanistica* script.]

3. *Addenda ad metamorphoseon*
f. 175r: [1] Ora parente suo quicumque volumina tangis...: emendaturus si licuisset eram. [2] Bis sex millenos versus loc carmine scriptos/ sed ter quinque minus continet Ovidius. [3] Hunc mundum typice labyrinthus denotat iste/ Intranti largus, redeunti sed nimis artus./Sic mundo captus, vitiorum mole gravatus/ Vix valet ad vite doctrinam quisque redire.
[1] Ovidius, *Tristia* I, 7, 35-40. [2] Walther *Initia*, item 2199. [3] Anonymous, *De labyrintho mundi*. [These three items are in the same script as the text and are often found appended to the *Metamorphoses*: see Munari, pp. 3 and 8.]

4. ANONYMOUS, *Glossa in metamorphosesi*
ff. 2r-174r. [Glosses on f. 2r are rubbed. The first substantial gloss on f. 2v is for *Breve ver* Book 1, line 118:] Breve ver dedit respectu prioris veris quia in priori etate semper fuerat ver. Inequales autumnos dicit propterea quia maior est infirmitas in autumo quam in aliis temporibus. [The last gloss on Book 15, line 806 is at *et Diomedeos*] (174r) Mutato in stellam.
[This gloss is contemporary with the script of the text.]

5. ANONYMOUS, *Glossa in metamorphosesi*
ff. 2v-162v. 2v: [on Book 1, line 116, *Iuppiter antiqui*] Hic ponit qualiter divisit tempus quod semper erat ver sive in vere in quattuor temporibus anni, scilicit in hyemem, estatem, autumpnum et breve ver, et dicit breve ver respectu prioris veris eo quod in priori etate semper fuerat ver. [The last of the added glosses is at Book 15, line 36 *spretarumque*] (162v) Accusatur Milios de voluntate cedendi et spernendi leges patrie. Quo scito ponent lapillos nigros in urnam illi damnatus moriti. Sed mutatus esset in album. [This is a second gloss later than the script of the text.]

6. SENECA, LUCIUS ANNAEUS, *Excerpta ex oedipode*
f. 175v: In deorum. Fatis agimur, cedite fatis/ non so[llicit]e possunt curae... non illa deo vertisse licet/ omnia certo tramite vadunt/ que nexa suis occurunt causis... multis idem ipsum timuisse nocet...: luminis orbus.
Otto Zwierlein, ed. *L. Annaei Senecae Tragoediae*, Oxford: Clarendon, 1986, p. 975. [This excerpt is from Oedipus, lines 980-997. The *omnia certo* line is in its proper place and repeated as shown above. Other variants from the edition are also included.]

7. *Addenda ad senecam*
f. 175v: [1] Cloto colum baiulat, Lachesis net, Antropos ochat. [2] Fortuna cum sane dicimus...: dum propenssior. [3] Non minor est virtus quam averere parta tueri. [4] Amo te quia amas me/ Amo amo amore.
[1] *De Parcae* Walther, *Proverbia*, item 2879b. [2] *Nota de fortuna*. [3] Walther, *Proverbia*, item 18042. [Items 1 and 2 follow the Seneca text and in the same script, see below. Items 3 and 4 are in the margin in a XV century Humanistic cursive script.]

8. *Miscellanei versi*
f. 176r: [1] Terret lustrat agit Proserpina, Luna, Diana/ Ima superna feras sceptro fulgura sagittis. [2] Aaron vrit decreta vigent lex [erased]./ Pontificat Moysis thalamos medicina subintrat./ Dat Galienus opes, dat sanctis Justiniana./ Ex alliis paleas ex istis collige grama. [3] Improbe amor quid non mortalia pecora cogis. [4] Quid non mortalia pectoria cogit auri sacra fames. [5] Fontis margo maris litus sed ripa fluenti. [6] Cechus et alatus nudus puer et faretratus/ Istis quinque modis nodus signatur amoris. [7] In quinque amorem. Lustrum circuitus spatium purgatio silva.
[1] *De tribus deabus*. [2] Walther, *Proverbia*, items 4983-4984, for lines 2-4. [3] Walther, *Proverbia*, item 11628. [4] Walther, *Proverbia*, item 25116, this is Vergilius Maro, Publius, *Aeneidos* 3, 56-57. [6] Walther, *Proverbia*, item 2217a. [There are also two rubbed notes in the hand of the later gloss at the top of this folio.]

Physical Description: Parchment; 23x17 cm; III+176+II; Latin; *textura formata*.
Flyleaves Irv, IIv, IIIv and the back flyleaves Ir-IIv are blank. Inside front cover 'Restaurato a Praglia (27 Nov. 1954).' The first folio of this

manuscript was replaced in the fifteenth century. There are extensive marginal and interlinear glosses. Items 6, 7 and 8 are in the same hand as the added colophon, a XIV *bastarda*, except as noted above. Catchwords. Medieval sewing restoration on ff. 3, 10, 13, 30, 48, 105, 111, 113, 119, 162, 176 and others. On f. 175r there are pen trials including the letters a-f and on 176v there are some rubbed and overwritten notes and additional pen trials.

Illumination: On f. 1r there is a three line divided initial I with music stave decoration and one line high calligraphic initials at the start of each line of text (this folio is from the fifteenth century). The remainder of the text has plain one line high initials (XIII-2) at the start of each line with open spaces for three line high initials at the beginning of each book. Fifteenth to sixteenth century doodles on f. 176v.

Provenance: Old signatures: X, E 85 (f. IIr) also 'Olgiatus vidit anno 1603' (f. IIr). on f. 176r in a fifteenth century Humanistic cursive script: 'Questo est Ovidio de [erased]' then below in a sixteenth century hand: 'Francescho de Lazarellis.'

Bibliography: Franco Munari, *Catalogue of the Manuscripts of Ovid's Metamorphoses*, Bulletin Supplement no. 4, London: University of London Institute of Classical Studies and The Warburg Institute, 1957, p. 8, item 6.

E 86 Sup. * XII-3 * Northern Italy or Southern France

1. BOETHIUS, ANICIUS MANLIUS SEVERINUS, *De institutione arithmetica*

ff. 1r-112v. 1r: [Prefatio] In dandis accipiendisque muneribus ita recte officia inter eos precipue...: (3v) censebitur actor merito quam probator. Incipiunt capitula libri primi. I. Prohemium in quo divisiones mathematice. II. De substantia numeri...: (4v) XXXII Demonstratio quemadmodum omnis inequalitas ab equalitas processerit. Prohemium in quo divisiones mathematice. [Text] Inter omnes prisce auctoritatis viros, qui Pitagora duce puriore mentis ratione viguerunt...: (112v) Dispositio X medietatum... sint omnes facillime possit intelligi. [followed by a chart titled 'Dispositio X medietatum' as follows:] Arithmetica. prima. I. II. III...: Inter IIII quarta. decima. III. V. VIII.//

Godofredus Friedlein, ed., *Anicii Manlii Torquati Severini Boetii, De institutione arithmetica, libri duo; De institutione musica, libri quinque; accedit Geometria quae fertur Boetii*, Lipsiae: Unvernderter, 1867, rpt., Frankfurt am Main: Minerva, 1966. This is a Latin translation of the original Greek by Nicomachus Gerasenus. [The text ends with the conclusion of Book II, chapter 53 (which is p. 169, line 8 in the printed edition). The final chapter is missing.]

2. ANONYMOUS, *De institutione arithmetica-glossae*

ff.1r-112v: [1] [Marginal gloss beginning at *Cum igitur quatuor mathesos disciplinarum*, in the prefatio, p. 5, line 6:] (2v) Mathesis si cum aspiratione legatur dicitur doctrine. Unde matemathicus [!] interpretatur doctor...: mathesis sine aspiratione in doctrinalem sive disciplinalem. Mathesis cum aspratione [!] id est artificialis. [The final marginal gloss is on the last few sentences of Book 2, chapter 50 from *Armonicam vero medietatem tali modo repperies* to the end *proporcionem medietatemque servabit*, p. 163, line 29 - p. 164, line 12:] (110r) Armonicam vero cum differentiam terminorum scilicet externiorum in minorem id est per minorem terminum multiplica ut xxx differentis intera x et xl...: medius armonica x, xvi, xl. [2] [The interlinear gloss begins at *ita recte officia* in the first sentence of the preface, p. 1, line 1:] (1r) A iusto ordine. [The final interlinear gloss is at *dati termini* near the end of Book 2, chapter 50, p. 163, lines 23-24:] (110r) Quod multiplica fiat dupla.

[Both glosses are in a Carolingian minuscule contemporary with the script of the text. Citations to the printed edition are from the Friedlein edition listed in item 1.]

Physical Description: Parchment; 23x16 cm; II+112+I; Latin; Carolingian minuscule.

There are some pen trials on flyleaf IIr. The back flyleaf is blank. Throughout the text there are some corrections in a slightly later hand, as at f. 55v (Book II, chapter 1): "Iam vero *mundum* [quatt]uor corpora." The first four quires are numbered. There are also many rectangular charts throughout the text and various diagrams as listed below.

Illumination: On f. 1r there is a divided initial I, eight lines high, with stippling. Throughout the text there are initials two to four lines high at the beginning of each chapter, some of which are divided and occasionally infilled with geometric designs, while others are plain. Diagrams as follows: ff. 22r (Book I, chapter 1); 40v (I,2); 60v-61r (II,3); 66rv (II,6-7); 69r (II,13); 71r (II,16); 74rv (II,21-22); 81r (II,26); 88rv and 90r (II,33); 91v (II,35); 93r (II,36); 97v-98r (II,43); 99v-100r (II,44); 103v and 105r (II,47); and 106rv (II,48).

Provenance: Old signatures: S (Inside front cover); E 86 (f. Ir); S (f. Iv); 606 (f. IIr); S, Y (f. IIv). On f. Ir: "Jacobus Philippus Butius vidit, qui diem suum obiit decimo Cal. Novembres anno sal. MDCLXXVII." [1677] and "Lud. Muratorius vidit a. 1697."[Jacopo Filippo Buzzi was a doctor of the Ambrosiana from Sept. 1631 - Oct. 23, 1677. Ludovico Antonio Muratori was a doctor of the Ambrosiana from Feb. 1695 - Aug. 1700. see: Carlo Castiglioni "Dottori dell'Ambrosiana" in *Memorie storiche della diocesi di Milano* 2 (1955) 9-71.]

Bibliography: Gabriel, p. 221, item 514; Michael Masi, *Boethian Number Theory: A Translation of the 'De Institutione Arithmetica'*, Amsterdam: Rodopi, 1983, p. 60.

E 106 Sup. * XII-2 * Italy

1. PRISCIANUS CAESARIENSIS, *Institutionum grammaticarum, Libri 1-16*

ff. 1r-125r. 1r: [prologue] Cum omnis eloquenciae doctrinam et omne studiorum genus sapientiae luce praefulgens...: (1v) sive ordinatione partium orationis inter se. [Text] Philosophi deffiniunt vocem esse aerem tenuissimum ictum vel suum sensibile aurium...: (125r) nec lucidus ethera sydera polus//. Explicit XVI et ultimus liber prisciani de octo partibus orationis. [f. 125v is blank.]
Heinrich Keil, *Grammatici Latini*, vol 2, complete and vol. 3, pp. 1-105; edited by Martin Hertz, Leipzig: Teubner, 1855-8, rpt. Olms: Hildesheim, 1961.

Physical Description: Parchment; 26x16 cm; III+126; Latin; Carolingian minuscule.
Flyleaves IIv-IIIv are blank. On the inside back cover are various notes that have been almost completely erased. There is an unfoliated folio between 86 and 87. Since I have used the foliation in the manuscript the last folio is listed as 125 but I list the manuscript as containing 126 folios. In addition, folio 125 is a restoration from the fifteenth century. Quires are listed A-Y. There is some marginal and interlinear gloss at various sections of the text. Also the parchment has a number of holes in it.

Illumination: At the beginning of each book there are six to twelve line high colored initials often decorated with geometric designs. Also in book 2 on f. 12r are some rather ornately decorated initials, including a eighteen line high P with a face doodled inside the bow. Another face has been doodled inside an initial C, at the beginning of book 3 on f. 18v. There are smaller plain initials two to six lines high throughout the text.

Provenance: Old signatures: X, E 106 (f. Ir); X, S 43 (f. Iv); X (f. IIr). On f. Iv: "Hic codex una cum multis aliis fuit emptus ab haeredibus Rovidii Senatoris mediol[lani] anno 1606.' This is the Milanese senator Alessandro Rovida. The note was written by Olgiatus but has not been signed by him. There is also on the top of f. Ir an erased ex-libris: "Hic liber est... Hieronymo Baptistae de Canigaroli... Augustini Canigarolo de...".

Bibliography: Cipriani, p. 42; Bursill-Hall, p. 137; Margaret Gibson, "Prician *Institutiones Grammaticae*: A Handlist of Manuscripts," *Scriptiorum*, 26 (1972): 115; and Mariana Passalacqua, *I codici di prisciano*, Sussidi Eruditi, vol. 29, Roma: Storia e Letteratura, 1978, pp. 154-155, item 353.

E 109 Sup. * XV-2 (1466) * Milan (S. Maria Annunziata, OSA)
[Plate II.39]

1. PSEUDO BERNARDO DE CLARAVALLE, *Contemplatione sulla passione de nostro segnore secondo le ore canoniche*
ff. 1r-10v. 1ra: In nomine domini nostri yesu christi crucifixi in eternum et in seculum seculi benedicti. Incomentia el libro del melifluo doctore mesiere (!) sancto Bernardo Abbate de Claravale sopra la contemplatione dela passione del nostro segnore meser yesu christo da fare per chaduna hora canonica il prologo. *Septe fiate el di te lauday* el psalmista [Ps. 118: 164]. Pregasti me ch'io te demonstrase alcuno modo...: (10va) apresso lui alo monumento de esso Yesu nostro signore christo el qualle vive et regna in secula seculorum. Amen. Qui finisse la meditatione del nostro signore yesu christo de sancto Bernardo sopra le hore canonice.
[Anonymous translation. See: Zambrini-Morpurgo, I, cols. 68-69; Rome: Salviucci and Firenze: Pezzati, 1837, pp. 49-75 for a different translation; another translation is in *Gesamtkatalog*, item 4022.]

2. PSEUDO BERNARDO DE CLARAVALLE, *Meditatione sopra el pianto della gloriosa vergine Maria*
ff. 10v-20v. 10va: Et incomenza el libro dela meditatione pur del dicto sancto Bernardo sopra el pianto dela glorioxa verzene Maria nostra dona et madona. Stava presso a la croce la madre sua...: (20va) O madona mia tu sii benedecta (20vb) eternalmente et poy piu oltra cum el tuo figlolo yesu christo el qualle con el padre et cum lo spirito sancto vive et regna in neli seculi deli seculi. Amen. Fenisse la meditatione de sancto Bernardo sopra el pianto de la verzene maria.
[Anonymous translation. See: Zambrini-Morpurgo, I, cols. 68-69; Firenze: Pezzati, 1837, pp. 1-46 for a different translation. For the translation of Giovanni Sabadino degli Arienti see: *Gesamtkatalog*, item 4021.]

3. PSEUDO BERNARDO DE CLARAVALLE, *Lo stimolo d'amore*
ff. 21r-29r. 21ra: In nel nome de meser yesu. Incomenza lo libro delo stimollo de l'amore de l'anima. In verso el signore yesu christo compilato da meser sancto Bernardo doctore melifluo et abbate de Claravale. O bono et sopra bono mio yesu cum quanto forte bracio me abraciasti...: (29rb) con el puro ochio del chore nostro in eterno et ultra. Amen. Fenise el libro del stimolo de l'amore del devoto sancto Bernardo.
[Anonymous translation. This text differs from the work attributed to Bonaventura. Zambrini-Morpurgo, I, cols. 72-73.] This translation has been printed in *Lo stimolo d'amore attribuito a san bernardo, testo di lingua inedito*, edited by F.Z., Bologna: Romagnoli, 1866, reprinted in *Scelta curiosità letteraire inedite o rare, dispensa 68*, Forni: Bologna, 1968, pp. 17-51.

4. PSEUDO BERNARDO DE CLARAVALLE, *Meditazione piissime de l'uomo interiore*

ff. 29r-53r. 29rb: Incomenza li capituli del libro de l'omo interiore. [Chapter titles] Dela cognitione de l'omo. Capitolo primo. (29va) Dela miseria de lo homo et dela examinatione del iuditio...: (29vb) Dela inimista dela carne. [Capitolo] XXI. Fenisehono hi capitoli delo libro infrascripto. Incomenza lo libro delo homo interiore como se die cerchare et trovare et amare idio composito da sancto Bernardo abbate de Claravalle. [Text] Molti sanno molte cosse et non sanno ne cognoscento loro medessimi...: (52vb) Et vide etiam dio el sole dela iusticia in nel merodi dove lo spoxo con la spoxa vederay cioe (53ra) uno medessimo dio de gloria Iesu Christo nostro Segnore con li suoy ellecti lo qualle con el padre et con lo spirito sancto vive et regna per li seculi de insecculli. Amen. Fenisse el libro intitulato oe libro de l'omo interiore de sancto Bernardo abbate de Clarevalle.

[Anonymous trecento translation. Zambrini-Morpurgo, I, cols. 60-62. This is the same translation as is in Agostino da Foligno, eremita augustiniano, ed., *El libro de Sancto Bernardo: In che modo se deue tenere munda la conscientia, et le meditatione sue: et altri capituli bellissimi: et utilissimi*, Bologna: Iustiniano da Rubiera, 1522, folios 50r-70r. A copy of this small but very rare book can be found in the Biblioteca Trivulziana, Milano, under the signature H 3219. It is also similar to the more accessible translation in Luigi Razzolini, ed., *Meditazioni piisime di san bernardo* Reggio: Torreggiani, 1850, pp. 9-46. This is a translation of the Latin text *Meditationes piisimae 'De cognitione humanae conditionis sue de interiore homine'*, *PL*, vol. 184, cols. 485-508. This text is also attributed to HUGO DE S. VICTORE as his *De anima* and to PSEUDO AMBROSIUS, and PSEUDO AUGUSTINUS.]

5. PSEUDO BERNARDO DE CLARAVALLE, *De la vera conscientia*

ff. 53r-107v: 53ra. Et incommena li capitoli del libro dela vera conscientia composto pur dalo sopradicto sancto Bernardo abbate delo monasterio de Claravalle. [chapter titles] Come se di ehedificare la casa dela conscientia. Capitulo primo. Dela mondatione de la conscientia...: (54va) de l'altra vita. capitolo LVI. [followed by a blank space with no title given.] Feniscono li capitoli soprascripti del sancto soprascripto. In nomine domini nostri yesu christi crucifixi benedicti. [Text] Incomenciasi el libro del melifluo doctore sancto Bernardo abbate de Claravalle. Nominato libro de conscientia vera. Comese de ehedificare la casa dela conscientia. Capitulo primo. (54vb) Questa casa in nela qualle nui habitiamo da ogni sua parte ci minacia de ruinare...: (107vb) o vero la scientia dele scriptura et piu la contemplatione dele cosse celestiale cha la occupatione dele cosse terrene. Deo gratias. Amen. Fenisce el libro de meser sancto Bernardo doctore melifluo Abbate de Claravalle nominato el libro de conscientia.

[Anonymous trecento translation. Zambrini-Morpurgo, I, cols. 60-61, This is the translation edited by Agostino da Foligno, (see item 4 for the full citation), folios 50r-70r; this translation is close to the edition of Paolo

Zanotti, *Volgarizzamento del trattato della coscienzia di san bernardo*, Verona: Rossi, 1828 and that of Michele dello Russo, *Volgarizzamento del trattato della conscienza di san bernardo*, Napoli: Del Fibreno, 1850, text pp. 5-120 and see avvertenza on p. 4. The latin text is the *Tractatus de interiori domo seu de conscientia aedificanda*, *PL*, vol. 184, cols. 507-552.

6. PSEUDO BERNARDO DE CLARAVALLE, *Epistola sul modo di ben vivere*

ff. 107v-111r: 107vb. Et incommenca una utille epistola pur de lo soprascripto sancto Bernardo mandata da luy ad uno govene come se die visare li boni et honesti et sancti costumi in nelo monasterio servando a dio. Fratello mio carissimo tu me domandi cossa la qualle per neguno tempo...: (111ra) et mia corona (111rb) in nel signore. Deo gratias. Amen. Fenisce la epistola de sancto Bernardo.

[Anonymous translation. Zambrini-Morpurgo, II, item 624, Palermo: Tamburello, 1884, contains an edition of this translation. A very different translation of this letter is found in the Agostino da Foligno edition (as cited in item 4), folios 84v-88r, with the incipit: *Carissimo fratello tu mi domandi quello che non ho mai interso esser stato domando....*]

7. PSEUDO BERNARDO DE CLARAVALLE, *Una epistola a uno suo discepolo*

ff. 111r-115r: 111rb. Et incomenca una altra pur del soprascripto sancto Bernardo mandata da luy ad uno suo discipulo. Informando lo dela vita spirituale et confortam dolo a quella observare. Se tu volli pienamente pervenire ala gratia de dio, intendi che doe cosse te sonno necessarie et convienti observare...: (115ra) in tuoi peccati et dara a te gratia de ascendere alo amore suo. El qualle he pio et misericordioso et benedecto in secula seculorum. Amen. Fenisce la eppistola de sancto Bernardo.

[Anonymous translation. See: Zambrini-Morpurgo, I, cols. 63-64, Firenze: Campomi, 1848; and Giuseppe Manuzzi, *Tre pistole attribuite a s. bernardo* Firenze: Passigli, 1848, pp. 17-22 for a different translation.]

8. SAN BERNARDO DE CLARAVALLE, *Una epistola al padre e alla madre d'uno novizio*

ff. 115r-115v: 115ra. Et incomenca pur una altra del dicto sancto Bernardo mandata da lui al padre et alia madre de uno novicio hi qualle se dolenano parendoli alloro averlo quasi perduto. Se el vostro fiolo he facto et chiamato da dio al suo servicio che ci perdite nui o vero ci perde esso. Certo esso dovenda de richo piu richo et de nobile...: (115vb) Et cossi servira a dio in letitia et alegrea cantando in nele vie del signore pero che grande he la gloria del signore. Fenisce la eppistola de meser sancto Bernardo.

[Anonymous translation. A slight variation of this translation is found in the Agostino da Foligno edition (cited in item 4), folios 81v-82r. A different translation is edited in Don Giuseppe de Luca, *Prosatori minori del trecento: tomo I, Scrittori di religione*, La letteratura Italiana storia e testi, vol 12, tomo 1, Milano e Napoli: Riccardo Ricciardi, [1954], pp. 699-700. The original Latin text is edited in J. Leclercq and H. Rochais. *S. Bernardi Opera Omnia*, vol. 7, Roma: Editiones Cistercienses, 1974, pp. 282-283, epistola 110, *Ad parentes eiusdem Gaufredi consolatoria*.]

9. SAN BERNARDO DE CLARAVALLE, *Una altra epistola al padre e alla madre del detto novizio in persona di lui*

ff. 115v-117v: 115vb. Et incomenza una altra mandata pur dal dicto sancto Bernardo al padre et ala madre del sopradicto novicio in persona del dicto novicio. La casione per la qualle non helicito de obedire al padre suo et ala madre he esso idio...: (117vb) et beata compagnia inseparabile de li spiriti angelici senza alchuno fine Amen. Deo gratias. Fenise el libro del melifluo doctore meser sancto Bernardo cum benedictione domini. M. CCCC. LXVI die XI octubris. [Then added soon thereafter in the same hand:] Questo libro si e dele done del Annuntia[ta] de porta nova. Canonesce regular de sancto Augustino. Mediolani.
[Anonymous translation. This is the translation edited by Agostino da Foligno, (as cited in item 4), folios 82r-83v (with some minor variations). It is also in De Luca as cited in item 8, pp. 700-702. The Latin text is in the Leclercq edition (as cited in item 8), pp. 283-285, epistola 111, *Ex persona Eliae monachi ad parentes suos*.]

Physical Description: Paper; 29x21 cm; ff. III+117+III; Italian; *Proto-humanistica*.
Flyleaf Ir contains pen trials of the letters n and a-d. Flyleaves Iv, IIv, IIIr and the back flyleaves Ir-IIIv are blank. On f. 76 and the back flyleaf III are watermarks similar to Briquet, vol. 2, item 6541. Catchwords.

Illumination: On f. 1r is an illuminated foliate initial S, six lines high, and on f. 21r there is a five line high foliate initial O. Throughout the manuscript there are simple colored initials, four lines high at the beginning of each text and two lines high at the beginning of a chapter.

Provenance: Old signatures: E 109 (f. IIr); P, S, (f. IIIv). On f. 117vb it states that this manuscript was completed at the Augustinian house of S. Maria Annunziata, Milano on October 11, 1466.

Bibliography: Filippo Argelati, *Biblioteca degli Volgarizzatori*, Milano: Federico Agnelli, 1767, vol. 1, p. 141.

E 110 Sup. * XV-3 (1482) * Northern Italy, Milan

1. BARTHOLOMAEUS DE SANCTO CONCORDIO PISANUS, *Summa de casibus conscientiae*

ff. 1ra-211va. 1ra: [Prologue] Quoniam ut ait Gregorius super Ezechielem, nullum omnipotenti deo tale sacraficium est quale eius animarum...: (1rb) aut etiam non benedictis pium postulo correctorem. [Text] Abbas in suo monesterio conferre potest suis subditis primam tonsuram...: (211va) Si vero aliquis doleret de bono alterius in quantum alter excedit ipsum in bonis tunc est invidia, ut dictum est supra, Invidia, paragrapho 3. Deo gratias. Amen. Explicit summa de casibus conscientie quam editit frater Bartholomeus de sancto concordio ordinis praedicatorum de conventu pisano que et pisanella sive magistrucia nuncupatur. Ego frater Andreas de Papia [Andrea di Pavia] divini Augustini heremitarum frater scripsi et explevi hoc opus, anno domini M CCCC octuagesimo secundo. die nona maii. [ff. 212r-213v blank]. [*Gesamtkatalog*, items 3450-3456; also Kaeppeli, *SS. OP.* vol. 1, item 436, pp. 158-165; and Bloomfield, *Incipits*, no. 5052.]

Physical Description: Parchment; 29x20 cm; III+211+II; Latin; *Proto-humanistica*.
The front flyleaves Iv, IIr, and IIIv and the back two flyleaves are blank. Although the inside back cover is blank it is numbered as back flyleaf IIIr. Catchwords. The binding of this manuscript is discussed in De Marinis as noted below.

Illumination: Historiated initial Q on f. 1ra depicts a kneeling Augustinian sister confessing to a mitred cleric who is seated and holds an open book on his lap. The cleric, wearing the papal tiara, appears to have a nimbus which would probably identify him as Gregory the Great (who is quoted at the beginning of the text). The entire folio is framed with a foliate border composed of an acanthus leaf design with bud and seeds in the upper and lower borders, and a straight vine stem with flower bud terminals and seeds in the left and right hand margins. According to Cipriani this is by a follower of the Master of the *Vitae Imperatorem*. There are plain, two line high illuminated initials on ff. 1rb-166vb, and then two line high calligraphic initials infilled with music stave designs on ff. 167ra - 211va.

Provenance: Old signatures: E 110 (f. Ir); Q (f. IIv). Ex libris on the top of f. 1r: 'Sancte Marie Incoronate Mediolani ad usum fratris Augustini. Andree de Papia. [Then added in a box:] Frater Tadeus de Ip[oregia], V[icarius] G[eneralis], On Andrea da Pavia and Taddeo da Ivrea see the discussion and bibliography in Ferrari listed below. On f. IIIr is a note signed by Olgiatus: 'Hic codex a quodam frater Andrea di Papia anno 1482 conscriptus ut patet ex calce, qui fuit S. Mariae Coronatae Mediolani. Illustrissimi Card. Federico Borromao B. Caroli patrueli et bibliotheca Ambrosiana fundatori a religiosissimis eiusdem Coronata patribus simili munere donatus humanissime traditus est anno 1607. Antonio Olgiato eiusdem bibliothecae quam primus omnium tractavit Praefecto'. Although we know from the colophon that the manuscript was finished in May of 1482 by an Augustinian scribe named Andreas de Papia [Pavia], we do not learn the place of origin. However, based on the ex-libris from the Augustinian house of Santa Maria Incoronata it is quite likely that the manuscript was written and illuminated there.

Bibliography: Cipriani, pp. 42-43; Ferrari, *Francesco*, pp. 249 and 255; Izbicki, p. 169; Tammaro De Marinis, *La legatura artistica in italia nei secoli XV e XVI: notizie ed elenchi*, vol. 3, Florence: Alinari, 1960, p. 22, item 2587.

E 114 Sup. * XV-2 * Northern Italy, Milan

1. JOHANNES DE SAXONIA, *Commentaria super alcabitium (Liber isagogicus ad scientiam iudicialem astronomiae)*

ff. 1r-42v. 1r: [Prologue] 'Vir sapiens dominabitur astris.' Ptholomeus in sapientiis almagesti, et potest declarari 'ille dominabitur astris qui effectus provenientes'...: (3v) his visus ad literam descendamus. [Text] 'Postulata a domino prolixitate vite' etc. In principio istius libri septem possunt queri, primo que sit intentio libri...: (42v) ab exaltatione sua non erit carum, donec exiverit casum suum. Explicit scriptum super Alcabitium ordinatum per Johannes de Saxonia in villa Parisiensi anno domini 1331. Deo gratias.
Preclarum summi in astrorum scientia principis Alchabitii...cum castigatissimo Johannis de Saxonia commentario, Venice: Melchiorem Sessam et Petrum de Ravanis socios, 1521, ff. 23r-63v. [*Gesamtkatalog*, items 844-845; Thorndike-Kibre col. 1699, and Carmody, p. 145, item 27.1.b. This is a commentary on the translation of the *Isagoge* or *Liber introductorius* of Alcabitius by Johannes Hispaliensis.]

2. *Tabula motus planetarum*

ff. 42v-43r. 42v: Ascendens dicitur quilibet punctus celi existens in contactu orizontis... (43r) Luna. Medius motus secundum Ptolomeum in quarta distinctione Almagesti, cap. 4. In mense 30 dieorum. Sign. 1/ gr. 5 [! for 35]/ mi. 17/ secundus 29/ tertium 16/ quartum 45/ quintum 15/ sextum 6... [followed by calculations for 29 days, one day, an hour and a minute; similar tables are included for Saturnus, Jupiter, Mars, Venus, Mercurius and Sol]... Sol movetur in una die...: secundum autem Adzachelem medium motus solis in uno die est 59 mi./ 8 secundorum/ 11 tertiorum/ 28 quartorum/ 26 quintorum/ 22 sextorum/ 5 septimorum/ 30 octavorum.

3. ANONYMOUS, *De effectibus planetarum*

ff. 43v-44v. 43v: Dixit Abraam Judeus in libro de effectibus planetarum. Nam unusquisque planetarum habet amicum et inimicum de planetis...: (44v) in virgine habet dominium et exercitium motus. Explicit.
[Thorndike-Kibre column 1606, Boston, Medical Library, manuscript 20 f. 186r.]

4. ANONYMOUS *Versus de signis zodiaci*

f. 44v: Aries. Nil capiti facias aries cum luna refulget/ In manu minuas et balnea tutius intres...: Pisces... Carpe viam tutus, fit potio tuta salubris/ Embrio conceptus, epilenticus exit ab alvo. Explicit iuditia Ptholomei de luna existenti in duodecim signis, videlicet quid debet homo facere et cavere. Deo gratias. Amen.

This text is edited in the ninteenth century compilations that were thought to be part of the *Regimen sanitatis salerni* as in Charles Meaux Saint-Marc, trans., *L'ecole de salerne traduction en vers français avec le text latin en regard*, Paris: Bailliére, 1861, pp. 142-146, where it is called *Pars quinta: Aetiologia; signa astrologica*. [See also: Walther, *Initia*, item 11780, and his *Proverbia*, item 16681; and Thorndike-Kibre, column 912. The text, here attributed to Claudius Ptolomaeus and called *De luna existenti in duodecim signis* is also known as the *Versus de manusioibus lunae* see: Alfred Cordoliani, "Contribution à la littérature du comput ecclésiastique au moyen âge," *SM* 3 (1961): 206.]

5. MAINUS DE MAINERIIS, *Theorica planetarum*

ff. 45r-64v. 45r: Nota quod sunt novem orbes. Primus orbis est firmamentum in quo nulla est stella apparens...: (64v) in figuris interrogationem. Et sic habet finem theorica corporum celestum ordinata et ad finem reducta anno domini 1398, 12 ianuarii, sole existente in fine capricorni et luna in principio piscium prope iovem. Ad honorem dei altissimi cui grates sint infinite secundum quod sui ordinis exigit celsitudo et beneficiorum ipsius multitudo meretur. Explicit theorica corporum celestium ordinata per peritissimum artium doctorem magistrum Maynum de Mayneriis civem mediolani.

[Thorndike-Kibre, column 941 and Lynn Thorndike, "Some Little Known Astronomical and Mathematical Manuscripts," *Osiris* 8 (1949): 50-51, item 13. The author is also known as Magninus Mediolanensis.]

6. ANONYMOUS, *Commentum super tractatum de spera magistri iohannis de sacrobosco*

ff. 65r-74v. 65r: Commentum libri spere. *T[r]actatum de spera quatuor capitulis distinguemus dicentes primo quid sit spera* et cetera usque ibi *vel quoniam illorum orizon artificialis intersecat equinoctialem et intersecatur ab eo ad angulos sperales impares et obliques*. Commentum. Volentibus habere cognitionem in scientia astrorum necessio premittitur tractatus quidam in quo agitur de dispositione spere celestis que contenit omnes alias speras...: (74v) et hec possunt infalibiliter colligi per numerum tabularum. Expliciunt glosse super tractatum de spera.

[Thorndike-Kibre, column 1709. The quotations are from Sacrobosco *De spera*, prohemium lines 1-2 (on page 76) and capitulum 1 paragraph 4, conflated from lines 4 and 8-9 (on p. 78) in the edition by Lynn Thorndike, *The 'Sphere' of Sacrobosco and Its Commentators*, Chicago: University of Chicago, 1949, who lists this commentary as anonymous on p. 34. However, Agrimi on p. 85 tentatively attributes the text to Mainus de Maineriis, but does not give a reason for the attribution. Another copy of this text is in Firenze, Biblioteca Nazionale, Conv. Supp. J.V. 7, ff. 109v-118r, see Axel A. Björnob, "Die mathematischen S. Marcohandschriften in Florenz," *Bibliotheca Mathematica: Zeitschrift für Geschichte der mathematischen Wissenschaften* 3. Folge 12 (1912): 193-224, with a description on p. 223, item 5.]

7. ANONYMOUS, *Nota astrologica*
ff. 74v-75r. 74v: Nota quod due stelle sunt que non sunt planete secundum naturam...: (75r) vel oppositione solis et lune se coniungit. Et sic patet totum. [ff. 75v-76r are blank.]

8. ANONYMOUS, *Nota de musis*
f. 77r: [The beginning is faded] //Clyo, secunda Euterpe, tertia Erato, quarta Terpsycore, quinta Melpomene, sexta Polymina [!], septima Talia// [the ending is faded].
[This is a partly rubbed three line note in humanistic cursive script.] [f. 77v is blank.]

Physical Description: Paper; 29x20 cm; III+77+II; Latin; *textura cursiva.* Flyleaf Ir contains the modern shelfmark, ff. Iv, IIrv, and the back flyleaves are blank. Some catchwords. Folio 76 contains a watermark similar to Briquet, vol. 2, item 6541 (as does E 109 Sup.). Revelli, Kristeller and Gabriel mistakenly use the explicit of item 1 to date this manuscript. On the inside back cover: 'Restaurato a cura delle fondazione Ercole Varzi, 1979,' signed P[aredi]. There is also the stamp of the 'Abbazia di Viboldone, labratorio restauro del libro.'

Illumination: On folio 1r there is an historiated initial, nine lines high, containing a half length portrait of John of Saxony in academic garb, with an acanthus leaf border covering three sides of the folio and extending into the right margin. There are foliate initials, nine lines high, infilled with acanthus and palmette leaf designs on ff. 3v, 4r, 26v, 30v, 40r, 45r, and 62v. On f. 23r is a three line high illuminated D containing a quatrefoliate oval leafed flower. On f. 65r is a five line high calligraphic initial T. There are simple colored initials throughout the manuscript. There are also astronomical diagrams on ff. 23r, 43r, 66v, 72r, and 74r, with blank space left for a diagram on 73v. The illuminations are from the Lombard school, Cipriani assigns them to the master of the *Vitae Imperatorum.*

Provenance: Old signatures: E 114 (f. IIIr) and Q (f. IIIv). On f. IIIr and IIIv: "Felicibus auspiciis illustrissimi Card. Federici Borrhomaei. Olgiatus vidit anno 1603." On the inside back cover is '28 marz. 84', which is the date the manuscript was acquired by the sixteenth century Milanese professor Francisco Ciceri.

Bibliography: Agrimi, p. 85, item 100; Argelati, vol. 2, pt. 1, column 877d-e; Bazzi, p. 51, item 377; Cipriani, p. 43; Gabriel, p. 233, item 520; Kristeller, *Iter. Ital.*, vol. 1, p. 298 and vol. 2, p. 531; Pio Rajna, "Intorno al cosiddetto *Dialogus Creaturarum* ed al suo autore," *GSLI* 10 (1887): 96-8, esp. footnote 4; and Revelli, p. 81, item 183.

E 114 bis Sup. * XIV-3 * Italy

1. MAINUS DE MAINERIIS *Libellus de preservatione ab epidemia*

ff. 244r-249v. 244r: Incipit libellus de preservatione ab epydimia compilatus per magisterum Maynum de Mayneriis de Mediolano, philosophe, phisice et artium professorem anno domini M CCC LX. Capitulum primum. Quo homo et cetera inferiori celestibus coporibus sunt subdita. Simile est opus stellarum in hoc mundo sensibili opera magnetis et ferri...: (249v) et ideo nominatur gloria inestimabilis. Explicit.
[Thorndike-Kibre, column 1506.]

Physical Description: Latin; *bastarda.*
This is a photocopy reproduction of a text from the Archivio di Stato, Modena. Each sheet is stamped "R. Archivio Segreto Estense" but no shelfmark or manuscript number is given. On the inside front cover is the following: "E 114 bis Sup. Ex dono equitis Humberti Orlandini Mutinensis (die 7 Nov. 1922)." Possibly this is a copy of the manuscript mentioned by Muratori as "Estensis Bibliotheca membranaceum in folio" which contains the "Libellus de preservation ab Epidemia, compilatus per Magistrum Maynum de Mayneris de Mediolano Philosophiae, Physicae, et Artium Professorem Anno Domini MCCCLX." Muratori took this to mean that the mansucript was written in 1360 or soon thereafter. See: Muratori, *RIS*, volume 3, part 1, page 274.

Illumination: Contains calligraphic initials throughout the text.

E 115 Sup. * XV-2 * Tuscany, Florence (?) [Plate I.21]

1. BRACCIOLINUS, POGGIUS, *Epistolarum familiarium*

ff. 1r-155r. f. 1r: [1] I. Poggius plurimam salutem dicit reverendo patri meo Loisio archiepiscopo Florentino. [C]um diutius mecum ipse cogitarem...: (1v) perpendi maxime consuevit. Vale mei memore. Ferarie idibus februarii. [2] 2. Poggius pl. sal. d. Antonio Lusco viro clarissimo. Est Marci Tullii in secundo *De oratore* libro...: (4v) iocundiorem me esse futurum. Vale. Tibure VI kalendas julii. [3] 3. Poggius pl. sal. d. Petro Donato episcopo Castellano. Ita me deus salvet...: (5r) officium quod rogamus. Vale et me ama manu veloci. Rome IIII idus decembris. [4] 4. Poggius pl. sal. d. Antonio gentili Syculo. Scripsit mihi vir doctissimus...: (5v) ad prescriptum tuum. Vale. Rome. [5] 5. Poggius pl. sal. d. Petro Donato archiepiscopo Cretensi. Cum visitassem pridie abbatem monasterii Rosacensis...: (8r) ut tecum deinceps philosophemur. Ad X kalendas augustas. Reate. [6] 6. Poggius sal. d. Francisco episcopo Aquensi. Si vales bene est ego quidem valeo...: (8v) sed hec hactenus. Opto te bene valere, et ut valeas deum oro. Rome XII januarii. Manu veloci prout ex forma litterarum perspicere potes. [7] 7.

Poggius pl. sal. d. Iohanni Reatino. Quoniam mi Iohannes antea etiam non sollicitante...: (9r) polliceberis nomine meo. Vale et si me amas festina. [8] 8. Poggius pl. sal. d. Guarrino viro suavissimo. Doleo mi Guarrine imponi mihi...: (9v) una cum litteris tuis. Rome idibus novembris. [9] 9. Poggius pl. sal. d. Simoni de Teramo. Ago tibi gratias pro litteris tuis...: (10v) in me refellas. Vale. [10] 10. Poggius pl. sal. d. Leonardo Arretino. Reddidit mihi Cosmus noster litteras tuas...: (11r) poterit litteris tuis. Rome XVII kalendas aprilis. [11] 11. Ricardo secretario episcopi Vintoniensis. Frater amantissime hanc epistolam...: (12r) nobiscum ita silere. Rome et cetera. [12] 12. Poggius pl. sal. d. Leonardo Arretino viro clarissimo. Cogitabam aliquid ad te scribere...: (13r) tibique satisfactum putabis. Vale meque ames ut soles. Rome kalendas januarias [the edition says iunias]. (13v) [13] 13. Ricardo Pethvort secretario domini episcopi Wintoniensis. Amantissime frater fungeris tu quidem officio...: (15r) et argue negligentiam tuam. Vale et salute Bildeston tum me domino commenda. Rome die XVIII octobris. [14] 14. [P]oggius pl. sal. d. Francisco episcopo Aquensi. Cum vellem aliquid instituto meo...: (18r) reddunt me paulo verbosiorem. Vale mi memor. Te oro... quos omnes cupio bene valere. Reate die V mensis augusti. [15] 15. [P]oggius pl. sal. d. Antonio Lusco viro clarissimo. Licet maioris esset ingenii...: (22v) etiam malo gaudent futuri sitis ingrati. Rome et cetera. [16] 16. [P]oggius pl. sal. d. Guarino Veronensi. Philippus tuus archipresbiter Veronensis redidit mihi abs te litteras...: (23v) et vitant turpitudinem. Vale. Rome VIII idus aprilis. [17] 17. [P]oggius pl. [pl. originally written after the d. then transposed] sal. d. Leonardo Aretino. Existimo te habere volumen quoddam operum Senece...: hoc nihil gratius mihi potes facere. Vale et rescribe. Rome XX die martii. [18] 18. [P]oggius pl. sal. d. Antonio Panormite viro clarissimo. Pluribus verbis quam necesse erat...: (25v) presertim mihi erit gratissimum. Rome. [19] 19. [P]oggius sal. pl. d. Antonio Panormite. Iohannes Lamola adolescens ut percepi...: (26r) non displicuerint tibi. Vale et me quando id mutuum fieri intelligis ama. Rome III nonas aprilis. [20] 20. [P]oggius pl. sal. dicit Leonardo Aretino viro clarissimo. Librarius meus iamdudum a scribendo...: (26v) se offeret facultas. Vale manu veloci. Rome. (27r) [21] 21. [P]oggius pl. sal. dicit Leonardo Aretino viro clarissimo. Credo oblivione esse abs te factum...: etiam atque etiam rogo. Vale. Rome V kalendas octobris. [22] 22. [P]oggius pl. sal. d. Iohanni Lamole. Quom paucis ante diebus Romam revertissem...: (27v) Panormitam meis verbis saluta. Vale. Rome VII kalendas octobris. [23] 23. [P]oggius p. sal. d. Iohanni de Prato. Hoc ita posui ut videas me...: (28r) exaravi manu veloci. Vale. Rome VII kalendas octobris. [24] 24. [P]oggius sal. d. Leonardo Aretino. Rogavit me pridem cardinalis Sancti Marcelli...: me officii remanere. Vale. V kalendas ottobris. [25] 25. [P]oggius p. sal. d. Leonardo Aretino viro clarissimo. De litteris faventinis non rescripsi...: (29r) litteras legendas pontifici. Vale. Rome XIX octobris. [26] 26. [P]oggius p. s. d. Leonardo Aretino. Audivi quo nil gratius aures mee audire...: (29v) nullo modo est omittendum. Vale et rescribe. Rome VII kalendas octobris. [27] 27. [P]oggius p. s. d. Francisco Barbaro viro clarissimo. Posteaquam recessisti a nobis...: (30r) amice me videas scripsisse. Vale et quando ad Guarinum scribis eum salutato verbis meis. Rome VII kalendas ottobris. [28]

28. [P]oggius p. sal. d. Mariano Sosino. Refert in prima *Tusculanarum questionum* Cicero se quom librum legeret platonis...: (30v) re ipsa cognosces. Rome. II nonas novembris. [29] 29. [P]oggius p. s. d. Iohanni Pratensi. Tu quidem fecisti parum recte...: (31r) Loquor tecum amice. Tu vale et si quando ad me scripseris feneratum feres. Rome. II nonas novembris. [30] 30. [P]oggius pl. sal. d. Leonardo Aretino viro clarissimo. Non sum antea gratulatus tibi...: (31v) non ommittas studia litterarum. Vale meque ama. Rome XXVII decembris. [31] 31. [P]oggius p. s. d. Iovanni Pratensi. Dictum est mihi dixisse te nuper...: (32r) sponsam cuique suam. Vale et me ama. Rome II kalendas decembris. [32] 32. [P]oggius pl. sal. dicit Francisco Barbaro viro clarissimo. Memini me recommendasse tibi dum hic eras Iovannem de Crivellis...: (33r) qui non secus pro eius re laboro ac si mea esset. Vale et me ama. Rome die VII martii. [33] 33. [P]oggius pl. s. d. Leonardo Aretino. Reddite sunt mihi nudius tertius littere tue...: (33v) remittetur tibi quam primum. Vale. XVII Ianuarii. [34] 34. [P]oggius p. s. d. Ambrosio viro clarissimo. Intelligo quid sentias de dialogo meo...: sed legito litteras meas. Vale et me ama. Litteras tuas scito fuisse mihi gratissimas. Rome III idus Ianuarii. [35] 35. [P]oggius p. sal. d. Francisco Barabaro viro clarissimo. Rem Hermolai nostri nequivi componere...: (34r) Sed temporibus obsequemur. Vale et me ut soles ama. Rome pridie idus novembris. [36] 36. [P]oggius pl. sal. d. Francisco Barbaro viro clarissimo. Iam tandem gaudeo te factum esse christianum relicta...: (35r) aut non magnopere adversabuntur. Vale mi Francisce et me ama. Rome die XVIII decembris. [37] 37. [P]oggius p. s. d. Philippo suo. Et verbis tecum et postmodum litteris egi...: quod erit mihi gratissimum. Vale. Rome V kalendas februarii. [38] 38. [P]oggius p. sal. d. fratri Alberto. Tantum abest mi Alberte...: (36v) dixit 'qui venerunt' non 'qui missi sunt.' Vale et me ama. Rome VIIII kalendas martii. [39] 39. [P]oggius pl. sal. d. Iohanni Pratensi. Ita mihi recte agendi mens perpetuo detur...: (37r) Sed hec tu melius. Vale. [40] 40. [P]oggius pl. sal. d. Francisco Barbaro. Recreatus sum totus mi Francisce...: satisfaciam Hermolao nostro et id erit mihi gratissimum. Vale et me ama ut facis. Rome kalendas augusti. [41] 41. [P]ostridie quam hec scripsissem recepi iterum...: (37v) sed interim pluet et nos humectabimur. [42] 42. [P]ervenisse ad vos episcopum Paduanum nostrum certe gaudeo...: quam nescio an sacrilegum sit reserare. Vale iterum et ostende Paduano nostro libellum ut aperiatur pugnus si forte aliquis esset apud vos Petrus. [43] 43. Magistro Francisco de Pistorio ordinis minorum. Venerabilis pater pridem habui litteras a te ex Chio dupplicatas [!]...: (38v) quemadmodum pollicitus est. Vale et me Andreolo nostro commenda. Rome die. [44] 44. [P]oggius p. s. d. Andreolo Iustiniano viro clarissimo. Licet vel nimium tibi molestus...: tibi me satis esse facturum. Vale et me quoniam id mutuo fit ama. Rome die XII ianuarii. [XXII ianuarii, in the edition] [45] 45. [P]oggius pl. sal. d. Bartholomeo archiepiscopo Mediolanensi. Scio te libenter legere que mea sunt...: (39v) adhibias curam volo. Ego tuus sum. Vale. Rome die XII ianuarii. [46] 46. Galeotto de Ricasolis [S]cripsit ad te Santes noster se plurimim molestari...: (40r) te adversum eorum votis. Vale et me ama. Rome III nonas februarii. [47] 47. [P]oggius pl. sal. dicit Nicolao suo. Non fuit opus mi Nicola...: (40v) plurimum auxilii prestabunt. Vale et

mea ut soles ama. Rome XIIII kalendas martii. [48] 48. [R]everendissio patri et domino meo domino cardinali Sancti Angeli Poggius in domino salutem dicit. Tum quia de rebus nostris communibus...: (41r) ut ad nos possis redire. Vale et me ut soles ama. Rome V nonas maii. [49] 49. Galeocto de Ricasolis. [S]cribis te posteaquam discesseris ternas aut quaternas litteras...: (42r) tamen nolo te nimium urgere. Saluta compatrum meum et commatrem. Vale. Rome XXI septembris. [50] 50. Reverendissimo patri domino Angelocto cardinali Sancti Marcelli. [S]cio in hac tua nova insignique dignitate...: (46r) quoque fretus conscientia mea. Rome VIII idus octobris. [51] 51. Reverendissimo in Christo patri et domino meo singularissimo domino Iuliano cardinali Sancti Angeli apostolice sedis legato. [D]oleo pater optime hanc tuam expeditionem germanicam...: (47r) te paulum a cogitatione concilii. Vale et me ama. Rome die II novembris. [52] 52. Domino Dalmatio archiepiscopo Cesaraugustano. Cum primum te vidi Gebennis olim...: (47v) potius quam desidiam crimineris. Vale meque ut solebas ames velim. Rome V kalendas decembris. [53] 53. Berto cancellario Senensi. Carissime frater vellem alia ex causa initiam mearum...: (48v) ne illi trahendo tempus male crucientur. Rome die XXIIII maii. [54] 54. Suffreto Rhodi commoranti. Vir insignis existimo te fortasse miraturum...: (49r) ne videar diffidere tue liberalitate. Vale et me ama. Rome die XXVI mensis maii. [55] 55. Domino cardinali Sancti Angeli. Vereor prestanstissime [!] pater ne istec barbaries...: (51v) tuos imitatus longior fui quam vellem. Rome X iulii 1432. [56] 56. Eidem domino cardinali Sancti Angeli. Quanvis ea que ad te pater prestantissime sum scripturus maiora...: (55v) Qui sim ex stilo cognosces. Rome pridie kalendas Iulias 1433. [57] 57. [P]oggius pl. sal. d. Leonardo Aretino. Cum pluribus diebus ad balnea fuissem...: (59r) sed nolui esse nimium loquax. Vale mi iocundissime Leonarde. [58] 58. [P]oggius pl. sal. d. Francisco Philelpho suo. Tardiusculus fui in respondendo tibi quam res postulabat...: (59v) obsequar voluntati tue. Vale et me tuum esse persuadeas tibi. Rome XVI kalendas novembris. [59] 59. [P]oggius Francisco Philelfo. Scribis ad me certiorem te factum...: (60v) et animo et corpore recte valeas opto. Florentie die XIIII martii. [60] 60. Magnifico domino meo domino Leonello Estensi equiti. Cum essem hodie in secretiori aula summi pontificis...: (61v) Ego tuus sum licet pusillus. Vale. Florentie IV nonas maii. [61] 61. [P]oggius sal. pl. d. Francisco Marescalco Ferrariensi. Cum Scipione nostro Ferrariensi quem non solum diligo...: (62r) ne dicam merito sis facturus. Vale et me ama. Florentie pridie kalendas Iulias. [62] 62. [P]oggius Cosmo de Medicis salutem. Hieronimum de Bardis dilexi semper ut filium ...: (62v) Poggio in bonam patrem accipias volo. Vale. Rome XXVIIII novembris. [In the edition it is XXVIII.] [63] 63. [P]oggius plurimam salutem dicit Gaspari Veronensi. Recepi pridem a te litteras semilaceras...: (63r) vel te contemptum putares. Vale et me prestantissimo equiti romano Stephano de Porcariis commenda. Rome kalendas februarii. [64] 64. [P]oggius pl. sal. d. Nicolao Lusco. Litteras quas nuper ad doctissimum virum Cincium Romanorum...: (63v) ad laudem et gloriam consequendam. Rome XII kalendas octobris M.CCCC.XXXIII. [65] 65. [P]oggius pl. sal. d. Guarino Veronensi viro clarissimo. Optimus adolescens Nicolaus Luscus discipulus tuus scripsit...: (64v) rideat hunc vestrum quatuor viratum. Vale et me ama. Rome XVIII octobris. [66] 66. [P]oggius pl. sal. d. Cosimo de Medicis viro clarissimo. Quamvis hic tuus gravissimus casus maior esse videatur...: (68v) ac firmior sit futura. Vale et parce verbositati mee que a magna erga te benivolentia profecta est. Rome. [67] 67. Domino Iuliano cardinalis Sancti Angeli. Timens dudum reverendissime pater futuras nostras calamitates...: (70r) ut neque omnia advertere possis neque omnia cognoscere. Vale et me ama ut soles. Rome V kalendas februarii 1433. [68] [P]oggius pl. sal. d. Francisco Vellate scriptori apostolico. Delectatus sum admodum eloquentia tua et dicendi pondus ac suavitatem laudavi in his literis...: (84v) mihi dederis agam reddamque tibi gratias ampliores. Vale et me ama amicooque accipias animo que a me scribuntur. Rome. [69] 68. [P]oggius pl. sal. d. Cosmo de Medicis viro clarissimo. Quoniam mi suavissime Cosme te olim patriis pulsum...: (87v) illi mercedem certissimam omnium constitutam. Vale diu et me ut facis ama. Florentie V kalendas novembris. [70] 69. [P]oggius pl. sal. d. Leonello Estensi virtutis cultori. Nonnullis factum est occupatiunculis meis...: (88v) et tute tua industria comparasti. Vale et me ama. Florentie pridie kalendas iulias. [71] 70. Invectiva contra Franciscum Filelfum pro Nicolao de Nicolis. Impurissimam atque obscenissimam fetulenti oris tui non satyram sed uomicam...: (93v) in quo reddam tibi gratiam nisi me animus fallat satis accumulatam. [72] 71. Statueram mihi unica tamen defensione finem refellendi Francisci Philelphi hominis nequissimi crimina quedam...: (97r) orationem que est in manibus expecta. Et vale. Florentie VI kalendas februarii. [73] 72. [P]oggius pl. sal. d. viro clarissimo. Antonio Cremone. Est mihi frequens ac iocunda consuetudo...: (97v) te vehementer rogo. Vale. Florentie die XII novembris. [74] 73. Nicolao Bildestonio archidiacono Vintonensi. Pater carissime silui tecum diutius quam tua in me...: (98r) et consolationis mee participem. Vale et me domino commenda et rescribe. De statu curie scies ab aliis. Florentie die VI februarii. [75] 74. De laudibus medicine. Vellem patres prestantissimi tantam esse in me dicendi copiam et facultatem...: (98v) in cetum vestrum quibus me humiliter commendo. [76] 75. [P]oggius plurimam sal. d. Guarino suo viro clarissimo. Franciscus noster Ferrariensis vir doctus ac perhumanus...: (99v) futurum sit in amicitie fide. Vale et me commenda domino meo Leonello omni virtute prestantissimo. Bononie die XVIII maii. [77] 76. Domino Iuliano cardinali Sancti Angeli. [E]xortatus sepius atque impulsus a te quodammodo tum verbis...: (101v) cum otium suppetit ioci gratia. Vale et me ut soles ama. Bononie die XXVI mensis maii 1416. ["in alio codice 1439" added in a later hand, the edition gives maii 1436.] [78] 77. [P]oggius pl. sal. d. Francisco Marescalco Ferrariensi. Scripsi olim diversis in locis ac temporibus plures epistolas ad Nicolaum Nicolum...: (102r) dabis veniam vel ignorantie vel verbositati. Vale. [79] 78. [P]oggius pl. sal. d. Nicolao suo. Redegi in parvum volumen nonnullas epistolas...: (102v) Nos hic recte valemus et tu quoque vale. Bononie die XI iulii. [80] 79. [P]oggius pl. sal. d. Insigni equiti Leonello Estensi. Quamvis superfluum ac pene arrogans videri posset...: (103v) vitio et turpitudine caruerunt. Vale et me ama. Bononie XVI kalendas septembris. (104r) [81] 80. [P]oggius pl. sal. d. Valasco Portugalensi viro clarissimo. Si tantum ingenio aut dicendi facultate valerem...: (104v) vel rarum eloquentie vestigium versatur. Vale et me ama. Bononie. [82] 81. De laudibus viris civilis. Si quis ea esset facultate doctissimi patres ut iuris civilis scientiam satis digne laudare atque extollere dicendo posset...: (107v) nec manu ac viribus sed iure et legibus decertabit. Finis. [83] 82. Oratio habita Constantie in funere cardinalis Florentini. Etsi plurimo luctu doloreque impedior patres conscripti quem ex optimi prestantissimique viri morte una vobiscum suscipio...: (114v) vestris anima [!] defixam perpetuo conservetis. Finis. (115r) [84] 83. [P]oggius pl. sal. dicit Scipioni episcopo Mutinensi. Cum verbis tecum agere potuissem mi iocundissime pater...: (117r) et mortuo eternam sit gloriam prestaturum. Vale. Bononie. [85] 84. [P]oggius Valasco Portugalensi salutem. Nescio malitiane feceris an oblivione...: (117v) et concilio per me nota erunt mihi satisfactum putabo. Bononie. [86] 85. [P]oggius pl. sal. d. Fernando Didaci viro clarissimo. Cum audissem iamdudum a plurimus quibuscum est mihi frequens consuetudo...: (118r) omni in re satisfacturum pro facultatibus nuntiabit. Vale et me quoniam id mutuum fit ama. Bononie tertio kalendas novembris. [87] 86. [S]i pro honore quem hodierno die prestantissimi viri in hoc meo reditu mihi impendistis...: (118v) vobis quibus altissimus felicem vitam concedat. [88] 87. [P]oggius pl. sal. d. Francisco Marescalcho. Nihil est mi Francisce quod libentius agerem...: (119r) prout cognosces ex epistola. Tu vale et quid fieri a me velis perscribe.Bononie pridie kalendas decembris manu festina. Guaspari nostro plurimam salutem dicito verbis meis. [89] 88. [P]oggius pl. sal. d. Lippo suo. Modo cum domum noctu redissem...: (119v) et ex ea sumere quicquid libuerit. Vale et me ama. Bononie die XIII decembris. [90] 89. [P]oggius pl. sal. d. Lippo suo viro clarissimo. Nudius tertius cum ante cenam scripsissem ad te epistolam...: (120r) ingenio et suavitate dicendi. Vale et me ama. Die XVI decembris noctu. [91] 90. [P]oggius pl. sal. d. Benedicto Aretino viro doctissimo. Plurimam delectatus sum tuis ad me litteris...: (121v) sed pro mea in te affectione mihi abs te gratias agi. Vale et me ut cepisti ama. Bononie X die decembris. [92] 91. [P]oggius pl. sal. d. Rinutio suo. Video quid sentias de podagrico nostro et eius ministris...: (122r) quibus tamen nihil deest, multo minus tibi. Vale et me commenda gubernatori. Bononie die XV februarii. [93] 92. [P]oggius pl. sal. dicit Bornio suo Bononiensi iurisconsulto. Gaudeo mi Borni doctrina atque eloquentia tua in diem magis...: (123v) suarum nobis ad vitam contulisse videatur. Vale et me ama. Bononie die VIII februarii. [94] 93. [P]oggius pl. sal. d. Carolo suo Aretino viro clarissimo. Gravem dolorem suscepi prout equum erat...: (125r) beneficiorum memoria plurimas effudisse. Vale et tu quoque quem ille plurimum amavit suam memoriam animo infixam tene. Bononie die X februarii. [95] 94. [P]oggius pl. sal. d. Leonardo Aretino viro clarissimo. Vir eloquentissimus tuique amantissimus Candidus noster Mediolanensis misit...: (125v) nam amici officio functus est. Vale et me ama ut soles. Bononie IIII idus aprilis. [96] 95. [P]oggius pl. sal. d. Feltrino Boiardo equiti Ferrariensi. Mitto ad te orationculam quam petis...: magni enim facio iudicium tuum. Vale. Puer meus recte se habet a morbo a quo iam convaluit. Bononie XXIX maii. [97] 96. [P]oggius pl. sal. d. Guarino suo. Laurentius de Prato pre- (126r) stantissimus atque humanissimus inter medicos nostre civitatis...: (126v) at salem causa mortui probaturum. Vale et quid de eis sentias rescribe. Bononie die VI iunii. [98] 97. [P]oggius pl. sal. d. Francisco Barbaro equiti insigni. Significavi nuper per epistolam Carolo Aretino dolorem...: (127r) relique ornatius scribendi curam suscipient. Vale et tuum mihi de epistola atque oratione verum ex animo iudicium perscribe. Bononie die X iunii. [99] 98. Poggii oratio in funere Nicolai. Si cives prestantissimi latine muse hoc in [loco per se loqui] potuissent nequaquem alterius dicendi officium postularent...: (134r) [vivo] debebam etiam in laudibus et celebratione mor[tui conservabo.] Finis. [100] 99. [P]oggius Valasco. Expectavi diutius quam tua perfidia ferebat...: (134v) sui gloriam masculasse. Bononie die XVII iunii. [101] 100. [P]oggius pl. sal. s. Guarinosuo viro clarissimo. Heri cum revertissem ex Florentia vir doctissimus Aurispa...: (135v) amice enim scribo et ex veteritate scripsi hec manu festina. Vale. Bononie die v iulii.[102] 101. [P]oggius pl. sal d. Petra de Monte prothonotario viro clarissimo. Recepi una cum muneribus tuis litteris quoque...: (136r) in quia forsan aliquid dignum coniugio moliemur. Tu vale et mei memor. Bononie die XVIII iulii. [103] 102. [P]oggius pl. sal. d. insigni viro Leonello equiti Estensi. (136v) Nuper cum in camera pontificis esset sermo...: (137r) aliquid veri protulit lingua eius. Vale. Bononie die XXIIII iulii. [104] 103. [P]oggius pl. sal. d. insigni principi Leonello equiti Estensi. Vir doctissimus Aurispa noster dedit mihi nummos aureos...: (137v) quod sibi intelligit profuisse. Vale et me ut soles ama. Bononie die XV augusti. [105] 104. [P]oggius pl. sal. d. Francisco Marescalcho. Cum pluribus in rebus factus sum negligentior ac tardior...: (138r) tunc rebus meis utere ut tuis. Vale et Gasparrem nostrum meis verbis saluta. Bononie pridie kalendas octobris. [106] 105. [P]oggius pl. sal. d. Cristoforo Caucho. Summas habeo tibi gratias agoque...: (139r) Poggius tuus equus erit spectator. Vale et quoniam me provocasti in benevolentia perseveres velim. Bononie X kalendas octobris. [107] 106. [P]oggius pl. sal. d. insigni equiti Leonello Estensi. Baptista de Albertis vir singularis ingenii mihique amicissimus...: (139v) sole enim littere reddunt hominem apud postereos immortalem. Vale et me ama. [108] 107. [V]ellem beatissime pater et clementissime pater tantam in me ingenii ubertatem et elegantiam esse dicendi...: (140v) optas felicitatem ad regimen populi christiani et [ecclesie sue sancte]. [109] 108. Illustri principi domino Iohanni Francisco marchioni Mantue. Iohannes Cassianus vir doctissimus nostre religionis illustris princeps...: (147r) fame conducere arbitrarer. Bononie die XIII novembris. [110] 109. [P]oggius pl. sal. d. Victorino Feltrensi viro clarissimo. Licet nunquam antea mi Victorine...: namplurimum faciam sententiam tuam. Vale et me quoniam id mutuum fiet ama et rescribe. Bononie die XIII novembris. [111] 110. [P]oggius pl. sal. d. patri meo prestantissimo Francisco archiepiscopo Mediolanensi. Nullam aliam ob causam tam diu tecum silui, pater optime...: (148v) paulo quam consueverunt hebetiores. Bononie die XX novembris. [112] 111. [P]oggius pl. sal. d. Iacobo Foscaro viro clarissimo. Nuper cum pro tua humanitate paucis licet verbis ad me scripsisses...: (149v) sunt bono animo ac sincero me scripsisse putes. Bononie die XXII decembris [Edition gives XIII decembris, with XXII as a variant]. [113] 112. Illustri principi domino Iohanni Francisco marchioni Mantue. [C]um existimarem illustris princeps studia litterarum...: (150v) quandoque sapientiam latere. Vale.

Ferrarie. [114] 113. [P]oggius pl. sal. d. Victorino Feltrensi viro clarissimo. Parum humaniter ne dicam prudenter fecisti mi Victorine ...: (152r) neque meam ulla ex parte imminutam. Vale et me ama. Ferrarie die XIIII februarii. [115] 114. [P]oggius Iacobo Foscaro pl. sal. d. Et superiorem epistolam una cum Filelfea ineptitudine...: ut persuadeas velim. Vale et me ama. Ferrarie die X februarii. [116] 115. [P]oggius pl. sal. d. Carolo Brognolo viro clarissimo. Delectatus sum admodum (152v) tuis litteris, mi Carole...: diebus in curia minime conspexi. Vale meque tuum esse tibi persuade. Ferrarie die XIIII februarii. [117] 116. [P]oggius pl. sal. dicit Illustri principi Iohanii Francisco mar- (153r) chioni Mantuano. Si te non conveni cum Ferrariam nuper accessisti...: (154r) in me propensiori sis benivolentia futurus. Vale et felix. Ferrarie die II aprilis. [118] 117. [P]oggius pl. sal. d. Carolo suo Brognolo. Ex litteris tuis percepi te febri impeditum...: (154v) que non videar sentire. Vale mi Carole et de epistola rescribe. Ferrarie manu festina die V maii. Saluta meis verbis Victorinum Feltrensem preclarissimum virum. [119] 118. [Q]uanvis sanctissime pater hoc novum in me beneficium tuum maius [existat]...: (155r) me ad hoc genus officii assumpsisse. Finis. Laus Deo. [f. 155v is blank].

Poggio Bracciolini, *Lettere II: Epistolarum familiarium libri*, ed. by Helene Harth, Florence: Olschki, 1984. Items 78 and 79 are from Harth vol. 1, *Lettre a Niccolò Niccoli*, 1984 as cited below. Items not edited in the first three volumes of Harth are listed with the edition in: Poggius Bracciolini, *Opera Omnia*, compiled by Riccardo Fubini, 4 vols., Torino: Bottega d'Erasmo, 1964-1969 and with the Wilmanns citation: A. Wilmanns, "Aus Humanistischen Handschriften I. über die Briefsammling des Poggio Bracciolini," *Zentralblatt für das Bibliothekswesen*, 30 (1913): 189-331 and 443-63 (also reprinted in Fubini, vol. 4, pp. 257-324). Although most of the items in this manuscript are numbered, there is an unnumbered letter following letter 67 (letter [68] in this description), following this item the manuscript numbering resumes with a letter numbered as 68 (our letter [69] 68). Thus we have supplied consecutive numbers in brackets for all the items found in this manuscript; numbers that are not bracketed are included as they appear in the manuscript. [1] *Epistolarum familiarium*, liber I, epistola 1, edited in Harth, vol. 2, pp. 3-4; [2] I,2, vol. 2, pp. 5-10; [3] I,3, vol. 2, pp. 11-12; [4] I,4, vol. 2, p. 13; [5] I,5, vol. 2, pp. 14-18; [6] I,6, vol. 2, pp. 19-20; [7] I,7, vol. 2, pp. 21-22; [8] I,8, vol. 2, pp. 23-24; [9] I,9, vol. 2, pp. 25-26; [10] I,10, vol. 2, pp. 27-28; [11] I,11, vol. 2, pp. 29-30; [12] I,12, vol. 2, pp. 31-33; [13] I,13, vol. 2, pp. 34-37; [14] I,14, vol. 2, pp. 38-44; [15] liber II, epistola 1, vol. 2, pp. 45-51; [16] II,2, vol. 2, pp. 52-53; [17] II,3, p. 54; [18] II,4, vol. 2, pp. 55-58; [19] II,5, vol. 2, pp. 59-60; [20] II,6, vol. 2, pp. 61-62; [21] II,7, vol. 2, p. 63; [22] II,8, vol. 2, 64-65; [23] II,9, vol. 2, pp. 66-67; [24] II,10, vol. 2, p. 68; [25] II,11, vol. 2, pp. 69-71; [26] II,12, vol. 2, pp. 72-73; [27] II,13, vol. 2, pp. 74-75; [28] II,14, vol. 2, pp. 76-77; [29] II,15, vol. 2, pp. 78-79; [30] II,16, vol. 2, pp. 80-81; [31] II,17, vol. 2, pp. 82-83; [32] II,18, vol. 2, pp. 84-85; [33] II,19, vol. 2, pp. 86-87; [34] II,20, vol. 2, pp. 88-89; [35] liber III, epistola 1, vol. 2, pp. 91-92; [36] III,2, vol. 2, pp. 93-94; [37] III,3, vol. 2, p. 95; [38] III,4, vol. 2, pp. 96-99; [39] III,5, vol. 2, pp. 100-101; [40-42] III,6, vol. 2, pp. 102-104, items numbered 41 and

42 are a lengthy post script; [43] III,7, vol. 2, pp. 105-107; [44] III,8, vol. 2, pp. 108-109; [45] III,9, vol. 2, pp. 110-111; [46] III,10, vol. 2, p. 112; [47] III,11, vol. 2, pp. 113-114; [48] III,12, vol. 2, pp. 115-117; [49] III,13, vol. 2, pp. 118-119; [50] III,14, vol. 2, pp. 120-129; [51] III,15, vol. 2, pp. 130-132; [52] III,16, vol. 2, pp. 133-135; [53] liber IV, epistola 1, vol. 2, pp. 137-138; [54] IV,2, vol. 2, pp. 139-140; [55] IV,3, vol. 2, pp. 141-145; [56] IV,4, vol. 2, pp. 146-152; [57] IV,6, vol. 2, pp. 157-163; [58] IV,7, vol. 2, pp. 164-165; [59] IV,8, vol. 2, pp. 166-167; [60] IV,9, vol. 2, pp. 168-170; [61] IV,10, vol. 2, p. 171; [62] IV,11, vol. 2, pp. 172-173; [63] IV,12, vol. 2, pp. 174-175; [64] IV,13, vol. 2, pp. 176-177; [65] IV,14, vol. 2, pp. 178-180; [66] liber V, epistola 1, vol. 2, pp. 181-188; [67] V,2, vol. 2, pp. 189-191; [68] Thomas de Tonellis, *Poggii epistolae*, Florence: Marchini, 1832, vol. 1, pp. 224-58, reprinted in: Fubini, vol. 3, 1963, without separate pagination. [Wilmanns, p. 325, item 168b]; [69] V,3, vol. 2, pp. 192-197; [70] V,4, vol. 2, pp. 198-199; [71] *Poggii Florentini orationis et philosophi opera*, Basel: Henricum Petrum, 1538, pp. 164-69, reprinted as Fubini, vol. 1, 1964, without separate pagination. [Wilmanns, p. 325, item 170b]; [72] *Poggii Florentini orationis et philosophi opera*, Basel: Henricum Petrum, 1538, pp. 170-74, reprinted as Fubini, vol. 1, 1964, without separate pagination. [Wilmanns, p. 325, item 170c]; [73] V,5, vol. 2, pp. 200-201; [74] V,6, vol. 2, pp. 202-203; [75] Fubini, vol. 2, 1966, pp. 857-58, with the title *Oratio in laudem medicinae*. [Wilmanns, p. 325, item 172b]; [76] V,7, vol. 2, pp. 204-206; [77] V,8, vol. 2, pp. 207-209; [78] 1, vol. 1, pp. 3-4; [79] App. V, vol. 1, p. 230; [80] V,9, vol. 2, pp. 210-212; [81] V,10, vol. 2, pp. 213-214; [82] Eugenio Garin, *La disputa delle arti nel quattrocento*, Edizione nazionale dei classici del pensiero italiano, vol. 9, Florence: Vallecchi, 1947, pp. 11-15, with the title *Oratio in laudem legum*, reprinted in Fubini, vol. 2, 1966, pp. 825-829. [Wilmanns, p. 326, item 178b]; [83] *Poggii florentini orationes et philosophi opera*, Basel: Henricum Petrum, 1538, pp. 252-61, with the title *In funere D. Francisci Cardinalis Florentini habita*, this is Franciscus de Zabarellis; the work is reprinted as Fubini, vol. 1, 1964, without separate pagination. [Wilmanns, p. 326, item 178b]; [84] liber VI, epistola 1, vol. 2, pp. 215-219; [85] VI,2, vol. 2, p. 220; [86] VI,3, vol. 2, pp. 221-222; [87] Ernst Walser, *Poggius Florentinus: Leben und Werke*, Beiträge zur Kulturgeschichte des Mittelalters und der Renaissance, vol. 14, Leipzig: Teubner, p. 437, citing this manuscript; reprinted in Fubini, vol. 4, 1969, p. 441. [Wilmanns, p. 326, item 181b]; [88] VI,1, vol. 2, pp. 223-224; [89] VI,5, vol. 2, pp. 225-226; [90] VI,6, vol. 2, p. 227; [91] VI,7, pp. 228-230; [92] VI,8, vol. 2, pp. 231-232; [93] VI,9, vol. 2, pp. 233-235; [94] VI,10, vol. 2, pp. 236-238; [95] VI,11, vol. 2, p. 239; [96] VI,12, vol. 2, p. 240; [97] VI,13, vol. 2, pp. 241-242; [98] VI,14, vol. 2, pp. 243-244; [99] *Poggii florentini orationis et philosophi opera*, Basel: Henricum Petrum, 1538, pp. 270-77, reprinted as Fubini, vol. 1, 1964, without separate pagination. [Wilmanns, p. 326, item 192b]; [100] VI,15, vol. 2, pp. 245-246; [101] VI,16, vol. 2, pp. 247-248; [102] VI,17, vol. 2, pp. 249-250; [103] VI, 18, vol. 2, pp. 251-252; [104] VI,19, vol. 2, pp. 253-254; [105] VI,20, vol. 2, pp. 255-256; [106] VI,21, vol. 2, pp. 257-259; [107] VI,22, vol. 2, p. 260; [108] Wilmanns, pp. 315-16 contains an edition with the title *Poggius ad Eugenium papam quartum*, listing this manuscript

on p. 317; there is also a notice of the work on p. 327, item 200b, with the title *Oratio ad papam pro gratia referenda*; the article is reprinted in Fubini, vol. 4, 1969, with the edition on pp. 287-88; also see item 119 below. [109] liber VII, epistola 1, vol. 2, pp. 261-272; [110] VII,2, vol. 2, p. 273; [111] VII,3, vol. 2 pp. 274-276; [112] VII,4, vol. 2, pp. 277-279; [113] VII,5, vol. 2, pp. 280-281; [114] VII,6, vol. 2, pp. 282-284; [115] VII,7, vol. 2, pp. 285-286; [116] VII,8, vol. 2, pp. 287-288; [117] VII,9, vol. 2, pp. 289-291; [118] VII, 10, vol. 2, pp. 292-293; [119] *Poggii Florentini orationis et philosophi opera*, Basil: Henricum Petrum, 1538, pp. 323-24, with the title *Poggius papae refert actiones gratiarum de beneficiis ab eo collatis*; reprinted as Fubuni vol. 1, 1964, without separate pagination. [This *oratio*, along with item 108 listed above, were sent to Pope Eugene IV, see Fubini, vol. 4, 1969, p. 710; also listed in Wilmanns, p. 327, item 210b.]

Physical Description: Paper; 29x22 cm; III+155+III; Latin (with Greek in item 100, on f. 135r), humanistic cursive.
There is one new unnumbered front flyleaf followed by flyleaves I and II, then small fragments remain of two flyleaves that have been torn out. The unnumbered flyleaf has the current shelfmark written on the front and the verso is blank. Front flyleaf Irv and back flyleaves Ir, IIrv and IIIrv are blank. Catchwords. Back flyleaf Iv contains: "[I]n nomine d[omine]. Amen." There is a water stain in the upper right corner from f. 103v that gets progressively worse through f. 155r, it is especially bad from f. 126v. The numbering of the letters is in a later hand.

Illumination: On f. 1r a space, three lines high, was left open for beginning initial. Throughout the text spaces one line high (but two lines high on ff. 27r-47r) were left open for initials but were never filled in. A very few letters do have plain initials, one line high, as on ff. 1v-13r, 51v, 68v, and 88v, and a two line high plain initial on 47r. There is a doodle of a face inside a plain initial V, two lines high, on f. 49r and another face doodled in a one line high plain initial C on f. 60v.

Provenance: Old signature: E 115 (f. IIr), P (f. IIv).

Bibliography: Poggio Bracciolini *Lettre I: Lettre a Niccolò Niccoli*, ed. by Helene Harth, Florence: Olschki, 1984, introduction p. 32; Kristeller, *Iter Ital.*, vol. 1, p. 298.

E 116 Sup. * XIV-3 or XV-1 [items 1 and 3-8 are XV-2/3] * North central Italy, Emilia-Romagna (?)

1. ANONYMOUS, *Receptae medicinae*

f. Ir: [1] Recipe granorum primi ellectorum et lotorum in aqui calida drammae III...: ad formam marciapanis. [2] Recipe cornucervi adusti dramma I...: secundum magistrum Albertum *de placentia* vidilicet capitulum decimas. [3] Ad faciendum sublimatum. Recipe pulpas pullorum...: per horas quinque indesinenter videat et postea et cetera. [4] Recipe con grani (?) ellecti liquiritie...: con drammae x grani ii fini.

2. JOHANNES DE TORNAMIRA, *Clarificatorium super nono almansoris cum textu ipsius rasis sive tractatus medicine*
ff. VIr-186v. VIra: Infrascripta sunt capitula libri sequentis noniati clarificatorium. Capitulum primum de cephalica et emigranea...: (VIva) capitulum 104m de podagin et eius cura. [ff. VIIr and VIIv are blank.] (1r) [Prologue] Incipit clarificatorium Johannis de Tornamira decani preclari studii Montispesulani, speculatione morborum curationis cum cura brevi et ellecta eorundem stando magis super remediis Rasis positus in toto continente cum post ypocratem et Galenem teneat principatum a capite usque ad pedes...: hoc opusculum componendi anno XVIIII mei ordinarii. [Preface] Deus me parvulum ab errore eximat et ipsius lumine...: in seculorum secula benedictus amen. [Text] Capitulum primum de cefalea et emigranea et de eorum cura. De cefalea glosa i, de dolore in toto capite...: (186v) [Capitulum 107 added in the margin] Capitulum de elefancia... alia est elefancia, que vera dicitur. [Folios 187r-188v are blank.]
Hain, vol. 2, p. 418, item 15551, other editions include Lyons 1500, 1501, 1506 and Venice 1507 and 1521. [Thorndike-Kibre, col. 409. The chapter titles in the front of the manuscript only list through chapter 104 but the text contains 107 chapters.]

3. ANONYMOUS, *Compendium medicinae*
ff. 189r-191r. 189r: [D]octrina quedam brevissima de aliquibus medicinis appropriatis membris particularibus. Primo a capite inicium capiendo secundum Guidonem de Cauliaco. Vulnera capites habent auxilia vel formarum...: (191r) Capitulum de auxiliis coxarum et partium inferiorum... et suco caulium rubeorum et cetera. [Based on Gui de Chauliac (in the edition he is listed under the Italian form: Guido de Cauliaco), *Chirurgia parva*, part 2, Venice: Bonetus Locatellus, 1500, ff. 3vb-5vb, as in Goff, p. 281, item G-564; and Klebs, p. 166, item 497.]

4. ANONYMOUS, *Excerpta de splene*
f. 191v: Ad duriciem splenis...: solvit duriciem splenis. [ff. 192r-194r are blank.]

5. PETRUS DE PALUDE ET ALII, *Receptae medicinae*
f. 194v: [1] Contra lepram. Recipe tarturi vini ab salisarmoniaci auripigmenti...: factis purgacionibus universalibus. [2] Ad restringendum. Recipe thuribilum masticis ante dramma 1 boliarmeni sanguinis draconis...: ad idem unguentum comitisse. [3] Pillule optime contra pestem. Recipe aleos epatici 5 drammae mirre ellecte drammae 6 crocii reubarbari ellecti...: ellecte dramma 1. [4] Pillule masticie. Recipe agaraci cum (?) drammae iii mastice...: aleos epatici drammae 19 sub formantur pillule. [f. 195r is

blank.]
[3] This appears to be an abbreviated version of Petrus de Palude, *Recepta pillularum*, edited in Ernest Wickersheimer, "Les pilules de frère pierre de la palud," *Bulletin de la societe française d'histoire de medicine*, 16 (1922): 139-141 with edition on p. 141; also see [Thorndike-Kibre, col. 1317.]

6. ANONYMOUS, *Receptae medicinae*

ff. 195v-196r. 195v: [1] Recipe aque bugulosse...: omnia pro epithie cordis. [2] Borag. Recipe drammae quinti rossia drammae quinti buglossati...: con foliis vi auri. [3] Recipe flores borgamis bugulosse...: de grana qui cordi aphectus. [4] Contra pestem. Recipe diptani tormentille...: endivie et acetorum. [5] Recipe coralorum albi (?)...: de quo uti potest ad libitum. [6] Contra dolores marcoris (?). Nuci suius...: fiat pultes. [7] Contra pestem. Recipe aleos drammae II mirri non...: in mane. [8] Contra ardens. Recipe seminis mellonum...: ad aqua laetum (?) [9] Recipe passulasi iurabarum...: drammae iii. (196r) [10] Liber dictus fortior...: balneum vel embroca [11] Ad visum. Recipe aquam ardentis...: et anguile. [12] Ad sistemam catharticum. Recipe corticum et granorum thuribilum...: caput. [13] Recipe laudare ellecti drammae II storacis calamite dramma I...: caput. [14] Recipe aquam majorane drammae quatuor...: ex aqua orui. [15] Ad visum. Recipe letoinem ruthi celidonie fragranie : con aqua feniculi (?). [16] Recipe mirobalanorum kebulorum (?) conditorum drammae ii...: in ore volvendo per quartam partes hore.
[1] [possibly based on Thorndike-Kibre, col. 1318, Gentile da Foligno, *Consilium ad tremorem cordis*, with the incipit *Aquam distillationis buglosse*. [3] [Thorndike-Kibre, col. 1324, *Practica contra pustulas rubeas in facie*, from München, Stadtsbibliothek CLM 19901, ff. 270v-271r.] [4] [Possibly based on Thorndike-Kibre, col. 1323, *Recipe diptani*.] [16] [Possibly based on Thorndike-Kibre, col. 1330, Gentile da Foligno, *Ad melancoliam*, with the incipit *Recipe mirobilanorum nigorum oz. ii*.]

7. ANONYMOUS, *Nota*

f. 196v: Ad pulsum cordis...: ii vel iii pro [?].

8. ANONYMOUS, *Receptae medicinae*

Inside back cover: [1] Unguentum pro suprascripto. Recipe oleum spia oleum masticis...: et fiat unguentum pro stomacho (?). [2] [Chart] Scientia feria maiore: Curcurbite...: citrulli. Scientia feria brevia: Endivie...: portulare. [3] [Opposite these two lists is the following recipe, both the chart on the left and the recipe on the right are directly under item 1.] [3] Cerotum pro suprascripto. Recipe masticis dramma I...: oleum spire dramma v vel vi. [4] Ungunetum optimum contra aborsum. Recipe oleum rossia (?) dramma I oleum muntillorum masticis...: fiat unguentum.

Physical Description: Paper; 30x21 cm; ff. VII+196; Latin; *textura formata*, with items 3-8 in *textura cursiva* sometimes with various *bastarda* influences.

Flyleaves Iv, IIv-Vv and VIIr-v are blank. Some brief marginal comments. Catchwords. The recipes, items 1, 5, 6, and 8 were written in by Franciscus de Agaciis in the same hand as his ex-libris in the inside front cover. The other added entries, items 3, 4 and 7 appear to also have been added by Franciscus in a more cursive hand closer to his ex-libris on f. Ir; note especially the lambda shaped A.

Illumination: On f. 1r is a calligraphic divided initial I, ten lines high, also a 4 line high D and a two line high C. Throughout the text are simple colored initials usually two lines high.

Provenance: Old signatures: P, E 116 (inside front cover); P (f. IIr). There is a metrical ex-libris in *textura formata rotunda* on f. Ir: "De Tornamira dictus liber iste Johannis/ Noni Alamansoris subtilis clarificator./ Est operante Deo [Guidonis ?] nempe magistri/ De [Cuciis ?] doctoris in artibus atque medela./ Valet florenis [IIII]". The name of the owner Guido de Cuciis has been almost completely rubbed out and has therefore been supplied in brackets. Below is another ex-libris: "Iste liber est mei Francisci de Agaciis quem emi de anno 1450 de mense Augusti a Domino Jacobo de Silavengo cum certorum aliis libri pro quibus exposui ducatos sexaginta auri" (f. Ir); "Mei Franciscus de Agaciis solutus domini Johannis quem emi de anno 1471 de octava Januarii cum undecim aliis voluminibus librorum" (crossed over on the inside front cover); and in a later hand, "Francisci Alexandri medico Vercellese (top of f. Ir).

Bibliography: Gabriel, p. 224, item 521; Agrimi, pp. 85-6, item 101; and Bazzi, p. 51, item 379.

E 120 Sup. * XV-2 * Central Italy

1. PSEUDO AUSUSTINUS EP. HIPPONENSIS, *Liber de vera et falsa poenitentia*
ff. 1r-20r. 1r: [Rubric] Incipit liber beati Augustini de vera et falsa poenitentia ad Christi devotam. Capitulum 1. [Text] Quantum sit appetenda gratia poenitentiae omnis auctoritas clamat...: (29v) luminis praerogamen contulit sanitatis. Amen. (20r) Explicit liber beati Augustini de vera et falsa paenitentia.
PL, vol. 40, cols. 1113-1130. [Oberleitner, vol. 1, pt. 1, p. 184, item 19; Bloomfield, p. 372, item 4419. This text is sometimes attributed to GILBERTUS MINORITA.]

2. PSEUDO AUGUSTINUS EP. HIPPONENSIS, *De contritione cordis*
ff. 20r-27r. 20r: [Rubric] Incipit liber eiusdem de contritione cordis. Nihil morte certius vel incertius hora mortis...: (27r) nec detestor bonitatem tuam.

Amen. *PL*, vol. 40, cols. 943-950. [Oberleitner, vol. 1, pt. 1, p. 46, item 2.]

3. S. HIERONYMUS, *De humilitate et oboedientia*

ff. 27r-29r. 27r: [Rubric] Incipit liber beati Augustini ad fratres congregatos de tenenda obedientia. [Text] Nihil sic deo placet quemadmodum obedientia...: (29r) sed facere faciat, qui habet aures audiendi audiat in Christo Iesu domino nostro cui est honor et virtus in saecula saeculorum. Amen.
D. G. Morin, *CC*, vol. 78, pp. 552-55. [Oberleitner, vol. 1, pt. 1, p. 129, item 9 ; Lambert, *BHM*, vol. 2, p. 351, item 240. This is often listed among the PSEUDO AUGUSTINUS EP. HIPPONENSIS texts because it was often attributed to Augustine in manuscripts.]

4. HONORIUS AUGUSTODUNENSIS, *De cognitione verae vitae, cap. 1-18*

ff. 29r-40r. 29r: [Rubric] Incipit liber beati Augustini de cognitione verae vitae. [Text] Sapientia dei quae os muti aperuit, et rudibili animali humana verba forre [later changed to formare] tribuit...: (40r) profecto insinuans quod pater et filius per eum peccata consumunt, et sic perveniamus ad vitam aeternam. Amen. Explicit liber Augustini de cognitione verae vitae quem heremitis in Monte Pesulano ipso existente fratre misit domino aetates suae tricesimo primo. Ab anno domini ccc viiii.
PL, vol. 40, cols. 1005-1016, The manuscript contains chapters 1-18 of the 48 chapters in the complete *PL* edition. The manuscript basically follows the edition through the word *consumunt* in the explicit. [Oberleitner, vol. 1, pt. 1, p. 37, item 7; Lambert, *BHM*, vol. 3b, pp. 435-37, item 521. Other attributions: PSEUDO AUGUSTINUS EP. HIPPONENSIS, PSEUDO HIERONYMUS.]

5. ANONYMOUS, *De essentia divinitatis*

ff. 40r-49r. 40r: [Rubric] Incipit liber de unitate divinae essentiae. [Text] Omnipotens deus pater et filius et spiritus sanctus unus atque trinus...: (49r) ita similitudo refertur ad opus iustitiae. Deo gratias. Amen. Explicit liber beati Augustini de unitate essentae.
PL, vol. 42, cols. 1199-1208. [The *PL* text follows the manuscript, it is based on excerpts from Eucharius ep. Lugdunensis, *Formulae spiritualis intelligentiae*, redactio secunda, forma longior, as found in Stegmller, *Rep. bibl.*, vol. 2, item 2258. This is not the version edited in *CSEL* vol. 31. Also see Oberleitner, vol. 1, pt. 1, p. 76, item 7; Lambert, *BHM*, vol. 3a, pp. 67-75, item 314; and *Clav. Lat.* p. 144, item 633, epistula 14. This work is also known under various other authors and titles: PSEUDO AUGUSTINUS EP. HIPPONENSIS, *Epistula 42*; PSEUDO HIERONYMUS, *Epistula 14*,; PSEUDO AMBROSIUS EP. MEDIOLANENSIS; PSEUDO ANSELMUS EP. CANTUARIENSIS, *De vestimentis et membris et actibusdeo attributis*; and PSEUDO BONAVENTURA, *De essentia et invisibilitate et immensitate dei*.]

6. AMBROSIUS AUTPERTUS, *De conflictu vitiorum et virtutum*

ff. 49r-63r. 49r: [Rubric] Incipit liber beati Augustini de conflictu vitiorum atque virtutum. [Text] Apostolica vox clamat per orbem atque in praecinctu fidei positis...: (63r) hunc et aliis legendum tradere debes. Amen. Explicit liber beati Augustini de conflictu vitiorum atque virtutum.
R. Weber, *CCCM*, vol. 27B, pp. 909-931. [Bloomfield, pp. 52-53, item 455; Oberleitner, vol. 1, pt. 1, p. 41, item 25. Other attributions: PSEUDO AUGUSTINUS EP. HIPPONENSIS, PSEUDO AMBROSIUS EP. MEDIOLANENSIS, PSEUDO S. LEO PAPA I (MAGNUS), PSEUDO S. GREGIOIUS PAPA I (MAGNUS); PSEUDO ISIDORUS EP. HISPALENSIS, PSEUDO HUGO DE S. VICTORE, and PSEUDO LEO PAPA IX.]

7. ANONYMOUS, *Manuale, cap. 1-24*

ff. 63r-72v. 63r: [Rubric] Incipit prologus super librum de salute animae Augustini. [Prologue] Quoniam in medio laqueorum positi sumus...: (63v) quotiens tepesco in eius accendar amorem. Explicit prologus. Incipit liber. [Text] Tunc adesto mihi, deus meus, quem diligo...: (72v) et omnia quae in eis sunt, non cessant mihi dicere, ut te amen deum meum. Explicit liber beati Augustini de salute animae. Amen.
PL, vols. 40, cols. 951-962 and 177, cols. 171-190. Manuscript text ends at chapter 24 of the edition, with chapters 25-36 absent. [Attributed to PSEUDO AUGUSTINUS EP. HIPPONENSIS, and to HUGO DE S. VICTORE Until recently it was thought that this text was compiled by ALCHERUS CLAREVALLENSIS. It contains excerpts from JOHANNES AB. FISCAMNENSIS, S. BERNARDUS AB. CLAREVALLENSIS, HUGO DE S. VICTORE, and S. ANSELMUS EP. CANTUARIENSIS. See: Bloomfield, p. 421, item 4957; Oberleitner, vol. 1, pt. 1, pp. 114-16, item 17; Glorieux, *Migne*, p. 28; *PL, Suppl*, vol. 2, col. 1366; and *DAC*, vol. 1, cols. 28-29.]

8. PSEUDO BASILIUS MAGNUS, EP. CAESARIENSIS, *Admonitio ad filium spiritualem*

ff. 72v-85v. 72v: [Rubric] Incipit sermo beati Basilii de militia spirituali et pugna et doctrina. (73r) [Preface] Audi, fili mi, ammonitionem, ammonitionem partris tui et inclita aurem tuam...: sed procul a te abscedet omnis adversitas animae. [Text begins without a break on line 16] Si ergo cupis, O fili, militare domino, praeter illum solum ne milites cuiquam [!]...: (85v) quae preparavit deus hiis qui diligunt eum. Amen. Deo gratias. Amen.
Paul Lehmann, *Erforschung des Mittelalters*, Band 5, Stuttgart: Hiersmann, 1962, pp. 220-45; and *PL*, vol. 103, columns 683-700. [*Clav. Lat.*, p. 257, item 1155a.]

9. OGERIUS LOCEDIENSIS, *Planctus Beatae Virginis Mariae*

ff. 85v-92v. 85v: [Rubric] Incipit planctus beatae Mariae de morte filii sui qui fuit per eam beato Augustino ["Bernado" written above line] episcopo revelatus. [Text] *Ouis [!] dabit capiti meo aquam et oculis meis ymbrem*

lacrimarum [Jer. 9.1] Ut possim flere per diem et noctem, donec servo suo dominis Iesus appareat in visu... (86r) quod saxa deberent scindi ad illa. [*PL* incipit begins here:] Quis unquam regnans in caelo sursum vel peregrinans in terra deorsum... (92r) [*PL* explicit:] omnes qui diligunt illam et super omnia sit benedictus filius eius dominus noster Iesus Christus, qui cum patre et cetera. [the manuscript continues] Sepulto domino a iudeis signatum est monumentum et traditum eum custodibus...: (92v) et totam mortem et vitam et resurrectionem meam. Tu sis benedicta in eternum et ultra cum Iesu filio tuo, qui cum patre et spiritu, et cetera.
Edited in part (f. 86r, line 27 to f. 92r, line 19) in *PL*, vol. 182, cols. 1133-1142. [Text with same incipit is found in Ambrosiana A 7 Sup., ff. 15r-19r. In the present manuscript the text begins with large initial "O" instead of a "Q"; the correct incipit is "Quis dabit capiti...". Attributed to PSEUDO BERNARDUS AB. CLARAEVALLENSIS in L. Janauschek, *Bibliographia Bernardina*, Vienna: 1891 (rpt. Hildesheim, 1959), p. 499; also see A. Chiara, "Il *Planctus B. Mariae*, operetta falsamente attributa a San Bernardo," *Rivista storica benedittina*, 17 (1926): 56-111. For current attribution see H. Barré, "Le *Planctus Mariae* attributè a Saint Bernard," *Revue d'ascétique et de mystique*, 28 (1952): 243-66, especially pp. 259-61, where this text is classified as redaction B of the *Planctus*.]

10. PSEUDO RICHARDUS DE SANCTO VICTORE, *De laudibus beatae Mariae virginis*

ff. 92v-94v. 92v: [Rubric] Richardus de Sancto Victore in libro de laudibus beatae Mariae virginis. (93r) [Text] Servitium beate virgini devote impendendum. Salutanda et benedicenda sunt omnia membra beatae Mariae virginis... ex quo tanta devotio redundaret diligentibus eam. In primis. Ave maria duo ad pedes flexis...: (94v) Ave maria duo ad animam et ad corpus... In quem veracissime credo et per quem tuis meritis et precibus dulcissima virgo salvari spero. Amen.
[Cited by Bernard de Montfaucon, *Bibliotheca bibliothecarum manuscriptorum nova*, Paris: Briasson via Jacobaea, ad insigne Scientiae, 1739, vol. 1, p. 16.]

11. RUFINUS, *Expositio in symbolum ad papam Laurentium*

ff. 94v-121r. 94v: [Rubric] Incipit expositio simboli beati Hieronimi presbiteri. [Text] Mihi quidem fidelissime papa Laurenti, ad scribendum...: (121r) liberari uero a confusione et obprobrio aeterno per christum dominum nostrum per quem est deo patri omnipotenti cum sancto spiritu gloria et imperium in saecula saeculorum. Amen. Explicit expositio fidei secundum symbolum Hieronimi presbiteri. Deo gratias. Amen.
CC, vol. 20, pp. 133-82. [Lambert, *BHM*, vol. 3b, p. 426, item 514. Other attribution: PSEUDO HIERONYMUS.]

12. ANONYMOUS, *Tractatus fidei credulitatis et conversationis vitae christianorum*

ff. 121v-136r. 121v: [Rubric] Incipit tractatus fidei et credulitatis et conversationis uitae christianorum eiusdem Hieronimi presbiteri rubrica. [Text] David gloriosus in psalmo sic dicit, *In universam terram exiit sonus eorum et ad terminos orbis terrae verba eorum* [Ps. 18:5]. Ex hoc igitur intelligi datur sono ante preparato...: (136r) verum etiam aliquantulum inimicis et credentibus profuisse. Explicit tractatus fidei et credulitatis et conversionis vitae christianorum.

F. Blatt, "Un nouveau texte d'une apologie anonyme chrétienne," in *Dragma: Martino P. Nillson Dedicatum*, Lund, Sweden: Hakan Ohlssons Boktryckeri, 1939, pp. 71-95; and *PL*, vol. 10, cols. 733-750. [Lambert, *BHM*, vol. 3b, p. 430, item 515; *Clav. lat.*, p. 108, item 470. Attributed to PSEUDO HIERONYMUS and PSEUDO HILARIUS PICTAVIENSIS.

13. PSEUDO BERNARDUS AB. CLARAVALLENSIS, *Tractatus de interiori domo*

ff. 136r-166r. 136r: [Rubric] Incipit summa de contemplatione beati Bernardi quomodo debeat aedificari domus interior conscientiae. Incipit pars prima. [Preface] Domus haec in qua habitamus ex omni parte sui ruinam nobis minatur...: (136v) potest esse sine conscientia. [Text] De commendatione conscientiae. Haec est ergo conscientia in qua perpetuo anima mansura est...: (161v) Quando vel quomodo vel ubi nescire [at this point the manuscript varies from the printed edition in *PL* vol. 184, col. 538c, and continues as follows:] potest. Humilitatis testimonia sunt iniquitatem suam...: quam pessimum de indulgentia sine confessione presumere. Rubrica. De duritia superbi animi. Superbus animus ad hoc quod sponte non appetit nullis exhortationibus flectitur...: Quia ibi timemus hominem, hic deum timere nolumus. De Eucharistia. Nos credimus tale cuique fieri sacrifitium...: (162r) Hoc ore accipitur quod corde creditur. [At this point the text begins to follow *PL* vol. 177, col. 165:] *Verbum caro factum est et habitavit in nobis* (Jn. 1:14). Vere nobis caro factum est et nos vere nobis carnem dominico cibo sumimus...: (166r) Necesse est ergo ut ea devotione qua accipitur custodiatur. Explicit.

The manuscript follows *PL*, vol. 184, cols. 507-538c, up through the end of chapter 28. At this point on f. 161v *potest. Humilitatis* the manuscript adds 11 lines to chapter 28 not in the printed edition, next a 14 line paragraph *Superbus animus* is inserted and then the following papagraph *De eucharista* adds 7 additional lines ending with *corde creditur* which lead into the text of *PL*, vol. 177, cols. 165-170. [Also attributed to PSEUDO HUGO DE S. VICTORE.]

14. PSEUDO BERNARDUS AB. CLARAVALLENSIS et PAULINUS AQUILEIENSIS, *Meditationes de cognitione humanae conditionis cum De salutaribus documentis cap. 1-4 in appendici*
ff. 166r-186v. 166r: [Rubric] Incipiunt meditationes beati Bernardi abbatis. Capitulum primum. Qualiter homo per agnitionem sui perveniat ad agnitionem dei. Rubrica. [Text] [1] Multi multa sciunt et se ipsos nesciunt...: (186r) in quo sponsum cum sponsa perspities unum eundemque dominum gloriae qui vivit et regnat in saecula. Amen. [2] Perfectissima atque plenissima iustitia est deum toto corde amare...: (186v) et omni populo amabilis appareas. Quod ille praestare dignetur qui vivit et regnat semper benedictus in saecula saeculorum. Amen. Explicit liber meditationum sancti Bernardi abbatis. Deo gratias. Amen.
[1]. *PL*, vol. 184, cols. 485-508. [2]. Paulinus Aquileiensis, *De salutaribus documentis*, chapters 1-4, *PL*, vol. 40, columns 1047-1048. [The Paulinus text, which at one time was classified as a PSEUDO AUGUSTINUS EP. HIPPONENSIS work, is often found as an appendix to the *Meditationes*.]

15. S. BONAVENTURA, *Epistola vigintiquinque memorabilium*
ff. 187r-194r. 187r: [Rubric] Incipit epistola beati Bernardi abbatis. [Prologus] [I]n christo suo fratri N. frater eius Bernardus in domino. Qualicunque veteri iam exuto Christo vivere et mori mundo. Quoniam dilecte mi frater in domino...: (188v) alius postmodum specialiorubus subsequentibus. [Text] [S]unt igitur haec virtutes quaedam probate in iuvenibus et scale salubres...: (194r) potius quam devotum, devotis tuis orationibus commendabis, cui est honor et gloria et imperium in saecula saeculorum. Amen.
Opera omnia, ed. Aloysius Lauer, Quaracchi: Collegium S. Bonaventura, 1898, vol. 8, pp. 491-98. [Other attribution: PSEUDO BERNARDUS AB. CLARAVALLENSIS.]

16. PSEUDO BERNARDUS AB. CLARAVALLENSIS, *Epistola de religiose vivendi*
ff. 194r-195v. 194r: [Rubric] Incipit alia epistolabeati Bernardi abbatis. [Text] [S]i plene vis assequi quod intendis duo sunt tibi necessaria...: (195v) et ut inveneris te fecisse quod scriptum est, lauda deum qui est pius et misericors in saecula saeculorum. Amen.
PL, vol. 184, columns 1173-1174.

17. S. BERNARDUS AB. CLARAVALLENSIS. *Epistola ex persona eliae monachi ad parentes suos*
ff. 195v-197r. 195v: [Rubric] Incipit alia epistula beati Bernardi abbatis. [Text] [S]ola causa quare non licet obedire parentibus deus est...: (197r) et inseparabili societate in eius amore vivamus per omnia saecula saeculorum. Amen. Explicit.
J. Leclercq and H. Rochais, *S. Bernardi Opera Omnia*, vol. 7, Roma: Editiones Cistercienses, 1974, pp. 283-85, epistola 111.

18. PSEUDO BERNARDUS AB. CLARAVALLENSIS *Epistola*
ff. 197r-199r. 197r: [Rubric] Incipit alia epistula beati Bernardi abbatus. [Text] [F]ratri et filio karissimo in Christo Petro, Bernardus peccator monachus et custos fraterne dilectionis obsequium salutem et semper in caelestium gloria meditari, et in Christo Iesu uiuere et mori. Petis a me karissime frater de solitudine et de monastica vita te velle consolatoria verba suscipere...: (199r) obprobriis saturatum ad ultimum cum iniquis deputatum.

19. PSEUDO ANSELMUS AEP. CANTUARIENSIS, *Epistola*
ff. 199r-201r. 199r: [Rubric] Incipit epistola sancti Anselmi. [Text] [T]u qui ex anima rationali et humana (199v) carne subsistis...: (201r) sapiens consiliarius super omnia adiutor fortis et potens in saecula saeculorum. Amen.
Carmello Ottaviano, *Testi medioevali inediti*, Fontes Ambrosiana, vol. 3, Florence: Olschki, 1933, pp. 53-56. [This letter was not included in the Schmitt edition of Anselm.]

20. ANONYMOUS, *Translatores Bibliae*
ff. 201r-201v. 201r: Translatores bibliae. [N]ota quod ante incarnationem domini CCC XLI septuaginta interpretes floruerunt; post ascensionem domini annis C XXIII, Aquila de inde post annos LIII, Theodotion; deinde post annos XXX, Symachus...: (201v) Eusebius vero et Pamphilus translationem Origenis fere ubique divulga verunt. Septuaginta sub Tolomeo; Aquila sub Adriano; Theodotion sub Commoto; Symachus sub Seuero; Origenes sub Alexandro.
[Stegmüller, *Rep. bibl.*, vol. 6, p. 399, item 9799.]

21. ANONYMOUS, *Tabula de expositores Bibliae*
ff. 201v-202v. 201v: Expositores bibliae. [Text] Genesis: Augustinus; Hieronymus; Beda; Isidorus; Rabanus; Origenes; Ambrosius; Alquinus; Gregorius; Scrabus; Anselmus. Exodus: Augustinus, Beda , Origenes, Rabanus...: (202v) Apocalipsis: Ambrosius; Beda; Haymo; Victorinus; Lampertus.
[Stegmüller, *Rep. bibl.*, vol. 6, p. 399, item 9799.]

Physical Description: Parchment; 30x19 cm; ff. II+202+III; Latin; Humanistic minuscule.
Flyleaves Iv-IIr and the back fyleaves Ir-IIIv are blank. There is a table of contents by Olgiatus on flyleaf IIv. Catchwords and some marginal comments.

Illumination: Initial Q, six lines high, infilled with a white vinestem pattern on f. 1r. Plain initials, two or three lines high, through f. 186r, thereafter space has been left for the initials but they have not been completed.

Provenance: Old signatures: E 120 and P, PQ (f. Ir), and E 120 (f. IIv). On f. Ir is also written "Brevii et amicorum" and "Ad trenti Novembre fu fato questo libro" with the initials P.Q. above it in the same hand. There is an unsigned note in the hand of Olgiatus on flyleaf IIv on the purchase of this manuscript from the heirs of Gian Vincenzo Pinelli: "Hic codex fuit Vinentii Pinelli viri clarissimi a cuius heredibus tota eiusdem bibliotheca Neapoli empta fuit anno 1609."

Bibliography: Cipriani, p. 43; Kristeller, *Iter. Ital.*, vol. 1, p. 298; Oberleitner, vol. 1, pt. 2, p. 148; Rivolta, pp. 14-6.

E 122 Sup. * XV-2 * Northern Italy, Lombardy (?)

1. LUCIUS ANNAEUS FLORUS, *Epitome bellorum omnium annorum dcc*

ff. 1r-51r. 1r: Lucius Florus. Populos romanus a rege Romulo in Caesarem Augustum...: (51r) ut scilicet iam dudum colit terras terras [!] ipso nomine et titulo consecretur. [51v is blank.]
H. Malcovati *L. Annaei Flori aque exstant*, Rome: Consilium Academiae Lynceorum, 1972 (first edition, 1938), pp. 1-208.

Physical Description: Paper; 30x21 cm; ff. 51; Latin; *Proto-humanistica*. Some marginal notation. Catchwords.

Illumination: Simple colored initial R, four lines high, on f. 1r and a smaller H on f. 8v. Many spaces have been left open for initials but they were never filled in.

Provenance: Old signatures: R, P, and E 122 (inside front cover). This manuscript belonged to a sixteenth century Milanese professor of Rhetoric, Francesco Ciceri, whose acquisition mark is on the inside back cover: " 7 Iulii, vel 4 Aug. 77."

Bibliography: E. Malcovati, "Studi su Floro," *Athenaeum*, N.S. 15 (1937): 93.

E 123 Sup. * XV-3 * Northern Spain [Plate I.22]

1. *Actos fechos por el Señor Infante Don Enrrique de la orden de Santiago*

ff. 1r-41v. 1r: [General preface] Los maestres que començaron primeiriamente la orden dela cavalleria de santiago. Son los que adelante dim (?) en esta guisa. El primero maestre que levanto la orden fue don pero fernandes...: (3r) que el dicho señor maestre fallescio. (4r) [General table of contents] Tabla como se fallaran las cosas que en este libro son estriptas a quantos capitulos e a quantas folas. Este libro es partido en tres partes conviene a saber en actos e establecimientos e leyes e ordenase cuesta manera in prinipio estan actos fasta las folas...: (5v) Forma del poder para los visitadores de aragon. [Part I], [Rubric] Actos fechos por el magnifico y illustre señor infante don Enrrique general maestre dela orden dela cavalleria del glorioso apostol santiago...: los quales comiençan en este [! for esta] guisa. (6r) [Prologue] En la muy noble abdad de toledo domingo dia siguiente dias del mes de junio año del nascimiento del nuestro salvador Jesu Cristo de mill y quatroiçentos y quarenta años. Estando el magnifico illustre señor infante don Enrrique por la divina providencia general maestre de la orden de la cavalleria del glorioso apostol Santiago...: infante propuso y dixo en esta guisa. [Rubric] Como el señor infante maestre propuso sobre el capitulo general. [Text] Cavalleros y fieyles ya sabedes como por muchas compaçiones (?) y sinistros inpedimentos a si tienpo...: (41v) La entencion de los devotos religiosos en la fola siguientes.

2. *Establecimientos fechos por señor Infante Don Enrrique*
ff. 42r-81v. 42r: [Table of contents] Tabla de establecimientos fechos por el magnifico señor infante don enrrique maestre de santiago. Como el señor infante mando publicar los establecimientos...: (44v) El lxxiii: Como los priores y comendadores mayores deven tener trasumptos de los establecimientos e como devenser guardados. [Rubric] Establecimientos fechos...: cavalleros e freyres de las dicha orden. Dia de la navidad de santa maria de setienbre del año del señor de mill y quatroçientos e quarenta años. (45r) [Text] La intencion de los devotos religiosos mayormente de aquellos que por divina dispusicion son electos...: (81v) muy evidente y conoçida cosa las quales son estas que se siguen.

3. *Leyes fechas y ordenadas por el Señor Infante Don Enrrique de la orden de Santiago*
ff. 82r-146v. 82r [Rubric] Leyes fechas y ordenadas por el magifico e ylustre Señor infante Don enrrique... leyes son noventa e dos con el mandamiento que se guarde. Prologo de las sobre dichas leyes. [Prologue] Muy evidente y conocida cosa es non solamente a los discretos y sabios...: (83r) governar en nuestros tienpos la dicha nuestra orden quanto en nos sea. Conclusion. [List of commanders] Por ende nos el dicho infante y maestre con acuerdo e con consejo y espreso consentimiento de Don Iohannes Dias de Coronado prior de Ucles e de Don Iohannes Alfonso de Vegil Prior de Sant Marcos de Leon...: (84r) leyes desta nuestra ordenança. [Part 1] [Table of contents] Siguese la primera parte desta misma ordenaça [!] en la qual ay veinte y siete leyes en la manera que se sigue. Ley primera que trata de como guarden el dia santo del domingo los cristianos...: (85r) Ley XXVII... padres o madres o tutores de las moças sobre çierta pena. (85v) [Rubric] Ley primera que trata de como guardan el santo dia del domingo los cristianos. [Text] En la santa ley de nuestro señor dios es mandado y muy espressamente amonestado...: (102r) fuere encomienda para el comendador

della. [Part 2] [Table of contents] Ley primera como y en que manera...: (104r) Ley LIII. En quales y quantas cosas los notarios daran fe en la orden. (104v) [Text] La iusticia es virtud por la qual non solamente los emperadores reyes y principes e los señores...: (135v) Ley LXV...: (136r) dicho nuestro convento de Ucles nueve dias del mes de setienbre año del naçimiento del nuestro señor Jesu Cristo de mill y quatroçientos y quarenta años. Iohannes prior Uclen. [below this are the following names:] Iohannes Nunes, Garcia de Cardenas, Lope Alvares, Don Fernando, Luys de Maniarres Martin Pantola, Alfonso defuen (?) salida, Luys de Carrança. [Part 3] [Rubric] Leyes generales. Consentimiento e como aceptaron el capitulo general. Los estableçiemintos e leyes sobre dichas. [Text] Las dichas leyes publicadas e ley das el dicho señor infante dixo que mandana [!] y mando que fuese por el dicho capitulo recibidas...: (146v) repartimiento demaestres para las necessidades que a la orden cunple es este.

4. *Catalogo de las lanas y suma del repartimiento*
ff. 146v-171v. 146v: [1] [Rubric] Aqui comiença el numero de las lanças con que los cavalleros comendadores...: de repartyr para las necessidades de la orden. (147r) [Index] Primeramente. Al prior de Ucles a respecto de treynta lanças...: (148v) El alcaydia de las salinas de Vellinchnon. Una lança. [2] Suma del repartimiento. (149r) [Text] Monta el repartimiento que se fiso para los dichos visitadores...: (171v) Por lo qual si fuesse guardado seria contra de rechto y contra ordenamiento. Deo gracias.

Physical Description: Paper; 31x22 cm; ff. III+171+LI; Spanish; *textura formata*.
There are some brief cursive notes on inside front cover and inside back cover. On flyleaf 1r is written "Ordine de Santago in Spagna sua origine e constitutioni in lingua spagnola [then added later] nel 1440." Flyleaves Iv-IIr and the back flyleaves Ir-LIv are blank. There is a watermark similar to Briquet, vol. 3, item 11323 on front flyleaves I and II and back flyleaves XIII, XXII, XXIV, XXVIII-XXX, as well as many others up to L. Another watermark similar to Briquet, vol. 3, item 11246 is found on back flyleaves I, III, V, VII and XII; also a variety of a six pointed star is found on back flyleaves XVIII, XIX and XX. On the dating, I suspect this is a later copy of the 1440 acts and laws. Based on the script it could be as late as ca. 1500 (compare to Augustín Millares Carlo and José Manuel Ruiz Asencio, *Tratado de paleografía Española*, 3rd edition, Espasa-Calpe: Madrid, 1983, vol. 3, lámina 308, for a somewhat similar style).

Illumination: Calligraphic initials, five to eight lines high, infilled with geometric designs on folios: 4r, 6r, 45r, 82r, 85v, 104v and 136r. On f. 4r the design extends the entire length of the left margin. There are many smaller calligraphic initials infilled with a music stave design, usually three lines high, throughout the manuscript.

Provenance: Old signatures: F (Inside front cover, IIv and IIIv), N 497 (Ir), E 123 (Ir and IIIr).

E 124 Sup. * XV-3 * Northern Italy, Milan (?)
[Plate I.23]

1. BARZIZZIUS, GASPARINUS, *Epistolae ad exercitationem accommodatae*

ff. 1r-30v. f. 1r: [1] Missiva littera. Gaudeo plurimum ac lector in ea te sententia esse...: quo ulterius officium tuum requiram. [2] Responsiva 2. Etsi antea litteris et sermone multorum non satis probari factum tuum intelligerem...: quantum ex meo in te animo expectare. [3] Missiva 3. Merito amo te quia non ut nostri homines solent...: ad amplitudinem reipublice refere. Vale. (1v) [4] Responsiva 4. Quod Tiberio Claudio non afueris minime officium tuum reprehendo...: ab aliquo alio cive nostro vinci. Vale. [5] Missiva 5. Magnas habeo nature tue gratias quia nihil quare cause mee diffidam...: ipsa veritate pugnare a te iudicetur. Vale. [6] Responsiva. Si adiumentis de quibus ad me scripsisti instructa est...: tu ipse tibi defuisse iudiceris. Vale. [7] Missiva. Nisi scirem de qua re et apud quem agerem...: equitate dignum sit requiram. Vale. (2r) [8] Si a nostris legibus non abhorret causa tua...: fortunis tuis et meo nomini bene consulas. [9] Missiva. Maxima causa me impulit ut hoc tempore ad te scriberem...: etsi cupies possis me eximere. Vale. [10] Responsiva. Quantum molestiam animo perceperint cognita Tironis levitate...: (2v) accedat tu me certiorem facies. Vale. [11] Missiva. Non parva res est neque usitata de qua nam dudum scribere ad te...: qui mortuo medico marcescunt. Vale. [12] Responsiva. Quanquam maxime in cursu eram ac in ipso itinere veniendi propter eos rumeros...: tabellarium tuum celleriter me consequturum. Vale. [13] Missiva. Quod ad te scribo tale est ut id maxime ad rem tuam...: (3r) si rem istam consilio tuo perfeceris. Vale. [14] Responsiva. Si meo aliquo officio poterit sedari odium Antonii...: cognovero tantum incendium extinctum esse. Vale. [15] Missiva. Non de re vulgari aut negligenda sed de publicis commodis...: dignitatem tuam et existimationem omittere. Vale. [16] Responsiva. Quantum cupiam nostram rempublicam salvam esse...: (3v) pro misero statu illius effundam. Vale. [17] Missiva. Quod de me sentias facile coniecto ex turpitudine hominis...: improbata sit eius orationi fidem habeas. Vale. [18] Responsiva. Satis spectata est mihi integritas tua nec...: (4r) ut benevolentia nemini tuorum cedam. Vale. [19] Missiva. Si tibi non satis perspectus est animus eius...: pro tua modestia que summa est perspicies. Vale. [20] Responsiva. Etsi admonitore non egebam qui me de nostra amicicia...: (4v) facies ut cepisti me certiorem. Vale. [21] Missiva. Qua vita sit aut quibus moribus Q. Publicus...: illum eadem admississe diceris. Vale. (5r) [22] Responsiva. Quod me de natura et moribus Sergii admones tibi...: satis tibi cumulatas posse reffere videam. Vale. [23] Missiva. Non verebor tacitum iudicium tuum quia eum restituere...: (5v) apud te consequi que sint honesta. Vale. [24] Responsiva. Quanquam nunquam de tuo in me studio...: que ad honorem meum spectabunt. Vale. [25] Missiva. Scribo ad te de concordia et pace...: (6r) sciens et videns nobiscum fruaris. Vale. [26] Responsiva. Rem mihi nuncias gratissimam nam ut bella civilia...: concordia maiorem voluptatem sentiat. Vale. [27] Missiva. Magni honores his diebus delati sunt ad Antonium...: viri factis dignam gratulationem habeatis. Vale.

[28] Responsiva. Nullam scito nos multis annis maiorem voluptatem...: (6v) aliquo alio cive nostro vinci. Vale. [29] Missiva. Gratulor illud tibi ex sententia obtimatum...: a nobis gestis congratularer. [30] Responsiva. Quo minus expectare littere tue de mea restitutione fuerunt...: a te explorata esse intellexero. [31] Missiva. Nulla res est que te perturbare debeat...: (7r) bello semper melior fuit. Vale. [32] Responsiva. Non ignoro de pace semper avide audiendum...: vite mee pericula afferre. Vale. [33] Missiva. Si optas ex me scire quid a te maxime velim...: te mihi esse maxime cupio. Vale. [34] Responsiva. Littere tue magnam mihi attulerunt...: (7v) sed aliquando etiam antecedam. Vale. [35] Missiva. Non putabavi te id laturum tam iniquo animo...: iudicabas maxime a me diligi. Vale. [36] Responsiva. Quod in me fueris equo animo hoc tue modestie fuit...: que digna sint mea amicitia. Vale. [37] Missiva. Nisi de tuo in me animo satis persuasum haberem...: (8r) hominem tibi necessarium suscepi. Vale. [38] Responsiva. Bene hoc quod ut soles de me in te animo...: iudicium meum de te non mutabo. Vale. [39] Missiva. Cupis scire ex me quo in flatu res nostre sint...: omnis iam dereliquisset. Vale. [40] Responsiva. Etsi rumor sinister de vestris rebus adversus ad me...: (8v) quam si omnia nobiscum essent communia. Vale. [41] Missiva. Ne desiderium tuum differam...: ut scio multum afficiebaris. Vale. [42] Responsiva. Habeo tibi gratias et magnas quidem quod me liberasti...: atque officiis habere gratiam. [43] Missiva. Quid de te sentiant omnes et amici et cives...: ut facias etiam aqtue etiam rogo. Vale. [44] Responsiva. Quod modestiam a me desiderari scribis...: (9r) civium conservasse per te intelligam. Vale. [45] Missiva. Nunquam alias de maioribus quam nunc rebus ad te scripsi...: per me doctior fieres. Vale. [46] Responsiva. Priusquam literas tuas accepissem iam omnia...: (9v) cupio vobis omnia bene cedere. Vale. [47] Missiva. Si ullo tempore de rebus magnis ad te scripsi...: conflictamur ac pene conficimur. Vale. [48] Responsiva. Littere tue tantam attulerunt modestiam...: (10r) pretermissum esse inteligunt. Vale. [49] Missiva. Maximam omnium laudem hodierno die consecutus est...: fortunis nostris congratuleris. Vale. [50] Responsiva. Quo minus expectatum fuerat a me de deliberatione...: (10v) ita religionem in pace colere. Vale. [51] Missiva. Nihil est quod libentius faciam...: hoc tempore non ignorares. Vale. [52] Responsiva. De his que ad me scripsisti...: hiis gentibus quibus aliquando servistis. Vale. [53] Scio te novarum rerum cupidum esse...: (11r) faciam te de omnibus rebus certiorem. Vale. [54] Responsiva. Non puto dubitandum ex his que ad me scribis...: quod per te me lateat. Vale. [55] Missiva. Multa ex finitimis regionibus ad nos afferuntur...: bene rebus nostris speramus. Vale. (11v) [56] Responsiva. Bellum mihi significas magno aperatu...: pericula quod vestra salute adhibo. Vale. [57] Missiva. Novissima res his diebus nobis accidit...: per literas meas intelliges. Vale. [58] Responsiva. Sulpicii magnum in rempublicam amorem narras...: (12r) rerum vestrarum omnia ad me scribes. Vale. [59] Missiva. Si te nova delectant habeo quidem...: quicquam rerum vestrarum ignorem. Vale. (12v) [60] Responsiva. Epistolam tuam plenam novarum rerum accepi...: prosperitas sepe glorie nocuit. Vale. [61] Missiva. Etsi ea de quibus ad te scribo non ita nova...: (13r) hec tarde in re mea prospexi. Vale. [62] Responsiva. Idibus februariis redite sunt mihi litere tue...: in me perpetuo

amore facit. [63] Missiva. Cum de rebus inusitatis ad te scribo...: (13v) in omnibus rebus tuis libere utaris. Vale. [64] Responsiva. Recte vobis accidit quod patria vestra antiqua libertate donata est...: benevolentia in virtutum maioris faciam. Vale. [65] Missiva. Tandem ex magna solicitudine ac metu liberatus sum...: sepe ad me scribas. Vale. (14r) [66] Responsiva. Humanissime predens tecum egerint non tam fortune...: commulatius possis me afficere. Vale. [67] Missiva. Rem non consuetam ad te scribo quam si quanta fit...: nobili animo non fit facile. Vale. [68] Responsiva. Gaium Lucium donatum esse a nostra republica egregia dignitate...: rebus magnifice gestis consecutus fuero. Vale. (14v) [69] Missiva. Non de privatis commodis ut sepe antea...: ea tecum melius perspiceres. Vale. [70] Responsiva. Si ea in me esset vel auctoritas vel facultas...: ad me iterum scribes. Vale. [71] Missiva. Quis sit nostre civitatis status ex hoc potes intelligere...: industria et solicitudine prestabis. Vale. [72] Responsiva. Quod optima republica utamini magis vestra...: (15r) constitueritis ego boni consulam. Vale. [73] Missiva. Quid de publica utilitate nostrorum civium sentiam...: tibi honestam et reipublice quam utilem. Vale. [74] Responsiva. Nisi res qua ad me scribis possit aliter...: venerit tuis literis certior fiam. Vale. [75] Missiva. Si de nostra republica liberius ad te hoc tempore scribo...: (15v) et suos cives commendat. Vale. [76] Responsiva. Cum tue littere testantur reipublice ad me delate essent...: odium aut invidia valeat. Vale. [77] Missiva. Nisi rebus tuis caves implicabis te aliquo incomodo gravi...: amicitie nostre satis congratuler. Vale. [78] Responsiva. Gaii Victurii consiliis maxime utor...: (16r) maxime tuis admonitionibus delectabor. Vale. [79] Missiva. Spero me animo prospexisse qua ratione possit tua causa...: omnia que tibi comode accedunt. Vale. [80] Responsiva. Non dubito omnes amicos de iniquitate...: (16v) aut esse patrimonium profondere. [81] Missiva. Tua res est in tuto et iam ut aiunt in portu navigas...: apud ipsos testatior fit benevolentia. Vale. [82] Responsiva. Nullum officium est quod magis necessarium datam...: certiorem me ante omnes fecisti. Vale. [83] Missiva. Scito me omnibus post habitis magno studio perfecisse omnia...: litteras tuas mihi significabis. Vale. [84] Responsiva. Nihil ad hanc solicitudinem tuam addi potuit...: (17r) quam manibus rostratis committas. Vale. [85] Missiva. Cupis ex me scire qui ad bene vivendum prius accedat...: unde cum voles te explicare non possis. [86] Responsiva. Satisfeceras desiderio meo cum religionem ad bene vivendum...: (17v) qui hodie vivunt ab omnibus haberis. Vale. [87] Missiva. Cum ad te litteras meas dare constituissem...: et quantum lectio eius profuerit. Vale. [88] Responsiva. Librum Basilii nostri perlegi in quo non minus suavitatis...: illum ad te transmittam. Vale. (18r) [89] Missiva. Quod ad te scribo maxime ad divinum cultum attinet...: ad hanc vitam ante omnes hortatus fui. Vale. [90] Responsiva. Et religionem probo et te maxime amo...: maxime et animo coli iudicabo. Vale. [91] Missiva. Scribo ad te de religione que una res semper...: (18v) dudum sine spe excundi fuimus. Vale. [92] Responsiva. Littere tue incredibili voluptate me affecerunt...: ut de nulla re nisi divina curem. Vale. [93] Missiva. Si quid est quod ullo tempore apud te...: (19r) res tuas incolumes valde optant. Vale. [94] Responsiva. Tabellarius tuus nuper ad me detulit...: negligentem aut minus attentum videat. Vale. [95] Missiva. Nihil est quod a te gratius mihi fieri possit...: (19v) Apollinis non certium edictum putes. Vale. [96] Responsiva. Quid egerim nemi novit melius quam ego ipse...: inimici mei invideant et amici gratulentur. Vale. [97] Missiva. Si ullum apud te locum preces mee unquam habiture sunt...: in te officio perfunctus ero tu vero lues. Vale. [98] Responsiva. Litteras tuas diligenter perlegi intellexique...: (20r) oderentur quam ego prestas fuero. Vale. [99] Missiva. Habeo tibi immortales gratias si ea que ad te scribo...: apud omnes bonos inventurus fis. Vale. [100] Responsiva. Etsi Metelus noster satis causam suam mihi commendet...: suis litteris brevi intellecturum. Vale. [101] Missiva. Quid adhuc in causa tua iudices egerint...: (20v) rem tuam ipsis presentibus conficias. Vale. [102] Responsiva. Que de mea causa scribis etsi hec semper...: in meum adventum reservabis. [103] Missiva. Scripsi de bello conficiendo de annona comperanda...: ad nos agere considerem. Vale. [104] Responsiva. Que adhuc sunt a te pro nostra republica perfecta...: salva republica inveniam. Vale. [105] Missiva. Multa sunt de quibus si mihi per occupationes licuisset...: (21r) ego tuo perfectu maxime letabor. Vale. [106] Responsiva. Nunquam litteras tuas lego quin animo voluptatem percipiam...: videor mihi tecum esse et loqui. Vale. [107] Missiva. Quantum omnes presentiam atque officium tuum expectant...: (21v) magno studio expeti non minore perficias. Vale. [108] Responsiva. Nisi reipublice et amicis satis a me factum putarem...: si ocium meum interpellaveris. Vale. [109] Missiva. Qualem in gerendis magistratibus me prebuerim...: spero ab omni suspicione eximam. Vale. [110] Responsiva. Etsi de officio tuo nunquam dubitaverim...: contra morem maiorum et equitatem posse fieri. Vale. (22r) [111] Missiva. Quociens de officio meo scribo rem maxime incongruum...: quam quibus maioribus apud vos natus. [112] Responsiva. Cum maximis occupationibus nostris tue litere essent...: officio aut integritate deerimus. Vale. [113] Missiva. Possem ad te de mea constantia scribere...: prestet sapienter tecum adverteris. Vale. [114] Responsiva. Ego te omni caritate ac benevolentia prosequar...: (22v) hominibus a te dubitandum sit. Vale. [115] Missiva. Quod apud te hoc tempore dignitatis mee rationem habeam...: potentiam istorum hominum tuelaris. Vale. [116] Responsiva. Quod quam sperem de meo in te animosatis persuassum esse...: a me fieri excogitarique poterit. Vale. [117] Missiva. Non possum non moveri cum ab hominibus...: (23r) ad hanc rem socius atque adiutor. Vale. [118] Responsiva. Quantum sim tuis litteris comotus melius ab amicis...: scio te sine causa facturum esse. [119] Missiva. Plurimum semper nostram rempublicam amavi...: de consiliis patrum ac de omni sententia eorum certiorem me facias. Vale. [120] Responsiva. Si in nostram rempublicam omnes eodem animo...: pervenit expeditionem tuam matures. Vale. [121] Missiva. Disperarem nisi rempublicam semper pluris feci...: (23v) sustinenda tua exhortatione fortiorem facies. Vale. [122] Responsiva. Non possum dolorem tuum accusare...: et reipublice et bone fame inservias. Vale. [123] Missiva. Quomodo in periculis reipublice me gesserim...: (24r) cum mandatis ad te comisi. Vale. [124] Responsiva. Gaudeo medius fidius tum reipublice causa tum etiam tua...: respublica debere fateatur quam tibi uni. Vale. [125] Missiva. Qua pietate semper patrem meum excoluerim...: atque modestiam adhortatus fuisti. Vale. [126] Responsiva. Nihil est quod te perturbare magnopere debeat...: (24v) dignitatis et fame rationem omnibus anteponam. Vale. [127] Missiva. Matrem meam iam ultime senectutis omni officio...: et necessarios meos officiosus dici. Vale. [128] Responsiva. Quanquam de tua pietate atque officio nunquam dubitaverim...: prestari parentibus deceat. Vale. [129] Missiva. Quo animo in parentes fuerim vel hoc uno intellexi...: (25r) si quid de hac re senties ad me perscribes. Vale. [130] Responsiva. Ego de tuo in parentes ac omnes necessarios...: in re bonam existimationem diminuas. Vale. [131] Missiva. Quantum omnes necessarios meos ex animo collam facile...: pro nostra veteri benevolentia suscipies. Vale. [132] Responsiva. Magnam ex epistola tua molestiam concepissem...: ab huiusmodi hominibus violari. Vale. [133] Missiva. Semper amicitiam que ex honestate esset...: (25v) plus amico veteri quam hominibus credas. Vale. [134] Responsiva. Nullam unquam tantum periculum vel laborem putavi...: alio amore ac benevolentia vincamur. Vale. [135] Missiva. Quod nostre amicitie commonefacias magnam certe...: (26r) benevolentia atque amore vincamus. Vale. [136] Responsiva. Multa sunt que magno a me prosequenda studio...: etiam atque etiam rogo. Vale. [137] Si causa Pomponii iure deffendi poterit...: ultro eram illi prestaturus. Vale. [138] Postea quam togam a patri sumpsi...: velis mihi fidem haberi. Vale. [139] Quod in referendas gratias semper attentus...: in hoc errore diutius esse. Vale. [140] Etsi de meo in tuos animo necessarios...: (26v) amici sint maxime etiam ac a me coli. Vale. [141] Pridem quam littere mihi darentur...: velis me in omnes tuos uti. Vale. [142] Nunquam futurum putassem ut studium meum...: animo ac studio paratus sum. Vale. [143] Nimis in me officiosus es...: (27r) diligi atque observari iudicavi. Vale. [144] Cum te valde semper amaverim...: animus melius perspectus esset. Vale. [145] Solicitudinem tuam ac studium quo in mea causa...: oporteret satisfacere non videar. Vale. [146] Libenter in omnibus negotiis que pertinere...: persepe mihi impossueris. Vale. [147] Quod ad me de tuo amore scribis...: (27v) opera prodesse vel ego tibi mea. Vale. [148] Missiva. Neminem hodierno tempore vivere puto...: possit afferi medelam invenisse. Vale. [149] Responsiva. Tanto me dolore littere tue affecerunt...: ex omnibus rebus iacturam referes. Vale. [150] Missiva. Tantis incommodis hoc tempore afficior...: (28r) officio tuo ac pietate in me fungere. Vale. [151] R. Mallem te posse aliquo auxilio quam consilio...: virtute ac sapientia prestare intelligo. Vale. [152] M. Eo res mee perducte sunt...: invidia calamitate premuntur. [153] R. Etsi literas tuas semper attente lego...: (28v) quam de me concepisti relicturam. Vale. [154]. M. Maiora sunt iam incommoda mea...: semper mihi conscius fuisti. Vale. [155] R. Nihil minus optabam quam ut in histuc etate...: in bonis tuis numeres. Vale. [156] M. Quam grave mihi sit in senectute...: (29r) si quid habes consilii me iuvabis. [157] R. Quo in statu fuerim aut in quo nunc possitus sim...: pro nimia verecundia facere prohibeor. Vale. [158]. R. Legi nuper literas mihi a te missas...: (30r) qui te prius amabant sentire de iudico. Vale. [159] M. Si vitio meo quod multis accidere video...: de meis incommodis tecum loquor. Vale. [160] R. Non de re nova ad me scribis...: tua virtute quam meis literis proficies. Vale. [161] M. Si ullum inopie mee finem...: (30v) fortiter egritudinem meam feres. [162] R. Quid ad te scribam nescio...: uno et eodem remedio curaveris. Vale. [163] M. Quo me credis animo esse cum fortunas meas...: meo

periculo prudens factus sum. Vale. [164] R. Mallem incommodis aliorum quam tuis admoneri...: neque consilio tibi deero. Vale. Finis epistolis domini Gasparini datur.
J.A. Furietti, ed. *Gasparinus Barzizii Bergomatis, et Guinforti filii opera*, Rome, 1723, [reprint ed. Bologna: Forni, 1969], Vol. 1, pp. 220-336. [Also see Remigio Sabbadini, "Lettre e orazioni edite e inedite in Gasparino Barzizzia," *ASL* 13 (1886): 363-78, 563-83 and 825-36; and Bertalot, *Studien*, vol. 2, "Die älteste Briefsammlung des Gasparinus Barzizzia," pp. 31-102.

2. THADDEUS ABBAS, *Epistola ad Brunonem*
f. 30v: Tadeus Brunoni salutem dicit. Recreatus sum totus mi B[runus] suavissime ex litteris tuis optatissimis...: nostram commendatum facito. Vale et me ut facis ama.

3. ANTONIUS BERNERIUS EPISCOPUS LAUDENSIS, *Epistola*
f. 31r: Ex Antonio Bernerio episcopo Laudensi. Si vir humanissime tibi ut par est verum fateri voluero errorem meum...: requirimus maxime in absentes longiores in scribendo...// [text is incomplete. f. 31v is blank].

4. BRACCIOLINUS, POGGIUS, *Epistolarum familiarium, excerpta*
ff. 32r-51r. f. 32r: [1]//respondeas; reliqua ut perficias eaque quam primum, presertim de pecuniis quod polliciti estis. Nam nullo modo omictendum. Vale et rescribe. Rome VII kal. octobris. [2] Francisco Barbaro, ad reconciliatorem pacis. Poggius plurimam salutem dicit Francisco Barbaro v.c. Posteaquam recessisti a nobis...: et quando ad Guarinum scribis eum salutato verbis meis. Rome VII kal. novembris. [3] Poggius plurimam salutem Iohani Pratensi. Tu quidem fecisti parum recte...: (32v) ad me scripseris, feneratum ferres. Rome II nonas novembris. [4] Leonardo Aretino, Canzellario Florentino. Congratulatio officii accepti. Poggius plurimam salutem dicit Leonardo Aretino v.c. Non sum antea gratulatus tibi...: non omittas studia litterarum. Vale meque ama. Rome XXVIII decembris. [5] Iohani Pratensi. Respondit iusta sententiam suam, quid bizarus significare videatur. Poggius plurimum salutem dicit Iohani Pratensi. Dictum est mihi dixisse te nuper...: (33r) prout ait Tullius, sponsam cuique suam. Vale et me ama. Rome II kal. decembris. [6] Francesco Barbaro. Recommendacio. Poggius plurimam salutem dicit Francesco Barbaro v.c. Memini me recommendasse tibi...: (33v) ac si mea esset. Vale et me ama. Rome die VII martii. [7] Leonardo Aretino. Non admiratus de non scribent. Poggius plurimam salutem dicit Leonardo Aretino. Reddite sunt mihi nudius tercius littere tue...: (34r) remittetur tibi quam primum. Vale. XVII ianuarii. [8] Ambrosio. [Ambrogio Traversari] Quid de dialogo suo sentiat. Poggius plurimam salutem dicit Ambrosio v.c. Intelligo quid sentias de dialogo meo...: Vale et me ama. Litteras tuas scito fuisse mihi gratissimas. Rome III idus januarii. [9] Francesco Barbaro. De compositione non fienda sed magnas literas sequi conatur adversamus. Poggius plurimam salutem dicit

Francisco Barbaro v.c. Rem Hermolai nostri nequivi componere...: (34v) sed temporibus obsequemur. Vale et me ut soles ama. Rome pridie idus novembris. [10] Francesco Barbero. De festivitate relata et ad se mittantur pecunie si ius suum nitari velit. Poggius plurimam salutem dicit Francisco Barbero v.c. Iam tandem gaudeo te factum esse...: (35r) aut non magnopere adeversabuntur. Vale mi Francisce et me ama. Rome die XVIII decembris. [11] Philipo. [Filippo di Ser Ugolino Peruzzi] Recommendacio. Poggius plurimam salutem dicit Philippo suo. Et verbis tecum et postmodum litteris egi...: quod erit mihi gratissimum. Vale. Rome V kal. februarii. [12] Fratri Alberto Senensi. [Alberto Berdini da Sarthiano] Poggius plurimam salutem dicit fratri Alberto. Tantum abest, mi Al[berte], ut graviter feram...: (36r) non qui missi sunt. Vale et me ama. Rome IX kal. martii. [13] Iohanni Pratensi. Gratulatur de vicariatu suo et de tali habito et monet eum qualis esse debeat officio illo. Poggius plurimam salutem dicit Iohanni Pratensi. Ita mihi recte agendi mens perpetuo detur...: nihil potest esse utile, sed hec tu melius. Vale. [14] Francisco Barbero. Recreatus est tuis epistolis tarde missis, nec tua culpi sed tabellario. Poggius plurimam salutem dicit Francisco Barbero v.c. Recreatus sum totus, mi Francisce, ex litteris...: (36v) id erit mihi gratissimum. Vale et me ama ut facis. Rome kal. augustas. [15] Poggius Francisco Barbero. Letatur talem virum coasenturi dialogo suo excusat quia non dilixerit nunc secum litteris certare intendit. Postridie quam hec scripsissem recepi iterum a te litteras...: sed iterim pluet et nos humectabimur. Vale. [16] Poggius Francisco Barbero. Gratulatur de reditu episcopi Paduani in curiam eum que famuli sui signis amarum ostendit. Pervenisse ad vos episcopum Paduanum nostrum certe gaudeo...: si forte aliquis esset apud vos Petrus. (37r) [17] Magistro Francisco de Pistorio ordinis minorum. Rogat ut omni studio ac digentia perquirat sculptura capita. Venerabilis pater, pridem habui litteras a te ex Chio duplicatas...: (37v) erunt quemadmodum pollicitus est. Vale et me Andreolo nostro commenda. Rome die VI kal. novembris. [18] Andreolo Iustiniano. Scribit ad ignotum petens munus per gratum sibi futurum. Poggius plurimam salutem dicit Andreolo Iustiniano v.c. Licet vel nimium tibi molestus, qui binis iam litteris de eadem re...: me satis esse facturum. Vale me quoniam id mutuo fit ama. Rome XXII januarii. [19] Bartolomeo archiepiscopo Mediolanensi. Poggius plurimam salutem dicit Bartholomeo archiepiscopo Medioalensi. Scio te libenter legere que mea sunt...: (38r) adhibeas curam volo. Ego tuus sum. Vale. Rome die XII ianuarii. [20] Poggius Galeoto de Ricasolis. Recommendacio. Scripsit ad te Santesnoster se plurimum molestari...: senserint te adversum eorum votis. Vale et me ama. Rome III non. februarii. [21] Poggius plurimam salutem dicit Nicole suo [Nicola di Vieri de Medici]. Non fuit opus, mi Nicola, ut pro re parvula ageres...: (38v) plurimum auxilii prestabunt. Vale et me ut soles ama. Rome XIIII kal. martii. [22] Reverendissimo patri et domino meo domino Cardinali Sancti Angeli Poggius in domino salutem dicit. Tum quia de rebus nostris communibus existimo...: (39r) ut ad nos possis redire. Vale et me ut soles ama. Rome die V non. maii. [23] Galeoto de Riscasolis. Scribis te posteaquam discesseris ternas aut quaternas litteras...: (39v) Saluta compatrem meum et commatrem. Vale. Rome XXI septembris. [24] Poggius plurimam salutem dicit Mariano Sozino. Refert in prima *Tusculanarum questionum* Cicero...: (40r) si usus venerit re ipsa cognosces. Vale. Rome II. [25] Reverendissimo patri domino Angeletto Cardinali Sancti Marci. Scio in hac tua nova insignique dignitate...: (42v) gaudebo quoque fretus conscientia mea. Vale. Rome VIII idus octobris. [26] Reverendissimo patri et domino meo singularissimo, domino Iuliano Cardinali Sancti Angeli apostolice sedis legato. Doleo pater optime hanc tuam expeditionem germanicam...: (43r) te paulum a cogitatione concilii. Vale et me ama. Rome die II novembris. [27] Domino Dalmatio archiepiscopo Ceseragustano. Cum primum te vidi Gebennis olim presetantissime pater...: (43v) potius quam desidiam crimineris. Vale meque ut solebas ames velim. Rome V kal. decembris. [28] Domino Cardinali Sancti Angeli. Vereor prestantissime pater ne istec barbaries...: (44v) fac ut libet. Ego iocos tuos imitatus longior fui quam vellem. Rome X iulii 1432. [29] Eadem domino Cardinali Sancti Angeli. Quamvis ea que ad te pater prestantissime sum scripturus...: (46v) archiepiscopo Mediolanensi perdiligenter. Vale et mei memor qui sim ex stilo cognosces. Rome pridie kal. iulias 1433. [30] Poggius plurimam salutem dicit Francisco Philelpho suo. Tardiusculus fui in respondeo tibi quam res postulabat...: (47r) obsequar voluntati tue. Vale et me tuum esse persuadeas tibi. Rome 16 kal. novembris. [31] Magnifico domino meo domino Leonello de Est [!] equiti. Cum essem hodie in secretiori aula summi pontificis...: (47v) Ego tuus sum licet pusillus. Vale. Florentie non. maii. [32] Poggius plurimam salutem dicit Francisco Marescalco Ferrariensi. Cum Scipione nostro Ferrariensi quem non solum digo...: (48r) ne dicam merito sis facturus. Vale et me ama. Florentie pridie kal. iulias. [33] Oratio Poggii Florentini. Illustri principi domino Iohanni Francisco marchioni Mantue. Iohannes Cassianus vir doctissimus nostre religionis...: (51r) scribendi que tue dignitati, commodis, fame conducere arbitrarer. [34] Poggius plurimam salutem dicit Victorino Feltrensi v.c. Licet nunquam antea mi Victorine ad te scripserim...: faciam sententiam tuam. Vale et me quoniam id mutuum fiet, ama.

[The beginning of the text is missing.] Poggio Bracciolini, *Lettere*, edited by Helene Harth, vols. 1 and 2, Florence: Olschki, 1984. [1] *Epistolarum familiarium*, liber II, epistola 12, Harth edition, vol. 2, pp. 72-72; [2] lib. II, ep. 13, Harth ed., vol. 2, pp. 74-75; [3] II,15, vol. 2, pp. 78-79; [4] II,16, vol. 2, pp. 80-81; [5] II,17, vol. 2, pp. 82-83; [6] II,18, vol. 2, pp. 84-85; [7] II,19, vol. 2, pp. 86-87; [8] II,20, vol. 2, pp. 88-89; [9] III,1, vol. 2, pp. 91-92; [10] III,2, vol. 2, pp. 93-94; [11] III,3, vol. 2, p. 95; [12] III,4, vol. 2, pp. 96-99; [13] III,5, vol. 2, pp. 100-101; [14] III,6a, vol. 2, pp. 102-103; [15] III,6b, vol. 2, p. 103; [16] III,6c, vol. 2, pp. 103-104; [17] III,7, vol. 2, pp. 105-107; [18] III,8, vol.2, pp. 108-109; [19] III,9, vol. 2, pp. 110-111; [20] III,10, vol. 2, p. 112; [21] III,11, vol. 2, pp. 113-114; [22] III,12, vol. 2, pp. 115-117; [23] III,13, vol. 2, pp. 118-119; [24] II,14, vol. 2, pp. 76-77; [25] III,14, vol.2, pp. 120-129; [26] III,15, vol. 2, pp. 130-132; [27] III,16, vol. 2, pp. 133-135; [28] IV,3, vol. 2, pp. 141-145; [29] IV,4, vol. 2, pp. 146-152; [30] IV,7, vol. 2, pp. 164-165; [31] IV,9, vol. 2, pp. 168-170; [32] IV,10, vol. 2, p. 171; [33] VII,1, vol. 2, pp. 261-272; [34] VII,2, vol. 2, p. 273.

5. DECEMBRIUS, ANGELUS, *Epistola ad Karolum Nubilorium*
f. 51r: Angelus December plurimam salutem dicit Karolo Nubilorio viro clarissimo. Nuper exigisti ut epistolam illam excellentiam...: vel quantam virtus tua promeretur. Vale.
Angelo Decembrio, *De politia literaria libri septem*, Basel: Hervag, 1562. [Also see: Argelati, vol. 1, part 2, col. 548C; and Remigio Sabbadini "Tre autografi di Angelo Decembrio" in *Scritti vari di erudizione e di critica in onore di Rodolfo Renier*, Turino: Bocca, 1912, pp. 11-19, with reference to an autograph Ambrosiana manuscript, Z 184 Superiore.]

6. BRACCIOLINUS, POGGIUS, *Epistolarum familiarium, excerpta*
ff. 51r-58r. f. 51r: [1] Poggius plurimam salutem dicit Valasco Portugalensi, v.c. [Vasco Fernandez Da Lucena] Si tantum ingenio aut dicendi facultate valerem...: (51v) eloquentie vestigium versatur. Vale et me ama. Bononie. [2] Poggius Valasco Portugallensi salutem. Nescio malicia ne feceris an oblivione...: (52r) erunt mihi satisfactum putabo. Bononie. [3] Poggius Valasco. Expectavi diutius quam tua perfidia ferebat...: nota regni sui gloriam maculasse. Bononie die 17 iunii. [4] Poggius plurimam salutem dicit Rinutio suo. [Rinuccio Da Castiglione Fiorentino] Video quid sentias de podagrico nostro...: multo minus tibi. Vale et me commenda gubernatori. Bononie die 14 februarii. (52v) [5] Poggius plurimam salutem dicit Bornio suo Bononiensi iurisconsulto. Gaudeo mi Borni doctrina atque eloquentia tua...: (53r) nobis ad vitam contulisse videatur. Vale et me ama. Bononie die VIII februarii. [6] Poggius plurimam salutem dicit Scipioni episcopi Mutinensi.[Scipione Mainenti] Cum verbis tecum agere potuissem...: (54r) eternam sit gloriam prestaturum. Vale. Bononie. [7] Oratio. Si pro honore quem hodierno die prestantissimi...: altissimus felicem vitam concedat. Amen. (54v) [8] Poggius plurimam salutem dicit Leonello Estensi virtutis cultori. Nonnullis factum est occupatiunculis meis...: tua industria conparasti. Vale et me ama. Florentie pridie kal. iulias. [9] Domino Iuliano Cardinali sancti Angeli. [Giuliano Cesarini] Exortatus sepius atque impulsus a te quodammodo tum verbis...: (55v) otium suppetit ioci gratia. Vale et me ama ut soles ama. Rome 26 mensis maii 1439. [10] Poggius plurimam salutem dicit Francisco Marescalco Ferrariensi. Scripsi olim diversis in locis ac temporibus...: veniam ignorantie vel verbositati. Vale. [11] Poggius plurimam salutem dicit Nicolo suo. Redegi in parvum volumen nonnullas epistolas...: (56r) valemus et tu quoque vale. Bononie die II iulii. [12] Poggius plurimam salutem dicit insigni equiti Leonello Estensi. Quamvis superfluum ac pene arrogans videri possit...: (56v) vitio et turpitudine caruerunt. Vale et ama. Bononie 16 kal. septembris. [13] Poggius plurimam salutem dicit Petro de Monte prothonotario v.c. Recepi una cum muneribus tuis litteras quoque...: (57r) dignum coniugio moliemur. Tu vale et mei memor. Bononie die 26 iulii. [14] Poggius plurimam salutem dicit insigni viro Leonello equiti Estensi. Nuper cum in camera pontificis esset sermo...: veri protulit lingua eius. Vale. Bononie die 24 iulii. [15] Poggius plurimam salutem dicit insigni principi Leonello equiti Estensi. Vir doctissimus Aurispa

noster dedit mihi...: (57v) sibi intelligit profuisse. Vale et me ut soles ama. Bononie die II augusti. [16] Poggius plurimam salutem dicit Leonardo Aretino v.c. Vir eloquentissimus tuique amantissimus Candidus noster...: officio functus est. Vale et me ama ut soles. Bononie 4 idus aprilis. [17] Poggius plurimam salutem dicit Guarino suo. Laurentius de Prato prestantissimus atque humanissimus...: (58r) causa mortui probaturum. Vale et quid de eis sentias rescribe. Bononie 6 Julii.
Poggio Bracciolini, *Lettere*, edited by Helene Harth, vols. 1 and 2, Florence: Olschki, 1984. [1] *Epistolarum familiarium*, liber V, epistola 10, edited in Harth, vol. 2, pp. 213-214; [2] lib. VI, ep. 2, Harth ed., vol. 2, p. 220; [3] VI,15, vol. 2, pp. 245-246; [4] VI,8, vol. 2, pp. 231-232; [5] VI,9, vol. 2, pp. 233-235; [6] VI,1, vol. 2, pp. 215-219; [7] Ernst Walser, *Poggius Florentinus: Leben und Werke*, Beiträge zur Kulturgeschichte des Mittelalters und der Renaissance, vol. 4, Leipzig: Teubner, p. 437; reprinted in Fubuni, vol. 4, 1969, p. 441. [Wilmanns, p. 326, item 181b, also see E 115 Sup., entry 1, item 87]; [8] V,4, vol. 2, pp. 198-199; [9] V,8, vol. 2, pp. 207-209; [10] I,1, vol. 2, pp. 3-4; [11] A Niccoló Niccoli, appendice V, vol. 1, p. 230; [12] V,9, vol. 2, pp. 210-212; [13] VI,17, vol. 2, pp. 249-250; [14] VI,18, vol. 2, pp. 251-252; [15] VI,19, vol. 2, pp. 253-254; [16] VI,11, vol. 2, p. 239; [17] VI,13, vol. 2, pp. 241-242.

7. MAFFEUS, PAULUS, *Epistola ad Augustinum de Villa*

ff. 58r-59r. f. 58r: Paulus Veronensis Augustino de Villa. Paulus Veronensis Augustino de Villa presentantissimo viro salutem plurimam dicit. Dabo operam hispancissimis litteris quo inteligas...: (59r) Leonello principi et Marchioni Ferrarie designato. Ex Venitiis de monasterio caritatis, 4 idus decembris, 1458.

8. CONCOREGIUS, GABRIELUS, *Epistola ad Baptistam Palavicinum*

f. 59rv. f. 59r: Gabrielus Mediolanensis domino Baptiste Palavicino sese commendat. Cum audissem a plerisque multocies interogasse te...: (59v) veteri proverbio facile congregantur. Ex Brixia, 17 Julii, 1441.
[P.F. Young, "Battista Pallavicino and his unpublished epitaphs for Guarino Veronese," in *Iterrogativi dell'Umanismo: atti dell IX Congresso del centro di studi umanistici 1972*, Giovannangiola Tarugi, ed., Florence: Olschki, 1976, p. 22; also Argelati, vol. 2, part 2, col. 2043D.]

9. BRUNUS ARETINUS, LEONARDUS, *Epistola ad Poggium*

f. 59v: Leonardus Arretinus salutem dicit Poggio. Nichil opinor iuvissent commentaria illa tua de bibliothecis Germanorum...: apud quaedam ex familiaribus exemplum scribenti prebet. Vale.
Laurentio Mehus, ed., *Leonardi Bruni Arretini epistolarum libri VIII*, vol. 2, Florence: Bernardi Paperinii, 1741, pp. 41-42 (Book 6, letter 3).

10. GERMANICUS CAESAR, *Epitaphium*

f. 59v: Cesar de Trace puero edidit. Trax puer astricto glacie dum luderet Hebro...: Hoc flamis peperi cetera dixit aquis.
Karl Neff, *Die Gedichte des Paulus Diaconus*, Munich: Beck, 1908, p. 68; and *MGH-Poetae*, vol. 1, ed. Ernest Dümmler, Berlin: Weidmann, 1881, p. 50. [This epitaph is contained in the poems of PAULUS DIACONUS, also see: volume 2 of this Inventory p. 95.]

11. MUSCA, JOHANNES IVALDUS, *Epistola ad Baptistum Marchionum Palavicinum*

f. 60r: Baptiste Marchioni Palavicino Johannes Ivaldus Muscha se plurimum commendat. Dixit mihi presbiter Johannes de Palma utriusque nostrum amantissimus...: verbis meis commendatissimum. Vale iterum et me ut spero facis ama. Ex Mantua 31 Maii. [synopsis of letter in upper margin of f. 60r].
[P.F Young, "Battista Pallavicino and his unpublished epitaphs for for Guarino Veronense," in *Iterrogativi dell'Umanismo: atti dell IX Congresso del centro di studi umanistici 1972*, G. Tarugi, ed., Florence: Olschki, 1976, citing this MS on p. 22, note 15.]

12. ANONYMOUS *Epistola*

f. 60v: Etsi litteris tuis quas ad me Turpilio dedisti maxima voluptate affectus sum...: iam pridem sum caritate convictus. Vale. Iesus.

13. EPICURUS, *Epistola ad Menoeceum*

ff. 60v-61v. f. 60v: Epicurus Meneci salutem. Neque iuvenis quispiam dum est philosofari negligat, neque senex existens philosophando fatigetur...: (61v) homo in mortalibus bonis inversatus. Vale.
[The text is from Diogenes Laertius, *Vitae et sententiae philosophorum* book 10, 122-135. For Latin editions of the translation by Ambrosius Traversarius see *Gesamtkatalog*, vol. 7, columns 432-436. According to Kristeller the Ambrosiana text is an anonymous Latin translation, see: Kristeller, *Iter Ital.* vol 1, p. 298 for this manuscript, and vol. 2, p. 117 for Rome, Biblioteca Corsiniana MS Nic. Rossi 346 f. 3].

14. CICERO, MARCUS TULLIUS, *Epistolae ad familiares*

ff. 62r-67r. f. 62r: [1] Marcus Cicero imperator salutem dicit Lucio Paulo consuli designato. Etsi mihi numquam fuit dubium quin te populus...: erga me studia cumulus accedet. [2] Marcus Cicero imperator salutem dicit Paulo consuli. Maxime mihi fuit optatum Rome esse tecum...: presens te consule assequi. [3] Marcus Cicero salutem dicit G. Cassio. Longior epistula fuisset nisi...: a puero fecisti amabis. [4] Marcus Cicero salutem dicit G. Treborio. Oratorem meum sic enim scripsi...: (62v) litteris habeo cognitum. Cura ut valeas meque ames amore illo tuo singulari. [5] Marcus Cicero salutem dicit G. Treborio. Et epistolam tuam legi libenter et librum...: amari plurimum iudicabis. Vale. (63r) [6] Tullius et Cicero et QQ. Tironi humanissimo et optimo salutem plurimam dicit. Vide quanta sit in te suavitas...: cetera ego curabo. Etiam atque etiam vale. Leucade proficiscens 7 idus novembris. [7]

Tullis Cicero salutem dicit Tironi suo. Septimum iam diem certire tenebamur...: cura ut valeas. Etiam atque etiam vale Tiro noster vale. 14 kal. novembris Corcera. [8] Tullius Tironi suo salutem dicit plurimam Cicero meus et frater et fratris F. Paulo facilius putavi posse me ferre desiderium...: officiis erit hoc gratissimum. 3 novembris. [9] Tullius Tironi suo salutem. Non quo ad te nec libet scribere...: a me scis dilligi. novembris. Alizia. [10] Tullius et Cicero Tironi suo salutem dicit et (Q. pater et filius). Nos apud luriam ex quo loco tibi...: (63v) volo tum me. Mi Tiro vale. [11] Tullius Tironi suo salutem plurimam dicit et Cicero et Q. frater et Q. filius. Varie sum affectus tuis litteris...: Lepta tibi salutem et omnes dicit. Vale. 7 idus novembris. Leucade. [12] Tullius et Cicero et Q.Q. Tironi salutem plurimam dicit. Tertiam ad te hanc epistulam scripsi...: nisi ut valeas. Etiam atque etiam vale. 7 idus novembris actio vesperi. [13] Quintus Cicero Tironi salutem dicit. Magnae nobis est sollicitudini...: quam primum venias. Ama nos et vale. Q. filius tibi salutem dicit. (64r) [14] Tullius Cicero Tironi suo salutem dicit plurimam. Nos ad te ut scis discessimus...: de te scripsi diligentissime. Vale, salve. [15] Tullius et Cicero, Terentia, Tullia, Q.Q. Tironi suo salutem plurimam dicit. Etsi oportunitatem opere tue...: (64v) habebis cui des. Etiam atque etiam vale. Data pr. idus ianuaris. [16] Tullius salutem dicit Tironi suo. Quo indiscrimine versetur salus mea...: erat Terentia et Tullia Rome. Cura ut valeas. 4 kal. februaris. Capue. [17] Tullius Tironi salutem. Ego vero cupio te ad me venire...: (65r) fac plane ut valeas nos adsumus. Vale. 14 kal. [18] Tullius Tironi salutem. Egypta ad me venit prid. id. aprilis...: cocum quo uterere. Vale. [19] Tullius Tironi salutem. Andricus postridie ad me venit...: representabo si adveneris. Etiam atque etiam vale. 3 idus. [20] Tullius Tironi salutem dicit. Omnia a te data mihi putabo...: ad nos venias. Vale. 4 idus aprilis. [21] Quintus Marco fratri salutem. De Tirone mi Marce ita te meumque...: in litteris vidi. Sabini pueris et promisi omnia et faciam. [22] Tullius Tironi salutem. Video quid agas tuasque epistolas vis referri...: (65v) valde enim eius causa volo. Vale. [23] Tullius Tironi salutem. Quid igitur non sic oportet...: fac ut sciam. Cura te diligenter. Vale. [24] Tullius Tironi suo salutem. Expecto tuas litteras...: litteras tuas valde expecto. Vale. [25] Tullius Tironi salutem. Solicitat ita viam me tua mi Tiro...: si me amas diligenter. Vale. [26] Cicero filius Tironi suo dulcissimo salutem dicit. Cum vehementer tabellarios expectarem...: (66r) ut una colloquere possimus. Antherum tibi commendo. Vale. [27] Tullius Tironi suo salutem. Spero ex tuis litteris tibi melius esse...: mihi facere nihil potes. Vale. (66v) [28] Cicero Tironi salutem. Tu vero confice professionem...: sermonis utendum est. Vale. [29] Tullius Tironi salutem. Etsi mane Harphalum miseram...: appellabis etiam Papiam. Vale. [30] Cicero filius Tironi suo salutem. Etsi iusta et idonea usus...: quam adsiduitate epistularum. Vale. [31] Quintus Cicero Tironi suo plurimam salutem dicit. Mirificam mi verberationem cessationis...: in medio foro videro disuabor. Me ama. Vale. [32] Quintus Tironi suo salutem dicit. Verberavi te cogitationis tacito...: (67r) epistolis nuntiantur. Ama nos et vale. M.T.C. Epistolarum ad Tironem explicit. [33] Cicero Cesari imperatori salutem dicit. Vide quam mihi persuaserim te me esse...: ut video licebit. Cura ut valeas et me ut amas ama. Vale mi Cesar. [34] Recommendacio. Marcus Cicero D. Bruto

salutem dicit. Lamia uno omnium familiarissime utor magna eius in me...: (67v) quod ut facias vehementer rogo.
D.R. Shackleton Bailey, ed. *Cicero: Epistulae ad Familiares*, 2 vols., Cambridge: Cambridge University Press, 1977, [1] XV.12 = 102, vol. 1, pp. 189-190; [2] XV.13 = 109, vol. 1, pp. 201-202; [3] XV.18 = 213, vol. 2, pp. 58; [4] XV.20 = 208, vol. 2, p. 52; [5] XV.21 = 207, vol. 2, pp. 50-51; [6] XVI.5 = 124, vol. 1, p. 225; [7] XVI.7 = 126, vol. 1, p. 226; [8] XVI.1 = 120, vol. 1, pp. 221-22; [9] XVI.2 = 121, vol. 1, p. 22; [10] XVI.3 = 122, vol. 1, p. 223; [11] XVI.4 = 123, vol. 1, pp. 223-224; [12] XVI.6 = 125, vol. 1, p. 226; [13] XVI.8 = 147, vol. 1, pp. 248-249; [14] XVI.9 = 127, vol. 1, pp. 227-228; [15] XVI.11, vol. 1, pp. 227-228; [16] XVI.12 = 146, vol. 1, pp. 246-248; [17] XVI.10 = 43, vol. 1, pp. 103-104; [18] XVI.15 = 42, vol. 1, pp. 102-103; [19] XVI.14 = 41, vol. 1, p. 102; [20] XVI.13 = 40, vol. 1, p. 101; [21] XVI.16 = 44, vol. 1, p. 104; [22] XVI.17 = 186, vol. 2, p. 19; [23] XVI.18 = 219, vol. 2, pp. 65-66; [24] XVI.19 = 184, vol. 2, p. 17; [25] XVI.20 = 220, vol. 2, p. 66; [26] XVI.21 = 337, vol. 2, pp. 189-192; [27] XVI.22 = 185, vol. 2, p. 18; [28] XVI.23 = 330, vol. 2, pp. 183-184; [29] XVI.24 = 350, vol. 2, p. 206; [30] XVI.25 = 338, vol. 2, p. 192; [31] XVI.27 = 352, vol. 2, pp. 207-208; [32] XVI.26 = 351, vol. 2, p. 207; [33] = 26, vol. 1, pp. 88-89; [34] = 435, vol. 2, p. 305. [Interlinear gloss throughout the text.]

15. ANONYMOUS *Epitaphia 2 Leonini candentis*
ff. 67v-68r. f. 67v: Epitaphium Leonini candentis et conspicui velleris caniculi. [1] Delicie Leoninus ego dominique domusque...: Abscidit morsu guttura nostra suo. Epitaphium pro eodem. [2] Me postquam miro fetu natura creavit...: (68r) Cuius ego externo semper sub nomine vivam.
[Bertalot, *Initia*, [1] item 1107, [2] item 3284.]

16. ANONYMOUS *Eulogium Leonini catelli*
f. 68rv. f. 68r: Parvus eram fateor miro sed vellere clarus...: (68v) viderit hoc titulum qui leget ille meum.
[Bertalot, *Initia*, item 4172.]

17. ANONYMOUS *Carmen in sepulchro Leonini catelli*
ff. 68v-69r. f. 68v: Perlege nec pigeat fueris quicumque viator...: (69r) ludes et decus omne canum.
[Bertalot, *Initia*, item 4249.]

18. VEGIUS, MAFFEUS, *Epitaphia de Leonino catello*
f. 69r: [1] Mafei Vegii epitaphium sequitur. Tanta videbatur tibi mens Leonine Catelle...: hec breva urna tegit. [2] Eiusdem Mafei alterum. Tam nitido fueras Leonine et vellere longo...: et vivens pugna secunda fores.
[Bertalot, *Initia*, [1] item 6210, [2] item 6199.]

19. THADDEUS ABBAS, *Epistola ad Johannem Cademustum*
f. 69rv. f. 69r: Johanni Cademusto viro eleganti Ta[ddeus] s[alutem] p[lurimam] d[icit]. Reddite mihi fuere littere tue his diebus superioribus plene...: (69v) tuarum ad me litterarum date etiam atque etiam vale. Datae Rome die XIIII Maii 1445.

20. ANONYMOUS *Fragmenta epistolae*
f. 69v [1]: Si mihi tecum non et multe et iuste cause amicicie privatim essent... apud me inter moriturus existimas. Sed hec satis multo et plura potius ad te scripsi...: sed benevolentia longioris epistolas. [2] Vacare culpa magnum est solatium presertim cum habeam duas res...: nisi mihi longiorem remiseris.
[These brief entries may be postscripts to item 19.]

21. ANONYMOUS, *Carmen*
f. 69v: Balsamus et munda cera cum crismatis unda...: Si quis honrat eum retinebit ab hoste triumphum.
[Walther, *Initia*, item 2058.]

22. VEGIUS, MAFFEUS, *Oratio super 'Agnus Dei'*
f. 70r: Versus agnus Dei ex Mapheo Vegio. Salve, nostra salus agnus mitissime, salve...: O magni salve mistica forma dei.
Maffeo Veggio, *Elenco delle opere: scritti inediti*, edited by Luigi Raffaele, Bologna: Zanichelli, 1909, pp. 202-203. Also, Ludwig Bertalot, *Studien zum italienischen und deutschen Humanismus*, ed. by P.O. Kristeller, Roma: Storia e Letteratura, 1975, Vol. 1, p. 389. [Also see, Bertalot, *Initia*, item 5483.]

23. VEGIUS, MAFFEUS, *Versus in Beatam virginem*
f. 70r: Versus ad Christi matrem ex Mapheo Vegio. Hic tibi virgo sacram fixisti in secula sedem/ Febribus humanis ut sis medicina salubris...: Sic bona mens carnis patienter dona subibit. [f. 70v is blank.]

24. THADDEUS ABBAS, *Epistola ad Bartholomeum de Riccardis*
f. 71r: Viro claro doctorique eximo domino Bartholomeo de Riccardis T[addeus] ab[bbas] sese humilter comendat. Intellexi his diebus superioribus ex litteris vestris...: late rogo etiam atque etiamvalete. Per me VIII kal. Junii 1449.

25. ANONYMOUS *Fragmentum epistolae*
f. 71r: Fuere mihi his diebus Paulo superioribus mi prestantissime doctor quedam elargita munuschula, e quibus ob tua erba me merita...: imperatorque es. Vale cui me meaque comendo.

26. ANONYMOUS *Epistola*
f. 71v: Io. Fran. Salvum te esse quam plurimum gaudeo. Iubeo te meo pro imperio apud me in cena hoc sero esse...: fueris etiam atque etiam pro tuo desiderio vale. Quis fui ex nuntio intelliges.

27. THADDEUS ABBAS, *Epistola episcopo Laudensi*
ff. 71v-72r. f. 71v: Episcopo Laudensi Tadeus Abbas. Reverende in Christo pater et domine mi unice post humilem debitamque commendationem. Favente domino Laudam aplicui ac incolimus...: (72r) quam mandatis eiusdem continuo obsequentissimum esse intelliget. Ex Laude XV Marcii 1453.

28. ANONYMOUS *Versus in Beatam virginem*
f. 72r: Magnum decus ecclesie virgo mater attulit/ Al mundo producendo Iesu cum tanta gloria...: commendat se tibi quicquid est merito servus.

29. ANONYMOUS *Invectiva in Venetos*
f. 72v: In Venetos. I Venetum pomposa cohors i victa superbum...: Cesarei quod fama ducis transibit ad horas. [Margins contain variant readings.] Remigio Sabbadini, *Epistolario di Guarino Veronese*, volume 3, Miscellanea di storia veneta, serie terza, tomo 14, Venezia: Societ àdi storia patria, 1919, pp. 364-65. [Also see Bertalot *Initia*, item 2491 with bibliography. In Bertalot, *Studien*, vol. 1, p. 408 he mentions that this invective was written by the Visconti in 1439.]

30. ALBERTUS IUDEX, *Narratio de manifestatione spiritum imundorum et liberatione ab eis mulieris Beldies filiae Robachastelli de Arminulfis de civitate Mediolani ex uxoris Guidonis Capitanei de Trexeno die 5 Martii 1173*
ff. 73r-81r. f. 73r: Venit mulier nobilissima quedam nomine Beldies, filia domini Robachastelli de Arminulfis de civitate Mediolani et uxor erat domini Guidonis nobilissimi capitanei de Trexeno. Videtur hoc fuisse sub MCLXXIII tertio nonas Martii die lune indictione, etc. Alexandro tertio papa apostolice sedis residente et archiepiscopo sedenti et Alberto de Rivolta episcopante necnon Federico primo imperator ad orachulum beate marie virginis et beati petri...: (81r) et mihi Alberto inzignato iudice Palatino precepit ut predictam manifestacionem unius compilacionis in seriem redigerem.

31. ANSELMUS MONACUS DE VAIRANO, *Chronicon monasterii S. Petri de Laude Veteri*
ff. 81r-88v. f. 81r: Ego dominus Anselmus de Vaierano, huius monasterii sancti Petri de Laude Veteri monachus timens ne me necessita cogat...: (88v) aliorumque sanctorum et nostram hanc eis facimus indulgentiam. Amen. [Folios 89r-90r are blank.]

Anselmo da Vairano *Cronoca*, ed. by Virginio Negri, Lodi: Quirico e Camagni, 1909 [A copy of this rare text can be found in the Ambrosiana under the shelfmark: Opusculi B, XCVI 29].

32. *Nota*

f. 90v: Occurunt animo pereundi mille figure/ Mors que minus poene quam mora mortis habet. [Folio 91rv is blank.]

33. CASTIGLIONI, JOACHIM, *Oratio lugubris super funus Margaritae uxoris Iohannis Simonettae*

ff. 92r-93v. f. 92r: Oratio lugubris super funus domine Margaritae uxoris magnifici domini Johannis Simonete in Mediolano, ex reverendo patre domino magistro Joachino Castilioneo ordinis predicatorum. Non possum non plurimo dolore affici magistri viri et cives spectatissimi...: (93v) cum quo pro vite innocenter acte meritis evo fruitur sempiterno. Dixi.
[Argelati, vol. 1, part 2, p. 366C and vol. 2, part 2, p. 2169C (with a brief excerpt). Also Remigio Sabbadini, "Bricole umanistiche," *GSLI* 46 (1905): 80; L. Gargan *Lo studio teologico e la biblioteca deidominicani a Padova nel tre e quatrocento*, Padua: Editrice Antenore, 1971, p. 82; and Kaeppeli, *SS. OP.*, vol. 2, pp. 372-73; also John M. McManomen, *Funeral Oratory and the Cultural Ideals of Italian Humanism*, Chapel Hill: University of North Carolina Press, 1989, p. 264.]

34. RABANUS MAURUS, *De universo* [excerpta]

ff. 94r-96r. [1] f. 94r: De luctantione secundum Rabbanum. Luctatio a laterum complexu vocata...: (94r) coronam accipiant nos autem incorruptam// [text ends with the quote from I Corinthians 9 in the middle of Book 20, chapter 36. Folio 94v is blank] [2] f. 95r: De portentis secundum Rabanum. Portenta esse Varo ait que contra naturam nata videntur...: (96r) et sanctus in omnibus operibus finis. Finis.
[1] *PL*, vol. 111, col. 549, *De universo* Liber 20, cap. 23-26. [2] *PL*, vol. 111, cols. 195-99, *De universo*, liber 7, cap. 7.

35. ANONYMOUS, *Epistola de fortuna in scriptis antiquiorum*

ff. 96v-97v. f. 96v: [R]omani de more solent amantissime frater cum merum vendere mallint...: (97v) Si quidem fortuna est accidentium rerum subiter atque inopinatus eventus [added by another hand: Verum philosophi ne aliquando non errent in re stulta volunt esse...: E quibus ille asertor voluptatum Epicurus inter ceteros. [ff. 98r-99r are blank.]
[Discussion of 'fortuna' in Vergil, Aulus Gellius, Terence, Nonius, Lucian, Juvenal, Cicero, Seneca and Lactantius.]

36. ANONYMOUS, *Epitaphia Petri Riarii cardinalis sancti Sixti*

ff. 99v-100r. 99v: [1] Epitaphium fratris Petri cardinalis sancti Sixti. Siste viator iter properos conpesce meatus...: ut si noxa fuit deleat ipse Deus. [2] Pro eodem. Quo premor hoc saxum moneat spectacula mondo...: comperiat dominus corda parata sibi. (100r) [3] Aliud epitaphium pro eodem. Hac

iaceo gleba latui queconque tenebat...: Sixte poli referans hostia sancta Petro. [4] Pro eodem. Conditur hoc tumulo quem tot lustrare triumphi...: Una dies rapuit meas ruit ipsa virum. [ff. 100v-101r are blank.]
[Petrus Riarius O.F.M. cardinal of San Sisto, died in 1474.]

37. PUTEOLANUS, FRANCISCUS, *Epicedion Galacie Sforzie ad coniugem Bonam Sabaudiae*

f. 101v: Epicedion illustrissimi principis Galeacii Sphorcie ad illustrissimam eius coniugem Bonam. Per Franciscum Puteolanum poetam Parmensem ex tempore compositam. [I]unoni praelata diu Bona coniuge tanto uxor...: Dibueras animam hanc excipe ore tuo.
[Galeazzo Maria Sforza and Bona di Savoia were married in 1468. On this entry see: Ireneo Affò, *Memorie degli scrittori e letterati parmigiani*, vol. 2, Parma: Stamperia Reale, 1789 (rpt. Bologna: Forni, 1969), p. 304; and Argelati, vol. 2, part 1, col. 1380A.]

38. FERRERIUS, S. VINCENTIUS O.P., *Vaticiniae excerpta*

Inside back cover: Ex vaticiniis beati Vincentii ordinis predicatorum. Haec precipue de Italica dicta collecta reperiuntur...: Haec possunt videri in libro eiusdem sancti Vincenti de vaticiniis qui incipit 'beatus est qui invertus est sine macula etc.' Nonis Aprilis 1481.
[H.D. Fages, *Notes et documents de l'histoire de S. Vincent Ferrer*, Paris: Picard and Louvain: Uystpruyst, 1905, collects most of the documents concerning the saint through the nineteenth century but our text does not seem to be in it. In the manuscript the beginning of lines two through five are covered by an overlapping piece of binding glued to the cover.]

Physical Description: Paper; 31x22 cm; ff. I+101+II; Latin; Humanistic cursive.
The back two flyleaves are blank. The manuscript was written in a number of different hands. Some catchwords. There is a brief table of contents on the inside front cover that was later redone by Olgiatus on f. Iv. On the dating of the manuscript to XV-3 see items 36 and 37. There are three different watermarks as follows: on ff. 96-98 is a watermark fairly close to Briquet, vol. 3, item 9947; on ff. 69, 72 and numerous text pages is a watermark similar to Briquet, vol. 2, item 5105; and on f. 89 and various text pages is a watermark somewhat similar to Briquet, vol. 4, item 13,636.

Illumination: On f. 1r the text begins with an illuminated initial G infilled with void branchwork vine stems bearing seeds (Lombard school). In the lower margin is an heraldic device with three Fleur-de-lys in the upper section and a diagonal bar pattern below. On either side of the device is a floral pattern comprised of a lotus, a barbed rosette, aroids and buds. There are simple illuminated initials throughout the text and a panelled illuminated initial U on f. 73r.

Provenance: Old signatures: R, P (Inside front cover); E 124 (ff. Ir and Iv). Also on f. Iv: "Felicibus auspiciis Illustrissimi Cardinali Federici Borrhomai Archepiscopi Mediolani et Bibliothecae necnon scholae Ambrosianae fundatoris Antonius Olgiatus primus eiusdem Bibliothecanus scripsit anno 1604." On folio 90v, near the bottom: "Detur domino Thadeo abbati S. Petri de Laude Veteri", (in a XV century *cursiva*). Also see the heraldic device described above.

Bibliography: Cipriani, pp. 43-44; and Kristeller, *Iter Ital.*, vol. 1, p. 298.

E 125 Sup. * XV-2 (between 1454 and 1468) * Rome [Plate I.24]

1. LUCRETIUS, TITUS CARUS, *De rerum natura*

pp. 1-271. p. 1: Titi Lucretii Cari de rerum natura liber primus incipit lege foeliciter. Aeneadum genetrix hominum divumque voluptas...: (271) rixantes potius quam corpora desererentur. Finis. Deo gratias. [p. 272 is blank.] Joseph Martin, ed., Leipzig: Teubner, 1959.

Physical Description: Parchment; 30x20 cm; 136; Latin; Humanistic minuscule.
Paginated throughout with contemporary marginal notes. No flyleaves. The heraldic device dates the illumination, and most likely the text as well, to the reign of Pius II. Catchwords. Some marginal notes and emendations, possibly in the hand of Pius II.

Illumination: On page 1 is an illuminated A, four lines high, decorated with vine stems with leaf terminals that extend into the left hand margin; in the lower margin is the coat of arms of Pope Pius II, consisting of two shields crowned with the papal tiara. The shield on the left contains the two crossed keys, the one on the right includes five crescent moons in a cross with the crossed keys above. The entire heraldic device is surrounded with a vine stem design containing leaf terminals. Smaller vine stem initials as follows: one line high on pp. 65 and 68, two lines high at section headings throughout the manuscript and three to four lines high at the beginning of books on pp. 41, 82, 124, 171 and 224.

Provenance: Old signatures: E 125, R, and P (inside front cover). Also on the inside front cover: 'Felicibus auspiciis Illustrissimi Cardinali Federici Borrhomai Archiepiscopi Mediolani et schola nec non Biblioteca Ambrosiana fundatoris Antonius Olgiatus primus eiusdem Bibliotecarius scripsit anno 1605' and the following note by Olgiatus on the previous owner Pius Papa II (Aeneas Sylvius Piccolomini): 'Hanc codicem summa diligentia conscriptum ex bibliotheca Pii Secundi, Summi pontificis prodiisse constat ex stemmate quod aversa pagina depictum habet. Nota vero quibus adspersus est, et variam monstrant lectionem, si non sunt ipsius Aneae Sylvii, saltem alterius viri docti eas esse quicunque in litteris mediocriter versatus affirmabit'. See miniatures for description of the heraldic device.

Bibliography: Cipriani, p. 44; M. Paolucci, "Di alcuni nuovi codici italiani di Lucrezio," *Aevum*, 28 (1954): 16; M. Reeve, "The Italian Tradition of Lucretius," *IMU*, 23 (1980): 36.

E 126 Sup. * XV-3 * Central Italy, Tuscany [Plate I.25]

1. VALLA, LAURENTIUS, *Elegantiarum linguae latinae libri vi*

ff. 1r-188v. 1r: [Heading in upper right margin] Laurentii valle viri potissimi elegantie lingue romane li[ber] primus. [Prologue] Cum sepe mecum nostrorum maiorum res gestas aliorumque vel populorum vel regum considero...: (3r) principium nostrum auspicemur. [Text] Deus dea deabus dicimus, divus diva divabus non dicimus...: (188v) cum deberet esse masculini potius generis ut talio stellio curgulio. Fine. [There is a nine line note at the bottom of f. 6v: Priscianus vero vult pro fructu et morbo quarte esse...: hoc ab illo dicatur.]
Opera omnia, Turin: Bottega d'Erasmo, 1962 (reprint of Basil, 1540 edition), vol. 1, pp. 3-235.

Physical Description: Paper; 29x21 cm; ff. 0+188+0; Latin; Humanistic cursive.
The modern foliation follows in consecutive order but the original humanist foliation skips from 177 to 180, therefore the folios originally numbered 180-190 are actually ff. 178-188. There are short marginal notes and corrections in two different hands, mostly on the first eight folios. Catchwords every tenth folio. The manuscript probably dates to the 1460's or 70's.

Illumination: On f. 1r there is a large vine stem initial C, six lines high, with buds, seeds and leaf terminals continuing into the left margin. There are infilled initials on 34r, 93v and 158v and plain initials throughout.

Provenance: Old signatures: S and Z (inside front cover), E 126 and P (1r). There is an unidentified heraldic device containing a winged dragon within a wreath, on the bottom margin of f. 1r.

Bibliography: Cipriani, p. 44; Kristeller, *Iter. Ital.*, vol. 1, p. 298; Bursill-Hall, p. 137; Iozef Ijsewijn and Gilbert Tournay, "Un primo censimento dei manoscritti e delle edizioni a stampa degli *Elegantiarum linguae latinae libri sex* di Lorenzo Valla," *Humanistica Lovaniensia*, 18 (1969): 25-41, this manuscript cited on p. 29.

E 127 Sup. * XV-1 * Northern Italy, Veneto [Plate I.26]

1. CICERO, MARCUS TULLIUS, *De Oratore*

ff. 1r-70v. 1r: Liber I. [Prologue] M.T.C ad Quintum fratrem de officio et institutione oratoris liber primus incipit. Tractatus primus prohemialis. Que ratio Ciceronem ad scribendum induxerit, et cur tanta sit oratorum paucita. Capitulum primum. Quod litterati ocii dignitas et autoritas, Quinti fratris, Ciceronem ad scribendum de officio oratoris impulerunt. [Text I.1-I.128] Cogitanti michi sepenumero et memoria vetera repetenti...: (14v) vox tragedorum. Gestus pene summorum// [A section of text is missing at this point. There is a small blank space on the line then the text begins again with I.157-I.193 as follows:] //non sane mihi displicet adhibere...: (18v) disputationum suarum qui iure civili// [short erasure on the line at this point then the next line begins with [II.61-II.69] //vulgo intelligi. In philosophus...: (20r) arte effici possint a doctore tradantur. [Prologue] Liber Secundus. Prohemii initium defici continens dicessum Servole ex Tusculano in urbem. Et quando Catullus et Cesar fratres hortam Sevole Roma perfecti sunt in Tuscullanum ut huic diputationi interessent. Prohemii prosecuti. Tractatus primus prohemialis. Crassus recusat de institutis artis disputare. Qui locus Antonio consentienti attribuntur. Capitulum primum. Catullus instat Crasso ut more maiorum de intimis praeceptoribus artis disputationem ineat cuius rationes Crassus particularis confutat. [Text II.19 - II.50] Tum Catullus ne Greci quidem inquit Crasse...: (24r) obiurgatio cohortatio consolatio.// [short erasere on the line then the text begins again with II.69-II.245 as follows:] qui primarum et ceterarum rerum genera...: (44v) Ergo hec sunt que cadere possunt.// [the text continues without a break II.288 - III.17] Colliguntur a Grecis alia nonnulla...: (55v) quid est Crasse inquit Julius imusne sessum. [Prologue] Tractatus secundus carens principio. Quod sint disceptationum id est questionum genera. Capitulum primum. (56r) Deficit illa pars in qua Crassus excepit finonem Catulli et quattuor praemisit genera exornationum iamque duo absolverat. Item initium digressionis ad hec questionum genera. Nunc vero Grecos reprehendit qui duo cum per posuerint genera questionum alterum eorum impeditum obscurumque reliquerunt. Et [there is an erasure on the line followed by the text III.110-end III.230] //jure aut iudicio ut denique recuperare...: (70v) disputationis animos nostros curamque laxemus. [There is a long marginal gloss on f. 14r as follows: Aliquid tale suppleri posset ante illum textum *satis esse*: Recte inquit Crassus tuus ille Apollonius Antoni cum dicendi artem traderet...: divina quam humana contineantur tamen.]

K.F. Kumaniecki, ed., *De oratore*, *M. Tulli Ciceronis scripta quae manserunt omnia*, fasc. 3, Leipzig: Teubner, 1969. [On f. 37v is the following note: 'Verba hec non sunt de textu sed per Gasparinum Pergamensem excogitata quoniam his simila in litera deficiunt.' These marginal annotations indicating problems or lacunae, reconstructed by Barzizzia, have been edited in Sabbadini, *Storia e critica*, pp. 83-84. A marginal note on f. 44v refers the reader to the *additiones* at the end of the manuscript: "Ante hunc textum colligunter reponitur a quibusdam additio ultima, quae est in fine libri posita, prout fertur quodam in veteri codice repertum." There are symbols in a modern hand referring to the missing sections.]

2. CICERO, MARCUS TULLUS, *Orator*

ff. 70v-85r. 70v: [Prologue] M.T.C. de optimo oratore ad M. Brutum prohemium deficit in quo roganti Bruto Cicero fuerat pollicitus se iudicium suum de perfecto oratore conscripturum. Item ea pars tractatus primi in qua ostensurus quem ipse summum oratorem iudicet tria esse ornatus genera praemiserat quo loco iam de pro genere quod est humilius ac de his qui in ea praestiterunt satis absolverat. Restabat ut de aliis duobis generibus in de mediocri et gravi diceret. Ab his processus libri quarti ex arrupto incipit et pro a mediocri genere. Potuit autem aliquid tale proxime antecessisse. Est aliud exornandi genus multo illustrius. Tractatus primus. De mediocri et gravi ornatu et de perfecto oratore. Capitulum primum. Quid secundo generi in quo mediocris ornatus continetur maxime conveniat ac de praestantia et compatione tercii generis ad superiora. [Text begins defectively at section 91-191] //Multoque robustius quam hoc humile de quo dictum est...: (84r) fugit enim spondeum et trocheum. [The remainder of that line is erased then the next line begins with the text in section 231-end,238.] //numerorum is omnis fere viciaverit...: (85r) scribendi me impudentiam suscepisse. M.T.C. De officio et institutione optimi oratoris ad M. Brutum. Liber explicit. Feciliciter [!]. R.S.

Rolf Westman, ed., *Orator*, in *M Tulli Ciceronis scripta quae manserunt omnia*, fasc. 5, Leipzig: Teubner, 1980.

3. CICERO, MARCUS TULLUS, *Additiones ad 'de oratore' liber II*

ff. 85v-91v. 85v: Additiones. [1] [II.13-II.19] //Tentans ad disputandum elicere non potuissem...: (86r) Crasse qui in civitatibus suis et cetera. [2] [II.50-II.60] //neque habent suum locum ullum in divisione...: (87r) qui scripserunt voluerunt vulgo intelligi. Mediocris ars enim. [3] [II.245-II.288] //L. Aurifex brevior ipse quam testis...: (91v) Colliguntur alia nonnulla execrationes et cetera.

K.F. Kumaniecki, ed., *De oratore*, *M. Tulli Ciceronis scripta quae manserunt omnia*, fasc. 3, Leipzig: Teubner, 1969. [The incipit of each addition is noted with reference to its location in the text.]

Physical Description: Parchment; 31x21 cm; ff. I+91+II; Latin; *Textura formata*.

The two back flyleaves are blank. On flyleaf Iv are the titles as follows: Cicero. Libri tres de oratore. De optimo genere orators, akephalos [in Greek letters]. Marginal notes and symbols throughout the manuscript indicate where sections are omitted. On flyleaf Iv there is a modern note indicating six missing sections. There are some marginal glosses in addition to the annotations of Barzizza. Catchwords.

Illumination: There is a framed illuminated vine stem initial C with void branchwork, 11 lines high, on f. 1r, a T on f. 20r, an I on f. 53v and a slightly smaller, 7 line high, M on f. 70v. Smaller, 4 line high, framed initials infilled with simple geometric designs usually used for first chapters are on ff. 51r, 57r, 68r, 73r and 76r. There are smaller, 3 line high, colored foliate initials throughout the manuscript at the beginning of chapters.

Provenance: Old Signatures: E 127 (ff. Ir and Iv), Q (f. Iv). On flyleaf Ir: 'Questo libro era de la commissaria de messer Zuan Corner et tocco poi ala commissaria de messer Fantin Corner in la division fatta dacordo tra mi messer Benedetto Corner et mi Francesco Corner ad 4 luio 1502.' Below in a different hand is the rubbed out note 'Questo libro sia de Lucia.' On flyleaf Iv: 'Erat ex libris I.V. Plli' that is Gian Vincenzo Pinelli. According to Sabbadini and G. Billanovich, as cited below, the Venetian patrician Iohannes Corner sent Gasparinus Bergomensis Barzizius a copy of the *Orator* for corrections. Based on the corrected version, a scribe with the initials R. S. (see f. 85r for initials) made Corner a calligraphic manuscript which is identified as E 127 Superior. This manuscript remained in the Corner family, as noted above; it was later acquired by Pinelli before entering the Ambrosiana in 1609, when Borromeo purchased the collection from Pinelli's heirs.

Bibliography: Giampiera Arrigoni, *Il 'De oratore' e 'L'Orator' nella tradizione del codice Trivulziano 723*, in *Testi e documenti per lo studio dell'antichità*, vol. 30, Milan: Istituto editoriale cisalpino, 1969; Eugenio Billanovich, "Per la storia della pittura nel veneto," *IMU* 16 (1973): 376-77; Giuseppe Billanovich, "Il petrarca e i retori latini minori," *IMU* 5 (1962): 134-35; Cipriani, pp. 44-45. Kristeller, *Iter Ital.*, vol. 1, p. 298; Rivolta, p. 16; Sabbadini, *Storia e critica*, pp. 82-84; Maria Pia Tremolada "Introduzione a un catalogo di manoscritti di Gasparino Barzizza conservati nelle biblioteche milanesi," *Libri & documenti: archivio storico civico e biblioteca trivulziana* 14 (1988): 57-72 with a plate of 37v on p. 59 and discussion on p. 60.

E 128 Sup. * XV-3 * Northeastern Italy, Bologna (?)

1. ANONYMOUS, *Fragmentum de monasterio sancti stephani bononiae* [membra disiecta]
Inside front cover: //dominus fiat Bonacursius olim abbas... magister Jacobus operas suos tertium medicando... usque ad M CCC XXXII et die penul[timus]... et conventum cuiusdem monasterium sanctus Stephanus...: domino Thoma eos perducente et Jacobo//.
[There is a pastedown of a sheet which has the left hand margin cut down so that the first few words in each line are missing. The text, in a *bastarda* hand, is somewhat rubbed. It is probably from a register or chronicle concerning the monastery of S. Stefano, Bologna.]

2. ANONYMOUS, *Notae de hercule ex diodoro siculo*

ff. 1r-10v. 1r: Diodori Siculi libro secundo. [1] Herculem qui montana Indorum incolunt...: usque in Alexandri ipsus immutatae permanserunt. [2] Passim per omnem terrarum orbem predicata Amazonum virtute Herculem...: Hyppolytemque cum cingulo cuprinam adduxit. [3] Libro tertio. Gorgonas autem in procedentibus temporibus auctas iterum...: implere quaedam a feminis subdita circumspicere. [4] Linum propter poeticam atque melodiam...: cithara iratus preceptorem percussisse ac interfecisse. [5] Duorum H[ercules] qui idem cognomentum adepti sunt...: in omnibus seculis Hercules natus fuerit. [6] Libro quarto. Ex Iove et Danae Acrisii filia genitum...: (10r) antiquas fabulas secundum historias convenire in unum contingat, hoc admiratione minime dignum est. [7]Argonautae iam medium mare Ponticum tenentes tempestate...: (10v) cum sex longis navibus illam evertisse; inter quos est Homerus, ut supra rettulimus. [8] Libro sexto. Herculem mythologi referunt cum Iove genitum...: Hercules in Egypto res honoresque celebratissimos conservari atque civitatem ab eo conditam esse. Telos [in Greek letters].

[These notes on the deeds of Hercules are based on the *Bibliotheca historica* of Diodorus Siculus as translated from the Greek into Latin by Poggio Bracciolini. Often the above text is a close paraphrase, therefore references are included to: Gianfrancesco Poggio Bracciolini, *Diodorus Siculi bibliothecae historicae*, Seb. Gryphium: Lugduni, 1552.] [1] Based on Book II, chapter 39, sections 1-4, on p. 175 in the cited edition. [2] Based on Book II, chapter 46, sections 3-4, on p. 182 of the cited edition. [3] Based on Book III, chapter 55, section 3, on pp. 258-59 of the cited edition. [4] Based on Book III, chapter 67, section 2, p. 277 in the cited edition. [5] Based on Book IV, chapter 10, (possibly section 5 or 6 summarized). [6] Based on Book IV, chapter 11, section 1 - Book IV, chapter 44, section 6, beginning on p. 379 of the cited edition. [7] Based on Book IV, chapter 48, section 5 - Book IV, chapter 49, section 7. [8] Possibly based on a fragment from book 6. [There are some marginal annotations on ff. 1-5.]

3. ANONYMOUS, *Glossarium mythologicum ab ovidio*

ff. 11r-18r. 11r: Iesus. [Rubric] Interpretationes, expositiones et narrationes quaedam inferius subsecuntur ex quibus quae per Ovidium in libro Metamorphoseos fabulosae dicuntur, ad moralitatem possunt et etiam ueritatem aliquam retorqueri. De Saturno et de origine et gestis eius et qui ex ipso descenderunt. [Text] Saturnus Poluris et Opis filius rex Cretae primo deinde Italiae fuit...: (18r) De Nyctimene. Nictimene in graeco idem est quod noctua in latino, que ideo adulterasse dicitur cum patre id est cum gestisimo quia Nictimene cum noctua non consonat in aliquo. Finit feliciter. [ff. 18v-20v are blank.]

[Partial fifteenth century index on flyleaf Ir: "De Pane et Roma - 6; De Puero Phyli - 6... De Sitrone - 7; De Sirenis - 8;...: De Vertuno - 6." The current folio numbers for these entries are 15v for Pane and Phyli; 17r for Sitrone; 17v for Sirenis; and 16r for Vertuno.]

4. ALBERICUS LUNDONIENSIS, *Mythographus vaticanos iii*
ff. 21r-58v. 21r: [Rubric] Scintillarium poeseos distinctum in particulas xiii7204
editum ab Alexandro incipit feliciter. [Prologue] [F]uit in Egypto vir ditissimus nomine Syrophanes...: flagello auctoritatum aliquatenus dimoveamus. [Text] Primum deorum Saturnum ponunt. Hunc maestum, senem, canum, caput glauco amicto...: (57r) pectus et ora leae caudam serpentis habebat. Telos [in Greek letters]. Finit. (57v) [Followed by an index to the text] Animarum origo cum adnexis - 10; Animae operatio - 10...: (58v) Venus et Adon. - 31; Vesta - 3.
G. H. Bode, *Scriptores rerum mythicarum latini tres Romae nuper reperti*, Cellis, 1834, reprint Hildesheim: Olms, 1968, pp. 152-253. [The manuscript text does not contain the last section of edition. For authorship, see E. Rathbone, "Master Alberic of London, Mythographus Tertius Vaticanus," *MRS* 1 (1943): 35-8.

5. ANONYMOUS, *Fragmentum de indice ex actibus Bononiae*
[membra disiecta]
Inside back cover: [1] etiam quod... - XXX...: possit deinde - XXXIIII. Liber [rubbed] Bononiae. [2] M CCC LXXX VIIII primores. liber [rubbed] de [hole]nitavignes et Guidonis de Manzolino. Etiam quod d. Monaldus sit reffirmatus dictimus potentis - f. i...: soluem - f. x [ending rubbed].
[This is a single sheet pastedown fragment in *bastarda* script containing an index to the end of one section and the beginning of another section of acts. The notary Guidone de Manzolino is also mentioned in a document of 1409 in Celestino Piana, *Nuovi documenti sull'università di bologna e sul collegio di spagna*, Studia Albornotiana, vol. 26, Rela Colegio de España: Bologna, 1976, vol. 1, p. 386, item 593.]

Physical Description: Paper; 31x24 cm; ff. X+58; Latin; Humanistic cursive, *bastarda* (on the inside front and back covers).
Flyleaves Iv-Xv are blank. Catchwords on ff. 30v, 40v and 50v. There are brief marginal notes primarily in the first quire. Three watermarks are visible: on f. 19 is a mark similar to Briquet, vol. 3, items 11849-11850; on flyleaves I and VI is a mark similar to Briquet, vol. 2, items 5202 and 5207-5209; and finally on flyleaves VII-IX is a watermark similar to Briquet, vol. 3, items 8439-8440 (possibly from Bologna).

Illumination: Simple colored initials one to two lines high throughout.

Provenance: Old signatures: Q and E 128 (flyleaf Ir) and CLXXXVI (1r). Ex libris on 1r: "Liber D[omenico] Grimani cardinalis S. Marci id est" with the manuscript shelfmark CLXXXVI in the upper right corner of the folio in the same hand. On Dominicus Grimanus, who was Cardinal of San Marco in Venice from 1503-1510 see Eubel, vol. 2, p. 63 and Cosenza, vol. 2, pp. 1681-83 and vol. 5, pp. 861-2.

Bibliography: Kristeller, *Iter. Ital.*, vol. 1, p. 298.

E 129 Sup. * XV-1 (XIV-3 items 6 and 7) * Northern Italy, Bobbio

1. GAUFRIDUS DE VINO SALVO, *Poetria nova*

ff. 1r-40r. 1r: Papa stupor mondi [!] si disero papa nocenti...: (39v) quantum de jure mereris. /Imperialis apex... (40r) Flexilis et sit ei melius ratione potentis. Amen. Cernenti cuncta sit gloria, laus et honor. Deo gratias. Amen.

E. Gallo, *The Poetria Nova and its Sources in Early Rhetorical Doctrine*, The Hague: Mouton, 1971, pp. 13-128. Gallo's text is based on E. Faral, *Les arts poétiques du XIIe et du XIIIe siècle*, Paris, 1924, pp. 197-262. [In the manuscript, lines 2086-2103 are transposed to the end. Walther, *Initia*, items 13656-57.]

2. *Preparatio misse: preces et oratio confessionis*

f. 40r-41v. 40r: *Et introibo ad altare dei. Ad deum qui letificat juventutem meam* [Ps. 42:4]. *Judica me deus et discerne causam meam... Emitte lucem tuam et veritatem... Et introibo ad altare dei... Confiteor [deo patri erased] tibi in cithara... Spera in quoniam adhunc confiteor illi salutare vultus mei et deus meus* [Ps. 42]. Gloria patri. Sicut erat in principio. *Et introibo ad (40v) altare dei. Ad deum qui letificat juventutem meam* [Ps 42:4]. *Adjuctorum nostrum in nomine domini qui fecit celum et terram* [Ps. 123:8]. Et ego infelix peccator confiteor deo omnipotenti, beate Marie semper virgini, beato Petro, beato Paulo, beato Columbano, beato Michaeli archangelo et omnibus sanctis et tibi patri...: meam massimas culpam. Ideo precor te patrem orare per me. Amen. Deo gratias. Misereatur nostri omnipotentes deus et dimissis omnibus peccatis nostris, perducat nos deus in vitam eternam. Amen. Indulgentiam absolutionem et remissionem omnium peccatorum nostrorum tribuat nobis omnipotens deus et misericors dominus. *Deus tu conversus vivificabis nos. Et plebs tua letabitur in te. Ostende nobis domine misericordiam tuam. Et salutare tuum da nobis* [Ps. 84:7-8]. *Domine exaudi orationem meam. Et clamor meus ab te veniat* [Ps. 101:2]. Dominus nobiscum. Et cum spiritu tuo.

Bernard Botte and Christine Mohrmann, *L'Ordinaire de la messe*, Études Liturgiques, vol. 2, Paris and Louvain: Cerf and Mont Cesar, 1953, pp. 58-62. [Capitals in this passage represent locations in the manuscript that contain paragraph marks to set off the beginning locations for priest and respondents.]

3. ANONYMOUS, *Visio Philiberti sivi Dialogus inter corpus et animam*

ff. 41r-44r. 41r: [N]octis sub silencio tempore vernali/ dedetus [!] quodamodo sumno spiritali...: (43v) et parte dirigem quod non erat rectum. Nui [! probably for novi] parte florida celo puriore/ Picto terre gremio vario colore... (44r) Ad agumentu decoris et caloris minus/ Fuit sociis rivuli speciosa pinus. [44v is blank.]

Thomas Wright, *The Latin Poems Commonly Attributed to Walter Mapes*, Camden Society Publications, vol. 17, London: J.B. Nichols, 1841, pp. 95-102, line 198. [The manuscript text follows Wright's edition up to line 198 on p. 102, which is f. 43v, *erat rectum*, where it breaks off from the edition and concludes with 26 different lines beginning *Novi parte florida celo*. Also see: Walther, *Initia* 11894; and Walther, *Das Streitgedicht in der lateinischen Literatur des Mittelalters*, Munich: Beck, 1920, pp. 63-88, with list of manuscripts on pp. 211-14. Attributed to WALTERUS MAP LINCOLNIENSIS.]

4. ANONYMOUS, *Versus excerpta ex libellus de doctrina viri religiosi*

f. 45r: [1] Sepe recorderis bone frater quod morieris/ In tractu mortis nimis est angustia fortis...: Mortem corde tene si vis te noscere plene. Cum caro te fedat mors non de corde recedat. [2] Sis quasi defunctus, quasi fetidus atque sepultus...: Et sic hoc meditatus fueris et villueris [!] beatus eris. Ut cruce salveris, crucifixo consocieris/

B. Bonelli, ed., *S. Bonaventurae... operum omnium supplementum 3*, Trent: Joannis Baptista Monauni, 1774, pp. 1168-69. [Lines 19-20 of the printed edition are not in the manuscript, also the next to the last line in the manuscript *Et sic hoc* is not in the printed edition. The text has been listed in two parts because they are often found individually and in a number of different variants, see: Walther, *Initia*, items 16572, 17041 and 18282a. For some variants see: Francesco Novati, *Attraverso il medio evo*, Bari: Laterza, 1905, pp. 42-3. Attributed to PSEUDO BONAVENTURA and PSEUDO BERNARDUS AB. CLARAVALLENSIS.]

5. ANONYMOUS, *Carmen de vita mundana*

f. 45r-45v. 45r: Heu heu mondi [!] vita quare me delectas ita/ Heu vita fugitiva omni fera plus vociva...: (45v) mortem volo plus subire tibi vite quam servire/ Quia cito dilabuntur que de longo acquiruntur. [ff. 46r and 46v are blank.]

Oswald Holder-Egger, *Cronica Fratris Salimbene de Adam*, *MGH-SS*, vol. 32, pp. 600-603. [Our manuscript has one additional line at the end. Salimbene de Adam included the poem in his *Cronica*, attributing it to St. Augustine. It is often listed as PSEUDO AUGUSTINUS EP. HIPPONENSIS or PSEUDO BERNARDUS AB. CLARAVALLENSIS. See: Walther, *Initia* 7752; and Barthélemy Hauréau, *Des poèmes latins attribués à Saint Bérnard*, Paris: Klincksieck, 1890, pp. 39-40.]

6. ANONYMOUS, *Tabula de taxa*

ff. 47r-48v. 47r: \Petrus de Mezano mas[seria] vict[ualis] et Alesandre Arino Gosicus [?] quia ad cantonum via nove pro prima et secunda tasia. L[ibri] v. S[olidus] i. D[enarii] v.... Johannes de Adamis mas[seria] vict[ualis] et Marie in Galli Nerta pro prima et secunda tasa. L[ibri] ii. S[olidi] iiii. D[enarii] xi....: (48v) Ubertus Pasara mas[seria] vict[ualis] et Nazarii a Portis Grosis [Ci]tra pro prima [et] secunda tasa. L[ibri] viiii. S[olidi] vii. D[enarii] vi.

[A total of 40 entries, which include the names of Jacobo Nanso, Petrus de Agusto, Antonius de Lavezola, Raynerius Setala and Christofanus de Verzolus. These payments, are from the border area between Piedmont and Liguria. Verzolus is in the province of Cuneo. The folios also contain a variety of pen trials, doodles, notes and ex-libris as listed below in provenance.]

7. ANONYMOUS, *Fragmenta ex officio pro S. Juliano de Ariminensis* [membra disiecta]
ff. 49r-50v. 49r: **[Item 1]** //et meditatus est inania adversus Julianum nam ab Hiesu Christo gloriosus martyr super Ariminensem populum est constitutus.Psalm: *Quare fremuerunt* [Ps. 2] [EVOVAE added in the margin] Antiphona. Scitore quia magnificavit Christus suum martyrem Julianum...: eum sublimavit. Psalm: *Domine quid* [Ps. 3]. EVOVAE. Responsio [1]. Cum oblitus esset Maretano Julianus interrogatus...: sum. Versus. Non licet tibi...: christianus. Responsio [2]. Non sum stultus sanctus respondit Julianus...: sunt. Versus. Igne...: talibus. Responsio [3]. Tunc mater eius dixit ad sanctum Julianum...: (49v) ut salveris. Versus. Fili mi...: et custo. In seculo noct. Antiphona [1]. Per suffragia martyris Juliani verba nostra...: deus nostra. Psalmus. Verba mea. EVOVAE. Antiphona [2]. Gloria et honore tuum Julianum martirem...: terra. Psalmus. Domine domino noster. EVOVAE. Antiphona [3]. Nam martianus tenendit arcum paravit...: equitatem dilexit. Psalm. *In domino confido*. EVOVAE. Responsio. Accessit ad aram beati Juliani...: altare ait// (50r) **[Item 2]** //nos oportet totis visibus collaudare ipsumque vocibus precellsis jubilare...: honore laureavit. Magnificat. EVOVAE. Responsio. Hodie gloriosissimus matyr Julianus angelicis...: regina intravit. Versus. H[odie] preciosissimus matyr...: et cum gloria sit Deo Patri altissimo eiusque Filio et Flammi Sancto. Et cum. (50v) **[Item 3]** Hymnus ad vesp. Jubilet caterva voce nunc excelsa...: boni et consolatoris. Amen. **[Item 4]** Hymnus ad mat. Voces surgunt ad ethera ecclesia in Juliani martyris...: sit decus in secularum perpetuum. Amen. **[Item 5]** Hymnus ad laud. Hec dies nobis inclita luce pollet gratissima quod Julianum martyrem summe locavit patrie. Hunc arenis et anguibus gravis abscon//
[This entry consists of two folios with at least one folio missing between them, taken from a liturgical office different from that issued in a bull by Boniface IX in 1398, edited by Baudouin de Gaiffier, "L'Office de S. Julien de Rimini," *AB* 50 (1932): 311-45. The musical notation is in dry line with an inked line for F or C. Item [1] is from a first or second nocturn according to the Roman cursus of three psalms, responses and antiphons. All of the psalms on f. 49v have been rubbed off and new psalms inserted. Item [2] is the text for the end of vespers. Items [3-5] on the verso of the vespers folio are three rhymed setions on the life of the saint, possibly antiphons.]

Physical Description: Paper; 30x20 cm; ff. III+50; Latin; *Textura formata* (items 1, 2 and 7 are in a different earlier *formata* hand; *bastarda* for items 3-5; and Diplomatic cursive XIV-3, for item 6.

Flyleaves Iv and IIIv are blank. Items 1 and 2 are in the same hand, and were probably done at Bobbio, for the *confiteor* in item 2 includes Saint Columbanus. Items 3-5, in a different hand, were probably added soon afterwards while items 6 and 7 are folios inserted from other works. The script of the two inserted folios listed as item 7 is a *textura formata* somewhat similar to Watson, *BL*, vol. 2, plate 272. The ex-libris may be from the church of S. Guliano at Cologno Monzese, or another northern location as Telgate, Vercelli or Savigliano rather than from Ferrara, Rimini or other central Italian location. I suspect the Guliano manuscript was not more than about twenty years old when it was dismembered, probably because it was outdated due to the new office that was instituted in 1398. If this is so, then our manuscript was probably assembled and bound sometime not long after 1398. On flyleaf Ir: "Restaurato a Grottaferrata (26. VII. 1953)."

Illumination: On f. 1r there is a panelled initial P, five lines high, framed with calligraphic designs that extend through the left and bottom margins of the folio. There are plain initials, two lines high through f. 40v. Various doodles and drawings of rosettes, calligraphic border designs, profiles of heads, and a bust lenght profile of a young man on ff. 47r-48v; they appear to be from the sixteenth century.

Provenance: Old signatures: E 129 (flyleaf IIr), P and S (IIv). There are numerous ex libris found on the folios containing the tax listing (item 7) as follows: Antonius de Falino (47r); Hoc liber est mei Christofori de Rufino praesentio ad scolas magister Bartolomei de Pa[va]tiis (47v); Iste liber est mey Christofori de Cachastino precentis ad scolas magister Ba[rtolomei] de Pavatiis (48r); Bartholomeus de Borriono and Nicolaus (48v); also in the center of folio 48v is E[rubbed]chus de Ribrocho. There is also an ex libris for the liturgical fragment listed as item 8 in the description: Iste liber est ecclesie sancti Juliani. Qui trobat [!] cito reddat predicte ecclesie. Alioquin incurrat in maledictionem Dei et sancti Juliani predicti (50r). This manuscript came to the Ambrosiana from Bobbio; on f. IIIr Olgiatus wrote: "Hic codex qui ex bibliotheca Bobii a S. Columbano instituta prodiit Illustrissimo et Reverentissimo Cardinali Federico Borrhomaeo Ambrosianae Bibliothecae fundatori, a religiosissimis patribus ordinis S. Benedicti simili munere prius donatis humanissime traditus est anno 1606. Antonio Olgiato eiusdem bibliothecae Ambrosianae quam primus omnium tractavit praefecto." This manuscript is included in the late sixteenth century Bobbio catalogue listing in Ambrosiana, R 122 Sup. f. 385v, see Seebass below.

Bibliography: O. Seebass, "Handschriften von Bobbio in der Vatikanischen und Ambrosianischen Bibliothek, II" *ZBB*, 13 (1896): 57-79, esp. pp. 59, item 40; 65, item 42; and 73-4.

E 130 Sup. * XV-2 (1455) * Tuscany, Siena [Plate II.25]

1. LEONARDO D'AREZZO (LEONARDUS BRUNUS ARETINUS), *La prima guerra punica*

ff. 1r-58r. 1ra: [Preface] E'parra forse a molti che io vada dietro a chose troppo antiche...: (1rb) che in questa materia s'affatigharo chon brevita racchontare. [Text] (2ra) La guerra prima che fu trai chartaginesi...: (58ra) in gran parte furono chostretti abbandonare il paese. Finito il libro di Misser Lionardo d'Arezzo detto *primo bello punicho*. Deo gratias.
Antonio Ceruti, ed., *La prima guerra punica. Testo di lingua riprodutto su un codice a penna dell'Ambrosiana*, Bologna: Presso Gaetano Romagnoli, 1878 (rpt. Bologna: Forni, 1968). [This is an anonymous Italian translation of Bruni's *Commentaria tria de primo bello punico*. The work, based on Polybius Books 1-2, was an attempt to fill lacunae in Livy.]

2. ANONYMOUS, *Da secunda e terza guerra punica*

ff. 58r-88v. 58ra: Erano le porti del tenpo di Giano in Roma, serrate doppo la malvagia...: (88va) e chosi fu chartaggine distrutta e tutta Affricha sottomessa per li Romani. Finita la prima e la sichonda ghuera e la terza ch'e romani ebero cho' chartagginesi le quagli ghuerre duroro circha a L [i.e. cinquanta] anni e in fine fu distrutta la cipta di chartaggine dal popolo romano. Questo libro scrisse Jachomo di Buccio di Ghinucci das [!] Siena finissi di scrivare a di XVII di Ferraio anni M CCCC LIIII. Deo Gratias. Amen.
Antonio Ceruti, ed. *Guerra punica (la seconda e terza) testo di lingua inedito tratto da un codice dell'Ambrosiana*, Bologna: Presso Gaetano Romagnoli, 1875. (rpt. Bologna: Forni, 1968). [See Zambrini-Morpurgo, I, col. 495.]

Physical Description: Paper; 31x22 cm; ff. III+88+II; Italian; *Proto-humanistica*.
Flyleaf Ir contains the current shelfmark. Flyleaves IIr-IIIr and the two back flyleaves are blank. The two back flyleaves were numbered as folios 89 and 90 but later the numbers were changed to I and II. Catchwords. According to the colophon the text was completed on February 17, 1454 by a Sienese scribe. Presumably he was writing in Siena, where the new year was celebrated on March 25th, therefore the actual date of completion by modern calculations would be February 17, 1455.

Illumination: Large calligraphic initials, seven lines high, are on ff. 1ra and 58rb, with smaller calligraphic initials, two lines high, throughout the manuscript.

Provenance: Old signatures: S, P (f. Iv), and E 130 (f. IIIv). Written by Jachomo di Buccio di Ghinucci da Siena. On f. 88v is the following note: "Nota che questo libro e di Muciatto Cierretani il quale a comprato oggi questo di 22 d'aprile 1491 da Battista Cozaregli orafo."

Bibliography: Mazzucchelli, Giovanni Maria, *Gli scrittori d'Italia* vol. 2, Brescia: G. Bossini, 1758, p. 2205; Argelati, *Volgarissatori*, vol. 1, p. 189; A. H. McDonald, "Livius, Titus" in *CTC*, vol. 2, pp. 335 and 338; Zambrini - Morpurgo, I, cols. 997-9.

E 131 Sup. * XVI-2 (1549) * Belgium, Louvain (?)
[XIV-2, France] [Plate II.71]

1. *Codex juris civilis cum glossa ordinaria, fragmenta* [membra disiecta]
Inside front cover and inside back cover: [1] [Text] (Inside front cover) //poterunt [in gutter]//... perere cum omnibus//... tis inubus et mun//. [2] [Gloss] (Inside front cover) //sed pone quod electus est aliquis vacante curia. Sciens si non venit, id est constitutionis tum antequam sumus...: vis de ipso impedit et iam currentes dum//. [3] [Text] (Inside back cover) // multis si [gutter]//...et ex dignitate//...Sine si quis in//...: iucodem. [4] [Gloss] (Inside back cover) //domine patres in dico...: et re omnis.
[This item consists of two pastedown fragments, each containing a portion of text and gloss. The script, a *textura formata*, can be dated to XIV-2, Northern France, possibly Paris. The front pastedown is listed as items 1 and 2. [1] is a small fragment of the lower left corner of a few lines of text. [2] a large section of 67 lines of the gloss on the text in item 1. The right edge of each line has been cut off. The back pastedown is listed as items 3 and 4. [3] This section contains 31 partial lines of text. [4] as in item 2, this is a large portion of gloss continuing down the left column with the lines partially cut.

2. JOHANNES BRIARDUS, *Expositio in Job*
Flyleaf IIr-folio 245rb. IIr: [Table of contents] An qualiscumque amor sive affectio diviciarum - folio 4...: (IIIr) An aliquando... seminare discordia, folio 242. Finis questionum quas in hoc opere exactat author. [Flyleaf IIIv is blank.] (1ra) [Prologue] More huius scole quendam sacre scripture librum videlicet librum Iob expositurus hunc secundum literalem sensum...: (2ra) confunditur vita christianorum. [Rubric] Candidissimi et longe eruditissimi viri artium et sacrae theologiae professoris atque insignis Lovaniensis academie vicecancellarii magistri Ioannis Briardi Athensis Expositio perutilis in Iob. Caput primum. [Text] *Vir erat in terra Hus nomine Iob... recedens a malo* (Job 1.1). Sicut dictum est intentio spiritus sancti in hoc libro est declarare per cuiusdam viri justi flagellationem absque culpa...: (245rb) ad dei laudem et ecclesie sponse christi edificasionibus. Amen. Finis. Deo gratias. 1549. [folio 245v is blank.]

Physical Description: Paper; 31x22 cm; ff. III+245+II; Latin; Modern cursive, [pastedowns: parchment, *textura formata*].

Flyleaves Iv, IIIv and the back two flyleaves are blank. The table of contents is in a more rapid cursive than the text. There is a change of hands after f. 199vb. Some catchwords. The running headings and foliation are contemporary with the script. Flyleaf Iv contains a watermark similar to Briquet, vol. 4, item 12573 (Brunswick, 1547).

Illumination: There is a large divided initial V, 12 lines high, on f. 2ra, with simple initials usually 6 lines high at the beginning of each chapter.

Provenance: Old signatures: Q, and E 131 (f.Ir). On the inside front cover, "Olgiatus vidit et scripsit anno 1603" and on f. Ir "Felicibus auspiciis illustrissimi reverendissimi Cardin. Federici Borrhomei. Olgiatus vidit anno 1603."

Bibliography: Kristeller, *Iter Ital.*, vol. 1, p. 298; and J. Wils, *Les professeurs de l'ancienne faculté de théologie... de l'Université de Louvain*, Bruges: 1932. pp. 121-41. On the fragment on inside front cover: Izbicki, p. 307.

E 133 Sup. * XVII-I * Northern Italy, Milan

1. ANONYMOUS, *De sacramento matrimonii, pars prima*

pp. 1-44. 1: *De Sponsalibus*. Cum in hoc ultimo capite de sacramento matrimonii, quod pariter est ultimum inter sacramenta...: (44) aliud sponsalia, de quo vide late Sanchez, *De matrimonio*. Tomo primo, libro primo, disputatio 13, per est Navarrus. [Pages 10-13 are repeated, pp. 46-47 are blank.]

pp. 44-66. 49: *De sponsalibus, De his qui sponsalia contrahere prohibentur*. In capite precedenti tractavimus generatim de sponsalibus...: (66) vide late Sanchez vers *matrimonium* 4, numero 2, quaestio 2, per totam, et numero 9, quaestio 9, per totam. [pp. 67-68 are blank.]

pp. 69-123. 69: *De Sponsalibus, De causis ob quas dissolvuntur sponsalia*. Sponsalia in multis casibus dissolvuntur in quibus...: (123) et quando dissolvuntur cum culpa vel sine culpa, late Sanchez, *De matrimonio*, tomus primus, liber 6, disputatio 20 et sequenti per totas. [p. 124 is blank; pagination jumps from p. 124 to 225.]

pp. 225-253. 225: *De matrimonio, Preludia*. Antequam de matrimonio tanquam de sacramento tractamus, praemittendum est...: (253) capitulo numero 68, quia est contra finem matrimonii. [pp. 254-256 are blank.]

pp. 257-268. 257: *De matrimonio, De materia, forma et ministro*. Cum omnis sacramenta nove legis constent materia, forma et ministro...: (268) Ad de etiam ad premissa que laetissime infra dicentur in capite *De matrimonio clandestino*. [p. 268 is followed by two blank sheets without pagination.]

pp. 269-353. 269: *De matrimonio, De consensu.* Cum ut diximus in capite precedenti, materia, forma et minister huius sacramenti...: (353) matrimonium valeret, ut late per eundem Sanchez, *D[e matrimonio]*, disputatio ii, numero 18, vers *Rogabis tamen.* [On p. 280 the bottom half of the page is crossed out. Pagination from p. 280 is as follows: 280, 280A, 280B, 281. Pagination at p. 335 is as follows: 335, 338, 336, 337, 338, 339. Pages 354-356 are blank.]

pp. 357-461. 367: *De matrimonio clandestino.* In capite precedenti tractavimus de consensu libero et publico qui requiritur...: (461) et haec sufficiant de matrimonio clandestino. [Pages 462-464 are blank.] *Epistola.* [Inserted between pp. 360-361 is a loose letter as follows:] Alfonso d'Este duca di Modena fece un somigliånse matrimonio de il papa...: ma son gran stento.

pp. 465-526. 465: *De matrimonio, Per vim et metum contracto.* Antequam de matrimonio per vim et metum contracto tractemus...: (526) et alii multi quo refert et sequitur Sanchez, *D[e matrimonio]*, liber 4, disputatio 2, et per totam. [Pages pp. 527-528 are blank.]

pp. 529-579. 529: *De matrimonio contractu sub conditione.* Cum de natura conditionis sit suspendere et facere...: (579) non obligent ad contrahendum ante lapsum anni non suspendunt tamen, sed statim sunt pura. [p. 580 blank.] (581) *De matrimonio, De donationibus inter virum et uxorem sponsalitia largitate et arris.* Multa in hac materia dicenda essent, sed quia videntur pertinere magis ad forum...: Vide Sanchez, *De matrimonio* tomus primus, liber 6, per totam, ubi per quadraginta e...am [text damaged] disputationes hanc materiam trac[ta]bat. [Pages 582-584 are blank.]

Physical Description: Paper; 36x23 cm; V +584 pages+ III; Latin; modern cursive.
Flyleaves Iv-IIIv, Vv and all the back flyleaves are blank. Flyleaf IVr is the title page and ff. IVv-Vr contain a complete table of contents (some of which has been crossed out) with corresponding page numbers. The entire manuscript was paginated by the scribe in Arabic numerals in the upper right and left hand corners, sometimes with errors. There are revisions, corrections and marginalia throughout. Catchwords. Since this is an extensive unedited legal corpus, each topic within the subjects discussed has been catalogued separately. The text of this treatise on matrimony is continued in E 134 and E 135 Superior. Manuscripts E 135 - E 140 Superior, on the canonical hours, baptism and penance are also part of this multi volume set. For dating and localizing the set see the note in E 136 Superior.

Provenance: Old Signature: E 133 (f. Ir).

E 134 Sup. * XVII-I * Northern Italy, Milan

1. ANONYMOUS, *De sacramento matrimonii, pars secunda*
pp. 585-600. 585: *De matrimonio, De impedimentis in genere.* Antequam de singulis impedimentis impedimentibus matrimonium contrahi vel illud dirimentibus...: (600) et qualis circumstantia, sed species mutetur.

pp. 601-630. 601: *De matrimonio, De impedimentiis quae impediunt matrimonium contrahendum, sed non dirimunt contractum.* [Followed by a listing of section headings from the table of contents as follows: De interdicto ecclesiae...: De catechismo.] Omnes utriusque sexus possunt regulariter matrimonium per verba de presenti contrahere...: (630) esse mortale, ut per solet instructio sacerdotium liber 7, cap. 14, in fine, ibi *sed non auderem.* [Pages 631-632 are blank].

pp. 633-667. 633: *De matrimonio, De voto simplici castitatis, religionis assumendi ordinem sacrum, juramento de non nubendo, incestu, uxoricidio, ommissione denunciationum, prohibitione iuxta parentum, raptu et peccato mortali.* Prosequendo impedimenta quae impediunt matrimonium contrahi sed non dirimunt...: (667) vers *sed primo dico*, usque in fine, disputatio Candidi *De matrimonio*, numero 110. [pp. 668-669 are blank].

pp. 670-694. 670: *De matrimonio, De impedimentis dirimentibus matrimonium contractum et primo de errore persone vel conditionis.* In precedentibus duobus capitibus, tractavimus de impedimentis quae solum impediunt matrimonium...: (694) An et quando sequantur conditionem patris vel matris, vide late Sanchez eundum, *D[e matrimonio]*, liber 7, disputatio 24, per totam. [Marginalia fills upper half of p. 691. Pages 695-697 are blank.]

pp. 698-727b. 698: *De matrimonio, De voto solemni religionis.* Secundum. Impedimentum non solum impediens matrimonium contrahi, sed etiam dirimens contractum est votum solemne religionis et castitatis...: (727b) scientis priorem professionem fuisse nullam, Sanchez, *D[e matrimonio]*, disputatio 37, numero 69, vers questio ultima, in fine. [The bottom of p. 699 is blank. Pagination changes at 704 as follows: 704, 705a, 705b, 705c, 705d, 705e, then 706. Pagination at 727 is as follows: 727, 727a, 727b, then 727c. Page 727c is blank. There is a strip in the gutter indicating that there was once another folio, possibly pp. 272d and 272e, which was excised.]

pp. 728-803. 728: *De matrimonio, De ordine sacro.* Tertium. Impedimentum non solum impediens contrahi matrimonium, sed etaim dirimens contractum provenit ab ordine sacro...: (803) aut non convenisset licentiam, sed solum sciens dissimulasset. [Pagination jumps from p. 750 to 752; p. 781 is repeated; pp. 804-805 are blank].

pp. 806-834a. 806: *De matrimonio, De consanguinitate.* Quartum. Impedimentum non solum impediens matrimonium contrahi, sed etiam dirimens contractum provenit a consanguinitate.....: (834a) vers. matrimonium

8, numero 6, questio 6, vers. quintum, vide super [*Decterum*] 4, disputatio 4, distinctio 40, questio un\\ [On p. 818, scribe has written 818-819; the next p. is 820. Most of p. 829 is crossed out. pp. 834b-834e are blank.]

pp. 835-866. 835: *De affinitate*. Quintum. Impedimentum impediens contrahi matrimonium et dirimens contractum provenit ex affinitate...: (866) vers *matrimonium* 8, numero 15, questio 15 vers *octavum*. [Most of p. 826 is crossed out].

pp.867-886. 867: *De matrimonio, De cognatione legali*. Sextum. Impedimentum impediens matrimonium contrahi et dirimens contractum oritur ex cognatione legali...: (886) dispensare posse ad debitum petendum, et haec sufficiant de cognatione legali. [pp. 887-890 are blank.]

pp. 891-941. 891: *De matrimonio, De cognatione spirituali*. Septimum. Impedimentum quod impedit matrimonium contrahendum et dirimit contractum est cognatio spiritualis...: (941) vide et late Sanchez, *D[e matrimonio]*, liber 7, disputatio 55, numero 2, vers *At difficultas* et numero sequenti. [p. 942 is blank].

pp. 943-959. 943: *De matrimonio, De justitia publicae honestatis*. Octavum. Impedimentum impediens matrimonium contrahi, et dirimens contractum provenio a justitia publicae honestatis...: (959) et haec satis sint pro nunc de impedimento publicae honestatis. [pp. 960-962 are blank.]

pp. 963-989. 963: *De matrimonio, De crimine*. Nonum. Impedimentum impediens matrimonium contrahi, et dirimens contractum est crimen uxoricidii...: (989) Et haec pro nunc satis sint de uxoricidii crimine. [p.990 is blank].
pp. 991-1031. 991: *De matrimonio, De cultus disparitate*. Decimus. Impedimentum impediens matrimonium contrahi, et dirimens contractum est cultus disparitatus fidelis cum infideli...: (1031) Et haec sint satis pro impedimento cultus disparitati. [Pagination jumps from p. 1000-1002. Several lines of p. 1002 have been crossed out and replaced by marginalia].

pp. 1032-2081. 1032: *De matrimonio, De impotentia coeundi*. Undecimum. Impedimentum impediens matrimonium contrahi, et dirimens contractum est impotentia coeundi...: (2081) Et haec satis sint de impotentia coeundi.

Physical Description: Paper; 36x23 cm; III+pp.585-2081+IV; Latin; modern cursive.
Flyleaves Iv, IIIv and the back four flyleaves are blank. The back flyleaf I was originally misnumbered as a second p. 2080 and a second p. 2081. Flyleaf IIr is the title page and ff. IIv-IIIr contain a table of contents with corresponding page numbers. The entire manuscript was paginated by the scribe in Arabic numerals in the upper right and left hand corners sometimes with errors. There are revisions, corrections, and marginalia.

Catchwords. The text of this manuscript begins in the previous manuscript and continues in the next manuscript, see note in E 133 Superior.

Provenance: Old Signature: E 134 (f. Ir).

E 135 Sup. * XVII-I * Northern Italy, Milan

1. ANONYMOUS, *De sacramento matrimonii*

pp. 2083-2097. 2083: *De matrimonio, De raptu*. Duodecimus. Impedimentum impediens matrimonium contrahi et dirimens contractum est raptus...: (2097) Et haec de raptu sufficiant. [p. 2087 is repeated. Numerous interlinear inserts on p. 2088. p. 2092 is repeated. Pages 2098-3000 are blank.]

pp. 3001-3036. 3001: *De matrimonio, De bigamine seu secundis nuptiis*. Tredecimus. Impedimentum impediens matrimonium contrahi et dirimens contractum est bigamen...: (3036) Et haec satis sint de impedimentibus dirimentibus matrimonis. [pp. 3037-3040 are blank.]

pp. 3041-4039 with consecutive pagination continuing as 3040-4073. 3041: *De matrimonio, De dispensationibus*. Quia multaties solet dispensari in impedimentis tam quae impediunt...: (4073) Et haecsufficiant circa dispensationum. [Each line of p. 3041 has been crossed out and replaced with an interlinear text. A portion of p. 3042 is crossed out by a diagonal line, there are also cross outs and insertions on p. 3043. After page 4039 the manuscript is mispaginated so that the next page is 3040 (instead of 4040); this incorrect numbering continues throughout the manuscript. Pages 4026 and 4062 are repeated. Page 4074 is blank.]

pp. 4075-6047. 4075: *De matrimonio, De redditione debiti conjugalis*. Absoluto tractatu matrimonii circa eius materiam, formam et impedimenta...: (6047) Et haec sufficiant quoad debiti conjugalis redditionem. [Pagination jumps from 5080 to 5082. Two consecutive pages are numbered as 5097. There is marginalia at the top of p. 6023. pp. 6048-6050 are blank.]

pp. 6051-7071. 6051: *De matrimonio, De divortio*. Tractavimus superius de impedimentibus dirimentibus vinculum matrimonii...: (7071) Et haec omnia satis dicta sint de omnibus sacramentis, semper ad laudem et honorem Dei Virginisque Marie. AMEN. [Pagination jumps from 6059 to 6061. Page 6091 contains many cross outs and interlinear inserts. Pagination jumps from 7030 to 7032, also page 7072 is blank. This is the end of the treatise, *De sacramento matrimonii* that began in E 133 Superior and continued through E 134 Superior.]

Physical Description: Paper; 36x23 cm; V+pages 2083-4039 then continuing as 3040-7072+III; Latin; modern cursive.

Flyleaves Iv-IVr, Vrv and the back flyleaves Ir-IIIv are blank. Front flyleaf IVv contains a table of contents with corresponding page numbers. The entire manuscript is paginated in Arabic numerals in the upper right and left hand corners, with errors as noted above. There are revisions, corrections and marginalia throughout. Catchwords. The text is the continuation and conclusion of the previous two manuscripts. See the note in E 133 Sup.

Provenance: Old signature: E 135 (f. Ir).

E 136 Sup. * XVII-I * Northern Italy, Milan

1. ANONYMOUS, *De horis canonicis*

pp. 1-16. 1: *De oratione in genere, praeludiorum summarium*. 1. Praecipuum munus clericorum est orare...: (16) 237. Qui non potest dicere *Dominus vobiscum*, debet illius loco dicere *D[omine], exaudi orationem meam*. [Pages 1-16 contain a table of contents of each section of the *De oratione in genere*, numbered 1-237.]

pp. 17-58. 17: *De oratione in genere, praeludia*. 1. Praecipuum munus clericorum in sacris ordinibus existentium vel beneficia...: (58) 237... et illis responderi, *et clamor meus ad te veniat*, ut canetur in dictis rubricis et versiculis, Navarrus, distinctio numero 65, vers *Quintum* et vers sequenti. [This section contains a summary of each if the 237 sections in the *Praeludiorum summarium*. Pages 59-60 are blank.]

pp. 61-66. 61: *Praeludia de horis canonicis, summarium*. 1. Obligatio orandi Deum non fuit ab ecclesia instituta sed est de jure natura...: (66) 102. Commemoratio crucis cum fiat quotidie tempore Paschali. [This is a summary of each section of the *De horis canonicis* numbered 1-102. pp. 67-68 are blank.]

pp. 69-84. 69: *De horis canonicis, praeludia*. 1. Licet obligatio orandi Deum ipsumque vobis laudandi non fuerit ab ecclesia instituta...: (84) 102... Cum igitur de horis canonicis tractandum sit, videnda erunt infrascripta. [Each section is given a number from 1-102 which corresponds to the numbering in the *summarium* on pp. 61-66. Page 85 contains a table of contents, without page numbering, for the rest of the treatise. Pages 85-88 are blank.]

pp. 89-99. 89: *Qui teneantur horas canonicas recitare, summarium*. 1. Decuit Christianos ob eorum animarum salutem certas personas...: (99) 103... discant et agant id, ad quod obligantur ratione sui status vel officii. [This is a summary of the chapter in 103 numbered sections. Page 100 is blank.]

pp. 101-137. 101: *Qui teneantur horas canonicas recitare*. Sicut decuit ecclesiam psalmos, orationes, et preces praescribere quibus Deum orare...:

(137) 103... Vide etiam quo diximus supra in dictis praeludiis, *De oratione in genere*, numero. [blank]. [Pages 138-140 are blank.]

pp. 141-152. 141: *De integritate horarum canonicarum, summarium*. 1. Horae canonicae debent integre recitari et integre non interrumpti...: (152) 147... alicuius circumstancia ut puta loci, temporiis aut alterius similis. [This is a summary of the chapter in 147 numbered sections.]

pp. 153-181. 153: *De integritate horarum canonicarum*. 1. Qui tenentur ad horas canonicas debent illas integre recitare...: (181) 147... Vide in capite sequenti qualiter horae dicendae sint, *De attentione* et *De paenis* non recitantium. [Pages 182-184 are blank.]

pp. 185-200. 185: *Qualiter dicendae sint horae canonicae, summarium*. 1. Horae canonicae recitandae sunt cum attentione et devotione...: (200) 244. Modus signandi se signo crucis non est de jure divino vel humano praescriptus. [This is a summary of the chapter in 244 numbered sections.]

pp. 201-245. 201: *Qualiter dicendae sint horae canonicae*. 1. Vidimus superius qui teneantur horas canonicas recitare...: (245) 244... Neutrum tamen est jure divino vel humanum praeceptum aut prohibitum, Navarrus, *De oratione*, capitulo 19, numero 200, vers *bono quod* et vers *est autem*. [Pages 246-248 are blank.]

pp 249-260. 249: *De attentione requisita in recitando horas canonicas, summarium*. 1. Attentio est maxime necessaria in recitatione horarum canonicarum...: (260) 163. Orationes dicendae post finitum officium ad obtinendum remissionem neglegentiarum in eo admissarum. [This is a summary of the chapter in 163 numbered sections].

pp. 261-298. 261: *De attentione requisita in recitando horas canonicas*. 1. Attentio est una ex circumstantiis principalibus et forsan principalior omnibus aliis...: (297) 163. Post officium deberent omnes dicere orationem Leonis Papa... (298) Multa pertinentia ad materiam attentionis et alia in hoc capite contenta, vide supra, in capite *De integritate*, et in capite *Qualiter horae dicendae sint* [pp. 299-300 are blank.]

pp. 301-307. 301: *De reverentia et devotione requisitis in recitando horas canonicas, summarium*. 1. Reverentia est maxime necessaria in recitatione horarum in choro...: (307) 90. Post finitum officium, debemus gratias Deo agere, et veniam negligentiarum commissarum petere. [This is a summary of the chapter in 90 numbered sections. Page 308 is blank.]

pp. 309-326. 309: *De reverentia et devotione requisitis in recitando horas canonicas*. 1. Licet attentio sit ad modum necessaria in recitatione horarum, ut diximus in capite precedenti...: (325) Cum autem ab officio recedimus (326) debemus gratias Deo agere et veniam pro neglegentiis commissis petere, ac dicere orationes in capite precedenti notatas. [pp. 327-328 are blank.]

pp. 329-335. 329: *De tempore quo horae canonicae recitanda sunt, summarium*. 1. In Veteri Testamento, orabant tribus horis diei, ut significarent misterium Trinitatis...: (335) 96. Nemo tamen ad supradicta sub peccato et veniali obligatur. [This is a summary of the chapter in 96 numbered sections. Page 336 is blank.]

pp. 337-355. 337: *De tempore quo horae canonicae recitandae sunt*. 1. In Veteri Testamento, orabant tribus horis, videlicet tertia, sexta et nona et significaretur misterium Trinitatis...: (355) 96... notat Navarrus, *De oratione*, capitulo 16, numero 46 et sequenti, vers *Deberemus in quam* usque ad vers *Septima illatio*. [Page 356 is blank.]

pp. 357-364. 357: *De loco in quo horae canonicae recitanda sint, summarium*. 1. Decuit constituti certa loca in quibus laudes Deo persolvantur...:(364) 114. Quae statuta fuerunt in consiliis provincialibus Mediolanensis, circa reverentiam ecclesiis habendam et quomodo in eis conversandum sit. [This is a summary of the chapter in 144 numbered sections.]

pp. 365-383. 365: *De loco in quo horae canonicae recitanda sint*. 1. Sicut decuit certa tempora orationi publica praescribi, ut diximus in capite praecedenti...: (382) 114. Multa etiam fuerunt in haec materia statuta... (383) et modum quo in ea conversari debet, vide supra in capite *De reverentia et devotione in horis adhibendis*. [Page 384 is blank.]

pp. 385-390. 385: *De paenis non recitantium horas canonicas, summarium*. 1. Obligati ad horas canonicas et illas sine legitima causa ac etiam ex sola negligentia omittentes peccant...: (390) 84. Hac opera qua nobis praecipiuntur sint actus virtutis, non praecipitur tamen quod ea virtuose agamus. [This is a summary of the chapter in 84 numbered sections. Pages 391-392 are blank.]

pp. 393-410. 393: *De paenis non recitantium horas canonicas*. 1. Omnes obligati ad horas canonicas si illas absque legitima causa non recitant peccant mortaliter...: (410) 84... quae est mens et finis praecipientis, Navarrus, in *De [oratione]*, inter verba et distinctio capite 20, numero 29, vers *Nec obstat dicere*. [Pages 411-412 are blank.]

pp. 413-417. 413: *Qui excusentur a recitatione horarum canonicarum, summarium*. 1. Infirmitas notabilis excusat a recitatione horarum, quia ad impossibile nemo tenetur...: (417) 73... dum illum praevidet tenetur tamen omissa supplere, si hoc munus ad se spectare sciebat. [This is a summary of the chapter in 71 numbered sections. Pages 418-420 are blank.]

pp. 421-431. 421: *Qui excusentur a recitatione horarum canonicarum*. A recitatione horarum canonicarum multa causa excusant, quae tamen omnes possunt ad infrascriptas principales reduci. 1. Prima est infirmitas coporis...: (431) 73... vel scire deberet illud sui muneris futurum esse, Navarrus, distinctio capite ii, numero 37, vers *hoc quo infertur*. [Page 432 is blank.]

2. ANONYMOUS, *Ceremoniale*

pp. 433-435. 433: In materia virtutum tantum quisque novit quantum ipse facit, et non plus, et in omni materia Deo inserviendi...: (435) Ideo qui missas novas dicunt praesertim si pauperes non sunt, debent vitare hanc occasionem ne invitato plus dent ob respectus humanus quam aliis darent, Navarrus, distinctio capite 22, numero 36, usque in fine. [This text concerns the ceremonial of the Divine Office on specific feast days, e.g. the Purification of the Blessed Virgin Mary as well as other Marian feasts. Page 436 is blank.]

Physical Description: Paper; 36x23 cm; V+436 pages+V; Latin; modern cursive.
Flyleaves Iv-IIIv, IVv, Vv and the back flyleaves Ir-Vv are blank. Front flyleaf IVr is the title page and on f. Vr is a complete table of contents with corresponding page numbers. The entire manuscript is paginated in Arabic numerals in the upper right and left hand corners. Each chapter of the text is preceeded by a summary of its contents with numbers which correspond to each section of the chapter. There are revisions, corrections and marginalia throughout. Catchwords. Page 58 contains a reference to the rubrics of the new Breviary edited by Clement VIII in 1602: "in rubr. dicti breviarii novissime editi a Clem. octavus anno 1602". Also see p. 364 for the location of this corpus to the area of Milan. This work is part of a larger corpus; see the note in E 133 Superior.

Provenance: Old signature: E 136 (f. Ir).

E 137 Sup. * XVII-I * Northern Italy, Milan

1. ANONYMOUS, *De baptismo*

ff. IVr-VIIv [5 folio insert]. IVr: *De baptismo, Praeludia summarium*. Baptismus Joannis fuit medium mar sacra...: (VIIv) nuncaptur. 23 supplicium, fol. 9. [An insert on smaller sized paper which is a summary of the prologue of the treatise].

pp. 1-49. 1: *De Baptismo, Praeludia*. Antequam aggrediar materiam baptismi novae legis, opere pretium videtur aliquid praemittere de baptismo Joannis...: (49) sed restat secundo ibi. Respondetur primo, Suarez d. sectio 3, col. 7, supra medium, vers *Dies secundo*. [Pages 50-52 are blank.]

ff. 52/1-52/6 [6 folio insert]. 52/1r: *De baptismo, De materia summarium*. Pagina 25. Materia, forma et minister sunt de essentia sacri...: (52/4r) Absolute loquendo aqua est misteria materia baptismi, quia hoc placuit

Christo primo institutione. [A foliated insert on smaller sized paper containing a summary of the following chapter. Folios 52/4v-52/6v are blank.]

pp. 53-91. 53: *De sacramento baptismi, De materia*. Cum omnibus sacramentis tria de eorum substantia sive essentia requirantur, ut sine illis nulla sint...: (91) Quod si infans mortuus reperiatur, debet cummatre sepelire Candido numero 61, vers secundo. [Pages 90-91 are crossed out with diagonal lines. Pages 92-94 are blank.]

ff. 94/1-94/4 [4 folio insert]. 94/1r: *De baptismo, De forma summarium*. Forma baptismi apud Latinos qua sit...: (94/4v) Sacerdos ante eam completam debet puer sub conditione licet baptismati. [A foliated insert on smaller sized paper containing a summary of the following chapter].

pp. 95-150. 95: *De sacramento baptismi, De forma*. Forma baptismi apud Latinos hac est: *Ego te baptiso in nomine Patris, et Filii et Spiritus Sancti. Amen*...: (150) Et sic perficietur sacramentum baptismi, ex Concilio Florent[ii], relatio a Paulo Comit[oli], liber primo, quaestio 10, *Respons morali*, verbi plura. [p. 103 is partially crossed out.]

ff. 150/1-150/6 [6 folio insert]. 150/2r: *De baptismo, De ministro summarium*. Minister est de essentia baptismi, quia nemo potest seipsum baptizare...: (6r) non impedit baptismum. [A foliated insert on smaller sized paper containing a summary of the following chapter. Folios 150/1rv and 150/6v are blank.]

pp. 151-210a. 151: *De sacramento baptismi, De ministro*. Preter materiam et formam de quibus supra tractavimus est etiam de essentia baptismi minster...: (210a) vide quae diximus superius in capite *De forma*: "Sed quia aliquid", numero [blank]. [Pages 210b and 210c are blank.]

ff. 210/1-210/7 [6 folio insert]. 210/1r: *De baptismo, De suscipiente baptismum summarium*. A quo tempore homines ceperint obligari ad suscipiendum baptismum...: (210/7r) periculum mortis vel ex disputatione divina. [A foliated insert on smaller sized paper containing a summary of the following chapter. [Folio 210/7v is blank.]

pp. 211-302. 211: *De sacramento baptismi, De suscipiente baptismum*. A quo tempore homines ceperint obligari suscipiendum baptismum non convenit...: (302) capite inferior, vers *Quae convenit*. [Page 270 is crossed out.]

ff. 302/1-302/4 [4 folio insert]. 302/1r: *De baptismo, De effectionibus summarium*. Primus effectus baptismi est gratia, per quam remittuntur...: (302/2v) effectus, aut aliorum sacrorum [two words illegible]. [Folios 302/3r-302/4v are blank.]

pp. 303-343. 303: *De sacramento baptismi, De effectionibus* Effectus baptismi aquae multi sint. Primus est collatio gratiae...: (343) in c. orignum, numero 4, vers quarto, nota ex *De coniugali serv.* [Part of p. 321 and p. 332 are crossed out. Page 344 is blank.]

ff. 344/1-344/6 [6 folio insert]. [a] 344/1r: [*Notae variae*] Pagina 209, Quod a aliquid...: (1v) studio bonorum operam versum et de cereus. [b] 344/3r: *De baptismo, De solemnitatibus et ceremoniis baptismi summarium*. In casa necessitatis absque solemnitatibus quilibet baptizare potest...: (344/6v) patrinus potest plures de sacro fonte levare. [The notes in item [a] are in a different hand than the main text and the other inserts. Item [b] is in the same hand as other summary inserts. Folio 344/2rv is blank.]

pp. 345-364. 345: *De sacramento baptismi, De solemnitatibus et ceremoniis baptismi*. In casa necessitatibus quilibet potest absque solemnitatibus baptizare eo modo quo dictum est supra...: (364) ut difinitum fuit in Concilio Trident[ii], sessio 7, *De sacramentis in genere*, canon 13.

pp. 365-383. 365: *De baptismo, De patrinis seu susceptoribus vel compatribus*. Hic videatur quod in baptismo non debeat esse aliquis qui baptizatum de sacro fonte levet...: (383) *Tractatus de sacramentis*, *De baptismo*, capitulo penultimo et fine. [Page 384 is blank.]

Physical Description: Paper; 36x23 cm; VIII+384 pages with 32 inserted folios+I; Latin; modern cursive.
Flyleaves Irv, IIv, IIIv and the back flyleaf are blank. Flyleaf IIr has the title: *De Baptismo* and f. IIIr contains a complete table of contents with corresponding page numbers. Before each chapter of the treatise (except the last chapter) is a foliated insert on smaller sized paper containing a summary of the chapter. The manuscript is paginated in Arabic numerals on the upper right and left hand corners. There are revisions, corrections and marginalia throughout. Catchwords. On this corpus see the note in E 133 Superior.

E 138 Sup. * XVII-I * Northern Italy, Milan

1. ANONYMOUS, *De paenitentia*

pp. 1-20. 1: *De paenitentia, De diligentia in examinanda conscientia propria et interrogationibus a confessore faciendis*. Secunda qualitas essentialis confessionis est ut paenitens cum debita diligentia...: (20) vel circumstantiam, quae paenitentem inquietum continuo addunt Navarrus in d. canon *Considerit*, numero 10, vers *Quare moveori*, *De penitentia*, distinctio 5.

pp. 21-121e. 21: *De paenitentia, De satisfactione*. Tertia pars integralis sacramenti paenitentiae seu eius materiae, ut diximus, est satisfactio...: (121e disputatio ii, quaestio prima, paret. 3, col. 10, post medium vers *Per eandem*.

[Followed by the first words of the next chapter 'In materia indulgentiarum ubita' with the ubita(!) crossed out. Pages have been misbound in the following order: 108, 117-120, 109-116, then 121a-f. Page 121f is blank.]

ff. 121/1-121/5 [a 5 folio insert]. f. 121/1r: In materia indulgentiarum dubium est inter doctores an in papa eas concedente...: (121/4r) aut secundum causam pro qua dantur, sed secundum intentionem dantis. [An insert in the same hand as main text. Folios 121/4v and 121/5rv are blank.]

pp. 121/6-163. 121/6: *De sacramento paenitentia, De absolutione seu forma et eius effectu*. Cum hoc sacramentum, ut diximus sicut et alia sacramenta constet materia, forma et ministro...: (163) penitentiam acceptare, quid agendum sit, vide quae superius diximus in capite *De satisfactione*, *Penitens vero*, numero [blank]. [Page 121/6 is followed by 122. Pages 164-168 are blank.]

pp. 169-297. 169: *De sacramento paenitentia, De ministro seu confessore*. Cum sacramenta omnia, ut superius diximus in capite *De sacramentis in genere*....: (297) Sanchez in *Praecep. Decal.*, libro secundo, capito undecimo, numero 16 ibi: *At mihi probablius est*, et numero sequenti. [There is a 7 folio insert on smaller sized paper following p. 289. Pages 298-300 are blank.]

ff. 288/1-288/7 [a 7 folio insert]. 288/1r: [a] Portinare. Donna Barbera Leccomi...:Donna Livia Bravi. Sacristare. Donna Flavia Sommariva...: Donna Paola Rossi. (288/1v) [b] In materia indulgentiarum dubium est inter doctores an in papa eas concedente...: (288/4v) sonat absolute quamvis fieri possit, ut qui. [This is an incomplete copy of the insert at p. 121/1]. (288/5r) [c] Navarrus, in Commentariis de jubiles et indulgentiis...: (5v) sensit aliquando Alexandro Halensis, 4 p., quaestio 83...// [Item c continues on f. 288/7r]//a 7 Durandus...: (288/7v) aut secundum causam pro qua dantur, sed secundum intentionem dantis. (288/6r) [d] Navarrus, in commentariis de jubiles et indulgentiis...: ad 3 par., quaestio 25, art. 2. [Folio 288/6v is blank. Item d is a copy of the first few lines of item c.]

pp. 301-350. 301: *De paenitentia, Quando confessio sit veranda*. Multis de causis contingit confessionem esse invalidem...: (350) cum homoteneatur magis salvare animam propriam quam alterius famam. [Pages 351-352 are blank.]

pp. 353-423. 353: *De sacramento paenitentiae, De sigillo confessionis*. Sigillum confessionis theologi communiter appellant obligationem...: (423) Suarez dicit disputatio 33, sectio 8, col. prima, post medium, numero 3, ibi: *sed statim occurrit* et numero sequenti. [p. 424 is blank.]

pp. 425-441. 425: *De sacramento paenitentiae, De effectibus huius sacramenti*. Effectus sive fructus huius sacramenti sunt plures et suavissimi...: (441) disputatio 12, sectio prima, col. penultimum, circa medium, vers *Deinde de paenitentia*. [Page 442 is blank.]

Physical Description: Paper; 36x23 cm; II+442 pages with 12 inserts+IV; Latin; modern cursive.
Flyleaves Iv, IIv and the back flyleaves Ir-IVv are blank. Flyleaf IIr contains a complete table of contents with corresponding page numbers. There are several inserts in different hands. There are revisions, corrections and marginalia throughout. Catchwords. The entire manuscript is paginated (with inserts foliated) in arabic numerals in the upper right hand and left hand corners. Pages 109-120 were misbound as noted above. This text is continued in E 139 and E 140 Superior; on the entire corpus see the note in E 133 Superior.

Provenance: Old signature: E 138 (f. Ir).

E 139 Sup. * XVII-I * Northern Italy, Milan

1. ANONYMOUS, *De sacramento paenitentiae*

ff. 1r-2v. 1r: *De sacramento paenitentiae, praeludia summarium.* 1. Paenitentiae sacramentum in multis locis sacrae scripturae praefiguratum fuit...: (2v) 72. Paenitentia secreta exterior est remissio peccatorum. [items 73-75 were added to the top margin of 2v as follows:] 73. A Christo fuit instituta...: 75... qui confiteri non possunt. [This 75 item summary of the first chapter is on two foliated sheets, the remainder of the treatise is paginated.]

pp. 1-33. 1: *De sacramento paenitentiae, praeludia.* Paenitentiae nomen plura significat quae videri possunt penes...: (33) Paenitentia habet tres partes integrales, videlicet contritionem, confessionem et satisfactionem, ut superius diximus, Candido, capite *De Paenitentia*, numero 41. [There are only three lines of text at the top of p. 14, the rest of the page is blank but the text continues on p. 15. Page 21 is heavily glossed. Page 34 is blank.]

pp. 35-36. 35: *De sacramento paenitentiae, De materia, summarium.* Hoc sacramentum constat materia, forma et ministro...: (36) 33... non solum per sacramentum paenitentiae, sed etiam modis supradictis et aliquis similibus. [This is a summary of the chapter in 33 numbered items.]

pp. 37-72. 37: *De paenitentiae, De materia.* Hoc sacramentum, sicut etiam de reliquis diximus, constat ex materia, forma et ministro...: (72) aut secundum eundem sensum, aut de potestate remittendi paenas per indulgentias, et ligandi solvendique per censuras et alia praecepta.

pp. 73-107. 73: *De sacramento paenitentiae, De contritio.* Contritio est prima pars ex tribus integrantibus sacramentum paenitentiae, sive primus actus...: (107) distinctio 17, quaestio 2, art. 4, Candido distinctio capite *De contritione*, numero 26. [There are only 7 lines of text on p. 82, the rest of the page is blank but the text continues on p. 83. Page 108 is blank.]

pp. 109-131. 109: *De sacramento paenitentiae, De attritione*. Contritio, ut diximus in capite precedi, duplex est, videlicet perfecta et imperfecta...: (131) Suarez distinctio commentarii 4, disputatio 20, sectio 3, numero 2, vers *ex quo inferunt*. [Page 132 is blank.]

pp. 133-210. 133: *De sacramento paenitentiae, De confessione*. Confessio, ut superius diximus in capite *De Materia*...: (210) sed sollummodo [!] puniri posse vigore suarum constitutionum, et Navarrus nihil dicit de peccato vel de paena. [Pages 190 and 200 are heavily glossed. There are only 10 lines of text on p. 208, the rest of the page is blank but the text continues on p. 209. The first paragraph on p. 209 has been crossed out. Pages 211-212 are blank.]

pp. 213-252. 213: *De conditionibus requisitis ad perfectionem confessionis*. Ad hoc, ut confessio sacramentalis sit benefacta et perfecta requiritur secundum omnes doctores...: (252) autem Navarrus in capite Com. *Ponat*, per totam. *De Paenitentia*, dictinctio 5, ubi ad longum hanc materiam tractat refertque multos doctores.

pp. 253-321. 253: *De sacramento paenitentiae, De integritate confessionis*. Inter qualitates seu conditiones requisitas in confessione sacramentali ut sit benefacta et perfecta...: (321) nisi rationabilter indicet se nunquam illud fuisse confessum, Eman. ver. *Confessio*, numero 41, vers *Confessio integra*. [The first 7 lines of p. 289 are crossed out. Page 293 is followed by 293a. Pages 322-324 are blank.]

pp. 325-441. 325: *De paenitentiae, De circumstantiis peccatorum*. Ut paenitens integram, veram ac fidelem faciat confessionem non solum debet confiteri omnia peccata mortalia...: (441) et magis accommodatam ad humiliationem et confessiones paenitentis. [Page 346 is blank but the text continues on p. 347. The bottom half of p. 410 and the first 2 lines of p. 411 are crossed out. Page 442 is blank.]

Physical Description: Paper; 36x23 cm; V+2 folios+ 442 pages+III; Latin; modern cursive.
Flyleaves Iv-IIIv, Vrv, and the back flyleaves Ir-IIIv are blank. Flyleaf IVrv contains a complete table of contents with corresponding page numbers. The first two sheets are foliated then the remainder of the text is paginated in arabic numerals in the upper right hand and left hand corners. There are revisions, corrections and marginalia throughout. Catchwords.This text is continued in E 140 Superior, on the entire corpus see the note in E 133 Superior.

Provenance: Old signature: E 139 (f. Ir).

E 140 Sup. * XVII-I * Northern Italy, Milan

1. ANONYMOUS, *De sacramento paenitentiae*
pp. 1-34. 1: *De sacramento paenitentiae, De casuum reservatione.* Quamvis paenitens debeat uni sacerdoti omnia peccata sua et eorum circumstantias necessario confiteri...: (34) religionis antequam professionem emittant, Eman. d. ver. *Casus reservatus*, numero 8, vers *Casus reservati.* [pp. 35-36 are blank.]

pp. 37-431. 37: *De paenitentiae, De absolutione a peccatis reservatis.* Vidimus in praecedenti capite quinam casus seu peccata eorumque absolutio quomodo et a quibus reservari possint...: (431) in d. Tractatus de confiden., a quaestio 64, usque ad finem ipsius trac[tatus]. [Between pp. 272 and 273 a sheet had been torn out, but there is no text missing. Following p. 276 are pages 288-O, 288-P and then 289. Original pagination ends at p.320 and modern pagination is found on pp. 321-509, however pp. 348-363 also contain an earlier pagination as 281 to 288-H.]

pp. 432-509. 432: *De paenitentiae, De casibus episcopo reservatis.* Cum episcopi in suis diocesibus possint in aedificationem...: (508) Confessor absolvens eum a peccatis excusaretur ab excommunicatione imposita, in d. Clemens papa. [Page 509 is blank.]

Physical Description: Paper; 36x23 cm; V+509 pages+IV; Latin; modern cursive.
Flyleaves Iv-IIIv, IVv-Vv and the back flyleaves Ir-IVv are blank. Flyleaf IVr contains a complete table of contents with corresponding page numbers. The upper right and left hand corners of the pages are paginated with Arabic numerals as mentioned above, but from page 321 the pagination is in a modern hand. There are various revisions, corrections and marginalia throughout. Catchwords. This is a continuation of the text in E 139 Superior. For the entire corpus see the note in E 133 Superior.

Provenance: Old signature: E 140 (f. Ir).

E 141 Sup. * XV-3 (1467) * Emilia Romagna, Bologna
[Plate II.40]

1. ANONYMOUS, *Estratti dal primo libro del dittamondo*
f. IIr: Nel primo libro. Con una nota da driedo. [1] A chapitolo 4. Che spesso advien, chi receve rampogna...: lasciarla star, che portarne yogogna. [2] In questo libro moderno. A chapitolo 5. Che a l'uom val pocho il pentir doppo il danno...: chonoscie i tempi, et sa fugir l'affanno. [3] Ad ydem. A chapitolo 5. Che quelle chose, che non fano oltragio...: chome l'altre fugir, che fan dannagio. [4] Notta al chapitolo 12 del primo libro nel principio...:

chrine vano. [5] Notta al chapitolo XI del primo libro provarai in che modo roma..: in tal materia.
[1] Libro 1, cap. 6, lines 67-69, Corsi edition as in item 3 below, p. 17. [2] Libro 1, cap. 6, lines 13-15, Corsi, p. 18. [3] Libro 1, cap. 6, lines 88-90, Corsi, p. 20. [In the manuscript Libro 1, capitolo 1 is unnumbered while capitolo 2 is labelled as capitolo 1 and so on throughout libro 1.]

2. ANONYMOUS, *Nota*
f. IIIr: Se mei lector dalcuna...: [ending rubbed].

3. FAZIO DEGLI UBERTI, *Il dittamondo*
ff. 1r-200v. 1r: Non per tractare li affanni ch'io soffersi/ nel mio lungo camin, né le paure...: (200v) a Daniel de Dio fedele amico/ E tra'leon i morto: il dragho conforta. Qui finisce la sesta e ultima parte del spectabile proffesore Facio degli Uberti chiamato Dictamundi. Scripto per me T. L. E finito de scrivere questo di XI de Dicembre. Sotto la incarnatione del nostro signore messer yehsu christo anno 1467 cioè M CCCC LXVII. Laus deo.
Il dittamondo e la rime ed. by Giuseppi Corsi, 2 vols., Scrittori d'Italia, vols. 206-207, Bari: Laterza, 1952, text is volume 1. [Corsi includes this manuscript in family beta, group 2, quite close to Bologna, Biblioteca Universitaria ms 1450 (dated 1471), see vol. 2, with a description on pp. 73-76 and pp. 157-160 where he lists 32 unauthentic readings that are found in both manuscripts. He also says they are by the same scribe. In our Ambrosiana manuscript the text stops with Libro 4, capitolo 12, ver. 63, on line 17 of f. 122v (about one third of the way down the folio), the remainder of the verso is blank, then the text continues at the top of f. 123r with cap. 12, ver. 64 and continues through 123v ending with cap. 13, ver. 45. At this point the folios are misbound and should be in the following order: folio 125 (cap. 13, ver. 46 - cap. 14, ver. 28); folio 124 (cap. 14, ver. 29 - ver. 102); folio 127 (cap. 14, ver. 103 - cap. 15, ver. 72); folio 126 (cap. 15, ver. 73 - cap. 16, ver. 54); folio 128 (cap. 16, ver. 55 - cap. 17 ver. 43); the correct order resumes on folio 129, which begins with cap. 17, ver. 44. For other editions see Zambrini-Morpurgo, vol. 1, cols. 1029-1031 and appendice col. 169.]

Physical Description: Paper; 35x25 cm; ff. IX+200+V; Italian; Humanistic cursive.
Flyleaves Iv, IIv, IVr-VIIr, VIIIr-IXv and the back flyleaves Ir-Vv are blank. On f. Ir in a recent hand is the current shelfmark and the date '25.9.64' probably written by the Prefect of the library Angelo Paredi. On f. IIIv is a nine line note that has been crossed out. Catchwords. There is some marginal notation. For another copy of this text with additional bibliography see the description of D 80 Sup. in part two of this inventory. On the front flyleaves ii and iii is a watermark similar to Briquet, vol. 3, items 11,658 or 11,660-61.

Miniatures: On folio 1r there is an historiated initial N, nine lines high, containing a profile bust of the author. 'Boxing glove' shaped acanthus leaves at the left border of the initial culminate in seed and flower terminals with barbed rosettes in the center. In the lower margin is a wreath with an opening for a heraldic device that was never completed. There are also five initials, six lines high, at the beginning of each book, on ff. 37v, 77v, 107v, 143r, and 181v, infilled with floral and acanthus designs. They sprout a few seed heads in the left margin. There are also colored calligraphic initials, three lines high, at the beginning of each chapter. Cipriani assigns these initials to the Lombard-Venetian school. Before I had seen the Corsi edition and discovered the identity of the scribe, Professor Albiana de la Mare suggested a Bologna origin for this manuscript, based on the similarity of the marginal decoration to Oxford, Bodleian Library, MS. Holkham Hall 364 (Bologna 1465). See: W.O. Hassell, ed. *The Holkham Library. Illuminations and Illustrations in the Manuscript Library of the Earl of Leicester*, Oxford: for the Roxburghe Club, 1970, plate 93.

Provenance: Old signatures: E 141 (Ir); and Q (VIIv). Also on f. VIIv is the signature of Gian Vincenzo Pinelli 'I. V. Plli.' The scribe T.L. is probably Thomam Leonum (or Tomaso Lione) of Bologna who wrote another copy of this work: Bologna, Bib. Univ. MS. 1450. The Bologna manuscript on f. 200r has the colophon: "Expletum hunc librum. per me. Tho[mam] Le[onum] Bononia. Ista die vigesima tertia mensis Novembris sub annis a nativitate domini M CCCC LXXI. Laus deo semper." See Corsi, vol. 2, pp. 73-76 and the information above in the edition statement. According to *Colophons de mss. occidentaux*, vol. 5, p. 414, items 17,952-17,953 he also signed another manuscript, written in Italian, dated 1475. Another colophon dated to 1430, although forty years earlier, may also be by him (vol. 5, p. 413, item 17,951). This earlier colophon, the only one in Italian, is more revealing than the later Latin examples. It reads: "Scritto per me Tomaso figliolo di Iachopo Lione della nobile cità di Bolognia questo dì 8 agosto sotto gli a.d. 1430."

Bibliography: Cipriani, p. 45; G. Corsi as in item 3, volume 2, pp. 104-05; Revelli, p. 81, item 185; Rivlota, p. 16, item 24.

E 142 Sup. * XVII-1 * Northern Italy, Milan (?)

1. ANONYMOUS, *Avvisi da Roma, Venetia, Anversa, e Colonia degli 22 aprile 1600 - 21 luglio 1601*

ff. 1r-381r. 1r: Di Roma li 22 l'Aprile 1600. Dominica mattina il papa...: (3r) di Venetia li 29 aprile 1600... (6r) di Roma li 29 d'aprile 1600... (8r) di Anversa li 21 d'aprile 1600... (8v) di Colonia li 23 detto... (9r) di Venetia li 6 maggio 1600... (12r) di Roma li 6 di maggio 1600... (14r) di Anversa li 28 d'aprile 1600... (14v) di Colonia li 30 detto... (15r) di Venetia li 13 maggio 1600... (18r) di Roma li 13 di maggio 1600... (20r) di Anversa li 5 di maggio 1600... (20r) di Colonia li 7 detto... (21r) di Venetia li 20 maggio 1600...

(24r) di Roma li 20 di maggio 1600... (26r) di Anversa li 22 di maggio 1600... (26v) di Colonia li 24 detto... (27r) di Venetia li 22 maggio 1600... [29v is blank] (30r) di Roma li 22 di maggio 1600... (32r) di Anversa li 19 di maggio 1600... (32v) di Colonia li 21 detto... (33r) di Venetia li 3 giugno 1600... [35v is blank] (36r) di Roma li 3 de giugno 1600... (38r) di Anversa li 26 di maggio 1600... (38r) di Colonia li 28 detto... (39r) di Venetia li 10 giugno 1600... [41v is blank] (42r) di Roma li x di giugno 1600... (44r) d'Anversa li quattro (?) li giugno 1600... (44v) di Colonia li 6 detto... (45r) di Venetia li 12 giugno 1600... [47v is blank] (48r) di Roma li 17 di giugno 1600... (50r) d'Anversa li 9 di giugna 1600... (50v) di Colonia li xi detto... (51) di Venetia li 24 giugno 1600... (54r) di Roma li 24 di giugno 1600... (56r) d'Anversa li 16 giugno 1600... (56r) di Cologna li 18 detto... (57r) di Venetia il primo luglio 1600... (60r) di Roma il primo luglio 1600... (62r) di Anversa li 23 di giugno 1600... (62v) di Colonia li 25 detto... (63r) di Venetia li 8 luglio 1600... [65v] (66r) di Roma li otto di luglio 1600... (68r) di Venetia li 15 di luglio 1600... [70v is blank] (71r) di Anversa li 30 di giugno 1600... (71v) di Colonia li 2 di luglio 1600... (72r) di Roma li 11 di luglio 1600... [73v is blank] (74r) di Anversa li 7 di luglio 1600... (74v) di Colonia li 9 detto... (75r) di Venetia li 22 di luglio 1600... [77v is blank] (78r) di Roma li 22 di lugluo 1600... (80r) d'Anversa li 14 luglio 1600... (80r) di Colonia li 16 detto... [80v is blank] (81r) di Venetia li 29 di luglio 1600... [folio 83 is a half size sheet insert with the end of the entry for Venetia, the verso is blank.] (84r) di Roma li 29 di luglio 1600... [85v is blank] (86r) di Anversa li 21 di luglio 1600... (86v) di Colonia li 23 detto... (87r) di Venetia li 5 d[i] agosto 1600... [89v is blank] (90r) di Roma li 5 di agosto 1600... (92r) di Anversa li 28 di luglio 1600... (92v) di Colonia li 30 detto... (93r) di Venetia li 12 d'agosto 1600... [95v is blank] (96r) di Roma li 12 di agosto 1600... (98r) di Anversa li 4 d'agosto 1600... (98v) di Colonia li 6 d'agosto 1600... (99r) di Vinetia [!] li 19 d'agosto 1600... [101v is blank] (102r) di Roma li 19 d'agosto 1600... (104r) di Anversa li xi di agosto 1600... (104v di Colonia li 13 detto... (105r) di Venetia li 26 di agosto 1600... [107v is blank] (108r) di Roma li 26 di agosto 1600... (110r) di Anversa li 16 d'agosto 1600... (110v) di Colonia li 18 detto... (111r) di Venetia li 2 di settembre 1600... [113v is blank] (114r) di Roma li 2 di settembre 1600... (116) di Venetia li 9 settembre 1600... (118r) di Anversa li 25 agosto 1600... (118r) di Colonia li 27 detto... (119r) di Roma li 9 di settembre 1600... (121r) di Anversa il primo di settembre 1600... (121v) di Colonia li 5 (?) detto... (122r) di Venetia li 16 settembre 1600... [124v is blank] (125r) di Roma li 16 di settembre 1600... (127r) di Venetia li 23 settembre 1600... (130r) di Roma li 23 settembre 1600... (132r) di Anversa li 16 di settembre 1600... (132r) di Colonia li x detto... (133r) di Venetia li 30 settembre 1600... (135r) di Roma li 30 di settembre 1600... (137r) di Anversa li 22 di settembre 1600... (137v) di Colonia li 24 detto... (138r) di Venetia li 8 ottobre 1600... (141r) di Roma li 7 ottobre 1600... (143r) di Anversa li 28 di settembre 1600... (143r) di Colonia il quinto ottobre... (144r) di Venetia li 14 ottobre 1600... [146v is blank] (147r) di Roma li 14 d'ottobre 1600... (149r) di Anversa li 6 di ottobre 1600... (149r) di Colonia li 8 detto... (150r) di Venetia li 21 ottobre 1600... (152r) di Roma li 21 d'ottobre 1600... (154r) di Anversa li 13 d'ottobre 1600... (154v) di Colonia li 15 detto... (155r) di Venetia li 28 di ottobre 1600... [157v is blank] (158r) di Roma li 28 di ottobre 1600... (160r) di Anversa li 21 d'ottobre 1600... (160r) di Colonia li 23 detto... (161r) di Venetia li 4 novembre 1600... [163v is blank] (164r) di Roma li 4 di novembre 1600... (166r) di Anversa li 27 di ottobre 1600... (161v) di Colonia li 29 detto... (167r) di Venetia li xi novembre 1600... [169v is blank] (170r) di Roma li xi novembre... (171r) di Anversa li 4 di novembre 1600... (171r) di Colonia li 6 detto... (172r) di Venetia li 18 novembre 1600... (174r) di Roma li 18 di novembre 1600... (176r) di Anversa li xi di novembre 1600... (176r) di Colonia li 12 detto... (177r) di Venetia li 23 novembre 1600... (179r) di Roma li 23 di novembre 1600... (181r) di Anversa li 17 di novembre 1600... (181r) di Colonia li 19 detto... [181v is blank] (182r) di Venetia li 2 decembre 1600... (184r) di Roma li 2 di decembre 1600... (186r) di Anversa li 23 di novembre 1600... (186r) di Colonia li 25 detto... [186v is blank] (187r) di Venetia li 9 decembre 1600... [189v is blank] (190r) di Roma li 9 decembre 1600... [191v is blank] (192r) di Anversa li 2 di decembre 1600... (192r) di Colonia li 4 detto... (193r) di Venetia li 16 decembre 600 [!]... [195v is blank] (196r) di Roma li 16 decembre 1600... (198r) di Anversa li otto di decembre... [no Colonia entry] [198v is blank] (199r) di Venetia li 23 di decembre 1600... (202r) di Roma li 23 decembre 1600... (204r) di Anversa li 14 decembre 1600... (204r) di Colonia li 16 detto... [204v is blank] (205r) di Venetia li 30 di decembre 1600... (207r) di Roma li 30 di decembre 1600... (209r) di Anversa li 22 decembre 1600... (209r) di Colonia li 24 detto... (210r) di Venetia li 6 gennaro 1601... (213r) di Roma li 6 gennaro 1600... (215r) di Anversa li 29 di decembre 1600... (215r) di Colonia li 31 detto... (216r) di Venetia li 13 gennaro 1601... [218v is blank] (219r) di Roma li 12 gennaro 1601... (221r) di Anversa li 6 di gennaro 1601... (221v) di Colonia li 7 detto... (222r) di Venetia li 20 gennaro 1601... [224v is blank] (225r) di Roma li 20 di gennaro 1601... (227r) di Anversa li 12 di gennaro 1601... (227v) di Colonia li 14 detto... (228r) di Venetia li 21 gennaro 1601... [folio 230 is a half size sheet insert with the end of the entry for Venetia, the verso is blank.] (231r) di Roma li 21 gennaro 1601... (233r) di Anversa li 20 di gennaro 1601... (233r) di Colonia li 21 detto...(234r) di Venetia li iii febraio 1601... [236v is blank] (237r) di Roma li 3 di febraio 1601... (239r) di Anversa li 26 di gennaro 1601... (239r) di Colonia li 28 detto... (240r) di Venetia li 10 febraio 1601... [242v] (243r) di Anversa li ii febraio 1601... (243r) di Colonia li iiii detto... (243v) di Roma li x febraio 1601... [247v is blank] (248r) di Roma li 17 febraio 1601... (250r) di Anversa li 9 febraio 1601... (250v) di Colonia li xi detto... (251r) di Venetia li 24 febraio 1601... [253v is blank] (254r) di Roma li 24 difebraio 1601... (256r) di Anversa li 16 febraio 1601... (256r) di Colonia li 18 detto... (257r) di Venetia li 3 marzo 1601... [259v is blank] (260r) di Roma li 3 marzo 1601... (262r) di Anversa li 23 di febraio 1601... (262v) di Colonia li 25 detto... (263r) di Venetia li 10 marzo 1601... [265v-266v are blank] (268r) di Roma li x marzo 1601... (270r) di Anversa li 2 marzo 1601... (270r) di Colonia li 4 detto...(271r) di Venetia li 17 marzo 1601... [273v is blank] (274r) di Roma li 17 di marzo 1601... (276r)di Anversa li 9 di marzo 1601... (276v) di Colonia li xi detto... (277r) di

Venetia li 24 marzo 1601... (279r) di Roma li 24 di marzo 1601... (281r) di Anversa li 16 di marzo 1601... (281r) di Colonia li 18 detto... (282r) di Venetia li 31 marzo 1601... [folio 284 is a half size sheet insert with the end on the entry for Venetia, the verso is blank] (285r) di Roma l'ultimo di marzo 1601... [287v is blank] (288r) di Anversa li 23 di marzo 1601... (288r) di Colonia il 25 detto... [288v is blank] (289r) di Venetia li 7 aprile 1601... [291v is blank] (292r) di Roma li 7 di aprile 1601... (294r) di Anversa li 29 di Marzo 1601... (294r) di Colonia il primo di aprile 1601 [294v is blank] (295r) di Venetia li 14 aprile 1601... [297v is blank] (298r) di Roma li 14 di aprile 1601... (300r) di Anversa li 6 di aprile 1601... (300v) di Colonia li 8 detto... (301r) di Venetia li 21 aprile 1601... [303v is blank] (304r) di Roma li 21 di Aprile 1601... (306r) di Anversa li 13 di aprile 1601... (306r) di Colonia li 15 detto... (307r) di Venetia li 28 aprile 1601... [309v-310v are blank] (311r) di Roma li 28 aprile 1601... (313r) di Anversa li 19 aprile 1601... (313r) di Colonia li 21 detto... (319r) di Venetia li 5 maggio 1601... [316v is blank] (317r) di Roma li 5 maggio 1601... (319r) di Anversa li 28 aprile 1601... (319v) di Colonia li 29 detto... (320r) di Venetia li 12 maggio 1601... [322v is blank] (323r) di Roma li 12 di maggio 1601... (325r) di Anversa li 4 maggio 1601... (325r) di Colonia li 6 detto... [325v is blank] (326r) di Venetia li 19 maggio 1601... [328v is blank] (329r) di Roma li 19 di maggio 1601... (331r) di Anversa li 15 di maggio 1601... (331r) di Colonia li 17 detto... (332r) di Venetia li 26 maggio 1601... [334v is blank] (335r) di Roma li 26 di maggio 1601... [336v is blank] (337r) di Anversa li 18 di maggio 1601... (337r) di Colonia li 20 detto... (338r) di Venetia li 2 giugno 1601 [340v is blank] (361r) di Roma li 2 di giugno 1601... (343r) di Anversa li 25 di maggio 1601... (343r) di Colonia li 27 detto... [343v is blank] (344r) di Venetia li 9 giugno 1601... [346v is blank] (347r) di Roma li 9 di giugno 1601... (349r) di Anversa li 25 di maggio 1601... (349r) di Colonia li 27 detto... (350r) di Venetia li 16 giugno 1601... (352r) di Roma li 16 di giugno 1601... (354r)di Anversa li otto di giugno 1601... (354v) di Colonia li 9 detto... [355v is blank] (356r) di Venetia li 23 giugno 1601... (358r) di Anversa li 15 di giugno 1601... (358r) di Colonia li 17 detto... (359r) di Roma li 23 di giugno 1601... (361r) di Venetia li 30 di giugno 1601... (364r) di Roma li 30 di giugno 1601... (366r) di Anversa li 22 di giugno 1601... (366r) di Colonia li 24 detto... (367r) di Venetia li 7 luglio 1601... [folio 369 is a half size sheet insert with the end of the entry for Venetia, the verso is blank.] (370r) di Roma li 7 di luglio 1601... (372r) di Anversa li 29 di giugno 1601... (372v) di Colonia il primo di luglio 1601... (373r) di Venetia li [the remainder of the heading, presumably to have been 14 luglio 1601, was left blank] [375v is blank] (376r) di Roma li 14 luglio 1601... (378r) di Anversa li 6 luglio 1601... (378r) di Colonia li 8 detto... (379r) di Venetia li 21 luglio 1601...: (381r) in cavalli. [f. 381v is blank.]

[This manuscript contains three sets of reports, from Venetia, Rome, and Antwerp/Cologne which discuss international events from Spain to Vienna, but primarily focus on Northern Italy (eg. Milan, Mantua and Bologna). The activities of numerous ambassadors, cardinals and nobles are mentioned as well as various letters they wrote and where copies of these letters could be located. There are different hands for each set of reports and changes of hands within each set, for example the Antwerp reports change hands at least four times. They appear to be copies rather than the original reports.

Physical Description: Paper; 35x24 cm; I+381+I; Italian; modern cursive. Flyleaf Iv and back flyleaf are blank. On f. Ir is the title 'Avisi o sian novelle de varie parti concernenti alla storia degli anni 1600 e 1601' in the same hand as the E 142 shelfmark. There are many varieties of watermarks throughout the manuscript. However we can be rather certain that the reports are not the originals. For although the hands for each set of reports differs, some sections of the manuscript have a similar watermark for all the different sets of reports. It seems different scribes at a single location were responsible for copying a specific set of reports.

Provenance: Old signatures: Cn 152, E 142 (f. Ir).

E 143 Sup. * XVI-3 * Northern Italy, Milan (?)

1. ANONYMOUS, *Repertorium legale*
ff. IIr-XLVv; pp. 1-678. IIr: Index titulorum ac capitulum. A. Accusationibus-406...: (f. Vr) Verbis enuntiatius-130. [f. Vv is blank]. (VIr) Index verborum. A. Abbas pagina 363, numero nono...: (XLIVv) uxor prefertur 329 numero 1, 587 numero 4. [ff. LXVr-LXVIIIv are blank]. (f.1r-v) [Text] Constitutionibus. 1. Constitutio requirit publicationem ut quis... [followed by a blank unfoliated sheet then] (f.2r-v) Rescriptis, [the remainder of the manuscript is paginated] (pp. 3-4) Consuetudine, [5-6 have titles but the text is blank] (7-16) Renuntiatione, [there is one unnumbered blank folio after p. 16 then pp. 17-20 have titles but no text (21) Filiis presbiterorum, (23-24) Officio vicarii, (25) Officio et potestate iudicis deligati, (26) De officio legati, (27) De officio ordinarii, (28) De maioritate et obedientia, (29-30) De pactis, (31-32) De transactionibus, [33 has the title but no text] (34-43) De procuratoribus, [44 has title but no text] (45-48) De in integrum restitutione, (49) De arbitris, (50-59) De iudiciis, (60) De foro competenti, [61 has title but no text] (62) De compensationibus, [63-64 have titles but no text] (65-70) De dillationibus, (71) De feriis, (72-75) De causa possessionis et proprietatis, (76-88) De restitutione spoliatorum, (89-92) Dolo et contumatia, [93-94 have titles but no text, 95 is blank] (96-105) Ut litte pendente, (106-109) Sequestratione possessionis et fructum, (110-111) Confessis, [112-113 have titles but no text] (114-118) Probationibus, [119 has title but no text](120-122) Testibus, [123 has title but no text] (124-138) De fide instrumentorum, [139 has title but no text] (140-143) De praesumptionibus, [144-145 have titles but no text] (146-147) De iure iurando, [148-149 have titles but no text] (150-151) Exceptionibus, (152-154) Praescriptionibus, (156-174) [with 155-157 blank] Sententia et re iudicata, [175 title but no text] (176-190) Appellationibus, [pages 178-183 have been torn out but fragments remain in the gutter] (191) Clericis peregrinantibus, (192-193) Confirmatione utili vel inutile, [194 title but no text] (195) Clericis

non residentibus, (196-249) De prebendis. Rubrica, [250-251 are blank] (252-279) Concessione praebende, [280 has title but no text, 281 is blank] (282-287) Pensionibus, (288) Ne sede vacante, [289 is blank] (290) His que fiunt a prelati sine consensu capitali, [291 is blank, 292 has title but no text, 293 is blank] (294-295) Rebus ecclesie non alienandis, [296-297 are blank, 298 has title but no text, 299 is blank, 300 has title but no text, 301 is blank, 302 has title but no text] (303) Quae infraudus credit, (304-305) Emptione et venditione, [306 is balnk] (307) Rem ratam haberi, (308-309) Locato et conducto, [310-311 are blank] (312-313) Locatione ad lungum tempus, [314-315 are blank] (316-317) Rerum permutatio, [318-319 are blank] (320) Acquirens rerum dominio, (321-322) Iure dotium, [323 is blank] (324) Iure emphiteotico, [the verso of page 324 is unpaginated and blank] (325-326) Pheudis, (327-328) Obligationibus, (329) Pignoribus, [330 is blank] (331-334) Solutionibus, (335) Fideiussoribus, [336 is balnk] (337) Non numerata pecunia, [338 is blank] (339-340) Donationibus, [341-342 are blank] (343-346) Testamentis, [347-348 are blank] (349-350) Legatis et fideicomistis, [351 is blank] (352) Alimentis, (353) Alimentis legatis, [354 is blank] (355) Sucessionibus, [356 is blank, 357 has title but no text, 358 is blank] (359-360) Decimis, [361-362 are blank] (363-364) Regularibus, [365-366 are blank, 367 has title but no text, 368 is blank] (369-386) Iure patronatus, [387-388, 390, 392, and 394 are blank; 389, 391 and 393 have titles but no text] (395-397) Sponsalibus et matrimoniis, [398 is blank, 399 and 400 have titles but no text] (401) Conditionibus appositis, (402-404) Qui filii sint legitimi, (405) Secondis nuptiis, (406) Accusationibus, [407 has title but no text, 408 is blank] (409-415) Simonia, [416 is blank, 417 and 418 have titles but no text] (419) Apostasis, [420 is blank] (421) Homocidio, [422, 424 and 426 are blank; 423 and 425 have titles but no text] (427) Usuris, [428 and 430 are blank, 429 has title but no text] (431-434) Fructibus et litium expensus, [435 has title but no text; 436 is blank] (437-440) Privilegiis, [441-442 are blank] (443) Iniuriis, [444, 446 and 448 are blank; 445 and 447 have titles but no text] (449-453) Sententia excomunicationis, [454 is blank] (455) Verborum significatione, [456 is blank] (457-465) De clausulis, [466-472 are blank] (473) Regulis in genere, [474-476 are blank] (477-478) Regula ad regimen et execrabilis, [479 is blank] (480) Reservatio cathedre et monasteriorum vales cc. (481) Dignitate maiorum beneficiorum cardinalium et eorum familiarum, regula III, [482 is blank] (483) Collectorum et subcollectorum, regula IIII, [484 and 486 are blank, 485 has title but no text] (487) Cubiculariorum et cursorum, regula VI, [488, 490, 492 and 494 are blank; 489, 491 and 493 have titles but no text] (495) Revocatio, expectatio et facultatum nominandi, regula decima, [496 is blank] (497) Revocatio unionum regula XI, [498 is blank, 499 has title but no text] (500) Regula XIII. Revocatio, facultatum et indultus in aliena diocesis, [501 has title but no text, 502 is blank] (503) De concurrentibus super eodem beneffitio, regula quinquegesima, [504 is blank] (505-507) De non tollendis iuris quesito, regula XVI, [508 is blank] (509) Qui canonici sint XIIII in cathedralibus et X in collegiatis, regula XVII, [510 is blank] (511-512) De infirmis resignantibus regula XVIII, [513-514 are blank] (515) Provisus de parochiali intelligat et loquatur idiomia, regula XVIIII, [516 is blank] (517)

De impetrantibus per obitum benefitia viventium, regula XX, 518 is blank; 519-523 have titles but no text] (524) Regula XXV, de non iudicando super formam supplicationum, [525-526 are blank] (527) De regulis in forma producendis, regula XXVI, [528 is blank] (529) De subrogandis collitigandis, regula XXVII, [530 is blank] (531-532) Regula de verissimili notitia obitus, regula XXVIII, (533-535) Qui commissiones non valeant litteris non expeditis, regula XXIX, [536 is blank] (537-538) De vacantibus per obitum familiarum cardinalium, regula XXX, [539 is blank] (540) Regula XXXI, signatura per fiat profertur signare per consensum, (541-550) De annali, regula XXXII, (551-558) De triennali, regula XXXIII, (559-562) De publicandis ressignationibus, regula XXXIIII, (563) De non appellando ante deffinituiam, regula XXXV, [534-579 have titles but no text] (580) Regula LIII, dispensatio non suffragatur litteris non expeditis, [581-586 have titles but no text] (587-592) De valore exprimendo, regula LXI, [593-601 have titles but no text] (602) Regula de absolutione, (603) Regula cardinales non comprehendantur sub regulis excepta prima expedite, [604 has title but no text] (605-606) Regula de osto mensibus, [607 is blank, 608 has title but no text] (609) Prorogationes expectativarum et fulminatis processium, (610) Regula super gratiis expectat, [611-616 have titles but no text] (617) Regula XIIII, ne extra nationem, (618) Regula XV, nemo aceptet literis non expeditis, (619) Regula XVI de duabus expectativis, (620) Regula XVIII, de reservatis, (621-622) Regula XIX, de insinuatione et publicate, (623) Regula XX, de mensibus ordinariorum, (624) Regula XXI, de pluribus expectantibus, (625) Regula XXII, de motu proprio, (626-627) Regula XXIII, revocatio expectativarum et aliorum, (628) Regula XXIIII, de praelationibus expectativarum, (629) Regula XXV, de mutatione collationis, (630) Regula XXVI, de processibus expectativarum, (631) Regula XXVII et XXVIII, de moderatione indultorum, (632) Regula XXIX, nulla privilegia suffragentur, (633) Regula revocata facultatum conclavistarum quo ad ressignationes, (634) De futis familiaribus; De potestate auditoris rotae, (635) Boniffatius VIII, [636 is blank] (637) Eugenius IIII, [638 is blank] (639) Paulus II, [640 is blank] (641) Sixtus IIII, (642) Innocentius VIII, (643) Iulius II, (644) Leo X, (645) Adrianus VI, (646) Clemens VII, (647) Paulus III, (648) De prothonotariis et aliis, (649) De imperationibus certo modo, [650 is blank] (651-652) Reservationibus, (653) De concilio Lateranensis, [654 is blank] (655) De dispensationibus, [the verso of page 655 is unnumbered and blank (656) Cessione actionis, [the verso of page 656 is numbered as 656 again and is blank] (657-659) Allegatione lapi, [660, 661 and the nunumbered verso of page 661 are blank] (662) Intellectus canonum, [the unnumbered verso of page 662 is blank as are 663-664] (665) Intellectus legum, [666-668 are blank] (669-670) Intellectus doctorum, [671-672 are blank] (673-674) Intellectus decisionum rotae. [675-678 are blank.]
In the *Index verborum* entries begin on the right hand page, therefore there are blank pages at the end of some letters of the alphabet; also both the recto and verso of flyleaves XIII, XVII, XXIII, XXVII, XXXII and XXXIV are blank. Flyleaf XLIVr is labelled as folio 1. The text follows the approximate order of the Gregorian decretals, the *Liber Extra*. There are

also numerous citations from sixteenth century canonists and Rota decisions, the latest is dated 'Martii 1563' (see p. 191).

Physical Description: Paper; 34 x 23 cm; ff. XLVIII+678+I; Latin; chancery cursive.
Flyleaf 1v and the back flyleaf Irv are blank. Flyleaves VIr-XLIIv are thumb indexed. There is a watermark on flyleaves LXV-LXVIII (all blank) and numerous text pages that is not found in the major reference works. It is a circle containing a diamond shaped design that is composed of arcs rather than straight lines, in the center is a six petal flower.

Provenance: Old signature: E 143 (f. Ir). Bequest of Giovanni Marie Bidelli, 1705. f. Ir: "Ex legato I.C. Iohannis Marie Bidelli anno 1705."

E 144 Sup. * XI-3 (ca. 1095) * Northern Italy, Milan

1. BURCHARDUS WORMATIENSIS, *Decretum*

ff. 1ra-213vb. 1ra: [badly rubbed rubric] In nomine christi incipit praehemium istius libelli. [Prologue] Burchardus solo nomine Vuormaciencis episcopus Brunichoni fideli suo eiusdem videlicet sedis praeposito in christo domino salutem. Multis a saepe diebus familiaritas tua frater karissime, presens nobis...: (1rb) tuis sanctis petitionibus oboedictis// [The remainder of the prologue on the top of folio 1va is badly rubbed. This is followed by a summary of each book.] (1va) Primus liber continent de potestate...: (2ra) Vigesimus liber. Speculationum vocatur...: (2va) tuis mei peccatoris memoria deprecorui habeas. [Chapter listings] Incipiunt capitula primi libri. Quod in novo testamento post christum dominum nostrum a petro sacerdotalis coeperit ordo...: (5ra) de episcoporum transmutatione. [Prologue to Book I] Incipit primus liber de potestate et primatu apostolice sedis patriarcharum ceterorumque primatum metropolitanorum (5rb) et de synodo celebranda et vocatione ad synodum. De accusatis et accusatoribus. De expoliatis iniuste. De iudicibus ac de omni honore competenti ac dignitate et diverso negotio et ministerio episcoporum. [Rubric] Quod in Novo Testamento post Christum Dominum nostrum a Petro sacerdotalis coepit ordo. [Text] In novo autem testamento post Christum Dominum nostrum a Petro sacerdotalis coepit ordo quia ipsi primo pontificatus... [the text is complete until liber 8, cap. 38 where it stops in the middle of the column as follows:] (105vb) colligantur, ulterius sub uno non cohabitare recto// [The text continues on the recto of the next folio in the middle of liber 8, cap. 49 as follows:] (106ra) //valeat custodiri detrudere et ita omnem circa sollicitudinem illam exhibere... [text continues to liber 20, cap. 108 as follows:] (199va) bone autem cogitationes semper a deo sunt.// [with a note a the bottom of column b 'non est finitus iste novus decum liber'. Folio 200r is blank, then on 200va-201vb are inserts listed as items 2 and 3 in this description. This is followed by liber 20.] (202ra) Incipiunt capitula libri vigesimi. Quod anime humane inter ceteras creaturas ab initio non sint creatae...: (203rb) flamma

incendu. [Text] Incipit liber vigesimus qui speculation vir liber vocatur. Speculatur enim de (203va) providentia et pridestinatione [!] divina et de adventu anti christiani de eius operibus de resurectione de die iudicii de infernalibus poenis de infrlicitate perpetue vitae quos anime humane inter ceteras creaturas ab initio non sint creatae. I. Animas hominus non esse dicimus ab initio interceteras intellectuales naturas...: (213vb) immolatio sacre oblationis ostenditur quando hanc et ipsi mortuorum// [Below is the following note:] Hic minus est quantum continent XXXVIII ultima capitula huius vigesimi libri, videlicet ab eo ubi dicit LVIII capitulum: *Quod beatius sit quemque liberum hinc ex re* usque ad finem supradicti libri. [The text ends at liber 20 cap. 20 in the middle of the last sentence. The remaining chapters of the text are missing. Folios 177v and 200r are blank.]
PL, vol. 140, cols. 538-799, 802-1006, and 1013-1038. [As stated in the note at the end of the text, liber 20, cap. 58-109 are missing. On f. 100v there is a *figura de septem gradibus consanguinitantis* following liber 7, cap. 28. Also liber 19, cap. 5, the section on *de contemptu jujunii* stops on f. 177ra with the words '...coegisti publice poenitentem' (the bottom half of f. 177r is blank). Folio 177v is blank and then the text begins again, without a break, on f. 178ra with 'manducare et bibere...' Thus no text is missing, see *PL*, vol. 140, col. 962d, eight lines from the bottom. This manuscript is an early example of a stemma containing an inferior text according to G. Fransen, "Le Décret de Burchaed de Worms. Valeur du texte de l'edition. Essai de classement des manuscrits", *Zeitschrift der Savigny-Stiftung für Rechtsgeschichte: Kanonistische*, 63 (1977): 8, 10 and 11. On this text see: A Ambrosiani, pp.288-89 as cited below.]

2. PSEUDO-ISIDORUS, *Decreta Lucii papae, VII*

ff. 200va-201ra. 200va: Incipit titulus Lucii papae VII. De invasoribus rerum ecclesiarum et oblationum fidelium. Res quoque aecclesiarum vestarum et oblationes fidelium...: (201ra) ac fovenda atque fuducialiter ab omnibus tenenda.
P. Hinschius, *Decretales Pseudo-Isidorianae et Capitula Angilramni*, Lipsiae 1863, pp. 178-179; also there is a transcription from this manuscript in A. Ambrosioni, p. 299.

3. BURCHARDUS WORMATIENSIS, *Excerpta ex Decreto*

f. 201ra-201vb. 201ra: [marginal note: 'XLIII. Ex dictis apostoli Hyeronimi, Augustini, Gregorii] [1] De vindicta non prohibenda. De multa vindicta non prohibenda in novo testamento Hyeronimus de personis dignis ad vindicatam ait...: (201rb) Petrus Ananiam et Saphiram terrifice multavit. [2] Canonica instituta et sanctorum Patrum exempla sequentes ecclesiarum dei violatores...: (201va) per emendationem et condignam penitentiam satisfecerint. (201vb) [3] Canonica instituta et sanctorum patrum exempla sequentes ecclesiarum dei violatorem...: et ecclesiae dei satisfaciant. [4] Audistis dilectissimi quanta et quam orrida pravitatis...: fornicator est vel rapax cum huiusmodi nec cibum sumere.
[1] *Decretum* VI.43: *PL*, vol. 140, cols. 775d-776a; [2] *Decretum* XI.6: *PL*, vol. 140, cols. 859d-860b; [3] *Decretum* XI.7: *PL*, vol. 140, col. 860b; [4]

Decretum XI.4: *PL*, vol. 140, cols. 858d-859b; all four texts are transcribed in A. Ambrosioni, pp. 300-02.

4. ANONYMOUS, *Institutio imperiosa*

f. 214ra: De diaconorum presb[iter]orum et episcoporum [subole]. Imperator The[odosiu]s e[t Hono]rius et Archadius...: (214rb) pondera de suo proprio [nost]re ca[m]ere cogatur persolv[er]e. F[i]nit.
C. Baudi di Vesme, *Edicta regum langobardorum*, App. X (*Historiae patriae monumenta* 8), 2nd ed., Munich: G. Franz, 1855, cols. 237-38. Known as a false Vercelli decree; transcribed in A. Ambrosioni, pp. 302-03.

5. INNOCENTIUS I PAPA, *Epistula ad episcopos in synodo Tolosana*

ff. 214r-214v. f. 214rb: Epistula Innocentii pape Exuperio episcopo Tolosane civitatis. De eo quod non degra- (214va) dandi sunt [pri]ncipes// [the remainder of the rubric is badly rubbed.] Quero enim quare doluerunt Symphosium...: pertinaci nolle retinere. [At this point the text differs from the *PL* edition as follows:] Augustinus ait David Saulem vocat christum Domini postquam recessit...: (214vb) Item sapientem Salomonem dignum mille mortibus non degradavit.
PL, vol. 20, col. 488a, Epistola III, Cap. 1, section 3; Jaffé, vol. 1, letter 292, p. 45; transcribed in A. Ambrosioni, pp. 303-04.

6. S. AUGUSTINUS, EP. HIPPONENSIS, *De nuptiis et concupiscentia*

ff. 214v-215v. 214vb: [Rubric] Dicta Augustini. De carnis concupiscentia beatus Ambrosius Mediolanensis episcopus cuius sacerdotali ministerio lavacrum regenerationis accepi...: (215ra) non peniteat eum qui sic laudat Ambrosium.
This text is based on *CSEL*, vol. 42, pp. 251-52 but with numerous minor differences. It is transcribed in A. Ambrosioni, pp. 304-05.

7. ANONYMOUS, *Excerpta*

ff. 215r-215v. 215ra: [1] Deus usque de vis suis camavit Dominus suis meis ama. [2] Deus qui de vivis lapidibus tibi condis habitaculum, ad hanc instaurationem currentes benedicere digneris populum istum. [3] Deus qui de vivis...: populum istum. [Same as item 2.] [4] Omnis enim homo mendax et nemo sine peccato nisi. [5] Miserere mei Deus secundum magnam misericordiam tuam et sum. (215rb) [6] Omnipotens sempiterne. [7] Penitead ergo eum qui sensit adversus Ambrosium. [8] De cetera Meleitiadis pape. In primis ut silentium non abeat ad eclesiam intradi per illum prosimos. XL. dies nudis pedibus incedat et nudo llo [!] veicuo intra. [9] Omnipotens sempiterne Deus qui vos ad hanc instaurationem dignatus est convocare, sua vos faciat benedictione fructificare, cuiusque corporis super altaris fractionem, illius indefectam suscipiatis benedictionem, quatinus eius obtentu presentem vitam transire et futuram infinite glorie valeatis percipere. Quod ipsi. [10] Dandi sunt principes malignis. (215v) [11] Domine Iesu

Christe qui manus tuas sanctas in cruce configi permisisti [et nos tuo] sancto [sanguine] rede[misti, ig]no[sce] mihipeccat[ori] quia omnes [culpe] mee ad [te non sunt abscondite.] Veniam peto. Veniam credo. Veniam spero. Tu qui pius es parce mihi Domine. [12] Domine Iesu Christe qui manus tuas sanctas in cruce configi. [Followed below by the word:] Pater.
All of these excerpts are transcribed and discussed by A. Ambrosioni, pp. 305-07. Items 2 and 3 are from a church dedication ceremony, edited by A. Paredi, *Sacramemtarium Bergomense*, Bergamo, 1962, p. 304. Items 4, 7 and 10 are taken from the treatise of Augustine on f. 214vb. Item 5 is from Psalm 50. And items 11 and 12 are from prayers for the adoration of the cross, edited by A. Wilmart, "Prieres medievales pour l'adoration de la croix," *Ephemerides liturgicae*, 46 (1932): 40, footnote 2.

8. ANONYMOUS, *Notitiae presbiteri mediolani*

f. 215v: De Decimo: Archipresbiter et Dominicus presbiter; Leucate: Iohannes presbiter; Casulate: Albericus et Albertus presbiteri; Rosate: Geizo presbiter...: Sec[rate]: Do[mini]co et Amizo presbiteri. A. Ambrosioni, pp. 277-78; also C. Castiglioni, "Un elenco di ecclesiastici milanesi nel secolo XIII," *Ambrosius*, 13 (1937): 141-42. The list is reproduced in a modern hand on flyleaf IIrv.

Physical Description: Parchment; 34x28 cm; ff. III+215+I; Latin; Carolingian minuscule.
Inside front cover: 'Restaurato a Grottaferrata 23 Aprile 1964; Flyleaf Ir has the modern shelfmark; flyleaves Iv, IIIv and the back flyleaf are blank. Flyleaf IIrv has a modern copy of the text on f. 215v. The entire manuscript was stained by water and is badly rubbed especially on the outer margins.

Miniatures: There are plain colored initials, one line high, throughout the manuscript; on folio 100v is a consanguinity chart.

Provenance: Old signature: E 144 (f. IIIr). Also on f. IIIr is the following note by Olgiatus 'Hic codex formae quadraturae antiquissimus fuit Metropolitanae ecclesiae Mediolani ei ab Archiepiscopo Piccolpasso legatus tandem illustrissimi Cardinali Federici Borrhomaei B. Caroli patruelis iussu dum Ambrosianam Bibliotecam institueret, a illustrissimi eiusdem ecclesiae capitulo emptus fuit anno 1605. Antonio Olgiato.' According to Paredi, *Bibl. Pizolpasso*, p. 85, the manuscript was purchased by the Ambrosiana in 1605 from the metropolitan cathedral chapter in Milan and Olgiatus was mistaken in attributing ownership to Pizolpasso.

Bibliography: Ambrosioni, Annamaria, "Il più antico elenco di chierici della diocesi ambrosiana ed altre aggiunte al *Decretum* di Burcardo in un codice della Biblioteca Ambrosiana (E 144 sup.): una voce della polemica antipatarinica?", *Aevum* 50 (1976): 274-320.

E 145 Sup. * XVI-2 * Northern Italy, Trentino

1. MATTHAIOS BLASTARES, *Syntagma alphabeticum*
ff. 7r-340v. 7r: [Title] Opus per ordinem literarum omnium materiarum quae continentur sacris et divinis canonibus; laboratum et compositum a sapientissimis inter sacros monachos domino Mattheo. [Prologue] Praeconsideratio. Sacrorum et divinorum canonum usus floruit quidem ex eo tempore, cum Christus inter homines veniabatur Deus et homo...: (25v) oportet autem et capita secundum ordinem literarum praesentis operis. Ut in indice scribere quaere de legibus et in nono capite litere Mu. (26r) [Table of contents] Tabula capitum. De orthodoxa fide. "Alpha:" De iis qui negarunt hanc immaculatam christianorum fidem... (33v) [chapter] Omega, [section] Alpha: Quosnam oporteat horarium gestare. (34r) [Text] De orthodoxa fide. Materias igitur sacrorum canonum per ordinem literarum dividere... (36r) qui vero praeterdicta opinionem habet haereticus est. Principium literae. Alpha: De iis abnegarunt irreprehensibilem fidem, et quomodo eos delicti huius penituerit admittere oportet. Maxime autem oporturum erit...: (340v) Principium literae. Omega. Capitulum I. Qui nam orarium gestare debent. Quare in nono capitulo literae Sigma canones Laodiceni synodi 22 et 23. Finis.
PG, vol. 144, cols. 959-1400, and vol. 145, cols. 9-212. [Latin translation is different than the one in *PG*.]

2. IOHANNES IV IEIUNATOR, PATRIARCHA CONSTANTINOPOLITANI (?), *Exerpta ex libro canonico*
ff. 341r-347v. 341r: Ieiunatoris. Ex libro canonico sancti Ioannis Ieiunatoris. [Prologue] Consideranda est passionum qua nobis accidunt medicina et curatio iuxta divini Ioannis cognomento Ieiunatoris sententia...: (341v) Eandem divisionem facit etiam synodus Ancyrensis. Et Alexandriae praesul sacro martyr Petrus. Et magnus Basilius in octoginta primo canone suo. [Text] De veneficis et magicis. Eos vero qui res magicas vel veneficia in fore praedicant divinus quidem Basilius in sexagesimo quinto canone...: (347v) De eo qui post divinam communionem evomuerit...At propter alia quaedam propria delicta hoc omnino permissum est fieri.
[In the *Clav. Graec.*, vol. 3, pp. 411-14 the various *canones* attributed to Ieiunator (item 7560 on pp. 413-14) are listed in the dubious works category.]

3. NICETAS METROPOLITANUS HERACLEIAE (SERRAE), *Responsa ad Constantinum episcopum*
ff. 347v-348v. 347v: Nicetae. Nycetae beatissimi metropolitae Heradeae [!] responsiones ad quendam Constantinum episcopum de his rebus de quibus ab eo interogatus fuit. Prima. Integra quidem et exacta ratio bigamos non consuevit coronare...: (348v) Octava. Genitus ex bigamus vel erigamis propter hoc solum non prohibetur a sacerdotio. [*PG* edition ends here.] Constitutiones sanctorum apostolorum dicunt quod diaconus neque baptizet neque offert, sed episcopo vel presbytero offerente ipse porrigit postea

populo non ut presbyter sed ut ministros sacerdotibus. Aliorum autem clericorum diaconi officium facere nulli fas est.
PG, vol. 119, cols. 935-38. [Latin translation is different than the one in *PG*.]

4. S. NICEPHOROS I, PATRIARCHA CONSTANTINOPOLITANI, *Canones XXXVII*
ff. 348v-351v. 348v: Nicephori. Sancti Nicephori Constantinopolitani praesulis confessoris canones ex ecclesiasticis eius constitutionibus et sanctorum cumeo patrum. Primum. Si per ignorantiam abluatur antimentium non deponit (349r) sacramentationem...: (351v) Trigintaseptimum. Cum Apostolus dicit, Si quis frater nominatus fuerit impudicus... Peccata enim sine verecundia facta maiorem attrabunt poenitionem.
PG, vol. 100, cols 855-69. [Latin translation is different than the one in *PG*.]

5. IOHANNES EP. CITRI (?), *Exerpta ex Responsionibus ad Constantinum Cabasilam, aep. Dyrrhachii*
ff. 351v-360r. 351v: Citris. Ex Responsionibus Ioannis sacratissimi episcopi Citris ad sacratissimum episcopum Dirrachii. Primum. Antiminsia sacramentalem virtutem participantia quas eis largitur dedicatio...: (360r) 24. Lex quidem civilis recognoscit usuras centenarias... in numismata contumi sed in septuagesimo secundo non est praesentis temporis dicere.
[These excerpted canons seem to come from a different work than that under the same name in *PG*, vol. 119, cols. 959-86.]

6. ANONYMOUS, *Officia magnae ecclesiae*
ff. 360r-v. 360r: Officia magnae ecclesiae. 1. Magnus oeconomus; magnus sacerllarius...: (360v) 6. Orator seu rhetor. Primus ostiarius. Secundus ostiarius. Numodotes primicerius notariorum patriarchalium.

7. *Canones sanctorum apostolorum*
ff. 360v-365r. 360v: Canones divinorum et sacrorum apostolorum LXXXV. 1. Episcopus creatur ab episcopis duobus vel tribus presbyter ab uno episcopo creatur, et diaconus, et reliqui clerici...: (368r) 85. Sint vobis omnibus clericis et laicis libri venerabiles et sancti... quas publicare inte omnes non opus est propter mysteria quae in eis sunt. Item et actus nostri Apostolorum.
PG, vol. 137, cols. 53-211. Also in Pricls-Pierre Joannou, *Discipline gnrale antique (IVe-IXe s.)*, Fonti della pontificia commissione per la redazione del codice di diritto canonico orientale, fascicolo 9, 2 vols. in 3, Grottaferrata: Italo-Orientale S. Nilo, 1962-64; vol. 1, part 2, *Les canons des synodesparticuliers*, pp. 5-52; see note below. [Latin translation differs from those found in *PG* and Joannou.]

8. *Canones conciliorum oecumenicorum*
ff. 365v-510v. 365v: [1] Canones primae et oecumenicae synodi. Primus canon. Siquis in agritudine a medicus chirurgia fuerit affectus vel a barbaris excisus...: (372v) 20 canon. Quoniam aliqui sunt qui in die dominica...Visum

est sanctae synodo ut stantes Deo effundant preces. A prima synodo usque ad secundam anni sexaginta. [2] Canones sanctae oecumenicae secundae synodi VIII. Primus canon. Determinarunt sancti patres qui in Constantinopoli convenerunt, ne fides patrum tercentorum decem et octo...: (374v) 8 canon. Arianos quidem et Macedonionos... (375r) et auscultare scripturas et tunc eos baptizamus. A secunda synodo usque ad tertiam sunt anni quinquaginta. [3a] Canones sanctae oecumenicae tertiae synodi. Primus canon. Quoniam oportebat eos etiam qui abfuerint a sancta synodo propter aliquam causam...: (376r) Quintus canon [this is canon 6 in *Mansi*]. Similiter autem quicunque voluerint quae de singulis facta sunt... si episcopi quidem sint vel clerici incommunicabiles sint. [end of canons, beginning of commentary] [3b] His lectis determinavit sancta synodus ut nemini liceat aliam fidem afferre... (376v) si autem laicus fuerit anathematizatur quemadmodum dictum est. Sextus canon. Rem praeter ecclesiasticam consuetudinem et legem...: (377r) Si quis autem bullam his nunc determinatis adversante attulerit, ut cassa et irrita sit visum est omni sancta et oecumenicae synodo. [4] Canones sanctae oecumenicae quartae synodi XXX. [Primus canon] Canones a sanctis patribus inunaquaque synodo usque nunc editos valere iustum pretavimus...: (383r) [30 canon]. Quoniam devotissimi episcopi Egypti... si hoc eis possibile erit vel iureiurando cum imprecatione in suam salutem confirmabunt et fidem facient. [5] De quinta, quin etiam sexta synodo, quaere circa principium libri, quando videlicet et ubi et cuius gratia factae fuerint, et quod canones non ediderint. Sexta synodus. Haec synodus facta est in supplementum quintae et sextae synodi, propterea enim neque sexta propria denominata est, sed quintasexta. [Primus canon} Optimus ordo est omnis orationis, et omnis (383v) res quae inchoatur...: (410v) 102 canon. Debent qui potestatem solvendi et ligandio [!] a Deo acceperunt... (411r) in hiis quae non suscipiunt extremitatem quaemadmodum sacer nos docet Basilius. (411v) [6] Canones sanctae oecumenicae septimae synodi. A sexta synodo usque ad septimam sunt anni centum et vigniti. Facta est autem in anno millesimo nonagesimo sexto undecimae indictionis. Primus canon. His qui sortiti sunt sacerdotalem dignitatem testimonia...: (419r) 22 canon. Deo quidem omnia attribuere et non propriis voluntatibus servire... (420r) ut necessitate urgente tantum modo sit cum devotione et reverentia. [7] Canones sanctae primae et secundae sinodi in templo sanctorum Apostolorum constitutae XVII. Primus canon. Res veneranda profecto et honoranda et a beatis et sanctis patribus nostris...: (427v) 17 canon. In omnibus ecclesiasticae institutionis recte que vivendi regula nostra habentes... (428r) propriis id est sacerdotalibus gradibus provenerit in unoquoque ordine debitum tempus explendo. [8] Canones expositi a sancta synodo congretata in celebri templo divinique verbi cognomine sanctae sophiae et quae septimam et oecumenicam synodum confirmavit, omnemque schismaticum et haereticum expulit errorem. Canon primus. Dererminavit sancta synodus ut si aliqui ex Italia clerici vel laici...: (429r) [canon 3.] Si quis laicus sua auctoritate usus...vel sine causa vel causa conficta, hic talis sit anathema.

[1] *Canones primi concilii Nicaeni*. Mansi, vol. 2, cols. 667-78. [2] *Canones secundi concilii Constantinopolitani*. Mansi, vol. 3, cols. 557-64. [3a] *Canones*

concilii Ephesi. Mansi, vol. 4, cols. 1471-74. [4] *Canones concilii Chalcedonensis*. Mansi, vol. 7, cols. 358-71. [5] *Canones condilii Trullani (quinisexti)*. Mansi, vol. 11, cols. 935-87. [6] *Canones secundi concilii Nicaeni*. Mansi, vol. 13, cols. 747-56. [7] *Canones quarti concilii Constatinopolitani*. Mansi, vol. 16, cols. 535-50. [8] *Canones concilii S. Sophiae*. Mansi, vol. 16, col. 550. [Canons from the first eight Ecumenical Councils and the Council of Union. This collection of cannons in also found in *PG*, vol. 137, cols. 217-1122 and in Joannou, vol. 1, part 1, *Les canons des conciles oecumniques*, pp. 23-342 (for 1-7) and vol. 1, part 2, pp. 482-86 (for number 8); full citation in item 7. Latin translations differ from those found in Mansi, *PG* and Joannou.]

9. *Canones synodorum*

ff. 429r-471v. 429v: [1] Canones synodi in Ancyra factae XXV. Primus canon. Sacerdotes qui sacrificaverint postea reluctati fuerint...: (432v) 25canon. Si quis puellam desponsaverit... conscii iubentur undecimis annis suscipi inter consistentes secundum determinatos gradus. [2] Canones synodi Neocesariensis XV. Primus canon. Presbyter si uxorem duxerit ab ordine suo transponatur...: (434r) 14 canon. Diaconi septem debent esse secundum canonem etsi admodum magni sit civitas credens autem ita esse ex libro actuum. [3] Canones synodi Gangrensis XX [!]. Primus canon. Si quis matrimonium accusaverit et eam quae dormit cum viro suo... (435v) 21 canon. Haec autem dicimus non ut abscindamus eos... (436r) et apostolicis traditionibus in ecclesia fieri optamus. [4] Canones synodi in Antiochia Syriae XXV. Primus canon. Omnes qui ausi fuerint dissolvere determinationem sanctae et magnae synodi...: (441r) 25 canon. Episcopus bonorum ecclesiae potestatem habeat... (441v) hi etiam reformandi sunt et corrigendi sancta synodo indicante quod deceat. [5] Canones synodi concordis et consonae Laodicea Capatianae Prygiae multis in ea beatis patribus congregatis ex diversis provinciis Asianae. Canones LXX [!]. Primus canon. De eo quod oportet secundum ecclesiasticum canonem, eos qui libere et legitime coniuncti fuerent... (446r) 60 canon. Quot libri legendi sunt veteris testamenti... (446v) ad Titum una, ad Philemonem una et ad Thimotheum duae. Finis. [6] Canones synodi Sardicensis XX. Primus canon. Sanctus episcopus Cardubae dixit non tantum prava consuetudo, quantum perniciosissima...: (453r) 20 canon. Et hoc etiam illi ne maxime cognitum erit...neque cum eo communicare omnes dixerunt statuatur etiam hoc. [7] Canones synodi in Carthagena. Primus canon. Aurelius episcopus dixit, hae sic apud nos se habent iusta...: (471r) 90 canon. Quandiu excommunicato non communicat proprius episcopus... (471v) Ut vel confirmetur eius sententia vel reprobetur.

[1] *Canones synodi Ancyranae*. Mansi, vol. 2, cols. 514-22. [2] *Canones synodi Neocaesariensis*. Mansi, vol. 2, cols. 539-44. [3] *Canones synodi Grangrensis*. Mansi, vol. 2, cols. 1099-1106. [4] *Canones Synodi Antiochenae*. Mansi, vol. 2, cols. 1307-19. [5] *Canones synodi Laodicensis*. Mansi, vol. 2, cols. 564-53. [6] *Canones synodi Sardicensis*. Mansi, vol. 3, cols. 22-30. [7] *Canones synodi Carthaginensis*. Mansi, vol. 3, cols. 949-60. This collection is also found in *PG*, vol. 137, cols. 1121-1494 and vol. 138, cols. 9-454 and in Joannou, vol.

1, part 2, pp. 56-436; full citation in item 7. [The Latin translations differ from those found in Mansi, *PG* and Joannou.]

10. *Canones patrum graecorum*

ff. 471v-508r. 471v: [1] Inscriptio. Deus noster sanctimoniam vestram diu custodiat pro nobis orantem Domine frater. Dionysius archiepiscopus Alexandriae ad Basilidem episcopum, qui eum inter rogavit de diversis materiis ad quas per praesentem epistolam Dionysius respondit cuius responsa habentur ut canones. Epistola Dionysii. Dionysius Basilidae dilecto filio et fratri concelebratori et religioso in Domino salutem. Capitulum secundum. De mulieribus qua menstruo laborant an conveniat eas ita dispositas in Dei domum...: (472r) et in his bonae coscientiae sit, et bonae audacia omnes qui ad Deum accedit. [2] Canones sancti Petri episcopi Alexandriae et martyris qui feruntur in sermone eius de poenitentia. De his qui in temporibus persecutionis prolapsi sunt et postea eos poenituit. Capitulum primum. Quoniam quartum iam pascha praeteriis ex quo persequutio est his...: (474v) 15 canon. Nemo nos repraehendet observantes quartam feriam... in qua neque genua flectere nobis traditum est. [3] Sancti Gregorii archiepiscopus Neocesariensis qui Thaumaturgos [in Greek lettters] cognomento dictus fuit hoc est miraculorum effector epistola canonica. De his qui in captivitate comederunt ex his quae idolis sacrificata fuerunt vel in aliis quibusdam peccaverunt. Non cibaria nos gravant sacratissime papa... (475v) 11 canon. Hoc est ploratio est extra portam oratorii ubi stare peccator debet... (476r) et non egrediatur cum cathechumenis, tandem participatio sacramentorum. [4] Basilii. epistola canonica sancti et magni patris Basilii archiepiscopi Caesariae Capadociae ad sanctum Amphilochum episcopum Iconii metropolis Phrigiae. Sancti Basilii epistola prima. *Stulto interroganti sapientiam sapientia amputatur* [Prov. 17:28]. Sapientis autem, ut conveniens est, interrogatio etiam stultum sapientem reddit...: (483r) 14 canon. Qui usuram accipit se susceperit iniustum lucrum... egritudine avaritia se liberando susceptibilis est in sacerdotium. [5] Secunda epistola eiusdem ad eundem. 17 canon. Interrogasti nos de Bianore presbytero an susceptibilis sit ad clerum propter iusiurandum...: (489r) 50 canon. Trigamiae lex non est, itaque lege tertiae nuptiae non aguntur... Publicis autem condemnationibus non supponimus, ut quae potiora sint in concessis impudicitiis. [6] Eiusdem ad eundem epistola canonica tertia. 51 canon. Quod ad clericos perinet indeterminate canones exposuerunt...: (493r) 85 canon. Ne igitur cum talibus perire velimus sed grave iudicium timentes... (493v) ut nostra animas ab aeterna damnatione salvemus. [7] Eiusdem ex alia epistola ad beatum Amphilochium de cibariorum diversitate. Lepidis Eucratitis id est continentiariis ad veneranda...: (494r) non urgente. Itaque qui comederit non facit inique. [8] Eiusdem ad Gregorium presbyterum ut separetur a sua contubernali muliercula. Legi tuas literas cum omni patientia et miratus sum...: (494v) et illi qui te susceperint abdicati per omnem ecclesiam erunt. (495r) [9] Gregorii Nysses. Ex canonica epistola sancti Gregorii episcopi Nysses ad Letoium. De triplici vi animae vel de rationali et irascibili et concupiscibili. Tria sunt quae circa animam nostram considerantur secundum primam divisionem...: (501v) De sacrilegio. 8 canon. Sacrilegium autem apud antiquam scripturam nihilo tolerabilius... (502r) quod ut symbolum sacerdotale suscipies literas et hospitale munus non spernes, quamvis magnitudine animi tui sit inferius. [10] (502v) Timothei Alexandriae. Responsiones canonicae Timothei Alexandriae sanctissimi episcopi, unius ex quinquaginta sanctis patribus qui in Constantinopoli congregati fuerunt, quae factae sunt ad interrogationes episcoporum et clericorum. Interrogatio. Si catechumenus puer ut septem annorum vel homo perfectus occurrerit...: (504v) Responsio. Ad cognitionem et sensem uniuscuiusque. Alii quidem ex duodecennali aetate. Alii vero etiam ex maiori. [11] Ex epistola sancti Athanasii ad Amonem. Omnia quidem bona et pura sunt quae creavit Deus nihil enim inutile...: (507r) et inconcussam immobilem in Christo Domino nostro, cui gloria in secula. Amen. [12] Theophili Alexandriae. Theophili archiepiscopi Alexandriae allocutio cum Theophania essent in die dominico. Primus canon. [Prologue in *PG*]. Et consuetudo et decorum exigit a nobis ut omnem diem dominicam honoremus...: (507v) Congregemur igitur ab hora nona in hoc loco. Septimus canon. Ea quae offeruntur in sacrificii postea quae consumuntur in mysteriorum usum...: x canon. Viduae et pauperes et incolae... debet enim Dei celebrator ab omni avaritia proculesse. [13] Cyrilli. Ex epistola sancti Cyrilli quam ad episcopos Libyae et Pentapolis misit. Primus. Nuper quidam qui uxorem duxerunt et ut ex ipsis sponsalitiorum locis...: (508r) Videtur enim hoc etiam adhaerere veteribus ecclesiae statutis.

[1] Dionysius patriarcha Alexandriae, *Epistola ad Basilidem, ep. Pentapolis*, canons 2, 3 and first half of 4; *PG*, vol 10, cols. 1282-87. [2] Petrus I patriarcha Alexandriae, *Canones ex sermone de poenitentia*; *PG*, vol. 18, cols. 467-507. [3] Gregorius Thaumaturgos, patriarcha Neocaesariensis, *Epistola canonica*, canons 1, 3, 9, 10 and 11; *PG*, vol. 10, cols. 1019-47. [4] S. Basilius Magnus, Ep. Caesariensis, *Epistola canonica prima*, lacking canons 15 and 16; *PG*, vol. 32, epistola 188, cols. 663-82. [5] S. Basilius Magnus, Ep. Caesariensis, *Epistola canonica secunda*; *PG*, vol. 32, epistola 199, cols 715-31. [6] S. Basilius Magnus, Ep. Caesariensis, *Epistola canonica tertia*; *PG*, vol. 32, epistola 217, cols. 795-810. [7] S. Basilius Magnus, Ep. Caesariensis, *Epistola ad Amphilochium*; *PG*, vol. 32, epistola 236, col. 882. [8] S. Basilius Magnus, Ep. Caesariensis, *Epistola ad Paregorium presbyterum*; *PG* vol. 32, epistola 55, cols. 402-03. [9] S. Gregorius Nysseni, *Epistola canonica ad S. Letoium ep. Melitines*; *PG*, vol. 45, cols. 223-35. [10] Timotheus Patriarcha Alexandriae, *Responsa canonica*; *PG*, vol. 33, cols. 1295-1307. [11] Athanesius patriarcha Alexandriae, *Epistola ad Amun*, [*Clav. Graec.*, vol. 2, p. 19, item 2106]; *PG*, vol. 26, cols. 1170-75. [12] Theophilus patriarcha Alexandriae, *Edictum canonicum*, prologue and canons 7,9 and 10; *PG*, vol. 65, cols. 34, 42-43. [13] S. Cyrillus patriarcha Alexandriae, *Epistola ad episcopos qui sunt in Libya et Pentapoli*; *PG*, vol. 77, epitola 79, col. 366. This collection of letters is also found in *PG*, vol. 138, cols. 455-923; see note below. [The Latin translations differ from those found in the *PG*.]

11. S. GREGORIUS NAZIANZENUS, *Carmina dogmatica; Carmen 12, De veris Scripturae libris*
ff. 508r-509r. 508r: Sancti Patris nostri Gregorii Theologi ex poematibus eius qui nam libri legi debeant veteris et Novi Testamenti. Ne alienis libris mentem decipias sic habeto. Multa enim sunt vicia falso scripta...: (509r) Omnes nunc habes libros. Si autem erit aliquid preter istos scias non esse legitimum.
PG, vol. 37, col. 472, section 12, line 6 - col. 474, line 39. Also in *PG* vol. 138, col. 923. [*Clav. Graec.*, vol. 3, p. 189, item 3034. The Latin translation differs from that found in the *PG*.]

12. AMPHILOCHIUS EP. ICONIENSIS, *Ex Iambis ad Seleucum*
ff. 509r-510r. 509r: Sancti patris Amphilochii episcopi Iconiensis ex Iambis ad Seleucum de eosdem ma[teria]. Veruntamen intelligere te convenit non omnem librum esse tutum...: (510r) Haec tibi erit regula minime fallare divinarum scripturarum.
PG, vol. 37, col. 1593, line 251 - col. 1598, line 319. Also in *PG*, vol. 138, cols. 926-927. [*Clav. Graec.*, vol. 3, p. 230, item 3230. The Latin translation differs from that found in the *PG*.]

13. IOHANNES CHRYSOSTOMUS (?), *Regula paenitentiae*
ff. 510r-510v. 510r: Aliud regulare [canonicum added in the margin] sancti patris nostris [!] Iohannis Chrysostomi Constantinopolitani archiepiscopi. Non enim simpliciter ad peccatorum quantitatem oportet supplicium...: (510v) et congruae adhibeantur qua ab eo adhibenda sunt, ne labor ei fiunt vanus.

14. ANONYMOUS, *De cognationis gradibus*
ff. 510v-512r. 510v: De cognationis gradibus ex tertio libro institutorum. Cognatio generale est nomen. Dividere autem in tres ordines, videlicet in ascendentes, hoc est in eos qui nos genuerunt. In descendentes, hos est in eos qui ex nobis geniti sunt. Et in eos qui sunt ex aliquis sive ex transverso hoc est in fratres nostros a pater vel mater...: (511v) et consequenter avunculi et amitae a patre et matre et qui ex eis nascuntur secundum presentem descriptionis figuram [sequentem in margin]. (512r) [Chart showing the 6 degrees of consanguinity with explanation.] Quoniam oportet numerare generationem ascendentem et descendentem et eos qui sunt ex obliquo et natos ex eis...: quintus autem gradus dissolutio est generis quam duplicatus de avius fit.
[This text is a summary of Justinian, *Institutes*, liber 3, cap. 6, "De gradibus cognationis".]

15. ANONYMOUS, *Sedes ecclesiarum quae subiectae sunt patriarchae Constantinoplitano*
ff. 512v-513r. 512v: Designatio seu dispositio facta ab Imperatore Leone, cognomento Sapiente, quonam ordine se habeant sedes ecclesiarum quae subiectae sunt patriarchae Constantinopolitano. [1] Metropoles: 1. Caesarea; 2. Ephesus. 3. Heraclea...: (513r) 80. Atalea. 81 Miletus 82. Selybria; 83.

Aprus. [2] Archiepiscopatus: 1. Bizia; 2. Leondopolis...: 38. Pharsala 39. Metracha. [The listing follows that in *PG*, vol. 119, cols. 819-822, with three additonal metropolitans in the manuscript listed as numbers 81-83.]

16. S. BASILIUS MAGNUS, EP. CAESARIENSIS, *Epistola 93: Ad Caesarium patriciam, de communione*

f. 513v: Ex epistolam ad Caesarium sancti patris nostri Magni Basilii de sancta unione. Quod quispiam sacerdote non presente communionem propria manu capere cogatur, nequaquam grave esse supervacuum est demonstrare...: Idem est igitur virtute; sive unam particula susceperit quispiam a sacerdote. Sive multas particulas simul.
PG, vol. 32, cols. 483-486, epistola 93. [*Clav. Greac.*, vol. 2, p. 161, item 2900, epistula 93 and p. 163, item 2901, section 4. The Latin translation differs from that found in the *PG*.]

17. ANONYMOUS, *Dogmata sive opiniones principum haereticorum*

ff. 513v-514r. 513v: Dogmata sive opiniones principum haereticorum. Arius dicebat non consubstantialem patri filium et spiritum sanctum. Sed ista extra natutam esse et genus deitatis. Macedonius dicebat servum spiritum et non deum. Apollinarius dicebat, sine mente et sine anime corpus sumprisse christum. Nestorius dicebat...: Eunomius dicebat filuim non genitum et spiritum.
[The text is a summary of heretical doctrines that is similar to and seems to take the place of the introduction to Theodorus Scythopolitanus, *Libellus de erroribus Origenianis* which follows this text, see item 18.]

18. THEODORUS SCYTHOPOLITANUS, *Libellus de erroribus origenianis*

ff. 514r-515v. 514r: Theodori Scythopolensis. Prima. Si quis vel sentit vel docet vel predicat vel manifeste vel occulte praeexistere corporibus hominum animas veluti prius intelligentias...: (515r) 13. Anathema Origeni qui est adamantius... (515v) vel aliquo modo omnino in qualicumque tempore haec defendere audenti et non ipsa post hac abhominanti [!]. Theodorus misericordia Dei episcopus Scythopolitum feci predictum libellum totum scritum in manu mea.
PG, vol.86, cols. 233B (at chapter 1) - col. 236. [*Clav. Graec.*, vol. 3, p. 322, item 6993. Also for a variation on the introduction as edited in the *PG* edition see item 17 above. The Latin translation differs from that found in the *PG*.]

19. MARCUS PATRIARCHAE ALEXANDRIAE et THEODORUS BALSAMON PATRIARCHA ANTIOCHIAE, *Interrogationes et responsiones LXVI*

ff. 516r-550r. 516r: Interrogationes sanctissimi patriarchae Alexandriae Domni Marci et responsienes super eas sanctissimi patriarchae Domni

Theodori. Prohemium. Divinus quidem pater et propheta David interrogata patrem tuum, et renuntiabit sibi seniores te, et dicent tibi...: (516v) patriarcha domino Georgio, quorum annos augebit Deus in longitudinem dierum. Mense Februario indictione xiii, anno post incarnationem Domini et Dei et salvatoris nostri Iesu Christi M. CC. III. [Text] Interrogatio prima. Celebrationes id est missae quae leguntur circa partes [!] Alexandriae et Hierosolymorum. Et quia dicuntur conscripta fuissi a sanctis apostolis Iacobo Dei fratre et a Marco suae resuscipiendae a sancta catholica ecclesia an non. Responsio. Magnus apostolus Paulus sanctorum Dei ecclesiarum oratore et preceptore ad Corinthios scribens inquit frater adhortor vos per nomen domini nostri Iesu Christi...: (517r) roma utitur servari debet... (517v) Interrogatio tertia: Sanctorum poculorum tegmenta et sanctorum patenarum similiterque reliquiis sancta mensae apparatas...: communio et participatio. Responsio. Credidit inquit Abraam deo et reputatum est ei ad iusticiam. Propterea etiam nos credimus sanctificari poculorum...: (518r) sacra autem non sunt. Ideo etiam ad privatas personas delegantur... (527r) Interrogatio XX. Si ex sancto Calice vel ex sancta paterna fusum fuerit aliquid in terram, quidem nam indignatiorum tunc celebrator sustinebit. Responsio. Quoniam alia gloria est solis et alia lunae est quoque sacramentorum quae in terram fusa fuerint differentia...: (527v) diabolus videatur callide sacrificantis impunitatem suffuratur. Interrogatio XXI. Licet ne monacho non sacrato confessiones omnium suscipere de sua voluntate an non. Responsio. Ad dei precores divinos et sanctos apostolos dicit Dominus: Vos estis sal mundi et quacunque ligabitis super terram erunt ligata etiam in caelo soluta...: (528r) periculo constituta consiliare secundum illius mandatam. (550r) Interrogatio lxvi. Mulier quedam quae in gravem egritudinem incidit, hora nocturna... sacerdotalem dignitatem absequi prohibeatur. Responsio. Si ut tu narrasti contigerunt res, lector sine impedimento sacrabitur...: unusquisque enim suis cathenis constringitur.

PG, vol. 119, cols. 1031-1092. The manuscript varies from the printed edition as follows: questions and responses 1 and 2 are the same, the question and response listed as item 3 in the manuscript is not included in the printed edition. Items 4-19 of the manuscript equal items 3-18 of the printed text. Questions and responses 20 and 21 in the manuscript are not in the printed edition. Items 22-47 of the manuscript are items 19-44 of the printed text. At this point there is a misnumbering in the printed text so that numbering skips 45, therefore items 48-66 in the manuscript equal items numbered as 46-64 in the printed edition. The text is also found in *PG* vol. 138, cols. 951-1011; see note below for further information on this collection of canons. [The Latin translation differs from that found in the *PG*. Incipits and explicits of the questions not found in the printed text have been included in the description.]

20. ANONYMOUS, *Interrogationes, solutiones et interpretationes facta a synodo Constantinopolitana*

ff. 550v-556v. 550v: Interrogationes quorundam monachorum qui extra civitatem Deo serviebant, et responsiones super eis factae a sancta synodo Constantinopolitana tempore sanctissimi patriarchae Domni Nicolai,

imperante illustri imperatore Domno Alexio Comeno. Interrogatio prima. N[on] oporteat monachum ingredi in sacrificatorium. Prohibet enim hoc xxxiii sanctae synodi in Trullo factae qui etiam non concedit in ambone cantare vel legere insignatum quempiam vel monacum. Similiter et xv Laodicensis synodi canon et xxi et secundae synodi Niceaensis xiiii. Solutio. Ut monarchus absque creatione in ambone ut lector faciat lectores officium...: (556v) ne in existimatione non bona fiunt. Et propter hoc infamentur. Si enim datum non fuerit eis ecclesiantibus fragmentum panis exaltati dignoscetur manifeste malum, propter quod dignae non censentur sancta communione, id quod sane non vult sanctus.
PG, vol. 138, cols. 938-950. [The Latin translation differs from that found in the *PG*.]

21. PATRIARCHA ANTIOCHENI, *Rescriptio ad archiepiscopum Aquileiae*
ff. 557r-565v. 557r: Sanctissimi patriarchae Antiocheni rescriptio ad sanctissimum archiepiscopum Grandensis sive Aquileiae, quod non sit accipiendum ut neque et auditum unquam ut talis archiepiscopus nominetur patriarcha. Item de azimis. Magna laeticia et spirituali exultatione tuae fratrae me affecterunt sacerrime et deo dilectissimae...: in deum orthodoxam sententiam et si sermo de azimus non parvum visus est habere. [Text] Cum sanctissimae nostrae catholicae ecclesiae preceptione non conveniens; qua de re deo auctore Latius dicemus...: (565r) sententia consentientes eandem oblationem sacrificantes et offerentes. Nostro nomine salutato sacrum sanctum euum in deo conventum. Noster etiam salutae in osculo sancto salutem tuam, invocans nobiscum tuas sanctas orationes. (565v) Gaude et vale in Domino semper letus et nostae tenuitatis in tuis sacris celebrationibus memor.
[Possibly the Patriarch of Antioch mentioned here is the famous canonist, Theodorus Balsamon of item 19.]

22. ANONYMOUS, *Historia veterum consiliorum*
ff. 565v-569r. 565v: A prima synodo usque ad secundam preteriere anni quadraginta et ultra...: (569r) qui fuerunt ante nos dignum presentas illud valere atque suscipiendum. Finis. [f. 569v is blank.]

Physical Description: Paper; 33x22 cm; ff. VII+562+VII; Latin; Modern cursive.
Foliation begins with number 7 and continues through 569. Flyleaves Ir, Iv, IIv-VIIr and the back flyleaves Ir-VIr and VIIr and VIIv are blank. On the back flyleaf VIv are some pen trials. There are some marginal comments and corrections throughout the manuscript. Catchwords. Items 1 through 6 of our manuscript are found in the Greek manuscript F 121 Sup., ff. 1r-344r. They are in the same order except that in the Greek, the *Officia* comes in the second place (see: Aemidius Martini and Dominicus Bassi, *Catalogus codicum graecorum bibliothecae Ambrosianae*, Milano: Hoepli, 1906, vol. 1, item 364, pp. 429-30). As noted in the entries above, items

7-12 and 19-20 follow the standard collection of canons as are compiled in *PG*, vols. 138-139 and Joannou, *Discipline generale antique*. There is a watermark on the front flyleaves IV, VI, VII, on many text folios including ff. 7 and 8 and on the back flyleaves I, II and IV, similar to Piccard, Findbuch 6, *Wasserzeichnen Anker*, section 5, items 318-334, pp. 231-33. It is not an exact match but comes closest to items 324, 326, 329 and 334 where the star is near to the circle. The paper most probably comes from Bolzano in the Alto Adige (or less likely Southern Bavaria or Bologna), regardless of the location all of these papers were made during XVI-1. Based on this paper evidence and the content of the manuscript, I have dated the work to shortly before or during the Council of Trent (probably 1540's) and to the area of the Trentino. There is an Easter Table on ff. 274r-274v; and a Consanguinity chart on f. 512r.

Miniatures: Plain single line high initials at the beginning of texts and at headings.

Provenance: Old signatures: E 145 (IIr), S (VIIv).

E 146 Sup. * XIV-2 * Northern Italy, Lombardy [Plates I. 27-30]

1. ALBERTUS MUSSATUS, *Argumentum in Hercule Furente*

f. 1v: [Title] Argumentum prime tragiedie [!] Senece. Prima Herchulis tragedia est. [Text] Herchules Thebarum rex, dimisso Creonte socero...: excitat Megeram infernalem furiam, ut faces accendat et ipsum infurorem vertat [!] quo pacto infurore conversus in suos deseuit [!] Megeram uxorem et filios interfecit.

Ezio Franceschini, *Studi e note di filologia latina medievale*, Milan: Vita e Pensiero, 1938, pp. 61 and 177-178. Also in Anastasios Ch. Megas, *Albertini Mussati: Argumenta Tragoediarum Senecae Commentarii in L.A. Senecae Tragoedias Fragmenta nuper reperta*, [the title is in modern Greek and Latin], Thessalonicae, 1969, pp. 27-28. [This text differs from the printed editions after the words *ipsum infurorem* of the explicit.]

2. SENECA, LUCIUS ANNAEUS, *Hercules furens*

ff. 2r-23r. 2r: [Heading] Loquitur Iuno dea. [Text] Soror tonantis hoc enim solum micci...: (23r) terra que superos solet. Eplicit [!] prima tragedia Herchulis furentis.

Otto Zwierlein, ed., *L. Annaei Senecae Tragoediae*, Oxford: Oxford University Press, 1986, pp. 3-50. [Lines 123-161 are absent. Following line 122 the text continues as follows on the bottom of 3v: Chorus. (4r) Turbine magno spes solicite/ Urbibus errant trepidique metus... .]

3. NICOLAUS TREVET et alius, *Glossae in Hercule furente*
ff. 2r-23r. [1a] [The marginal gloss begins at line 6 *Hinc Arthos alta parte*] (2r) Arthos. Calisto et modo declarat quia persona dicitur in tot quot querelas facit. [The final marginal gloss is at line 1282 *labore bisseno*] (22r) Labore bisseno. Hoc est xii laborum quos sustulisti maius. [1b] [The interlinear gloss begins at line 1 *Soror*] (2r) Ego Juno. [The final interlinear gloss is at line 1290 *condar*] (22r) Quia sepeliar. [in the margin at line 1291 on f. 22r there is an alternative reading for *menia imissa*: it is *mediam imissam* and above it is the interlinear gloss *id est immedium corpus civitatis.*] [2a] [The marginal gloss begins in the lower margin concerning line 1 *Soror tonantis*]. (2r) Nota quod Saturnus genuit Iovem et Iunonem et ita Iuno fuit soror Iovis. Iupiter etiam accepit Iunonem uxorem et ita erat et soror et coniux [!]...: adulterabatur cum diversis pellicibus ea relicta unde dicit soror tonantis. Ny. [The final marginal gloss is at line 1344 *innocentes*] (23r) Id est facias innocentes destruendo hinc crudeles et vitiis monstruosos. Ny. [2b] [The interlinear gloss begins at line 17 *adiere superos*] (2r) Scilicet ut sint in celo. Ny. [The final interlinear gloss is at line 1342 *manet*] (23r) Id est expectat.
[1] Anonymous. See explanation below. [2] [Both the marginal and interlinear glosses are based on the text edited by Vincentius Ussani, *Nicolai Treveti Expositio Herculis Furentis*, Aedibus Athenaei: Roma, 1959.]

4. NICOLAUS TREVET, *Argumentum in Thyeste*
f. 23v: Secunda tragiedia [!] est de Thyeste, cui pro agumento [!] premictendum est quod Atreus et Thyestes erant fratres...: et hic patet materia huius tragedie Senecae Cordubensis.
E. Franceschini (as in item 1), p. 36. The last five lines of the edition are not in this manuscript.

5. SENECA, LUCIUS ANNAEUS, *Thyestes*
ff. 24r-42r. 24r: [Heading] Tantalus Megera. [Text] Quis me furor nunc sede ab infausta abstrahit...: (42r) te puniendum liberis trado tuis. Explicit secunda tragedia qui Thieste uocatur. Incipit tertia.
O. Zwierlein (as in item 2), pp. 295-333.

6. NICOLAUS TRIVET et alius, *Glossae in Thyeste*
ff. 24r-42v. [1a] [The marginal gloss begins at line 3 *Quis male*] (24r) Quale e quillo dio che vuole mostrare le case vivace a Tantalo. Dicitur enim Tantalus fuisse filius Iovis...: est apud infernos. [The final marginal gloss is at line 1058 *dum propero*] (41r) Narrat qualiter fecit et eos occidit. [1b] [The interlinear gloss begins at line 1 *Quis me furor*] (24r) Loquitur Tantalus. [The final interlinear gloss is at line 1112 *liberis trado*] (42r) Quos premis. [2a] The marginal gloss begins at line 123 *Pisaeasque domus*] (26r) Pisa est civitas grecie et est alia in tuscia sic dicta. Ny. [The final marginal gloss is at line 1109 *putasti*] (42r) Quia matrem eorum adulterio polluisti. Ny. [2b] [The first interlinear gloss is at line 203 *positum*] (27r) Id est inpromptu. [The final interlinear gloss is at line 1109 *tuos*] (42r) Filios.

[1a] Franceschini, (as in item 1), p. 61 edits three examples from this marginal gloss.
[1] Anonymous. [2] Nicolaus Trivet.

7. NICOLAUS TREVET, *Argumentum in Phoenissis*
f. 42v: Tertia tragiedia [!] est Thebais cui pro argumento premictendum est, quod Edippus qui patrem occiderat...: finem huius belli, set tantum preambula. Que dicitur tertia tragedia Thebais incipit.
E. Franceschini (as in item 1), p. 36. The last seven lines of the edition are not in the manuscript.

8. SENECA, LUCIUS ANNAEUS, *Phoenissae*
ff. 43r-53r. 43r: [Heading] Oedipus. Antigone. [Text] Ceci parentis regimen ac fessi unicum...: (53r) Imperia pretio quolibet constant bene. Annei Senece tertia tragedia explicit.
O. Zwierlein (as in item 2), pp. 99-122.

9. NICOLAUS TRIVET et alius, *Glossae in Phoenissis*
ff. 43r-53r. [1a] [The marginal gloss begins at line 1, *Ceci parentis*] (43r) Ista est tertia tragedia senece que vocatur Thebais. A materia sua ystoria longa est quam descrixit Statius in liber xii. Et dividitur ista tragedia in quattuor actus. Primus habet istam sententiam quod Edippus de Thebis recedens optat mortem et Antigone filia eius dissuadit...: sit habere filiam tamen dimicte me ire. [The final marginal gloss is at line 650 *rupta tenebit illa*] (53r) Tenebit illa. Scilicet sceptra sicut tenet frater tuus Iocasta, gravius punientur. [1b] [The first interlinear gloss is at line 1 *Ceci parentis regimen*] (43r) Occe cati [possibly for occhi caeci] patris o Antigone. [The final interlinear gloss is at line 663 *coniugem*] (53r) Uxorem. [2a] [The marginal gloss begins at line 91 *adhuc inultum*] (44r) Quod est puniri me ex cecatione non sufficit ad vindictam patris. Ny. [The final marginal gloss is at line 660 *Invisa numquam imperia retinentur diu*] ((53r) Scilicet quia frequentur salitim [!] a suis expugnantur. Ny. [2b] [The first interlinear gloss is at line 76 *antecedo*] (44r) Scilicet ad mortem. [The final interlinear gloss is at line 662 *exilia tu dispone*] (53r) Que dicendum dispositione regni nichl [!] scis. Ny.
[1] Anonymous. [2] Nicolaus Trivet.

10. NICOLAUS TREVET, *Argumentum in Hippolyto*
f. 53v: Quarte tragedie que est de Ypolito loco argumenti premictendum est, quod Ipolitus filius erat Thesei...: uero hoc audito ex dolore seipsam interfecit.
E. Franceschini (as in item 1), p. 36-37. The last five lines of the edition are not in the manuscript.

11. SENECA, LUCIUS ANNAEUS, *Hippolytus*
ff. 53v-74r. 53v: [Heading] Ypolitus. [Text] Ite umbrosas cingite silvas...: (74r) Grauisque tellus impio capiti imcubet [!]. Lutii Anei Senece Yppolitus explicit. Incipit Edippus eiusdem.
O. Zwierlein (as in item 2), pp. 165-210.

12. NICOLAUS TREVET et alius, *Glossae in Hippolyto*
ff. 53v-74r. [1a] [The first marginal gloss is at line 2 *montis iuga Cecropii*] (53v) Lati Atheniensia dicitur Cicopria a Cicropo rege dicta nomino iuxta Athenas est mons Acropus. et Ypolitus mictit eos ad illum locum. [The final marginal gloss is at line 1280 *Gravisque tellus*] (74r) Quia facite magnam foveam et inter eam penatis. [1b] [The first interlinear gloss 1 begins on line 1 *Ite umbrosas*] (53v) Ypolitus vocat ad sotios venatores. [The final interlinear gloss is at line 1280 *incubet*] (74r) Imponatur. [2a] [The first marginal gloss begins at lines 13-14 *ubimeander super inequales/ Labitur agros piger et steriles*] (54r) A quo non equaliter respondent cultui suo quia propter sterilitatem frequenter deficiunt. Ny. [The final marginal gloss is at the bottom of 73r following line 1244 but refers to line 1227 *Phelegthon*] (73r) Alexander in Scintillario poesis dicit Flegeton a flo. Id est flamma dictus est. Est enim totus igneus informis ardores irarum et cupiditatum quibus humani accenduntur animi...: fluctuant martis circulum dicunt. Ny. [2b] [The first interlinear gloss is at line 89 *penates*] (54v) Id est deos. [The final interlinear gloss is at line 1226 *iubet*] (73r) In inferno. Ny.
[1] Anonymous. [2] Nicolaus Trevet.

13. NICOLAUS TREVET, *Argumentum in Oedippo*
f. 74v: Quinta tragedia dicitur Edippus cui pro argumento premicti potest, quod cum Laius...: hec uidens se ipsarum interfecit gladio.
E. Franceschini (as in item 1), p. 37. The last seven lines of the edition are not in the manuscript.

14. SENECA, LUCIUS ANNAEUS, *Oedippus*
ff. 75r-92r. 75r: [Heading] Oedipus. [Text] Iam nocte pulsa dubius efulsit dies...: (92r) Mecum ite, mecum. Ducibus his uti libet. Senece quinta tragedia explicit. Incipit sexta. [ff. 92v-95r are blank.]
O. Zwierlein, (as in item 2), pp. 213-52.

15. NICOLAUS TREVET et alius, *Glossae in Oedippo*
ff. 75r-92r. [1a] The marginal gloss begins on line 66 *Non ossa tumuli sancta discreti tegunt*] (76r) Santa [!] consacrationes cura tummulum. Discreta. Id est discrete et distinte tumulantur set confuxe et commistem. [The final marginal gloss is at line 1052 *Quicumque fessi corpore*] (92r) Alloquitur Thebanum populum afflectum peste. [1b] The first interlinear gloss is at line 1 *Iam nocte*] (76r) Propter crepusculum vel propter nubes. [The final interlinear gloss is at line 1061 *libet*] (92r) In libet. [2a] [The marginal gloss begins on line 1 *Iam nocte*] (75r) Inducitur Edippus plagens pestilentiam indictam hominibus. Ergo indictur corpus plangens de eadem non solum de

hominibus set etiam in bestiis et iumentis. Ny. ibi occidis [!]. [The final marginal gloss is at line 1059 *violenta fata*] (92r) Que violentam mortem inducunt. Ny. [2b] [The interlinear gloss begins at line 53 *ruit*] (75v) Scilicet in mortem. Ny. [The final interlinear gloss is at line 1020 *auribus*] (91v) Meis.
[1] Anonymous. [2] Nicolaus Trevet.

16. NICOLAUS TREVET, *Argumentum in Troade*

f. 95v: Sexta tragedia que troas dicitur tali initimur [! for innititur] argumento. Troia euersa...: ad patris tumulum ductam occidit.
E. Franceschini (as in item 1), pp. 37-38. The last two lines of the edition are not in this manuscript.

17. SENECA, LUCIUS ANNAEUS, *Troades*

ff. 96r-115r. 96r: [Heading] Hechuba. [Text] Quicunque regno fidit et magna potens...: (115r) Iam uela puppis laxat et classis movet. Troas Hechuba explicit. Deo gratias. Amen.
O. Zwierlein (as in item 2), pp. 53-95. [Lines 407-408 are absent in the manuscript.]

18. NICOLAUS TREVET et alius, *Glossae in Troade*

ff. 96r-115r. [1a] [The marginal gloss begins at line 2 *leves metuit deos*] (96r) Id est deos quorum voluntate mutantur humana et mundana. [The final marginal gloss is at line 1177 *repetite celeri*] (115r) Nuntius vocat captivas ad naves. [1b] [The first interlinear gloss is at line 1 *regno fidit*] (96r) Dignitate vel potentia regali. [The final interlinear gloss is at line 1177 *captive*] (115r) O vos. [2a] [The marginal gloss begins at line 12 *et que vagos vicina prospiciens Scitas*] (66r) Quia Scitica gens non solet habere certa domicilia ideo dicit scitas vagos. Ny. [The final marginal gloss is at line 1176 *Assumpsit artus*] (115r) Quoniam interfectus fuit et tamen mors me non apprehensit. Ny. [2b] [The first interlinear gloss is at line 74 *nostris*] (97r) Id est nostros. [The final interlinear gloss is at line 1101 *ciet*] (113v) Id est vocat. Ny.
[1] Anonymous. [2] Nicola Trevet, *Commento alle Troade' di Seneca*, ed. Marco Palma, Temo e testi, vol. 22, Roma: Storia e Letteratura, 1977, pp. 5-81.

19. NICOLAUS TREVET, *Argumentum in Medea*

f. 115v: Tragedie septime que est de Medea premictendum est pro argumento quod Iason suadente patruo suo Pelleo...: Iasoni in conspectu [patris added in the margin] interfecit, sicque aufugit. Tragedia septima que Medea dicitur incipit.
E. Franceschini (as in item 1), p. 38. The last five lines of the edition are not in the manuscript.

20. SENECA, LUCIUS ANNAEUS, *Medea*
ff. 116r-133r. 116r: [Heading] Medea. [Text] Dii coniugales tuque genialis thori...: (133r) Testare nullos esse qua veheris deos. Explicit octava [above this word is an interlinear correction: vii] tragedia Medea que dicitur.
O. Zwierlein (as in item 2), pp. 125-61.

21. NICOLAUS TREVET et alius, *Glossae in Medea*
ff. 116r-133r. [1a] [The marginal gloss begins at line 37 *Hoc restat unum*] (116r) Imscens [!] contra se ipsam yronice loquitur et cetera. [The final marginal gloss is at line 1023 *squamosa gemini*] (133r) Habebat currum quem ducebant duo serpentes per incantationem et super isto recessit. [1b] [The interlinear gloss begins at line 1 *Dii coniugales*] (116r) O dei matrimoniales. [The final interlinear gloss is at line 1027 *deos*] (133r) Quia si essent dei non sustinerent te. [2a] [The marginal gloss begins with line 2 *Lucina custos*] (116r) Nota quid lucina dicitur dea que lucem nascentibus praestat sicut poete fingunt. Quam alii in nomen alii lunam dicunt...: quia nuptie ordinantur ad actum nature quo fit generatio. Ny. [The final marginal gloss is at line 999 *coniunx socerque*] (132v) Id est que iuste debentur defunctis. [2b] [The interlinear gloss begins at line 167 *deos et fulmina*] (118v) Quos possum rogare. [The final interlinear gloss is at line 986 *vade*] (132v) Scilicet in exilium.
[1] Anonymous. [2] Nicolaus Trevet.

22. NICOLAUS TREVET, *Argumentum in Agamemnone*
f. 133v: Octave tragiedie [!] que Agamenon [!] dicitur pro argumento premictere possumus quod Thiestes et Atreus fratres fuerunt...: carceri mancipavit et Cassandram interfici iussit.
E. Franceschini (as in item 1), pp. 38-39. The last two lines of the edition are not in the manuscript.

23. SENECA, LUCIUS ANNAEUS, *Agamemnon*
ff. 134r-150r. 134r: [Heading] Tantalus. [Text] Opaca linquens Ditis inferni loca...: (150r) Veniet et vobis furor. Lutii Anei Senece Agamenon [!] explicit. Incipit Octauia eiusdem.
O. Zwierlein (as in item 2), pp. 255-92.

24. NICOLAUS TREVET et alius, *Glossae in Agamemnone*
ff. 134r-150r. [1a] [The marginal gloss begins at line 5 *et pavor membra excutit*] (134r) Membra loquitor ac si esset vivus vel dicit quia ille anime que sic revertebantur. Dicebantur sibi formare corpus de isto aere grosso. [The final marginal gloss is at line 1011 *Iam, iam iuvat*] (150r) Quia vidi destructionem, destructorum Troie. [1b] The first interlinear gloss is at line 1 *opaca*] (136r) Oscura. [The final interlinear gloss is at line 1012 *furiosa*] (150r) Tu. [2a] [The marginal gloss begins at line 11 *Locus hic*] (134r) Id est conviniis et quasi abhorrens convivium ibi secundum sibi fratre Atreo qui tres filios suos apposuit et ad commedendum [!] dedit dicit libet reverti scilicet ad infernum. Ny. [The final marginal gloss is at line 1013 *veniet et*

vobis furor] (150r) Scilicet quoniam Horestes in ultionem patris occidet te matrem suam. Ny. [2b] [The interlinear gloss begins at line 88 *pondere*] (135v) Magnitudinis sue. [The final interlinear gloss is at line 1010 *rapite*] (150r) Scilicet me.
[1] Anonymous. [2] Nicolaus Trevet.

25. NICOLAUS TREVET, *Argumentum in Octavia*
f. 150v: None tragiedie [!] que Octavia dicitur potest pro argumento premicti quod Clautius [!] imperator...: et in exilio tandem interfici precepit.
E. Franceschini (as in item 1), p. 39. The last two lines of the edition are not in the manuscript.

26. PSEUDO SENECA, *Octavia*
ff. 151r-169v. 151r: [Heading] Octavia. [Text] Iam vaga celo sidera fulgens...: (169v) Ciuis gaudet Roma cruore. Explicit nona tragiedia [!] Senece que Octavia dicitur. [ff. 170r-171r are blank.]
O. Zwierlein (as in item 2), pp. 417-52.

27. NICOLAUS TREVET et alius, *Glossae in octavia*
ff. 151r-169v. [1a] [The marginal gloss begins at line 10 *semper genetrix deflenda mihi*] (151r) Deflenda mihi quia matre mortua Claudius cepit Agrippina, matrem Neronis que fecit isti omnia mala. The marginal gloss ends at line line 962 *testor superos*] (169v) Testor. Ista volebat testari deos superos et statim eam penituit eam dicentem sibimet noli precari superos qui semper oderunt te. et statim voluit se ad testandum infernos. [1b] [The interlinear gloss begins at line 1 *Iam vaga*] (151r) Quia semper moventur. [The interlinear gloss ends at line 982 *numen*] (169v) Deitas. [2a] [The marginal gloss begins on line 7 *Atque equoreas vince alchionas*] (151v) Aves marinas de quibus Ambrosius in Exameron suo dicit alcion est avis marictima que in litoribus fetus suo edere folet ita ut in arena ova sua deponat et cetera. Et multa mirabilia possit ibi de ista ave. [The marginal gloss ends at line 983 *civis gaudet*] (169v) Scilicet sicut apperet in mortem Octavie. Ny. [2b] [The interlinear gloss begins on line 14 *ante*] (151r) Id est citius. [The interlinear gloss ends at line 983 *roma*] (169v) Sed.
[1] Anonymous. [2] Nicolaus Trevet.

28. NICOLAUS TREVET, *Argumentum in Hercule Oeteo*
f. 171v: Decima tragedia et ultima est de Herchule Oetheo sic dicto ab Oetheo silva...: quod in eo erat mortale in celum translatus est.
E. Franceschini (as in item 1), p. 39. The last two lines of the edition are not in the manuscript.

29. PSEUDO SENECA, *Hercules Oetaeus*
ff. 172r-203v. 172r: [Heading] Herchules. [Text] Sator deorum cuius excussum manu...: (203v) Fulmina mictes. Expliciunt tragedie Senece. Deo gratias. [ff. 204r-205v are blank.]
O. Zwierlein (as in item 2), pp. 337-414.

30. NICOLAUS TREVET et alius, *Glossae in Hercule Oeteo*
ff. 172r-203v. [1a] [The marginal gloss begins on line 1 *Stator deorum*] (172r) Consequentur Herchules quam non dum deificatus sit. [The final marginal gloss is at line 1989 *sed tu*] (203v) Facit orationem ad ipsum Herchulem. [1b] [The interlinear gloss begins at line 1 *Stator*] (172r) O Iuppiter. [The interlinear gloss ends at line 1996 *micte*] (203v) Tu. [2a] [The marginal gloss begins on line 3 *secure regina*] (172r) Et quare hoc dicit subdit. Ny. [The marginal gloss ends at line 1994 *tu fulminibus frange trisculis*] (203v) Quia tres sunt potestates fulminis. Fulmin enim lucet, ardet et scindet. Ny. [Followed by another marginal gloss which is a continuation of the original interlinear gloss: Patre tuo Iove, referring to line 1995 *genitore*.] A cuius aliorumque demonum fulmine liberet nos dominus noster Iesus Christus cuius est honor laus et gloria in secula seculorum. Amen. Ny. [2b] [The interlinear gloss begins at line 5 *iacent*] (172r) Occisi virtute mea. Ny. [The final interlinear gloss is at line 1982 *nomen*] (203v) Scilicet Herculem.
[1] Anonymous. [2] Petrus Meloni, *Nicolai Treveti Expositio L. Annaei Senecae Herculis Oetaei*, Universit di Cagliari, Facolt di lettere e di magistero, vol. 7, Roma: Palumbo, 1962.

31. ALBERTUS MUSSATUS, *Argumenta tragoediarum Senecae*
ff. 206r-213v. 206r: Muxacti Argumenta. [1] Et primo de Herchule furente. Herchules, rex Thebarum, uir iustus et sanctus apud gentiles habitus...: et tela sua convertat in se ipsum perimat. [2] Secundum argumentum Thiestis et Atrei. Tantalus Pelopis olim filius aput inferos in penis existens...: (207r) prodit Atreus in contristationem Thiestis. [3] [Thebias] Tertium argumentum Edippi. Ceci parentis. In storie Thebaidos prosecutionem, dum Edippus circa mortem...: (207v) in urbem se recepit. [4] Quartum argumentum Ypoliti. Feora Minois regis filia Cretensis, Thesei coniunx...: (208v) ignominiosa obscenitate mandavit. [5] Aedippi quintum argumentum. Ad tragedie huius Oedippedis argumentum opus est ystorie notione...: (209v) et ab eodem eaxaminata confoditur. [6] Argumentum sextum Troades. In Troade Seneca luctus clades excitia cedes ruinas....: et continuo classis soluitur Achiuorum. [7] (210r) Medee septimum argumentum. Post raptum aureum vellus a Jasone derelicta...: (210v) consergens ab oculis Jasonis evanescit. [8] Agamenonis [!] octavum incipit argumentum. Agamenon, rex grecorum excisa Troia...: (211r) eversis in mare ratibus et Agamenone trucidato. [9] Octavie argumentum nonum incipit. Qui geneologiam vitam moresque Neronis scire desiderat Suetonium...: (211v) diligenter inspiciat et expressis inexpressa concipiat. [10] [Hercules Oetaeus]. Herchulis argumentum ultimum. Quemadmodum nec una nox ipsi Jovi in generatione Herchulis suffecit...: (213v) Conclusio tragedie est opinatum Senecam quemquam virtuosum virum nunquam ad inferos descendere. Expliciunt argumenta tragiediarum [!] Senece edita per Musactum poetam Patavinum feliciter.
Items 1-8 and 10 are edited in Anastasios Ch. Megas, *Albertinou Moussatou: hoi hypotheses ton tragodion tou Seneka, apospasmata agnostou hypomnematos stis tragodies tou Seneka*, Thessalonica: 1969, pp. 27-66. Item 9 is edited in his *Ho prooumanistikos kyklos tes Padovas (Lovato Lavati - Albertino Mussato) kai hoi tragodies ton L. A. Seneca*, Thessalonica: 1967, pp.

65-67; All ten are also edited by E. Franceschini, "Gli *Argumenta tragoediarum Senecae* di Albertino Mussato," *Studi e note di filologia latina medievale*, Milan: Vita e Pensiero, 1938, pp. 177-97. Both editors use this manuscript.

32. VARII, *Exerpta et notae*

f. 213v: [1] Iuppiter astra, fretum Neptunus, tartara Pluto/ Regna paterna tenent tres tria quisque suum. [2] Tragedia est carmen de magnis iniquitatibus a prosperitate incipiens...: atque facinora sceleratorum regnum luctuoso carmine spectante populo concinebant. [3] Tiranni Graece dicuntur, idem latine et reges...: et crudelissimam dominationem in populis exercentes. Ysidorus, Ethimologiarum libro ix. [4] Nulla sit mihi familiaritas cum tyranno, numquam tua luxtra repetam, ne talis conversatio sanguinem meum effundat. Ubaldus de Egubio, utrisque iuris professor, in sermone quem fecit de morte. [5] Suscepit antem vita hominem consuetudoque...: hunc dico liberum semele natum. Tulius libro ii De natura deorum. [6] [In the left margin] Tragedia ex vocis vastitate nominatum que concavis repercussionibus...: pastores tali voce placuisset capra ei pro munere donabatur. Cassiodorus.

[1] *Anth. Lat.*, vol. 1, pt. 2, number 793. [2] Anastasios Ch. Megas, *Ho prooumanistikos kyklos tes Padovas (Lovato Lavati - Albertino Mussato) kai hoi tragodies ton L. A. Seneca*, Thessalonica: 1967; pp. 38-39, in footnote 13. [3] S. Isidorus ep. Hispalensis, *Etymologiae*, Book 9, chapter 3, sections 19-20; edited by W. M. Lindsay, Oxford: Clarendon Press, 1911, vol. 1, no pagination. [4] S. Ubaldus ep. Eugubinus, *De morte*, this note is edited in Megas (as in item 22.2), p. 39, footnote 13. [5] Cicero, Marcus Tullius, *De Natura deorum* 2.62; edited by Arthur Stanley Pease, Cambridge, Massachusetts: Harvard University Press, 1958; pp. 698-702. [6] Cassiodorus Senator, Flavius Magnus Aurelius, *Variarum libri duodecim* IV. 51; edited by A. J. Fridh in *CC*, vol. 96, p. 178.

Physical Description: Parchment; 33x23 cm; ff. II+213+III; Latin, Italian (occasionally in gloss as on 24r); Textura formata.

The front flyleaf IIv and folio 1r are blank as are the back flyleaves Ir-IIIr. There is a rubbed note on f. Iv. Foliation skips 167 and 168. There are two sets of marginal glosses and two sets of interlinear glosses throughout the tragedies. The anonymous marginal and interlinear gloss listed as items 1a and 1b in each gloss entry were included in the text when the manuscript was originally written. In fact the catchword on f. 81v has the interlinear gloss for that word written above it, and some of the marginal glosses written by this hand in the left margin were painted over when the illuminated borders were added, as on ff. 136r, 151r, and 172r. The second set of marginal glosses and the briefer interlinear gloss, listed as items 2a and 2b were added later by a different hand in a different color ink. This second set of marginal and interlinear glosses are almost always initialed Ny to show they are based on the commentary by Nicolaus, that is, Nicolaus Trevet. Catchwords. This manuscript has often been dated to the fifteenth century; Cipriani seems to be the first to date it to the fourteenth, followed by Schmitt who calls it "a Lombard manuscript of the later fourteenth century." On this question note the 1387 ex-libris below. Also the illumination and script belongs in the general class with E. Pellegrin, *Suppl.*, plates 36-43, from about the mid fourteenth century.

Miniatures: At the beginning of each play there are large historiated initials usually 10 to 15 lines high, with elaborate vine stem and acanthus leaf borders embellished with flower terminals, buds and ball shaped seeds; this border design is only in the upper, lower and left hand margin borders. The scenes of each initial are as follows: [*Herc. furens - argumentum*] On f. 1v, inside an initial P, the enraged Juno tears her dress exposing her breasts as she points to the various constellations named after Jupiter's lovers, as mentioned in the opening of the play. In the center of the stars is a serpent in the shape of the number 8. [*Herc. furens*] On f. 2r is a miniature (the only one that is not an historiated initial) of a serpent-haired Fury confronting Hercules, who is wearing the Nemean lion skin. The Fury turns him insane so that in a fit of madness he kills his two children and is beating his wife Megara to death with balls and chains. This is the only folio where the border design fills all four margins. Beginning at the top and continuing on the right and then to the bottom margin are a selection of the twelve labors and *parerga* of Hercules as follows: [1] holding the head of the boar of Erymanthus, [2] holding the head of the hind of Ceryneia, [3] carrying the Creatan bull, [4] battling the Lernian hydra, [5] killing someone with balls and chains. Hercules killed many people, including Hippolyte, Queen of the Amazons (one of the twelve labors). However, since this scene is directly opposite the murder of Megara and uses the same instrument, it probably represents Hercules in a fit of madness killing Iphitus, son of king Eurytus; [6] Hercules as an infant killing two serpents sent by Juno, [7] killing the Nemean lion, [8] shooting a human headed bird, probably the Stymphalian birds, [9] holding a horn (possibly representing the episode with Lityerses or Linus), and [10] squeezing Antaeus to death. In the left border next to the miniature are two variants of a Maltese style cross (as on f. 136r). [*Thy.*] On f. 24r, in an initial Q, is the nude Tantalus standing waist deep in a river with a fruit tree above his head. In the acanthus leaf margin on the lower border is a bearded head. [*Phoen.*] On f. 43r, in an initial C, the crowned Antigone guides her blind father Oedipus. [*Hipp. - argumentum*] On f. 53v, in a 5 line high initial Q, is a woman slain by a sword, probably the Amazon queen Antiope. [*Hipp,*] Also on f. 53r, at the beginning of the play in the initial I, we see Hippolytus leading some dogs on a hunt; one is on a chain, while two others have climbed a mountain to attack a stag and a hare. In the left margin above this scene is the winged Eros or Cupid holding a dart in each hand, no doubt paralleling the hunt mentioned in lines 48-52 of the play; [*Oed.*] On f. 75r, in an initial I, Oedipus with his crown at his feet grieves with his hands over his eyes because of his kingdom's bad fortune. In the upper margin is a Maltese cross and in the lower margin is a quartefoliate leaf with a human face. [*Tro.*] On f. 96r, in an initial Q, Hecuba, queen of Troy, holds the body of her dead son Polydorus and points to the body of her daughter Polyxena, who had been sacrificed to the gods. On a hill behind her the walled city of Troy burns. In the upper margin is the bust of a woman pointing to the main scene (possibly Hecuba in old age); in the left margin is a knight with shield and sword (possibly Hector or Paris) and in the bottom margin a bird pulls at the marginal acanthus leaf decoration. [*Medea - argumentum*] On f. 115v, in a four line high T, is the bust of a woman holding a serpent, possibly Medea invoking the Furies, as is mentioned in lines 13-14 of the play. Another possibility is that it represents Medea putting the coiled serpent that guarded the golden fleece to sleep, so that Jason could steal the fleece; [*Medea*] On f. 116r, in an initial D, the bare breasted Medea holds a statue of a pagan god before Jason, who places his hand on the statue and swears his fidelity to her. This episode is mentioned in lines 7-8. For Medea's appearance see lines 805-806. In the margin above, the winged Eros holds a sword, to his left is a budding flower and on his right is a fully blossomed four petal flower. In the lower margin are two scenes. On the left is the first meeting of Jason and Medea when they fell in love and on the right is the scene of Medea seated on a dragon. Presumably this is their final parting, when Medea flees after slaying their children, as described in lines 1022-1025. [*Agamem.*] On f. 134r, in an initial O, the crowned Clytemnestra thrusts a sword into Agamemnon while a tonsured cleric, wielding a single edged ax, beheads him (based on a misunderstanding of lines 897-900). On the lower border are two variants of a Maltese style cross (as on f. 2r). [*Oct.*] On f. 151r, in an initial I, the banished empress Octavia kneels as she is about to be beheaded by a swordsman. In the left margin is a self portrait of the miniaturist, who has sprouted forth from a flower bud. He holds a palette in his left hand and a brush in his right and is putting the final strokes on the miniature. [*Herc. Oet.*] On f. 172r, within an initial S, Hercules, wearing a poisoned robe, casts down his bow and steps into the funeral pyre. In the bottom margin Lichas, whom Hercules cast into the sea for bringing the poisoned robe to him, can be seen falling head first into the water. Illuminated foliate initials, four to six lines high, are found at the *argumenta* on ff. 23v, 42v, 74v, 92v, 133v, 150v, and 170v (the two historiated *argumenta* initials on 43r and 115v are described above). There are three line high calligraphic initials throughout the text to distinguish scenes at the entrance of the chorus and various players on ff. 4r, 4v, 10r, 11r, 15r, 16r, 18v, 20r, 26r, 27r, 30v, 32r, 33r, 34v, 37r, 40r, 48r, 49r, 54v, 57v, 59r, 60r, 62v, 65r, 66v, 67r, 68v, 69r, 71v, 72v, 76v, 78r, 79v, 81v, 82v, 86v, 87r, 88r, 89r, 89v, 90v, 91r, 97r, 98v, 99r, 102r, 102v, 107v, 108r, 109r, 110r, 112v, 113r, 117r, 118r, 119r, 121r, 122v, 123v, 126r, 127v, 130r, 130v, 135r, 135v, 137v, 139r, 140r, 143v, 146r, 146v, 147v, 148v, 149r, 151v 152r, 155v, 157r, 158r, 161r, 162v, 164r, 165r, 165v, 166r, 173v, 174v, 175v, 181v, 183r, 188v, 190r, 190v, 191r, 191v, 192r, 192v, 194v, 196r, 197v, 200r, 201v, 206r,207r, 207v, 208v, 209v, 210r, 210v, 211r and 211v. There are simple illuminated initials at the beginning of each line of text.

Provenance: Old signatures: Q (f. Iv), and E 146 (f. IIr). On f. 203v there is a badly rubbed note only visible under ultraviolet light: "Iste liber tragediarum est domini Nicolai de Lazisteduciis... 1387" (Probably from Lazise on Lago di Garda). The manuscript was owned by the mid fifteenth century Milanese lawyer Johannes Ludovicus Bossius who wrote: "Liber Ludovici Bossii et amicorum ad usum est" (flyleaf Ir). On the same flyleaf are three variants of his monogram. On the back flyleaf IIIr is 'Ludovici Bossii liber'. At the bottom left corner of back flyleaf IIIv is the date of acquisition by the sixteenth century Milanese professor of rhetoric Francesco Ciceri, '4 Iun. 75'. On f. IIr is the following note by Olgiatus: "Felicibus auspiciis Illustrissimi Card. Federici Borrhomaei Archep. Mediolani, Bibliotheca Ambrosianae funditoris. Olgiatus vidit anno 1603."

Bibliography: Cipriani, p. 45 and plate 17; Enzio Franceschini, *Studi e note di filologia latina medievale*, Milano: Vita e Pensiero, 1938, pp. 60-62; Kristeller, *Iter. Ital.*, vol. 1, p. 298; Alexander P. MacGregor, "The Manuscripts of Seneca's Tragedies: A Handlist" from *Aufstieg und Niedergang der römischen Welt* ed. by Hildergard Temporini and Wolfgang Haase, Band 13, Principat, Teil 2, Berlin and New York: De Gruyter, 1985, p. 1157, item T 197; Anastasios Ch. Megas, *Ho prooumanistikos kyklos tes Padovas (Lovato Lavati - Albertino Mussato) kai hoi tragodies ton L. A. Seneca*, Thessalonica: [no publisher listed], 1967, p. 38 (and footnotes on p. 39); and Anastasios Ch. Megas, *Albertinou Moussatou: hoi hypothesis ton tragodion tou Seneka, apospasmata agnostou hypomnematos stis tragodies tou Seneka / Albertini Mussati: Argumenta Tragoediarum Senecae Commentarii in L.A. Senecae Tragoedias Fragmenta nuper reperta*, [the title is in modern Greek and Latin], Thessalonicae, [no publisher listed], 1969, discussion of manuscript stemma on pp. 1-23; Annegrit Schmitt, "Herkules in einer Unbekannten Zeichnung Pisanellos: ein Beitrag zur Ikonographie der Frührenaissance," *Jahrbuch der Berliner Museen*, 17 (1975): 51-86 with pp. 68-70 on this manuscript with two illustrations.

E 147 Sup. (S.P. 9, scat. 1-6, and 11) * VII * Bobbio, St. Columbanus [V-VI palimpsests from Northern Italy; items 3 and 7 possibly from Verona]

1. *Excerpta ex actae synodi chalcedonensis*

pp. 1-452. p. 1: //frui iustem est. Theodorus Episcopus...: (452) deo amantissimis et metro//

Edwardus Schwartz, *Acta Conciliorum Oecumenicorum*, tomus alter, volumen tertium *Concilium Universale Chalcedonense*, Berlin and Leipzig: De Gruyter, 1935, pp. 175, line 17 (Gesta actionis primae: Ephesi 884, end of section 16) - 525, line 2 (Gestorum Chalcedonsium versio a rustico edita: actio 14 [15], section 127). [The prefatory epistolae 35 and the first part of actio 1 are the Biblioteca Apostolica Vaticana, manuscript Vat. Lat. 5750, pp. 1-94 and 95-274; In the Ambrosiana portion the remainder of actio 1 is found on pp. 1-113, pp. 114-116 were left blank during the 7th century, then the largest section of text beginning with actio 2 and continuing through actio 14, line 127 is found on pp. 117-452. This text is in two different 7th century semi uncial scripts as noted below. The second or Veronese style script is only found on sections that, for an unknown reason, had to be redone at some later date during the 7th century.]

2. ANONYMOUS, *Scolia in ciceronis orationes bobiensia*
pp. 1-416. p. 1: //eum constionibus lacessebat...: (416) ante reus fieret ac//. Paulus Hildebrandt, Stuttgart: Teubner, 1971, p. 21, line 14 for incipit and p. 120, line 28 for explicit. [Based on the order of the text in the printed edition, the manuscript includes sequential texts in the following page order: *Pro Sulla*, Hildebrandt, pp. 7-19, manuscript pages: 45, 46, 39, 40, 33, 34, 43, 44, 37, 38, 47, 48, 41, 42, 35, 36, 5, and 6. *In clodium et curionem*, Hildebrandt, pp. 19-29, manuscript pages: 6, 3, 4, 1, 2, 7, 8, 9, 10, 15, 16, 13, 14, 11, and 12. *De rege alexandrino*, Hildebrandt, pp. 29-32, manuscript pages: 49, 50, 51, 52, with the text continued in Vat. Lat. 5750, p. 256 etc. *In vatinium*, Hildebrandt, pp. 118-121, manuscript pages: 410, 409, 416 and 145. This is the end of the *vatinium*, the beginning and major portion of the text is in Vat. Lat. 5750. *Pro plancio*, Hildebrandt ed. 128-138, manuscript pages: 169, 170, 142, 141, 172, 171, 174, 173, 140, 139, 175, 176, 153 and 154, followed by a portion in Vat. Lat. 5750, then another portion of the text Hildebrandt ed. pp. 141-150, manuscript pages: 159, 160, 188, 187, 186, 185, 168, 167, 178, 177, 192, 191, 190 and 189. *De aere alieno milonis*, Hildebrandt ed, pp. 151-164, manuscript pages: 316, 315, 184, 183, 194, 193, 318, 317, 122, 121, 120, 119, 126, 125, 132, 131, 118 and 117.]

3. ANONYMOUS, *Fragmenta ex tractatus arianorum*
pp. 17-116: p. 17 //ad modum qui in pri[n]cipio...: (116) solem propter tuum constituens//.
R. Gryson, *CC* vol. 87, *Scripta Arriana Latina*, pars 1, 1982, pp. 227-265. Also see his facsimile of the entire text in Roger Gryson, *Les palimpsestes ariens latins de Bobbio*, Armarium codicum insignium, vol. 2, Turnhout: Brepols, 1983, pp. 10-20 and plates 93-106 for Ambrosiana pages; and *Clav. Lat.*, p. 161, item 705. [Based on the order of the fragments in the printed edition, the manuscript includes sequential texts in the following page order: fragment 1, edition pp. 229-230, manuscript pages: 19-20; fragment 3, edition pp. 233-234, manuscript pages: 29-30; fragments 11 and 12 edition pp. 245-247, manuscript pages: 23-24 and 25-26; fragment 15, edition pp. 250-252, manuscript pages: 116, 115; fragments 20 and 21, edition pp. 260-262, manuscript pages: 17-18 and 31-32. All of the remaining 23 fragments and the two fragments of the *Ascensionis Isaiae* are in Vat. Lat. 5750. According to Gryson, fragments 1-12 are sections of a text he calls *Adversus orthodoxos et macedonianos* and fragments 13-23 are sections of a text entitled *Instructio verae fidei*.]

4. PLINIUS CAECILIUS SECUNDUS, GAIUS, *Panegyricus traiano*
pp. 21-362. p. 21: //amicos parere. Placeat tibi...: (362) et fax tumultus fuisset//

R.A.B. Mynors, ed. *XII Panegyrici Latini*, Oxford Classical Texts, Oxford: Clarendon, 1964. The incipit is from chapter 85, the end of section 6 and the beginning of section 7, in the edition p. 73, line 25; and the explicit is from chapter 8, the end of section 5, in the edition p. 8, line 2. [Based on the order of the text in the printed edition the manuscript includes sequential sections in the following order: chapter 7, section 4 to chapter 8, section 5, edition p. 6, line 13, *uterque* to p. 8, line 2, *fuisset*; manuscript pages: 361-362; (It should be noted here that the two other pages of this bifolio, manuscript pp. 367-368 have no lower sixth century script. They were blank until the upper Chalcedon text was added in the seventh century.); chapter 78, section 4 to chapter 80, section 3, edition pp. 67, line 20, *verecundiae* - p. 69, line 4, *atque*, manuscript pages: 27-28; chapter 85, section 6 to chapter 86, section 6, edition pp. 73, line 25, *amicos* - p. 75, line 6, *quidem*, manuscript pages: 21-22.]

5. SYMMACHUS, QUINTUS AURELIUS, *Orationes fragmenta*

pp. 53-452. p. 53: //ante fecissent. An exiguum virtutis...: (452) paribus cum sole luminibus globus//

MGH AA, tome 6, part 1, pp. 318-339. The incipit is from the end of section 14 and the beginning of section 15, on pp. 321-322 in the edition; the explicit is from the beginning of section 13, on page 321 in the edition. [Based on the order of the orations as presented in the printed edition, the manuscript includes sequential texts in the following page order: *Laudatio in valentinianum seniorem augustum prior*, in the edition pp. 318-323, manuscript pages: 438, 437, followed by two pages from Vat. Lat. 5750, then Ambrosiana pp. 452, 451, 53, 54, 283 and 284. *Laudatio in valentinianum seniorem augustum altera*, in the edition pp. 323-330, manuscript pages: 285, 286, 209, 210, 365, 366, 447, 448, 441, 442, 363, 364, 199, 200, 369, 370, 359 and 360. *Laudatio in gratianum augustum*, in the edition pp. 330-332, manuscript pages: 360, 357, 358, 206, 205, 449 and 450. *Por patre*, in the edition pp. 332-335, manuscript pages: 450, 439, 440, 204, 203, 371, 372, 201 and 202. *Pro trygetio*, in the edition pp. 335-336, manuscript pages: 207 and 208. *Pro flavio severo*, in the edition pp. 336-337, manuscript pages: 211 and 212. *Pro synesio*, in the edition pp. 337-338, manuscript pages: 197 and 198 followed by two pages from Vat. Lat. 5750. There is another two page fragment *Pro valerio fortunato* in the Vatican manuscript.

6. FRONTO, MARCUS CORNELIUS, *Epistulae*

pp. 55-446. p. 55 //alienus. Is namque Horatius...: (446) ego in Palatium//
M.P.J. van den Hout, editor, *M. Cornelii Frontonis Epistulae*, Leiden: Brill, 1954, vol. 1 (The commentary which was to be volume 2 was never published due to editor's death). Incipit is found in the edition on p. 19, line 12; the explicit is on p. 113, line 11. [Based on the order of texts in the printed edition, the manuscript includes sequential texts in the following page order: *Ad M. Caesar et invecem*, in edition pp. 1-23, manuscript pages: 93, 94, 99, 100, 76, 75, 87, 88, 97, 98, 85, 86, 91, 92, 65, 66, 67, 68, 58, 57, 61, 62, 146, 59, 145, 60, 64, 63, 55, 56, 157, 158, 163, and 164, followed by a portion in Vat. Lat. 5750, then edition pp. 27-35, manuscript pages: 102,

101, 110, 109, 108, 107, 148, 147, 106, and 105, followed by another Vatican portion, then edition pp. 42-43, manuscript pages 136 and 135 then Vat. Lat. 5750. *Ad antoninum imp. et invecem*, Book 1 in Vatican, then edition pp. 98-99, manuscript pages: 104, and 103, followed by two Vatican pages, then edition pp. 101-106, manuscript pages: 82, 81, 95, 96, 89, 90, 72, and 71, followed by two Vatican pages, then edition pp. 108-116, manuscript pages: 239, 240, 233, 234, 426, 425, 444, 443, 446 and 445. *Ad verum imperatorum aurelium caesarem*, edition pp. 114-115, manuscript pages: 432 and 431, followed by four Vatican pages, then edition pp. 117-123, manuscript pages: 412, 411, 420, 419, 418, 417, 408, 407, 406, 405, 414, and 413, followed by two Vatican pages [based on additional information, Bernhard Bischoff in 1958 proposed a revised ordering of the text found in van den Hout pp. 117-123. Based on that reordering, the manuscript pages are sequential in the following order: manuscript pages: 412, 411, 418, 417, 408, 407, 414, 413, (Vatican pages 15 and 16), 406, 405, (and finally Vatican pages 14 and 13). See: Bernhard Bischoff, *Der Fronto-Palimpsest der Mauriner*, Bayerische Akademie der Wissenschaften, Philosophische-Historische Klasse, Sitzungsberichte, 1958, heft 2, especially pp. 11-26.] then (returning to the van den Hout edition), edition pp. 123-130, manuscript pages: 422, 421, 436, 435, 434, 433, 424, 423, 430, 429, 428, and 427. *Ad m. antoninum imp. de eloquentia*, begins with four Vatican pages, then edition pp. 133-148, manuscript pages: 404, 403, 402, 401, 396, 395, 394, 393, 400, 399, 398, 397, 392, 391, 390, 389, 380, 379, 374, 373, 378, 377, 386, 385, 376, 375, 384, 383, 388 and 387. *Ad m. antoninum imp. de orationibus*, edition pp. 149-155, manuscript pages: 382, 381, 344, 343, 350, 349, 352 and 351. *Ad antoninum pium et invicem*, edition pp. 156-162, manuscript pages: 342, 341, 356, 355, 346, 345, 348, 347, 354, 353, 332, 331, 330, 329, 340, 339 and 338. *Ad amicos*, edition pp. 163-190, manuscript pages: 338, 337, 328, 327, 326, 325, 336, 335, 334, 333, 308, 307, 322, 321, 320, 319, 324, 323, 314, 313, 312, 311, 294, 293, 280, 279, 282, 281, 278, 277, 292, 340, 291, 399, 338, 288, 287, 290, 289, 296, 295, 304, 303, 302, 301, 300, 299, 298, 297, 306, 305, 264 and 263. *Principia historiae* edition pp. 191-200, manuscript pages: 276, 275, 266, 265, 272, 271, 262, 261, 274, 273, 252, 251, 270, 269, 268, 267, 258, 257, 256, 255, 246, 245, 260, 259, 250 and 249. *Laudes fumi et pulveris*, edition pp. 201-205, manuscript pages: 249, 248, 247, 254, 253, 241, 242, 238, 237, 299, 230, 243 and 244. *De bello parthico*, edition pp. 206-211, manuscript pages: 236, 235, 231, 232, 228, 227, 222, 221, 216 and 215. *De feriis alsiensibus*, edition pp. 212-219, manuscript pages: 218, 217, 224, 223, 226, 225, 220, 219, 214, 213 and 149. *De nepote amisso*, edition pp. 220-224, manuscript pages: 149, 150, 155, 156, 180, 179, 182, 181, 196 and 195. *Arion*, edition pp. 225-226, manuscript pages: 195, 166 and 165. *Additamentum epistularum variarum*, edition pp. 227-239, manuscript pages: 145, 161, 162, 138, 137, 144, 143, 151, 152, 135, 134, 133, 70, 69, 84, 83, 74 and 73.]

7. ANONYMOUS, *Skeireins iohannen (Commentaria fragmenta gothica ad iohannem)*
pp. 77-310. p.77: //nai galaubeinai...: (310) s weiha//
William Holmes Bennett, *The Gothic Commentary on the Gospel of John*, New York, Modern Language Association, 1960. The incipit is found in the edition on p. 55 at the beginning of fragment 2; the explicit is found on p. 74 of the edition at the end of fragment 6d. Based on the order of the fragments in the printed edition, the manuscript includes sequential text in the following page order: fragment 1, edition pp. 51-54, manuscript pages: 113-114; fragment 2, edition pp. 55-58, manuscript pages: 77-78; fragments 3 and 4 in Vat. Lat. 5750; fragment 5, edition pp. 67-70, manuscript pages: 79-80; fragment 6, edition pp. 71-74, manuscript pages: 309-310; fragment 7, edition pp. 75-78, manuscript pages 111-112 followed by an eighth fragment from Vat. Lat. 5750.

8. STEFANUS MONACHUS (sive MAGISTER) *Carmen de synodo ticinensi*
pp. 114 and 116. p. 114: Sublimes ortus in finibus europe...: (116) deinceps et tribuat.
MGH SS Rerum Lang., pp. 189-91; then reedited in *MGH Poetae*, tome 4, parts 2-3, pp. 728-31. [On the name of the author see: Paul Lehmann, "Stefanus magister?" *Deutsches Archiv für Erforschung des Mittelalters*, 14 (1958): 469-71; also see Gryson, *Les palimpsestes*, plate 106 as cited in item 3 for a facsimile of page 116.]

Physical Description: Parchment; about 29x25 cm; 221 loose bifolios with 3 former flyleaves; Latin for upper scripts, Latin, Greek (in various Fronto letters) and Gothic in lower scripts; Uncial, Gothic uncial, Greek uncial, Semi uncial, North Italian miniscule and North Italian cursive.

This manuscript is a seventh century semi uncial copy of the *Acta* of the synod of Chalcedon. At some point during the middle ages the manuscript was broken into two sections. One section of 452 pages was obtained by the Ambrosiana in 1606 as part of an acquisition of a large group of Bobbio manuscripts. The other section of 286 pages, apparently unknown to the Ambrosiana staff at the time, went to the Vatican in 1618. However, the truly unusual and complex feature of this manuscript is that it was originally created during the 7th century from two palimpsested manuscripts of the 5th century (Fronto and Scolia of Cicero). Then sometime before the end of the century it was necessary to replace about 140 pages, this time using four additional palimpsested manuscripts (a manuscript containing the arian fragments, a manuscript with Pliny and Symmachus, a gothic manuscript with the Skeireins fragments and a manuscript of Juvenal and Persius). Sections of the first three 7th century texts are found in the Ambrosiana portion of the manuscript, but the Juvenal/Persius palimpsests are all in the Vatican portion. Various bifolios of these earlier manuscripts were randomly used, thus the different texts from these palimpsested works are intermingled and haphazardly placed between the Ambrosiana and Vatican manuscripts. In this description I have given as the incipit the first occurrence of each text as it appears in the current pagination of the manuscript and for the explicit I have used the last occurrence of that text. Since most of the texts are disparate fragments of longer texts that have not survived intact, or are anthologies of letters, orations or similar texts whose original order is conjectural, I have relied on the currently available printed editions for what may be termed the accepted sequential arrangement of the text. Therefore, within the entries I have given the Ambrosiana manuscript pages numbers for each palimpsested bifolio in the order that they follow the printed text. In most cases the editions are based solely on this manuscript, so the editors have fully explained their theories on the reconstruction of the original quires (for example, some quires are composed of a bifolio in the Ambrosiana with other bifolios of that quire in the Vatican and others now lost).

The palimpsests of both the Ambrosiana and the Vatican portions of the manuscript were first studied by Angelo Mai in the early nineteenth century. He stained both manuscripts with a tincture of nut gall to help make the original palimpsested scripts more legible. Unfortunately this process has had adverse long term effects, weakening and darkening the parchment thus making the lower scripts more difficult to read. Today the Ambrosiana manuscript is paginated and is separated into bifolios, each of which is protected in a folder. They are kept in a special room that is an extension of the sala di prefetto and are among the items designated as S.P. 9. This refers to a metal cabinet (armadio) in which the E 147 Superiore materials are designated as scatole 1-6 and 11. The starting numbers for each scatola are as follows: scat. 1, pp. 1/2; scat. 2, pp. 81/82; scat. 3, pp. 151/152; scat. 4, 225/226; scat. 5, pp. 275/276; scat. 6, pp. 325/326; and scat. 11, pp. 391-392.

Due to the complexity of this manuscript, I shall briefly mention the location, script and dating of each text. First concerning the later or upper script of the *Acta chalcedonensis*. Lowe has noticed two different scripts in the Chalcedon text, one is a 7th century semi uncial with corrections and marginalia in North Italian cursive that is on pages: 1-16, 33-52, 55-76, 81-110, 117-196, 213-282, 287-308, 311-356, 373-436 and 443-446 *CLA*, vol. 3, pp. 19-20, items **27 and **28. This script corresponds to the palimpsest pages from the 5th century Scolia and Fronto texts. The other script is what Lowe calls an "inexpert half-uncial verging on minuscule varying in size in different parts and recalling Veronese half-uncial." Lowe also states this is in more than one hand and includes corrections in "the original half-uncial portions." This script is found on pages: 17-32, 53-54, 77-80, 111-116, 197-212, 283-286, 309-310, 357-372 (however pp. 367-368 were originally blank and contain no lower script, see item 4 above), 437-442 and 447-452 and corresponds to the palimpsest pages of the 6th century manuscripts of the Arian tracts, Pliny and Symmachus, and the Skeireins. The only other text in an upper script is the *Carmen ticinensi* by Stefanus, on the council of Pavia in 698. When the Chalcedon text was added over the palimpsests, the scribe left pages 114-116 blank (between actiones 1 and 2). Then at the beginning of the eighth century (dating based on Engelbert, p. 238) this poem was added to pages 114 and 116 in a pre-Caroline North Italian minuscule. It is by the same hand that made restorations to Ambrosiana ms C 105 Inf., the only other manuscript to include a copy of this poem (on ff. 121r-121v), which Lowe states was "written probably at Bobbio."

As to the earlier or lower scripts of the palimpsested texts, most have an extensive bibliography and all but the gothic *Skeireins* are in the *CLA*. In general it is presumed all of the palimpsests are from Northern Italy, van den Hout suspected some including the *Skeireins* were transferred from libraries that ceased to exist after the fall of the Lombard empire. Lowe in the CLA says "written presumably in Italy" for each of the palimpsest entries, and in his "Codices Rescripti" article p. 73 he indirectly assigned the *Skeireins* text to Northern Italy when he attributed all surviving gothic palimpsests to North Italian centers (however, gothic language scholars, although they see the North Italian attribution as probable based on the numerous Latinisms in the text, they do not rule out the possibility that the text could be from either Southern France or the Danube region.) In *CLA* vol. 4, p. 29, under item 504 Lowe suggested the Arian palimpsests may have originated in Verona, and recently Ferrari (see bibliography) suggests Verona may also be the home of the *Skeireins* palimpsests. Passing from the location of these manuscripts, the type of script and dating is as follows: the *Scolia* are in a 5th century uncial script; the *Fragmenta arianorum* are in an early 6th century uncial; the Pliny and Symmachus fragments are from the same manuscript and are in a 6th century semi uncial script; the Fronto is in an uncial script from the second quarter of the 5th century, with quotes in Greek uncial found in various letters; and the *Skeireins* is in a gothic uncial usually dated to the 6th century.

Miniatures: In the upper script there are five line high initials at the beginning of each actio in the Chalcedon text. They are composed of simple geometric designs with guilloche and fish motif patterns within the panels of the initials; they also have large wedge shaped finials. The remainder of the first line is in square capital display script. There are simple colored initials throughout. For examples see Lowe *CLA*, vol. 3, p. 20, plate with item 26 b+c; and Gryson *Les palimpsestes*, plates 49-106 (for both the Ambrosiana and Vatican portions) as cited in item 3.

Provenance: The Chalcedon manuscript is not listed in the tenth century Bobbio catalogue but does appear as number 135 in the catalogue of 1461 where it is listed as: "Sinodus Calcedonensis in quo continentur actiones xiiii. incomplete et primo. Epistolae xxxv. ad diversos directe pro ipsa sinodo celebranda. in littera longobarda. satis magni vol. asser." (Peyron p. 38). Since there is only one listing in the 1461 catalogue, which states the manuscript contains the 35 prefatory epistolae and the first 14 actiones but is incomplete, it has been suggested by Gryson (*Les Palimpsestes*, p. 11) that the codex was not divided into two sections until after that date. This is possible, but the description only discusses contents, not codicology. We do not know if the text was in one or more parts, nor do we even know if it was bound at that date. All we can be sure of is that all of the text described in the 1461 catalogue has survived in the two parts now divided between the Ambrosiana and the Vatican. However, we do know that the manuscript was partially destroyed or fragmented at some date in the 7th century when 140 pages were recopied. It is also likely that at sometime before 1461 the manuscript contained the full text of Chalcedon rather than abruptly ending in the middle of actio 14. Given these past problems, it is not inconceivable that the manuscript may have been divided sometime before 1461.

A paleographical observation made by Lowe in 1938 (*CLA*, vol. 3) has led to an important provenance debate. As noted above, Lowe detected Veronese elements in the later of the two scripts found in the Chalcedon text, nevertheless he followed earlier studies as that of Collura, which assumed the text was written at Bobbio. For this upper script Lowe states "Written in North Italy, presumably at Bobbio." However some scholars (following van den Hout, 1952) using Lowe's Verona comments, questioned the Bobbio origin of the manuscript. They believed the palimpsests were collected at some North Italian scriptorium, possibly at Verona, where the Chalcedon text was written, and then at a later date the manuscript was transferred to Bobbio. However, Lowe in his 1964 "Rescripti" article continued to suggest Bobbio. More recently others, most notably Engelbert (1968), based on a close analysis of the script, have concluded the Chalcedon text was written at Bobbio. Ferrari (1976), primarily dealing with the *Skeirins*, has pointed to various interconnections and cross influences between Verona and Bobbio. It now seems most likely that the Chalcedon text was originally written at Bobbio and that the Veronese style script, which corresponds exactly to the 140 pages of 6th century palimpsests used to repair the text, was written at Bobbio during the 7th century sometime after the original script. It is also generally held that the *Carmen ticinensis* in early eighth century North Italian miniscule was added at Bobbio.

Along with the bifolios is a folder titled "Note mss." containing the flyleaves that were detached from the manuscript when the bifolios were separated. Their contents are as follows: f. Ir, "Concilii Chalcedon. codex antiquissimus ac ferme saeculum quo illud habitum est attingens qui ex Biblioth. a D. Columbano Bobii instituta exiuit, fuitque illustrissimo Federico Cardinali Borrhomeo. B. Caroli Patrueli Bibliotecam Ambrosianam adornanti, et manuscriptos codices undique conquirenti a Religiosissus S. Benedicti Patribus munere vicissem ab ipso Illustrissimo donatus humanissime oblatus anno M DC VI. Antonio Olgiato qui primus eam bibliot. tractavit Praefetto. In prima et ultima actione nonnulla desiderant [!]." Then below is the signature "Petrus Paulus Bosea, Biblioteca Ambrosiana tertio prefectoris." [Pier Paolo Bosca was prefect 1668-1680.] ff. Iv, IIv and IIIr are blank. The other folios contain old signatures as follows: E 147 pars superior (IIr); S, P, and E 147 (IIIv).

Bibliography: Bennett, as in item 7 above, pp. 5-44; C. H. Beeson, "The Palimpsests of Bobbio" *Miscellanea Giovanni Mercati*, vol. 6, *Studi e Testi* vol. 126, Vatican: Biblioteca Vaticana, 1946, pp. 162-84; Collura, pp. 44-47 and 81-82; P. Engelbert, "Zur Frühgeschichte des Bobbieser Skriptoriums," *RB*, 78 (1968): 220-60, esp. 238-243; Mirella Ferrari, "Libri e maestri tra Verona e Bobbio" *Storia della cultura veneta dalle origini al trecento*, Vicenza: Neri Pozza, 1976, pp. 271-78; Gengaro-Villa Guglielmetti, p. 3; Roger Gryson, *Les palimpsestes ariens latins de Bobbio*, Armarium codicum insignium, vol. 2, Turnhout: Brepols, 1983, pp. 10-20; Michiel van den Hout, "Gothic Palimpsests of Bobbio," *Scriptorium* 6 (1952): 91-3; and his edition of Fronto as cited in item 6, prolegomena pp. ix-xciii; Lowe, *CLA*, vol. 1, pp. 10-11, items 27-31; vol. 3, pp. 19-20, items **26a, **27, **28, **26 b+c, **29 and **31; and supplement, p. 43; also his "Codices Rescripti; A List of the Oldest Latin Palimpsests with Stray Observations on their Origin" *Mélanges Eugéne Tisserant*, vol. 5, pt. 2, *Studi e Testi* vol. 325, Vatican: Biblioteca Vaticana, 1964, pp. 67-81 and chart, see item 43 of chart; and his "The Ambrosiana of Milan and the Experiences of a Paleographer" in *Folia Ambrosiana*, Notre Dame: Medieval Institute, 1965 (only one volume issued), p. 46; Peyron, p. 38; Reifferscheid, *BPLI*, vol. 2, pp. 22-5; Schwartz, as cited in item 1, praefatio, pp. 8-9; Otto Seek, in his MGH edition of Symmachus as cited in item 5, Berlin, 1883, pp. v-xv.

E 148 Sup. * XVI-2 * Northern Italy, Milan

1. ANONYMOUS, *Repertorium utriusque iuris: litterae A-B*

ff. 1-392. 1ra: [alphabetical index for three volumes, E 148 - E 150 Sup.]. A.B.C.D.E. A. Abbas, 4....: (2vb) exitus. (3ra) [alphabetical index for A and B with folio references] A. Abbas, no. 4...: (3rc) Bonus, no. 308. [f. 3v is blank.] [Text] (4r) A. Abbas dicitur habere simplex officium et non dignitatem...: (309v) Blasfamia est mixti fori et potest puniri per laicum et excommunicationem, ubi supra numero septimo.

[The text is composed of alphabetical entries of legal terms containing various definitions, usages and citations. Some of the longer terms include: acta (agens), 26v-35v; actio, 36r-43r; actus, 43v-56v; alimenta, 103v-112v; appelatio, 132r-181v; arbiter, 184r-207r; argumentum, 208r-235v; assertio, 242v-252v; bannitus, 266r-276r; and bastardus 276v-285v.]

Physical Description: Paper; 32x22 cm; ff. II+309+II; Latin; Modern cursive.

Front flyleaves Iv-IIv and two back flyleaves are blank. This repertorium is continued in E 149 and E 150 Superiore. In the general index on ff. 1ra-2vb the folio reference has only been added for the first term, all the others are blank. On the outside front and back covers are four pasted down parchment fragments. They are badly rubbed so that only two or three words can be read from each line. There is one rubric that reads: "De ordinum distinctione" and is followed by a text beginning "Post super"; the remainder is badly rubbed.

Provenance: Old signature: E 148 (f. Ir). Bequest of Giovanni Marie Bidelli, 1705. f. Ir: "Ex legato I.C. Ioannis Marie Bidelli, anno 1705." cf. E 143 Sup. which was also a bequest of Bidelli.

Bibliography: Izbicki, p. 292.

E 149 Sup. * XVI-2 * Northern Italy, Milan

1. ANONYMOUS, *Repertorium utriusque iuris: littera C.*
ff. 1-597. f. 3ra: [alphabetical index] Tabula omnium vocabulorum in hoc repertorio descriptorum. Calculator, folio 5...: (3vb) Credere, folio 597. (4ra) [alphabetical index of diverse terms] Diversa. A. Aer, folio 139...: (4rb) I. Ius congrui, folio 197. [f. 4v is blank.] [Text] (5r) Calculator. Calculator non dicitur judex nec arbitrator et potest facere calculum parti non citata...: (597v) credere et postea aufugis quod potestas excusatur. [Three lines have been crossed out at the bottom of f. 597v. There is a large letter "C" underneath the last entry.]
[The terms with longer entries include: causa, 31r-44r; cessio, 53r-73r; citatio, 75r-101r; collatio, 105r-114r; collecta, 114v-131r; contractus, 149r-176v; contumaria, 179r-193v; compensatio, 234v-250v; compromissum, 250v-270v; copia, 271r-279v; conditio, 287r-319r; conductor, 319v-329v; confessio, 331v-371v; confiscatio, 372r-381r; clausula, 425r-546r, clericus, 546r-580v; and creditor, 580v-597r.]

Physical Description: Paper; 32x22cm; ff. I+597+III; Latin; Modern cursive. Front flyleaf Iv, ff. 1r-2v and the three back flyleaves are blank. This manuscript is a continuation of E 148 Sup.

Provenance: Old signature: E 149 Sup. (f. Ir). Bequest of Giovanni Marie Bidelli, 1705. f. Ir: "Ex legato I.C. Ioannis Marie Bidelli, anno 1705."

Bibliography: Izbicki, p. 292.

E 150 Sup. * XVI-2 * Northern Italy, Milan

1. *Missale Romanum* [membra disiecta].
Outside front and back covers. [1] Outside front cover: //confessore tuo atque pontifice una cum omnibus sanctis tuis. Da propitius pacem in diebus nostris. ut ope misericordie tue adiuti et a peccato simus semper liberi. et

ab omni perturbatione securi. Praesta per eum cum quo beatus vivis et regnas Deus. In unitate Spiritus Sanctus. per omnia// [2] Outside back cover: //[beginning rubbed] fratres benedic[cut] proteg[rubbed] ab omni hoste in [rubbed]giter laude [rubbed] eiusdem. Offertorium. Tu es [section cut] tu es vitas, tu es vita mundi. Super o[ffertorium]. Sanctifica quesumus domine deus. per tui nominis invocati[onem] huius oblationis hostiam et per [eam] nos metipsos tibi perfice mu[nus] eternum. Per. Prafatio. Eterne Deus. Qui cum un[ige]nito filio tuo...: Qu[em] laudant angeli. [followed by a section with the beginning cut off] //udantur beata tantas te adoramus [cut section, possibly sancti]ficamus ange fidem ob//[a few rubbed letters then the end is cut off]. Trans. Laudamus trini[tatem] personis patrem filium et sanctum sp[iritum] per quem nos omnes accepim sign[um] salutiferum et sancti fontis lava[crum]. Post communionem.// [end of column]. [3] Outside back cover fore edge, column 1: [item a] // *[mundatus est] reversusque ad virum dei cum uni[verso]...: universa terra nisi tantum dominus [deus] israhel.* [4 Rg. 5:14-15]. [Followed by item b] Feria III, [post] dominice III. Lectio libri Regum. *[In d]iebus illis. Mulier quedam clamabat ad Heliseum prophetam dicens...: respondit. Non habeo ancilla tua quicquam [in domo] mea nisi parum olei quo unguar. Cui ait//* [4 Rg. 4:1-3]. [4] Outside back cover fore edge, column 2: [item a] //Fratres. *Benedictus deus et pater domini nostri Yhesu Christi pa[ter] [mi]sericordiarum et deus deus totius consolationis...: sicut sotii passionum estis. sic eritis et consolatio[nis]* [II Cor. 1:4-7]. [Item b] In sanctorum Babille et trium parvulorum. ad Thessal[onicenses]. Fratres. *Fidutiam habemus in deo nostro lo[qui]//.* [I Th 2:2]

This item consists of three separate sheets that have been cut down and pasted onto the outside cover of the manuscript to serve as a book cover. [1] This item is the right hand column of a recto of a folio that was written in two columns. Musical notation is included above the text. It is part of the Canon of the mass, immediately following the *Pater noster*, the section from *Da propitius... securi* is edited in Robert Lippe, *Missale Romanum: Mediolani, 1474*, 2 vols., the Henry Bradshaw Society vols. 17 and 33, London: The Henry Bradshaw Society, vol. 1, text, 1899; vol. 2, collation and indices, 1907, in vol. 1, p. 209, lines 30-32. [2] This is a section of a single column with the right edge of the column cut off, I suspect the folio was originally written in two columns, of which the remaining fragment was an outside column (since the left margin has also been cut down it cannot be determined if it was a recto or a verso). The *Super offertorium* or *Secreta* is edited in Lippe, *Missale Romanum*, vol. 1, p. 254, lines 1-3 and the *prefatio* is edited on p. 205, lines 9-16. This liturgy is quite similar to that in Lippe for *In festo sanctissimae trinitatis*, pp. 252-54. [3 and 4] These items consist of a small fragment of an open bifolio that has been pasted down on the back cover and is wrapped around the fore edge of the cover and glued onto the inside of the back cover. Item [3], listed as column 1, represents a section from the verso of the first folio in the bifolio. It contains (a) the end of the reading for *feria II post dominicam III in Quadragesima* and (b) the beginning of the reading for the next day, *feria III*. They are edited in Lippe, *Missale Romanum*, vol. 1, (a) p. 87, lines

14-17 and (b) p. 88, lines 20-27. Item [4], listed as column 2, represents the recto of the second folio in the bifolio. This contains readings for *In festo unius martyris pontificis*. The first reading (a) is edited in Lippe, *Missale Romanum*, vol. 1, p. 412, line 40 - 413, line 9, but the second reading (b) on St. Babylas is not in the edition.

2. ANONYMOUS, *Repertorium utriusque iuris: litterae D-E*

ff. 1r-423v; 431r-568. f. 1r: Damnum datum ab inimicis coloni rebet inputari ipsi colono in rebus conductis...: (568v) Excepta probant contra recipientem. Decius consilia 125, col. 1, libro primo.
[Terms with longer entries include: debitor, 5r-18v; divinio, 49r-59v; doctor, 63v-73r; dolus, 73r-80v; dominium, 85r-105v; decretum, 116r-126r; defensio, 126r-154v; deligatus, 155r-169v; dictio, 170r-232r; donatio, 252r-305r; dos, 305r-369v; ecclesia, 372r-381r; expense, 386v-408v; empliteosis, 431r-495r; emptor, 495v-508r; evictio, 521v-599v; and exceptio, 560v-568v.]

3. MALOGONELLIS, ANTONIUS DE et STROZZIS, ANTONIUS DE, *Super statuto de disgombrandis in civitate florentie*

Insert on ff. 424r-427r. f. 424: Super statuto detenuta et preceptis de disgombrandis in civitate florentie, etc. Primo executiones quae fiunt in bonis debent fidei in bonis debitoris et non in bonis ...: (427r) quod quelibet est mera in se licet non omnes conveniant illi littere etc. Et ita puto juris esse etc. Ego Antonius Malogonelli etc. Ut infra conclusum est...puto juris esse etc. Ego Antonius de Strozzis etc.

4. PEPIS, FRANCISCUS DE, *Informatio circa practicam statutorum florentinorum*

Continuation of insert, ff. 427r-429v. f. 427r: Informatio circa practicam statutorum florentinorum. Exstat statutum Florentie in secundo volumine in primo statuto...: (429v) hoc casu nec a die immissionis nec a die confirmationis. Ego Franciscus de Pepis i[uris] u[triusque] doctor. [f. 430rv is blank.]

Physical Description: Paper; 33x23 cm; ff. II+568+II; Latin; modern cursive, with cover fragments in *textura formata*.
Front flyleaves Iv and IIv and back two flyleaves are blank. Continuation of E 149 Sup. The liturgical fragments on the outside cover are in a script datable to sometime between XIV-3 and XV-2, probably from the area around Milan. There are three different watermarks in the manuscript: on f. 150 is a variant of Briquet, vol. 3, item 12205; on the back flyleaf 3 is a watermark of undetermined shape somewhat like a cross between Briquet, vol. 4, items 16029 and 16030; and finally on back flyleaf IV is a watermark similar to Piccard, *Wasserzeichnen Anker*, Findbuch 6, p. 232, section 5, item 332.

Provenance: Old signature: E 150 (f. Ir). Bequest of Giovanni Marie Bidelli, 1705. f. IIr: "Ex legato I.C. Ioannis Marie Bidelli, anno 1705."

Bibliography: Izbicki, p. 292.

E 151 Sup. * XIII-3 * Northern Italy

1. SOLINUS JULIUS, Caius, *De situ orbis sive de mirabilibus mundi.*
ff. 1r-24r. f. 1ra: [Prologue] C. Iulii Solinus gramaticus polihistoria [a]b ipso editus et recognitus. De situ orbis terrarum et de singulis mirabilibus que in mundo habentur. Solinus adve[n]to. Quoniam quidam impatientius potius quam [st]udiosius opusculum quod moliebar...: cui laboris nostri summam dedicavimus. Explicit. [Preface] Iulius Solinus adve[n]to salutem. Cum et aurium clementia et optimarum artium studiis prestare te ceteris sentiam...: (1rb) originem eius quanta valemus persequemur fide. [Text] De origine urbis rome et temporibus eius. De diebus interchalaribus. De homine. De alectorio lapide. Sunt qui videre velint rome vocabulum ab Eurando primum datum...: (24rb) non penitus ad nuncupationem sui congruere insularum qualitatem. Iulius Solinus explicit studio et diligentia domini Theodosii invictissimi principis. [f. 24v is blank.]
Theodore Mommsen, ed., *Collectanea rerum memorabilium*, 2nd ed. Berlin: Weidmann, 1895, (reprint, Berlin: Weidmann, 1958), pp. 1-216 with the interpolated prologue edited on p. 217.

2. PALLADIUS, RUTILIUS TAURUS AEMILIANUS, *Opus agriculturae* [imperfect].
ff. 25r-51v. 25ra: [Table of contents] De agricultura Palladii Rutili Tauri Emeliani [!] viri inlustri opus agriculture incipit tituli libri prima. De preceptis rei rustice...: (26va) De horis. [Text] Incipit liber primus, capitulum I, de preceptis rei rustice. (26vb) Pars est prima prudentie ipsam cui precepturus es estimare personum...: (51vb) quecumque autem ex parte meridiana...// [The text is incomplete, breaking off at the bottom of the folio with November, Book 12, chapter 15, section 3. However the chapter titles at the front of the text are complete through the end, that is, December, Book 13, chapter 8.]
Rutilius Taurus Palladius, *Opus agriculturae*, ed. R.H. Rodgers (Teubner, 1975), pp. 1-232. [Some brief interlinear as well as marginal glosses.]

Physical Description: Parchment; 32x23 cm; II+51+I; Latin; Textura formata.
Flyleaf Ir contains modern shelfmark. The front flyleaf IIv and the back flyleaf are blank. Catchwords. Brief marginal glosses, some have been trimmed down.

Miniatures: Simple colored initials two to four lines high throughout the manuscript.

Provenance: Old signatures: Q (f. Iv); E 151 (f. IIr). Purchased from the heirs of the Milanese Senator, Alessandro Rovida. f. IIr: "Hic codex emptus fuit ab haeredibus Rovidii Senatoris anno 1606. Antonio Olgiato bibliothecario Ambrosiana primario." And in another hand on the bottom of f.1r: "Emptus fuit ad haeredibus Rovidii Senatoris."

Bibliography: Gabriel, pp. 224-5, item 524; Theodore Mommsen, ed., *Collectanea rerum memorabilium* 2d ed. Berlin: Weidmann, 1895, as in item 1, p. XL; Revelli, p. 81, item 186; R. H. Rodgers, *An Introduction to Palladius*, Institute of Classical Studies, Bulletin Supplement No. 35, London: University of London, 1975, p. 166.

E 152 Sup. * XV-III (1499); XVI-I * Milan [Frontispiece and Plate II.64]

1. *Consules mediolani, 1525*
flyleaf Iv: 1525. Consules mediolani. D. Francisci dela Cure, D. Nicolaus a Bidiis, D. David de Agachachanis, D. Symon dela Mosa.

2. *Collegium causidicorum mediolani, ca. 1500-1525*
ff. 1r-1v. 1r: 1502. [Collegium] causidicorum mediolani suum receptorum et approbatorum in rotuli [fadded] anno salutis et vidi. [Beginning of text is rubbed] de Conute...: (1v) D. Franciscus de Casate. [another name added below has been rubbed out.]
[Many names have been crossed out, usually with accompanying death notices for the years 1504-1524.]

3. *Collegium notariorum mediolani, ca. 1500-1525*
ff. 2r-2v. 2ra: [begining rubbed] notari collgeii mediolani. D. Iohannes Andreas de Cagvolis...: (2vb) D. Ludovicus de Cuppa. [Folio 3rv is blank.]
[Many names have been crossed out, occasionally with accompanying death notices for the years 1506-1525.]

4. *Statuta mediolani, 1498 - statuta civili*
ff. 4r-109r. 4r: IHS. [listing of rubrics] Rubrice statutorum mediolani. Rubrica generalis de citationibus et aliis etc. fo[lio] 1...: Rubrica generalis de extraordinariis civilium, fo[lio] 81. Finis. L. Rubrica est ad officium statutorum communis mediolani in libro signarum h in folio 234. Finis. [Preface] In controversiis causarum corporales inimicitie oriuntur...: et expensis nichil acquirunt etc. Finis. [ff. 4v-5v are blank] (6r) [Rubrics with subdivisions] IHS. Ut facillius funemantur que in his statutis continentur tabula subie cuius in quibus omnes rubrice notabuntur tam generales

quamque generalibus supponiuntur et primo seorsum. Rubrice generalis. Rubrica generalis de citationibus et aliis etc. De forma citationis in civilibus et ordine citandi, fo[lio] 1...: (12r) constitutio contra clerico in causa cridarum, fo[lio] 93. Finis. [ff. 12v-17r are blank, for 17v see miniatures below] (18r) [Text] I. Rubrica generalis de citationibus et aliis etc. De forma citationis in civilibus et ordine citandi. In primis statuitur quod citationis et requeste post hac per iusdicentem arbitros et arbitratores faciende et portande...: (109v) vel ut supra essent observamda. Salvo et praeterque in causis indictis Calendis Ianuarii tunc pendentibus in quibus volumus presentia statua locum sibi vendicare. Finis. Publicata fuerunt predicta omnia de anno 1498 die sabati 20 octobris. Indictione secunda. Et scriptus et miniata per Iohanem Marcum Biragum notarium Mediolanem ad utilitate sui et amicorum suorum. [ff. 4v-5v are blank.]
Statuta Mediolani cum appostillis clarissimi viri, 2 vols., Mediolani: Io. Antonium Castellionaeum impensis Io. Baptistae et fratum de Serono, 1552, vol. 1, folios 1r-159r. [This was first published as *Statuta Mediolani [Parte I]*, Milan, 1498, pp. 1-157. For this and other editions see: Corrado Chelazzi, *Catalogo della raccolta di statuti, consuetudini, leggi, decreti, ordini e privilegi dei comuni delle associazioni e degli enti locali italiani dal medioevo alla fine del secolo XVIII*, volume 4, Firenze: Olschki, 1958, pp. 295-98. The rubric tables refer to the original foliation in the center of the top margin.]

5. *Constitutio contra clericos de 1421*
ff. 109v-110v. 109v: Constitutio quedam olim emanata auctoritate apostolica pertinens ad materiam cridarum que hic apposita est prout etiam registrata est ad offitium statutorum communis Mediolani, ut facilius omnes illius notitiam habeant cuius tenor talis est. In nomine domini. Amen. 1421. Indictione 14 die Jovis 30 mensis Januarii Mandato spectabilis et egregii legum doctoris et sapientum virorum dominorum vicarii et 12 offitio provisionum communis Mediolani fiat crida in hunc modum. Notum sit universis et singulis tam clericis quam laycis quod per reverendissimum in Christo patrem dominum Jacobum de Isolanis miseratione divina sancte Marie nove Sancta Romane ecclesia diaconum cardinalem Mediolani ad presens residentem...: talis et sequitur de verbo ad substantium. [Epistle] Martinus episcopus, servus servorum Dei, dillecto filio Jacobo sancte Marie nove diacono cardinali Mediolani ad presens residenti, salutem et apostolicam benedictionem. Probate devotionis sinceritas quam, dilecti filii, commune civitatis Mediolani... (110r) Nos igitur Jacobus cardinalis commissarius et delegatus predictus qui, ut conveniebat et congruit statuta et ordinationes de quibus apostolice littere predicte fatiun mentionem...: (110v) et pro lege firma et in concusse habebuntur perpetuo tenebuntur. Publicata fuerunt predicta omnia ad scalas pallatii Mediolani die sabati 20 Octobris 1498. Finis.
Statuta Mediolani cum appostillis clarissimi viri, 2 vols. Mediolani: Io. Antonium Castellionaeum impensis Io. Baptistae et fratum de Serono, 1552, vol. 1, ff. 159r-161r. [Originally published in *Statuta mediolani [parte I]*, Milan, 1498, pp. 157-60, see Chelazzi as cited above in item 5. The letter

included in the text is from Pope Martin V to Jacobus de Torso Utinensis, Cardinal deacon of S. Mariae Novae (see Eubel, vol. 2, p. 51).]

6. *Statuta mediolani, 1502 - iuris municipalis*

ff. 111r-161v. 111r: [1] In iurisdictionibus. Rubrica generalis de sapientibus et consilio et aliis accidentibus. De electione dominorum duodecim provixionum [!] et eorum offitio. [P]er serenissimum et christianissimum regem Franchorum, ducem nostrum Mediolani, seu per eius sacrum consilium Mediolani, eligantur xii probi et periti viri...: alii vero habeant solidos octo imperialium pro quolibet. De sacromento dominorum duodecim. Domini duodecim offitio provixionum deputati et per tempora deputandi tempore introitus sui offitii iurare debeant in manibus vicarii offitio provixionum... (111v) Rubrica generalis de potestate et eius curia et offitio... (116r) [cap. 24.] et quolibet eorum. [ff. 116v-121v are blank] (122r) Rubrica generalis de consulibus iustitie Mediolani... (123r) Rubrica generalis de celebratione et veneratione sanctorum... (123v) Rubrica generalis de prohibitis captionibus et molestationibus... (125r) Rubrica generalis de elymosinis et rationem hospitalium [This rubric appears at the bottom of the folio. Folios 125v-131r are blank.] (131v) Rubrica generalis de iurisdictione et offitio communionum ducatus et rectorum suorum...: suspensione non attenta. [2] (133r) Rubrica generalis de locatione et conductione et fictis ac similibus...: (140r) eius locatoris sacromento. [3] Rubrica generalis de decimus... (140v) Rubrica generalis de sociis et socedis ... (141v) Rubrica generalis de redhibitatione animalium... (141v) Rubrica generalis de extraordinariis libri extraordinariorum...: (142v) habenti facere in eis. [chapters 490-493 of the printed edition are missing in the manuscript at this point, but there is no empty space left for the text. The manuscript continues:] De domicello vestito...: (143v) contradictum fuisset. [chapter 500 of the printed edition is missing in the manuscript at this point, but there is no empty space left for the text. The manuscript continues:] Quod dos biennium...: sine solutione. [ff. 144r-146r are blank.] [4] (146v) Rubrica generalis de legibus... (147r) Rubrica generalis de extraordinariis iurisdictionum...: (155r) statutorum communis mediolani observentur. [5] Rubrica generalis de servitutibus...: (158v) ad brachium ligaminis. [6] Rubrica generalis de damno dato et campariis constituendis et eorum offitio...: (161r) iuris solemnitate ommissia. [7] Rubrica generalis de officio et potestate dominorum protectorum seu defensorum carceratorum mediolani et decarcerum custodibus et de satisdatione superstitum carcerum...: et qui per tempora erunt//. [8] (161v) [The top of the folio is left blank, then about one third of way down is:] Quod pro pauca summa non possit fieri capito...: capito sit nulla. [ff. 162r-169r are blank] [9] De fide danda aromatariis de rebus vendendis ad credentiam. Statuitur quod de et super spiciariis...: pro ipsa una vice tantum. [ff. 170r-177v are blank.]

Statuta Mediolani cum appostillis clarissimi viri, 2 vols. Mediolani: Io. Antonium Castellionaeum impensis Io. Baptistae et fratum de Serono, 1552, vol. 2, as follows: [1] This section corresponds to the printed text as follows: ff. 111r-116r are chapters 1- 27, line 4 (edition ff. 1r-9v, line 4); ff. 116v-121v which are blank, were left for the text of chapters 27, line 5 - 53 (edition ff. 17v-23r); ff. 122r-125r contain chapters 54 to the rubric to chapter 71 (edition, ff. 17v-23r); ff. 125v-131r are blank, they were left for the text of chapters 71-93 (edition, ff. 23r-32r); and ff. 131v-133r contain chapters 94-99, (edition, ff. 32r-34v). [2] ff. 133r-140v contain chapters 379-417 (edition ff. 129r-141r). [3] ff. 140r-143v of the manuscript contain chapters 479-489, 494-499 and 501 (edition, ff. 155v-159v, 161v-163r and 163r-163v). [4] ff. 146v-155r of the manuscript contain chapters 171-215 (edition, ff. 54v-70r). [5] ff. 155r-158r in the manuscript contain chapters 332-350 (edition, ff. 115v-120v). [6] ff. 158v-161r of the manuscript contains chapters 365-378 (edition, ff. 124r-128v). [7] f. 161r of the manuscript contains chapters 90-91, line 5 (edition, ff. 49r-49v). [8] f. 161v in the manuscript contains chapter 167 (edition, f. 54v). [9] f. 169v in the manuscript contains chapter 360 (edition, f. 123v). [The text was originally published as *Statuta mediolani [parte II]*, Milan: apud Alexandrum Minutianum, 1502; also see Chelazzi as cited in item 4.]

7. *Praenotatus notariorum*

ff. 178r-180v. [1] 178va: Primatio notariorum: et suspensionis dicitur infra. Christoforus de Melioribus 1491, 19 Aprilis/ Petrus de Castello 1491, 28 Aprilis...: (178vb) Christoforus de Rochis in Gallete (?) 1500 die [rubbed] novembris. D. presbiter Ianobus de Riboldis de Brescia (?) 21 December 1500. [2] (178va) Praenotario suspensionis notariorum. Christoforus de la Serata (?) 1491, 24 december/ Iohannis Steffanus de Zerbis 1498, 21 december. [3] (178vb) Restitutio suspensionis notariorum. Bernardinus de Sabadrius 1493, 23 Januarius...: D. Presbiter Ianobus de Riboldis de Brescia (?) 23 december 1501. [4] (179ra) Abbates et causidicum rotuli notariorum mediolani. 1514. D. Antonius de Scaravaziis...: (179rb) 1526... causidicum D. Iohannis Aquiveri de [rubbed]. [5] (179va) Abbatis rotuli notariorum mediolani. 1503. D. Iohannis Iacobus Rustha...: (179vb) 1515. D. Iohannis Maria de Bexratio (?). 1516 [name crossed out]. [6] (180r) Aritani dicitur rotuli. 1504. Franciscus de Caxero...: 1505... Ambrosius de Lupis. [7] Abbatis rotuli notariotum omni. 1514. D. Maximius de Scharanaziis (?)...: 1516... Iohannis de Robiate. [8] (180va) Praenotariorum et notariorum funditor. 1504. [Rubbed] Castiliono die 21 novembris...: (180vb) 1512... D. Petrus et Petriis de Irssi (?) die 24 Augusti.
[This item consists of various listings of Milanese notaries, as described above, for the years 1491-1526.]

Physical Description: Paper; 32x22 cm; ff. I+180+I; Latin; Diplomatic cursive.
Flyleaf Ir contains pen trials and brief notes including a modern cautionary statement: *Esemplare imperfetto, non essendavi transcrite tutte le rubriche.* According to a note on f. 4r, transcribed above, the rubrics in this manuscript are from an official copy of the statutes in 234 folios that was designated with the signature H. The manuscript was written and illuminated by Johannes Marcus Biragus, see folio 109r. The rubrics are keyed to an earlier foliation of the manuscript which goes from 1-160 on the

modern folios 18-177. There are marginal notes throughout the manuscript. I suspect ff. 4r-110r, containing the civil statutes and its appendix, were written soon after the statutes were promulgated in October of 1498. The copy must have been completed in 1499, for the frontispiece bears that date beside the signature of the scribe/illuminator (see f. 17v described below in Miniatures and f. 109v). The incomplete compilation of the 1502 municipal statutes on ff. 111r-161v was probably added in the early sixteenth century. From the various lists in the front and back of the manuscript, it is clear that this book was used and annotated during the period ca. 1500-1525. The back flyleaf is in poor condition with a hole in it. The recto of the back flyleaf has a partially obliterated note as follows: "L. rubrica est ad officium [hole] et libro sigilium H, in folio 234"; the verso has a brief, badly rubbed note on the top of the folio. There is a watermark on folios 171-172 and 175-177, similar to Piccard *Ochsenkopf Wasserzeichnen*, Findbuch 2, part 3, p. 615, section 12, item 561.

Miniatures: On f. 17v there is a full page color miniature pasted onto the folio. It shows the bust of Saint Ambrose with the initials S. A. Surrounding this is the phrase *Dux Mediolani Rex Ludovicus*. Below it is signed: *1499 Statuta Mediolani Iohannes Marcus Biragus*. Folios 6r-110v contain plain colored initials, three lines high at the start of each rubric and one to three lines high at the beginning of a paragraph. In the incomplete 1502 statutes the only initials are at the beginning of the rubrics.

Provenance: Old signature: E 152 (f. Ir). Former owners listed on flyleaf Ir include: D. Baldassar de Insula de Clavaxio, Melchior de Peletis and 'Dono humanissimi eque ac eruditissimi viri Io. Bidellii Caesari iuris peritissimi' [Giovanni Bidelli].

E 153 Sup. * IX-2 * Northern Italy

1. QUINTILIANUS, MARCUS FABIUS, *Institutionis Oratoriae*
ff. 1r-172r. 1ra: M. Fabi Quintiliani Institutionis oratoriae ad Victorium Marcellum libri VIIII. Libro primo haec continentur. Prohemium. Quemadmodum prima elementa tradenda sint...: An plura eodem tempore doceri prima aetas possit. M. Fabius Quintilianus Trifoni suo salutem. Efflagitasti cottidiano convicio, ut libros, quos ad marcellum meum de institutione oratoria scripseram...: quam inquisitioni operis prope infiniti// [Much of 1rb, and therefore 1va has been torn off, the remainder of the introductory letter is missing and part of the prohemium, sections 1-6, from *Post...cum amicissimum nobis tum eximio* only survives in partial lines.] (1vb)//litterarum amore flagrantem non propter haec modo...: (3ra) exercitatione per se nihil prosunt. [Liber I] Quemadmodem prima elementa tradenda sunt. Igitur nato filio pater spem de illo primum quam optimam capiat...: (171v) longioribus membris brevioribus periodis. Argumenta// [Text stops at liber 9, 4.135 and begins again on the next folio at liber 12,

11.22 and continues to the end of the text.] (172r) //antiquitas ut possit videri nulla sorte nascendi aetas felicior...: (172v) quod magis petimus bonam voluntatem. Finit. Amen. [Below this is an anonymous epigram in a smaller Carolingian script of XI or XII-1] Hinc labor ullus erit mulierem sternere turpem. Mel niveo cum late bibit bacarumque caomedit. Amen. [Followed by a XIV-3 to XV-1 protohumanistic hand] Centum et septuoginta duo folia. [and] Liber Quintiliani de liber eruditione puerorum. Ludwig Radermacher and Vinzenz Buchheit, *M. Fabi Quintiliani, Institutionis Oratoriae Libri XII*, Teubner: Lepizig, 1959. The text is in two columns up through folio 80v, at folio 81r it changes to single column.

2. ANONYMOUS, *Glossarium*

f.172v: Incolum idest auralem, [beginning missing]lum idest cangulum...: [lu]rco idest gluto, [ob]sonia sunt convivia, [g]los gloris uxor fratis// [the final two lines are rubbed and end] //aceris quisquilia delectaturus(?).
[This is a marginal gloss of about 40 lines containing Greek transliterations of Latin terms and definitions for difficult Latin terms. The outer edge of the folio is damaged, so that many of the lines are missing the first few letters. See: Cousin, p. 7 and Ferrari, "Fra i latini scriptores," p. 270 as cited below.]

Physical Description: Parchment; 32x24 cm.; ff. II+172+II; Latin; Carolingian minuscule.
Flyleaf Ir contains current shelf mark, flyleaf IIv and the back two flyleaves are blank. There are some interlinear and marginal glosses and some use of Tironean notes, as on ff. 3v, 4v, 6v, 7r, 11r etc. Rubrics are in rustic capitals.

Provenance: Old signatures: R, P, (f. Iv) and E 153 (f. IIr). There are various ex-libris as follows: on the inside front cover, 'Liber iste reverendissimi domini episcopi Terdonensis et Marcolini fratrum de Barbavariis' [This is Giovanni Barbavara, Bishop of Como 1435-37 and of Tortona 1437-1452 and his younger brother Marcolino Barbavara (died ca. 1455) secretary and ambassador to Filippo Maria Visconti]; and below 'Liber domini Octaviani Barbavarum' [a son of Marcolino] and on f. 172v, 'Iste liber est ordinis fratrum heremitarum mediolani' [Probably the Hermits of Saint Augustine, according to Cousin, rather than the brothers of Saint Jerome as mentioned in a ninteenth century addition to Olgiatus's note on the provenance from f. IIr, as follows:] Hanc codicum ob antiquitatem septingentorum et amplius annorum veneror, et plurimi faciendum duco. Fuit autem [fratrum sancti Hieronymi Mediolani (added in a modern hand)] aliquando familiae Barbavariorum, aliquando Francisci Cicerei, ab eiusque haeredibus una cum multis aliis libris nos emimus. [then below] Felicibus auspiciis Illustrissimi Card. Federici Borrhomaei Mediolani Archipiscopo et Bibliothecae, nec non Scholae Ambrosianae fundatoris Antonius Olgiatus primus eiusdem Bibliothecarius scripsit anno 1604. On the Barbavara ex-libris and other Ambrosiana manuscripts from the family including F 119 Sup. and C 55 Inf., see Leonardi and Ferrari *Manoscritti* below. According to Sabbadini, the manuscript came to Francesco Ciceri from Ottaviano Barbavara.

Bibliography: Emile Chatelain, *Paléolgaphie des classiques latins*, Paris: Librarire Hachette, pp. 1884-1900, plate 174; Jean Cousin, *Recherches sur Quintilien*, Paris: Société d'édition les belles lettres, 1975, pp. 6-9; Mirella Ferrari, "Fra i *latini scriptores* di Pier Candido Decembrio e biblioteche umanistice milanesi: codici di Vitruvio e Quintiliano," in *Vestigia: Studi in onore di Giuseppi Billanovich*, vol. 1, ed., by Rino Avesani *et. al.*, Roma: Edizioni di storia e letteratura, 1984, pp. 266-272.; M. Ferrari, "Manoscritti e cultura" in *Milano e i milanesi prima del mille (VIII-X secolo)*, Atti del 10 congress internazionale di studi sull'alto medioevo, Milano 26-39 Settembre 1983, Spoleto: Centro studi, 1986, p. 265; Claudio Leonardi, "I codici di Marziano Capella" *Aevum: Rassegna di scienze storiche linguistiche e filologiche*, 34 (1960): 82, item 109; Sabbadini, *Spogli Ambr. Lat.*, pp. 348-9; Michael Winterbottom, *M. Fabi Quintiliani Institutionis Oratiae libri duodecim*, 2 vols., Oxford: Clarendon, 1970, introduction pp. v-xv and text; also his *Problems in Quintilian*, Institute of Classical Studies, Bulletin Supplement no. 25, London: University of London, 1970, pp. 5-21.

E 154 Sup. * XV-3 (1477) * Northeastern Italy, Venice

1. CELSUS CORNELIUS, AULUS, *De medicina*

ff. 1r-141r. 1r: Artium Aurelii Cornelii Celsi liber sextus, idem medicinae liber primus. Que ratio medicine potissima sit et quemadmodem sanos agere conveniat. [Prologue] [U]t alimenta sanis corporibus agricultura sic sanitatem egris medicina promittit...: (5v) ad morbos curationes quam eorum pertinebunt. [Chapter 1] Sanis homo, qui et bene valet, et suae spontis...: (141r) quae necesse est facie noxae postea pateat. Finis opus anno gratiae M CCCC LXXVII Venetiis Idus Novembris III.
C. Daremberg, Teubner: Leipzig, 1891. [There is no break between the preface and chapter 1, which begins six lines from the bottom of f. 5v.]

2. QUINTILIANUS FABIUS, MARCUS, *Excerpta ex institutionis oratoriae liber 12 de celsus*

f. 141r: Quintilianus in fine sui libri oratorie artis. Quid plura. Cum etiam Cornelius Celsus mediocri vir ingenio...: ut eum scisse omnia illa credamus.
Ludovicus Radermacher, ed. *M. Fabi Quintiliani Institutionis Oratoriae*, Pars secunda, Teubner: Leipzig, 1935, p. 425, lines 15-20 (book 12, chapter 11, section 24). [This item was added in red ink by the same hand that rubricated the text].

3. ANONYMOUS, *De ponderibus medicinalium*

f. 141r: De ponderibus medicinalibus ex antiquo codice. Drachma tres scrupulos habet./ Drachma pondus est denarii argentei./ Obolus drachmae

pars sexta./ Cyathus drachmae decem./ Acetabulum drachmae quindecim./ Codeare drachma dimidia./ Mna drachmae centum./ Sextarius medicinalis habet untias decem. [f. 141v is blank.]
[This item is in the same hand as the main text. The text is closely based on Gaius Plinius Secundus, (the Elder), *Naturalis historia*, Book 21, chapter 109, section 185, in the edition by Carolus Mayhoff, Leipzig: Teubner, 1892, see vol. 3, p. 439, lines 13 and 15-19. On a variant of this text see: Thorndike-Kibre, column 467, under the incipit *Dragma pondus est denarii argenti qui facit scripula III* as listed in Augusto Beccaria, *I codici di medicina delperiodo presalernitano*, Rome: Edizione di storia e letteratura, 1956, entry 48, item 12 on p. 195, this is Bamberg, Staatliche Bibliothek, Cod. Med. I (L.III.8), f. 23r; another example is in Ernest Wickersheimer, *Les manuscrits latins de médecine du haut moyen age dans les bibliothèques de france*, Paris: Centre National de la Recherche Scientifique, 1966, p. 71 in the description of entry 62, Paris, Bibliothèque Nationale, ms. Lat. 6880, f. 3r.]

Physical Description: Paper; 33 x 18 cm; II+141+V; Latin; Humanistic cursive.
Flyleaves Iv-IIr and back flyleaves Ir-Vr are blank. Some marginal notes. Catchwords. A listing of chapter titles are included at the beginning of each book, starting with book two. On the back flyleaf V there is a watermark close to Piccard, Findbuch 3, Teil 3, *Die Ochsenkopf Wasserzeichen*, p. 733, section 15, item 360.

Miniatures: Simple colored initials, two lines high, throughout the text. Major initials for the beginning of each book were never added.

Provenance: Old signatures: E 154 (f. Ir); and S, P, E 154 (f. IIv). Also 'Fuit ex libris I. V. Plli.' [Gian Vincenzo Pinelli] (f. IIv) On the back flyleaf Vv there are some doodles and the following; '69. 6. Febaro (?), Verona.'

Bibliography: Agrimi, p. 86, item 102; Bazzi, p. 30, item 202; Gabriel, p. 225, item 525; Rivolta, p. 16, item 25; and Sabbadini, *Storia e critica*, p. 224.

INDEXES

E SUPERIOR MANUSCRIPTS EXCLUDED

This listing by shelfmark order indicates all of the non western manuscripts in E Superior excluded from the present catalogue. For catalogues to these manuscripts see: Angelo Paredi, *Storia dell'Ambrosiana*, Milano: Neri Pozza, 1981, pp. 103-114. [English edition translated by Ralph and Constance McInerny.]

E 1 Sup.	Arabic
E 6 Sup.	Greek
E 8 - 11 Sup.	Greek
E 16 Sup.	Greek
E 18 - 20 Sup.	Greek
E 26 Sup.	Greek
E 29 Sup.	Greek
E 32 Sup.	Greek
E 34 - 35 Sup.	Greek
E 37 Sup.	Greek
E 39 - 40 Sup.	Greek
E 46 - 47 Sup.	Greek
E 49 Sup.	Greek
E 61 Sup.	Greek
E 63 - 65 Sup.	Greek
E 76 - 77 Sup.	Greek
E 80 - 82 Sup.	Greek
E 87 - 90 Sup.	Greek
E 91 Sup.	Turkish
E 92 - 94 Sup.	Greek
E 95 - 96 Sup.	Arabic
E 97 - 105 Sup.	Greek
E 107 Sup.	Arabic
E 108 Sup.	Greek
E 111 - 113 Sup.	Greek
E 117 - 119 Sup.	Greek
E 121 Sup.	Hebrew
E 132 Sup.	Greek

INCIPITS FOR E SUPERIOR

The following list includes incipits for all texts, prefaces, glosses, notes and charts described in this volume. All languages are interfiled in alphabetical order with reference to the manuscript and entry number. Entry numbers such as E 115 Sup., entry 1.72 signify the 72nd item in the first entry for the description of E 115 Superior.

A=1413; B=1414; C=1415... E 56 Sup., entry 1.
A. Abbas dicitur habere simplex officium et non dignitatem... E 148 Sup., entry 1.
A. Abbas, no. 4... E 148 Sup., entry 1.
A. Abbas pagina 363, numero nono... E 143 Sup., entry 1.
A. Accusationibus-406... E 143 Sup., entry 1.
A. Aer, folio 139... E 149 Sup., entry 1.
A Christo fuit instituta... E 139 Sup., entry 1.
A cuius aliorumque demonum fulmine liberet nos dominus noster Iesus Christus ... E 146 Sup., entry 30, item 2a.
//a doctorum et dicendi copia ac varietate... E 62 Sup., entry 16.
//a faci eius. Gloria seculorum amen... E 68 Sup., entry 1.2a.
A iusto ordine... E 86 Sup., entry 2.2.
A. Pax. Pax multiplex. 1009.15./1010.5... E 25 Sup., entry 2.
A prima synodo usque ad secundam preteriere anni quadraginta et ultra... E 145 Sup., entry 22.
A quo non equaliter respondent cultui suo quia propter sterilitatem... E 146 Sup., entry 12, item 2a.
A quo tempore homines ceperint obligari ad suscipiendum baptismum... E 137 Sup., entry 1.
A recitatione horarum canonicarum multa causa excusant, quae tamen omnes possunt ad infrascriptas principales reduci... E 136 Sup., entry 1.
Aaron urit decreta vigent lex [erased]... E 85 Sup., entry 8.2.
Aaz, apprehendens vel apprehensio... E 22 Sup., entry 5; E 23 Sup., entry 3; E 33 Sup., entry 2.
Abbas. Abbas in suo monasterio conferre potest suis subditis primam tonsuram... E 27 Sup., entry 1.
Abbas in suo monesterio conferre potest suis subditis primam tonsuram... E 110 Sup., entry 1.
Abdias qui interpretatur servus... E 22 Sup., entry 1.
Abditum: opertum, absconsum, obscurum, obumbratum... E 58 Sup., entry 6.
Absoluto tractatu matrimonii circa eius materiam, formam et impedimenta... E 135 Sup., entry 1.
Abuchaeae, Compendium diversorum canonum et consiliorum cum Photii commentariis... E 60 Sup., entry 8.
Accessit ad aram beati Juliani... E 129 Sup., entry 7.1.
Accessus et recessus solis... E 74 Sup., entry 2.1.
Accusatur Milios de voluntate cedendi et spernendi leges patrie... E 85 Sup., entry 5.
Acolyte inquit graece latine dicuntur ceropheraii... E 60 Sup., entry 20.15
Actos fechos por el magnifico y illustre señor infante don Enrrique general

maestre dela orden dela cavalleria del glorioso apostol santiago... E 123 Sup., entry 1.
Adtioche la deliberatem del mio viagio... E 43 Sup., entry 2.14.
Ad colligendum pasca resurrectionis domini... E 56 Sup., entry 3.2.
Ad dei precores divinos et sanctos apostolos dicit Dominus: Vos estis sal mundi... E 145 Sup., entry 19.
Ad duriciem splenis... E 116 Sup., entry 4.
Ad eandem etiam dixit magister Adam... E 55 Sup., entry 5.3.
Ad hoc ut confessio sacramentalis sit benefacta et perfecta requiritur secundum omnes doctores... E 139 Sup., entry 1.
Ad memoriam eternorum premia tribuenda notabimus devocionem esse mutatam... E 59 Sup., entry 5.
//ad modum qui in pri[n]cipio... E 147 Sup., entry 3.
Ad portam ecclesie tue christe confugio et ad pignora... E 14 Sup., entry 24.
Ad pulsum cordis... E 116 Sup., entry 7.
Ad Thesalonicenses secundam scribit epistulam... E 22 Sup., entry 1.
Ad Thessalonicenses secundam scribit epistulam... E 23 Sup., entry 2; E 33 Sup., entry 1.
Ad tragedie huius Oedippedis argumentum opus est ystorie notione... E 146 Sup., entry 31.5.
Adducemus hoc loco circa varias illas animalium species eo quae habentur levitici xi capite... E 60 Sup., entry 12.
Admonuit me hoc loco evangelii ordo et rei difficultas... E 60 Sup., entry 30.3.
Aeggrediatur [!] igitur ratio conscientiam utpote minus iuste agentem... E 17 Sup., entry 5.
Aeneadum genetrix hominum divumque voluptas... E 125 Sup., entry 1.
Agamenon, rex grecorum excisa Troia... E 146 Sup., entry 31.8.
Age iam precor mearum comes inremota rerum... E 70 Sup., entry 2.
Aggeus festivus et letus... E 22 Sup., entry 1.
Ago tibi gratias pro litteris tuis... E 115 Sup., entry 1.9.
Al cor dogloso el bel succurso ègionto... E 56 Sup., entry 13.4.
Al nome del Patre e del Fiolo e del Spirito sancto, uno Dio. Queste sono le oratione e meditatine [!] di sancto Anselmo... E 54 Sup., entry 12.
Al prior de Ucles a respecto de treynta lanas... E 123 Sup., entry 4.
'almah [Heb.] mirum est quam recentiores Judaei et hi quibus propria malitia oculos... E 60 Sup., entry 28.5.
Alamin praeclara olim Cypri urbs fuit et metropolis... E 83 sup., entry 3.
Albius Tibullus, eques Romanus, insignis forma... E 41 Sup., entry 4.
Alexander in Scintillario poesis dicit Flegeton a flo... E 146 Sup., entry 12, item 2a.
Alexandro tertio papa apostolice sedis residente et archiepiscopo sedenti et Alberto de Rivolta episcopante necnon Federico primo imperator ad orachulum beate marie virginis et beati petri... E 124 Sup., entry 30.
Alfonso d'Este duca di Modena fece un somiglianse matrimonio de il papa... E 133 Sup., entry 1.
Alidipasa... E 48 Sup., entry 3.3.
Alidipasati recepi di 30 alle... E 48 Sup., entry 3.1.
//alienus. Is namque Horatius... E 147 Sup., entry 6.

Aliter dicendum secundum viam Anselmi qui dicit peccatum originale... E 55 Sup., entry 5.1.
Alloquitur Thebanum populum afflectum peste. E 146 Sup., entry 15, item 1a.
Altissimo e beato precussore/ giovani baptista a cui non fu secreta... E 56 Sup., entry 5.8.
Amantissime frater fungeris tu quidem officio... E 115 Sup., entry 1.13.
//amicos parere. Placeat tibi... E 147 Sup., entry 4.
Amo te quia amas me... E 85 Sup., entry 7.4.
Amor animi arbitrio sumitur non ponitur... E 21 Sup., see physical descrition.
Amor ne cossa non se po celare... E 56 Sup., entry 36.
Amos pastor et rusticus... E 22 Sup., entry 1.
Amos propheta et rusticus... E 23 Sup., entry 2.
Amos propheta pastor et rusticus... E 33 Sup., entry 1.
An beata Virgo concepta sit in peccato originali; pro quo, primo praemittit quaedam notanda... E 55 Sup., entry 1.
An qualiscumque amor sive affectio diviciarum - folio 4... E 131 Sup., entry 2.
Andricus postridie ad me venit... E 124 Sup., entry 14.19.
'ani homah gebah gomah werama/ meyusedeth be'abney shesh upazim ... E 60 Sup., entry 32.
Anima christiana anima de grave morte resuscitata... E 54 Sup., entry 15.5.
Anima mea in angustiis est, spiritus meus aestuat... E 17 Sup., entry 2.
Anima mia, anima penosa, anima misera di la misera feminela... E 54 Sup., entry 15.3.
Animadvertenti saepenumero, reverendissime praesul, maiores nostros de unione verbi divini... E 31 Sup., entry 1.
Animadverti, Brute, saepe Catonem avunculum tuum... E 43 Sup., entry 9; E 53 Sup., entry 6.
Animas hominus non esse dicimus ab initio interceteras intellectuales naturas... E 144 Sup., entry 1.
Anime... E 5 Sup., entry 2, item 2.
Anno Christi 578 Longobardi sub rege ipsorum Albuino in Ytaliam primo venerunt... E 38 Sup., entry 4.1.
Anno igitur Domini nostri Iesu Christi, qui est principium, medium et finis omnium rerum, 421... E 38 Sup., entry 2.
Anno secundo Darii regis... E 23 Sup., entry 2; E 33 Sup., entry 1.
//ante fecissent. An exiguum virtutis... E 147 Sup., entry 5.
Antequam aggrediar materiam baptismi novae legis, opere pretium videtur aliquid praemittere de baptismo Joannis... E 137 Sup., entry 1.
Antequam de matrimonio per vim et metum contracto tractemus... E 133 Sup., entry 1.
Antequam de matrimonio tanquam de sacramento tractamus, praemittendum est... E 133 Sup., entry 1.
Antequam de singulis impedimentis impedimentibus matrimonium contrahi vel illud dirimentibus... E 134 Sup., entry 1.
Antiminsia sacramentalem virtutem participantia quas eis largitur dedicatio... E 145 Sup., entry 5.

Apologiam prophete David presenti arripimus stillo scribere... E 14 Sup., entry 7.
Apostolica vox clamat per orbem atque in praecinctu fidei positis... E 120 Sup., entry 6.
Appellant Hebraei os sive faciem peh [Heb.] Arabes aut... E 60 Sup., entry 27.3.
Apud ciliciam anno domini quingentesimo trigesimo octavo, fuit vir quidam nomine Theophilus... E 69 Sup., entry 16.3.
Apud Hebreos liber Iudicum [!]... E 23 Sup., entry 2.
Apud Hebreos liber Iudith... E 22 Sup., entry 1 and E 33 Sup., entry 1.
Aquarius, pisces, aries, taurus, gemini... E 56 Sup., entry 22.
//ar iussu Q. Vatoni Telesphori... E 66 Sup., entry 7.
Arator iste cardinalis subdiaconus fuit sanctae Romanae ecclesiae... E 57 Sup., entry 7.1.
Argonautae iam medium mare Ponticum tenentes tempestate... E 128 Sup., entry 2.7.
Arguit nos peccato negligentie... E 54 Sup., entry 13.
Argumentatio est dicta quasi argutae mentis oratio... E 59 Sup., entry 2.
Argumentum de kalendis et nonis sive idibus... E 74 Sup., entry 3.
Arius dicebat non consubstantialem patri filium et spiritum sanctum... E 145 Sup., entry 17.
Armonicam vero cum differentiam terminorum scilicet externiorum in minorem... E 86 Sup., entry 2.1.
Ars memorie. Locorum multitudo, locorum ordinatio, locorum praemeditatio... E 58 Sup., entry 1.
Ascendens dicitur quilibet punctus celi existens in contactu orizontis... E 114 Sup., entry 2.
Ascolta o fiolla li comandamenti del maystro et inclina le oregie del tuo core... E 78 Sup., entry 1.
Aspectus, convinctio, seperatio... E 71 Sup., entry 1.3.
Atergo domino Johanni de Rosellis sive eius sucessori receptis... ad supplicationem Andrioli dicti de Florentia tenoris ... E 25 Sup., entry 3.2.
Atque ut iam ad rem ipsam quod faustum foelixque sit, aggrediamur... E 60 Sup., entry 34.
Attentio est maxime necessaria in recitatione horarum canonicarum... E 136 Sup., entry 1.
Attentio est una ex circumstantiis principalibus et forsan principalior omnibus aliis... E 136 Sup., entry 1.
Audi, filia derelicta, que perdidisti solatium caritatis... E 14 Sup., entry 10.
Audi, filia, doctrinam pristinam et inclina aurem tuam ad verba mea... E 54 Sup., entry 14.
Audi, filia, et vide et inclina aurem tuam et obliviscere populum tuum... E 72 Sup., entry 2.
Audi, fili mi, ammonitionem, ammonitionem partris tui et inclita aurem tuam... E 120 Sup., entry 8.
Audio te imprimis familiarem esse Dionis... E 83 sup., entry 1.10.
Audistis dilectissimi quanta et quam orrida pravitatis... E 144 Sup., entry 3.4.
Audistis, dillectissimi fratres in Domino, Christum salvatorem nostrum ductum in deserto... E 14 Sup., entry 20.

Audite fratres karissimi et sollicite pertractantes intelligite... E 14 Sup., entry 17.
Audite nunc, qui longe estis et qui prope, qui timetis Dominum... E 14 Sup., entry 9.
Audite, omnes qui estis in populo, et qui neglexistis aliquando, cognoscite... E 14 Sup., entry 12.
Audivi ex archidamo te censere non solum me... E 83 sup., entry 1.2.
Audivi quo nil gratius aures mee audire... E 115 Sup., entry 1.26.
Audivimus, fratres, apostolum dicentem quia *Fundamentum aliud nemo potest ponere* [1Cor 3:11-15]... E 14 Sup., entry 22.
Augustine decus studii columenque Senensis... E 45 Sup., entry 3.
Augustini opera de Alemanya... E 60 Sup., entry 9.
Augustinus ait David Saulem vocat christum Domini postquam recessit... E 144 Sup., entry 5.
Aurelius episcopus dixit, hae sic apud nos se habent iusta... E 145 Sup., entry 9.7.
Autem septem genera prophetiarum: primum est exstasis... E 22 Sup., entry 6.
'avarek lenothen ... E 60 Sup., entry 33.
Ave virgo generans mortis fracto iure... E 69 Sup., entry 7.
Avenga dio che da multi me fosse refferito te contra rasione et debito... E 43 Sup., entry 2.1.
Avenga dio che per lo passato infra... E 43 Sup., entry 2.5.
Aves marinas de quibus Ambrosius in Exameron suo dicit alcion est avis marictima... E 146 Sup., entry 27., item 2a.
Avium lacustrium catalogus cum nominibus hispanicus... E 60 Sup., entry 13.
'ayin [Heb.] oculum vocant Hebrae 'ayin [Heb.] ... E 60 Sup., entry 28.7.

Balsamus et munda cera cum crismatis unda... E 124 Sup., entry 21.
Baptismus Joannis fuit mediummar sacra... E 137 Sup., entry 1.
Baptista de Albertis vir singularis ingenii mihique amicissimus... E 115 Sup., entry 1.107.
Bar Yona' [Heb.] id est filius columbae... E 60 Sup., entry 28.12.
Beato Petro adiuvante, oblatus est huiusmodi codex ab Aratore... E 57 Sup., entry 7.5.
Beatus vir qui non abiit...etc. [*Ps* 1]... E 36 Sup., entry 1.
Beg pagno in çatare... E 15 Sup., entry 4.3.
Bellum mihi significas magno aperatu... E 124 Sup., entry 1.56.
Benché lontan me trovi in altra parte... E 56 Sup., entry 36.
Bene hoc quod ut soles de me in te animo... E 124 Sup., entry 1.38.
Benedicimus deum celi et coram omnibus viventibus confitebimur ei quia fecit nobiscum misericordiam suam... E 68 Sup., entry 1.2c.
Benedicite deum celi quia fecit nobiscum misericordiam suam... E 68 Sup., entry 1.2c.
Benedictus deus et pater domini nostri Yhesu Christi pa[ter] [mi]sericordiarum et deus deus totius consolationis... E 150 Sup., entry 1.4.
Benedictus es domine deus patrum nostrorum et laudabilis insecula... E 68 Sup., entry 1.2c.

Bis sex millenos versus loc carmine scriptos... E 85 Sup., entry 3.2.
Bisogna il cor mondo che vole servire a dio benesara... E 78 Sup., entry 2.2.
Bonorum et honorabilium notitiam opinantes magis alteram altera antequam est... E 71 Sup., entry 12.
Breve ver dedit respectu prioris veris quia in priori etate semper fuerat ver... E 85 Sup., entry 4.
Bucula sum caelo genitoris facta Myronis... E 74 Sup., entry 6.1.

Caeli enarrant... E 68 Sup., entry 1.1.
Caetera quae in evangeliis leguntur haec sunt mamona Matth[eum] 6... E 60 Sup., entry 30.11.
Calculator, folio 5... E 149 Sup., entry 1.
Calculator non dicitur judex nec arbitrator et potest facere calculum parti... E 149 Sup., entry 1.
Calisto et modo declarat quia persona dicitur in tot quot querelas facit... E 146 Sup., entry 3., item 1a.
Canones a sanctis patribus in unaquaque synodo usque nunc editos valere iustum pretavimus... E 145 Sup., entry 8.4.
Canonica instituta et sanctorum patrum exempla sequentes ecclesiarum dei violatorem... E 144 Sup., entries 3.2 and 3.3.
Cantica et encomia quae edidit Selomon propheta, rex Israel, divino afflatus... E 60 Sup., entry 2.
Capricornius, libra, cancer, aries mobili... E 56 Sup., entry 22.
Cari compagni andiamo a l'monumento... E 56 Sup., entry 5.12.
Carissime frater vellem alia ex causa initiam mearum... E 115 Sup., entry 1.53.
Carminis incompti lusus lecture procaces... E 41 Sup., entry 25.
Caro factum est et habitavit in nobis [Jo 1:14], venire desiderat... E 69 Sup., entry 17.
Catholica id est quae non unum sed universos sacros libros interpretatur... E 60 Sup., entry 24.1.
Cavalleros y fieyles ya sabedes como por muchas compaçiones (?) y sinistros inpedimentos a si tienpo... E 123 Sup., entry 1.
Caxilius albo aurisselis frater... E 79 Sup., entry 1.
Cayno fu ben grande tradictore... E 56 Sup., entry 6.22.
Cechus et alatus nudus puer et faretratus... E 85 Sup., entry 8.6.
Ceci parentis. In storie Thebaidos prosecutionem, dum Edippus circa mortem... E 146 Sup., entry 31.3.
Ceci parentis regimen ac fessi unicum... E 146 Sup., entry 8.
Cedere sepe solet nostro sapientia ludo... E 43 Sup., entry 12.
Celebrante monacho sancti Galgani missam, apparuit ei nebula... E 59 Sup., entry 6.
Celebrationes id est missae quae leguntur circa partes [!] Alexandriae et Hierosolymorum... E 145 Sup., entry 19.
Certo il premio deli ellecti e vedere Dio, vivere con Dio, essere con Dio... E 54 Sup., entry 12.
Certo tutta sey bella, O excellentissima caritade... E 54 Sup., entry 8.2.
Cesar in commentariis Galliam tripartiens loca Gallie provintie... E 66 Sup., entry 5.

Ceterum finitem quicquid illud est, quod offere paras... E 69 Sup., entry 10.4c.
Che a l'uom val pocho il pentir doppo il danno... E 141 Sup., entry 1.2.
Che quelle chose, che non fano oltragio... E 141 Sup., entry 1.3.
Che spesso advien, chi receve rampogna... E 141 Sup., entry 1.1.
Christianae fidei religiosam perfectamque doctrinam cum alia... E 17 Sup., entry 8.
Circuibio et immolabo... E 68 Sup., entry 1.2c.
Clarius autem hec scrutari volentibus non inutile erit videre provintiale camere apostolice... E 66 Sup., entry 5.
Clio, Euterpe, Melpomina et Talia... E 56 Sup., entry 6.23.
Cloto colum baiulat, Lachesis net, Antropos ochat... E 85 Sup., entry 7.1.
//Clyo, secunda Euterpe, tertia Erato, quarta Terpsycore... E 114 Sup., entry 8.
Cogitabam aliquid ad te scribere... E 115 Sup., entry 1.12.
Cogitanti michi sepenumero et memoria vetera repetenti... E 127 Sup., entry 1.
Cogitis me, O Paula et Eustochium, ymo caritas Christi me compellit... E 69 Sup., entry 14.
Cognatio generale est nomen. Dividere autem in tres ordines... E 145 Sup., entry 14.
Cognovi et consideravi... E 43 Sup., entry 10.2.
Cogor per singulos scripture... E 22 Sup., entry 1; E 23 Sup., entry 2; E 33 Sup., entry 1.
Collegi ea que pluribus modis dicerentur quo uberior promptiorque... E 58 Sup., entry 6.
Colliguntur a Grecis alia nonnulla... E 127 Sup., entry 1.
Colocenses [!] et hii sicut Laodicenses... E 33 Sup., entry 1.
Colosenses et hii sicut Laodicenses... E 22 Sup., entry 1; E 23 Sup., entry 2.
Come se di ehedificare la casa dela conscientia. Capitulo primo. Dela mondatione de la conscientia... E 109 Sup., entry 5.
Commentaria Theodoreti in prophetas majores... E 60 Sup., entry 9.
Commettitor di scandal, d'uccisioni... E 56 Sup., entry 6.18.
Como desidera il cervo andare ale fonte dele aque... E 54 Sup., entry 3.
Como nui semo sani ed bona vola coci... E 56 Sup., entry 30.
Comparatione Hebraei alius non explicant per yother [Heb.] ut hakam [Heb.] id est magis sapiens ... E 60 Sup., entry 28.20.
Compendiaria quae nil alienum aut superfluum tradit... E 60 Sup., entry 24.2.
Conditur hoc tumulo quem tot lustrare triumphi... E 124 Sup., entry 36.4.
Confessio, ut superius diximus in capite *De Materia*... E 139 Sup., entry 1.
//confessore tuo atque pontifice una cum omnibus sanctis tuis... E 150 Sup., entry 1.1.
Coniugationum autem paradigma sumo verbum qetar [Heb.]... E 60 Sup., entry 34.
Consanguinea, id est hec similitudo que datur de virtute ad amicitiam quia... E 5 Sup., entry 2, item 2.
Conscriptio facta ad eternam rei memoriam edicto domini Ulrici de Valse... E 38 Sup., entry 10.

Consequentur Herchules quam non dum deificatus sit... E 146 Sup., entry 30.1a.
Consideranda est passionum qua nobis accidunt medicina et curatio iuxta divini Ioannis cognomento Ieiunatoris sententia... E 145 Sup., entry 2.
Constitutio requirit publicationem ut quis... E 143 Sup., entry 1.
Consuevere plerique O Nicocles aurum celatum... E 83 sup., entry 2.
Contentum per continente... E 7 Sup., entry 2, item 1.
Contritio est prima pars ex tribus integrantibus sacramentum paenitentiae, sive primus actus... E 139 Sup., entry 1.
Contritio, ut diximus in capite precedi, duplex est, videlicet perfecta et imperfecta... E 139 Sup., entry 1.
Convertimini ad me et ego revertar ad vos [Za 1:3]... E 14 Sup., entry 19.
Corinthi sunt Achaici. Et hii... E 22 Sup., entry 1; E 23 Sup., entry 2; E 33 Sup., entry 1.
Crebra fit in evangeliis publicanorum metio quorum ordo Romae... E 60 Sup., entry 30.8.
Credidit inquit Abraam deo et reputatum est ei ad iusticiam. Propterea etiam nos credimus sanctificari poculorum... E 145 Sup., entry 19.
Credo oblivione esse abs te factum... E 115 Sup., entry 1.21.
Crimine que[!] potui demeruisse meo... E 84 Sup., entry 3.3.
Cum a le pia valle... E 45 Sup., entry 8.2.
Cum ad te litteras meas dare constituissem... E 124 Sup., entry 1.87.
Cum aliquis Judeaus alium visit... E 60 Sup., entry 25.8.
Cum audissem a plerisque multocies interogasse te... E 124 Sup., entry 8.
Cum audissem iamdudum a plurimus quibuscum est mihi frequens consuetudo... E 115 Sup., entry 1.86.
Cum circa utilia studere debeamus, exemplum Salomonis dicentis: *Cogitavi in corde meo* [Ecl. 2:3]... E 25 Sup., entry 2.
Cum considerarem, reverendissime praesul, paschale festum tam sublimis esse misterii... E 31 Sup., entry 2.
Cum coram maistate vestra gloriosissime princips Federice, magister Iohannes Panormitanus phylosophus vester... E 75 Sup., entry 1.
Cum de natura conditionis sit suspendere et facere... E 133 Sup., entry 1.
Cum de numeris per tractare M. Martinez proposuit in medium quaestionem illam difficilem... E 60 Sup., entry 5.
Cum de rebus inusitatis ad te scribo... E 124 Sup., entry 1.63.
Cum de sublimiori atque precipuo rerum effectu... E 51 Sup., entry 4.
Cum defensionum laboribus senatoriisque muneribus aut omnino... E 53 Sup., entry 1.
Cum diu cogitassem... E 43 Sup., entry 16.
Cum diutius mecum ipse cogitarem... E 115 Sup., entry 1.1.
Cum enim in nostro reditu versus Parisiense studium... E 55 Sup., entry 9.
Cum episcopi in suis diocesibus possint in aedificationem... E 140 Sup., entry 1.
Cum essem hodie in secretiori aula summi pontificis... E 115 Sup., entry 1.60; E 124 Sup., entry 4.31.
Cum essem in Albano vitandi aestus pulverisque urbani causa... E 66 Sup., entry 4.
Cum et aurium clementia et optimarum artium studiis prestare te ceteris

sentiam... E 151 Sup., entry 1.
Cum ex omnibus targhumin nobiscum reputaremus quisnam potissimum liber nunc chaldaismo primum imitatis esset... E 60 Sup., entry 36.
Cum existimarem illustris princeps studia litterarum... E 115 Sup., entry 1.113.
Cum hoc sacramentum, ut diximus sicut et alia sacramenta constet materia, forma et ministro... E 138 Sup., entry 1.
Cum igitur vobiscum essem apud Antiochiam... E 51 Sup., entry 1.
Cum in omnibus causis gravioribus, G. Cesar, in initio dicendi... E 62 Sup., entry 12.
Cum in Africam venissem A. Manlio consul ad quartam legionem... E 53 Sup., entry 4.
Cum in asiam venissem tuo... E 43 Sup., entry 2.11.
Cum in hoc ultimo capite de sacramento matrimonii, quod pariter est ultimum inter sacramenta... E 133 Sup., entry 1.
Cum istis diebus in meo ginasio esset... E 43 Sup., entry 2.19.
Cum magister Dominicus pedibus celsitudinis vestre princips gloriosissime domine F. me Pisis duceret presentandum... E 75 Sup., entry 2.
Cum manibus mando, sine manibus omnia tango... E 84 Sup., entry 3.4.
Cum maximis occupationibus nostris tue litere essent... E 124 Sup., entry 1.112.
Cum mea me genetrix gravido gestaret in alvo... E 41 Sup., entries 15 and 19.
Cum oblitus esset Maretano Julianus interrogatus... E 129 Sup., entry 7.1.
Cum obstinans anime... E 15 Sup., entry 1.
Cum omnibus sacramentis tria de eorum substantia sive essentia requirantur, ut sine illis nulla sint... E 137 Sup., entry 1.
Cum omnis commode et perfecte elocutionis preceptio in tres partes... E 58 Sup., entry 7.
Cum omnis eloquenciae doctrinam et omne studiorum genus sapientiae luce praefulgens... E 106 Sup., entry 1.
Cum omnis sacramenta nove legis constent materia, forma et ministro... E 133 Sup., entry 1.
Cum omnium id est iniunxisti mihi rem difficilem per amiciciam et volo et possum... E 5 Sup., entry 2, item 2.
Cum pluribus diebus ad balnea fuissem... E 115 Sup., entry 1.57.
Cum pluribus in rebus factus sum negligentior ac tardior... E 115 Sup., entry 1.105.
Cum primum te vidi Gebennis olim... E 115 Sup., entry 1.52; E 124 Sup., entry 4.27.
Cum sacramenta omnia, ut superius diximus in capite *De sacramentis in genere*... E 138 Sup., entry 1.
Cum sanctissimae nostrae catholicae ecclesiae preceptione non conveniens; qua de re deo auctore Latius dicemus... E 145 Sup., entry 21.
Cum Scipione nostro Ferrariensi quem non solum... E 115 Sup., entry 1.61; E 124 Sup., entry 4.32.
Cum sepe mecum nostrorum maiorum res gestas aliorumque vel populorum vel regum considero... E 126 Sup., entry 1.
Cum sim promptus animorum ad parendum... E 22 Sup., entry 3.1; E 23

Sup., entry 2; E.
Cum studii solertis indagine universarum rerum artificia phylosophia comparvi sedulitate tamen carissimi filii... E 51 Sup., entry 6.
Cum sua gentiles studeant figmenta poetae... E 57 Sup., entry 8.
Cum superioribus annis studiosi lectores lutetiae primus quidem quantum existimo chaldaeam grammaticam profiterer... E 60 Sup., entry 34.
Cum te valde semper amaverim... E 124 Sup., entry 1.144.
Cum tue littere testantur reipublice ad me delate essent... E 124 Sup., entry 1.76.
Cum ut diximus in capite precedenti, materia, forma et minister huius sacramenti... E 133 Sup., entry 1.
Cum vehementer tabellarios expectarem... E 124 Sup., entry 14.26.
Cum vellem aliquid instituto meo... E 115 Sup., entry 1.14.
Cum verbis tecum agere potuissem mi iocundissime pater... E 115 Sup., entry 1.84; E 124 Sup., entry 6.6.
Cum visitassem pridie abbatem monasterii Rosacensis... E 115 Sup., entry 1.5.
Cupis ex me scire qui ad benevivendum prius accedat... E 124 Sup., entry 1.85.
Cupis scire ex me quo in flatu res nostre sint... E 124 Sup., entry 1.39.
Cur Jesus vocetur christus et messias omnes intelligent mashah [Heb.] ... E 60 Sup., entry 30.13.
Cura dicitur eo quam cor urget... E 43 Sup., entry 4.1.
Currite gentes undique et miramini erga nos caritatem dei... E 79 Sup., entry 2.

Da propitius pacem in diebus nostris. ut ope misericordie tue adiuti et a peccato simus semper liberi... E 150 Sup., entry 1.1.
Da puoy che nel libro precedente dele 12 conformitate dil beato Francesco al nostro Signore... E 54 Sup., entry 1.
Dabo operam hispancissimis litteris quo inteligas... E 124 Sup., entry 7.
Dal buono et soprabuono e tutto buono Idio el Re nostro... E 42 Sup., entry 4.
Damnum datum ab inimicis coloni rebet inputari ipsi colono in rebus conductis... E 150 Sup., entry 2.
Dandi sunt principes malignis... E 144 Sup., entry 7.10.
Danielem prophetam iuxta septuaginta... E 22 Sup., entry 1; E 23 Sup., entry 2; E 33 Sup., entry 1.
Dat Galienus opes, dat sanctis Justiniana... E 85 Sup., entry 8.2.
David gloriosus in psalmo sic dicit, *In universam terram* [Ps. 18:5]... E 120 Sup., entry 12.
De carnis concupiscentia beatus Ambrosius Mediolanensis episcopus cuius sacerdotali ministerio lavacrum regenerationis accepi... E 144 Sup., entry 6.
De cefalea glosa i, de dolore in toto capite... E 116 Sup., entry 2.
De, come sofferisti a farti fura... E 56 Sup., entry 14.
De Decimo: Archipresbiter et Dominicus presbiter; Leucate:... E 144 Sup., entry 8.
De diaconorum presb[iter]orum et episcoporum [subole]. Imperator

The[odosiu]s e[t Hono]rius et Archadius... E 144 Sup., entry 4.
De, dite fonte donde nasce amore... E 56 Sup., entry 15.
De eo quod est esse alia quidem longe vite animalium... E 71 Sup., entry 15.
De eo quod oportet secundum ecclesiasticum canonem, eos qui libere et legitime coniuncti fuerent... E 145 Sup., entry 9.5.
De generatione et corruptione et de natura generatorum et corruptorum. Similiter de omnibus... E 71 Sup., entry 6.
De guarda benché sopto spetia d'agno... E 56 Sup., entries 16 and 17.
De his que ad me scripsisti... E 124 Sup., entry 1.52.
De lingua latina vindicanda contra [hole in sheet]. De stylo comparando ex Cicerone in primis confutatis Erasmi rationibus... E 62 Sup., entry 1.2.
De litteris faventinis non rescripsi... E 115 Sup., entry 1.25.
De mulieribus qua menstruo laborant an conveniat eas ita dispositas in Dei domum... E 145 Sup., entry 10.1.
De multa vindicta non prohibenda in novo testamento Hyeronimus de personis dignis ad vindicatam ait... E 144 Sup., entry 3.1.
De partibus orationis brevi compendio ex his potissimum que flectuntur... E 48 Sup., entry 1.
De peccatum est hominis. In ordinatio atque perversio... E 73 Sup., entry 3.1.
De se loqui non... E 43 Sup., entry 10.1.
De sompno autem et vigilia dicendum est quid sint... E 71 Sup., entry 11.
De Tirone mi Marce ita te meumque... E 124 Sup., entry 14.21.
De tribulacione clamemus ad te domine... E 68 Sup., entry 1.1b.
De verbis divinis codex xxxiii continet canonicos libros primo hebraice descriptos... E 60 Sup., entry 24.3.
De Yesu que a Iohanne audisti et didicisti... E 69 Sup., entry 5.3.
De Yhesu Christo sono stata ribella fazendo contra la sua volontade,... E 54 Sup., entry 16.
Decem signa seu miracula facta fuere patribus veteris legis in domo sanctuarii... E 60 Sup., entry 25.1.
Decima tragedia et ultima est de Herchule Oetheo sic dicto ab Oetheo silva... E 146 Sup., entry 28.
Decuit Christianos ob eorum animarum salutem certas personas... E 136 Sup., entry 1.
Decuit constituti certa loca in quibus laudes Deo persolvantur... E 136 Sup., entry 1.
Defensionum quia aliquando pro amicis suis in iudicio procurabet... E 53 Sup., entry 2.1.
Deflenda mihi quia matre mortua Claudius cepit Agrippina... E 146 Sup., entry 27.1a
//deis assertis banno et condemnatione... E 25 Sup., entry 3.3.
Deitas... E 146 Sup., entry 27, item 1b.
Delectatus sum admodum eloquentia tua et dicendi pondus ac suavitatem laudavi in his literis... E 115 Sup., entry 1.68.
Delectatus sum admodum tuis litteris, mi Carole... E 115 Sup., entry 1.116.
Delicie Leoninus ego dominique domusque... E 124 Sup., entry 15.1.
Dererminavit sancta synodus ut si aliqui ex Italia clerici vel laici... E 145

Sup., entry 8.8.
Desiderii mei desideratas accepi epistulas... E 23 Sup., entry 2.
Desiderii mei desideratas accepi litteras... E 22 Sup., entry 1; E 33 Sup., entry 1.
Designatio seu dispositio facta ab Imperatore Leone, cognomento Sapiente... E 145 Sup., entry 15.
Determinarunt sancti patres qui in Constantinopli convenerunt... E 145 Sup., entry 8.2.
Deus dea deabus dicimus, divus diva divabus non dicimus... E 126 Sup., entry 1.
Deus dominus quam... E 60 Sup., entry 1.
Deus, in adjutorium [meum intende]... E 69 Sup., entry 1.
Deus in nomine tuo salvem me fac et in virtute... E 68 Sup., entry 1.1.
Deus me parvulum ab errore eximat et ipsius lumine... E 116 Sup., entry 2.
Deus omnipotens custodiat regum nostrum ad gloriam credentium et confirmet regnum suum... E 51 Sup., entry 1.
Deus pater, quando misit filium suum in terras... E 14 Sup., entry 11.
Deus per Moysen populo Israel... E 22 Sup., entry 1; E 23 Sup., entry 2; E 33 Sup., entry 1.
Deus, qui de Beate Marie Virginis utero, verbum tuum, angelo nuntiante, carnem suscipere voluisti.. E 69 Sup., entry 1.
Deus qui de vivis lapidibus tibi condis habitaculum... E 144 Sup., entries 7.2 and 7.3.
Deus, rex ante secula, operatus est salutem in medio terre in utero videlicet virginis marie... E 69 Sup., entry 10.4a.
Deus usque de vis suis camavit Dominus suis meis ama... E 144 Sup., entry 7.1.
Dic michi quid feci nisi non sapienter amavi... E 84 Sup., entry 3.1.
Dici non potest, dilectissime fili laurenti,... E 72 Sup., entry 1.
Dici solet, amplissime pater et domine, illud esse munus prae ceteris acceptum... E 57 Sup., entry 9.
Dicimus quod in anima Virginis gloriosae gratia sanctificationis pervenit... E 55 Sup., entry 2.
Dicit magister B [rubbed]... E 59 Sup., entry 1.2.
Dicit tibi Creator hominis: Quid est quod te permovet... E 55 Sup., entry 6.
Dicitur: Qui nolo elatos et scientiam mundi... E 59 Sup., entry 7.
Dictum est mihi dixisse te nuper... E 115 Sup., entry 1.31; E 124 Sup., entry 4.5.
Dicturi de singulis viciis incipiemus a vicio gule... E 25 Sup., entry 1.
Dies et multum magnos et theologos... E 60 Sup., entry 30.7.
Diffusa est gratia... E 68 Sup., entry 1.1.
Dignitate vel potentia regali... E 146 Sup., entry 18.1b.
Dii coniugales tuque genialis thori... E 146 Sup., entry 20.
Dilecte fili, dilige lacrimas, noli differre eas... E 17 Sup., entry 3.
Disperarem nisi rempublicam semper pluris feci... E 124 Sup., entry 1.121.
Diuturni silentii, patres conscripti, quo eram his temporibus usus... E 53 Sup., entry 5; E 62 Sup., entry 3.
Diversa admodum est apud Graecos et Hebraeos sacrorum librorum inscriptio Hebraei... E 60 Sup., entry 6.

Divinus quidem pater et propheta David interrogata patrem tuum... E 145 Sup., entry 19.
Divitias alius fulvo sibi congerat auro... E 41 Sup., entry 3.
Dixit Abraam Judeus in libro de effectibus planetarum... E 114 Sup., entry 3.
Dixit apostolus ad Ephesios capitulo vi, *Induite vos armaturam* [Eph 6:11]... E 17 Sup., entry 6.
Dixit Elias Levites Germanus: testando contestatus sum in principio libri electi... E 60 Sup., entry 32.
Dixit mihi presbiter Johannes de Palma utriusque nostrum amantissimus... E 124 Sup., entry 11.
Dixit Selomoli propheta, benedictum nomen domine... E 60 Sup., entry 2.
Doleo mi Guarrine imponi mihi... E 115 Sup., entry 1.8.
Doleo pater optime hanc tuam expeditionem germanicam... E 115 Sup., entry 1.51; E 124 Sup., entry 4.26.
Domine audivi famam potentiae tuae, timui domine, magnifica opera tua... E 60 Sup., entry 1.
Domine Deus meus, da cordi meo te desiderare... E 2 Sup., entry 2.
Domine Deus omnipotens patrum nostrorum... E 23 Sup., entry 2; E 33 Sup., entry 1.
Domine Deus patrum nostrorum omnipotens... E 22 Sup., entry 1.
Domine domino noster... E 129 Sup., entry 7.1.
Domine Iesu Christe qui dixisti apostolis tuis, *Petite et accipietis* [Jo 16:24]... E 55 Sup., entry 12.
Domine Iesu Christe qui manus tuas sanctas in cruce configi... E 144 Sup., entries 7.11 and 7.12.
Domine in tua misericordia speravi exultavit cor meum... E 68 Sup., entry 1.2c.
//domine patres in dico... E 131 Sup., entry 1.4.
Domine quid [Ps. 3]... E 129 Sup., entry 7.1.
Domini duodecim offitio provixionum deputati et per tempora deputandi... E 152 Sup., entry 6.
Dominica mattina il papa... E 142 Sup., entry 1.
Dominica prima ad adventum. Epistola ad Romanos xiii, *Hoc scientes quia hora est* [Rm 13:11]... E 22 Sup., entry 9.
Domino suo excellentissimo et in culto christiane religionisstrenuissimo Guidoni verre de Valentia Tripoli... E 51 Sup., entry 1.
Dominus Deus meus ostendat mihi viam bonam... E 60 Sup., entry 32.
Dominus fiat Bonacursius olim abbas... E 128 Sup., entry 1.
Dompna legiadra quando... E 56 Sup., entry 38.
Domus haec in qua habitamus ex omni parte sui ruinam nobis minatur... E 120 Sup., entry 13.
Donec erunt ignes arcusque Cupidinis arma... E 41 Sup., entry 6.
Drachma pondus est denarii argentei... E 154 Sup., entry 3.
Drachma tres scrupulos habet... E 154 Sup., entry 3.
Ducentes Charitas [!] vivam de marmore formam... E 41 Sup., entry 21.
Dulcis amor pariet laudumque imansa cupido... E 43 Sup., entry 16.
Dulcissime domine Yhesu Christe, verus deus, qui de sinu patris... E 56 Sup., entry 9.

Dum mecum ipse sepenumero memoria repeto, colendissime pater... E 17 Sup., entry 8.
Dum sacris mentem placet exercere loquelis... E 70 Sup., entry 1.
Duorum Hercules qui idem cognomentum adepti sunt... E 128 Sup., entry 2.5.
Duplex erat dogmatum genus apud Hebraeos quorum alterum torah shebketav [Heb.]... E 60 Sup., entry 7.
Duplex est operatio. Una rerum quando... E 58 Sup., entry 1.

E barattieri ne la bollente pece... E 56 Sup., entry 6.14.
E frodulenti consiglier sepulti... E 56 Sup., entry 6.17.
E non descendo ello dal Padre deli lumy... E 54 Sup., entry 10.
E'parra forse a molti che io vada dietro a chose troppo antiche... E 130 Sup., entry 1.
Ea demum magna voluptas est, Crispe Salusti... E 62 Sup., entry 5.
Ea quae offeruntur in sacrificii postea quae consumuntur in mysteriorum usum... E 145 Sup., entry 10.12.
Ea que sunt hominis propter nos suscepit... E 43 Sup., entry 1.
Ecce Canis grandis rugiens sub milite multo... E 38 Sup., entry 7.
Ecce iterum atque iterum mordet me rana Senensis... E 45 Sup., entry 7.
Ecce qui Christi decoravit aulam summus interpres fideique doctor... E 21 Sup., entry 1.
Ecclesiis Ebreorum dicit Paulus de eminentia... E 22 Sup., entry 1.
Ecquid ubi [!] aspecta est studiosae littera dextrae... E 41 Sup., entry 14.
Effectus baptismi aquae multi sint. Primus est collatio gratiae... E 137 Sup., entry 1.
Effectus sive fructus huius sacramenti sunt plures et suavissimi... E 138 Sup., entry 1.
Efflagitasti cottidiano convicio, ut libros, quos ad marcellum... E 153 Sup., entry 1.
Ego, cum sim pulvis et cinis, loquar ad Dominum meum... E 55 Sup., entry 8.
Ego de tuo in parentes ac omnes necessarios... E 124 Sup., entry 1.130.
Ego dominus Anselmus de Vaierano... E 124 Sup., entry 31.
Ego Juno... E 146 Sup., entry 3.1b.
Ego murus, sublimis statura et alius... E 60 Sup., entry 32.
Ego sum qui sum...E 84 Sup., entry 3.2.
Ego tam longa vobis opera assiduitateque impensa... E 83 sup., entry 1.1.
Ego te omni caritate ac benevolentia prosequar... E 124 Sup., entry 1.114.
Ego vero cupio te ad me venire... E 124 Sup., entry 14.17.
Egypta ad me venit prid. id. aprilis... E 124 Sup., entry 14.18.
El più profondo che l'inferno abyssa... E 56 Sup., entry 6.21.
El grave carco de la soma trista... E 56 Sup., entry 13.2.
Elegia quoque Grecos provocamus... E 41 Sup., entry 7.
Elimelech peregrinatur in terram Moabitidem... E 22 Sup., entry 1.
Emitte spiritum tuum... E 68 Sup., entry 1.2a.
En la santa ley de nuestro señor dios es mandado... E 123 Sup., entry 3.
En la muy noble abdad de toledo domingo dia siguiente... E 123 Sup., entry 1.

Eo die quo Romulus trabea inductus est... E 44 Sup., entry 4.1.
Eo res mee perducte sunt... E 124 Sup., entry 1.152.
Eos vero qui res magicas vel veneficia... E 145 Sup., entry 2.
Ephesi sunt Asiani. Hii... E 22 Sup., entry 1; E 23 Sup., entry 2; E 33 Sup., entry 1.
Episcopus creatur ab episcopis duobus... E 145 Sup., entry 7.
Epistolam tuam plenam novarumrerum accepi... E 124 Sup., entry 1.60.
Erano le porti del tenpo di Giano in Roma... E 130 Sup., entry 2.
Errat credens illud *Scio hominem* [2 Cor. 12:2]... E 60 Sup., entry 22.
Essendo questi di nel mio studio... E 43 Sup., entry 2.18.
Essendo venuto in asia datua... E 43 Sup., entry 2.10.
//essent funera quam regis imperia... E 14 Sup., entry 4.
est. li. ari./ .scor. tau./ .sa genu. l... E 71 Sup., entry 1.1.
Est Marci Tullii in secundo *De oratore* libro... E 115 Sup., entry 1.2.
Est mihi frequens ac iocunda consuetudo... E 115 Sup., entry 1.73.
Est notandum quanvis in alio prologo... E 15 Sup., entry 3.5.
Est quidem lex vera recta ratio nature congruens... E 53 Sup., entry 3.
Est tibi, Ruffili, pes claudus, clauda fidesque... E 41 Sup., entry 12.
Est tibi, Saturne, domus Aegocerontis... E 12 Sup., entry 2.2.
Et aliis verbis qui non... E 43 Sup., entry 1.
Et arguo quod non et primo auctoritate Augustini libro de natura et gratia... E 55 Sup., entry 7.
Et consuetudo et decorum exigit a nobis ut omnem diem dominicam honoremus... E 145 Sup., entry 10.12.
Et ego infelix peccator confiteor deo omnipotenti... E 129 Sup., entry 2.
Et epistolam tuam legi libenter et librum... E 124 Sup., entry 14.5.
Et factum est in mense casleu... E 23 Sup., entry 2.
Et factum est postquam in captivitatem... E 22 Sup., entry 1; E 33 Sup., entry 1.
Et fecit Iosias pascha in Ierosolimis... E 22 Sup., entry 1; E 23 Sup., entry 2; E 33 Sup., entry 1.
Et hoc tuum beneficium mihi iocundissimum sunt... E 43 Sup., entry 2.13.
Et ideo, sancta veneranda atque immaculata Virgo ... E 69 Sup., entry 3.1.
Et introibo ad altare dei... E 129 Sup., entry 2.
Et io adcidia so'[tanto da nulla]... E 56 Sup., entry 40.7.
Et io invidia quando alcun resguardo... E 56 Sup., entry 40.6.
Et iure et merito coram praetorem citaris... E 45 Sup., entry 6.
//et meditatus est inania adversus Julianum ... E 129 Sup., entry 7.1.
Et quae parasti cuius erunt//... E 67 Sup., entry 3.1.
Et quando uberior vitiorum copia... E 7 Sup., entry 4.4.
Et quare hoc dicit subdit... E 146 Sup., entry 30.2a.
Et quia fuere qui cognovere amicos et quidam inimicos... E 15 Sup., entry 2.1.
Et quia dixit gurtham vite... E 15 Sup., entry 5.1
//et quod est paucum movetur velociter... E 71 Sup., entry 10.
Et religionem probo et te maxime amo... E 124 Sup., entry 1.90.
Et si a multis mihi delectum [!] esset te contra omne ius ac debitam... E 43 Sup., entry 2.2.
Et si attenuas nihil acciderunt quo meus amorem cum aliqua... E 43 Sup.,

59 Sup., entry 1.1.
Explicatur doctrina sacerdotibus necquam ad erubiendam... E 60 Sup., entry 23.
Exstat statutum Florentie in secundo volumine in primo statuto... E 150 Sup., entry 4.
Extat [!] apud Mattheum: Christi dictum paroimiodes... E 60 Sup., entry 30.9.
Exurge domine adiuva nos et libera nos propter nomen tuum... E 68 Sup., entry 1.1b.
Ezechiel propheta cum Ioachim... E 23 Sup., entry 2; E 33 Sup., entry 1.
Ezechiel propheta cum Ioachym... E 22 Sup., entry 1.

Facies Arietis... E 58 Sup., entry 4.
Facile omnia contempnit qui se moriturum putat... E 7 Sup., entry 4.5.
Facit orationem ad ipsum Herchulem... E 146 Sup., entry 30.1a.
Factus est sermo prophetiae domino cum iona filo... E 60 Sup., entry 36.
Falso id est falsa est illa querimonia... E 15 Sup., entry 5.1.
Falso queritur de natura sua genus humanum... E 15 Sup., entry 4.
Fanciulli, savii, gattivi, carnali... E 56 Sup., entry 6.25.
Fatis agimur, cedite fatis... E 85 Sup., entry 6.
Favente domino Laudam aplicui ac incolimus... E 124 Sup., entry 27.
Feora Minois regis filia Cretensis... E 146 Sup., entry 31.4.
Ferunt quippe illustrem indole iuvenem Landulfum e Narbona... E 38 Sup., entry 12.
Festis dies Judaeorum aut erant in dicti à lege, aut a synagoga... E 60 Sup., entry 10.
Fidelis homo, electus homo est; electus homo, homo dei est... E 72 Sup., entry 10.
Fidutiam habemus in deo nostro loqui... E 150 Sup., entry 1.4.
Figura solis... E 58 Sup., entry 4.
Filios... E 146 Sup., entry 6.2b.
Finalis causa est honestas... E 15 Sup., entry 3.3.
Finem amici... E 7 Sup., entry 2, item 2.
Finis huius epistole triplex est opinio quarum prima est talus... E 84 Sup., entry 2.
Finito libro Hester alfabetum... E 23 Sup., entry 2.
Fiorenza e prossimi del alto regio... E 56 Sup., entry 39.
Firmiter credimus et nullatenus dubitamus amorem... E 55 Sup., entry 12.
Fontis margo maris litus sed ripa fluenti... E 85 Sup., entry 8.5.
Forma baptismi apud Latinos hac est... E 137 Sup., entry 1.
Forma baptismi apud Latinos qua sit... E 137 Sup., entry 1.
Fortuna c'ogni ben mondan remuti... E 56 Sup., entry 20.
Fortuna cum sane dicimus... E 85 Sup., entry 7.2.
Francisci memores sint haec sua scripta legentes... E 17 Sup., entry 8.
Franciscus senior, avus tuus, cuius ut extant... E 13 Sup., entry 1.
Franciscus noster Ferrariensis vir doctus ac perhumanus... E 115 Sup., entry 1.76.
Fratello mio carissimo tu me domandi cossa la qualle per neguno tempo... E 109 Sup., entry 6.

Frater Ambrosius michi tua munuscula perferens... E 22 Sup., entry 1; E 23 Sup., entry 2; E 33 Sup., entry 1.
Frater amantissime hanc epistolam... E 115 Sup., entry 1.11.
Fratri et filio karissimo in Christo Petro, Bernardus peccator... E 120 Sup., entry 18.
Frequentissimum est in evangelio hoc vocabulum... E 60 Sup., entry 30.6.
//frui iustem est. Theodorus Episcopus... E 147 Sup., entry 1.
Fuere mihi his diebus Paulo superioribus mi... E 124 Sup., entry 25.
Fuit in Egypto vir ditissimus nomine Syrophanes... E 128 Sup., entry 4.
Fuit in terra quidem habitasse Iob... E 23 Sup., entry 2.

Gaii Victurii consiliis maxime utor... E 124 Sup., entry 1.78.
Gaium Lucium donatum esse a nostra republica egregia dignitate... E 124 Sup., entry 1.68.
Galathe sunt Greci. Hi verbum veritatis...E 22 Sup., entry 1.
Galathe sunt Greci. Hii verbum veritatis... E 23 Sup., entry 2; E 33 Sup., entry 1.
Gamel, gamelus, camelus... E 60 Sup., entry 11.
Garon [Heb.] vocant hebraei gutur a verbo garar [Heb.] id est divisit... E 60 Sup., entry 28.1.
Garrula cantat avis, dum ventilat aura suavis... E 59 Sup., entry 12.
Gaspar fert mirram, tus Marchior, Barcasar aurum... E 84 Sup., entry 3.6.
Gaude igitur, Virgo immaculata et electa ab altissimo... E 69 Sup., entry 3.2.
Gaudeo plurimum ac lector in ea te sententia esse... E 124 Sup., entry 1.1.
Gaudeo mi Borni doctrina atque eloquentia tua in diem magis... E 115 Sup., entry 1.93; E 124 Sup., entry 6.5.
Gaudeo medius fidius tum reipublice causa tum etiam tua... E 124 Sup., entry 1.124.
Gavia alba et cinerea... E 60 Sup., entry 13.
Genesis: Augustinus; Hieronymus; Beda... E 120 Sup., entry 21.
Gentem Carrigeram gestarum rerum gloria virtute opibusque... E 38 Sup., entry 12.
Giovanni a Giovanni, rallegrare... E 42 Sup., entry 3.
Gl'eretici per arche son sepolti... E 56 Sup., entry 6.7.
Gli amanti morti per carnale amore... E 56 Sup., entry 6.3.
Gloria et honore tuum Julianum martirem... E 129 Sup., entry 7.1.
Gloriosa maria mater domini nostri iesu christi nata est patre nazareno nomine ioachim... E 72 Sup., entry 6.
Gloriosissimi Christianae fidei athlete, sancte matris ecclesie lapidis angularis... E 21 Sup., entry 5.
Golosi innudi per terra giacenti... E 56 Sup., entry 6.4.
Gorgonas autem in procedentibus temporibus auctas iterum... E 128 Sup., entry 2.3.
Gorrion hispana lingua passerem significat... E 60 Sup., entry 38.
Gracie Dei innisus auxilio prius investigabo quid sit originale peccatum... E 55 Sup., entry 8.
Gratulor illud tibi ex sententia obtimatum... E 124 Sup., entry 1.29.
Gratulor Oetaliam titluis accedere nostris... E 84 Sup., entry 1.9.
Gravem dolorem suscepi prout equum erat... E 115 Sup., entry 1.94.

Graviter et iniquo animo maledicta tua paterer... E 62 Sup., entry 4.
Guardati, anima mya, che tu non sii ingrata... E 54 Sup., entry 9.3.
Gulgotha'[Heb.] mons Calvariae in quo dominus noster Jesus per spiritum emisit... E 60 Sup., entry 28.10.

Habebat currum quem ducebant duo serpentes per incantationem... E 146 Sup., entry 21.1a.
Habeo tibi gratias et magnas quidem quod me liberasti... E 124 Sup., entry 1.42.
Habeo tibi immortales gratias si ea que ad te scribo... E 124 Sup., entry 1.99.
Habet glossa quod praeceptum de confessione vocali non obligat Graecos... E 60 Sup., entry 20.
Hac iaceo gleba latui queconque tenebat... E 124 Sup., entry 36.3.
Haec est ergo conscientia in qua perpetuo anima mansura est... E 120 Sup., entry 13.
Haec oratio dicta est in spiritu prophetico... E 60 Sup., entry 1.
Haec precipue de Italica dicta collecta reperiuntur... E 124 Sup., entry 38.
Hanc tibi Priamides mitto Letea salutem... E 84 Sup., entry 1.16.
Hanc tua Penelope lento tibi mittit Ulixes... E 84 Sup., entry 1.1.
Haqadmah. 'amar 'elihu ... E 60 Sup., entry 32.
Haqel dema [Heb.] id est ager sanguinis... E 60 Sup., entry 28.11.
Hebraei tamen duo tempore sint. Praeteritum et futum [!]... E 60 Sup., entry 28.18.
Hebrei hunc dicunt esse... E 23 Sup., entry 2; E 33 Sup., entry 1.
Hebrei hunc esse dicunt... E 22 Sup., entry 1.
Hec agustini ex sacris epigramata dictis... E 70 Sup., entry 1.
Hec dies nobis inclita luce pollet gratissima quod Julianum martyrem summe locavit... E 129 Sup., entry 7.5.
Hec est mater misericordie que deficiente vino dixit... E 69 Sup., entry 10.4b.
Hec est oratio facit beatus Agustinus [!] quam quicumque per triginta dies devote... E 56 Sup., entry 9.
Hec igitur memoria duplex est, nam quedam est naturalis, quedam artificialis... E 57 Sup., entry 2.
Hec sunt provisiones statute et ordinamenta... E 38 Sup., entry 8.
Hec sunt statuta et ordinamenta domini de Valse et communis Padue... E 38 Sup., entry 6.
Heli [Heb.] id est Kohi [Heb.] Fortitudo mea... E 60 Sup., entry 1.
Herchules, rex Thebarum, uir iustus et sanctus apud gentiles habitus... E 146 Sup., entry 31.1.
Herchules Thebarum rex, dimisso Creonte socero... E 146 Sup., entry 1.
Herculem mythologi referunt cum Iove genitum... E 128 Sup., entry 2.8.
Herculem qui montana Indorum incolunt... E 128 Sup., entry 2.1.
Heri cum revertissem ex Florentia vir doctissimus Aurispa... E 115 Sup., entry 1.101.
Heu heu mondi vita quare me delectas ita... E 129 Sup., entry 5.
Hic Amos propheta non fuit pater Ysaie... E 22 Sup., entry 1; E 23 Sup., entry 2; E 33 Sup., entry 1.

Hic appellat Fulco... E 43 Sup., entry 13.1.
Hic dux doctorum iacet et flos presbyterorum... E 21 Sup., entry 3.
Hic est Iohannes evangelista... E 22 Sup., entry 1; E 23 Sup., entry 2; E 33 Sup., entry 1.
Hic ponit qualiter divisit tempus quod semper erat... E 85 Sup., entry 5.
Hic tibi virgo sacram fixisti in secula sedem... E 124 Sup., entry 23.
Hic videatur quod in baptismo non debeat esse aliquis qui baptizatum de sacro fonte levet... E 137 Sup., entry 1.
Hieronimum de Bardis dilexi semper ut filium... E 115 Sup., entry 1.62.
Hinc labor ullus erit mulierem sternere turpem... E 153 Sup., entry 1.
Hinc procul, O fures, avidas avertite manus... E 67 Sup., entry 3.3.
His lectis determinavit sancta synodus ut nemini liceat aliam fidem afferre... E 145 Sup., entry 8.3b.
His qui sortiti sunt sacerdotalem dignitatem testimonia... E 145 Sup., entry 8.6.
Hoc est duodecimum laborum quos sustulisti maius... E 146 Sup., entry 3.1a
Hoc est quando homo committit peccatum et vadit ad sacerdotem... E 14 Sup., entry 19.
Hoc inter se differunt, quod tehinah [Heb.] sit meditatio cordis... E 60 Sup., entry 28.19.
Hoc ita posui ut videas me... E 115 Sup., entry 1.23.
Hoc sacramentum constat materia, forma et ministro... E 139 Sup., entry 1.
Hoc sacramentum, sicut etiam de reliquis diximus, constat ex materia, forma et ministro... E 139 Sup., entry 1.
Hodie gloriosissimus matyr Julianus angelicis... E 129 Sup., entry 7.2.
Hodie preciosissimus matyr... E 129 Sup., entry 7.2.
Holah id est holacaustum totum incensum et crematum excepta pelle... E 60 Sup., entry 18.
Holalim [Heb.] id est scurrae suae derrisores... E 60 Sup., entry 25.3.
Holdefonsus, archiepiscopus Toletane urbis, dulce volumen... E 69 Sup., entry 6.
Hommer maxima Hebraeorum mensura, non est eadem cum Gomor... E 60 Sup., entry 15.
Horae canonicae debent integre recitari et integre non interrumpti... E 136 Sup., entry 1.
Horae canonicae recitandae sunt cum attentione et devotione... E 136 Sup., entry 1.
Hospita, Demophon tua te Rodopeia Phillis... E 84 Sup., entry 1.2.
Huic praefatio in nostrae eam coronidem... E 60 Sup., entry 30.14.
Huius proemii materia est gloria... E 15 Sup., entry 3.2.
Humanissime predens tecum egerint non tam fortune... E 124 Sup., entry 1.66.
Humano capiti cervicem pictor equinam... E 30 Sup., entry 1; E 52 Sup., entry 4.
Humilitatis testimonia sunt iniquitatem suam... E 120 Sup., entry 13.
Hunc mundum typice labyrinthus denotat iste... E 85 Sup., entry 3.3.

I ladri son puniti da serpenti... E 56 Sup., entry 6.16.

I Venetum pomposa cohors i victa superbum... E 124 Sup., entry 29.
Iacob patriarcha fratrem habuit... E 22 Sup., entry 1; E 23 Sup., entry 2; E 33 Sup., entry 1.
Iam nocte pulsa dubius efulsit dies... E 146 Sup., entry 14.
Iam quia quadragesimale tempus adventum Domini celebrare cepistis... E 14 Sup., entry 21.
Iam tandem gaudeo te factum esse christianum relicta... E 115 Sup., entry 1.36; E 124 Sup., entry 4.10.
Iam te, mater misericordie per ipsum sincerissimum tue mentis affectum... E 69 Sup., entry 10.2c.
Iam vaga celo sidera fulgens... E 146 Sup., entry 26.
Ianuarii .11. aquarius... E 12 Sup., entry 2.3.
Ianuarius. M. die 1, hora 5 punta 1005. / A. die 2, hora 19 punta 676... E 56 Sup., entry 2.
Ibis Liburnis inter alta navium... E 52 Sup., entry 3.
Id agas, ne quis tuo te merito oderit... E 83 sup., entry 3.
Id est citius... E 146 Sup., entry 27, item 2b.
Id est compulit [!]... E 7 Sup., entry 2, item 2.
Id est conviniis et quasi abhorrens convivium... E 146 Sup., entry 24.2a
Id est deos... E 146 Sup., entry 12, item 2b.
Id est deos quorum voluntate mutantur humana... E 146 Sup., entry 18.1a.
Id est dignum miseratione... E 15 Sup., entry 2.2.
Id est expectat... E 146 Sup., entry 3, item 2b.
Id est facias innocentes destruendo hinc crudeles et vitiis monstruosos... E 146 Sup., entry 3, item 2a.
Id est facilia... E 15 Sup., entry 5.2.
Id est honeribus... E 53 Sup., entry 2.2.
Id est immedium corpus civitatis... E 146 Sup., entry 3, item 1b.
Id est inpromptu... E 146 Sup., entry 6, item 2b.
Id est mensis... E 44 Sup., entry 4.2.
Id est nostros... E 146 Sup., entry 18, item 2b.
Id est potissimum cum aliquis honorem et dignitatum et aliorum rerum satietatem... E 43 Sup., entry 4.1.
Id est que iuste debentur defunctis... E 146 Sup., entry 21, item 2a.
Id est Romanum... E 74 Sup., entry 2.2.
Id est vocat... E 146 Sup., entry 18, item 2b.
Idem vero cleophas habebat fratrem ioseph... E 72 Sup., entry 7.
Idibus februariis redite sunt mihi litere tue... E 124 Sup., entry 1.62.
Ieremias propheta cui hic prologus... E 22 Sup., entry 1; E 23 Sup., entry 2; E 33 Sup., entry 1.
Ieremias propheta ob causam... E 22 Sup., entry 1; E 23 Sup., entry 2; E 33 Sup., entry 1.
Iesu clementissime, qui nimia devictus caritate et misericordia innumeras pro nostra salute... E 69 Sup., entry 24.
Iesu redemptione nostra, amore e desiderio nostro, Dio di Dio... E 54 Sup., entry 11.
Igitur beata et gloriosa semper virgo maria ex regia stirpe... E 72 Sup., entry 5.
Igitur hunc nostrum Iscocratem in quo nihil esse conspicies... E 83 sup.,

Sup., entry 1.
In casa necessitatibus quilibet potest absque solemnitatibus baptizare eo modo quo dictum est supra... E 137 Sup., entry 1.
In christo suo fratri N. frater eius Bernardus in domino. Qualicunque veteri iam exuto Christo... E 120 Sup., entry 15.
In controversiis causarum corporales inimicitie oriuntur... E 152 Sup., entry 4.
In dandis accipiendisque muneribus ita recte officia inter eos precipue... E 86 Sup., entry 1.
In domino confido... E 129 Sup., entry 7.1.
In exponendis auctoribus quaerenda sunt tria principaliter scilicet causarum explanatio, tituli libri expositio, et partes philosophiae assignatio... E 3 Sup., entry 1.
In exponendis autoribus querenda sunt tria principaliter, scilicet explanatio causarum et qui sit libri titulus et cui parti philosophie subponatur... E 3 Sup., entry 2.
In hac salutationum summa queritur utilitas et non vanitas... E 59 Sup., entry 4.
In hoc propheta idcirco... E 22 Sup., entry 1.
In illa hora dicent senes congregationes Israel... E 60 Sup., entry 2.
In inferno... E 146 Sup., entry 12, item 2b.
In libet... E 146 Sup., entry 15, item 1b.
In locum exodi *Ego sum qui sum 'ehyeh 'asher 'ehyeh [Heb.]*... E 60 Sup., entry 31.
In materia indulgentiarum dubium est inter doctores an in papa eas concedente... E 138 Sup., entry 1.
In materia virtutum tantum quisque novit quantum ipse facit, et non plus, et in omni materia Deo inserviendi... E 136 Sup., entry 2.
In nova fert animus mutatas dicere formas... E 85 Sup., entry 2.
In novo autem testamento post Christum Dominum nostrum a Petro sacerdotalis coepit ordo quia ipsi primo pontificatus... E 144 Sup., entry 1.
In nun [!] palude so'messi i biçarri... E 56 Sup., entry 6.6.
In patre nobis sancti Ysaac vel origo satis expressa est vel gratia... E 14 Sup., entry 3.
In precedentibus duobus capitibus, tractavimus de impedimentis quae solum impediunt matrimonium... E 134 Sup., entry 1.
In primis dicendum est cur apostolus... E 22 Sup., entry 3.5; E 23 Sup., entry 2.
In primis statuitur quod citationis et requeste post hac... E 152 Sup., entry 4.
In primus ut silentium non abeat ad eclesiam... E 144 Sup., entry 7.8
In principio creavit Deus celum et terram... E 22 Sup., entry 1; E 23 Sup., entry 2; E 33 Sup., entry 1.
In principio istius libri septem possunt queri... E 114 Sup., entry 1.
In quadam legenda transmissa de Roma dicitur quod post mortem... E 21 Sup., entry 2.
In solo Dio ha riposso quella anima, la quale ama Dio... E 54 Sup., entry 6.
In storie Thebaidos prosecutionem dum Edippus circa mortem... E 146

Sup., entry 31.3.
In subsequenti hoc libro qui nuncupatur sinonima... E 17 Sup., entry 2.
In sul coperchio d'inferno i gattivi... E 56 Sup., entry 6.2.
In tabula ista que est super summam de viciis... E 25 Sup., entry 1.
In tres partes jerosolymitanum magnificentissimum illud templum erat divisum... E 60 Sup., entry 26.
In Troade Seneca luctus clades excitia cedes ruinas... E 146 Sup., entry 31.6.
In verbis illis *Nigra sum sed formosa* etc. [Ct. 1:4]... E 60 Sup., entry 3.
In Veteri Testamento, orabant tribus horis diei, ut significarent misterium Trinitatis... E 136 Sup., entry 1.
In Veteri Testamento, orabant tribus horis, videlicet tertia, sexta et nona et significaretur misterium Trinitatis... E 136 Sup., entry 1.
In vocant Hebraei faciem sive nasum a verbo 'anaph [Heb.] ... E 60 Sup., entry 28.8.
Incantatori co'visi travolti... E 56 Sup., entry 6.13.
Incipit clarificatorium Johannis de Tornamira decani preclari ... E 116 Sup., entry 2.
Incipit fabula eius principium est Polla laudans fulgonem... E 43 Sup., entry 13.1.
Incipit tabula super summam de virtutibus in qua primus numerus... E 25 Sup., entry 2.
Incolum idest auralem, [begining missing]lum idest cangulum... E 153 Sup., entry 2.
Inducitur Edippus plagens pestilentiam indictam hominibus... E 146 Sup., entry 15, item 2a.
Infirmitas notabilis excusat a recitatione horarum... E 136 Sup., entry 1.
Infrascripta sunt cetera notabilia Tulii de senectute, videlicet, Culpa est in moribus... E 43 Sup., entry 6.
Iniscens contra se ipsam yronice loquitur... E 146 Sup., entry 21.
Innocentia vera est que nec sibi nec alteri nocet... E 70 Sup., entry 1.
Integra quidem et exacta ratio bigamos non consuevit coronare... E 145 Sup., entry 3.
Intellecto beate pater et domine venerande reverendissimi dei gratia sancta vestre mariae in cosmidin diaconus cardinalis dignissimi... E 75 Sup., entry 1.
Intellexi his diebus superioribus ex litteris vestris... E 124 Sup., entry 24.
Intelligo quid sentias de dialogo meo... E 115 Sup., entry 1.34; e 124 Sup., entry 4.8.
Intendame chi po che mentendo io... E 56 Sup., entry 36.
Intentio istius istoriographi in hoc prologo... E 15 Sup., entry 3.4.
Inter Deum et Dominum ita quidam diffinierunt... E 17 Sup., entry 4.
Inter clamosos strepitus negotiorumque procellas... E 83 sup., entry 1.
Inter multa quae refert Xenophon de Hercule... E 60 Sup., entry 27.5.
Inter multos saepe dubitantatum [!] est a quo potissimum monachorum... E 48 Sup., entry 2.
Inter omnes prisce auctoritatis viros... E 86 Sup., entry 1.
Inter qualitates seu conditiones requisitas in confessione sacramentali ut sit benefacta et perfecta... E 139 Sup., entry 1.
Interrogasti nos de Bianore presbytero an susceptibilis sit ad clerum propter

iusiurandum... E 145 Sup., entry 10.5.
Invitat nos celeberrima in evangelio vox hosanna ut rei origine... E 60 Sup., entry 30.4.
Io frate N. che ho preso ad translatare questo libro di latino in vulgare... E 42 Sup., entry 1.
Io non o più moneta chi despende... E 56 Sup., entry 30.2.
Io o già letto el pianto del trogiani lo giorno che del... E 56 Sup., entry 8.
Io pilgiaria grande despiacem del fatto tuo se io cognosesse te... E 43 Sup., entry 2.16.
Io s'guardo fra l'ernette [!] per li prati... E 56 Sup., entry 29.
Io scripssi per amor più volte rime... E 56 Sup., entry 32.2.
Io so la gola che consumo tucto... E 56 Sup., entry 40.5.
Io so la magra lupa d'avaritia... E 56 Sup., entry 40.3.
Io so la scellerata de luxuria... E 56 Sup., entry 40.2.
Io vidi lo pastor per la campagna... E 56 Sup., entry 36.
Ioachym filius Iosie... E 22 Sup., entry 1.
Ioel de tribu Ruben... E 23 Sup., entry 2.
Ioel Fatuel filius describit... E 33 Sup., entry 1.
Ioel filius Phatuel describit... E 23 Sup., entry 2.
Iohannes apostolus et evangelista... E 33 Sup., entry 1.
Iohannes Cassianus vir doctissimus nostre religionis... E 115 Sup., entry 1.109; E 124 Sup., entry 4.33.
Iohannes Lamola adolescens ut percepi... E 115 Sup., entry 1.19.
Iohannes qui transtulit librum Johannes qui transtulit... E 51 Sup., entry 1.
Iohel filius Phatuel describit... E 22 Sup., entry 1.
Ionam sanctum Hebrei affirmant... E 22 Sup., entry 1.
Ionas columba et dolens, filius Amathi... E 22 Sup., entry 1.
Ionas qui columba interpretatur... E 23 Sup., entry 2.
Ipse promissit se in prologo primi carptim dicturum res gestas populi Romani... E 15 Sup., entry 3.1.
Ira so'io sena rasone o regula... E 56 Sup., entry 40.4.
Ismaelite populi postea Agareni, deinde Sarraceni sunt dicti... E 66 Sup., entry 5.
Isocrates in exhortationibus suis virtutem laudans... E 5 Sup., entry 1.
Ista est tabula ad inveniendum in quo signo sit luna... E 56 Sup., entry 22.
Ista est tertia tragedia senece que vocatur Thebais... E 146 Sup., entry 9, item 1a.
Ista volebat testari deos superos... E 146 Sup., entry 27, item 1a.
Iste cronicus liber memorabilis est omnium regiminum civitatis Padue et aliquorum etiam factorum alibi in his partibus... E 38 Sup., entry 5.
Iste prosper fuit equitanicus vir erudissimus... E 70 Sup., entry 1.
Isto modo designatur mundus... E 43 Sup., entry 15.
Ita me deus salvet... E 115 Sup., entry 1.3.
Ita mihi recte agendi mens perpetuo detur... E 115 Sup., entry 1.39; E 124 Sup., entry 4.13.
Ite umbrosas cingite silvas... E 146 Sup., entry 11.
Item alia est prophetia... E 22 Sup., entry 7.
Item Timotheo scribit de exhortatione... E 23 Sup., entry 2; E 33 Sup., entry 1.

Item Timotheo scribit Paulus apostolus de exhortatione... E 22 Sup., entry 1.
Iubeo te meo pro imperio apud me in cena hoc sero esse... E 124 Sup., entry 26.
Iubilet caterva voce nunc excelsa... E 129 Sup., entry 7.3
Iudas apostolus frater Iacobi de corruptoribus... E 22 Sup., entry 1.
Iungat epistula quos iungit sacerdotium... E 23 Sup., entry 2; E 33 Sup., entry 1.
Iungat epistula quos Christi iungit sacerdotium... E 22 Sup., entry 1.
Iunoni praelata diu Bona coniuge tanto uxor... E 124 Sup., entry 37.
Iupiter ac etiam vos alia numina queso... E 43 Sup., entry 16.
Iuppiter astra, fretum Neptunus, tartara Pluto... E 146 Sup., entry 32.1.
//iure aut iudicio ut denique recuperare... E 127 Sup., entry 1.
Iustitiae et iuris consultus maximus olim... E 41 Sup., entry 13.
Iuvencus praesbiter nobilissimi generis Hispanus... E 57 Sup., entry 4.

Kalendae ianuaria, iunonis, iovis esculapii lutiberi: IIII none... E 74 Sup., entry 4.

//L. Aurifex brevior ipse quam testis... E 127 Sup., entry 3.3.
L'abito sacro dato ad nui dal cielo... E 56 Sup., entry 31.
L'aministra laquale e degna de essere sopra lo monasterio... E 78 Sup., entry 1.
L'ypocriti incappati, tristi e stanchi... E 56 Sup., entry 6.15.
La casione per la qualle non helicito de obedire al padre suo et ala madre he esso idio... E 109 Sup., entry 9.
//La casta conscientia e il suave amore de la mia fede te invoca i dio mio... E 54 Sup., entry 4.
La guerra prima che fu trai chartaginesi... E 130 Sup., entry 1.
La intencion de los devotos religiosos mayormente de aquellos que por divina dispusicion son electos... E 123 Sup., entry 2.
La intention di colui che ne scrisse... E 56 Sup., entry 6.1.
La iusticia es virtud por la qual non solamente... E 123 Sup., entry 3.
La quagla non fara sempre qua qua... E 56 Sup., entry 36.
Lamia uno omnium familiarissime utor magna eius in me... E 124 Sup., entry 14.34.
Lapis autem benedictus de animata re est, sicut dixit Hermes... E 51 Sup., entry 6.
Lapsus per litteram et est idolum quam lentus... E 48 Sup., entry 3.2.
Las dichas leyes publicadas e ley das el dicho señor infante dixo que mandana... E 123 Sup., entry 3.
Lati Atheniensia dicitur Cicopria a Cicropo rege dicta... E 146 Sup., entry 12, item 1a.
Laudabila sunt quidem bona, vituperabila autem turpia... E 71 Sup., entry 2.
Laudamus trinitatem personis patrem filium et sanctum spiritum per quem nos omnes accepimus signum salutiferum et sancti fontis lavacrum... E 150 Sup., entry 1.2.
Laurentius de Prato prestantissimus atque humanissimus... E 115 Sup., entry 1.97; E 124 Sup., entry 6.17.
Le stelle universali e i ciel rotanti... E 56 Sup., entry 13.1.

Licet obligatio orandi Deum ipsumque vobis laudandi non fuerit ab ecclesia instituta... E 136 Sup., entry 1.
Licet vel nimium tibi molestus... E 115 Sup., entry 1.44; E 124 Sup., entry 4.18.
Linum propter poeticam atque melodiam... E 128 Sup., entry 2.4.
Literae quibus Hebraei Chaldaeique utilis vigenti duae sunt figura dissimiles... E 60 Sup., entry 29.
Litteras quas nuper ad doctissimum virum Cincium Romanorum... E 115 Sup., entry 1.64.
Litteras tuas diligenter perlegi intellexique... E 124 Sup., entry 1.98.
Littere tue incredibili voluptate me affecerunt... E 124 Sup., entry 1.92.
Littere tue magnam mihi attulerunt... E 124 Sup., entry 1.34.
Littere tue tantam attulerunt modestiam... E 124 Sup., entry 1.48.
Littora Thesalie reduci tetigisse carina... E 84 Sup., entry 1.6.
Livia Drusilla fuit quaedam de familia Claudii... E 44 Sup., entry 1.
Lo so la mala pianta di superbia... E 56 Sup., entry 40.1.
Locum dare... E 43 Sup., entry 13.2.
Longior epistula fuisset nisi... E 124 Sup., entry 14.3.
Loquamur aliquid de laude sacratissime Marie virginis... E 69 Sup., entry 10.1.
Loquebar te testimoniis... E 68 Sup., entry 1.2b.
Loquitur Tantalus... E 146 Sup., entry 6, item 1b.
Los maestres que comenaron primeiriamente la orden dela cavalleria de santiago... E 123 Sup., entry 1.
Lucas Antiocensis natione Syrus, cuius laus in evangelio canitur... E 33 Sup., entry 1.
Lucas natione Sirus cuius laus in evangelio canitur... E 23 Sup., entry 2.
Lucas Syrus natione Antiochensis... E 33 Sup., entry 1.
Luchas Antiocensis natione Syrus, cuius laus in evangelio canitur... E 22 Sup., entry 1.
Luchas natione Syrus Antiochensis... E 23 Sup., entry 2.
Luctatio a laterum complexu vocata... E 124 Sup., entry 34.1.
Ludens hec ego teste te, Priape... E 41 Sup., entry 26.
Lustrum circuitus spatium purgatio silva... E 85 Sup., entry 8.7.
Lycurgus ille Lacedemonius cuius tanta fuit auctoritas... E 66 Sup., entry 4.

M CCC XI die XV aprilis gens imperatoris... E 74 Sup., entry 5.
Machabeorum liber licet non habeatur... E 22 Sup., entry 1.
Machabeorum libri duo praenotant... E 22 Sup., entry 1; E 23 Sup., entry 2; E 33 Sup., entry 1.
Maedum [!] perdundite venam... E 7 Sup., entry 4.3.
Magium [!] pietatis causa extollit... E 22 Sup., entry 1.
Magna laeticia et spirituali exultatione tuae fratrae... E 145 Sup., entry 21.
Magnae nobis est sollicitudini... E 124 Sup., entry 14.13.
Magnam ex epistola tua molestiam concepissem... E 124 Sup., entry 1.132.
Magnas habeo nature tue gratias quia nihil quare cause mee diffidam... E 124 Sup., entry 1.5.
Magni honores his diebus delati sunt ad Antonium... E 124 Sup., entry 1.27.
Magnitudinis suc... E 146 Sup., cntry 24, itcm 2b.

Magnum decus ecclesie virgo mater attulit... E 124 Sup., entry 28.
Magnus apostolus Paulus sanctorum Dei ecclesiarum oratore et preceptore ad Corinthios scribens... E 145 Sup., entry 19.
Maiora sunt iam incommoda mea... E 124 Sup., entry 1.154.
Mala mors non est putanda quam bona precesserit vita... E 51 Sup., entry 5.
Malachias aperte et in fine... E 22 Sup., entry 1.
Mallem incommodis aliorum quam tuis admoneri... E 124 Sup., entry 1.164.
Mallem te posse aliquo auxilio quam consilio... E 124 Sup., entry 1.151.
Mandato spectabilis et egregii legum doctoris et sapientum virorum dominorum vicarii et 12 offitio provisionum communis Mediolani fiat crida in hunc modum... E 152 Sup., entry 5.
Mane cum surrexero intende ad me, Domine, et guberna... E 21 Sup., entry 8.
Mane teqel phares [Heb.] Hunc titulum rex balthazar potentissimus vidit... E 60 Sup., entry 25.9.
Marchus evangelista Dei electus... E 22 Sup., entry 1.
Marci 7 [Marcus 7.11] quod est donum... E 60 Sup., entry 28.17.
Marci 7 [Marcus 7.34] vox est etiam chaldaeica 'ephethah [Heb.] id est aperite... E 60 Sup., entry 28.14.
Marcus evangelista Dei electus... E 23 Sup., entry 2.
Marmoreo tumulo iacet hic Nero [!], sed Cato parvo... E 41 Sup., entry 16.
Marsipium [!], bursa, forulus, localusque camena... E 84 Sup., entry 3.5.
Materia, forma et minister sunt de essentia sacri... E 137 Sup., entry 1.
Materiam nostri, quisquis vult, nosce libelli... E 43 Sup., entry 12.
Materias igitur sacrorum canonum per ordinem literarum dividere... E 145 Sup., entry 1.
Mathaeus cum primo praedicasset evangelium... E 33 Sup., entry 1.
Mathaeus ex Iudea sicut in ordine... E 22 Sup., entry 1; E 33 Sup., entry 1.
Mathesis si cum aspiratione legatur dicitur doctrine... E 86 Sup., entry 2.1.
Matheus cum primo praedicasset evangelium... E 23 Sup., entry 2; E 22 Sup., entry 3.3.
Matheus sicut in ordine primus... E 23 Sup., entry 2.
Matheus Vegius hos elegios disticos fecit in Virgilium... E 41 Sup., entry 23.
Matrem meam iam ultime senectutis omni officio... E 124 Sup., entry 1.127.
Mattheus 19 habetur. Quam Moyses glossa interlinearis (non Deus) ad duritiam cordis... E 60 Sup., entry 16.
Maxima causa me impulit ut hoc tempore ad te scriberem... E 124 Sup., entry 1.9.
Maximam omnium laudem hodierno die consecutus est... E 124 Sup., entry 1.49.
Maxime autem oporturum erit... E 145 Sup., entry 1.
Maxime mihi fuit optatum Rome esse tecum... E 124 Sup., entry 14.2.
Me neophitum Iohannisque tui discipulum confortare... E 69 Sup., entry 5.2.
Me postquam miro fetu natura creavit... E 124 Sup., entry 15.2.
Mecenas atavis edite regibus... E 52 Sup., entry 2.
Meis... E 146 Sup., entry 15, item 2b.
Melius est unam quam decem videre mortem... E 43 Sup., entry 5.2.
Membra loquitor ac si esset vivus vel dicit quia... E 146 Sup., entry 24, item 1a.

Memini hoc me ferme... E 33 Sup., entry 1.
Memini me autem hoc ferme... E 22 Sup., entry 1.
Memini me hoc ferme... E 23 Sup., entry 2.
Memini me in palatio Wangionum civitatis constitutum... E 22 Sup., entry 3.3, E 23 Sup., entry 2; E ee Sup., entry 1.
Memini me recommendasse tibi dum hic eras Iovannem de Crivellis... E 115 Sup., entry 1.32; E 124 Sup., entry 4.6.
Memoria come il giorno di San Gacomo e San Filippo... E 78 Sup., entry 2.1.
Merito amo te quia non ut nostri homines solent... E 124 Sup., entry 1.3.
Methodus vel praecepta catholica doctrinae christianae, ea pars doceret... E 60 Sup., entry 24.4.
Mihi quidem fidelissime papa Laurenti, ad scribendum... E 120 Sup., entry 11.
Mihi videtur deorum aliquem fortunam vobis optimam benigne abundeque parasse... E 83 sup., entry 1.6.
Miles quedam potens valde ac dives dum omnia bona... E 69 Sup., entry 16.2.
Minister est de essentia baptismi, quia nemo potest seipsum baptizare... E 137 Sup., entry 1.
Mira loquar supraque fidem sed carmina vidi... E 57 Sup., entry 6.
Mirari non desino exactionis vestre... E 22 Sup., entry 1; E 23 Sup., entry 2; E 33 Sup., entry 1.
Mirificam mi verberationem cessationis... E 124 Sup., entry 14.31.
Misera vita que tantos in prosperis decipis... E 69 Sup., entry 23.
Misereatur nostri omnipotentes deus et dimissis omnibus peccatis nostris... E 129 Sup., entry 2.
Miserere di me animi eterno figlio... E 56 Sup., entry 5.3.
Miserere mei Deus secundum magnam misericordiam tuam... E 144 Sup., entry 7.5.
Misererere di mi spirito sancto... E 56 Sup., entry 5.4.
Misericordia padre omnipotente/ che cielo e terra e mare abysso e inferno... E 56 Sup., entry 5.2.
Mitius inveni quam te genus omne ferarum... E 84 Sup., entry 1.10.
Mittet Abydeus quam mallet ferre salutem... E 84 Sup., entry 1.18.
Mittet et optat amans quo mittur ire salutem... E 84 Sup., entry 1.13.
Mittit Ypermestra de tot modo fratribus uni... E 84 Sup., entry 1.14.
Mitto ad te orationculam quam petis... E 115 Sup., entry 1.96.
Modo cum domum noctu redissem... E 115 Sup., entry 1.89.
Moenibus undosis bellorum incendia cernens... E 57 Sup., entry 7.3.
Molti sanno molte cosse et non sanno ne cognoscento... E 109 Sup., entry 4.
Monta el repartimiento que se fiso para los dichos visitadores... E 123 Sup., entry 4.
More huius scole quendam sacre scripture librum videlicet librum Iob expositurus... E 131 Sup., entry 2.
Mors dominum servo sceptraque ligonibus equat... E 67 Sup., entry 3.2.
Mors hominum felix, que se nec dulcibus annis inserit... E 7 Sup., entry 3.
Mors que minus poene quam mora mortis habet... E 124 Sup., entry 32.
Moses inquit dux ipsorum ascendit ad firmamentum... E 60 Sup., entry 3.

Movit tua caritativa exhortatio frater in Christo Thedalde, me devotum tuum Franciscum de Buiti de Pisis... E 3 Sup., entry 1.
Mulier animam viri preciosam rapit... E 25 Sup., entry 2.
Mulier, inquit, amicta sole, et luna sub pedibus eius... E 69 Sup., entry 10.2b
Mulier quedam clamabat ad Heliseum prophetam dicens... E 150 Sup., entry 1.3.
Multa ex finitimis regionibus ad nos afferuntur... E 124 Sup., entry 1.55.
Multa in hac materia dicenda essent, sed quia videntur pertinere magis ad forum... E 133 Sup., entry 1.
Multa sunt de quibus si mihi per occupationes licuisset... E 124 Sup., entry 1.105.
Multa sunt que magno a me prosequenda studio... E 124 Sup., entry 1.136.
Multae sunt praetera in novo testamento loquitiones syriacae... E 60 Sup., entry 30.12.
Multi generis multifariique ac fortune mortales, miles insignis... E 38 Sup., entry 12.
Multi multa sciunt et se ipsos nesciunt... E 120 Sup., entry 14.
Multifariam multisque modis olim Deus locutus est omnibus nobis... E 21 Sup., entry 4.
Multis a saepe diebus familiaritas tua frater karissime, presens nobis... E 144 Sup., entry 1.
Multis de causis contingit confessionem esse invalidem... E 138 Sup., entry 1.
//Multoque robustius quam hoc humile de quo dictum est... E 127 Sup., entry 2.
Multorum nobis et magnorum... E 22 Sup., entry 1; E 23 Sup., entry 2; E 33 Sup., entry 1.
Multorum tam clericorum quam laycorum querela est non modica... E 17 Sup., entry 5.
Mundatus est reversusque ad virum dei cum universo... E 150 Sup., entry 1.3.
Mutatio aquae in vinum. Jo II... E 22 Sup., entry 2.
Muy evidente y conocida cosa es non solamente a los discretos y sabios... E 123 Sup., entry 3.

Nabute historia tempore vetus est, usu cotidiana... E 14 Sup., entry 8.
//nai galaubeinai... E 147 Sup., entry 7.
Nam martianus tenendit arcum paravit... E 129 Sup., entry 7.1.
Nam unusquisque planetarum habet amicum et inimicum de planetis... E 114 Sup., entry 3.
Narrabo omnia mirabila tua... E 68 Sup., entry 1.2c.
Narrat qualiter fecit et eos occidit... E 146 Sup., entry 6, item 1a.
Naum prophetam ante adventum... E 22 Sup., entry 1; E 23 Sup., entry 2; E 33 Sup., entry 1.
Navarrus, in Commentariis de jubiles et indulgentiis... E 138 Sup., entry 1.
Navu'ath 'ovadyah... E 60 Sup., entry 36.
Ne alienis libris mentem decipias sic habeto... E 145 Sup., entry 11.
Ne desiderium tuum differam... E 124 Sup., entry 1.41.
Nec fonte labra prolui caballino... E 30 Sup., entry 2.
Nel tempo che l'feroce sagiptario... E 56 Sup., entry 5.1.

Nel tempo de la mia novella etade... E 56 Sup., entry 35.
Neminem hodierno tempore vivere puto... E 124 Sup., entry 1.148.
Nemo cum prophetas versibus... E 22 Sup., entry 1; E 23 Sup., entry 2; E 33 Sup., entry 1.
//neque habent suum locum ullum in divisione ... E 127 Sup., entry 3.2.
Neque iuvenis quispiam dum est philosofari negligat... E 124 Sup., entry 13.
Nescio malitia ne feceris an oblivione... E 115 Sup., entry 1.85; E 124 Sup., entry 6.2.
Nichil opinor iuvissent commentaria illa tua de bibliothecis Germanorum... E 124 Sup., entry 9.
Nihil ad hanc solicitudinem tuam addi potuit... E 124 Sup., entry 1.84.
Nihil est mi Francisce quod libentius agerem... E 115 Sup., entry 1.88.
Nihil est quod a te gratius mihi fieri possit... E 124 Sup., entry 1.95.
Nihil est quod libentius faciam... E 124 Sup., entry 1.51.
Nihil est quod te perturbare magnopere debeat... E 124 Sup., entry 1.126.
Nihil minus optabam quam ut in histuc etate... E 124 Sup., entry 1.155.
Nihil morte certius vel incertius hora mortis... E 120 Sup., entry 2.
Nihil sic deo placet quemadmodum obedientia... E 120 Sup., entry 3.
Nil capiti facias aries cum luna refulget... E 114 Sup., entry 4.
Nimis in me officiosus es... E 124 Sup., entry 1.143.
Nireta Cometa, Historia de rege emmanuale... E 60 Sup., entry 8.
Nisi de tuo in me animo satis persuasum haberem... E 124 Sup., entry 1.37.
Nisi rebus tuis caves implicabis te aliquo incomodo gravi... E 124 Sup., entry 1.77.
Nisi reipublice et amicis satis a me factum putarem... E 124 Sup., entry 1.108.
Nisi res qua ad me scribis possit aliter... E 124 Sup., entry 1.74.
Nisi scirem de qua re et apud quem agerem... E 124 Sup., entry 1.7.
//nobile semper in contraria vulgus... E 60 Sup., entry 39.
Nobili in Christo sibi quam plurimum dilecto domino Chavene de Tholomeis frater Egidius Romanus... E 55 Sup., entry 9.
Noctis sub silencio tempore vernali... E 129 Sup., entry 3.
Non basta signore mio, non basta a l'anima mia peccatrice... E 54 Sup., entry 15.4.
Non cibaria nos gravant sacratissime papa... E 145 Sup., entry 10.3.
Non de privatis commodis ut sepe antea... E 124 Sup., entry 1.69.
Non de re nova ad me scribis... E 124 Sup., entry 1.160.
Non de re vulgari aut negligenda sed de publicis commodis... E 124 Sup., entry 1.15.
Non dubito omnes amicos de iniquitate... E 124 Sup., entry 1.80.
Non enim simpliciter ad peccatorum quantitatem oportet supplicium... E 145 Sup., entry 13.
Non fuit opus, mi Nicola, ut pro re parvula ageres... E 115 Sup., entry 1.47; E 124 Sup., entry 4.21.
Non id miraberis illustrissime princes firmare si a deo... E 43 Sup., entry 2.4.
Non idem ordo est... E 22 Sup., entry 1; E 23 Sup., entry 2; E 33 Sup., entry 1.
Non ignoro de pace semper avide audiendum... E 124 Sup., entry 1.32.

Non ita est ordo apud Grecos... E 33 Sup., entry 1.
Non ita ordo est apud Grecos... E22 Sup., entry 1; E 23 Sup., entry 2.
Non licet tibi... E 129 Sup., entry 7.1.
Non minor est virtus quam averere parta tueri... E 85 Sup., entry 7.3.
Non oporteat monachum ingredi in sacrificatorium... E 145 Sup., entry 20.
Non parum molestie res tua allatura videtur... E 43 Sup., entry 2.17.
Non parva res est neque usitata de qua nam dudum scribere ad te... E 124 Sup., entry 1.11.
Non per tractare li affanni ch'io soffersi... E 141 Sup., entry 3.
Non possum dolorem tuum accusare... E 124 Sup., entry 1.122.
Non possum non moveri cum ab hominibus... E 124 Sup., entry 1.117.
Non possum non plurimo dolore affici magistri... E 124 Sup., entry 33.
Non praetermittam quin a motem quod amotavit frater Archangelus... E 60 Sup., entry 25.5.
Non putabavi te id laturum tam iniquo animo... E 124 Sup., entry 1.35.
Non puto dubitandum ex his que ad me scribis... E 124 Sup., entry 1.54.
Non quo ad te nec libet scribere... E 124 Sup., entry 14.9.
Non sane mihi displicet adhibere... E 127 Sup., entry 1.
Non sum antea gratulatus tibi... E 115 Sup., entry 1.30; E 124 Sup., entry 4.4.
Non sum stultus sanctus respondit Julianus... E 129 Sup., entry 7.1.
Non tamen romani... E 15 Sup., entry 2.2.
Non te faccia meravelgia se co sprolongato... E 43 Sup., entry 2.7.
Non te meravelgera illustrissimo principo firmano si tusi... E 43 Sup., entry 2.3.
Non verebor tacitum iudicium tuum quia eum restituere... E 124 Sup., entry 1.23.
None tragiedie que Octavia dicitur... E 146 Sup., entry 25.
Nonnullis factum est occupatiunculis meis... E 115 Sup., entry 1.70; E 124 Sup., entry 6.8.
Nos ad te ut scis discessimus... E 124 Sup., entry 14.14.
Nos apud luriam ex quo loco tibi... E 124 Sup., entry 14.10.
Nos credimus tale cuique fieri sacrifitium... E 120 Sup., entry 13.
//nos oportet totis visibus collaudare ipsumque vocibus precellsis jubilare... E 129 Sup., entry 7.2.
Nota de libri che mi ritrovo l'anno del 1566... E 67 Sup., entry 4.
Nota quid lucina dicitur dea que lucem nascentibus praestat... E 146 Sup., entry 21, item 2a.
Nota quod ante incarnationem domini CCC XLI septuaginta interpretes floruerunt... E 120 Sup., entry 20.
Nota quod due stelle sunt que non sunt planete secundum naturam... E 114 Sup., entry 7.
Nota quod iste littere de azuro, que sunt in latere sunt litere lune... E 2 Sup., entry 1.1.
Nota quod Saturnus genuit Iovem et Iunonem et ita Iuno fuit soror Iovis... E 146 Sup., entry 3, item 2a.
Nota quod sunt novem orbes. Primus orbis est firmamentum in quo nulla est stella apparens... E 114 Sup., entry 5.
Notandum quia ista quaesitio... E 5 Sup., entry 2, item 1.

Notta al chapitolo XI del primo libro provari in che modo roma... E 141 Sup., entry 1.5.
Notta al chapitolo 12 del primo libro nel principio... E 141 Sup., entry 1.4.
Notum sit universis et singulis tam clericis quam laycis... E 152 Sup., entry 5.
Novi parte florida celo... E 129 Sup., entry 3.
Novis sima res his diebus nobis accidit... E 124 Sup., entry 1.57.
Novum crimen, G. Cesar, ante hunc diem inauditum... E 62 Sup., entry 2.
Novum opus me facere cogis ... E 22 Sup., entry 1.
Nuci suius... E 116 Sup., entry 6.6.
Nudius tertius cum ante cenam scripsissem ad te epistolam... E 115 Sup., entry 1.90.
Nulla potest iocunditas inter has vitae nostrae amaritudines... E 45 Sup., entry 8.1.
Nulla res est que te perturbare debeat... E 124 Sup., entry 1.31.
Nulla sit mihi familiaritas cum tyranno, numquam tua luxtra repetam... E 146 Sup., entry 32.4.
Nulla te subeat admirato si in hunc usque diem... E 43 Sup., entry 2.8.
Nullam aliam ob causam tam diu tecum silui... E 115 Sup., entry 1.111.
Nullam scito nos multis annis maiorem voluptatem... E 124 Sup., entry 1.28.
Nullam unquam tantum periculum vel laborem putavi... E 124 Sup., entry 1.134.
Nullum officium est quod magis necessarium datam... E 124 Sup., entry 1.82.
Nullus locus in tota scriptura magis essentiam naturamque dei explicat quam hic... E 60 Sup., entry 31.
//numerorum is omnis fere viciaverit... E 127 Sup., entry 2.
Nunc ad litteram accedendum est... E 3 Sup., entry 1.
Nunc oculus tua cum violarit epistula nostros... E 84 Sup., entry 1.17.
Nunquam alias de maioribus quam nunc rebus ad te scripsi... E 124 Sup., entry 1.45.
Nunquam futurum putassem ut studium meum... E 124 Sup., entry 1.142.
Nunquam litteras tuas lego quin animo voluptatem percipiam... E 124 Sup., entry 1.106.
Nuntius vocat captivas ad naves... E 146 Sup., entry 18, item 1a.
Nuper cum in camera pontificis esset sermo... E 115 Sup., entry 1.103; E 124 Sup., entry 6.14.
Nuper cum nostras in tharghum Abdiae et Jonae lucubrationes... E 60 Sup., entry 35.
Nuper cum pro tua humanitate paucis licet verbis ad me scripsisses... E 115 Sup., entry 1.112.
Nuper exigisti ut epistolam illam excellentiam... E 124 Sup., entry 5.
Nuper quidam qui uxorem duxerunt... E 145 Sup., entry 10.13.

O alteza de le richeze de la sapientia e scientia di Dio... E 54 Sup., entry 10.
O amantissime Domine, quanta pro nobis indigna pertulisti... E 69 Sup., entry 20.2.
O bono et sopra bono mio yesu cum quantoforte bracio me... E 109 Sup.,

entry 3.
O cleopatra matre d'ismahel... E 56 Sup., entry 12.
O. Cor. Cor cum gratia est simile paradiso. 28.17... E 25 Sup., entry 2.
O curas hominum, O quantum in rebus inane est... E 30 Sup., entry 2.
O dei matrimoniales... E 146 Sup., entry 21, item 1b.
O descacciato del ciel da michael... E 56 Sup., entry 11.
O desolatissima civitas que non solum viribus... E 56 Sup., entry 26.
O falso los ingoro e pien d'inganno... E 56 Sup., entry 18.
O Filii gloriosissime iustissime imperator confirmet te deus in via cognoscendi... E 51 Sup., entry 1.
//O gloriosa. Benedicta tu in mulieribus... E 69 Sup., entry 1.
O Iuppiter... E 146 Sup., entry 30, item 1b.
O mirabile dignatione e dignissima de stupore... E 54 Sup., entry 9.2.
O pensado longo tempo... E 43 Sup., entry 16.
O quam vehementi amplexu amplexisti me... E 69 Sup., entry 21.
O Tite, siquid ego adiuto curamve levasso... E 43 Sup., entry 3.
O vita que tantos de propriis decipis... E 14 Sup., entry 15.
O vos... E 146 Sup., entry 18, item 1b
'obidah [Heb.] Ierem[iah] 46 'obidah [Heb.] id est disperdam... E 60 Sup., entry 32.
Obligati ad horas canonicas et illas sine legitima causa... E 136 Sup., entry 1.
Obligatio orandi Deum non fuit ab ecclesia instituta... E 136 Sup., entry 1.
Obscurata. quoniam patitur ed ipsum... E 71 Sup., entry 1.2.
Observabis lector quod secunda tabula diximus yeda'inun [Heb.] genesis 19 esse tertiam pluralem... E 60 Sup., entry 34.
Occe cati [possibly for occhi caeci] patris o Antigone... E 146 Sup., entry 9, item 1b.
Occhi, piagnete[!] accompagnate il core... E 56 Sup., entry 23.
Occisi virtute mea... E 146 Sup., entry 30, item 2b.
Occurunt animo pereundi mille figure... E 124 Sup., entry 32.
Octave tragiedie que Agamenon dicitur... E 146 Sup., entry 22.
Octavia soror... E 44 Sup., entry 4.2.
Oditi celi e con le orechie comprendelo... E 54 Sup., entry 9.1.
'olam haqaton [Heb.] quem Graeci mikrokosmon [Greek] appellant hominum videlicet... E 60 Sup., entry 25.4.
'olam hebo' 'olam hazeh [Heb.]. Hebraei saeculum venturum ac futuram... E 60 Sup., entry 25.5.
Omne igitur hoc quicquid est cui mundi caeli qui nomen indidimus... E 24 Sup., entry 1.
Omnes dictiones quae in novo testamento hebraicae videntur non sunt hebraeae... E 60 Sup., entry 28.9.
Omnes homines qui sese student prestare ceteris animalibus... E 15 Sup., entry 1.
Omnes obligati ad horas canonicas si illas absque legitima causa... E 136 Sup., entry 1.
Omnes qui ausi fuerint dissolvere determinationem sanctae et magnae synodi... E 145 Sup., entry 9.4.
Omnes qui de rebus dubiis consultant, ab ira... E 44 Sup., entry 2.

Omnes qui pie volunt vivere... E 22 Sup., entry 1; E 23 Sup., entry 2.
Omnes utriusque sexus possunt regulariter matrimonium per verba... E 134 Sup., entry 1.
Omnia a tedata mihi putabo... E 124 Sup., entry 14.20.
Omnia quidem bona et pura sunt quae creavit Deus... E 145 Sup., entry 10.11.
Omnino autem liberalis ingenii primum argumentum est... E 13 Sup., entry 1.
Omnipotens deus pater et filius et spiritus sanctus unus atque trinus... E 120 Sup., entry 5.
Omnipotens sempiterne... E 144 Sup., entry 7.6.
Omnipotens sempiterne Deus qui vos ad hanc instaurationem... E 144 Sup., entry 7.9.
Omnis enim homo mendax et nemo sine peccato nisi... E 144 Sup., entry 7.4.
Omnis homo videlicet debet peccata timere... E 56 Sup., entry 24.
Omnis quia Dominum nostrum Emanuel, hoc est verbum Patris altissimi... E 69 Sup., entry 17.
Opaca linquens Ditis inferni loca... E 146 Sup., entry 23.
Optimus adolescens Nicolaus Luscus discipulus tuus scripsit... E 115 Sup., entry 1.65.
Optimus ordo est omnis orationis, et omnis res quae inchoatur... E 145 Sup., entry 8.5.
Ora parente suo quicumque volumina tangis... E 85 Sup., entry 3.1.
Ora per noi archangel michaello/ confalonior del ciel cha la gran guerra... E 56 Sup., entry 5.6.
Oratio de concordia post Clementiam... E 62 Sup., entry 1.1.
Oratio quam oravit Abacuc propheta... E 60 Sup., entry 1.
Oratorem meum sic enim scripsi... E 124 Sup., entry 14.4.
Orbis situm dicere aggredior impeditum opus... E 24 Sup., entry 1.
Origo vero dentium est ad abscindendum cibum... E 71 Sup., entry 10.
Oscura... E 146 Sup., entry 24, item 1b.
Ouis [!] dabit capiti meo aquam et oculis meis... E 120 Sup., entry 9.
Ozias rex cum Dei religionem... E 23 Sup., entry 2; E 33 Sup., entry 1.
Ozias rex cum Domini legem... E 22 Sup., entry 1.

P, G, I+... E 56 Sup., entry 3.1.
Pacem meum do vobis alleluia pacem relinquo... E 68 Sup., entry 1.2a.
Paenitentiae nomen plura significat quae videri possunt penes... E 139 Sup., entry 1.
Paenitentiae sacramentum in multis locis sacrae scripturae praefiguratum fuit... E 139 Sup., entry 1.
Pagina 209, Quod a aliquid... E 137 Sup., entry 1.
Papa Pius ventres longe miseratus onustos... E 41 Sup., entry 17.
Papa stupor mondi [!] si disero papa nocenti... E 129 Sup., entry 1.
Paraphrases chaldaicae eae praesertim quae a rabbi Jonatha et rabbi Onchelos... E 60 Sup., entry 27.2.
Parce puer, si forte tuas sonus improbus aures... E 41 Sup., entry 11.
Pars est prima prudentie ipsam cui precepturus es estimare personum... E

151 Sup., entry 2.
Parum humaniter ne dicam prudenter fecisti mi Victorine... E 115 Sup., entry 1.114.
Parvus eram fateor miro sed vellere clarus... E 124 Sup., entry 16.
Paschales quicunque dapes conviva requiris... E 57 Sup., entry 8.
Passim per omnem terrarum orbem predicata Amazonum virtute Herculem... E 128 Sup., entry 2.2.
Pastor oves et arator agros et prelia miles... E 41 Sup., entry 23.
Pater carissime silui tecum diutius quam tua in me... E 115 Sup., entry 1.74.
Pater noster, qui es in celis [Mt 6:9]... E 14 Sup., entry 11.
Patri reverendissimo Damaso... E 21 Sup., entry 4.
Paulo facilius putavi posse me ferre desiderium... E 124 Sup., entry 14.8.
Paulus apostolus non ab hominibus... E 22 Sup., entry 1.; E 23 Sup., entry 2.
Pax placet Deo. 658.25.1... E 25 Sup., entry 1.
Peccavi erravi tamen non te negavi... E 14 Sup., entry 24.
Penitead ergo eum qui sensit adversus Ambrosium... E 144 Sup., entry 7.7.
Per certo che me piace... E 56 Sup., entry 19.
Per demostrarte quisto tuo beneficio esse stato ame iuncundissimo sapi... E 43 Sup., entry 2.12.
Per in che li occi mei me servirano mea... E 58 Sup., entry 9.2.
Per in fin che li ogi mei me servirano... E 58 Sup., entry 9.1.
Per li bellezzi toi che tui rai altiera... E 56 Sup., entry 25.
Per suffragia martyris Juliani verba nostra... E 129 Sup., entry 7.1.
Per utele, per dilecto et per honore amor, ch passion venere suo regno... E 56 Sup., entry 16.
Perch'io no m'abia si de rime armato... E 56 Sup., entry 34.
Perfectissima atque plenissima iustitia est deum toto corde amare... E 120 Sup., entry 14.
Perlege nec pigeat fueris quicumque viator... E 124 Sup., entry 17.
Perlegis. an coniunx prohibet nova. Perlege non est... E 84 Sup., entry 1.5.
Pero che la nostra fragelitade, la nostra infirmitade... E 54 Sup., entry 5.
Però ch'l belle e'l male morir depende... E 56 Sup., entry 13.3.
Perpe sipi iopo... E 23 Sup., entry 1.
Perseus [!] exiguo nomen pergrande [!] libello... E 30 Sup., entry 3.
Pertimui scriptumque tuum sine murmure legi... E 84 Sup., entry 1.21.
Pervenisse ad vos episcopum Paduanum nostrum certe gaudeo... E 115 Sup., entry 1.42; E 124 Sup., entry 4.16.
//peterunt [!]. Ex his igitur bonis quam... E 62 Sup., entry 11.
Petis a me karissime frater de solitudine... E 120 Sup., entry 18.
Petis an rectius ponatur in salutationibus gaudere... E 83 sup., entry 1.3.
Petitis a me petitiunculam opere quidem levem... E 72 Sup., entry 3.
Petitis a me, ut vobis rescribam, quid michi de quodam libello videatur... E 72 Sup., entry 4.
Petrus de Mezano mas[seria] vict[ualis]... E 129 Sup., entry 6.
Petrus eram quem petra tegit dictusque Comestor... E 69 Sup., entry 4.
Phebe silvarum potensque Diana... E 52 Sup., entry 7.
Philemoni familiares litteras facit pro Onesimo... E 33 Sup., entry 1.
Philippenses sunt Macedones. Hii accepto verbo... E 23 Sup., entry 2; E 33

Sup., entry 1.
Philippo... E 74 Sup., entry 2.2.
Philippus tuus archipresbiter Veronensis redidit mihi abs te litteras... E 115 Sup., entry 1.16.
Phillemoni familiares litteras facit pro Onesimo...ab urbe Roma... E 23 Sup., entry 2.
Philosophi deffiniunt vocem esse aerem tenuissimum... E 106 Sup., entry 1.
Phylemoni familiares litteras mittit pro Honesimo... E 22 Sup., entry 1.
Phylippenses sunt Macedones. Hii accepto verbo... E 22 Sup., entry 1.
Piangendo et lagrimando/ con gran dolor el mio cor se lamenta... E 56 Sup., entry 37.
Pirus Achileides animosus ymagine patris... E 84 Sup., entry 1.8.
Pisa est civitas grecie et est alia in tuscia ... E 146 Sup., entry 6, item 2a.
Pius Dominus et misericors per prophetam nos exortatur ad penitentiam... E 14 Sup., entry 23.
Platonii philosophi vim cogitandi vitamque ipsiam... E 60 Sup., entry 28.3.
Plerique sunt qui graves in eloquentiam animos habeant... E 83 sup., entry 3.
Plures fuisse qui evangelia... E 22 Sup., entry 1.
Pluribus verbis quam necesse erat... E 115 Sup., entry 1.18.
Plurimam delectatus sum tuis ad me litteris... E 115 Sup., entry 1.91.
Plurimum semper nostram rempublicam amavi... E 124 Sup., entry 1.119.
Poggius uxorem ducit... E 41 Sup., entry 9.
Pone metum, nichil iterum iurabis amanti... E 84 Sup., entry 1.20.
Pontificat Moysis thalamos medicina subintrat... E 85 Sup., entry 8.2.
Populos romanus a rege Romulo in Caesarem Augustum... E 122 Sup., entry 1.
Por ende nos el dicho infante y maestre con acuerdo e ... E 123 Sup., entry 3.
Portenta esse Varo ait que contra naturam nata videntur... E 124 Sup., entry 34.2.
Portinare. Donna Barbera Leccomi... E 138 Sup., entry 1.
Possem ad te de mea constantia scribere... E 124 Sup., entry 1.113.
Post actam paenitentiam consolatoriam scribit... E 23 Sup., entry 2; E 33 Sup., entry 1.
Post distinctionem capitulorum restat tractatum componere... E 55 Sup., entry 9.
Post raptum aureum vellus a Jasone derelicta... E 146 Sup., entry 31.7.
Post acceptam penitentiam, consolatoriam epistolam... E 22 Sup., entry 1.
Postea quam togam a patri sumpsi... E 124 Sup., entry 1.138.
Postea quam recessisti a nobis... E 115 Sup., entry 1.27; E 124 Sup., entry 4.2.
Postquam adducti fuerunt capturi Judaei in Babylonem... E 60 Sup., entry 34.
Postquam precessit rememoratio nostra de rebus naturalibus omnibus... E 71 Sup., entry 7.
Postquam premissus est sermo a nobis in celo et mundo... E 71 Sup., entry 5.
Postridie quam hec scripsissem recepi iterum... E 115 Sup., entry 1.41; E

124 Sup., entry 4.15.
Postulare vester rei series, ut caetera dei... E 60 Sup., entry 30.2.
Postulat nunc ratio ut loquitiones aliquas evam... E 60 Sup., entry 30.10.
Postulata a domino prolixitate vite... E 114 Sup., entry 1.
Praecaepit ut quicquid superfluo cordi nostro sive animo... E 43 Sup., entry 1.
Praecipuum munus clericorum in sacris ordinibus existentium vel beneficia... E 136 Sup., entry 1.
Praecipuum munus clericorum est orare... E 136 Sup., entry 1.
Praesta per eum cum quo beatus vivis et regnas Deus... E 150 Sup., entry 1.1.
Praeteritum cuius cum sit simplex forma, prima qetar [Heb.], secunda qatir [Heb.] ... E 60 Sup., entry 34.
Preciosum est anima.[Prov. 6:26]... E 25 Sup., entry 2.
Prega per noi sancta congregatione/ de gloriosi apostoli la cui fede... E 56 Sup., entry 5.9.
Pregasti me ch'io te demonstrase alcuno modo... E 109 Sup., entry 1.
Pregate per li miser peccatori/ el buon gesu che le peccata tolle... E 56 Sup., entry 5.10.
Prenomen est... E 43 Sup., entry 8.2.
Presbyter si uxorem duxerit ab ordine suo transponatur... E 145 Sup., entry 9.2.
Presens opus habet quinque partes principales. Prima est de virtute in communi... E 25 Sup., entry 2.
Preter materiam et formam de quibus supra tractavimus est etiam de essentia baptismi minster... E 137 Sup., entry 1.
Pridem quam littere mihi darentur... E 124 Sup., entry 1.141.
Pridem sanctissimus in Christo et dominus noster dominus Pius divina providentia papa secundus... E 66 Sup., entry 8.
Prima dicte mihi, summa dicende Camena... E 52 Sup., entry 5.
Primo executiones quae fiunt in bonis debent fidei in bonis debitoris et non in bonis... E 150 Sup., entry 3.
Primo igitur a complectorio incipiendum est... E 69 Sup., entry 19.
Primo liber de laudibus beate Virginis compositus per doctorum cum nomen Petrus Comester... E 69 Sup., entry 25.
Primo providerent, statuerent et ordinaverint [?] quod omnes et singule locationes et concessiones facte... E 38 Sup., entry 9.
Primum deorum Saturnum ponunt. Hunc maestum, senem, canum, caput glauco amicto... E 128 Sup., entry 4.
Primum omnium quantam discimus parentibus referre reverentiam... E 14 Sup., entry 6.
Primum praeceptum est non habebis deos alienum... E 73 Sup., entry 3.3.
Primus effectus baptismi est gratia, per quam remittuntur... E 137 Sup., entry 1.
Primus est baptisimus... E 73 Sup., entry 3.5.
Primus est cum quis incidit in heresim damnatam... E 73 Sup., entry 4.
Primus F. in palis agnus, in villis leo, erit depopulator urbium... E 59 Sup., entry 8.
Primus liber continent de potestate... E 144 Sup., entry 1.

Primus mensis (qui à nobis martius, ab Hebraeis vero nisan dicitur)... E 60 Sup., entry 10.
Primus qui in Italia, ut quibusdam placet, regnavit fuit Ianus... E 28 Sup., entry 1.
Primuum tenet quod beata Virgo fuit dupliciter concepta... E 55 Sup., entry 1.
Principia rerum requirenda sunt... E 22 Sup., entry 1.
Principio generi animantium omni est a natura tributum... E 57 Sup., entry 9.
Priscianus vero vult pro fructu et morbo quarte esse... E 126 Sup., entry 1.
Priusquam me, venerande pater, operis nostri decurso volumine censeas... E 57 Sup., entry 8.
Priusquam literas tuas accepissem iam omnia ... E 124 Sup., entry 1.46.
Priusquam voluminis huius attingatur expositio neccessario [!]... E 50 Sup., entry 1.
Probate devotionis sinceritas quam, dilecti filii, commune civitatis Mediolani... E 152 Sup., entry 5.
Probita laudatur et alget... E 7 Sup., entry 4.2.
Propheta magnus surrexit in nobis [*Lc* 7:16]... E 36 Sup., entry 1.
Prophetia Abdiae. Sic dicit dominus... E 60 Sup., entry 36.
Prophetia Abdiae solet Jonathan hazon [Heb.] transferre nivu'ah [Heb.] ut in initio Isaie... E 60 Sup., entry 37.
Proportionum... E 5 Sup., entry 2, item 2.
Propter crepusculum vel propter nubes... E 146 Sup., entry 15, item 1b.
Prosequendo impedimenta quae impediunt matrimonium contrahi sed non dirimunt... E 134 Sup., entry 1.
Protege conscriptos nec victos urbis amore... E 38 Sup., entry 11.
Pulchre in xisti libri pithagorici sententiolis dicitur... E 72 Sup., entry 8.
Pulcris stare diu Parcarum lege negatur... E 41 Sup., entry 18.
Pulvere qui ledit, lesus in marmore scribit... E 43 Sup., entry 5.1.
Purificationem beate Virginis hodie celebramus, quae secundum legem Moysi facta est... E 69 Sup., entry 13.
Puto manifestum per omne tempus fore propensissimam voluntatem meam... E 83 sup., entry 1.4.
Pythagora g [gamma] litteram vitae hominis similem esse dixit... E 60 Sup., entry 27.4.

Qua causa celebrentur illi dies sive per Iovem sive per alios deos... E 44 Sup., entry 4.2.
Qua maxime sententia prospere succedant res conabor vobis quantum valeo enarrare... E 83 sup., entry 1.8.
Qua nisi tu dederis caritura est ipa salutem... E 84 Sup., entry 1.4.
Qua pietate semper patrem meum excoluerim... E 124 Sup., entry 1.125.
Qua vita sit aut quibus moribus Q. Publicus... E 124 Sup., entry 1.21.
Quae venerunt commentaria mirabile est quam libenter accepimus... E 83 Sup., entry 1.12.
Quale fusse la citta degna di essere udita... E 42 Sup., entry 1.
Quale e quillo dio che vuole mostrare le case vivace a Tantalo... E 146 Sup., entry 6, item 1a.

Qualem in gerendis magistratibus me prebuerim... E 124 Sup., entry 1.109.
Quali proprietate [!] quibusque collectionibus Plutarcus ratiocinatum esse... E 66 Sup., entry 3.
Quam Graeci dikaiosunen [in Greek letters] vocant Hebraei mishpat [Heb.]... E 60 Sup., entry 27.1.
Quam grave mihi sit in senectute... E 124 Sup., entry 1.156.
Quam legis a rapta Briseide littera venit... E 84 Sup., entry 1.3.
Quam mihi misisti verbis Leandre salutem... E 84 Sup., entry 1.19.
Quam perpetua [rubbed] mentiones... E 59 Sup., entry 1.
Quamquam mihi semper frequens conspectus vester multo iocundissimus... E 62 Sup., entry 14 (also see under Quanquam).
Quamvis beatus Augustinus dicat ipsum David fuisse actorem [!] omnium psalmorum... E 36 Sup., entry 1.
Quamvis ea que ad te pater prestantissime sum scripturus... E 124 Sup., entry 4.29.
Quamvis hic tuus gravissimus casus maior esse videatur... E 115 Sup., entry 1.66.
Quamvis liber psalmorum apud Hebreos... E 36 Sup., entry 1.
Quamvis paenitens debeat uni sacerdoti omnia peccata sua... E 140 Sup., entry 1.
Quamvis sanctissime pater hoc novum in mebeneficium tuum maius [existat]... E 115 Sup., entry 1.119.
Quamvis superfluum ac pene arrogans videri posset... E 115 Sup., entry 1.80; E 124 Sup., entry 6.12.
Quanquam de tua pietate atque officio nunquam dubitaverim... E 124 Sup., entry 1.128.
Quanquam liber canticorum contineat epithalamium sive nuptiale carmen, de christo... E 60 Sup., entry 2.
Quanquam maxime in cursu eram ac in ipso itinere veniendi propter eos rumeros... E 124 Sup., entry 1.12.
Quanquam mihi semper frequens conspectus vester multo iocondissimus [!]... E 58 Sup., entry 8 (also see under Quamquam).
Quanquam nunquam de tuo in me studio... E 124 Sup., entry 1.24.
Quanquam te, Marce fili, annum iam audientem Crathippum, idque Athenis... E 67 Sup., entry 1.
Quantum ad necessitatem et honestatem... E 43 Sup., entry 8.1.
Quantum cupiam nostram rempublicam salvam esse... E 124 Sup., entry 1.16.
Quantum molestiam animo perceperint cognita Tironis levitate... E 124 Sup., entry 1.10.
Quantum omnes necessarios meos ex animo collam facile... E 124 Sup., entry 1.131.
Quantum omnes presentiam atque officium tuum expectant... E 124 Sup., entry 1.107.
Quantum peccavit dormitamina (?) probavit... E 73 Sup., entry 2.
Quantum sim tuis litteris comotus melius ab amicis... E 124 Sup., entry 1.118.
Quantum sit appetenda gratia poenitentiae omnis auctoritas clamat... E 120 Sup., entry 1.

Quanvis ea que ad te pater prestantissime sum scripturus maiora... E 115 Sup., entry 1.56.
Quare fremuerunt [Ps. 2]... E 129 Sup., entry 7.1.
Quarte tragedie que est de Ypolito loco argumenti premictendum est, quod Ipolitus filius erat Thesei... E 146 Sup., entry 10.
Quattuor anni distinctiones, scilicet estas... E 74 Sup., entry 2.1.
Quattuor erat apud Judaeos mortis genera, quibus rei plectebantur... E 60 Sup., entry 14.
Quattuor prophetae in duodecim... E 22 Sup., entry 1; E 23 Sup., entry 2; E 33 Sup., entry 1.
Que adhuc sunt a te pro nostra republica perfecta... E 124 Sup., entry 1.104.
Que de mea causa scribis etsi hec semper... E 124 Sup., entry 1.102.
Que dicendum dispositione regni nichl [!] scis... E 146 Sup., entry 9, item 2b.
Que violentam mortem inducunt... E 146 Sup., entry 15, item 2a.
Quemadmodum inter virtutes atque optimas disciplinas... E 60 Sup., entry 29.
Quemadmodum nec una nox ipsi Jovi in generatione Herchulis suffecit... E 146 Sup., entry 31.10.
Quemadmodum prima elementa tradenda sint... E 153 Sup., entry 1.
Quenam summa boni mens semper conscia recti... E 59 Sup., entry 11.
Queritur ad quam potentiam spectat imperare utrum ad intellectum... E 55 Sup., entry 10.
Quero enim quare doluerunt Symphosium... E 144 Sup., entry 5.
Quesieras Charitum veras cognoscere causas... E 41 Sup., entry 22.
Quest'anima gentil che si diparti... E 56 Sup., entry 7.
Quest'occhi tuoi son chi ferito m'hanno... E 56 Sup., entry 25.
Questa casa in nela qualle nui habitiamo da ogni sua parte ci minacia de ruinare... E 109 Sup., entry 5.
Questo sancto libro si ha due nomi... E 42 Sup., entry 4.
Questo tormento i tradictor tormenta... E 56 Sup., entry 6.20.
Qui cessit [for se scit] (!) [*Decretum*, secunda pars, causa 2, questio 6, cap. 12]. Canon hic ascribitur Julio, et est Vigilii... E 60 Sup., entry 21.
Qui ci manca ordine luna... E 41 Sup., entry 1.2.
Qui cum un[ige]nito filio tuo... E 150 Sup., entry 1.2.
Qui cupis ignotum Iugurthe noscere lentum, ... E 15 Sup., entry 4.
Qui cupit optatam cursu coniungere metam... E 66 Sup., entry 2.
Qui fit, Mecenas, ut nemo quam sibi sortem... E 52 Sup., entry 6.
Qui geneologiam vitam moresque Neronis scire desiderat Suetonium... E 146 Sup., entry 31.9.
Qui laqueum collo nectebat reperit aurum... E 74 Sup., entry 6.4.
Qui meriti florem, maturis sensibus ortum... E 57 Sup., entry 7.2.
//qui primarum et ceterarum rerum genera... E 127 Sup., entry 1.
Qui tenentur ad horas canonicas debent illas integre recitare... E 136 Sup., entry 1.
Qui vult venire... E 68 Sup., entry 1.2b.
Quia facite magnam foveam et inter eam penatis... E 146 Sup., entry 12, item 1a.
Quia fuit de generatione Anci... E 74 Sup., entry 2.1

Quia ille ducit... qui tenuerunt Fesolas multos homines antequam Florentia edificaretur militibus silianis... E 41 Sup., entry 1.3.
Quia matrem eorum adulterio polluisti... E 146 Sup., entry 6, item 2a.
Quia multaties solet dispensari in impedimentis tam quae impediunt... E 135 Sup., entry 1.
Quia Scitica gens non solet habere certa domicilia... E 146 Sup., entry 18, item 2a.
Quia semper moventur... E 146 Sup., entry 27, item 1b.
Quia sepeliar... E 146 Sup., entry 3, item 1b.
Quia si essent dei non sustinerent te... E 146 Sup., entry 21, item 1b.
Quia stultam fecit deus sapiam//... E 17 Sup., entry 9.1.
Quia tres sunt potestates fulminis... E 146 Sup., entry 30, item 2a.
Quia vero sacrificium corporis et sanguinis Domini nostri Yesu Christi quod in missa conficitur et sumitur... E 17 Sup., entry 7.
Quia vidi destructionem, destructorum Troie... E 146 Sup., entry 24, item 1a.
Quicunque regno fidit et magna potens... E 146 Sup., entry 17.
Quid ad te scribam nescio... E 124 Sup., entry 1.162.
Quid adhuc in causa tua iudices egerint... E 124 Sup., entry 1.101.
Quid comisisti, dulcissime puer Yhesu, ut sic crucieris... E 69 Sup., entry 20.1.
Quid de publica utilitate nostrorum civium sentiam... E 124 Sup., entry 1.73.
Quid de te sentiant omnes et amici et cives... E 124 Sup., entry 1.43.
Quid egerim nemi novit melius quam ego ipse... E 124 Sup., entry 1.96.
Quid enim salvis infamia nummis... E 7 Sup., entry 4.1.
Quid est grammatica. Grammatica est ars qua latini sermonis ratio... E 48 Sup., entry 1.
Quid igitur non sic oportet... E 124 Sup., entry 14.23.
Quid non mortalia pectoria cogit auri sacra fames... E 85 Sup., entry 8.4.
Quid plura. Cum etiam Cornelius Celsus mediocri vir ingenio... E 154 Sup., entry 2.
Quid sibi voluit evangelista, tot propria nomina rerum in hoc loco tam signanter exprimere... E 69 Sup., entry 12.
Quidam clericus gloriose virgini marie devotus... E 69 Sup., entry 16.1.
Quietissime viverent homines si duo verba a natura omnium tollerentur... E 58 Sup., entry 2.
Quintus Mucius augur Scevola multa narrare de Caio Lelio socero suo... E 43 Sup., entry 7; E 67 Sup., entry 2.
Quis dabit capiti meo aquam et oculis meis... E 120 Sup., entry 9.
Quod ad clericos perinet indeterminate canones exposuerunt... E 145 Sup., entry 10.6.
Quod ad me de tuo amore scribis... E 124 Sup., entry 1.147.
Quod ad te scribo maxime ad divinum cultum attinet... E 124 Sup., entry 1.89.
Quod ad te scribo tale est ut id maxime ad rem tuam... E 124 Sup., entry 1.13.
Quod apud te hoc tempore dignitatis mee rationem habeam... E 124 Sup., entry 1.115.
Quod de me sentias facile coniecto ex turpitudine hominis... E 124 Sup., entry 1.17.

Quod est puniri me ex cecatione non sufficit ad vindictam patris... E 146 Sup., entry 9, item 2a.
//quod idem supplicatur proinde nullatenus deberet molestari... E 25 Sup., entry 3.1.
Quod in referendas gratias semper attentus... E 124 Sup., entry 1.139.
Quod in me fueris equo animo hoc tue modestie fuit... E 124 Sup., entry 1.36.
Quod modestiam a me desiderari scribis... E 124 Sup., entry 1.44.
Quod nostre amicitie commonefacias magnam certe... E 124 Sup., entry 1.135.
Quod optima republica utamini magis vestra... E 124 Sup., entry 1.72.
Quod quam sperem de meo in te animosatis persuassum esse... E 124 Sup., entry 1.116.
Quod quispiam sacerdote non presente communionem propria manu capere cogatur... E 145 Sup., entry 16.
Quod Tiberio Claudio non afueris minime officium tuum reprehendo... E 124 Sup., entry 1.4.
Quom paucis ante diebus Romam revertissem... E 115 Sup., entry 1.22.
Quomodo Grecorum historias magis... E 23 Sup., entry 2.
Quomodo Grecorum ystorias magis... E 22 Sup., entry 1; E 33 Sup., entry 1.
Quomodo in periculis reipublice me gesserim... E 124 Sup., entry 1.123.
Quoniam alia gloria est solis et alia lunae est quoque sacramentorum... E 145 Sup., entry 19.
Quoniam autem de anima secundum ipsam determinatum est... E 71 Sup., entry 13.
Quoniam circa confessiones animarum pericula sunt... E 73 Sup., entry 2.
Quoniam de gestis beatissime Virginis, Dei genitricis, admodum pauca in evangelica reperiuntur historia... E 69 Sup., entry 2.
Quoniam dilecte mi frater in domino... E 120 Sup., entry 15.
Quoniam grex ad vocem proprii pastoris adcurrit... E 72 Sup., entry 10.
Quoniam in medio laqueorum positi sumus... E 120 Sup., entry 7.
Quoniam interfectus fuit et tamen mors me non apprehensit... E 146 Sup., entry 18, item 2a.
Quoniam mi Iohannes antea etiam non sollicitante... E 115 Sup., entry 1.7.
Quoniam mi suavissime Cosme te olim patriis pulsum... E 115 Sup., entry 1.69.
Quoniam non est... E 43 Sup., see Miniatures.
Quoniam omne peccatum a superbia trahit originem... E 73 Sup., entry 1.
Quoniam oportebat eos etiam qui abfuerint a sancta synodo propter aliquam causam... E 145 Sup., entry 8.3a.
Quoniam oportet numerare generationem ascendentem et descendentem et eos qui sunt ex obliquo et natos ex eis... E 145 Sup., entry 14.
Quoniam quartum iam pascha praeteriis ex quo persequutio est his... E 145 Sup., entry 10.2.
Quoniam quidam impatientius potius quam [st]udiosius opusculum quod moliebar... E 151 Sup., entry 1.
Quoniam quidem intelligere et scire contingit circa omnes scientias... E 71 Sup., entry 3.
Quoniam quidem multi conati sunt... E 33 Sup., entry 1.

Quoniam quidem quattuor cause determinate sunt... E 71 Sup., entry 8.
Quoniam ut ait apostolus Petrus spiritu sancto affati locuti sunt... E 73 Sup., entry 1.
Quoniam, ut ait Gregorius super Ezechielem, nullum omnipotenti Deo sacrificium tale est... E 27 Sup., entry 1.
Quoniam ut ait Gregorius super Ezechielem, nullum omnipotenti Deo tale sacraficium est... E 110 Sup., entry 1.
Quos possum rogare... E 146 Sup., entry 21, item 2b.
Quos premis... E 146 Sup., entry 6, item 1b.
Quousque tandem abutere, Catilina, patientia nostra... E 62 Sup., entry 6.

Raqi'a [Heb.]. Apud Chaldaeos non serus [!] atque apud Hebraeos raqi'a accipit pro toto aerio tractu sub coelis... E 60 Sup., entry 4.
Rationem verbi quod Deus ipse sit caritas... E 22 Sup., entry 1.
Recepi pridem a te litteras semilaceras... E 115 Sup., entry 1.63.
Recepi una cum muneribus tuis litteris quoque... E 115 Sup., entry 1.102; E 124 Sup., entry 6.13.
Receptum in primitiva ecclesia fuisse Paulus I Corinthius 14... E 60 Sup., entry 30.5.
Recipe agaraci cum drammae iii mastice... E 116 Sup., entry 5.4.
Recipe aleos drammae ii mirri non... E 116 Sup., entry 6.7.
Recipe aleos epatici 5 drammae mirre ellecte drammae 6 crocii reubarbari ellecti... E 116 Sup., entry 5.3.
Recipe aquam ardentis... E 116 Sup., entry 6.11.
Recipe aquam majorane drammae quatuor... E 116 Sup., entry 6.14.
Recipe aque bugulosse... E 116 Sup., entry 6.1.
Recipe con grani ellecti liquiritie... E 116 Sup., entry 1.4.
Recipe coralorum albi... E 116 Sup., entry 6.5.
Recipe cornucervi adusti dramma i... E 116 Sup., entry 1.2
Recipe corticum et granorum thuribilum... E 116 Sup., entry 6.12.
Recipe diptani tormentille... E 116 Sup., entry 6.4.
Recipe drammae quinti rossia drammae quinti buglossati... E 116 Sup., entry 6.2.
Recipe flores borgamis bugulosse... E 116 Sup., entry 6.3.
Recipe granorum primi ellectorum et lotorum in aqui calida drammae iii... E 116 Sup., entry 1.1.
Recipe laudare ellecti drammae ii storacis calamite dramma i... E 116 Sup., entry 6.13.
Recipe letoinem ruthi celidonie fragranie... E 116 Sup., entry 6.15.
Recipe masticis dramma i... E 116 Sup., entry 8.3.
Recipe mirobalanorum kebulorum conditorum drammae ii... E 116 Sup., entry 6.16.
Recipe oleum rossia dramma i oleum muntillorum masticis... E 116 Sup., entry 8.4.
Recipe oleum spia oleum masticis... E 116 Sup., entry 8.1.
Recipe passulasi iurabarum... E 116 Sup., entry 6.9.
Recipe pulpas pullorum... E 116 Sup., entry 1.3.
Recipe seminis mellonum... E 116 Sup., entry 6.8.

Recipe tarturi vini ab salisarmoniaci auripigmenti... E 116 Sup., entry 5.1.
Recipe thuribilum masticis ante dramma 1 boliarmeni sanguinis draconis... E 116 Sup., entry 5.2.
Recognosces ac si diceret scio te esse doctum... E 44 Sup., entry 4.1.
Recreatus sum totus mi Brunus suavissime ex litteris tuis optatissimis... E 124 Sup., entry 2.
Recreatus sum totus mi Francisce... E 115 Sup., entry 1.40; E 124 Sup., entry 4.14.
Recte inquit Crassus tuus ille Apollonius Antoni cum dicendi artem traderet... E 127 Sup., entry 1.
Recte vobis accidit quod patria vestra antiqua libertate donata est... E 124 Sup., entry 1.64.
Reddidit mihi Cosmus noster litteras tuas... E 115 Sup., entry 1.10.
Reddite mihi fuere littere tue his diebus superioribus plene... E 124 Sup., entry 19.
Reddite sunt mihi nudius tertius littere tue... E 115 Sup., entry 1.33; E 124 Sup., entry 4.7.
Redegi in parvum volumen nonnullas epistolas... E 115 Sup., entry 1.79; E 124 Sup., entry 6.11.
Redemite vos fratres dum pretium habetis... E 14 Sup., entry 16.
Refert in prima *Tusculanarum questionum* Cicero se quom librum legeret platonis... E 115 Sup., entry 1.28; E 124 Sup., entry 4.24.
Religio in paupertate fundatur, erigitur obedientia, dedicatur castitate... E 69 Sup., entry 22.
Reliquias hesterne mense, fratres, hodie vobis reddere volo es mensa eium corporali... E 14 Sup., entry 14.
Reliquorum autem primum considerandum est de memoria et memorari et propter quas causas sit... E 71 Sup., entry 14.
Rem Hermolai nostri nequivi componere... E 115 Sup., entry 1.35; E 124 Sup., entry 4.9.
Rem mihi nuncias gratissimam nam ut bella civilia... E 124 Sup., entry 1.26.
Rem non consuetam ad te scribo quam si quanta fit... E 124 Sup., entry 1.67.
Rem publicam, Quirites, vitamque omnium vestrum... E 62 Sup., entry 9.
Remansit causa matrimonialis suspensa... E 43 Sup., entry 13.1.
Res quoque aecclesiarum vestarum et oblationes fidelium... E 144 Sup., entry 2.
Res veneranda profecto et honoranda et a beatis et sanctis patribus nostris... E 145 Sup., entry 8.7.
//respondeas; reliqua ut perficias eaque quam primum... E 124 Sup., entry 4.1.
Reverende in Christo pater et domine mi unice post humilem debitamque commendationem. Favente domino Laudam... E 124 Sup., entry 27.
Reverendi e beati padri antichi/ cui dio amo per gratia e per virtute... E 56 Sup., entry 5.7.
Reverendissime in Christo pater et domine, domineque mi colendissime. Et si quindecim iam effluxis... E 57 Sup., entry 1.
Reverentia est maxime necessaria in recitatione horarum in choro... E 136 Sup., entry 1.

Rex fuit Herodes Iudaea in gente cruentus... E 57 Sup., entry 5.
Richardus de Sancto Victore in libro de laudibus beatae Mariae virginis... E 120 Sup., entry 10.
Rogasti me, ut aliquem modum contemplandi in passione Dei nostri monstrarem tibi... E 69 Sup., entry 19.
Rogavit me pridem cardinalis Sancti Marcelli... E 115 Sup., entry 1.24.
Romani de more solent amantissime frater cum merum vendere mallint... E 124 Sup., entry 35.
Romani sunt in partes Ytalie. Hi praeventi sunt... E 22 Sup., entry 1; E 33 Sup., entry 1.
Romani sunt in partibus Ythaliae. Hii praeventi sunt... E 23 Sup., entry 2.
Romanum igitur imperium quo ad ordinem nullius fere minus... E 28 Sup., entry 1.
Ruffani et lusinghieri apportatori... E 56 Sup., entry 6.11.
Rursum in libro Hester alphabetum... E 22 Sup., entry 1; E 33 Sup., entry 1.

Sacerdotes qui sacrificaverint postea reluctati fuerint... E 145 Sup., entry 6.1.
Sacra scriptura dividitur in...legem...prophetas...psalmos...in doctrinam evangelicam... E 22 Sup., entry 4.
Sacristare. Donna Flavia Sommariva... E 138 Sup., entry 1.
Sacrorum et divinorum canonum usus floruit quidem ex eo tempore, cum Christus inter homines veniabatur Deus et homo... E 145 Sup., entry 1.
Saepe multumque cogitavi dignissime praesul deberemne has in abdiam et jonam... E 60 Sup., entry 36.
Saepius ante oculos res humanas proponenti mihi Leonelle princeps... E 83 sup., entry 3.
Salve cara deo tellus sanctissima salve... E 56 Sup., entry 27.
Salve, nostra salus agnus mitissime, salve... E 124 Sup., entry 22.
Salve regina, salve, salve tanto... E 56 Sup., entry 32.1.
Salve sancta facies nostri redemptoris... E 56 Sup., entry 28.
Salve te dica ogn'um col Gabriele... E 56 Sup., entry 10.
Sancta et inter sanctos post Deum singulariter sancta Maria, admirabilis virginitatis... E 69 Sup., entry 11.1.
Sancte donne e beate la cui mente... E 56 Sup., entry 5.11.
Sanctifica quesumus domine deus. Per tui nominis invocationem huius oblationis hostiam et per eam nos metipsos tibi perfice munus eternum... E 150 Sup., entry 1.2.
Sanctificatio venerande Dei genetricis et perpetue Virginis Marie, fratres dilectissimi, quemadmodum per multa signorum experimenta... E 69 Sup., entry 15.
Sanctorum poculorum tegmenta et sanctorum patenarum similiterque reliquiis sancta mensae apparatas... E 145 Sup., entry 19.
Sanctorum vita ceteris norma vivendi est... E 14 Sup., entry 5.
Sanctum Ionam Hebrei affirmant... E 23 Sup., entry 2; E 33 Sup., entry 1.
Sanctus episcopus Cardubae dixit non tantum prava consuetudo, quantum perniciosissima... E 145 Sup., entry 9.6.
Sanctus Ioel apud Hebreos... E 23 Sup., entry 2; E 33 Sup., entry 1.
Sanctus Iohel apud Hebreos... E 22 Sup., entry 1.

Sanis homo, qui et bene valet, et suae spontis... E 154 Sup., entry 1.
Sapientia dei quae os muti aperuit, et rudibili animali humana verba formare tribuit... E 120 Sup., entry 4.
Sapientis autem, ut conveniens est, interrogatio etiam stultum sapientem reddit... E 145 Sup., entry 10.4.
Satis nos oportet timere, fratres karissimi, tres causas... E 14 Sup., entry 13.
Satis spectata est mihi integritas tua nec... E 124 Sup., entry 1.18.
Satisfeceras desiderio meo cum religionem ad bene vivendum... E 124 Sup., entry 1.86.
Sator deorum cuius excussum manu... E 146 Sup., entry 29.
Saturnus Poluris et Opis filius rex Cretae primo deinde Italiae fuit... E 128 Sup., entry 3.
Sciendum est quod moderno tempore in Apulia in provincia Capitanate... E 21 Sup., entry 7.
Sciendum etiam ne quis... E 22 Sup., entry 1.
Sciendum vero est quod omnes planete in quibusdam signis... E 12 Sup., entry 2.1.
Scientia feria brevia: Endivie... E 116 Sup., entry 8.2.
Scientia feria maiore: Curcurbite... E 116 Sup., entry 8.2.
Scilicet flaminici... E 43 Sup., entry 4.2.
Scio in hac tua nova insignique dignitate... E 115 Sup., entry 1.50; E 124 Sup., entry 4.25.
Scio te libenter legere que mea sunt... E 115 Sup., entry 1.45; E 124 Sup., entry 4.19.
Scio te novarum rerum cupidumesse... E 124 Sup., entry 1.53.
Scito me omnibus post habitis magno studio perfecisse omnia... E 124 Sup., entry 1.83.
Scitore quia magnificavit Christus suum martyrem Julianum... E 129 Sup., entry 7.1.
Scribere me aliquid et devotio iubet et prohibet occupatio... E 69 Sup., entry 12.
Scribis ad me certiorem te factum... E 115 Sup., entry 1.59.
Scribis te posteaquam discesseris ternas aut quaternas litteras... E 115 Sup., entry 1.49; E 124 Sup., entry 4.23.
Scribo ad te de concordia et pace... E 124 Sup., entry 1.25.
Scribo ad te de religione que una res semper... E 124 Sup., entry 1.91.
Scripsi de bello conficiendo de annona comperanda... E 124 Sup., entry 1.103.
Scripsi olim diversis in locis ac temporibus plures epistolas ad Nicolaum Nicolum... E 115 Sup., entry 1.78; E 124 Sup., entry 6.10.
Scripsimus tibi etiam prius referre plurimum ad ea quae dicis... E 83 sup., entry 1.11.
Scripsistis mihi censere vos eandem mentem in *Republica* esse vobis conservandam... E 83 sup., entry 1.7.
Scripsit ad te Santes noster se plurimim molestari... E 115 Sup., entry 1.46; E 124 Sup., entry 4.20.
Scripsit mihi vir doctissimus... E 115 Sup., entry 1.4.
Se alcuno homo primo inniquo... E 43 Sup., entry 2.9.
Se el vostro fiolo he facto et chiamato da dio al suo servicio che ci perdite

nui o vero ci perde esso... E 109 Sup., entry 8.
Se mei lector dalcuna... E 141 Sup., entry 2.
Se tu sapis hio quella chi ho intento el cora spem... E 45 Sup., entry 8.3.
Se tu volli pienamente pervenire ala gratia de dio... E 109 Sup., entry 7.
Secunda qualitas essentialis confessionis est ut paenitens cum debita diligentia... E 138 Sup., entry 1.
Secunda tragiedia [!] est de Thyeste, cui pro agumento [!] premictendum est quod Atreus et Thyestes erant fratres... E 146 Sup., entry 4.
Secundo anno Darii regis... E 22 Sup., entry 1.
Secundum narrationam apostolorum et per inspirationem spiritus sanctus... E 73 Sup., entry 3.4.
Secundum veridicorum historiographorum auctoritates invenitur Venetorum gentem validam et prudentem... E 38 Sup., entry 1.
Sed anno Christi 752 Agillulfus rex Longobardorum filius et successor Luprandi... E 38 Sup., entry 4.2.
//sed pone quod electus est aliquis vacante curia. Sciens si non venit... E 131 Sup., entry 1.2.
Segnore mio dona al mio core desiderare ti e desiderando cerchare te... E 54 Sup., entry 15.6.
Selota' de'aliph bah Yeshua' 'echiha' maran lethalmidoi ulkal-meshiha'e. 'avunan devishmaya'... E 60 Sup., entry 30.14.
Semper amicitiam que ex honestate esset... E 124 Sup., entry 1.133.
Semper ego auditor tantum... E 50 Sup., entry 1.
Sempre nel mondo i prodighi et gli avari... E 56 Sup., entry 6.5.
Senlis in qua ego sum... E 43 Sup., entry 8.2.
Sepe et multum hoc mecum cogitavi, bonine an mali plus attulerit hominibus... E 59 Sup., entry 3.
Sepe recorderis bone frater quod morieris... E 129 Sup., entry 4.1.
Septe fiate el di te lauday el psalmista... E 109 Sup., entry 1.
Septem res sunt in homine rudi, et imperito... E 60 Sup., entry 25.2.
Septimum iam diem certire tenebamur... E 124 Sup., entry 14.7.
Septum et vigilatum ad lumen... E 43 Sup., entry 10.1.
Sepulto domino a iudeis signatum est monumentum et traditum eum custodibus... E 120 Sup., entry 9.
Sequentur de vii mortalibus peccatis quae sunt ista scilicet superbia, invidia, gula, luxuria... E 73 Sup., entry 3.6.
Sequentur de vii virtutibus quae sunt haec, scilicit fides, spes, caritas... E 73 Sup., entry 3.7.
Sermo ergo dicendi pietate distincta... E 85 Sup., entry 1.
Servatis domini pactum tantumque eum solum deum verum adorantis id est sabbata... E 60 Sup., entry 17.
Servitium beate virgini devote impendendum. Salutanda et benedicenda sunt omnia membra beatae Mariae virginis... E 120 Sup., entry 10.
Sexta tragedia que troas dicitur tali initimur argumento. Troia euersa... E 146 Sup., entry 16.
Si a nostris legibus non abhorret causa tua... E 124 Sup., entry 1.8.
Si adiumentis de quibus ad me scripsisti instructa est... E 124 Sup., entry 1.6.
Si aut fiscellam iunco... E 22 Sup., entry 1; E 33 Sup., entry 1.

Si autem fiscellam iunco... E 23 Sup., entry 2.
Si catechumenus puer ut septem annorum vel homo perfectus occurrerit... E 145 Sup., entry 10.10.
Si causa Pomponii iure deffendi poterit... E 124 Sup., entry 1.137.
Si cives prestantissimi latine muse hoc in loco per se loqui... E 115 Sup., entry 1.99.
Si como ce insegni la scriptura, la amicitia non e verace se ha fondamento... E 54 Sup., entry 8.1.
Si cura diligenti recogito que partim in scriptis partim quoque relactione vulgari concipio... E 38 Sup., entry 13.
Si de nostra republica liberius ad te hoc tempore scribo... E 124 Sup., entry 1.75.
Si Deum, ore prophetico, iubemur in sanctis suis laudare... E 69 Sup., entry 2.
Si ea in me esset vel auctoritas vel facultas... E 124 Sup., entry 1.70.
Si ergo cupis, O fili, militare domino, praeter illum solum ne milites cuiquam... E 120 Sup., entry 8.
Si ex sancto Calice vel ex sancta paterna fusum fuerit aliquid in terram... E 145 Sup., entry 19.
Si fieri posset quod harene pluvis et virde... E 69 Sup., entry 3.2.
Si in nostram rempublicam omnes eodem animo... E 124 Sup., entry 1.120.
Si licitum est mihi apud te ad Yherosolime partes volo ascendere... E 69 Sup., entry 5.1.
Si meo aliquo officio poterit sedari odium Antonii... E 124 Sup., entry 1.14.
Si mihi tecum non et multe et iuste cause amicicie privatim essent... E 124 Sup., entry 20.1.
Si optas ex me scire quid a te maxime velim... E 124 Sup., entry 1.33.
Si per ignorantiam abluatur antimentium non deponit sacramentationem... E 145 Sup., entry 4.
Si plene vis assequi quod intendis duo sunt tibi necessaria... E 120 Sup., entry 16.
Si pro honore quem hodierno die prestantissimi... E 115 Sup., entry 1.87; E 124 Sup., entry 6.7.
Si quas accedit... E 73 Sup., entry 3.2.
Si quid est in me ingenii, iudices, quod sentio... E 62 Sup., entry 13.
Si quid est quod ullo tempore apud te... E 124 Sup., entry 1.93.
Si quis ad aeternam festinat tendere vitam... E 17 Sup., entry 1.
Si quis ea esset facultate doctissimi patres ut iuris civilis scientiam satis digne laudare atque extollere dicendo posset... E 115 Sup., entry 1.82.
Si quis matrimonium accusaverit et eam quae dormit cum viro suo... E 145 Sup., entry 9.3.
Si quis operis titulum diligens examinator inspiciat, cum de differentiis conscribebamus... E 59 Sup., entry 10.
Si quis vel sentit vel docet vel predicat vel manifeste vel occulte praeexistere... E 145 Sup., entry 18.
Si separavis preciosum a villi, quasi os meum eris Hieremias XVI... E 25 Sup., entry 2.
Si septuaginta interpretum pura... E 22 Sup., entry 1; E 23 Sup., entry 2; E 33 Sup., cntry 1.

Si tantum ingenio aut dicendi facultate valerem... E 115 Sup., entry 1.81; E 124 Sup., entry 6.1.
Si te non conveni cum Ferrariam nuper accessisti... E 115 Sup., entry 1.117.
Si te nova delectant habeo quidem... E 124 Sup., entry 1.59.
Si tibi non satis perspectus est animus eius... E 124 Sup., entry 1.19.
Si ullo tempore de rebus magnis ad te scripsi... E 124 Sup., entry 1.47.
Si ullum apud te locum preces mee unquam habiture sunt... E 124 Sup., entry 1.97.
Si ullum inopie mee finem... E 124 Sup., entry 1.161.
Si vales bene est ego quidem valeo... E 115 Sup., entry 1.6.
Si vir humanissime tibi ut par est verum fateri voluero errorem meum... E 124 Sup., entry 3.
Si vitio meo quod multis accidere video... E 124 Sup., entry 1.159.
Sic ubi fata vocant undis abiectus in herbis... E 84 Sup., entry 1.7.
Sicut decuit certa tempora orationi publica praescribi, ut diximus in capite praecedenti... E 136 Sup., entry 1.
Sicut dictum est intentio spiritus sancti in hoc libro est declarare per cuiusdam viri justi flagellationem absque culpa... E 131 Sup., entry 2.
Sicut Dominus noster Yesus Christus non permisit hunc mundum perire... E 14 Sup., entry 18.
Sigillum confessionis theologi communiter appellant obligationem... E 138 Sup., entry 1.
Signa aquarum et ventorum et tempestatum et serenitatum sic scripsimus... E 51 Sup., entry 2.
Significavi nuper per epistolam Carolo Aretino dolorem... E 115 Sup., entry 1.98.
Signore mio Yhesu Christo, redemptione mia, misericordia mia, ti laudo, ti adoro, a ti rendo laude... E 54 Sup., entry 15.1
Sileat misericordiam tuam, Virgo beata, si quis est qui te invocatam in neccesitatibus suis... E 69 Sup., entry 10.3.
Sillabas celestibus sacramentis plenas, ore poluto, timorem mihi et verecundiam immittit... E 69 Sup., entry 8.
Simile est opus stellarum in hoc mundo sensibili opera magnetis et ferri... E 114 bis Sup., entry 1.
Similitudo est duplex, totalis et partialis... E 7 Sup., entry 2, item 1.
Sine baculo... E 15 Sup., entry 5.2.
Singula ecclesiastica iuris officia singulis quibusque quod personis committenda sunt... E 59 Sup., entry 14.
Siqua tamen cecis erabunt scripta lituris... E 84 Sup., entry 1.11.
Siquis in agritudine a medicus chirurgia fuerit affectus vel a barbaris excisus... E 145 Sup., entry 8.1.
Siquis in hoc artem populo non novit amandi... E 45 Sup., entry 1.
Siquis iudices forte nunc adsit, ignarus legum iudiciorum... E 62 Sup., entry 10.
Sis quasi defunctus, quasi fetidus atque sepultus... E 129 Sup., entry 4.2.
Siste quid ipse velim, rogito, cognosce viator... E 41 Sup., entries 10 and 24.
Siste viator iter properos conpesce meatus... E 124 Sup., entry 36.1.
Sit igitur nobis tanquam in ymagine descripta virginitas, vita beate Marie... E 69 Sup., entry 9.

Sola causa quare non licet obedire parentibus deus est... E 120 Sup., entry 17.
Solicitat ita viam me tua mi Tiro... E 124 Sup., entry 14.25.
Solicitudinem tuam ac studium quo in mea causa... E 124 Sup., entry 1.145.
Sophim [Heb.] appellant hebraei homines doctissimos ... E 60 Sup., entry 28.6.
Sopra una rena sempre mai arsiccia... E 56 Sup., entry 6.10.
Soror tonantis hoc enim solum micci... E 146 Sup., entry 2.
Spaventasi molto la vita mia, perche se io la ricercho bene sotilmente... E 54 Sup., entry 15.2.
Spera igitur ab Euclyde sic describitur... E 12 Sup., entry 1.
Spero ex tuis litteris tibi melius esse... E 124 Sup., entry 14.27.
Spero me animo prospexisse qua ratione possit tua causa... E 124 Sup., entry 1.79.
Spiritus sanctus procedens a throno apostolorum... E 68 Sup., entry 1.2a.
Sponsalia in multis casibus dissolvuntur in quibus... E 133 Sup., entry 1.
Stabat iuxta crucem Yhesu mater eius tempore vernali cum ad alta celi sol incipit ascendere... E 69 Sup., entry 18.
Stato fussì io quando la vidi prima... E 56 Sup., entry 30.1.
Statueram mihi unica tamen defensione finem refellendi Francisci Philelphi hominis nequissimi crimina quedam... E 115 Sup., entry 1.72.
Stava presso a la croce la madre sua... E 109 Sup., entry 2.
Stige d'inferno vie' a dir tristitia... E 56 Sup., entry 6.24.
Stulto interroganti sapientiam sapientia amputatur... E 145 Sup., entry 10.4.
Sub Decio et Valeriano persecutoribus, quo tempore Cornelius Rome... E 48 Sup., entry 2.
Sublimes ortus in finibus europe... E 147 Sup., entry 8.
Sulpicii magnum in rempublicam amorem narras... E 124 Sup., entry 1.58.
Summa cognitionis nature et scientie ipsam significantis... E 71 Sup., entry 4.
Summa Trinitade, una virtu e non partita maista, Deo nostro... E 54 Sup., entry 2.
Summas habeo tibi gratias agoque... E 115 Sup., entry 1.106.
Sunt igitur haec virtutes quaedam probate in iuvenibus et scale salubres... E 120 Sup., entry 15.
Sunt qui videre velint rome vocabulum ab Eurando primum datum... E 151 Sup., entry 1.
Super hoc loco Augustinus in epistula Ad Macedonium quae incipit. *Quamvis sapientiam quam mihi tribus* et cetera. Ubi dicit ciceroniem... E 53 Sup., entry 2.1.
Superbus animus ad hoc quod sponte non appetit nullis exhortationibus flectitur... E 120 Sup., entry 13.
Superiore libro Catilina circumventus elequentia Ciceronis... E 62 Sup., entry 7.
Supermirabile, equale al angelo... E 42 Sup., entry 2.
Supplicationem servorum tuorum, Deus miserator, exaudi, ut qui sancte Dei genetricis Marie memoriam agimus... E 69 Sup., entry 1.
Supposita distinctione probatur in divinis quod est articulus fidei... E 55 Sup., entry 12.
Surge ergo benignissima virgo misericorditer actura pro nobis... E 69 Sup.,

entry 11.2.
Suscepit antem vita hominem consuetudoque... E 146 Sup., entry 32.5.
Suspicienda igitur lex dei... E 53 Sup., entry 3.
Symon Petrus filius Iohannis provincie Galilee... E 22 Sup., entry 1.
Symonici col capo di sotto... E 56 Sup., entry 6.12.

Tabellarius tuus nuper ad me detulit... E 124 Sup., entry 1.94.
Tal par con passo lento vada che... E 56 Sup., entry 21.
Talus est Penolope litera... E 84 Sup., entry 2.
Tam nitido fueras Leonine et vellere longo... E 124 Sup., entry 18.2.
Tametsi lectis tuis literis vir ornatissime totius mihi displicui quod nihil eorum... E 60 Sup., entry 19.
Tandem aliquando, Quirites, Lucium Catilinam furentem audacia... E 62 Sup., entry 8.
Tandem ex magna solicitudine ac metu liberatus sum... E 124 Sup., entry 1.65.
Tandem finito Pentatheuco Moysi... E 22 Sup., entry 1; E 23 Sup., entry 2; E 33 Sup., entry 1.
Tanta videbatur tibi mens Leonine Catelle... E 124 Sup., entry 18.1.
Tantalus Pelopis olim filius aput inferos in penis existens... E 146 Sup., entry 31.2.
Tantis incommodis hoc tempore afficior... E 124 Sup., entry 1.150.
Tanto me dolore littere tue affecerunt... E 124 Sup., entry 1.149.
Tantum abest mi Alberte... E 115 Sup., entry 1.38; E 124 Sup., entry 4.12.
Tardiusculus fui in respondendo tibi quam res postulabat... E 115 Sup., entry 1.58; E 124 Sup., entry 4.30.
Te quoque Virgilio comitem non equa, Tibulle... E 41 Sup., entry 5.
Tempora cum causis Latium digesta per annum... E 44 Sup., entry 3; E 74 Sup., entry 1.
Temporibus Ioathan et Achaz... E 22 Sup., entry 1.
Temporibus Ioathe et Achaz... E 23 Sup., entry 2.
Temporibus Ozie et Ioathan... E 22 Sup., entry 1.
Temporibus Ozie et Ioathe... E 33 Sup., entry 1.
Temporibus Ozie et Ionathe... E 23 Sup., entry 2.
//Tentans ad disputandum elicere non potuissem... E 127 Sup., entry 3.1.
Ter. Syracusas profectus est Plato... E 83 sup., entry 1.
Terra pura lapis non fit quia continuationem non facit... E 51 Sup., entry 3.
Terret lustrat agit Proserpina, Luna, Diana... E 85 Sup., entry 8.1.
Tertia pars integralis sacramenti paenitentiae seu eius materiae, ut diximus, est satisfactio... E 138 Sup., entry 1.
Tertia tragiedia [!] est Thebais cui pro argumento premictendum est, quod Edippus qui patrem occiderat... E 146 Sup., entry 7.
Tertiam ad te hanc epistulam scripsi... E 124 Sup., entry 14.12.
Tessalonicenses sunt Macedones. Hii... E 23 Sup., entry 2.
Theodoreti in Hieremium... E 60 Sup., entry 8.
Thesalonicenses sunt Macedones. Hii... E 22 Sup., entry 1.
Thessalonicenses sunt Macedones. Hii... E 33 Sup., entry 1.
Thrax puer astricto glacie dum ludit in Ebro... E 41 Sup., entry 20.
Tibi confiteor o[mnia peccata] mea omnia mala... E 14 Sup., entry 24.

Timens dudum reverendissime pater futuras nostras calamitates... E 115 Sup., entry 1.67.
Timotheum instruit et docet de ordinatione... E 22 Sup., entry 1; E 23 Sup., entry 2; E 33 Sup., entry 1.
Tiranni Graece dicuntur, idem latine et reges... E 146 Sup., entry 32.3.
Tiranni stati grandi rubatori... E 56 Sup., entry 6.8.
Tito relicto episcopo Cretae... E 22 Sup., entry 1.
Titum commonefacit et instruit... E 22 Sup., entry 3.4; E 33 Sup., entry 1.
Toxica zelotipo dedit uxor moecha marito... E 74 Sup., entry 6.3.
Tractatum de spera quattuor capitulis distinguemus... E 12 Sup., entry 1; E 114 Sup., entry 6.
Tractaturus Tullius doctrinam rethorice artis integram atque perfectam prohemium premittit... E 7 Sup., entry 2.
Tractatus iste continet novem partes. Prima pars continet de hiis que valent ad detestationem vicii... E 25 Sup., entry 1.
Tractavimus superius de impedimentibus dirimentibus vinculum matrimonii... E 135 Sup., entry 1.
Tradunt Ebrey cuiuscumque prophete... E 22 Sup., entry 1.
Tradunt Hebrei cuiuscumque prophete... E 23 Sup., entry 2; E 33 Sup., entry 1.
Tragedia est carmen de magnis iniquitatibus a prosperitate incipiens... E 146 Sup., entry 32.2.
Tragedia ex vocis vastitate nominatum que concavis repercussionibus... E 146 Sup., entry 32.6.
Tragedie septime que est de Medea premictendum est pro argumento quod Iason suadente patruo suo Pelleo... E 146 Sup., entry 19.
Trax puer astricto glacie dum luderet Hebro... E 124 Sup., entry 10.
Tria sunt necessaria homini ad salutem videlicet scientia... E 17 Sup., entry 10.
Tria sunt quae circa animam nostram considerantur secundum primam divisionem... E 145 Sup., entry 10.9.
Tu.. E 146 Sup., entries 24, item 1b and 30, item 1b.
Tu qui ex anima rationali et humana carne subsistis... E 120 Sup., entry 19.
Tu quidem fecisti parum recte... E 115 Sup., entry 1.29; E 124 Sup., entry 4.3.
Tu vero confice professionem... E 124 Sup., entry 14.28.
//tua percio che la tua lode di te fa generar fastidio... E 52 Sup., entry 1.
Tua res est in tuto et iam ut aiunt in portu navigas... E 124 Sup., entry 1.81.
Tucti color di se humicidiali... E 56 Sup., entry 6.9.
Tum Catullus ne Greci quidem inquit Crasse... E 127 Sup., entry 1.
Tum quia de rebus nostris communibus... E 115 Sup., entry 1.48; E 124 Sup., entry 4.22.
Tunc adesto mihi, deus meus, quem diligo... E 120 Sup., entry 7.
Tunc mater eius dixit ad sanctum Julianum... E 129 Sup., entry 7.1.
Tytire, tu patulae recubans sub tegmine fagi... E 41 Sup., entry 2.

Ubera quid pulsas frigentia matris aenae... E 74 Sup., entry 6.2.
Ubi fuerit thesaurus tuus, ibi... E 43 Sup., entry 1.
Unde ex omnibus supradictis ad laudem gloriosi Ieronimi his verbis

concludet liber... E 21 Sup., entry 1.
Universam vim artis magicas asserunt cabalistae sitam esse aut in rebus naturalibus... E 60 Sup., entry 28.4.
Unus, duo, tres, qurtum [!] e numero, Thimee, vestro requiro... E 5 Sup., entry 1.
Usque adeo ad sanctam feminam scribit... E 22 Sup., entry 1.
Ut alimenta sanis corporibus agricultura... E 154 Sup., entry 1.
Ut ancio [for antiochio] mea itineris nihil dubitatoris tibi illata sit... E 43 Sup., entry 2.15.
Ut homines nostri, linguae chaldaicae cognitionem novi... E 60 Sup., entry 30.1.
Ut in mare fugeret Tarshish [Heb.] hoc loco Jonathan... E 60 Sup., entry 37.
Ut monarchus absque creatione in ambone ut lector faciat lectores officium... E 145 Sup., entry 20.
Ut non fieret michi qui postea non... E 41 Sup., entry 1.1.
Ut paenitens integram, veram ac fidelem faciat confessionem non solum debet confiteri omnia peccata mortalia... E 139 Sup., entry 1.
Ut possim flere per diem et noctem, donec servo suo dominis Iesus appareat in visu... E 120 Sup., entry 9.
Ut sceleris Iudaea sui polluta cruore... E 57 Sup., entry 7.4.
Ut tibi Colcorum memini regina vacavi... E 84 Sup., entry 1.12.
Utrum beata Virgo fuerit concepta in peccato originali. Et arguit quod non... E 55 Sup., entry 4.
Utrum difficilius sit facere... E 22 Sup., entry 1; E 23 Sup., entry 2; E 33 Sup., entry 1.
Utrum licitum sit vendere ad credentiam. Et primo videtur... E 73 Sup., entry 5.
Utrum sunt indivisibiles linee et totaliter in omnibus quantis est aliquid... E 71 Sup., entry 16.
Utrum Virgo contraxit peccatum originale, quod sic videtur Rom. [5.12]... E 55 Sup., entry 3.
Uxor erat quedam cerdonis pauperis olim... E 43 Sup., entry 14.
Uxorem... E 146 Sup., entry 9. item 1b.

Vacare culpa magnum est solatium presertim cum habeam duas res... E 124 Sup., entry 20.2.
Valeat ad duo... E 85 Sup., entry 1.
Varie sum affectus tuis litteris... E 124 Sup., entry 14.11.
Vellem beatissime pater et clementissime pater tantam in me ingenii ubertatem et elegantiam esse dicendi... E 115 Sup., entry 1.108.
Vellem patres prestantissimi tantam esse in me dicendi copiam et facultatem... E 115 Sup., entry 1.75.
Venerabili ac reverendissimo patri domino Leonardo de Quartino... E 55 Sup., entry 11.
Venerabili viro episcoporum eximio Augustino Yponensis praesuli Cirillus... E 21 Sup., entry 6.
Venerabilis pater pridem habui litteras a te ex Chio dupplicatas... E 115 Sup., entry 1.43; E 124 Sup., entry 4.17.
Venerunt ad nos Archippus et Philonides epistolam ferentes... E 83 sup.,

entry 1.9.
Venit mulier nobilissima quedam nomine Beldies... E 124 Sup., entry 30.
Venit nuper ad manus meas... E 17 Sup., entry 2.
Veray hora presente a me, O Idio mio, el quale yo cerco... E 54 Sup., entry 7.
Verba mea... E 129 Sup., entry 7.1.
Verberavi te cogitationis tacito... E 124 Sup., entry 14.32.
Verbum caro factum est et habitavit in nobis... E 120 Sup., entry 13.
Vere falso est querimonia nam contra reputando... E 15 Sup., entry 5.1.
Vere nobis caro factum est et nos vere nobis carnem dominico cibo sumimus... E 120 Sup., entry 13.
Vereor prestanstissime pater ne istec barbaries... E 115 Sup., entry 1.55; E 124 Sup., entry 4.28.
Vergene bella, che di sol vistitia... E 56 Sup., entry 33.
Vergine sancta di dio madre esposa/ specchio di purita lucido e terso... E 56 Sup., entry 5.5.
Versibus egregiis decursum clarus Arator... E 57 Sup., entry 7.6.
Versificaturo quedam tibi tradere curo... E 59 Sup., entry 13.
Verum philosophi ne aliquando non errent in re stulta volunt esse... E 124 Sup., entry 35.
Veruntamen intelligere te convenit non omnem librum esse tutum... E 145 Sup., entry 12.
Viam decretum... E 15 Sup., entry 2.1.
Vicesima prima distinctio. Acolyti inquit graece latine dicuntur ceropherarii... E 60 Sup., entry 20.
Victus multorum precibus lector aegre tamen et hunc librum suscepi vertendum... E 60 Sup., entry 32.
Vide quam mihi persuaserim te me esse... E 124 Sup., entry 14.33.
Vide quanta sit in te suavitas... E 124 Sup., entry 14.6.
Videamus quo tempore inceperit confessio. Ad hoc quinque sunt opiniones... E 73 Sup., entry 2.
Videndum est cui factum sit iniuriosum ipsius facientis... E 57 Sup., entry 3.
Video quid agas tuasque epistolas vis referri... E 124 Sup., entry 14.22.
Video quid sentias de podagrico nostro et eius ministris... E 115 Sup., entry 1.92; E 124 Sup., entry 6.4.
Vidimus in praecedenti capitequinam casus seu peccata... E 140 Sup., entry 1.
Vidimus superius qui teneantur horas canonicas recitare... E 136 Sup., entry 1.
Viginti duas litteras esse... E 23 Sup., entry 2; E 33 Sup., entry 1.
Viginti et duas litteras esse... E 22 Sup., entry 1.
Vir doctissimus Aurispa noster dedit mihi nummos aureos... E 115 Sup., entry 1.104; E 124 Sup., entry 6.15.
Vir eloquentissimus tuique amantissimus Candidus noster... E 115 Sup., entry 1.95; E 124 Sup., entry 6.16.
Vir insignis existimo te fortasse miraturum... E 115 Sup., entry 1.54.
Vir sapiens dominabitur astris. Ptholomeus in sapientiis almagesti... E 114 Sup., entry 1.
Virgo mundo venerabilis, mater humano generi amabilis, femina angelis

mirabilis, Maria sanctissima... E 69 Sup., entry 11.2.
Virtù celeste et titol triumphante,... E 56 Sup., entry 32.3.
Vitain animalibus et plantis communiter inventa est... E 71 Sup., entry 9.
Voces etiam sunt kaldaeae beth [Heb.] domum significat tam Hebraeis... E 60 Sup., entry 28.13.
Voces surgunt ad ethera ecclesia in Juliani martyris... E 129 Sup., entry 7.4.
Volentibus habere cognitionem in scientia astrorum necessio... E 114 Sup., entry 6.
Volui ad te saepe scribere, soror, alterius cognita... E 66 Sup., entry 1.
Volumus quod expedientes literas nostras... E 25 Sup., entry 3.4.
Volumus quod sigiletis literas nostras tenoris infrascripti videlicet dux Mediolani etc... E 25 Sup., entry 3.2.
Vox haec etiam kaldaeae est... E 60 Sup., entry 28.16.
Vulgo intelligi. In philosophus... E 127 Sup., entry 1.
Vulnera capites habent auxilia vel formarum... E 116 Sup., entry 3.
Vult crux, Lucia, cinis, charismata dia... E 50 Sup., entry 2.

Wahawah pithgam ... E 60 Sup., entry 36.

Y, G, B+... E 56 Sup., entry 3.2.
Yeya 'Elohi yorani ha-derek ha-tovah ... E 60 Sup., entry 32.
Ypolitus vocat ad sotios venatores... E 146 Sup., entry 12, item 1b.
Ysaias in Ierusalem nobili genere... E 22 Sup., entry 1.

Zacharias memor Domini sui multiplex... E 22 Sup., entry 1.

AUTHOR AND SUBJECT INDEX

Author entries are listed in capital letters while subject entries are in lower case. Medieval and Renaissance translators are included as authors. Pseudonymous attributions are separately listed immediately following the author entry.

Accolti, Benedetto: E 115 Sup., item 91.
Accounting: E 129 Sup., entry 6.
Achilles: E 84 Sup.
Acontius: E 84 Sup.
ADAM ANGLICUS, MAGISTER: E 55 Sup., entry 3.
AEGIDIUS ROMANUS, OESA: E 55 Sup., entries 8, 9 and 10.
Aeneas: E 84 Sup.
Agnus Dei: E 124 Sup., entry 22.
Agriculture: E 151 Sup.
Alamania: E 57 Sup., entry 1.
ALANUS AB INSULIS: E 7 Sup., entry 2.
Albericus presbiter: E 144 Sup., entry 8.
ALBERICUS LUNDONIENSIS: E 128 Sup., entry 4.
ALBERTUS IUDEX: E 124 Sup., entry 30.
ALBERTUS MAGNUS: E 51 Sup., entry 6.
Albertus presbiter: E 144 Sup., entry 8.
Alcabitius: E 114 Sup., entry 1.
ALCHERUS CLAREVALLENSIS: E 120 Sup., entry 7.
ALCUINUS: E 21 Sup., entry 8.
Alfonso de Vegil (Prior de san Marcos de Leon): E 123 Sup., entry 3.
ALFREDUS ANGLICUS DE SARESHEL: E 51 Sup., entry 3; E 71 Sup., entry 9.
Alto Adige: E 145 Sup.
Alvares, Lope: E 123 Sup., entry 3.
Ambrosius: E 45 Sup., provenance.
AMBROSIUS AUTPERTUS: E 120 Sup., entry 6.
Ambrosius de Lupis: E 152 Sup., entry 7.
AMBROSIUS EP. MEDIOLANENSIS: E 14 Sup., entries 2-8; E 69 Sup., entry 9.
PSEUDO AMBROSIUS EP. MEDIOLANENSIS: E 14 Sup., entry 16; E 17 Sup., entry 3; E 54 Sup., entry 12; E 109 Sup., entry 4; E 120 Sup., entries 5, 6.
Amizus presbiter: E 144 Sup., entry 8.
AMPHILOCHIUS EP. ICONIENSIS: E 145 Sup., entry 12.
Amun monachus: E 145 Sup., entry 10, item 11.
ANACHARSIS: E 57 Sup., entry 9.
Andriolus de Florentia: E 25 Sup., entry 3.
PSEUDO ANDRONICUS: E 71 Sup., entry 17.
ANSELMUS EP. CANTUARIENSIS: E 54 Sup., entry 15; E 69 sup., entry 11; E 120 Sup., entry 7.
PSEUDO ANSELMUS EP. CANTUARIENSIS: E 69 Sup., entry 15; E 120 Sup., entries 5, 19.

Johannes de Sacrobosco: E 114 Sup., entry 6.
JOHANNES DE SAXONIA: E 114 Sup., entry 1.
JOHANNES DE TORNAMIRA: E 116 Sup., entry 2.
Johannes Dias de Coronado (Prior de Uclés): E 123 Sup., entry 3.
JOHANNES EP. CITRI: E 145 Sup., entry 5.
Johannes Hispaliensis: E 114 Sup., entry 1.
Johannes Maria de Bexratio: E 152 Sup., entry 7.
Johannes presbiter: E 144 Sup., entry 8.
Johannes Salbaterii: E 4 Sup., entry 1
Johannes Steffanus de Zerbis: E 152 Sup., entry 7.
JONATHAN BEN UZIEL: E 60 Sup., entry 1.
Joseph, Saint: E 72 Sup., entry 7.
Judiasm: E 60 Sup.
Julian of Rimini, Saint, office of: E 129 Sup., entry 7.
JUSTINIANUS, BERNARDUS: see Giustiniani.
JUVENALIS, DECIMUS JUNIUS: E 7 Sup., entry 4; E 57 Sup., entry 9.
Juvenalis: E 124 Sup., entry 35; commentary on, E 50 Sup., entry 1.
JUVENCUS, C. VETTIUS AQUILINUS: E 57 Sup., entry 5.

LACTANTIUS, LUCIUS CAECILIUS FIRMIANUS: E 53 Sup., entry 3.
Lactantius: E 124 Sup., entry 35.
Laelius, Gaius: E 43 Sup., entry 7; E 67 Sup., entry 2.
Laertius, Diogenes: E 124 Sup., entry 13.
Laments: E 56 Sup.
Lamole, Giovanni: E 115 Sup., item 54.
Laodamia: E 84 Sup.
Lapidaries: E 51 Sup.
Latin language: (commentary on) E 126 Sup.
Lavezola: see Antonius.
Law, Canon: E 60 Sup.; E 110 Sup.; E 133 Sup. - E 140 Sup.; E 143 Sup. - E 145 Sup.; E 148 Sup. - E 150 Sup.
Law, Civil: E 4 Sup., entry 1; E 38 Sup., entries 6, 8-10; E 115 Sup.; E 123 Sup.; E 131 Sup.; E 148 - E 150 Sup.; E 152 Sup.
Lawyers of Milan: E 152 Sup.
Leander: E 84 Sup.
Leccomi, Barbera: E 138 Sup.
Lelli da Teramo, Simone de: E 115 Sup., item 9.
PSEUDO LEO PAPA I (MAGNUS): E 120 Sup., entry 6.
PSEUDO LEO PAPA IX: E 120 Sup., entry 6.
LEONARDUS PISANUS: E 75 Sup., entries 1 and 2.
Lesbia: E 41 Sup., entry 8.
Letoius, Metropolitan of Melitene: E 145 Sup., entry 10, item 9.
Letters: E 21 Sup., entries 4-6; E 42 Sup., entries 2-3; E 52 Sup., entry 5; E 57 Sup., entry 7; E 60 Sup.; E 66 Sup.; E 69 Sup.; E 83 Sup.; E 84 Sup.; E 109 Sup.; E 115 Sup.; E 120 Sup.; E 124 Sup.; E 133 Sup.; E 145 Sup.; E 147 Sup.
Leucate presbiter: E 144 Sup., entry 8.
LEVITA, ELIAS: E 60 Sup., entries 32 and 33.
Liberal Arts: E 13 Sup.

MARTINEZ, MARTIN: E 60 Sup., entry 9.
Mary, Blessed Virgin: E 55 Sup.; E 69 Sup.; E 72 Sup.; E 109 Sup.; E 120 Sup.; E 124 Sup.
MARZANUS, JOANNES: E 60 Sup., entries 5-7.
Mass (treatises on): E 17 Sup., entry 7; E 129 Sup., entry 2.
Master of the *Vitae impertaorum*: E 110 Sup.; E 78 Sup.
Mathematics: E 41 Sup., entry 27; E 75 Sup.; E 86 Sup.
Mathurin atelier: E 33 Sup., miniatures.
MATTHAEUS DE CRACOVIA: E 17 Sup., entry 5.
Maximus de Scharanaziis: E 152 Sup., entry 7.
Medea: E 84 Sup.
Medici, Cosimo: E 115 Sup., items 62, 66, 69.
Medici, Nicolo di Vieri de: E 115 Sup., items 17, 47; E 124 Sup., entry 4.
Medicine: E 59 Sup., entry 1; E 114 bis Sup.; E 115 - E 116 Sup; E 154 Sup.
Meditations: E 43 Sup.; E 54 Sup.; E 79 Sup.; E 109 Sup.; E 120 Sup.
membra disiecta: E 4 Sup., entry 1; E 14 Sup., entries 1 and 24; E 17 Sup., entries 9-10; E 25 Sup., entry 3; E 43 Sup., entry 1; E 52 Sup., entry 1; E 69 Sup., entries 1 and 26; E 79 Sup., entry 1; E 128 Sup., entries 1 and 5; E 129 Sup., entry 7; E 131 Sup. entry 1; E 150 Sup., entry 1.
memory: E 71 Sup.
Menoeceus: E 124 Sup., entry 13.
MERCERUS, JOANNES: E 60 Sup., entries 34-38.
Mezano: see Petrus.
Milan: E 142 Sup., E 144 Sup., E 152 Sup.; (S. Fidele), E 14 Sup.; (statutes), E 152 Sup.; (Visconti chancery), E 25 Sup.
Military orders: E 123 Sup.
Milo, Titus Annius: E 62 Sup., entry 15.
Miniatures:
Abishag: E 33 Sup.
Adam: E 23 Sup.; E 33 Sup.
Agamemnon: E 146 Sup.
Aggeus: E 33 Sup.
Ahasuerus: E 33 Sup.
Amos: E 33 Sup.
Angel: E 33 Sup.; E 67 Sup.
Animal head: E 23 Sup.; E 33 Sup.
Anna: E 33 Sup.
Antaeus: E 146 Sup.
Antigone: E 146 Sup.
Antiope: E 146 Sup.
Artaxerxes: E 33 Sup.
Artist, self portrait: E 146 Sup.
Augustine: E 2 Sup.
Bartholomaeus de S. Concordio Pisanus: E 27 Sup.
Baruch: E 33 Sup.
Benedict, Saint: E 78 Sup.
Birds: E 23 Sup.; E 33 Sup.; E 146 Sup.
Catherine of Alexandria, Saint: E 78 Sup.
Clytemnestra: E 146 Sup.
Constellations: E 146 Sup.
Creation: E 23 Sup.; E 33 Sup.
Crucifixion: E 33 Sup.
Cyrus: E 33 Sup.
Daniel: E 33 Sup.
David: E 33 Sup.; tree of David, E 33 Sup.
Dragon: E 23 Sup.; E 59 Sup.; E 71 Sup.; E 126 Sup.; E 146 Sup.
Eagle: E 33 Sup.
Ecclesia personified: E 33 Sup.
Elcana: E 33 Sup.
Elimelech: E 33 Sup.

MUSCA, JOHANNES IVALDUS: E 124 Sup., entry 11.
Muses: E 114 Sup., entry 8.
Musical notation: E 68 Sup.; E 129 Sup.; E 150 Sup.
MUSSATUS, ALBERTUS: E 146 Sup., entries 1 and 31.
Mysticism: E 56 Sup.; E 69 Sup.; E 78 Sup.; E 79 Sup.; E 109 Sup.
Mythology: E 128 Sup.; E 146 Sup.

Nanso, Jacobo: E 129 Sup., entry 6.
Nazarius a Portis Grosis Citra: E 129 Sup., entry 6.
Nestorius: E 145 Sup., entry 17.
Niccoli, Niccolo: E 115 Sup., entry 1, item 79; E 124 Sup., entry 14.
NICEPHOROS I, PATRIARCHA CONSTANTINOPOLITANI: E 145 Sup., entry 4.
NICETAS EP. REMESIENSIS: E 14 Sup., entry 9.
NICETAS METROPOLITANUS HERACLEIAE (SERRAE): E 145 Sup., entry 3.
Nicocles: E 83 sup.
Nicolaus a Bidiis: E 152 Sup., entry 1.
NICOLAUS DAMASCENUS: E 71 Sup., entry 9.
NICOLAUS DE LYRA, OFM: E 36 Sup., entry 1.
NICOLAUS TREVET: E 146 Sup., entries 3, 4, 6, 7, 10, 12, 13, 15, 16, 18, 19, 21, 22, 24, 25, 27, 28, 30.
Nicoli: see Niccoli.
NICOMACHUS GERASENUS: E 86 Sup., entry 1.
Nonius Marcellus: E 124 Sup., entry 35.
Notaries of Milan: E 152 Sup.
Nunes, Iohannes: E 123 Sup., entry 3.
NUNYESIO, P. JOANNES: E 60 Sup., entries 24 and 34.

Oenone: E 84 Sup.
OGERIUS LOCEDIENSIS: E 120 Sup., entry 9.
Oratory: E 53 Sup.; E 62 Sup.; E 83 Sup; E 115 Sup.; E 147 Sup., entries 4-5; E 153 Sup.
Orestes: E 84 Sup.
Origen: E 145 Sup., entry 18.
OVIDIUS NASO, PUBLIUS: E 41 Sup., entries 6 and 14; E 44 Sup., entry 3; E 45 Sup., entries 1 and 2; E 57 Sup., entry 9; E 74 Sup., entry 1; E 84 Sup., entry 1; E 85 Sup., entry 2.
Ovidius Naso, Publius: E 128 Sup., entry 3; glosses, E 44 Sup., E 74 Sup., E 84 Sup.

Padua: E 38 Sup.; E 74 Sup.
Palimpsests: E 147 Sup.
PALLADIUS, RUTILIUS TAURUS AEMILIANUS: E 151 Sup., entry 2.
Pallavicino, Battista: E 124 Sup., entries 8, 11.
Panormita, Antonio: E 115 Sup., items 18-19, 22, 45.
Pantola, Martin: E 123 Sup.
Paradise: E 55 Sup.
Paregorius presbyter: E 145 Sup., entry 10, item 8.

Paris (son of Priam): E 84 Sup.
Pasara, Ubertus: E 129 Sup., entry 6.
PASCHASIUS RADBERTUS: E 69 Sup., entry 14; E 72 Sup., entry 4.
Passions: E 71 Sup.
Pastoral care: E 14 Sup.; E 17 Sup.; E 25 Sup.; E 27 Sup.; E 54 Sup.; E 73 Sup.; E 110 Sup.; E 120 Sup.
Pater noster, commentary: E 14 Sup., entry 11.
Patriarch of Constantinople: E 145 Sup.
PATRIARCHA ANTIOCHENI: E 145 Sup., entry 21.
PAULINUS AQUILEIENSIS: E 120 Sup., entry 14.
PAULINUS BURDIGALENSIS: E 14 Sup., entries 17 and 18.
PSEUDO PAULINUS EP. NOLANUS: E 70 Sup., entry 2.
Paullus, Lucius Aemilius: E 124 Sup., entry 14.
PAULUS DE PERUGIA: E 55 Sup., entry 4.
PAULUS DIACONUS: E 28 Sup., entry 1; E 124 Sup., entry 10.
PAULUS HUNGARUS: E 73 Sup., entry 2.
PAULUS VENETUS, OESA: E 55 Sup., entry 1.
Pavia, council of: E 147 Sup.
Pen trials: E 4 Sup.; E 7 Sup.; E 15 Sup.; E 21 Sup.; E 56 Sup.; E 60 Sup.; E 83 - 86 Sup.; E 109 Sup.; E 145 Sup.
Penance: E 54 Sup.; E 120 Sup.; E 138 - 140 Sup.
Penelope: E 84 Sup.
Penitentials: E 14 Sup., entries 19-20, 21, 23-24; E 17 Sup.; E 27 Sup.; E 73 Sup.; E 110 sup.; E 145 Sup.
PEPIS, FRANCISCUS DE: E 150 Sup., entry 4.
PERIANDER: E 57 Sup., entry 9.
PERSIUS FLACCUS, AULUS: E 30 Sup., entry 2; E 57 Sup., entry 9.
Persius Flaccus, Aulus: E 30 Sup., entry 3; commentary on, E 3 Sup., entry 1
Peruzzi, Filippo di Ser Ugolino: E 115 Sup., item 37; E 124 Sup., entry 4.
PETRARCA, FRANCISCUS: E 56 Sup., entries 7, 16, 23, 27 and 33; E 57 Sup., entry 6.
Petrarca, Franciscus: E 56 Sup., entries 8 and 15.
PETRUS I PATRIARCHA ALEXANDRIAE: E 145 Sup., entry 10.
PETRUS BLESENSIS: E 54 Sup., entries 8 and 9.
Petrus Clerici, Archdeacon of Brabant: E 66 Sup., entry 8.
PETRUS COMESTOR: E 69 Sup., entries 2-4.
Petrus de Agusto: E 129 Sup., entry 6.
Petrus de Castello: E 152 Sup., entry 7.
Petrus de Irssi: E 152 Sup., entry 7.
Petrus de Mezano: E 129 Sup., entry 6.
PETRUS DE MONTE: E 17 Sup., entry 8.
PETRUS DE PALUDE: E 116 Sup., entry 5.3.
PETRUS LOMBARDUS: E 22 Sup., entry 3.
Petworth, Richard: E 115 Sup., items 11 and 13.
Phaedra: E 84 Sup.
PHILELPHUS, FRANCISCUS: E 41 Sup., entries 9 and 17.
Philelphus, Franciscus: E 115 Sup., items 58-59; E 124 Sup., entry 4.
PHILETICUS, MARTINUS: E 41 Sup., entries 21 and 22.

PHILIPPUS TRIPOLITANUS: E 51 Sup., entry 1.
Philosophy: E 5 Sup.; E 7 Sup.; E 43 Sup.; E 53 Sup.; E 59 Sup.; E 67 Sup.; E 71 Sup.; E 72 Sup.; E 83 Sup.; E 125 Sup.
Phyllis: E 84 Sup.
Pierre de Bar ateleir: E 23 Sup.
Piety: E 69 Sup.; E 144 Sup.
Pistoia, Francesco: See Francesco.
PITTACUS: E 57 Sup., entry 9.
Pizolpasso, Francesco: E 115 Sup., items 6, 14, 95, 111.
Platesi, Lippo: E 115 Sup., items 89-90.
PLATINA, BARTHOLOMAEUS: E 66 Sup., entry 4.
PLATO: E 5 Sup., entry 1; E 57 Sup., entry 9; E 83 sup., entry 1.
PLINIUS CAECILIUS SECUNDUS, GAIUS: E 60 Sup., entry 12; E 147 Sup., entry 4.
Plinius Caecilius Secundus, Gaius: E 60 Sup., entry 12; E 154 Sup., entry 3.
PLUTARCHUS CHAERONENSIS: E 57 Sup., entry 9.
Poetry and verse: Italian, E 23 Sup., E 54 Sup., E 56 Sup., E 141 Sup.; Latin, E 30 Sup., E 41 Sup., E 43 - 45 Sup., E 52 Sup., E 57 Sup., entries 6 and 8, E 59 Sup., E 70 Sup., E 85 Sup., E 114 Sup., E 124 Sup., E 125 Sup., E 153 Sup.; Latin, commentary on, E 129 Sup.
Poggio: see Bracciolini
Political Science: E 66 Sup., entry 4.
Polybius: E 130 Sup., entry 1.
Pompeius, Gnaeus Magnus (Pompey): E 58 Sup., entry 8; E 62 Sup., entry 14.
POMPONIUS MELA: E 24 Sup., entry 1.
Popes: E 143 Sup.
PORCELLIUS, JOHANNES ANTONIUS (NEAPOLITANUS): E 45 Sup., entries 3, 4, 6 and 7.
Porcellius, Johannes Antonius (Neapolitanus): E 45 Sup., entry 5.
Prayers: E 2 Sup., entry 2; E 14 Sup.; E 21 Sup.; E 43 Sup.; E 54 Sup.; E 56 Sup.; E 69 Sup.; E 124 Sup.
Predestination: E 55 Sup.
PRISCIANUS CAESARIENSIS: E 106 Sup., entry 1.
Priscianus Caesariensis: E 48 Sup., entry 1; glosses on, E 106 Sup.
Prophecy: E 22 Sup., entries 7-8; E 59 Sup.
PROSPER TIRO AQUITANUS: E 70 Sup., entry 1.
Protesilaus: E 84 Sup.
Psalms, commentary: E 36 Sup.
Psychology: E 57 Sup., entry 2; E 58 Sup.
Ptolomy, Claudius: E 114 Sup., entry 2.
Publilius Syrus: E 58 Sup., entry 2.
Purgatory: E 55 Sup.
PUTEOLANUS, FRANCISCUS: E 124 Sup., entry 37.
PYTHAGORAS: E 57 Sup., entry 9.

QUINTILIANUS, MARCUS FABIUS: E 41 Sup., entry 7; E 57 Sup., entry 9; E 153 Sup., entry 1; E 154 Sup. entry 2.
Quintilianus, Marcus Fabius: glosses on, E 153 Sup.

Science: E 2 Sup.; E 5 Sup.; E 12 Sup.; E 24 Sup.; E 51 Sup.; E 56 - 58 Sup.; E 71 Sup.; E 75 Sup.; E 86 Sup.; E 114 Sup.; E 114 bis Sup.; E 116 Sup.; E 125 Sup.; E 151 Sup.; E 154 Sup.
Scripts:
Bastarda: XIV, E 85 Sup.; XIV-2, E 7 Sup., E 59 Sup.; XIV-3, E 114 bis; XV-1, E 56 Sup., E 129 Sup.
Caroline minuscule: IX-2, E 153 Sup.; XI, E 68 Sup., E 153 Sup; XI-3, E 144 Sup.; XII-2, E 7 Sup., E 43 Sup., E 106 Sup.; XII-3, E 5 Sup, E 52 Sup., E 59 Sup., E 86 Sup.; XIII-1, E 74 Sup.
Diplomatic cursive: XII-1, E 59 Sup.; XIV-2, E 4 Sup.; XIV-3, E 129 Sup.; XV-1, E 14 Sup., E 25 Sup., E 69 Sup.; XV-2, E 43 Sup.; XV-3, E 66 Sup.; XVI-1, E 152 Sup.
Early gothic minuscule: XIII-1, E 14 Sup.
Early modern cursive: XVI-2, E 67 Sup.
Gothic uncial: VI, E 147 Sup.
Greek uncial: V-2, E 147 Sup.
Humanistic cursive: XV, E 85 Sup.; XV-2, E 14 Sup., E 45 Sup., E 62 Sup., E 75 Sup.; XV-3, E 12 Sup., E 41 Sup., E 48 Sup., E 50 Sup., E 51 Sup., E 57 Sup., E 66 Sup., E 126 Sup., E 128 Sup., E 141 Sup., E 154 Sup.; XVI-1, E 24 Sup.
Humanistic minuscule: XV-1, E 17 Sup.; XV-2, E 7 Sup., E 13 Sup., E 28 Sup., E 30 Sup., E 45 Sup., E 52 Sup., E 72 Sup., E 83 Sup., E 120 Sup., E 125 Sup.; XV-3, E 31 Sup., E 66 Sup.
Modern cursive: XVI, E 23 Sup.; XVI-1, E 38 Sup., E 42 Sup., E 62 Sup., E 74 Sup., E 145 Sup.; XVI-2, E 60 Sup., E 131 Sup., E 148 - 150 Sup.; XVII-1, E 142 Sup.
North Italian cursive: VII, E 147 Sup.
North Italian minuscule: VIII, E 147 Sup.
Proto-humanistica: XIV-3, E 78 Sup.; XV-1, E 2 Sup., E 36 Sup., E 56 Sup., E 153 Sup.; XV-2, E 21 Sup., E 58 Sup., E 67 Sup., E 69 Sup., E 85 Sup., E 109 Sup., E 122 Sup., E 130 Sup.; XV-3, E 43 Sup., E 44 Sup., E 110 Sup.
Quadrata (imitation): XV-3, E 66 Sup.
Rustic capitals: IX-2, E 153 Sup.; imitation, XV-3, E 66 Sup.
Semi uncial: VII, E 147 Sup.
Textura cursiva: XIII-3, E 15 Sup.; XIV-1, E 74 Sup.; XIV/XV, E 23 Sup.; XV-1, E 56 Sup.; XV-2, E 79 Sup., E 114 Sup; XV 2/3, E 116 Sup.; XV-3, E 55 Sup.; E 57 Sup.
Textura formata: XIII-2, E 15 Sup., E 22 Sup., E 23 Sup., E 71 Sup., E 85 Sup.; XIII-3, E 33 Sup., E 151 Sup.; XIV, E 78 Sup.; XIV-1, E 25 Sup., E 69 Sup.; XIV-2, E 4 Sup., E 84 Sup., E 131 Sup., E 146 Sup.; XIV-2/3, E 4 Sup.; XIV-3, E 70 Sup., E 129 Sup.; XIV-3/XV-1, E 150 Sup.; XV-1, E 2 Sup., E 53 Sup., E 56 Sup., E 116 Sup., E 127 Sup., E 129 Sup.; XV-2, E 7 Sup., E 14 Sup., E 27 Sup., E 54 Sup., E 69 Sup.; XV-3, E 43 Sup.; XVI-1, E 3 Sup.
Uncial: V, E 147 Sup.; V-2, E 147 Sup.; VI, E 147 Sup.; VI-1, E 147 Sup.
Scythopolitum: E 145 Sup., entries 17-18.
SEDULIUS, CAELIUS: E 57 Sup., entry 8.

Tibullus, Albius: E 41 Sup., entries 4-7.
Timaeus: E 5 Sup.
TIMOTHEUS PATRIARCHA ALEXANDRIAE: E 145 Sup., entry 10.
Tiro, Marcus Tullius: E 124 Sup., entry 14.
Tironian notes: E 153 Sup.
Tolosana, synod of: E 144 Sup., entry 5.
Trade: E 73 Sup.
Traversari, Ambrogio: E 115 Sup., item 34; E 124 Sup., entry 13.
Trebonius, Gaius: E 124 Sup., entry 14.
Trent, Council of: E 145 Sup.
Trentino: E 145 Sup.
Treviso: E 38 Sup., entry 13.
Trinity: E 54 Sup., entry 2.

UBALDUS EP. EUGUBINUS: E 146 Sup., entry 32.
Uclés monastery, Spain: E 123 Sup., entry 3.
Ulysses: E 84 Sup.
URSINUS, MICHAEL, EP. POLENSIS: E 66 Sup., entry 1.
Usury: E 73 Sup.

Vairano, S. Petrus de Laude Vetei, monestary: E 124 Sup.
VALERIUS BERGIDENSIS: E 17 Sup., entry 3.
VALERIUS MAXIMUS: E 57 Sup., entry 9.
VALLA, LAURENTIUS: E 126 Sup., entry 1.
VARRO ATACINUS, PUBLIUS TERENTIUS: E 41 Sup., entry 16.
PSEUDO VARRO: E 57 Sup., entry 9.
VEGIUS, MAPHEUS: E 30 Sup., entry 3; E 41 Sup., entries 12, 13 and 23; E 124 Sup., entries 18, 22 and 23.
Venice: E 38 Sup., entry 1; E 142 Sup.
VERGERIUS, PETRUS PAULUS: E 13 Sup., entry 1.
VERGILIUS MARO, PUBLIUS: E 41 Sup., entry 2; E 57 Sup., entry 9; E 85 Sup., entry 8.
PSEUDO VERGILIUS MARO: E 41 Sup., entry 11.
Vergilius Maro, Publius: E 41 Sup., entry 23; E 124 Sup., entry 35.
Verona, Gaspare da: E 115 Sup., items 63, 88, 105.
Verona: E 147 Sup.
Veronese, Guarino: See Guarino.
VICTORINUS, GAIUS MARIUS: E 57 Sup., entry 9.
Villa, Augustinus: E 124 Sup., entry 7.
VINCENTIUS BELLOVACENSIS: E 69 Sup., entry 2.
Virtues and Vices: E 15 Sup.; E 25 Sup., entries 1-2; E 57 Sup.; E 73 Sup.; E 120 Sup.
Visconti Chancery: E 25 Sup.
VISCONTI, FRANCESCO: E 67 Sup., entry 3.
VISCONTI, GIAN GALEAZZO: E 25 Sup., entry 3; E 56 Sup., entry 12.
Visconti, Gian Galaezzo: E 56 Sup., entry 11.

WALTERUS MAP LINCOLNIENSIS: E 129 Sup., entry 3.
War: E 130 Sup.

Watermarks: E 38 Sup.; E 41 Sup.; E 60 Sup.; E 78 Sup.; E 83 Sup.; E 109 Sup.; E 114 Sup.; E 123 Sup.; E 124 Sup.; E 128 Sup.; E 131 Sup.; E 141 - 145 Sup.; E 150 Sup.; E 152 Sup.; E 154 Sup.
Weights and measures: E 60 Sup., entry 15; E 154 Sup., entry 3.
Winds: E 58 Sup., entry 5.

ZENO: E 57 Sup., entry 9.
Zodiac: E 58 Sup., entries 4 and 5; E 114 Sup., entry 4.
zoology: E 59 Sup., entry 12; E 60 Sup., entries 12 and 13; E 71 Sup., entry 10.

INDEX OF SCRIBES, OWNERS, REPOSITORIES AND READERS

Scribes are listed by their first name and are in bold print. Repositories, primarily monestaries, are listed under the city while owners and readers are usually found under their surname. Scribes from the dated manuscript section are included with the appropriate plate number.

Canigarolo, Augustinus: E 106 Sup.
Christofori de Rufino: E 129 Sup.
Christofori de Cachastino: E 129 Sup.
Ciceri, Francesco: E 17 Sup.; E 58 Sup.; E 67 Sup.; E 73 Sup.; E 83 Sup.; E 114 Sup.; E 122 Sup.; E 146 Sup.; E 153 Sup.
Cierretani, Muciatto: E 130 Sup.
Como bibliopola: E 31 Sup.
Como: S. Abbondio, E 68 Sup.
Corner, Benedetto: E 127 Sup.
Corner, Fantin: E 127 Sup.
Corner, Francesco: E 127 Sup.
Corner, Johannes: E 127 Sup.
Corner, Zuan: E 127 Sup.
Cozaregli, Battista: E 130 Sup.
Curtia, Lucia, puella nobilis: E 45 Sup. (possibly this is the same person as the Lucia of E 127 Sup.).

Dominico, signor: E 23 Sup.; E 53 Sup.; E 62 Sup.

E[rubbed]chus de Ribrocho: E 129 Sup.
Eltulius, Hugo: E 60 Sup.

Fossanus: E 83 sup.
Francescho de Lazarellis: E 85 Sup.
Francesco Ciceri: E 67 Sup.; plate pt. II, 74. Also see Ciceri.
Franciscus de Agaciis: E 116 Sup., entries 1, 5, 6 and 8.
Franciscus de Agaciis: E 116 Sup.
Furium [?] de Valeretti [?]: E 25 Sup.

Garcia de Loaysa: plate pt. II, 75.
Gerardus Harlem: plate pt. II, 14.
Gherardini, Giovanni Filippo: E 21 Sup.
Giovanni d'Antonio di Scarlatto: plates pt. II, 45 and 49.
Giovanni Pirovano: plate pt. II, 76.
Girardus Mauri (Mori ?): E 23 Sup.
Girardus Mutinensis (Modena): E 23 Sup.
Girari: E 23 Sup.
Grazi, Grazia Maria: E 71 Sup.; E 79 Sup.
Grimani, D.: E 128 Sup.
Guido de Cuciis: E 116 Sup.

Hieronimus de Robertis: plate pt. II, 56.
Hieronymo Baptistae de Canigaroli: E 106 Sup.

Jachomo di Buccio di Ghinucci da Siena: E 130 Sup.; plate pt. II, 25.
Jacobo de Silavengo: E 116 Sup.
Jacobus, frater, [rubbed] ordinis predicatorum: E 71 Sup.
Jacobus de Auria: plate pt. II, 35.
Jacobus de Brixia: plate pt. II, 61.

Joannes Marçanus, Salamanticae: E 60 Sup.; plates pt. II, 72 and 73.
Johanes: E 71 Sup.
Johannes: plate pt. II, 18.
Johannes de Augusta: plate pt. II, 10.
Johannes de Brabantia: plate pt. II, 16.
Johannes de Canona: plate pt. II, 37.
Johannes de Munti: plate pt. II, 60.
Johannes de Puteo (rubricator): plate pt. II, 50.
Johannes Fontana de Zabarella de Padua: plate pt. II, 31.
Johannes Marcus Biragus: E 152 Sup.; frontispiece and plate pt. II, 64.
Johannes Matthaeus de Burgo Leuci: plate pt. II, 57.
Johannes Nydenna de Confluentia: plate pt. II, 52.
Juliano, S., church of: E 129 Sup.

L. de F.: plate pt. II, 34.
Laurentius [?]: E 66 Sup.
Leonardus: E 69 Sup.
Lodi, fratrum predicatorum de Laude [i.e. Lodi]: E 25 Sup.
Lomeni, Annibale: E 13 Sup.; E 30 Sup.; E 42 Sup.
Lucia: E 127 Sup. (possibly this is the Lucia Curtia of E 45 Sup.).
Lysander Aurispa de Milatinis: E 45 Sup.; plate pt. II, 15.

Macignus Ioachini de Macignis: E 53 Sup.; plate pt. II, 13.
Marcus: E 44 Sup.; plate pt. II, 46.
Mathias de Sesto: plate pt. II, 62.
Melchior de Peletis: E 152 Sup.
Merula, Gaudentius, Novariensis: E 24 Sup.
Michael Sibenicensi: plate pt. II, 6.
Milano: E 78 Sup.; fratrum sancti Hieronymi Mediolani, E 153 Sup.; fratrum heremitarum mediolani, E 153 Sup.; Humiliate di Santa Caterina a Brera di domini Johannis, E 116 Sup.; S. Maria Annunziata, E 109 Sup.; S. Maria di Casoretto, E 27 Sup.; S. Maria Incoronata, E 2 Sup.; E 14 Sup.; E 25 Sup.; E 55 Sup.; E 110 Sup.
Modestus Decembrius: plate pt. II, 11.
Morcatus, Magister: E 60 Sup.
Muratori, Ludovico Antonio: E 86 Sup.

Nicholaus: E 70 Sup.
Nicolaus: E 129 Sup.
Nicolaus de Lazisteduciis: E 146 Sup.
Nicolaus Gueron Baiocensis: plate pt. II, 58.

Octavianus Ferrarii: E 83 sup.
Olgiatus, Antonio: E 31 Sup.
Olvione: E 68 Sup.
Oriffariis, A.: E 23 Sup.
Orifariis, Laurentius [?]: E 23 Sup.
Orlandinus, Humbertus, Mutinensis (Modena): E 114 bis Sup.

P. Q.: E 120 Sup.
Palaiophilos Andreaskon: E 62 Sup.
Persio: E 23 Sup.
Petra, Galeacio: E 24 Sup.
Petrus Franciscus Calchus: E 21 Sup.
Petrus Frontius: plate pt. II, 47.
Philippus de Gardo: plate pt. II, 23.
Philippus Falconi: plate pt. II, 36.
Philippus Trexenus Laudensis: E 50 Sup.
Phrisci, Augustinus: E 7 Sup.
Phrisci, Thome: E 7 Sup.
Phrisci, Zacharie: E 7 Sup.
Piacenza: Santo Sisto, E 50 Sup.
Piccolomini, Aeneas Sylvius: see Pius II.
Pietro Carcano: E 67 Sup.; plate pt. I, 16.
Pinelli, Gian Vincenzo: E 15 Sup.; E 38 Sup.; E 41 Sup.; E 44 Sup.; E 75 Sup.; E 120 Sup.; E 127 Sup.; E 141 Sup.; E 154 Sup.
Pius II, Pope: E 125 Sup.
Pizolpasso, Francesco: E 17 Sup.
Porta, Giovanni Battista della: E 36 Sup.; E 48 Sup.

R. S.: E 127 Sup.; plate pt. I, 26.
Radinius, Nicolaus: E 84 Sup.
Rainer de Graf: E 69 Sup.
Rovida, Alessandro: E 106 Sup.; E 151 Sup.

Santo Angelo, fratris Paraclitus de S. Angelo: E 42 Sup.
Seraphinus, fr.: E 42 Sup.
Stephanus: E 7 Sup.; plate pt. II, 1.
Stephanus thesaurarius Antiochie: E 7 Sup.

Taddeo da Ivrea: E 110 Sup.
Tadeus de Ip[oregia], frater, V[icarius] G[eneralis]: E 110
Tedaldo della Casa de Pulicciano: E 3 Sup.; plate pt. II, 7.
Thadeo abbati S. Petri de Laude Veteri: E 124 Sup.
Thedaldus de Mucello: see Tedaldo della Casa.
Thomasius: plate pt. II, 4.
Tomaso Lione (Thomam Leonum): E 141 Sup.; plate pt. II, 40.

Val Blennia: E 68 Sup.
Venice, fratris [rubbed] de venetiis ordinis predicatorum: E 71 Sup.
Visconti, Francesco: E 67 Sup.

PLATES

LIST OF PLATES TO PART I: SELECTIONS FROM THE E SUPERIOR MANUSCRIPTS

INTRODUCTION TO THE PLATES IN PART II: DATED MANUSCRIPTS IN A-E SUPERIOR

When I began cataloguing the Ambrosiana manuscripts I soon realized there was no published collection of plates of dated Lombard manuscripts. In fact, the only substantial collection of plates was in Pellegrin's supplement to her *Bibliothèque des Visconti et des Sforza*, where she carefully reconstructs and analyzes the content of the manuscripts from ducal library (most of which are now at the Bibliothèque Nationale in Paris) but did not attempt to closely localize or date the scripts. Therefore, out of necessity I started compiling a notebook containing photocopies and photographs of each dated Ambrosiana manuscripts as they were catalogued. This has served as the basis for the present listing. I hope this section will not only help to illustrate the manuscripts that have been previously catalogued but that it may also be useful in the study of Italian renaissance scripts, especially for the region of Lombardy.

Of the 79 plates that follow 41 are from Northern Italy and half of those are from the city of Milan. For the specifics by location see the index of the following page. As to the periods covered, plates 1-8 are dated from 1154-1395, plates 9-65 are dated 1408-1500 and plates 66-75 are from the sixteenth century with the four final examples dating from the late seventeenth to the late nineteenth centuries. In each case we have transcribed the complete colophon and where necessary have added brief notes to supplement or revise the manuscript descriptions found in the previous volumes of this inventory. In some cases the localization of the manuscript has been revised and in a few cases manuscripts found in the dated manuscript lists of the previous volumes have been rejected. Bracketed scribes and locations are based on my attributions, all others are explicitly stated in the manuscript.

In the selection of the plates we gave preference to legible folios with illumination, marginal decoration, rubrics or other distinguishing features. In most other cases the folio containing the colophon was selected if it had a sufficient amount of text. In practice this meant we usually selected either the first or last folio of a work. In each example the colophon was checked against the folio used to determine if it was the same scribe. In those few cases where more than one hand was found in a single dated text the circumstances have been noted and examples of each hand have been provided (as in plates 7-8 and 55-56).

PLATES BY LOCATION

Brackets designate attributions not specifically stated in the manuscript.

Northern Italy

Bresia - 61.

Como - 37.

Cremona - 78.

Genoa - 35.

Milan - 11, 18, 20, [27], 28, 30, 31, [32], [33], 38, 39, 41, [54],59, 60, 64, [69], [70], [74], 76.

Piedmont - [57], [68].

Tortona - [24], 43, 48.

Udine - 67.

Veneto - [52].

Venice - 29, 34, 63.

Lombardy - [6], [17], [42], [46].

Northern Italy - [12], [26], [50].

Emilia Romagna

Bologna - [40].

Ferrara - 23, 47, 62, 66.

Tuscany

Florence - 7, 8.

Monticchiello - 19.

San Sepolcro - 45, 49.

Siena - 25.

Tuscany - [13], [22].

Other Italian Locations

Campania, Naples - 2.

Lazio, Rome - 44, [51], [65].

Marche, Monterubbiano - 53.

Umbria, Città di Castello - 15.

Italy - [3], [4], [5], [21], [36], [55], [56].

Transalpine locations

Aische - [16]

Antioch - 1.

Augsburg - [10].

Austria - [9].

Haarlem - [14].

Louvain - [71].

Madrid - 75.

Namur - 77.

St. Petersburg - 79.

Salamanca - 72, 73.

Tours - 58.

DESCRIPTIONS TO THE PLATES IN PART II: DATED MANUSCRIPTS IN A-E SUPERIOR

Plate 1 — **1154** — Antioch
E 7 Sup., f. 28v — Stephanus

f. 52r: Scripsit hunc rethoricorum librum scriba [erasure] Stephano thesaurario Antiochie anno a passione Domini millesimo centesimo vicesimo primo.

[1121 from the Passion is 1154]

Plate 2 — **1294** — Naples
A 5 Sup., f. 1r

f. 66v-67r: Anno incarnacionis dominico M CC LXXXXIIII in civitate Neapolitana fuit editum hoc opusculum. (67r) Ad gloriam et honorem sanctissime Trinitatis que ipsum velit a malignis hominibus custodire ac ipsum faciat in quibus indiget currigi vel etiam melius...[2 lines out] domini nostri Ihesu Christi qui cum Patre et Spiritu sancto vivit et regnat [celis] in secula seculorum. Amen.

Plate 3 — **1296** — [Italy]
A 23 Sup., f. 1r

f. 1r: Finita fuit scriptura huius libri millesimo ducentesimo nonagesimo sexto, indictione nona, die undecima intrante mense decembris. Et tunc solutum fuit debitum Bergoleti. Finito libro referramus gratia Christo. Amen. Amen.

[This colophon appears at the top of folio 1r. According to an earlier foliation this folio was numbered as 19r. The text (or texts) that preceded the colophon have been excised.]

Plate 4 — **1310** — [Italy]
A 98 Sup., f. 5r — Thomasius

f. 297v: Expliciunt legende sanctorum. Qui scripsit scribat semper cum Domino vivat. Anno Domini M CCC X. Vivat in celis Thomasius nomine felix. Deo gratias.

Plate 5 | **1322** | [Italy]
C 57 Sup., f. 1r

f. 55v: Explicit liber tertius sanctorum patrum qui appellatur paradisus. Anno Domini M CCC XXII completus die duodecima martii in crastino sancti Gregorii. Deo gratias. Amen.

Plate 6 | **1342** | [Lombardy?]
C 10 Sup., f. 100r | Michael Sibenicensi

f. 99v: Explicit liber de natura locorum. Conscriptus est liber iste anno Domini M CCC XL primo. Explicit expliceat, scriptor ludere eat.

f. 118r: Explicit liber beatissimi Ysidori Yspaliensis episcopi de natura rerum a fratre Michaele Sibenicensi fratrum ordinis predicatorum conscriptus anno domini M CCC XLII die ultimo maii.

Plate 7 | **1395** | [Santa Croce], Florence
E 3 Sup., f. 48r | Tedaldo della Casa

f. 54rb: M CCC LXXXXV die prima marcii Florentie, Thedaldus ordinis minorum.

[The scribe is a Franciscan from the convent of Santa Croce in Florence. His full name is Tedaldo della Casa de Pulicciano according to Watson, *BL*, vol. 1, p. 141, entry 801 (Harley 4081) and vol. 2, plate 297); he appears to be the same as Thedaldus de Mucello in *Colophons de mss. occidentaux*, vol. 5, pp. 372-3, items 17,644-47.]

Plate 8 | **1395** | [Santa Croce], Florence
E 3 Sup., f. 36v

[See colophon for Plate 7 above. Folio 36v falls within a section of 18 folios (25r-42v). This section is in another hand from Santa Croce. See catalogue entry for full desciption.]

Plate 9 | **1408** | [Austria?]
B 36 Sup., f. 1r

f. 141v: Ffinito [!] libro sit laus et gloria Christo et cetera. Anno Domini M CCCC VIII in mense setembris [!] die sabbati et cetera.

Plate 10 | **1420** | [Augsburg]
A 123 Sup., f. 1r | Iohannes de Augusta

f. 206r: Explicit lectura venerabilis doctoris Petri de Candia super quartum sentetiarum finita ac scripta per me Iohannem de Augusta anno Domini M CCCC XX feria quarta post dominicam Letare Iherusalem et cetera.

Plate 11 | **1426** | Milan
D 113 Sup., f. 65r | Modestus Decembrius

f. 60v: Marci Tulii Ciceronis tusculanarum disputationum ad D. Brutum suum liber v et ultimus explicit feliciter. Mediolani M CCCC XXVI de mense iunii per M. Decembrem.

f. 109v: Marci Tulii Ciceronis de natura deorum ad D. Brutum suum tertius et ultimus liber explicit feliciter. Mediolani M CCCC XXVI de mense iunii per M. Decembrem.

f. 157r: M CCCC XXVI de mense iullii [!] in Mediolano per M. Decembrem propere.

Plate 12 | **1428** | [Northern Italy]
A 24 Sup., f. 103v

f. 103v: Finito hoc libro 1428 in conversione sancti Pauli apostoli, mille gratiarum gratias refferamus Domino nostro Yhesu Christo.

Plate 13 | **1433** | [Tuscany]
E 53 Sup., f. 1r | Macignus Ioachini de Macignis

f. 97v: Explicit oratio Marci Tulii Ciceronis ad Caium Iulium Cesarem pro Marco Marcello feliciter die xvii novembris anno Domini M CCCC XXXIII. Macignus de Macignis.

f. 107v: Explicit [!] paradoxa stoicorum feliciter. Deo et Patri gratias. Amen. Macignus Ioachini de Macignis scripsit et die xviiii mensis novembris ad finem feliciter venit. Amen. Laus Deo.

Plate 14 | **1434** | [Haarlem?]
A 146 Sup., f. 76r | | Gerardus Harlem

f. 156r: Hic liber scala fidei scriptus est et finitus anno Domini M CCCC XXXIIII feria quinta ante festum palmarum per manus Gerardi Harlem pro cuius anime salute hic proficientes Deum exorent. Deo gratias.

Plate 15 | **1435** | Città di Castello (near Arezzo)
E 45 Sup., f. 43v | | Lysander Aurispa de Miatinis

f. 43v: Publii Ovidii Nasonis de arte amandi liber tertius et ultimus feliciter explicit. Ego Lysander Aurispa de Milatinis scripsi rpo me in civitate Castelli sub annis Domini M CCCC XXXV indictione vero xiii et die xx mensis aprilis finem imposui et cetera. [Followed by] LY monogram.

[For scribe, see *Colophons de mss. occidentaux*, vol. 3, p. 194, especially item no. 8999; also nos. 9000-9001.]

Plate 16 | **1436** | [Belgium, possibly Aische]
C 94 Sup., f. 1r | | Iohannes de Brabantia

f. 349r: Expliciunt sermones reverendissimi necnon excellentissimi doctoris magistri Bernardini de Senis completi per manus Iohannis de Brabantia anno Domini M CCCC XXXVI.

[This scribe also copied a text by Bartolo da Sassoferrato, Paris, Bibliothèque Mazarine, ms. 1415, dated to 1451, where he states in the colophon "...scripta per manus Iohannis de Brabante, presbiteri de Ascha anno Domini M CCCC LI, die XXX mensis iulii versus nonam." See: Charles Samaran and Robert Marichal, *Catalogue des manusctits en écriture latine portant des indications de date, de lieu ou de copiste*, tome 1, Paris: CNRS, 1959, p. 289 and plate 105.]

Plate 17 | **1438** | [Lombardy]
C 17 Sup., f. 85r

f. 85r: Amen. Finitum xvii decembris M CCCC XXXVIII. Laus Deo.

Plate 18 **1439** [Milan?]
A 166 Sup., f. 1r Iohannes

f. 47r: Laus Deo, pax vivis et requies defunctis. Amen. Iohannes.

f. 50v: Laus Christo, pax vivis et requies defunctis. 1439."

[On f. 1r is the ex-libris of the Benedictine house of S. Pietro in Gessate, Milano.]

Plate 19 **1443** [contado of Siena]
D 25 Sup., f. 1r Ser Bartholomaeus Nerii

f. 1r: Nomine Yhesu Christi. Iste liber vocatur adventum Christi. Et est scriptus per me Ser Bartolomeum Nerii plebanum Montichielli. Sub anno Domini nostri millesimo quatrigentesimo quadrageximo tercio.Tempore sanctissimi in Christo patris et domini, domini Eugenii papae quarti, die vero xvi mensis iulii.

[Monticchiello is in the Val di Chiana between Pienza and Montepulciano.]

Plate 20 **1445** Milan
D 6 Sup., f. 23r

f. 23r: Mediolani 1445 x kalendas aprilis.

Plate 21 **1447** or shortly thereafter
E 58 Sup., f. IIr [Italy]

flyleaf IIr: A list of cardinals dated 1447.

Plate 22 **1451** [Tuscany?]
A 1 Sup., f. 73r

f. 73r: 1451

Plate 23 | **1451** | Ferrara
D 63 Sup., f. 60v | | Philippus de Gardo

f. 107v: Deo omnipotenti Patri, Filio et Spiritui Sancto gratias quas valeo referro, cuius gratia et suffragio ego Philippus de Gardo, procutator causidicus Ferrariensis, hoc opus beati Hysideri de summo bono scripsi et explevi anno Domini M CCCC LI die xxiiii ianuarii in vigilia sancti Pauli inter primam et secundum horam noctis.

Plate 24 | **1453** | [vicinity of Tortona] (Piedmont)
D 1 Sup., f. 101v | | Anthonius Gratapalius

f. 131r: Divina favente Clementia 1453 die xx novembris Iugurthae necnon Salustii opus per me presbyterum Anthonium Gratapaliam transcriptum est.

[On locating Gratapalius to the area of Tortona for the years 1469-1480 see plate 43, dated 1469.]

Plate 25 | **1455** | Siena
E 130 Sup., f. 1r | | Iachomo di Buccio di Ghinucci

f. 88v: Questo libro scrisse Iachomo di Buccio di Ghinucci da Siena finissi di scrivare a di xvii di Ferraio anno M CCCC LIIII. Deo Gratias. Amen.

[In Siena the new year began on March 25.]

Plate 26 | **1455** | [Northern Italy]
A 22 Sup., f. 1r

f. 69v: Explicit Esopus clarissimi ac praestantissimi oratoris Omniboni Leonicensis de graeco in latinum traductus eloquium. Semper laudandus est Deus. Explectus [!] fuit iste liber die ultimo maii 1455. Liber [erasure] quem propria manu scripsi.

Plate 27 | **1455** | [Milan]
C 42 Sup., f. 47r | | [Boninus Mombritius]

f. 67r: Finis. Maii 1455.

[This section of C 42 Sup. consists of two poems composed by Boninus Mombritius. The first on ff. 47r-55r beginning *Cum mea mirisonis* was composed for the occasion of the marriage of Sforza Secundo to Antonia dal Verme di Borgonovo in 1451. The second poem on ff. 56r-67r beginning *Pande velim, mea musa* was composed for the marriage of Tristano Sforza to Beatrice Estense in May of 1455 (both Secundo and Tristano were illegitimate sons of Francesco Sforza). The text is contained in two quires, divided at f. 57v, that were appended to the manuscript. When compared to A 137 Sup. (plate 33) it is evident both the text and the gloss were written by Mombritius.

There is no colophon at the end of the first poem on f. 55v, rather the text continues on the top of f. 56r, the last folio of the first quire, with the title and text of the second poem. At the end of the second poem is the word *finis* and then to the left, added in the same ink as the gloss is *maii 1455*. Based on this evidence I suspect Mombritius copied, annotated and issued these two poems together as a single unit in May of 1455. The manuscript belonged to a member of the Sforza house, for the leather cover contains a stamp of the serpent used by the Visconti and Sforza as a heraldic device. Possibly this copy was presented to Sforza Secundo on the occasion of the marriage of his half brother Tristano.]

Plate 28 — **1455** — Milan

D 105 Sup., f. 4r

f. 156v: Fratris Anthonii Raudensis atque theologi dialogus in Lactentium Firmianum explicit memoriter et iocunde. Scriptus fuit liber iste Mediolani et finitus die 27 septembris 1455.

Plate 29 — **1455** — Venice

E 79 Sup., f. 1r

f. 208r: Ad honorem dei eterni amen. Hic explicit liber qui intitulatur stimilus divini amoris. Quem composuitdominus Bonaventura de balneo regio, cardinalis sacrosancte romane ecclesie, qui fuit de ordine fratum minorum. Scriptus est liber iste et expletus anno ab incarnatione Domini nostri Iesu Cristi milesimo quadrigentesimo quinquagesimo quinto, de mese septembris in civitate Venetiarum. Quam Deus et Dominus noster omnipotens per misericordiam suam, ad sui nomis honorem et gloriam pacifice conservare dignetur. Quod est sanctum et gloriosum per omnia secula seculorum amen. Deo gratias. Orate pro scriptore quia peccator fuit, ut sibi Dominus misereatur. Benecictus sit Deus amen.

Plate 30 | **1456** | Milan
A 143 Sup., f. 1r | Antonius de Iuniis

f. 192v: Explicit liber iste quem ego Antonius de Iuniis Mediolani scripsi et explevi die xxv octobris M CCCC L sexto.

Plate 31 | **1458** | Milan
D 32 Sup., f.1r | Iohannes Fontana de Zabarella de Padua

f. 123r: Explicit ordo iuditiorum scriptus per me [Iohannem Fontanam de Zabarella de Padua] legum doctorem, anno Domini currente M CCCC LVIII die penultima augusti. Regnante illustrissimo quam invictissimo, principe et idem domino Francischo Sfortia vicecomite duceque Mediolani fereque totius lattinitatis [!] domino metuendissimo.

[The name of the scribe has been crossed out of the prologue and the colophon; however he annotated and signed numerous notes throughout the text. See plate 31.]

Plate 32 | **1459** | [Lombardy, Milan?]
B 154 Sup., f. 6r

f. 234r: Christus. Finis. 1459.

f. 241v: Iesus Christus. 1459.

Plate 33 | **1462** | [Milan]
A 137 Sup., f. 1r | Boninus Mombritius

f. 145v: Finit L. Vitruvii de architechtura liber x per me Bonninum Mombritium 1462 luce decima martii. Hae litterae sunt incisae in quodam vetustissimo pariete Veronae: L. Vitruvius L. L. credo architectus.

[On Mombritius, see Cosenza, vol. 3, pp. 2336-37.]

Plate 34 | **1463** | Venice
A 43 Sup., f. 1r | L. de F.

f. 177v: Finis ergo sit et libro septimo et toti huic operi eiusdem Pauli Horosii ad eundem beatissimum Augustinum, quod, Dei et Saluatoris nostri

Christi Yhesu gratia coadiuvante, ego L. de F. scripsi in 1463 anno eiusdem Domini nostri et complevi die 19 septembris Venetiis, cui Deo et Domino omnis sit laus, potestas et imperium, qui cum Patre et Spiritu Sancto gloriosus vivit et regnat per infinita secula seculorum. Amen. Manus scribentis dextera benedicat omnipotentis. Qui leget hec dicta oret pro eo cuius sunt scripta.

Plate 35 **1463-64** Genoa, Sampierdarena
A 122 Sup., f. IIr Iacobus de Auria

f. 285v: Finis. Deo gratias. Amen. Ad honorem sanctissime trinitatis gloriosissimeque Marie ac inclitissimi Cipriani Martiris doctorisque eximii et Kartaginensis episcopi. Epistole ac tractatus eius transcripti sunt a me Iacobo de Auria quondam domini Dominici Bartholomei incepti in anno nativitatis Domini M CCCC LXIII in domo nostra sancti Petri in Arena et finiti in eadem domo M CCCC LXIIII die vi mensis novembris in die sancti Leonardi.

[See: *Colophons de mss. occidenteaux*, vol. 3, p. 25, item 7612.]

Plate 36 **1464** [Italy]
A 113 Sup., f. 87r Philippus Falconi

f. 87r: Finis. Laus Deo. Expletum per me Philippum Falconi die 28 octobris 1464. Audi quod dicit liber de vita et moribus philosophorum: Salustus philosophus et poeta romanus claruit memore Tulii eius inimitus et emulus extitit. Hic scriptis de bello Numantino librum unum, item de Iugurthino librum unum.

[The folio numbered as 87r is actually 92r because foliation begins with 1r on folio 6r.]

Plate 37 **1464** Asso, near Como
C 81 Sup., f. 1r Iohannes de Canona

Flyleaf IIIr: In nomine Domini, iste liber est mei Baptiste Corioni fillii domini Bassiani qui habito in Burgo Assii capite plebis duarum Mediolani, scriptus per presbyterum Iohannem de Canona beneffitialem ecclesiarum Valbernegie Valassine 1464 die 20 novembris, ad laude individue sancte Trinitatis ac totius curie et celestis. Idem Baptista manu propria scripsit exemplare a quodam exemplo mihi prescrito per Donatum Gariboldum filium domini Antonii de dicto Burgo Assii, cui sciat dictum originaliter. Et ego presbyter Christoforus de Trivisago emi ab ipso suprascripto Baptista libros viii nuper.

Plate 38 | **1466** | Milan
D 3 Sup., f. 1r

f. 56v: Deo laus semper et gloria. Mediolani vii idus septembris M CCCC LXVI.

Plate 39 | **1466** | S. Maria Annunziata, Milan
E 109 Sup., f. 1r
f 117v: Fenisi el libro del melifluo doctore meser sancto Bernardo cum benedictione Domini M CCCC LXVI die xi Octubris. Questo libro si e dele done del Annuntia[ta] de Porta Nova, canonesce regular de sancto Augustino Mediolani.

Plate 40 | **1467** | [Bologna]
E 141 Sup., f. 1r | T[omaso] L[ione]

f. 200v: Scripto per me T. L. e finito de scrivere questo di xi de Dicembre.Sotto la incarnatione del nostro signore messer Yhesu Christo anno 1467 cio M CCCC LXVII. Laus Deo.

[On the identity of the scribe and the location to Bologna see the manuscript description.]

Plate 41 | **1467** | S. Maria Annunziata, Milan
C 86 Sup., f. 3v

f. 109r: Finisse el libro chiamato spegio de croxe cum beneditione domini. Amen. M CCCC LXVII die xx iunii. Questo libro si e dele done de Porta Nova Mediolani, canonesse regulare de sancto Augustino.

Plate 42 | **1468** | [Lombardy]
D 118 Sup., f. 44v

f. 122v: In die sabbati vigesimo Maii 1468. Deo gratias. Amen.

[The manuscript is a copy of the statutes of Como confirmed by Francesco Sforza in Milan on Jan. 25, 1458. It is quite likely the manuscript was made in either Milan or Como.]

Plate 43 **1469** [vicinity of Tortona] (Piedmont)

D 1 Sup., f. 195r — Antonius de Gratapalius

f. 151v: Amen. Deo gratias. Quinti ydus kalendas septembris. Liber de senectute ad aticum expletum.

f. 152v: Marci Tullii Ciceronis liber de senectute expletus est per me Anthonium de Gratapaliis in [nonus die crossed out] terciarum die decimo mensis octobris M CCCC LXX dum essem in scolis magistri Lodovidii de Oppizonibus. Estque meii Anthonii de Gratapaliis in Castronoceto. Deo gratias. Gratapaliis.

f. 182r: 1469 iulii. Hoc opus Tulii de amicitia expletum fuit per me Anthonium de Gratapalliis [!] dum essem in scolis magistri Lodovici de Oppizonibus de Tardona.

f. 195r: 1469 septembris die ordinem(?) Deo gratias. Amen.Expliciunt Paradosa Stoycorum per me Anthonium de Gratapaliis.

f. 197v: Amen. Amen. 1469 novembris die xvi. 1469 novembris. Telos, id est finis, finis finis, finis, telos. Amen, amen amen.

[The colophon dated 1469 on f. 182r states that Gratapalius was attending the school of Lodocico de Oppizonibus de Tardona (Tortona) without mentioning the location of the school. In another colophon dated 1480 on f. 152r he states that he was in Castrono^{to}. This is most likely Casalnoceto near Tortona or less likely Castelnovetto near Vigevano. Also see plate 24, dated 1453 and plate 48, dated 1473.]

Plate 44 **1470** Rome

E 66 Sup., f. 177r

f. 177r: Rome 1470 mense ianuario.

[This is a different hand than the one for E 66 Sup. found in plate 71, dated to 1473.]

Plate 45 **1470** San Sepolcro (Tuscany)
C 35 Sup., f. 245r Giovanni d'Antonio di Scarlatto

f. 245r: Finito yl giardino che fecie Antonio Bonciani yscritto per mano di Giovanni d'Antonio di Scharllatto 24 di maggio 1470 chel sono chapitoli cinque e versi 797.

f. 311r: Ammen. Iscritta pe[r] mano a d 11 di giungnio 1470. Abi per ischusato lo scrittore e priegha Iddio per lui. Deorazias. Amen.

f. 343r: Finita la rotta de Nichola Piccino yscritto per mano [Giovanni d'Antonio de Scharla]tto [name effaced] add 22 d'ottobre 1470 a ore ventiquatro.

f. 373r: Questi perdoni iscrisse et rassenpro Giovanni d'Antonio di Scharlatto cittadino Fiorentino a d cinque d'ottobre mille quartociento settanta tre a ore diciannove al borgho a San Sipolcro essendo chastellano della Roccha del Chassero Vecchio di detto borgho lui gli scrisse ec chopio di sua propia mano detto di chome detto di sopra ch'il leggie l'abbia per ischusato.

Plate 46 **1470** [Lombardy?]
E 44 Sup., f. 1r Marcus

f. 78r: Finis. Iam fulgens Aurora suos veniebat ad ortus/ cum posuit Marcus versibus hisque modum. iiii nonas novembres 1470.

Plate 47 **1472** Ferrara
D 100 Sup., f. 1r Petrus Frotinus

f. 217v: Petrus Frotinus scripsit Ferrarie finiit [!] die quinto maii M CCCC LXXII indictione secunda.

[This manuscript contains Livy's *Ab urbe condita* books 1-10, the text is continued by the same scribe (and same date and location) in D 101 Sup. which contains books 21-30 of Livy.]

Plate 48 **1473** [vicinity of Tortona] (Piedmont)
D 5 Sup., f. 97r Anthonius de Gratapalius

f. 43v: Liber hic expletus est per me Antonium de Gratapaliis. Laus Deo.

f. 77v: Anthonius Gratapalius manu explevit propria. Lebruo [Greek letters]. Amen. 1473 iunii.

f. 97r: Finis. Anthonius Grathapalius manu propria transcripsit opus hoc.

[On the location of this manuscript to the vicinity of Tortona see D 1 Sup., dated 1469, plate 43.]

Plate 49 **1473** San Sepolcro (Tuscany)

C 35 Sup., f. 377r Giovanni d'Antonio di Scarlatto

f. 377r: Deo Grazias. Io Giovanni d'Antonio di Scharllatto oscritto questodi mia mano a d 6 d'ottobre 1473 nella Roccha Vecchia del borgho a San Sipolcro essendo vi chastellano detto di// [colophon ends here. The top of 377v begins a new text.]
f. 380v: Ammen. Deo grazias. Finito il transito di nostra donna iscritto di mano di Giovanni d'Antonio di Scharllatto a dì 7 d'ottobre 1473 chastellano della Roccha Vecchia al borgho a San Sipolcro.

Plate 50 **1473** [Northern Italy]

D 99 Sup., f. 101r rubricator: Iohannes de Puteo

f. 275r: Expedita fuit hec rubrica die xiii novembris. M CCCC LXXIII die xiii novembris. Iohannes de Puteo post vacantias.

[Iohannes de Puteo is also mentioned in Besançon, Bibliothque municipal, ms. 59, on the cover, see: Charles Samaran and Robert Marichal, *Catalogue des manuscrits en écriture latine portant des indications de date de lieu ou de copiste*, Tome 5, *Est de la france*, Paris: CNRS, 1965, p. 555.]

Plate 51 **1473** [Rome]

E 66 Sup., f. 42v Antonius minorista Calvuss de Marscoctis

f. 168r: Antonius minorista Calvuss de Marscoctis 1473 anno transscripsit.

[For the location of this manuscript to Rome see plate 44, dated to 1470.]

Plate 52 **1474** [Veneto]
A 90 Sup., f. 178v Iohannes Nydenna de Confluentia

f. 178v: 1474. Telos. Io. Ny.

[For identification of this scribe and his location (probably Venice or Padua at this time) see J.J.G. Alexander and A.C. De La Mare, *The Italian Manuscripts in the Library of Major J.R. Abbey*, Praeger: New York, 1969, pp. 121-24; and *Colophons de mss. occidentaux*, vol. 3, items 10763-66.]

Plate 53 **1475** Monterubbiano (Marche)
E 43 Sup., f. 29v Antonius Venetus

f. 29v: Deo Gracias. Amen. Antonius Venetus gratia Dei hunc conplevit libellum in Monte Rubiano in domo domini Dominici nec non plebani sanctorum Stephani et Vincencii de dicta terra, et hoc vere extitit cum essem sub disiplina [!] sapientis ac excelentis viri magistri Per Ioannis Ulmani sui peritissimi preceptoris et sub M CCCC LXXV et die xxiii mensis septembris et indictione quarta sactissimi in Christo patris domini domini nostri Sixti divina providentia pape quarti, et cetera. Amen.

f. 61r: Amen. Anno Domini M CCCC LXXVI et die ultima mensis ienuarii [!] et indictione septima tempore sanctissimi in Christo patris et domini domini nostri Sixti divina providentia pape quarti. Antonius Venetus diis faventibus hunc complevit libellum in Monte Rubiano in domo donni [!] Dominici plebani sanctorum Stephani de Vincencii de Monte Rubiano quo enim die parum moestus erat quia id quod optabat minime sibi consequturum [!] videbatur, et cetera.

f. 76v: Explicit paradoxe [!] ad Brutum contra Antonium. Antonius Venetus diis faventibus hoc complevit opusculum paradoxe [!] in Monte Rubiano sub M CCCC LXX 6 et die v mensis iulii mensis, et cetera.

f. 103v: Deo Gratias. Amen. Ego Antonius Venetus diis faventibus huc conplevi libellum sub M CCCC LXXXVI die xvi mensis octubris, et cetera.

Plate 54 **1476** [Milan]
E 12 Sup., f. 1r Albrisii

f. 59r: Laus Domino. Telos sun Theo, kai pascha hagiois autou, amen [Greek]. 3 nonas decembris 1476. Albrisii.

[On f. 1r is the ex-libris of the school of Gerolamo Calco of Milan.]

Plate 55 **1477** [Italy]
B 158 Sup., f. 5r

f. 167v: Pridie idus septembris 1477. Finis. [this is followed by an owner's note:] Ego Hieronimus de Robertis emi istum pro libris tribus probavit(?) de mense aprilis 1477.

[Folios 5r-150v, containing books 1-8 of Valerius Maximus, *Factorum ac dictorum memorabilium*, are in the hand depicted in plate 55 while the final book, book 9, is in another hand (see plate 56). The heraldic device on the bottom of the folio in the plate, containing the initials I.R. is probably Hieronimus de Robertis mentioned on f. 167, who seems to have made an agreement to purchase this volume some five months before it was completed.]

Plate 56 **1477** [Italy]
B 158 Sup. f. 167v Antonio fratello da Francissco
(below colophon is a note by:) Hieronimus de Robertis

f. 167v: Pridie idus septempris 1477. Finis. [followed by an owner's note:] Ego Hieronimus de Robertis emi istum pro tribus probavit(?) de mense aprilis 1477.

f. 4v: Qui se fenise la tavola scrita da mane Antonio fratello de Francissco.

[Folios 3r-4r (table of contents) and ff. 151r-167v (book 9 of the text) are in the same hand, which is identified in a note on the top of f. 4v as a scribe named Antonio. For further information see plate 55 above.]

Plate 57 **1479** [Piedmont]
B 53 Sup., f. 1rf. 52r: Deo gratias. Amen. 1479 die xii martii. Finis.

[On f. 52r is the ex-libris: "Liber iste Johannis Matthaei [rubbed, possibly de Porta] de bergo Leuci et cetera." His name also appears twice on f. 1r, with the date 1494 written above his ex-libris in the upper right hand corner of the folio. Burgo Leuci is Lequio Tanaro near Cuneo in Piedmont.]

Plate 58 **1480** Tours
D 38 Sup., f. 253v Nicolaus Guernon Baiocensis

ff. 253r-253v. 253r: Explicit totus liber et de compilatione reverendi domini Iohannis episcopi Abrincensis regii Francie confessoris. (253v) Explicit liber iste dictus manuale biblicum quem fecit reverendus pater et dominus dominus Iohannes Boucard Abrincensis episcopus christianissimi et illustrissimi principis Francorum regis confessor dignissimus, et eum complevit anno Domini 1466. Quem quidem librum reverendo patri et domino meo domino [space left blank] episcopo Vigintimilliensis ego Nicolaus Guernon presbyter Baiocensis diocesis suus humilis frater ac servitor prelibatique reverendi domini mei domini Abrincensis episcopi capellanus ac familiaris continuus tam in contemplationem ipsius domini mei Vigintimilliensis que benefactorum pater cum michi impensorum dedi, concessi et tradidi. Actum Turonis die x aprilis anni 1480.

[The bishop of Ventimiglia to whom the book was given would have been Iohannes Baptista de Giudici.]

Plate 59 — **1482** — Sancta Maria Incoronata, Milan

E 110 Sup., f. 1r — Andrea di Pavia

f. 211v: Ego frater Andreas de Papia divini Augustini heremitarum frater scripsi et explevi hoc opus anno Domini M CCCC octuagesimo secundo. die nona maii.

f. 1r: [Ex-libris at the top of the folio] Sancte Marie Incoronate Mediolani ad usum fratris Augustini. Andree de Papia. Frater Tadeus de Ip[oregia], V[icarius] G[eneralis].

Plate 60 — **1494** — Milan (Jesuati house, outside porta Magenta)

C 54 Sup., f. 50v — Iohannes de Munti

f. 50v: Anno incarnationis dominice 1494 die 19 decembris explicit hoc opus cum privilegiis et indultis apostolicis ab originalibus summa cum diligentia transcriptis per me presbyterum Ioannem de Munti capellanum ac indignum confessorem pauperum fratrum Iesuatorum sancti Hieronymi extra Portam Vercellinam Mediolani ad laudem individue trinitatis et beate virginis Marie ac divi Hieronymi totiusque curie celestis.

[The entrance to Milan formerly known as porta Vercellina is now known as porta Magenta. The Jesuiti house has been destroyed. On this scribe also see: *Colophons de mss. occidentaux*, vol. 3, items 10,713-14 and Watson, *Oxford*, 1984, vol. 1, p. 10, item 58 (Auct. F.4.20, dated 1463) and vol. 2, plate 607.]

Plate 61 — 1495 — Sancta Barnaba, Brescia
C 29 Sup., f. 4r — Iacobus de Brixia

f. 189r: Amen. Amen. Finis in Christi nomine die 3 decembris 1495 per me fratrem Iacobum.

f. 4r: [Ex-libris in the top margin:] Sancti Barnabe Brixie ad usum fratris. Jacobi de Brixia.

Plate 62 — 1496 — Dominican house, Ferrara
B 37 Sup., f. 77r — Mathias de Sesto, of Milan

f. 116v: Completum per me fratrem Mathiam de Sesto mediolanensem fratrum ordinis predicatorum anno dominice incarnationis M CCCC LXXXXVI die ii mensis ianuarii in conventu Ferrariensi.

Plate 63 — 1498 — Venice
A 187 Sup., f. 77r

f. 126v: Telos. Vale. Venetiis 1498 mense maio. In puerum Pisanum.

Plate 64 — 1499 — Milan
E 152 Sup., f. 18r — Iohannes Marcus Biragus

f. 17v: [within medallion:] Dux Mediolani Rex Ludovicus. S[anctus] A[mbrosius]. [Then below:] 1499 Statuta Mediolani Io[hannes] M[arcus] Bir[agus].

f. 109v: Finis. Publicata fuerunt predicta omnia de anno 1498 die sabati 20 octobris. Indictione secunda. Et scriptus et miniata per Iohanem Marcum Biragum notarium mediolanem ad utilitate sui et amicorum suorum.

f. 110v: Publicata fuerunt predicta omnia ad scalas palatii mediolani die sabati 20 octobris 1498. Finis.

[The full page frontispiece to the statutes is dated 1499 and signed by the scribe/miniaturist. Since these statutes were first published in October of 1498 it is quite likely this copy was made soon thereafter and completed in 1499. See the manuscript description for further information on the text and its exemplar, also see the frontispiece to this volume for the miniature.]

Plate 65 **1500** [Rome?]
E 57 Sup., f. 25r

f. 159r: Finis 1500.

[Possibly from Rome, see the description of the manuscript in this volume.]

Plate 66 **1508** Ferrara
A 167 Sup., f. 229r

f. 229r: Deo laus. Explicit septimus expositionis Procli in Parmenidem Platonis 1508 die 23 februarii Ferrarie.

Plate 67 **1511** Udine
A 187 Sup., f. 127v

f. 136v: Finis. Deo gratias. Utini M D XI ultimo mensis februarii die.

Plate 68 **1513** [Piedmont?]
B 53 Sup., f. 52v

f. 52v: 1513.

[This is a note at the end of the manuscript. In 1494 the manuscript was owned by a Johannes Matthaeus [de Porta?] in Lequio Tanara (near Cuneo). See plate 57 for further details.]

Plate 69 **1518** [Milan]
A 30 Sup., f. 1r

f. 52r: Amen. Finis. 1518, 22 februarii.

[On the Milanese origin of the text and information on the surviving manuscripts see: Cesare Vasoli, "A proposito di Gabriele Biondo, Francesco Giorgio Veneto e Giorgio Benigno Salviati," *Rinascimento*, 2nd series, 9 (1969) 328-29.]

Plate 70 **1520** [Milan]
A 30 Sup., f. 98v

f. 98v: Amen. Finis. 1520 die 18 novembris. Laus Deo.

[See plate 69 for further information on this manuscript.]

Plate 71 **1549** [Louvain?]
E 131 Sup., f. 245r

f. 245rb: Finis. Deo gratias. 1549.

[On the probable location of this manuscript, see the description in this volume.]

Plate 72 **1553** Salamanca
E 60 Sup., f. 336v Ioannes Marçanus

f. 349v: Finis. Castig[ationes]. In abdia pro metemuruhi [Hebrew letters] lege metemuruhi [Hebrew]. Caetera sicubi forte praeter grammaticam rationem aut adiectum est, aut omissum punctum aliquod, boni lector consule. Nonis maii anno 1553. [Then on the right margin:] I[oannes].

f. 122v: Ex libello P[etri] Io[anni] Nunii superiora transcripta sunt 14 kalendis maii anno M D LIII.

f. 290r: Transcribebat Io[annes] Marçanus anno M D LIII.

f. 236v: Finis. H.X.N. 4 calendis maii M D LIV Salmanticae.

f. 289v: Salmantice. M D LIIII. I[oannes] M[arçanus] S[almanticae]

Plate 73 **1555** Salamanca
E 60 Sup., f. 225r Ioannes Marçanus

34v: Marsanus. Salmantica 1555.

42r: I[oannes] M[arçanus]. 6 calendis martii 1555.

63r: Transcriptus ex iudice quem nobis doctissimi Hugo Eltulius (?) de literis bene meritus mutantus est die ad diem d. Ioannis Baptistae 1555. Salmantica.

225r: Universus liber angeli caninii superioribus continet paginis praeter tabulas coniugationum quas Deo favete (si liber ad nostras pervenerit manus) transcribemus Salmantica, pridie idus octobris anno 1555. Io[annes] Marcanus.

Plate 74 **1566** [Milan]

E 67 Sup., f. 50v (lower half) [Francesco Ciceri?]

f. 50v: Nota de libri che mi ritrovo l'anno del 1566 alli 26 Agosto.

[On the attribution to of this list to the famous manuscript collector Francesco Ciceri see the description of this manuscript in this volume.]

Plate 75 **1587** Madrid

D 97 Sup., f. 1r signed by Garcia de Loaysa

f. 1r: Madriti xxx die novembris anno M D LXXXVII. Sanctitatis tuae, obediens et fidelis filius, Garsias Loaisa.

Plate 76 **1682** Milan

B 170 Sup., f. IIIr Giovanni Pirovano

f. IIr: [Title page] Della nobilissima ed antichissima famiglia Maggi notizie storiche, raccolte da Giovanni Pirovano sacerdote milanese.

f. IIIr: A nobili e sapienti leggitori... notizie della famiglia Maggi l'anno M DC LXXXII.

Plate 77 **1752-53** Namur, Belgium

B 147 Sup., f. IIIv The secretary of S.M. Dupuy

f. IIr: [Title page] Dénombrement des baillages, mairies et prévotés qui composent la province de Namur...

f. IIIr: Rédigé sur les lieux en 1752, par le secrétaire de S. M. Dupuy et présenté le 30 avril 1753 à son excellence Monseigneur le Marquis Botta Adorno etc...

Plate 78 | **1841** | Cremona
B 173 Sup., p. 55 | Antonio Dragoni

p. 55: Cremona 31 Dicembre 1841. In attestazione di stima, d'amicizia e di dolore. Antonio Dragoni Primicerio.

[The text is an eulogy written on the occasion of the death of the Marchese Bonaventura Guerrieri-Gonzaga prefaced by a dedicatory letter to Count Giacomo Melerio.]

Plate 79 | **1897** | St. Petersburg, Russia
B 172 Sup., f. 1r | Camillo Dagnini

f. 1r [the closing of a letter addressed to Antonio Ceriani, Prefect of the Ambrosiana:] col più profondo rispetto, il di lei devotissimo, Camillo Dagnini, Pietroburgo, Russia, XII 1897. Ragionieri C. Dagnini, Banca Volga-Kama.

[This manuscript consists of the letter with a Russian printed text and a handwritten Italian translation on the life and works of Professor Ambrogio Dagnini.]

PLATES

PART I:

SELECTIONS FROM THE E SUPERIOR MANUSCRIPTS

Plate 1. E 2 Sup., f. 1r.

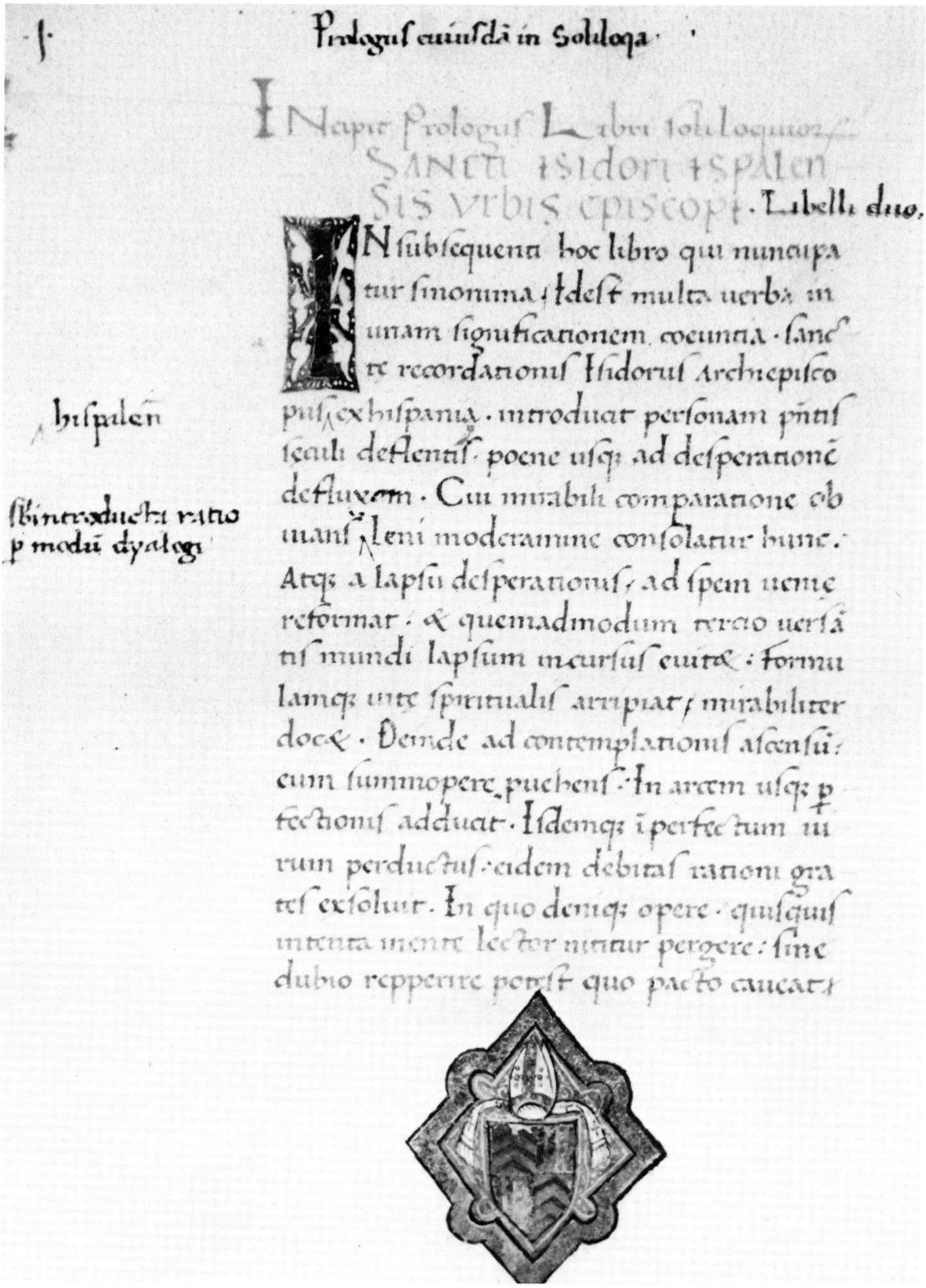
·I· Prologus cuiusdā in Soliloqa·

INcipit Prologus Libri Soliloquiorū
SANCTI ISIDORI ISPALEN
SIS URBIS EPISCOPI · Libelli duo.

IN subsequenti hoc libro qui nuncupa
tur sinonima; Idest multa uerba in
unam significationem coeuntia · sanc
te recordationis Isidorus Archiepisco
pus ex hispania · introducit personam pñtis
seculi deflentis · poene usq; ad desperationē
defluxem · Cui mirabili comparatione ob
uians leni moderamine consolatur hunc ·
Atq; a lapsu desperationis, ad spem ueniæ
reformat · & quemadmodum tercio uersā
tis mundi lapsum incursus euitet · formu
lamq; uitę spiritualis arripiat, mirabiliter
docet · Deinde ad contemplationis ascensū
cum summopere prouehens · In arcem usq; p
fectionis adducat · Isdemq; i perfectum ui
rum perductus · eidem debitas rationi gra
tes exsoluit · In quo denique opere · quisquis
intenta mente lector nititur pergere: sine
dubio repperire poterit quo pacto caueat,

hispalen

sibi introducta ratio
p modū dyalogi

Plate 2. E 17 Sup., f. 1v.

Plate 3. E 22 Sup., f. 217r.

Plate 4. E 23 Sup., f. 3r.

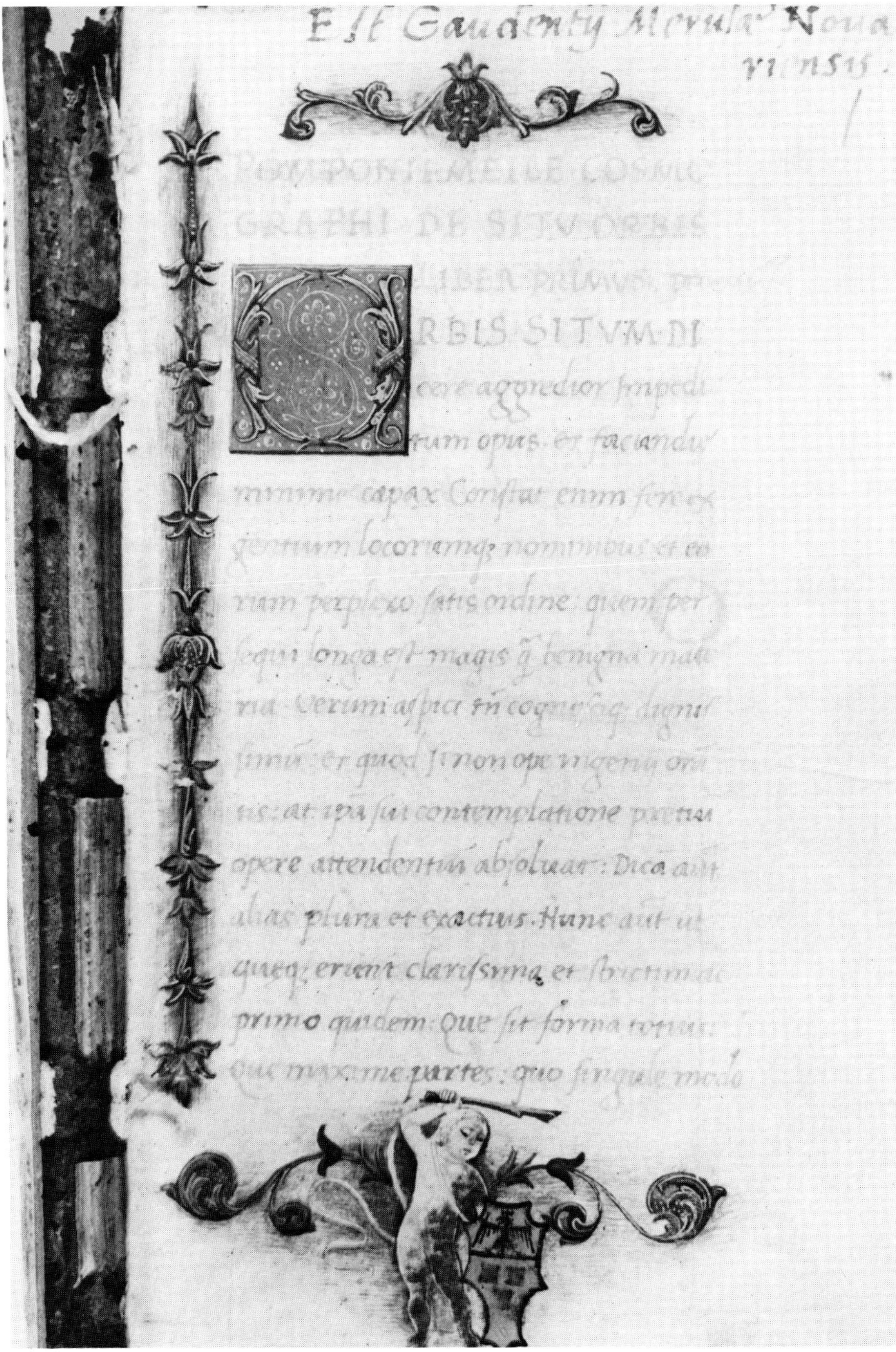

Plate 5. E 24 Sup., f. 1r.

Plate 6. E 27 Sup., f. 1r.

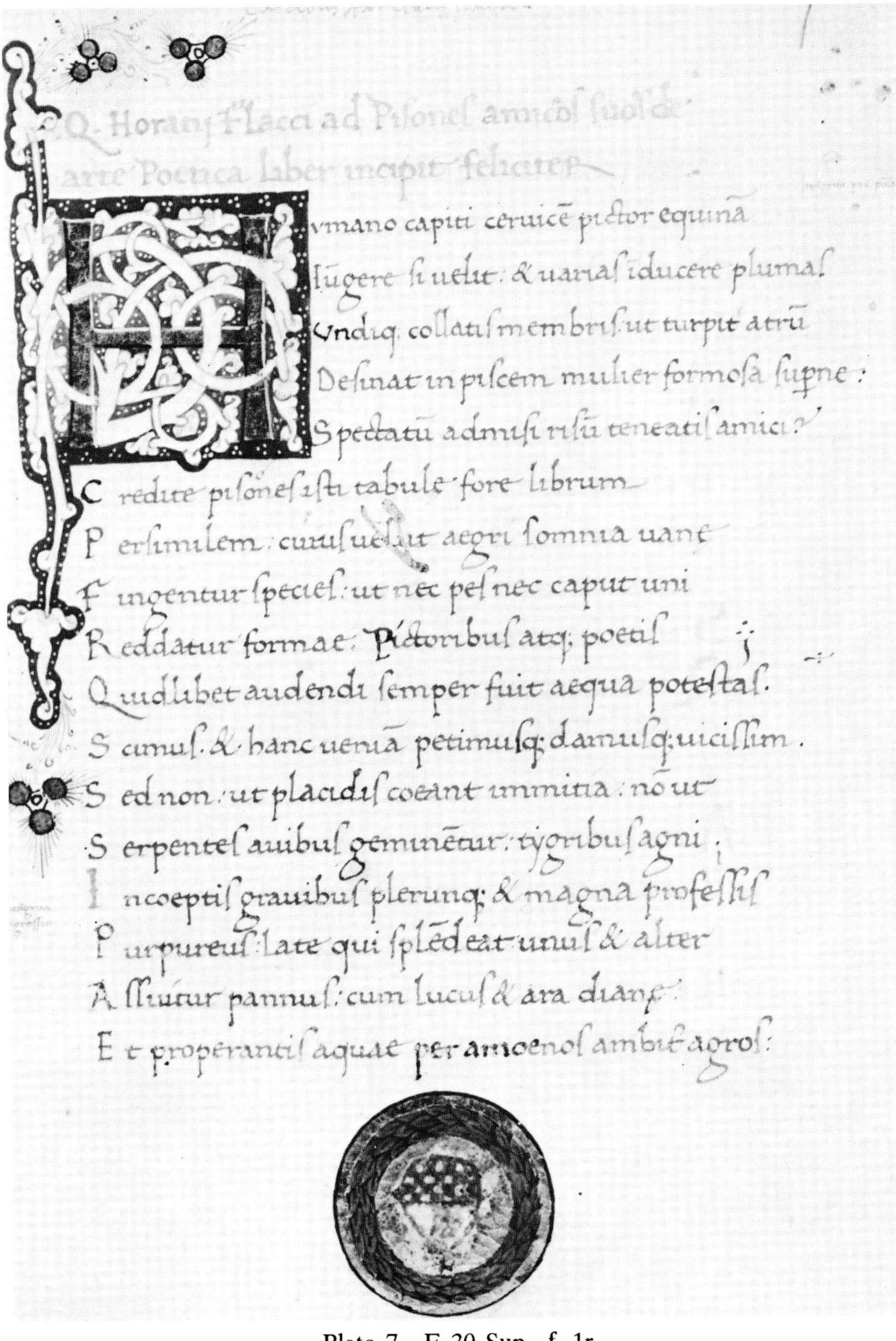
Q. Horatii Flacci ad Pisones amicos suos de
arte Poetica liber incipit feliciter
Humano capiti ceruicē pictor equinā
Iungere si uelit: & uarias iducere plumas
Vndiq. collatis membris: ut turpit atrū
Desinat in piscem mulier formosa supne:
Spectatū admissi risū teneatis amici?
Credite pisones isti tabule fore librum
Persimilem: cuius uelut aegri somnia uane
Fingentur species: ut nec pes nec caput uni
Reddatur formae. Pictoribus atq; poetis
Quidlibet audendi semper fuit aequa potestas.
Scimus. & hanc ueniā petimusq; damusq; uicissim.
Sed non: ut placidis coeant immitia: nō ut
Serpentes auibus geminētur: tygribus agni
Incoeptis grauibus plerunq; & magna professis
Purpureus late qui splēdeat unus & alter
Assuitur pannus: cum lucus & ara dianae
Et properantis aquae per amoenos ambit agros:

Plate 7. E 30 Sup., f. 1r.

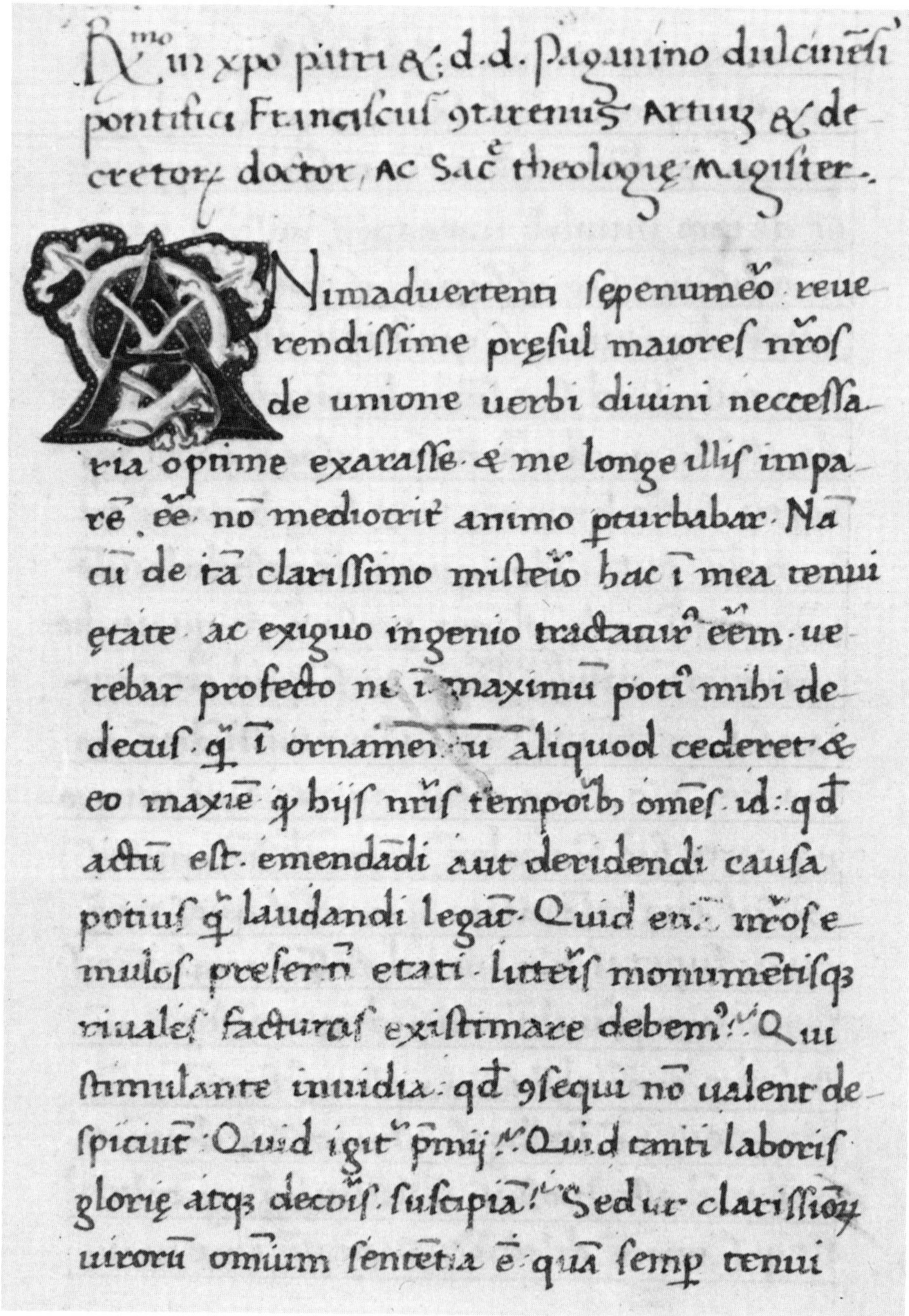
Rmo in xpo patri & d. d. Paganino dulcinensi
pontifici Franciscus Contarenus Artium & decretorum doctor, ac sacre theologie magister.

Animaduertenti sepenumero reue-
rendissime presul maiores nostros
de unione uerbi diuini necessa-
ria optime exarasse & me longe illis impa-
rem esse non mediocriter animo perturbabar. Nam
cum de tam clarissimo misterio hac in mea tenui
etate ac exiguo ingenio tractaturus essem ue-
rebar profecto ne in maximum potius mihi de-
decus quam in ornamentum aliquod cederet &
eo maxime quia hiis nostris temporibus omnes id quod
actum est emendandi aut deridendi causa
potius quam laudandi legant. Quid enim nos e-
mulos presertim etati litteris monumentisque
riuales facturos existimare debemus? Qui
stimulante inuidia quod consequi non ualent de-
spiciunt. Quid igitur premii? Quid tanti laboris
glorie atque decoris suscipiam? Sed ut clarissimorum
uirorum omnium sententia est quam semper tenui

Plate 8. E 31 Sup., f. 1r.

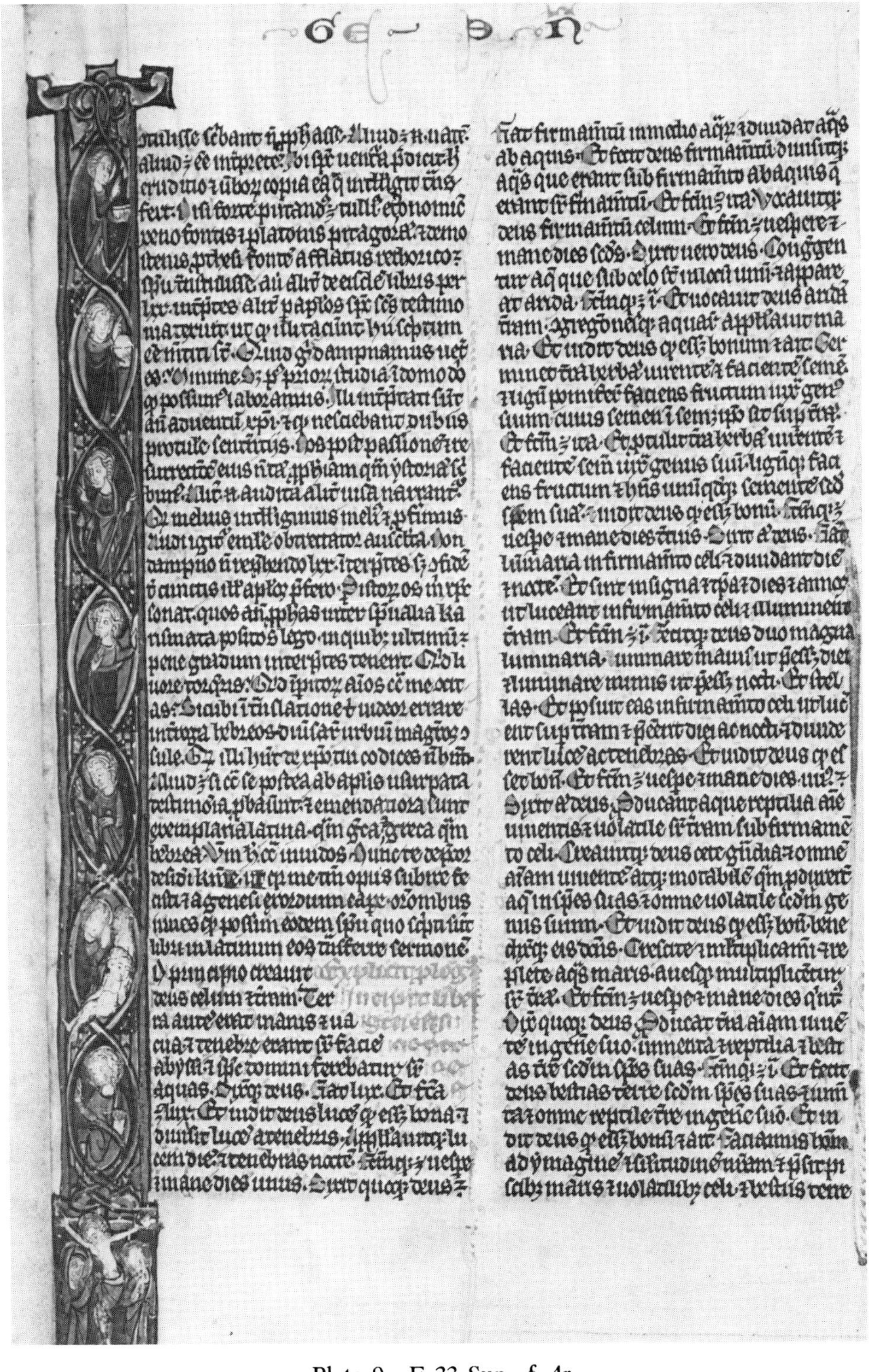

Plate 9. E 33 Sup., f. 4r.

Plate 10. E 33 Sup., f. 41r.

Plate 11. E 33 Sup., f. 155v.

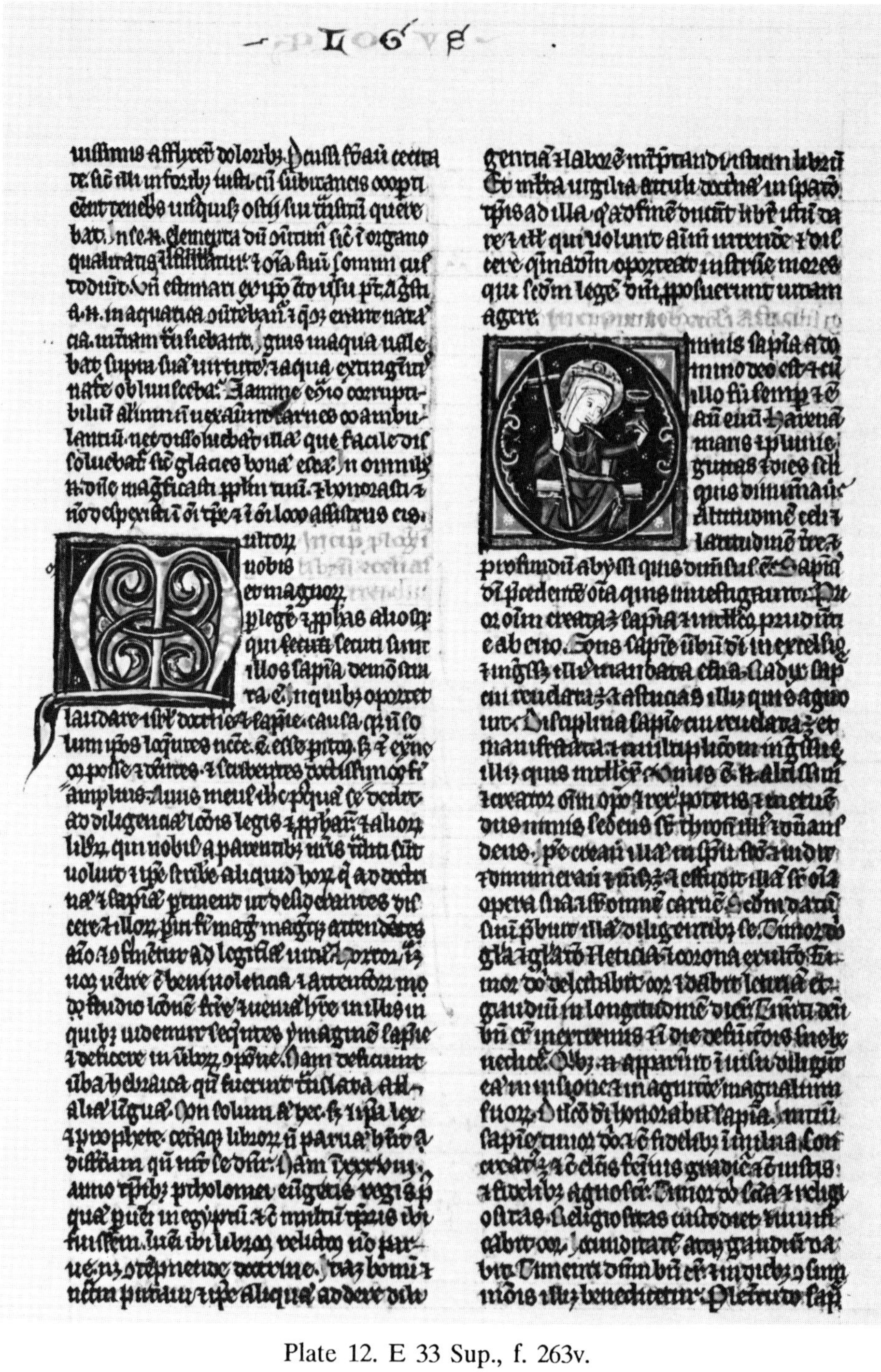

Plate 12. E 33 Sup., f. 263v.

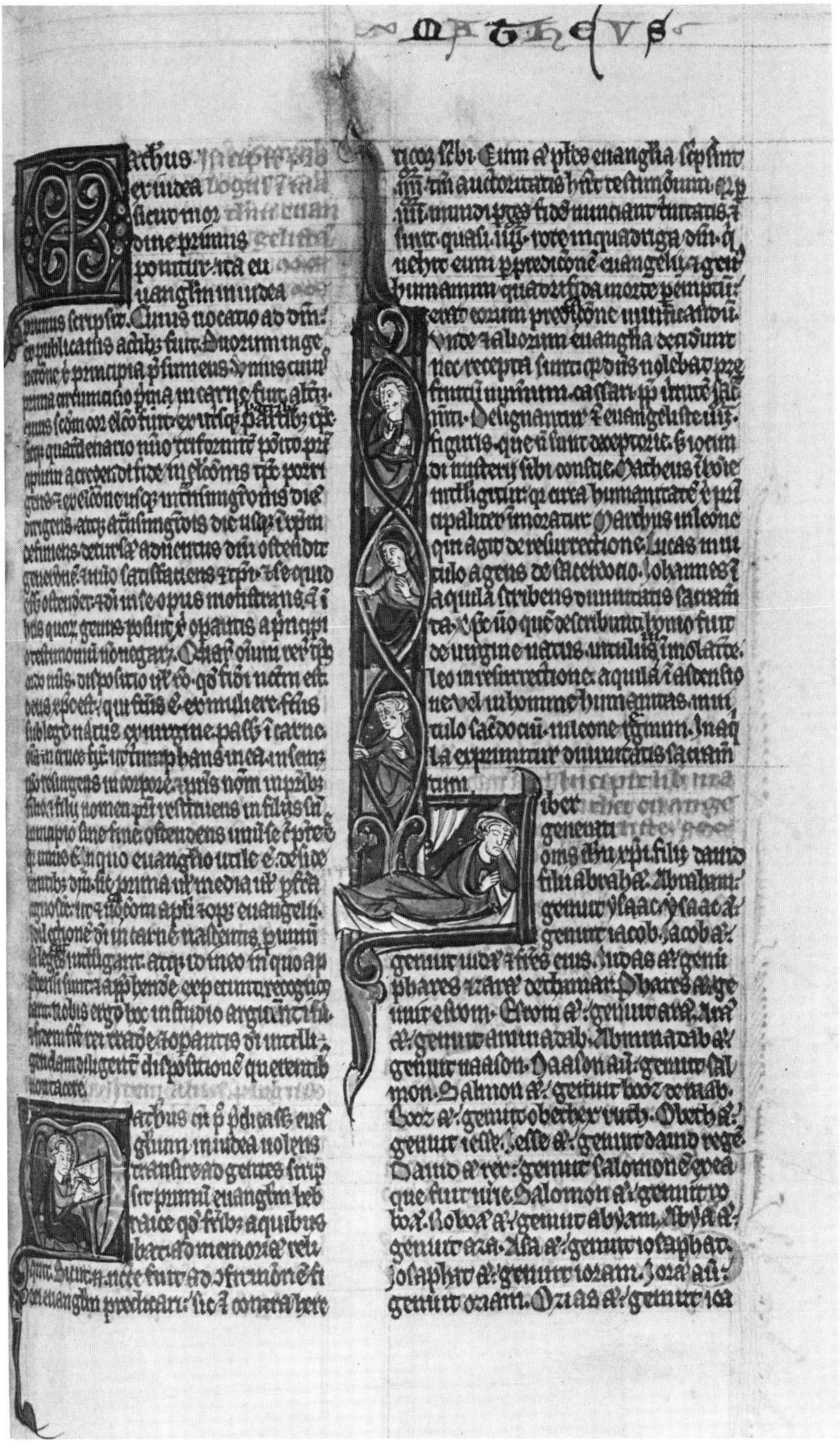

Plate 13. E 33 Sup., f. 392r.

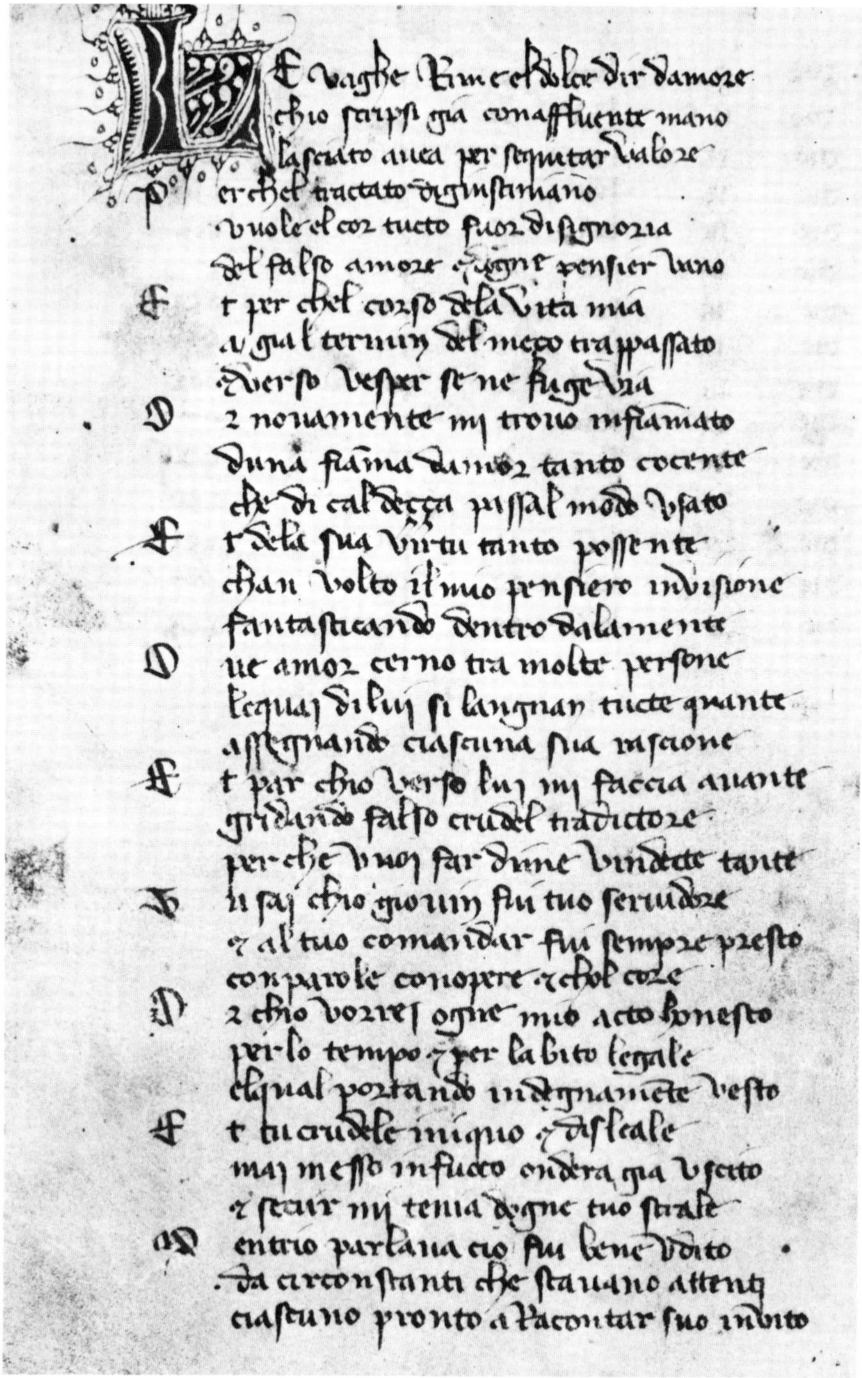
Le vaghe Rime e el dolce dir damore
chio scripsi gia con affluente mano
lasciato auea per seguitar valore
Per chel tractato diginstimano
vuole el cor tucto fuor di signoria
del falso amore ⁊ dogni pensier vano
Et per chel corso dela vita mia
a qual termin del mezo trappassato
diverso lesser se ne fuge via
Ma novamente mi trovo infiamato
duna fiama damor tanto cocente
che di caldezza passa el modo usato
Et dela sua virtu tanto possente
chan volto il mio pensiero in visione
fantasticando dentro dala mente
Dove amor cerno tra molte persone
le quai di lui si langnan tucte quante
assegnando ciascuna sua rascione
Et par chio verso lui mi faccia avante
gridando falso crudel tradictore
per che vuoi far dune vindette tante
Tu saj chio giovin fui tuo servidore
⁊ al tuo comandar fui sempre presto
con parole con opere ⁊ chol core
Ma chio vorrei ogne mio acto honesto
per lo tempo ⁊ per labito legale
el qual portando indegnamente vesto
Et tu crudele iniquo ⁊ disleale
maj messo in fuoco ondera gia uscito
⁊ scair mi tenia dogne tuo strale
Mentre parlava cio fu bene udito
da circonstanti che stavano attenti
ciascuno pronto a racontar suo invito

Plate 14. E 56 Sup., f. 1v.

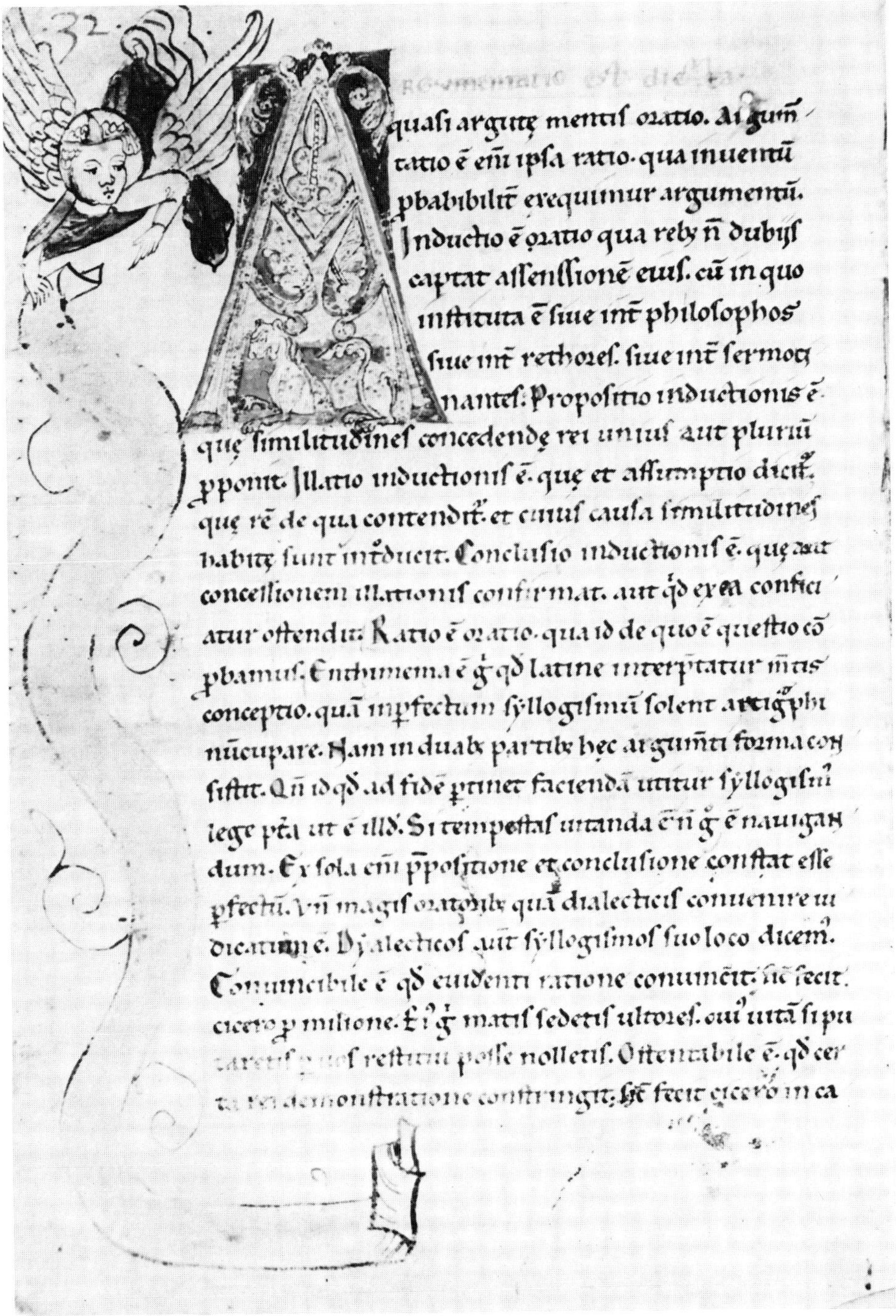

Plate 15. E 59 Sup., f. 1v.

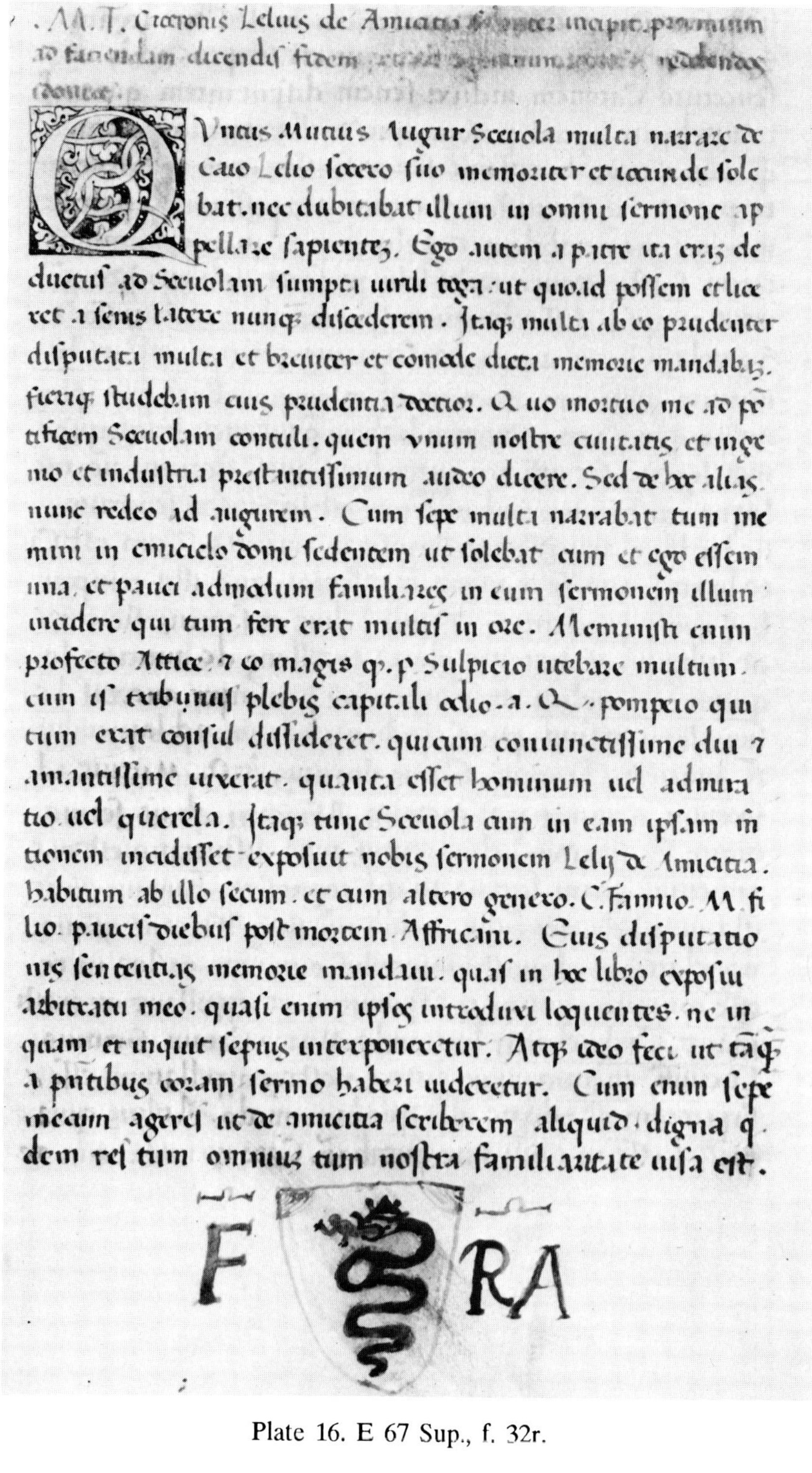

. M. T. Ciceronis Lelius de Amicitia [illegible] incipit. prohemium ad faciendam dicendi fidem [illegible] reddendaque [illegible].

Quintus Mutius Augur Sceuola multa narrare de Caio Lelio socero suo memoriter et iocunde solebat. nec dubitabat illum in omni sermone appellare sapientem. Ego autem a patre ita eram deductus ad Sceuolam sumpta uirili toga: ut quoad possem et liceret a senis latere nunquam discederem. Itaque multa ab eo prudenter disputata multa et breuiter et comode dicta memorie mandabam. fierique studebam eius prudentia doctior. Quo mortuo me ad pontificem Sceuolam contuli. quem unum nostre ciuitatis et ingenio et industria prestantissimum audeo dicere. Sed de hoc alias. nunc redeo ad augurem. Cum sepe multa narrabat tum memini in emicic lo domi sedentem ut solebat cum et ego essem una. et pauci admodum familiares in eum sermonem illum incidere qui tum fere erat multis in ore. Meministi enim profecto Attice et eo magis quod P. Sulpicio utebare multum. cum is tribunus plebis capitali odio a Q. pompeio qui tum erat consul dissideret. quicum coniunctissime diu et amantissime uixerat. quanta esset hominum uel admiratio uel querela. Itaque tunc Sceuola cum in eam ipsam mentionem incidisset exposuit nobis sermonem Lelii de Amicitia. habitum ab illo secum. et cum altero genero. C. Fannio M. filio. paucis diebus post mortem Affricani. Eius disputationis sententias memorie mandaui. quas in hoc libro exposui arbitratu meo. quasi enim ipsos introduxi loquentes. ne inquam et inquit sepius interponeretur. Atque ideo feci ut tamquam a presentibus coram sermo haberi uideretur. Cum enim sepe mecum ageres ut de amicitia scriberem aliquid. digna quidem res tum omnium tum nostra familiaritate uisa est.

Plate 16. E 67 Sup., f. 32r.

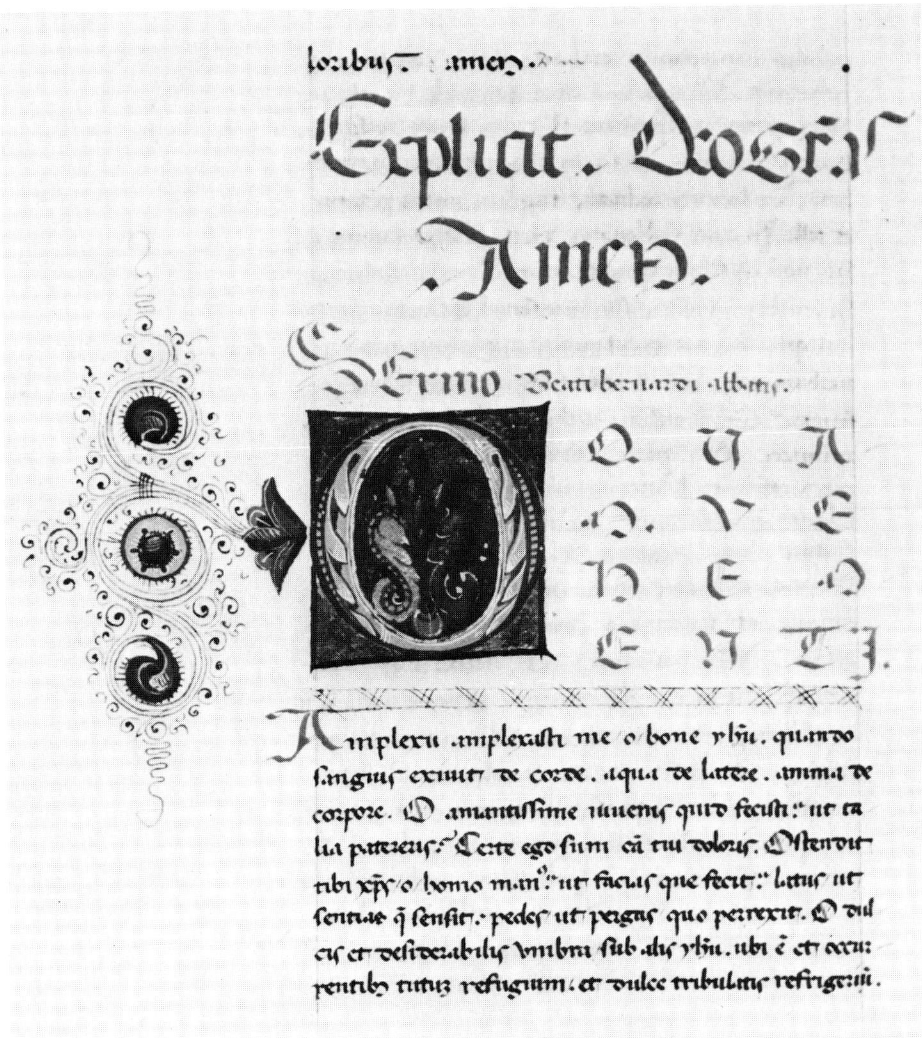
loribus. amen.
Explicit. Deo gratias
Amen.
Sermo beati bernardi abbatis.
Amplexu amplexasti me o bone ihesu. quando
sanguis exiuit de corde. aqua de latere. anima de
corpore. O amantissime iuuenis quid fecisti: ut ta
lia patereis? Certe ego sum causa tui doloris. Ostendit
tibi xps o homo manus: ut facias que fecit: latus ut
sentias quod sensit: pedes ut pergas quo perrexit. O dul
cis et desiderabilis umbra sub alis ihesu. ubi est et occur
rentibus tutum refugium: et dulce tribulatis refrigerium.

Plate 17. E 69 Sup., f. 211v.

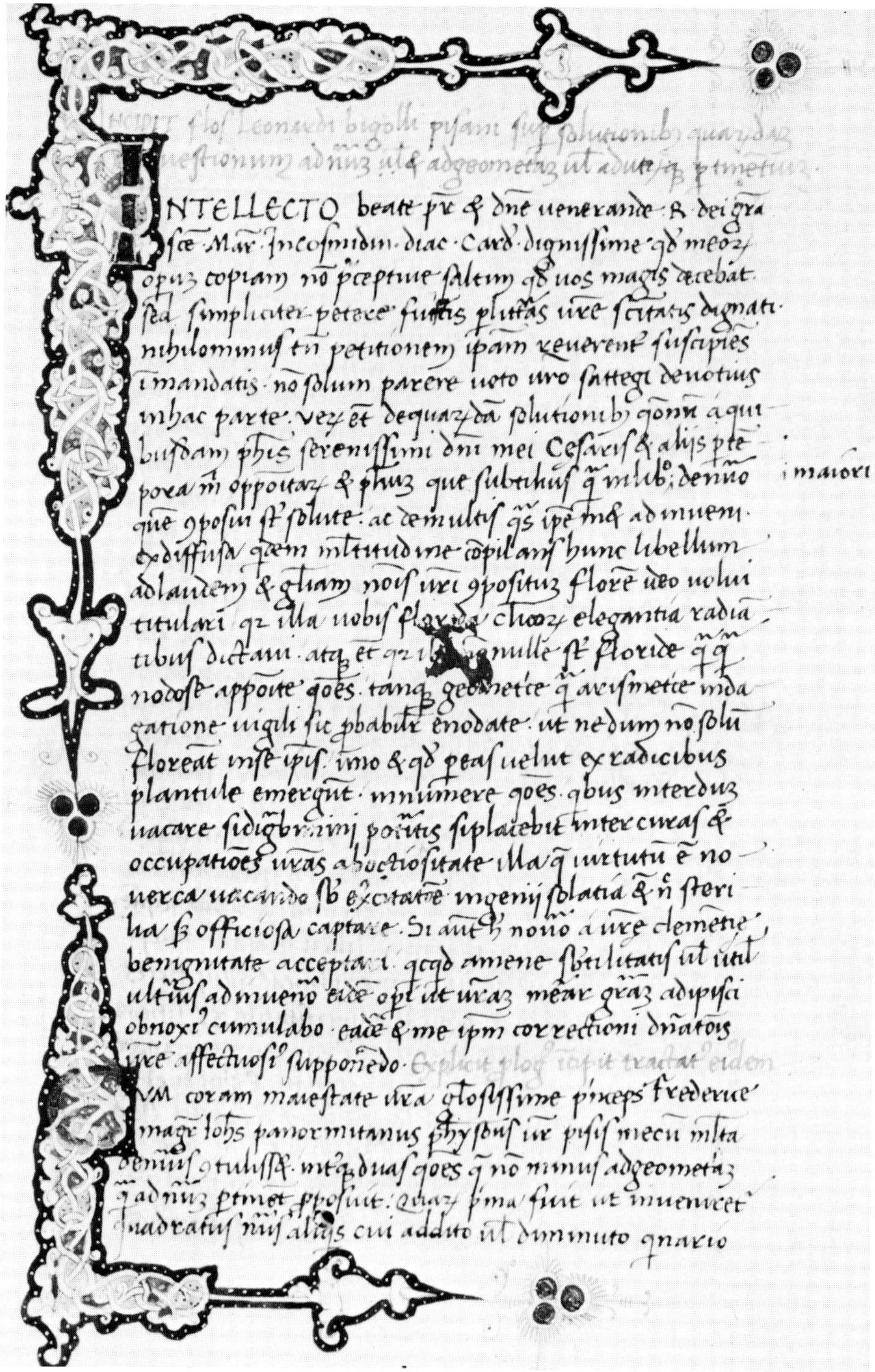

Plate 18. E 75 Sup., f. 1r.

Regola delle Monache Humiliate.

Qui in comenza il prologo de la regulla del padre nro meser sco benedito

Scolta o fiolla li comanda
menti del maystro. et inclina
le orechie del tuo core: E rece
ue uolunteira li amaystramē
ti del piatoso padre et complis
silli con grande efficatia. Azio
che tu torni adio per fatiga
de obedientia. da laquale tu
eri partita per pigritia de la
desobedientia: Adoncha driza
ati il mio parlare. Zeschaduno renunciando li propri
uoluptade et desiderij mundani et uolendo ēere caua
lere de mesr ihu xpo uerace re di gloria tu receuere
adoncha quella fortissima et relucente arma dela sca
obedientia: In prima te comando che quelli bein tu co
menzi affare domanda adio com continua oratione
che si degna oplvrli. da poy che il se dignato de reputar
ne in tel numero de le sue fiolle. per nessuno tempo
il se contrista de le nre malle operatione... Ma in uerita
de per li soy bene che anuy se degna reder elle da ēere
obedito in ogni tempo. azio che como padre irato per
la nra disobedientia non ne priuasse nuy sue fiolle
de la hereditade de uita eterna: Ma como signore e da
essere temudo azio che prouocato per li nri mali non
dia anuy como aserue maluassissime perpetualle pen
ne como aquilli che no lo sequitanno agloria: Adon
cha leuemesse finalmente desceciandene la scriptura
che dice ele zamay uenuta lora de lnarse del sogno

Del Monastero delle Humiliate di Santa
Caterina a Brera di Milano.

Plate 19. E 78 Sup., f. 1r.

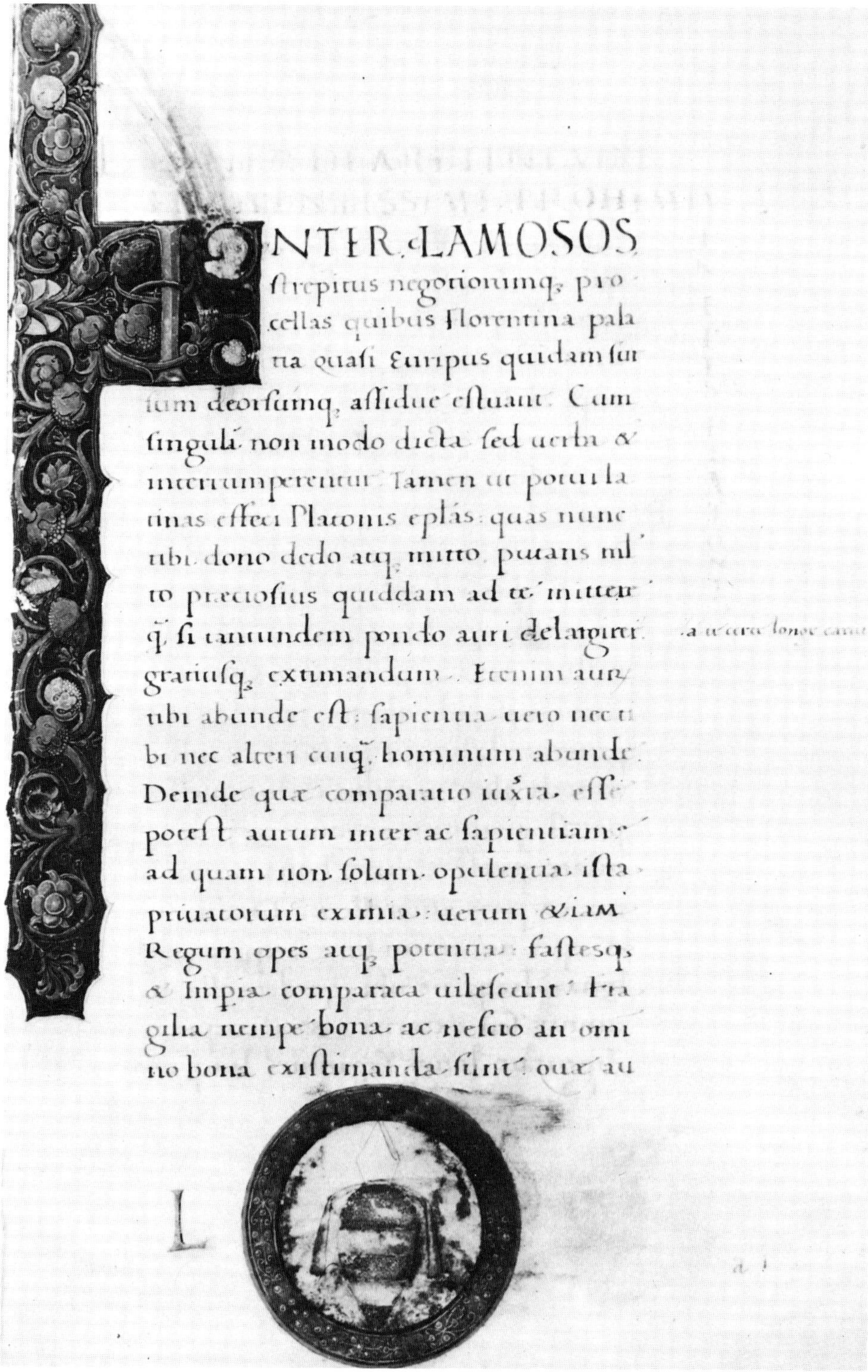

INTER CLAMOSOS
strepitus negotiorumque pro
cellas quibus Florentina pala
tia quasi Euripus quidam sur
sum deorsumque assidue estuant. Cum
singuli non modo dicta sed uerba &
interrumperentur. Tamen ut potui la
tinas effeci Platonis epistolas: quas nunc
tibi dono dedo atque mitto, putans mul
to preciosius quiddam ad te mittere
quam si tantundem pondo auri uel argenti
gratiusque extimandum. Etenim aurum
tibi abunde est: sapientia uero nec ti
bi nec alteri cuiquam hominum abunde.
Deinde quae comparatio iuxta esse
potest aurum inter ac sapientiam:
ad quam non solum opulentia ista
priuatorum eximia: uerum etiam
Regum opes atque potentiae: fastesque
& Imperia comparata uilescunt. Fra
gilia nempe bona ac nescio an omni
no bona existimanda sunt: quae au

Plate 20. E 83 Sup., f. 1r.

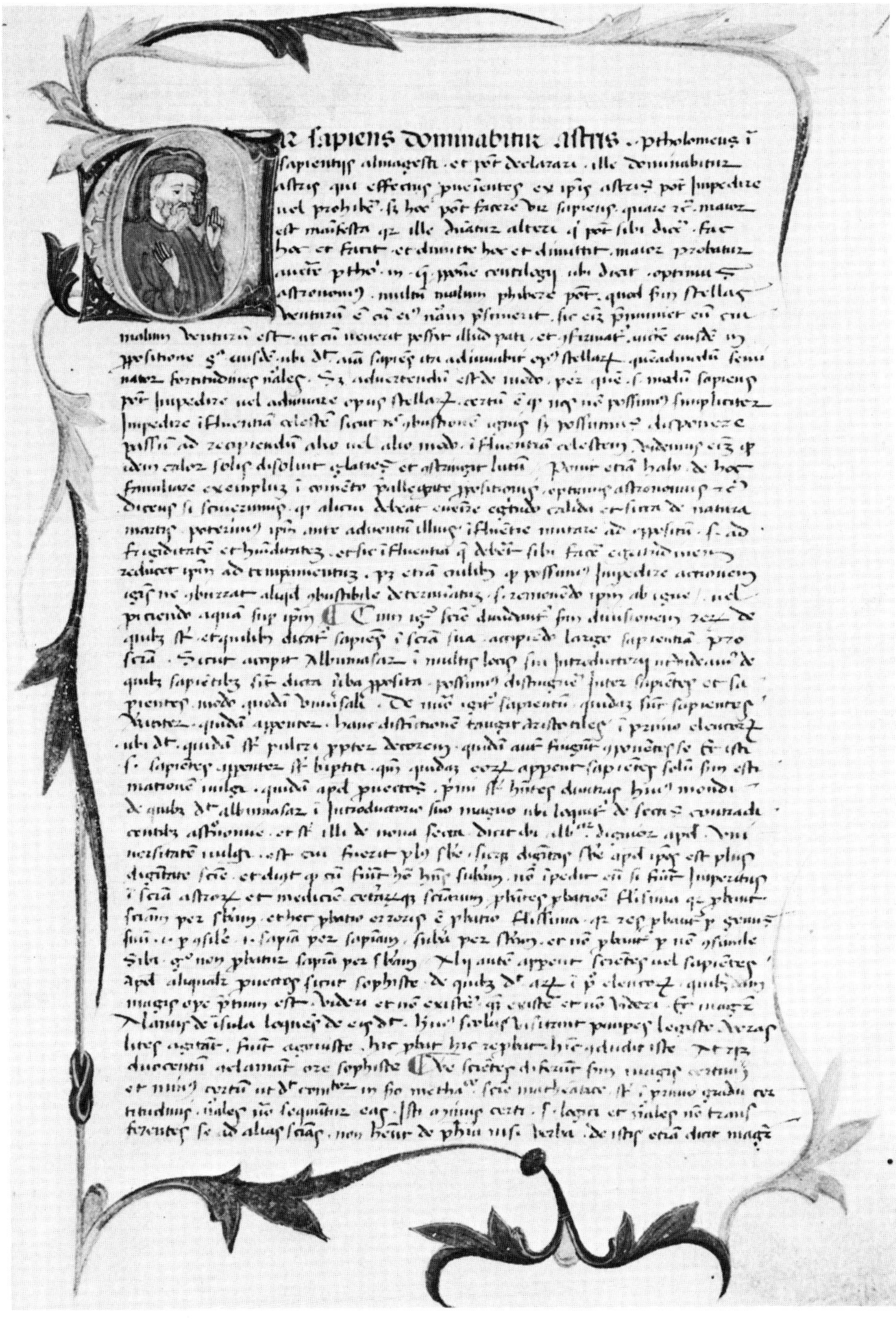

Plate 21. E 115 Sup., f. 1r.

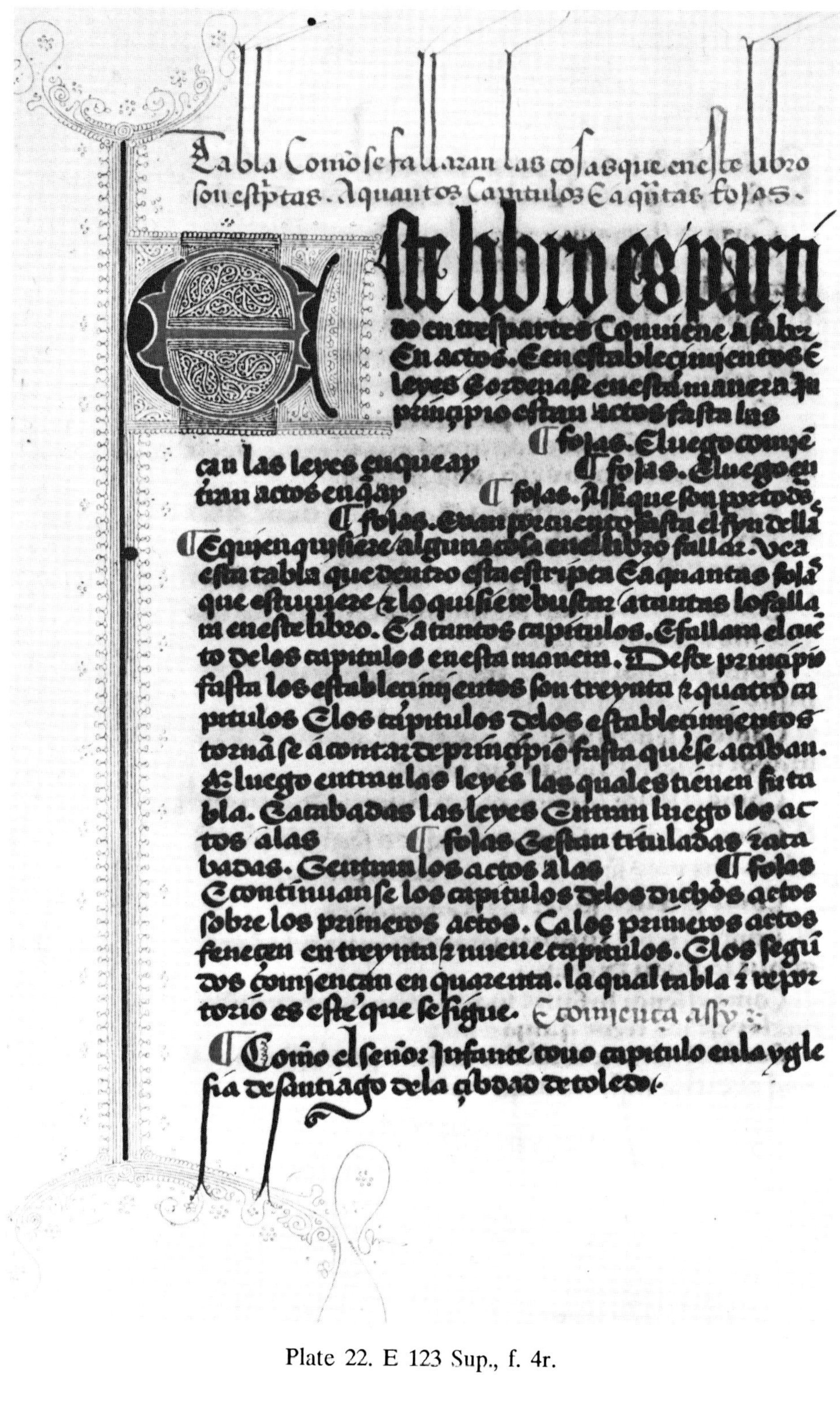
Tabla commo se fallaran las cosas que en este libro
son escriptas. A quantos capitulos E a quantas fojas.
Este libro es parti-
do en tres partes Conuiene a saber
En actos. E en establecimientos E
leyes E ordenase en esta manera. Jn
principio estan actos fasta las
fojas. E luego comiē-
çan las leyes en que ay fojas. E luego tornan actos en que ay fojas. Assi que son por todos
fojas. E van prosiguiendo fasta el fyn dell
E quien quisiere alguna cosa en el libro fallar. vea
esta tabla que dentro esta escripta E a quantas fojas
que estuuiere z lo quisiere buscar a tantas lo fallara en este libro. E a tantos capitulos. E fallara el acto delos capitulos en esta manera. Deste principio
fasta los establecimientos son treynta z quatro capitulos E los capitulos delos establecimientos
tornan se a contar de principio fasta que se acaban.
E luego entran las leyes las quales tienen su tabla. E acabadas las leyes E entran luego los actos a las fojas E estan titulados z aca-
bados. E entran los actos a las fojas
E continuan se los capitulos delos dichos actos
sobre los primeros actos. Ca los primeros actos
fenecen en treynta z nueue capitulos. E los segui-
dos comiençan en quarenta. la qual tabla z repor-
torio es este que se sigue. E comiença assy :-
Commo el señor Jnfante touo capitulo en la ygle-
sia de santiago dela cibdad de toledo.

Plate 22. E 123 Sup., f. 4r.

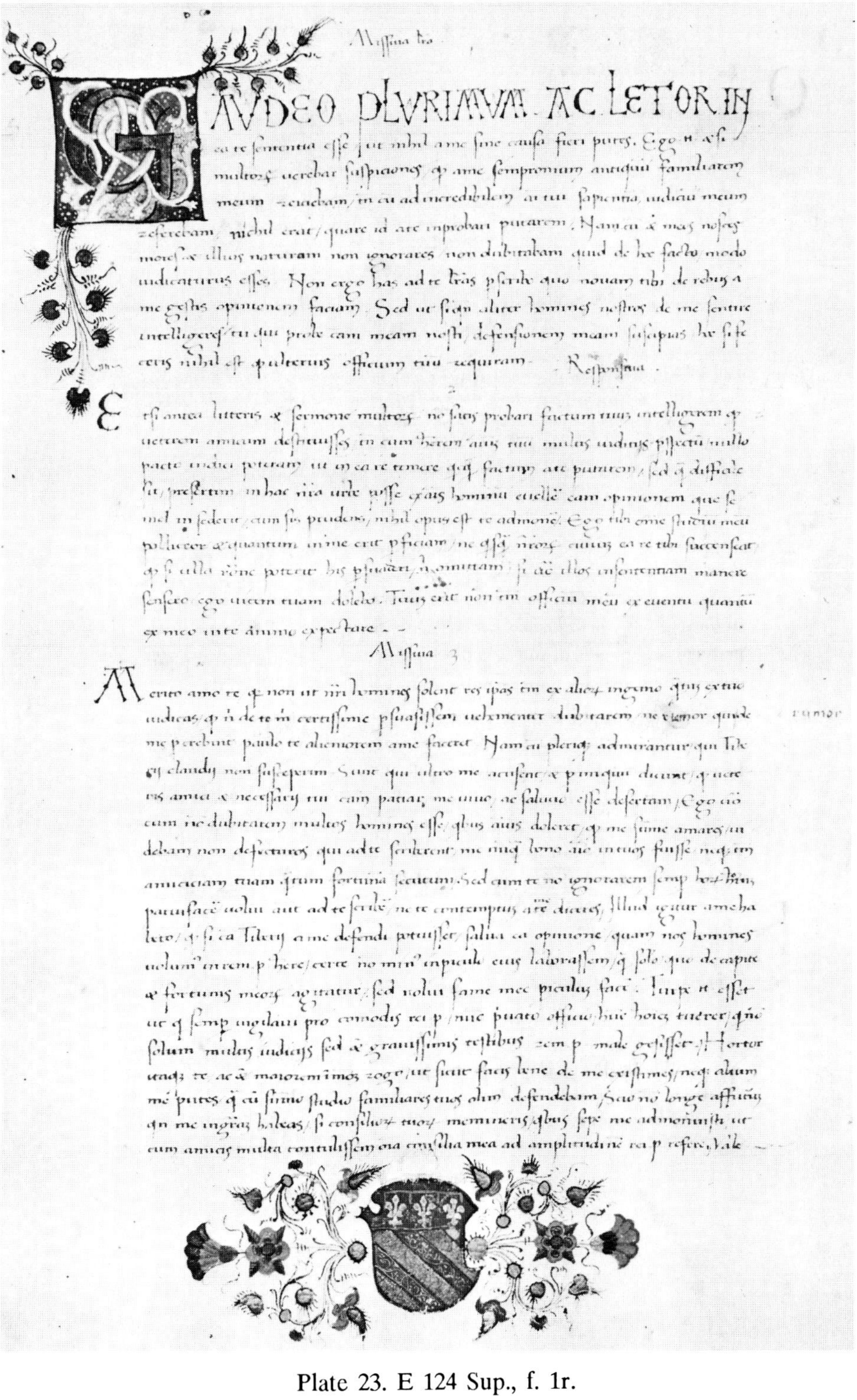

Plate 23. E 124 Sup., f. 1r.

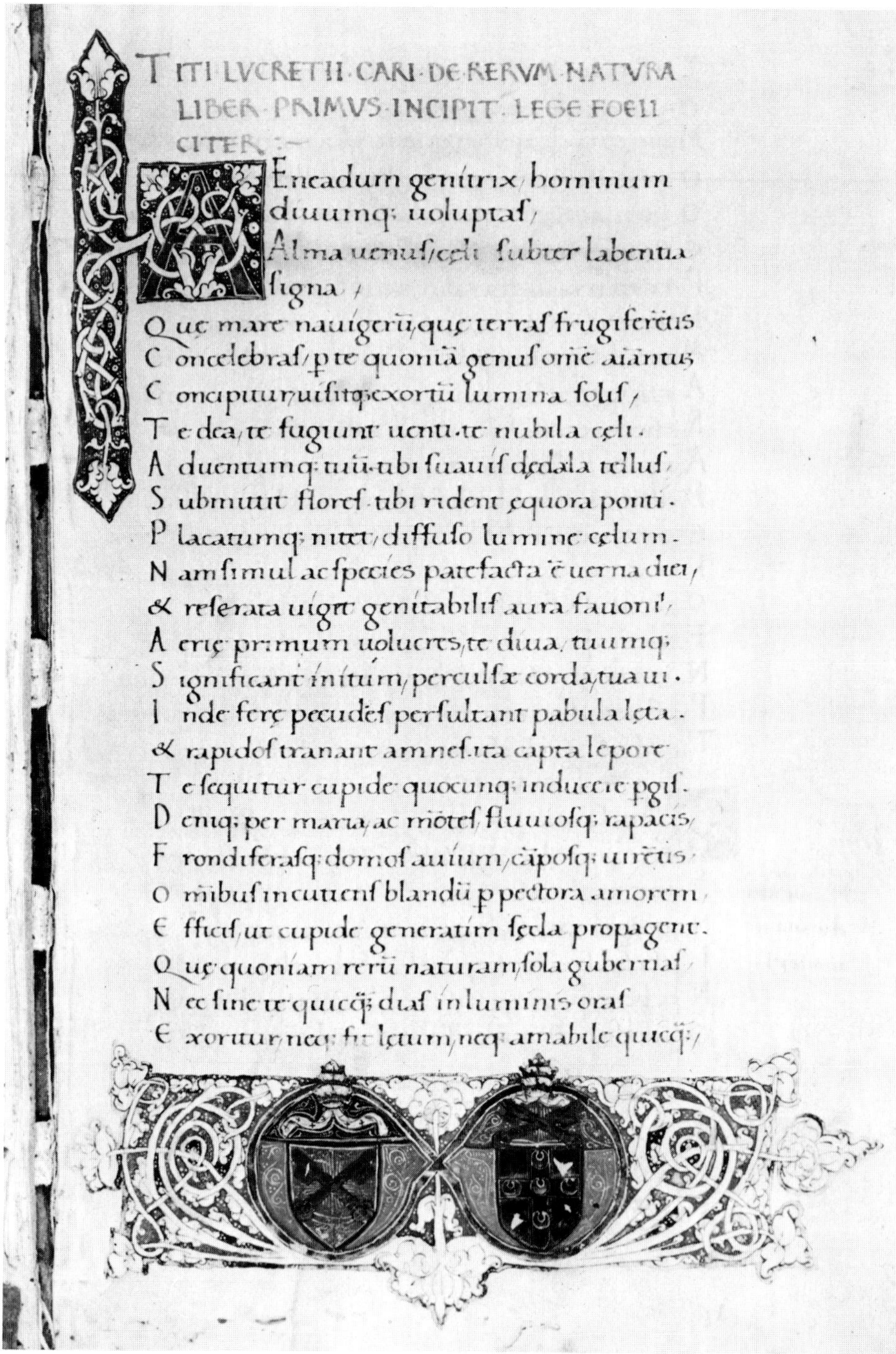

TITI LVCRETII CARI DE RERVM NATVRA LIBER PRIMVS INCIPIT. LEGE FOELICITER :—

Eneadum genitrix, hominum diuumq; uoluptas,
Alma uenus, celi subter labentia signa,
Que mare nauigerũ, que terras frugiferẽtis
Concelebras, p te quoniã genus omne aĩantũ
Concipitur, uisitq; exortũ lumina solis,
Te dea, te fugiunt uenti, te nubila celi.
Aduentumq; tuũ, tibi suauis dedala tellus,
Submittit flores, tibi rident equora ponti.
Placatumq; nitet, diffuso lumine celum.
Nam simul ac species patefacta ē uerna diei,
& reserata uiget genitabilis aura fauonĩ,
Aerię primum uolucres, te diua, tuumq;
Significant initum, perculsæ corda, tua ui.
Inde fere pecudes persultant pabula leta.
& rapidos tranant amnes. ita capta lepore
Te sequitur cupide quocunq; inducere pgis.
Deniq; per maria, ac mõtes, fluuiosq; rapacis,
Frondiferasq; domos auium, cãposq; uirẽtis,
Omnibus incutiens blandũ p pectora amorem,
Efficis, ut cupide generatim secla propagent.
Que quoniam rerũ naturam, sola gubernas,
Nec sine te quicq̃; dias in luminis oras
Exoritur, neq; fit letum, neq; amabile quicq̃;

Plate 24. E 125 Sup., f. 1r.

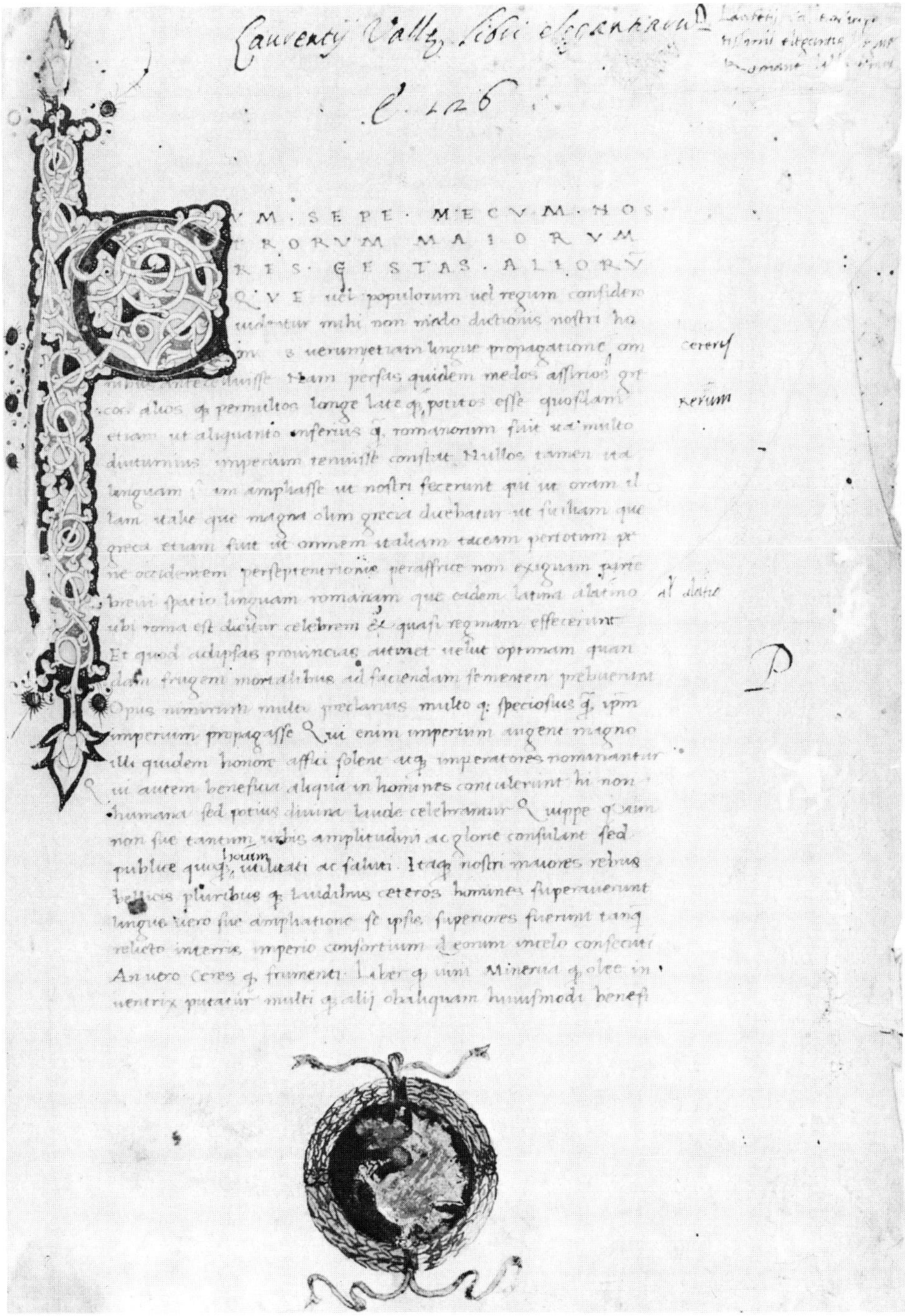
Laurentij Valle libri elegantiarum

E 126

CVM · SEPE · MECVM · NOS
TRORVM MAIORVM
RES · GESTAS · ALIORV
QVE uel populorum uel regum considero
uidentur mihi non modo dictionis nostri ho
mines uerumetiam lingue propagatione om
nibus antecelluisse. Nam persas quidem medos assirios gre
cos alios q3 permultos longe late q3 potitos esse quoslam
etiam ut aliquanto inferius q. romanorum fuit sed multo
diuturnius imperium tenuisse constat. Nullos tamen ita
linguam suam amplasse ut nostri fecerunt qui ut oram il
lam italie que magna olim grecia dicebatur ut siciliam que
greca etiam fuit ut omnem italiam taceam pertotum pe
ne occidentem perseptentrionis perafrice non exiguam parte
breui spatio linguam romanam que eadem latina alatino
ubi roma est dicitur celebrem et quasi reginam effecerunt
Et quod adipsas prouincias attinet uelut optimam quan
dam frugem mortalibus ad faciendam sementem prebuerunt
Opus nimirum multo preclarius multo q3 speciosius q. ipm
imperium propagasse Qui enim imperium augent magno
illi quidem honore affici solent atq3 imperatores nominantur
Qui autem beneficia aliqua in homines contulerunt hi non
humana sed potius diuina laude celebrantur Quippe qui non
non sue tantum urbis amplitudini ac glorie consulant sed
publice quoque hominum utilitati ac saluti. Itaq3 nostri maiores rebus
bellicis pluribus q3 laudibus ceteros homines superauerunt
lingue uero sue amplificatione se ipsis superiores fuerunt tanq3
relicto interris imperio consortium deorum incelo consecuti
An uero Ceres q3 frumenti Liber q3 uini Minerua q3 olee in
uentrix putatur multi q3 alij obaliquam huiusmodi benefi

Plate 25. E 126 Sup., f. 1r.

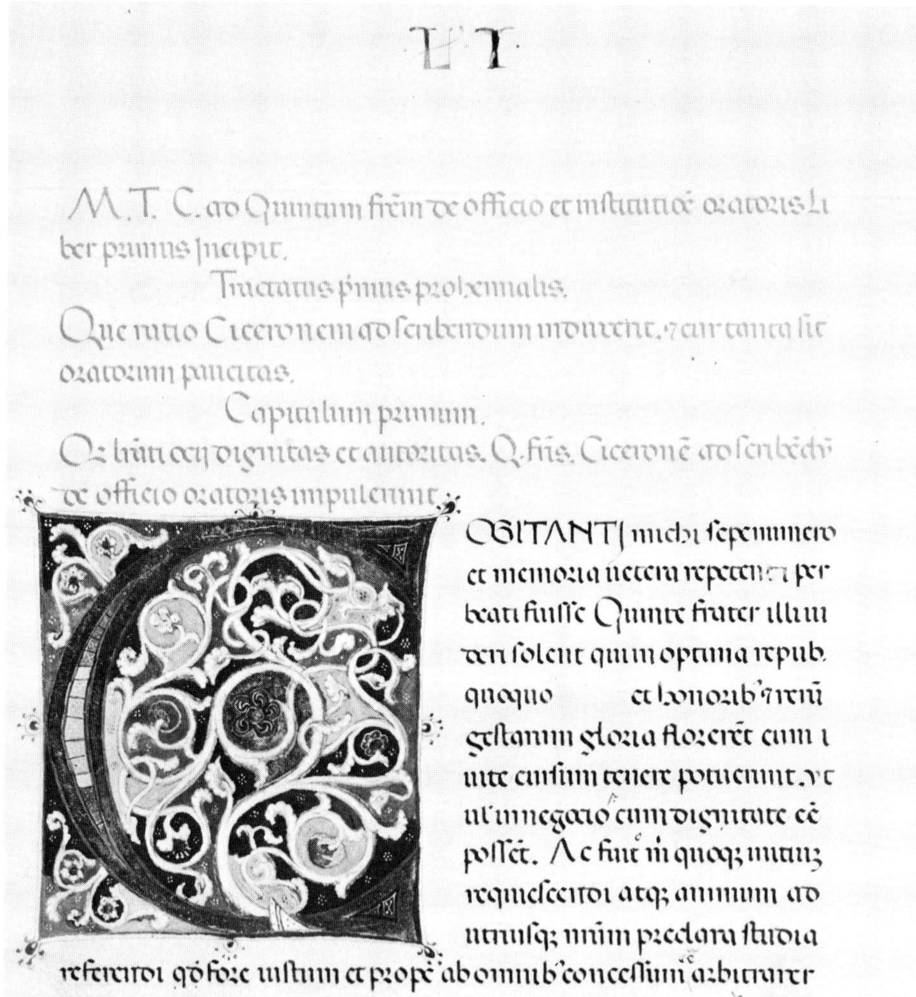
LI
M. T. C. ad Quintum fratrem de officio et institutione oratoris Liber primus incipit.
Tractatus primus prohemialis.
Que ratio Ciceronem ad scribendum mouerit, et cur tanta sit oratorum paucitas.
Capitulum primum.
Q. fratris ocii dignitas et autoritas. Q. fris. Ciceronē ad scribēdū de officio oratoris impulerunt.
COGITANTI michi sepenumero et memoria uetera repetenti per beati fuisse Quinte frater illi uideri solent qui in optima republ. quoquo et honoribus et rerum gestarum gloria florerent eum uite cursum tenere potuerunt ut uel in negocio cum dignitate esse possent. Ac fuit cum mihi quoque initium requiescendi atque animum ad utriusque nostrum preclara studia referendi fore iustum et prope ab omnibus concessum arbitrarer si infinitus forensium rerum labor et ambitionis occupatio decursu honorum etiam etatis flexu constitisset. Quam spem cogitationum et consiliorum meorum tum graves communium temporum tum uarii nostri casus fefellerunt. Nam qui locus quietis et tranquillitatis plenus fore uidebatur in eo maxime molestiarum et turbulentissime tempestates extiterunt. Neque uero nobis cupientibus atque exoptantibus fructus ocii datus est ad eas artes quibus a pueris dediti sumus celebrandas inter nosque recolendas. Nam prima etate incidimus in ipsam perturbationem discipline ueteris et consulatu deuenimus in medium rerum omnium certamen atque discrimen. Et hoc tempus omne post consulatum obiecimus fluctibus qui per nos a communi peste depulsi

Plate 26. E 127 Sup., f. 1r.

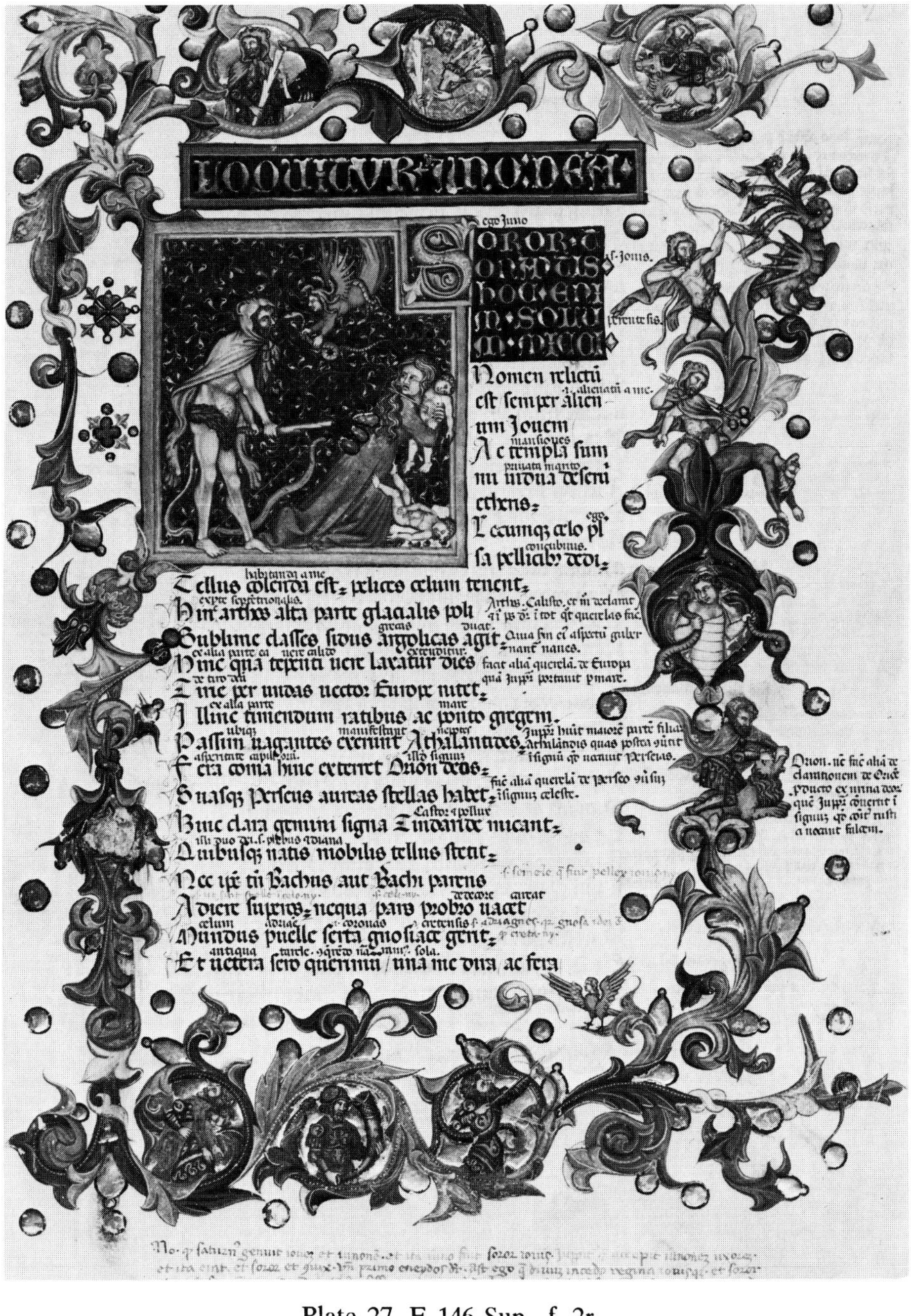

Plate 27. E 146 Sup., f. 2r.

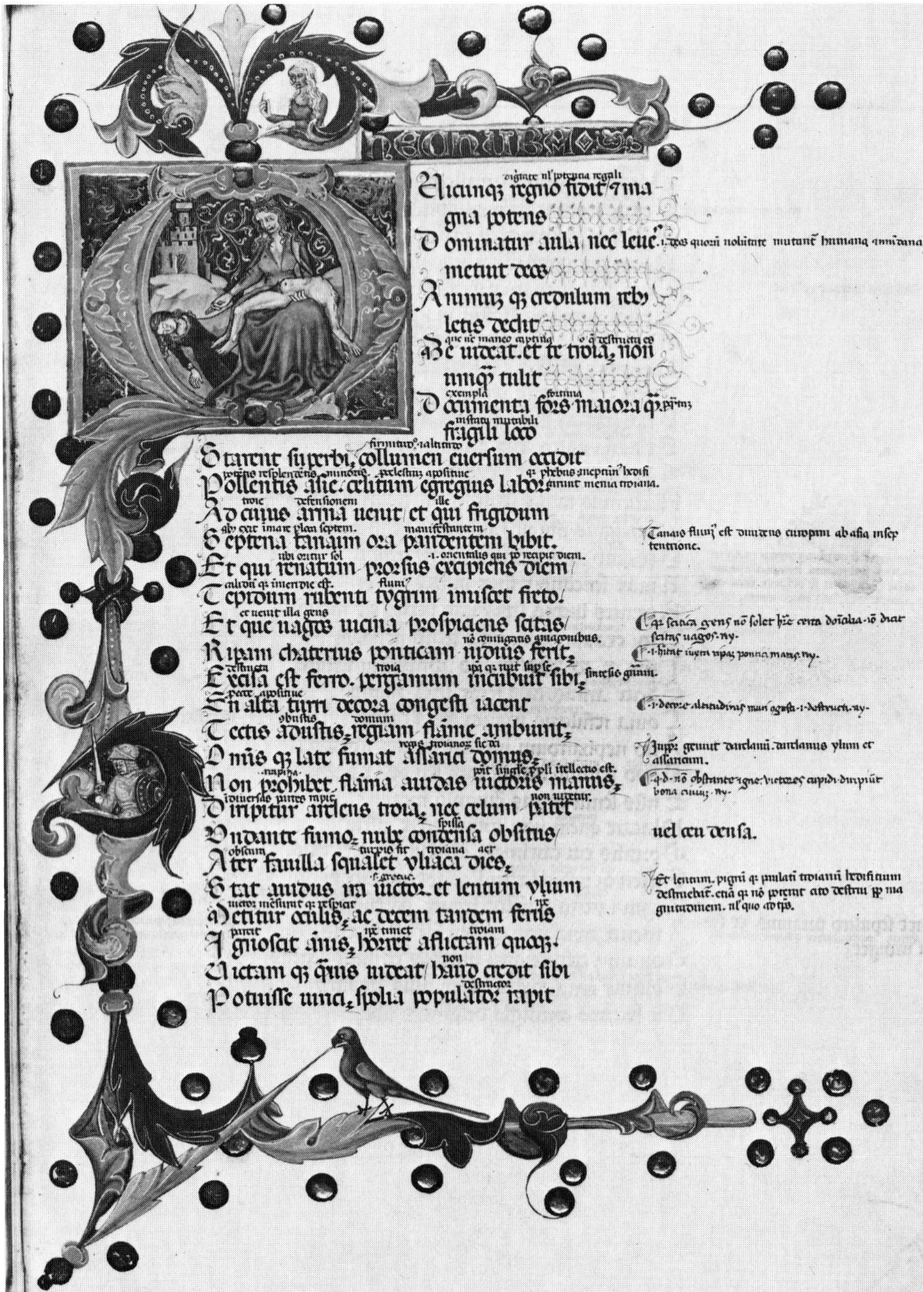
Quicumque regno fidit et magna potens
Dominatur aula nec leves metuit deos
Animumque rebus credulum letis dedit,
Me videat et te, Troia; non umquam tulit
Documenta fors maiora quam fragili loco
Starent superbi. Columen eversum occidit
Pollentis Asie, celitum egregius labor;
Ad cuius arma venit et qui frigidum
Septena Tanaim ora pandentem bibit.
Et qui renatum prorsus excipiens diem
Tepidum rubenti Tygrim inmiscet freto.
Et que vagos vicina prospiciens Scitas
Ripam Chatervis ponticam viduis ferit,
Excisa est ferro. Pergamum incubuit sibi;
En alta muri decora congesti iacent
Tectis adustis, regiam flamme ambiunt,
Omnisque late fumat Assaraci domus.
Non prohibet flamma avidas victoris manus;
Diripitur ardens Troia, nec celum patet
Undante fumo; nubes condensa obsitus
Ater favilla squalet Yliaca dies.
Stat avidus ira victor et lentum Ylium
Metitur oculis, ac decem tandem feris
Ignoscit annis, horret afflictam quoque,
Victamque quamvis videat haud credit sibi
Potuisse vinci. Spolia populator rapit

Plate 28. E 146 Sup., f. 96r.

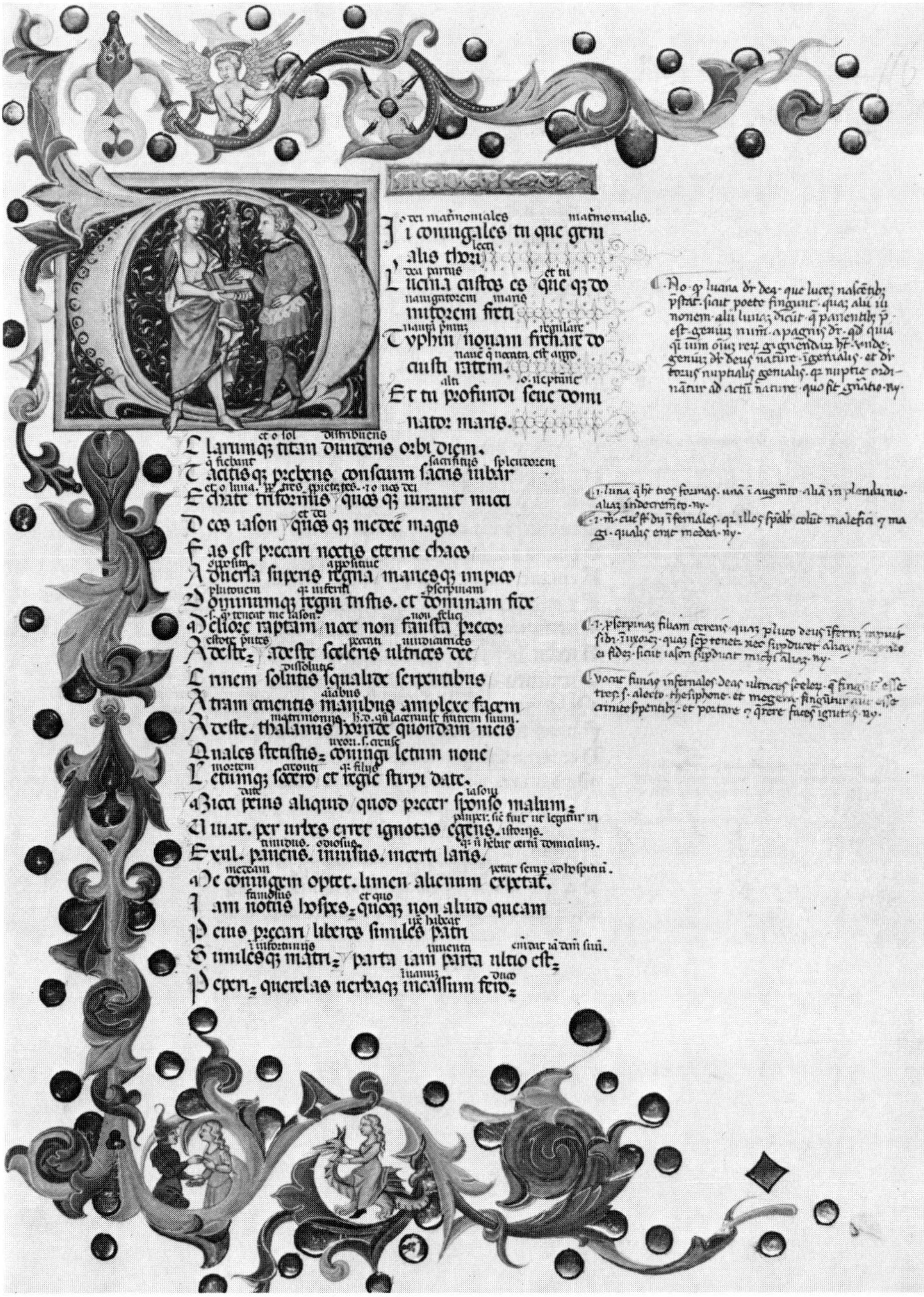

Di coniugales tu que geni
alis thori
Lucina custos que que domitorem
freti
Typhin novam frenare docuisti
ratem.
Et tu profundi saeve domi
nator maris.
Clarumque titan dividens orbi diem.
Tacitisque prebens conscium sacris iubar
Hecate triformis quosque iuravit mihi
Deos iason quosque medee magis
Fas est precari noctis eterne chaos
Aduersa superis regna manesque impios
Dominumque regni tristis. et dominam fide
Meliore raptam voce non fausta precor
Adeste, adeste sceleris ultrices dee
Crinem solutis squalide serpentibus
Atram cruentis manibus amplexe facem
Adeste. thalamis horride quondam meis
Quales stetistis, coniugi letum nove
Letumque socero et regie stirpi date.
Mihi peius aliquid quod precer sponso malum,
Vivat. per urbes erret ignotas egens.
Exul. pavens. invisus. incerti laris.
Ne coniugem optet. limen alienum expetat.
Iam notus hospes, quoque non aliud queam
Peius precari liberos similes patri
Similesque matri, parta iam parta ultio est,
Peperi, querelas verbaque incassum sero,

Plate 29. E 146 Sup., f. 116r.

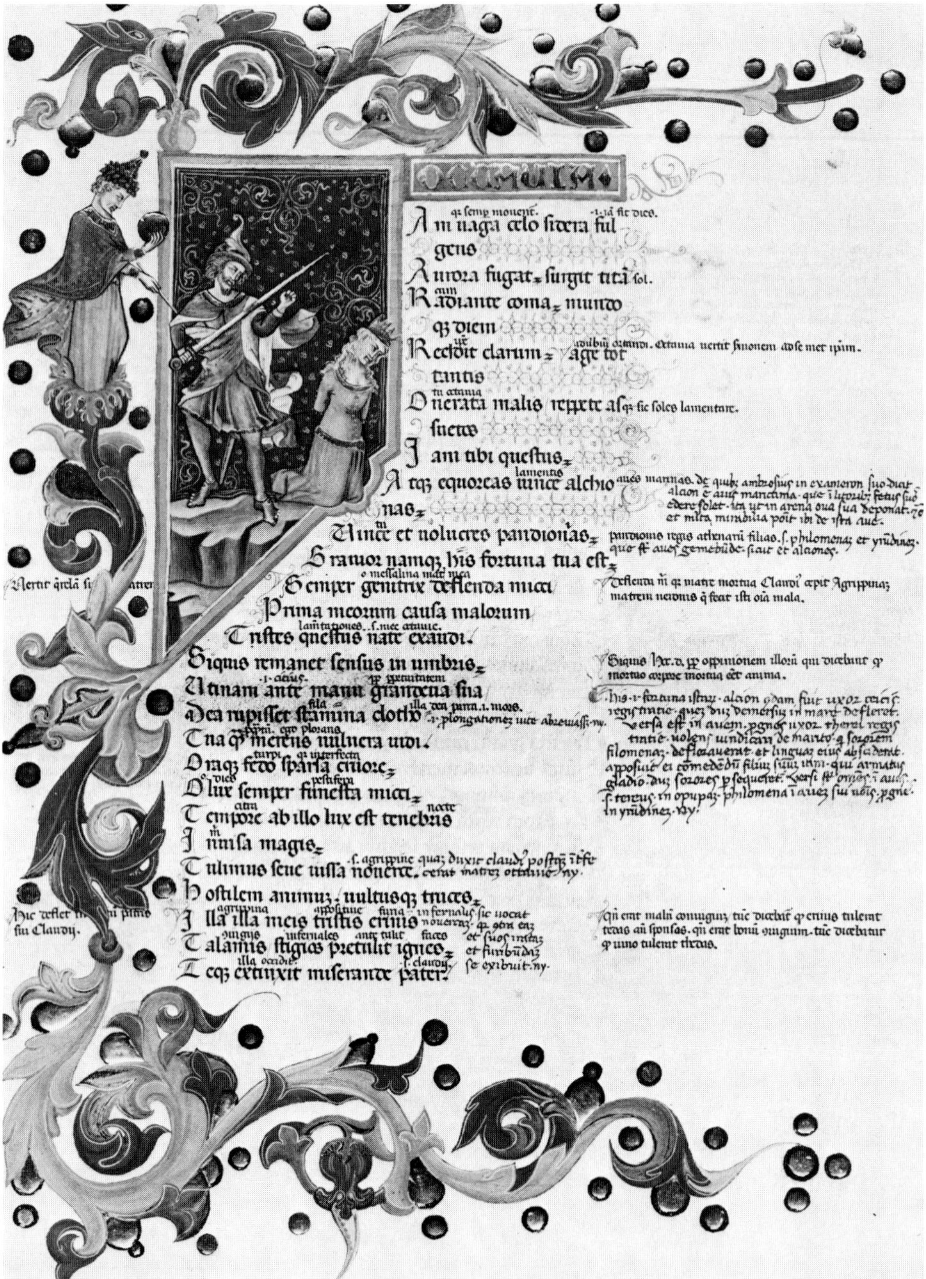

OCTAVIA

Iam uaga celo sidera fulgens
Aurora fugat, surgit titan
Radiante coma mundo
que diem
Reddit clarum, age tot
tantis
Onerata malis repete as
suetos
Iam tibi questus
Atque equoreas uince alchio
nas
Uince et uolucres pandionias
Grauior namque his fortuna tua est.
Semper genitrix deflenda michi
Prima meorum causa malorum
Tristes questus nate exaudi.
Siquis remanet sensus in umbris
Utinam ante manu grandeua sua
Mea rupisset stamina clotho
Tua que merens uulnera uidi
Oraque fedo sparsa cruore
O lux semper funesta michi
Tempore ab illo lux est tenebris
Inuisa magis
Tulimus seue iussa nouerce
Hostilem animum, uultusque truces
Illa illa meis tristis erinis
Talamis stigios pretulit ignes
Teque extinxit miserande pater.

Plate 30. E 146 Sup., f. 151r.

PLATES

PART II

DATED MANUSCRIPTS

FROM A-E SUPERIOR

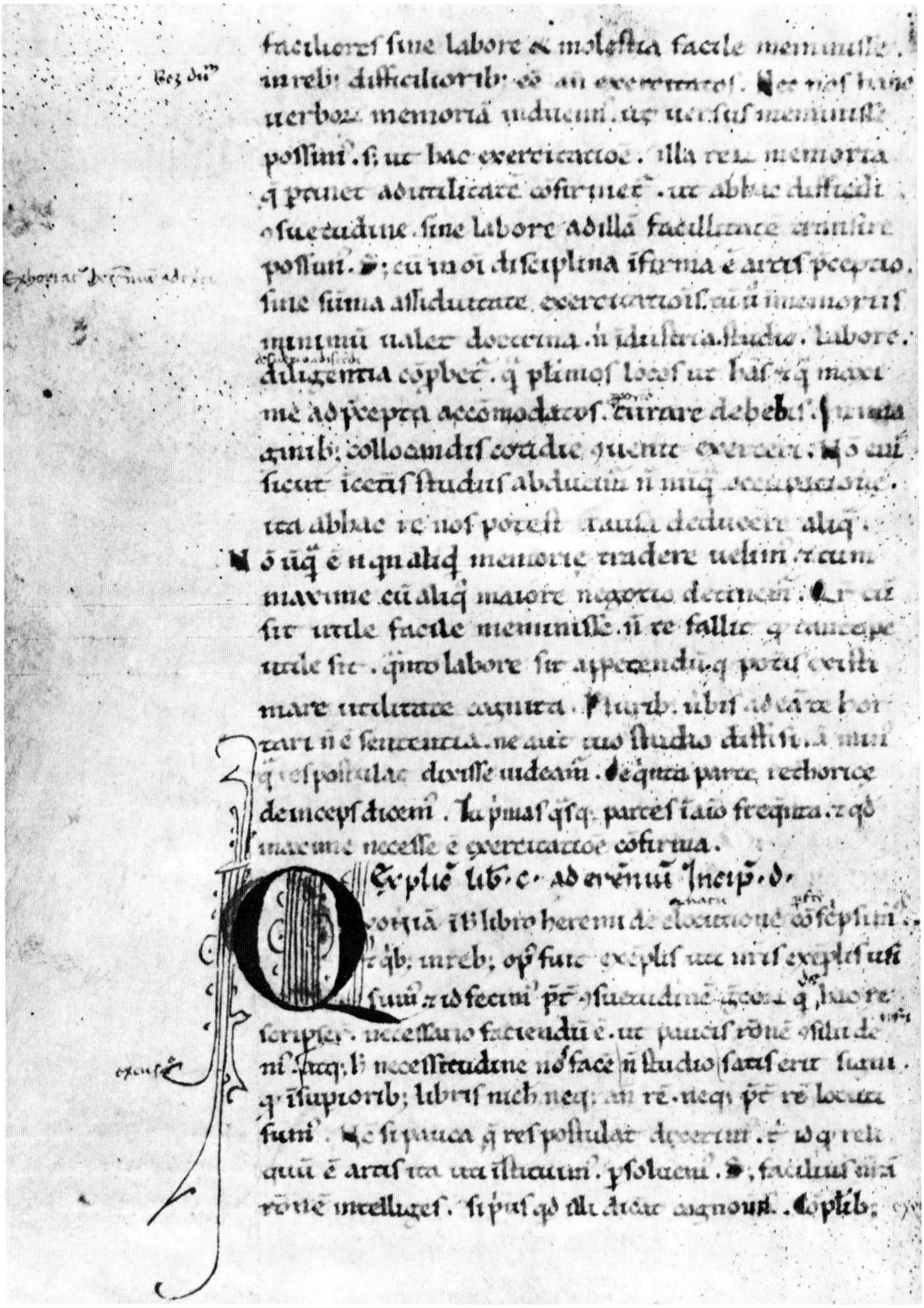

Plate II.1 **1154** Antioch
E 7 Sup., f. 28v Stephanus

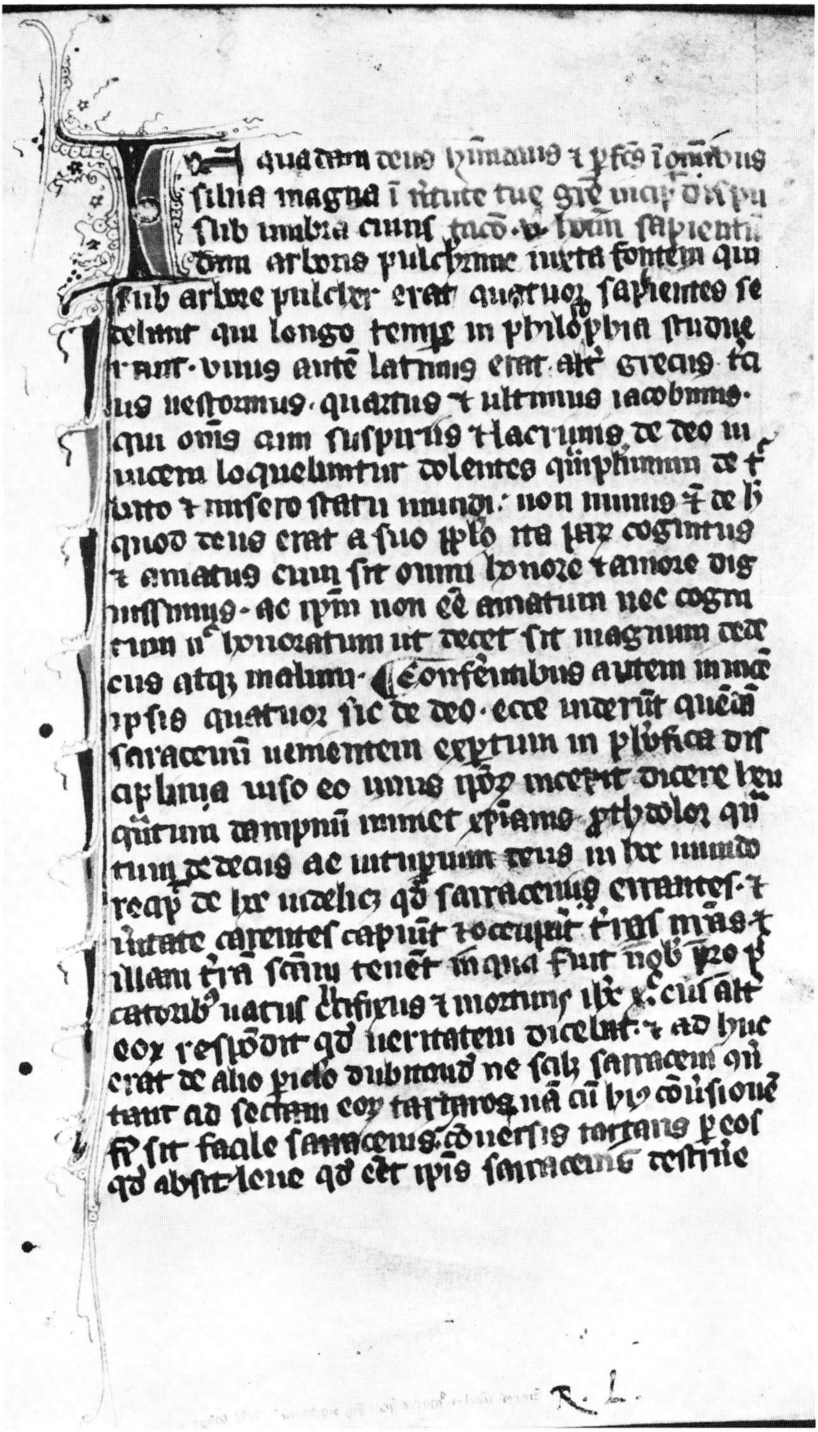

Cum quadam die humanus et pfcs [illegible]
silua magna in virtute tue gratie [illegible]
sub umbra cuiusdam iacens · in loco sapienti
dam arboris pulcherrime iuxta fontem qui
sub arbore pulcher erat quatuor sapientes se
derunt qui longo tempore in philosophia studue
rant · unus autem latinus erat · alter grecus · ter
tius nestorinus · quartus et ultimus iacobinus ·
qui omnes cum suspiriis et lacrimis de deo in
vicem loquebantur dolentes quamplurimum de
vano et misero statu mundi · non minus quam de h
quod deus erat a suo populo ita parum cognitus
et amatus cum sit omni honore et amore dig
nissimus · ac ipsum non esse amatum nec cogni
tum nec honoratum ut decet sit magnum dede
cus atque malum · Conferentibus autem invicem
ipsis quatuor sic de deo · ecce venerunt quendam
saracenum venientem expertum in philosophica dis
ciplina · uiso eo unus ipsorum incepit dicere heu
quantum dampnum venit christianis et quantus dolor qui
tum de clericis ac [illegible] deus in hoc mundo
recepit de hoc videlicet quod saraceni errantes et
veritate carentes ceperunt et occupaverunt terram sanctam et
illam terram sanctam tenent in qua fuit nobis pro pec
catoribus natus christus et mortuus ille [illegible] · cui alter
eorum respondit quod veritatem dicebat · et ad hunc
erat de alio periculo dubitandum ne scilicet saraceni qui
tant ad sectam eorum tartaros nam cum hic conversione
fieri sit facile saracenis conversis tartaris per eos
quod absit leue quod esset ipsis saracenis destruere

Plate II.2 **1294** Naples
A 5 Sup., f. 1r

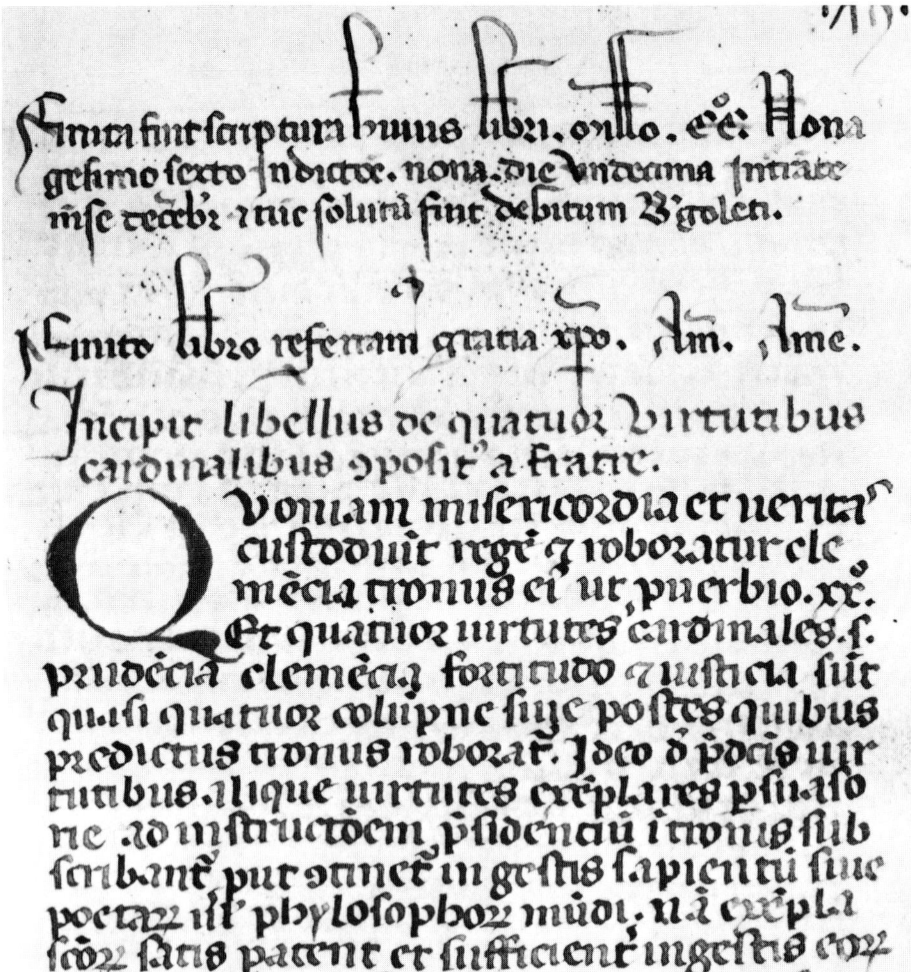
Finita fuit scriptura huius libri. ooo. cc. Nonagesimo sexto Indictione. nona. die undecima intrante mense decembris. et tunc solutum fuit debitum B'goleti.

Finito libro referamus gratias xpo. Amen. Amen.

Incipit libellus de quatuor virtutibus cardinalibus compositus a fratre.

Quoniam misericordia et veritas custodiunt regem et roboratur clemencia thronus eius ut proverbio. xx. Et quatuor virtutes cardinales scilicet prudencia clemencia fortitudo et iusticia sunt quasi quatuor columpne sive postes quibus predictus thronus roboratur. Ideo de predictis virtutibus aliqua virtutes exemplares persuasione ad instructionem presidencium in thronis subscribantur prout continentur in gestis sapientum sive poetarum vel phylosophorum mundi. Nam exempla sanctorum satis patent et sufficienter in gestis eorum et ystoriis sacrarum scripturarum. Et quoniam iusticia est preclarissima virtutum et in ipsa est omnis virtus. ut ait sapiencia. Propterea quidam dixerunt ipsam habere vultum aureum ut ait ibidem commentator. Propterea premittantur primo narrationes de iusticia regum et sapientum. De iusticia R.
Emori ei iusticia quod fuit regna nisi

Plate II.3 | **1296** | [Italy]
A 23 Sup., f. 1r

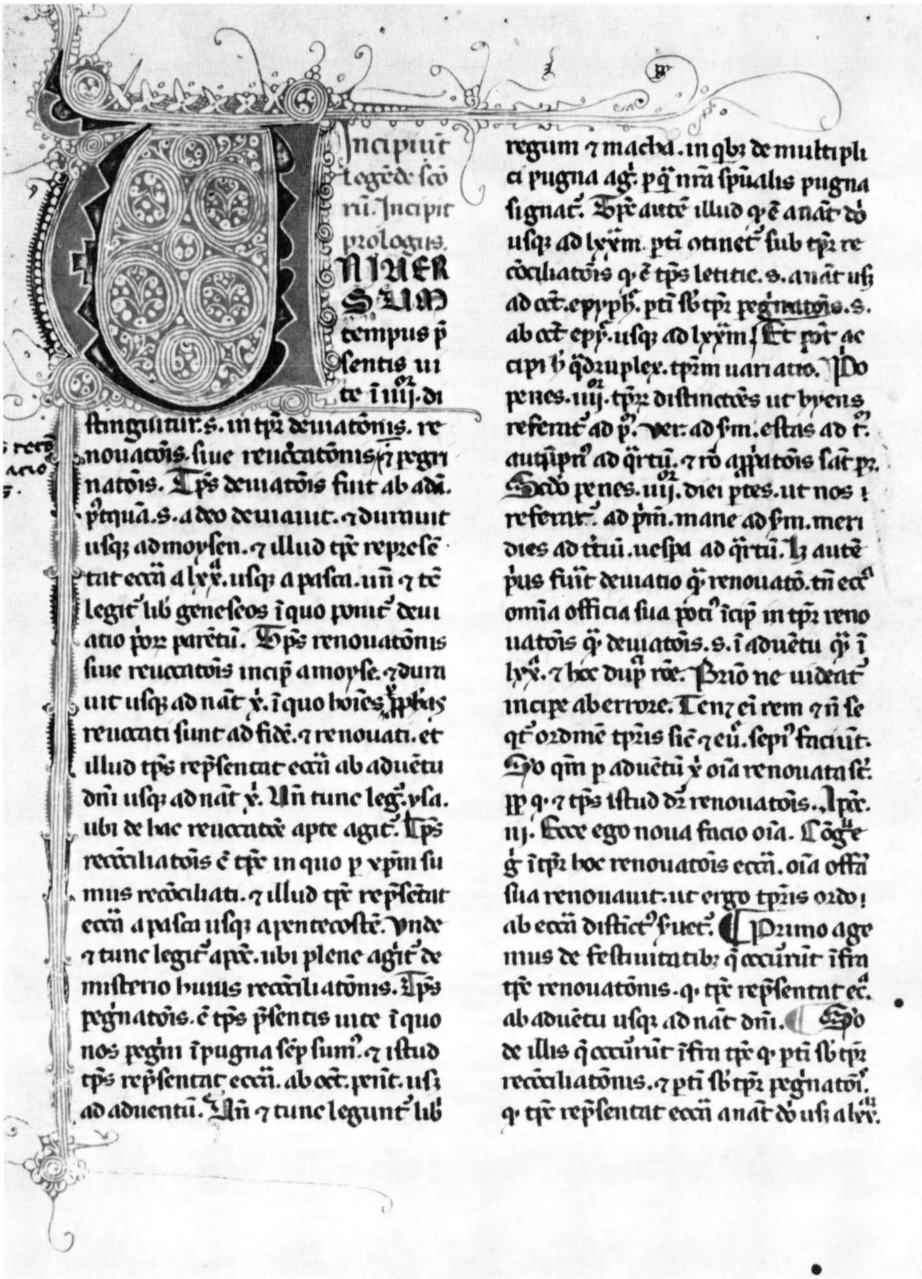

Plate II.4 **1310** [Italy]
A 98 Sup., f. 5r Thomasius

Plate II.5 — **1322** — [Italy]

C 57 Sup., f. 1r

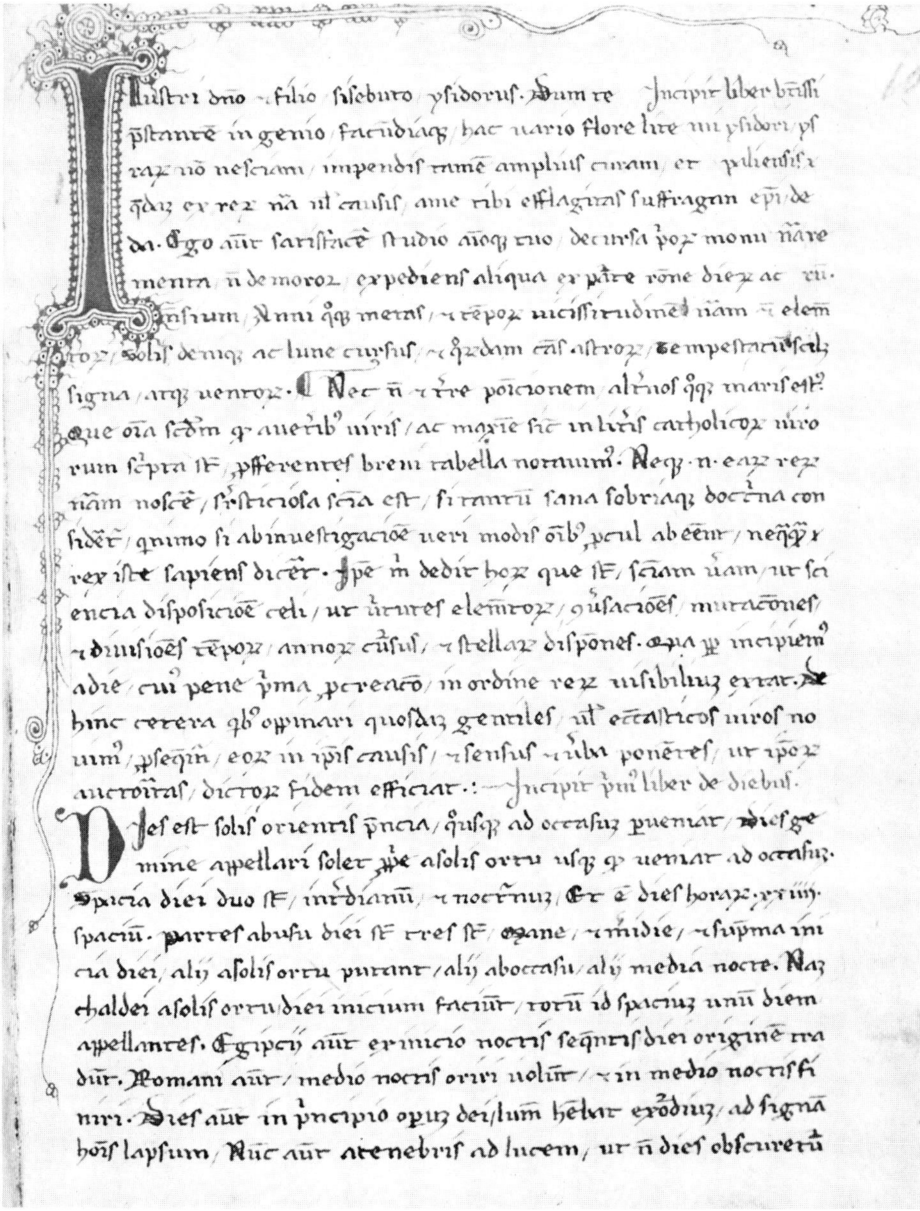

Plate II.6 | **1342** | [Lombardy?]
C 10 Sup., f. 100r | | Michael Sibenicensi

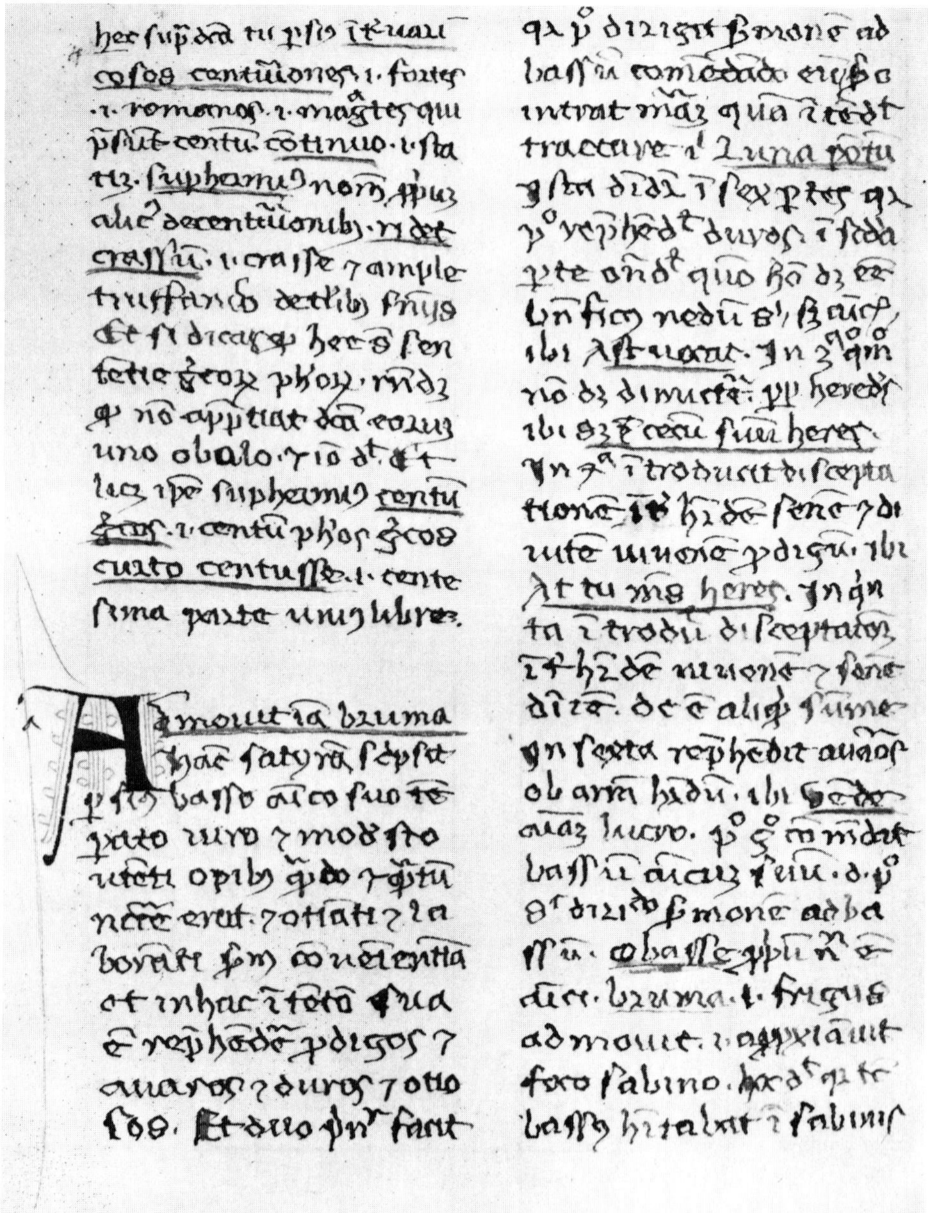

Plate II.7 **1395** [Santa Croce], Florence
E 3 Sup., f. 48r Tedaldo della Casa

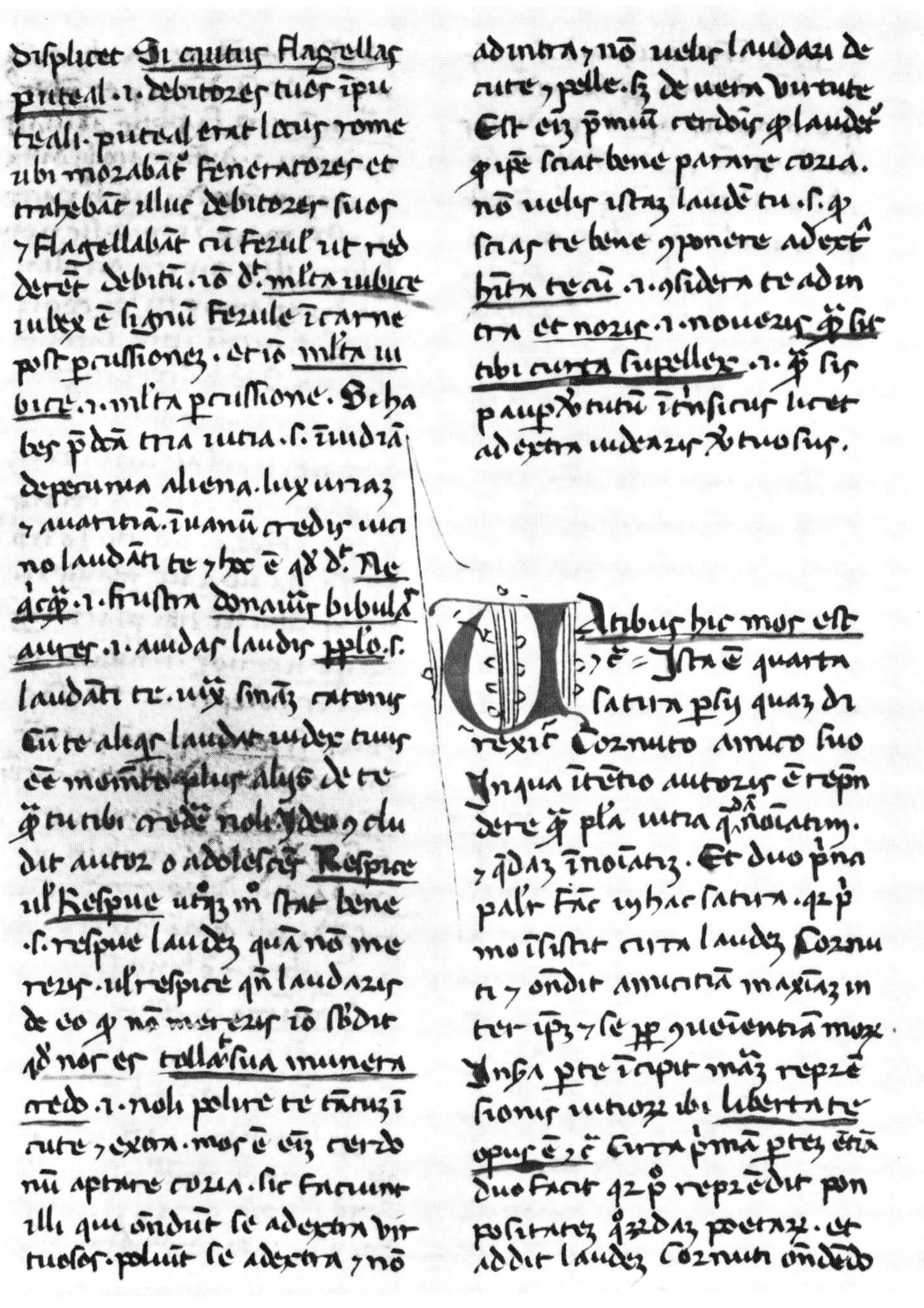

displicet Si cautus flagellas
puteal .i. debitores tuos ipu-
teali. puteal erat locus rome
ubi morabant feneratores et
trahebant illuc debitores suos
et flagellabant cum ferula ut red-
derent debitum. ideo dicit multa uibice
uibex est signum ferule in carne
post percussionem. et ideo multa uibice .i. multa percussione. Si habes predicta tria uitia .s. inuidiam
de pecunia aliena. luxuriam
et auaritiam. inuanum credis ui-
no laudantem te et hoc est quod dicit Ne-
quicquam .i. frustra donamus bibula
aurem .i. audias laudes populo .s.
laudantem te. nisi sinas ceterorum
cum te aliquis laudat uidere tuus
esse merito plus aliis de te
quam tu tibi credere noli. Ideo clu-
dit autor o adolescens Respice
uel Respue utrumque mihi stat bene
.s. respue laudem quam non mereris. uel respice quando laudaris
de eo quod non mereris ideo subdit
quod nos et tollas sua munera
cerdo .i. noli polire te tantum in
cute et extra. mos est etiam cerdo-
num aptare coria. sic faciunt
illi qui ostendunt se ad extra uir-
tuosos. poliunt se ad extra et non
ad intra et non uelis laudari de
cute et pelle. sed de uera uirtute
Est etiam primum credis quod laudet
qui ipse sciat bene parare coria.
non uelis istam laudem tu .s. quod
scias te bene componere ad extra
habita tecum .i. considera te ad intra et noris .i. noueris quam bre-
uis tibi curta supellex .i. quod sis
pauper uirtutum intrinsecus licet
ad extra uidearis uirtuosus.

Vatibus hic mos est
et est = Ista est quarta
satira persii quam di-
rexit Cornuto amico suo
In qua in tertio autores est reprehen-
dere quod plura uitia quandoque nominatim.
et quandam innominatim. Et duo principaliter facit in hac satira. quia primo insistit circa laudem Cornuti et ostendit amicitiam maximam inter ipsum et se per conuenientiam morum.
In secunda parte incipit materiam reprehen-
sionis uitiorum ibi libertate
opus est, et circa primam partem etiam
duo facit quia primo reprehendit pom-
positatem quorundam poetarum. et
addit laudem Cornuti ostendendo

Plate II.8 | **1395** | [Santa Croce], Florence
E 3 Sup., f. 36v

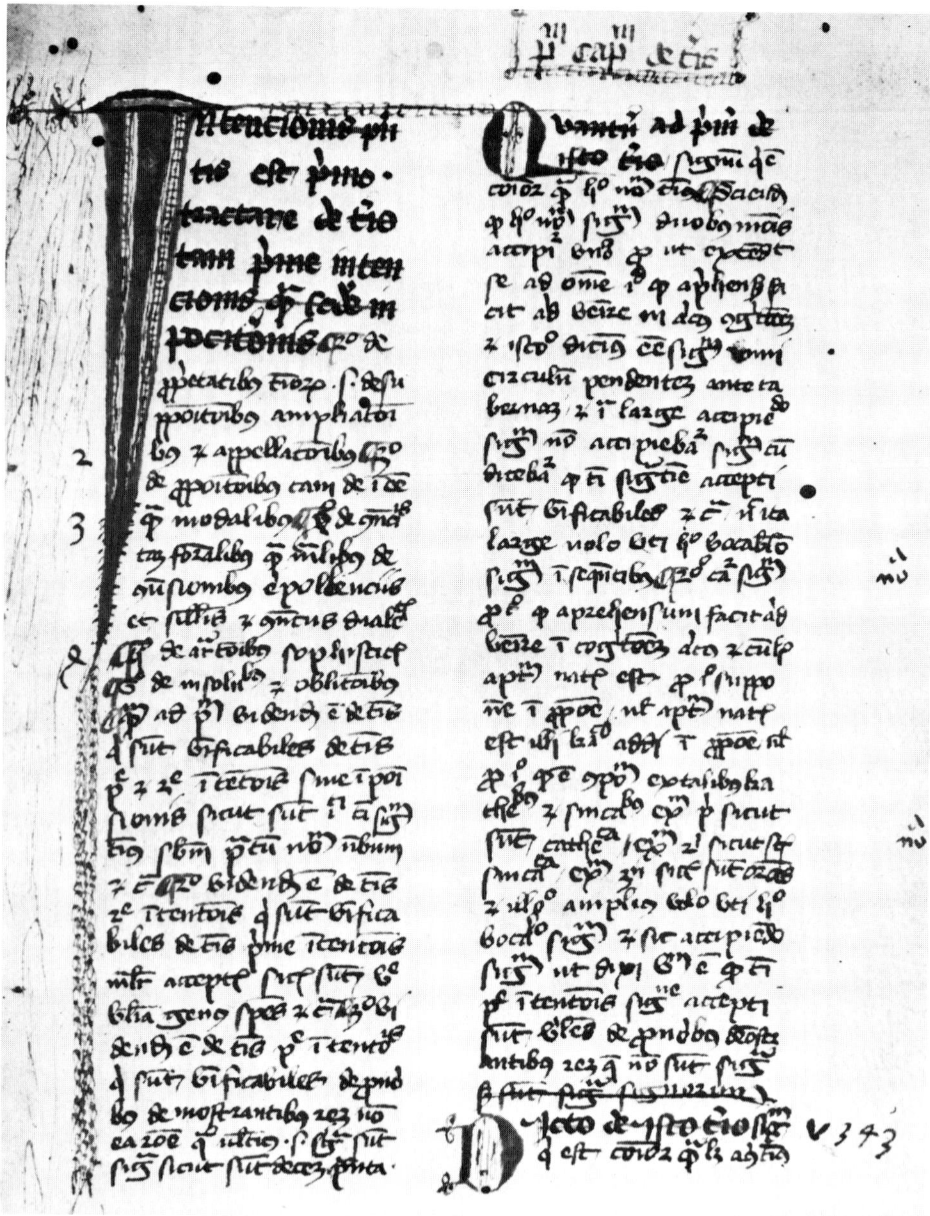

Plate II.9 **1408** [Austria?]
B 36 Sup., f. 1r

Plate II.10 **1420** [Augsburg]
A 123 Sup., f. 1r Iohannes de Augusta

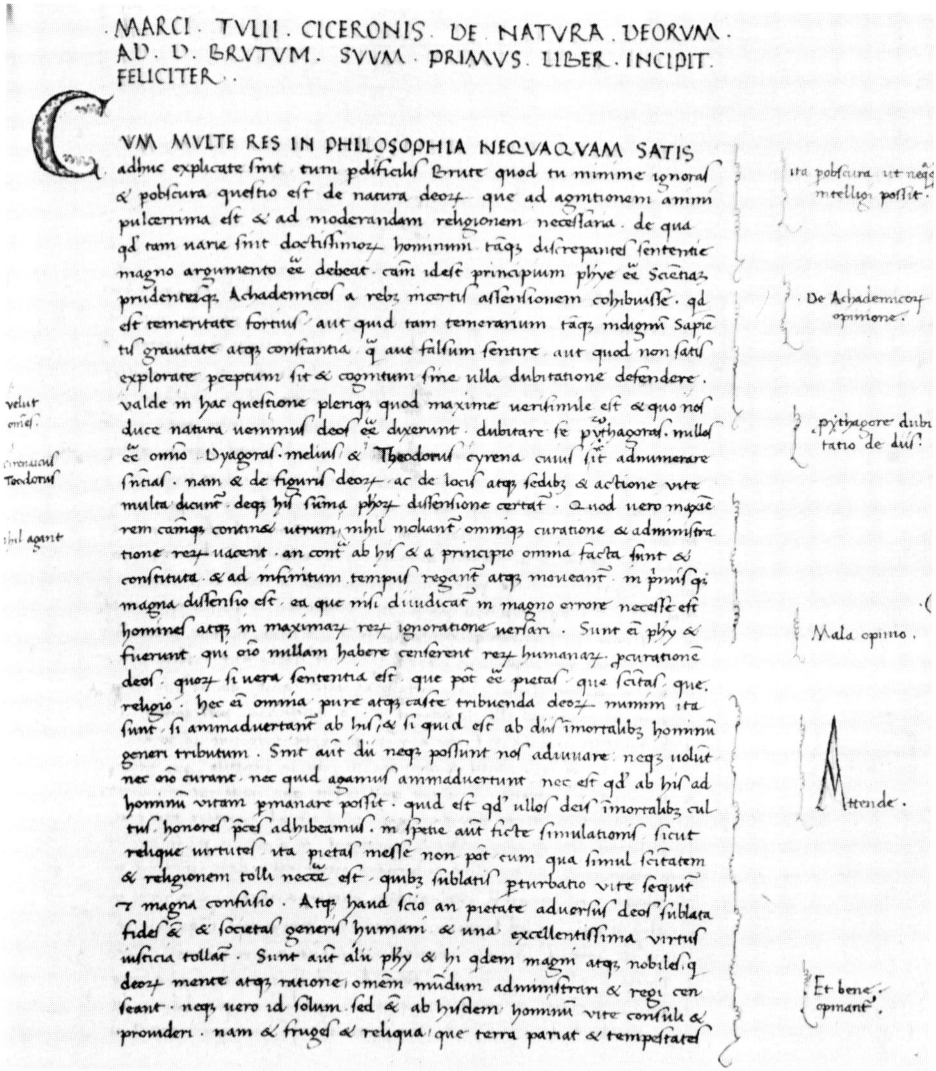
.MARCI . TVLII . CICERONIS . DE . NATVRA . DEORVM .
AD . D. BRVTVM . SVVM . PRIMVS . LIBER . INCIPIT .
FELICITER . .

CVM MVLTE RES IN PHILOSOPHIA NEQVAQVAM SATIS
adhuc explicate sint tum pdifficilis Brute quod tu minime ignoras
& pobscura questio est de natura deoꝝ que ad agnitionem animi
pulcerrima est & ad moderandam religionem necessaria . de qua
qd tam varie sint doctissimoꝝ hominum taqꝫ discrepantes sententie
magno argumento ee debeat . causam idest principium phye ee Sciētiaꝫ
prudenterqꝫ Achademicos a rebꝫ incertis assensionem cohibuisse . qd
est temeritate fortius aut quid tam temerarium taqꝫ indignu Sapie
tis gravitate atqꝫ constantia q aut falsum sentire aut quod non satis
explorate pceptum sit & cognitum sine ulla dubitatione defendere .
valde in hac questione plerique quod maxime verisimile est & quo nos
duce natura venimus deos ee dixerunt . dubitare se pythagoras . nullos
ee omnio Dyagoras . melius & Theodorus cyrena cuius sit adnumerare
sntias . nam & de figuris deoꝝ ac de locis atqꝫ sedibꝫ & actione vite
multa dicunt deqꝫ his suma phoꝝ dissensione certat . Quod vero maxie
rem causamqꝫ continet utrum nihil moliant omniqꝫ curatione & administra
tione reꝝ vacent . an contra ab his & a principio omnia facta sunt &
constituta & ad infinitum tempus regant atqꝫ moveant . in pmis qi
magna dissensio est . ea que nisi diiudicat in magno errore necesse est
homines atqꝫ in maximaꝝ reꝝ ignoratione versari . Sunt eni phy &
fuerunt qui oio nullam habere censerent reꝝ humanaꝝ pcuratione
deos . quoꝝ si vera sententia est que pot ee pietas que scitas que
religio . hec eni omnia pure atqꝫ caste tribuenda deoꝝ numini ita
sunt si animadvertant ab his & si quid est ab diis imortalibꝫ hominu
generi tributum . Sint aut dii neqꝫ possunt nos adiuvare neqꝫ volut
nec oio curant . nec quid agamus animadvertunt nec est qd ab his ad
hominu vitam pmanare possit . quid est qd ullos deis imortalibꝫ cul
tus honores pces adhibeamus . in specie aut ficte simulationis sicut
reliquae virtutes ita pietas inesse non pot cum qua simul scitatem
& religionem tolli necce est . quibꝫ sublatis pturbatio vite sequit
7 magna confusio . Atqꝫ haud scio an pietate adversus deos sublata
fides & & societas generis humani & una excellentissima virtus
iusticia tollat . Sunt aut alii phy & hi qdem magni atqꝫ nobiles q
deoꝝ mente atqꝫ ratione omem mundum administrari & regi cen
seant . neqꝫ vero id solum sed & ab hisdem hominu vite consuli &
provideri . nam & fruges & reliqua que terra pariat & tempestates

Margin (left): velut omnes. — cirenaicus Teodorus — nihil agant

Margin (right): ita pobscura ut neqꝫ intelligi possit. — De Achademicoꝝ opinione. — pythagore dubitatio de diis. — Mala opinio. — Attende. — Et bene opinant.

Plate II.11 **1426** Milan
D 113 Sup., f. 65r Modestus Decembrius

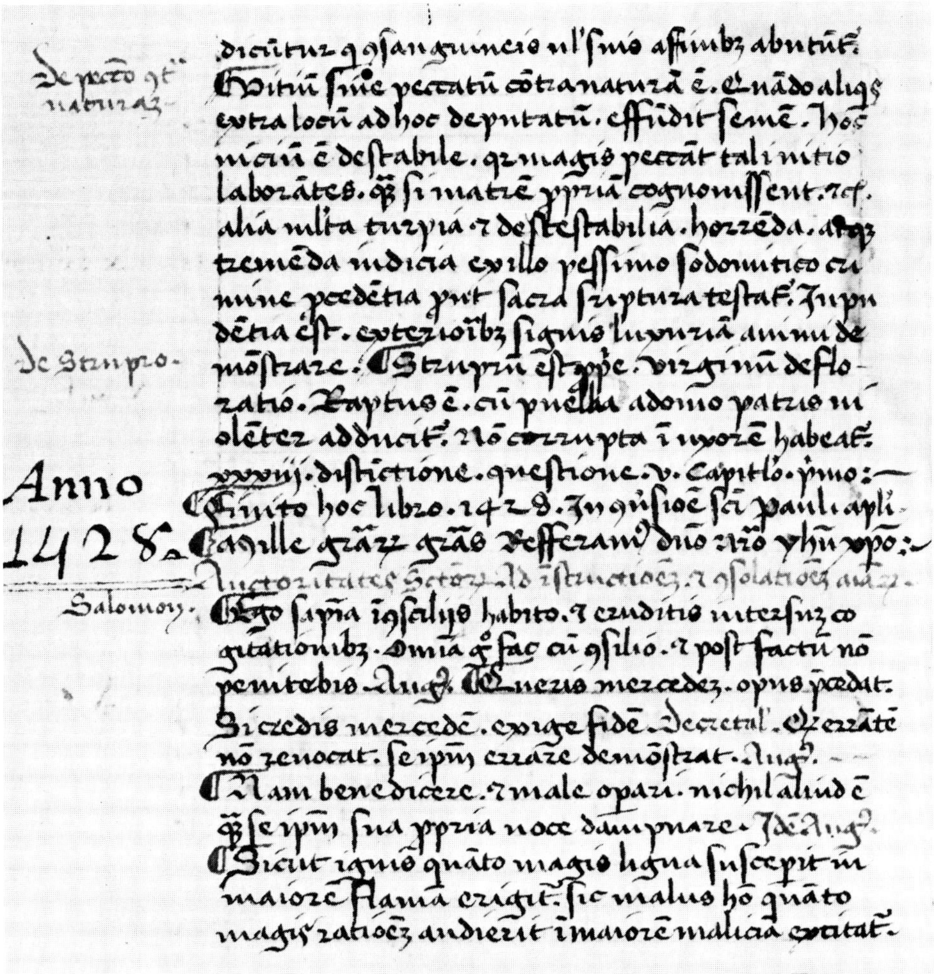
De peccato contra naturam

dicitur qui consanguineis vel suis affinibus abutitur.
Vitium sive peccatum contra naturam est. Quando aliquis
extra locum ad hoc deputatum effundit semen. hoc
vitium est detestabile. quia magis peccant tali vitio
laborantes quam si matrem propriam cognovissent. etc.
alia multa turpia et detestabilia. horrenda atque
tremenda iudicia ex illo pessimo sodomitico crimine procedentia prout sacra scriptura testatur. Inpru-
dentia est. exterioribus signis luxuriam animi demonstrare. Stuprum est proprie. virginum deflo-
ratio. Raptus est. cum puella a domo patris vi-
olenter adducitur. Non corrupta in uxorem habeatur.
xxxvi. distinctione. questione. v. capitulo primo.
Finito hoc libro. 1428. In conversione sancti pauli apostoli.
Mille gratias gratias refferamus domino nostro yhesu xpo.
Auctoritates doctorum ad instructiones et consolationes ani...
Ego sapientia in consilio habito. et eruditis intersum cogitationibus. Omnia que facis cum consilio. et post factum non
penitebis. Aug. Venter mercedem. opus precedit.
Si credis mercedem. exige fidem. Decretal. Errantem
non revocat. se ipsum errare demonstrat. Aug.
Nam benedicere. et male operari. nichil aliud est
quam se ipsum sua propria voce dampnare. Idem Aug.
Sicut ignis quanto magis ligna susceperit in
maiorem flamam erigitur. sic malus homo quanto
magis rationes audierit in maiorem maliciam excitatur.

De Stupro.

Anno 1428.

Salomon.

Plate II.12 — **1428** — [Northern Italy]

A 24 Sup., f. 103v

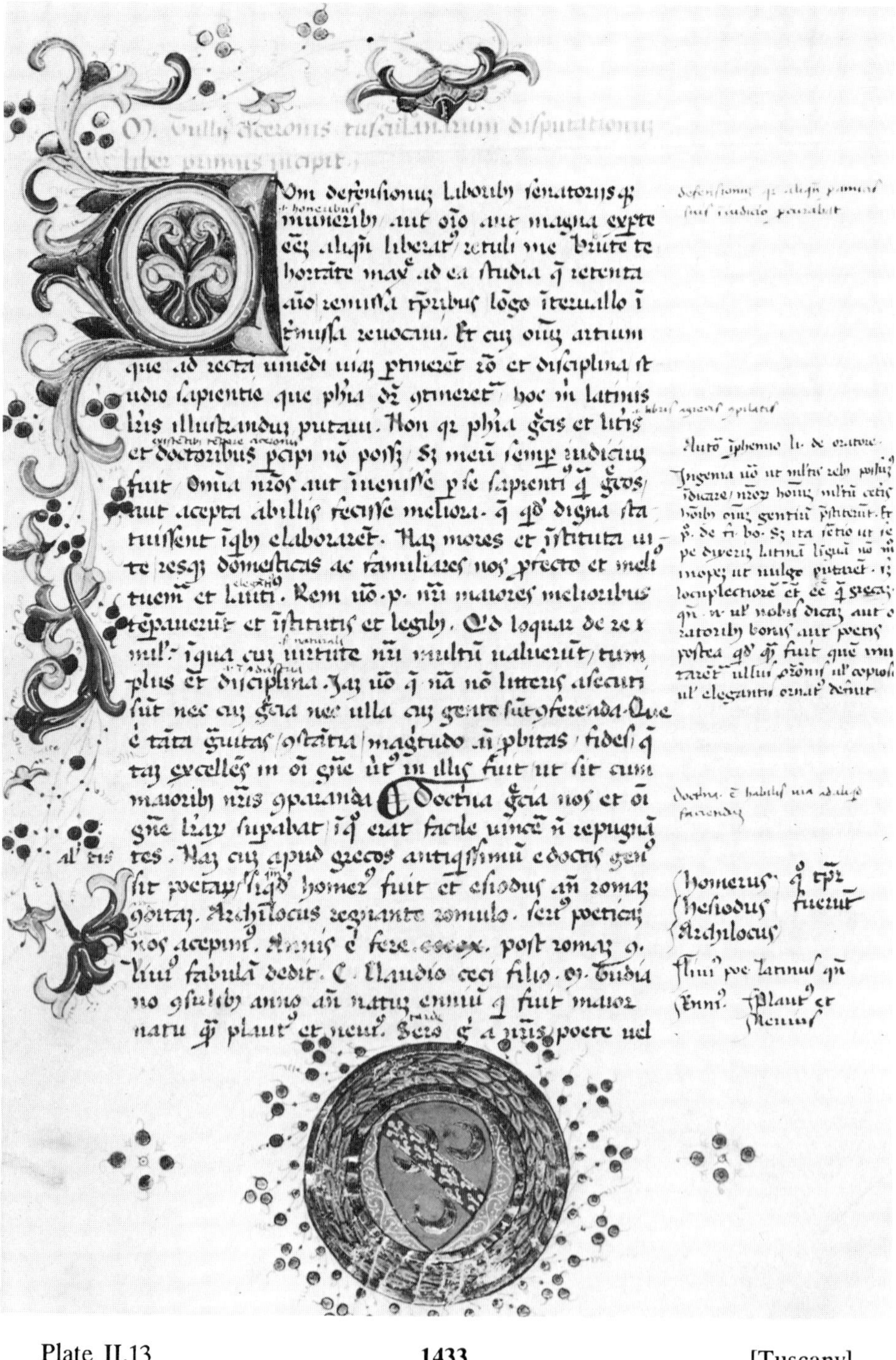

Plate II.13 **1433** [Tuscany]
E 53 Sup., f. 1r Macignus Ioachini de Macignis

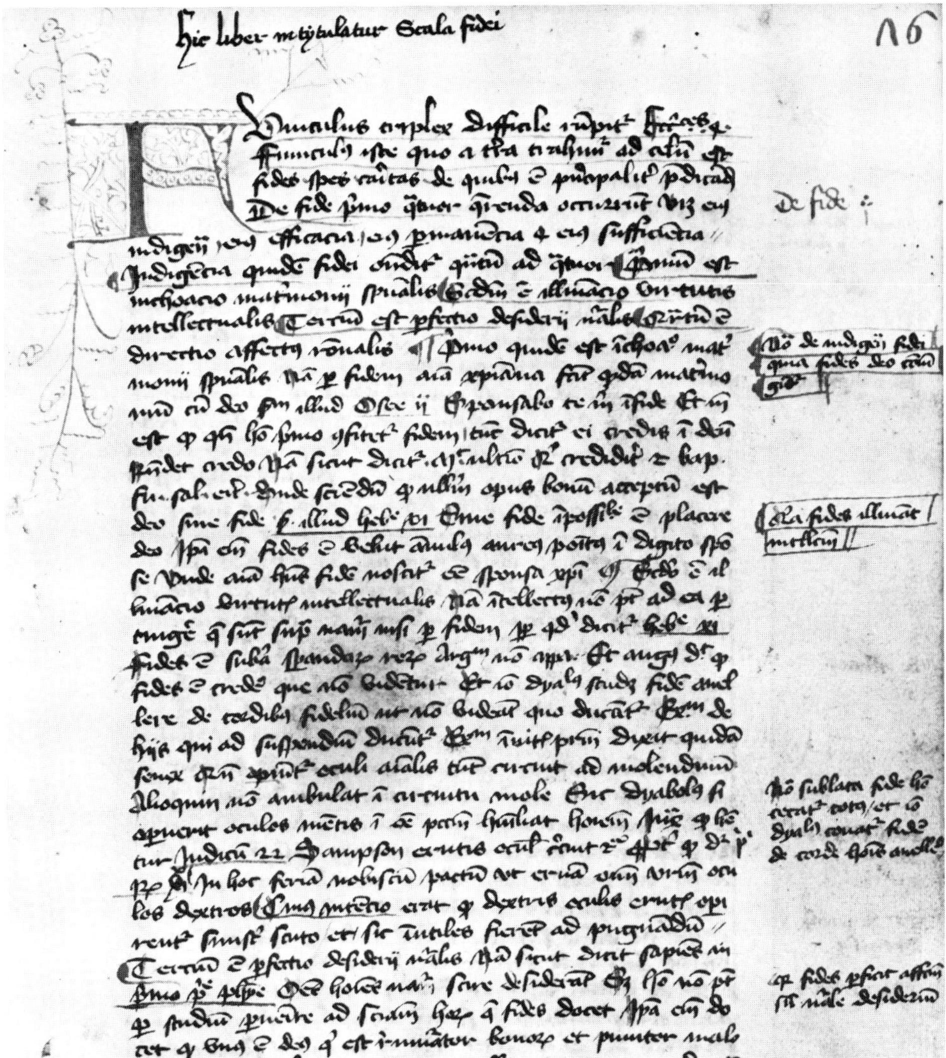

Plate II.14 — 1434 — [Haarlem?]

A 146 Sup., f. 76r — Gerardus Harlem

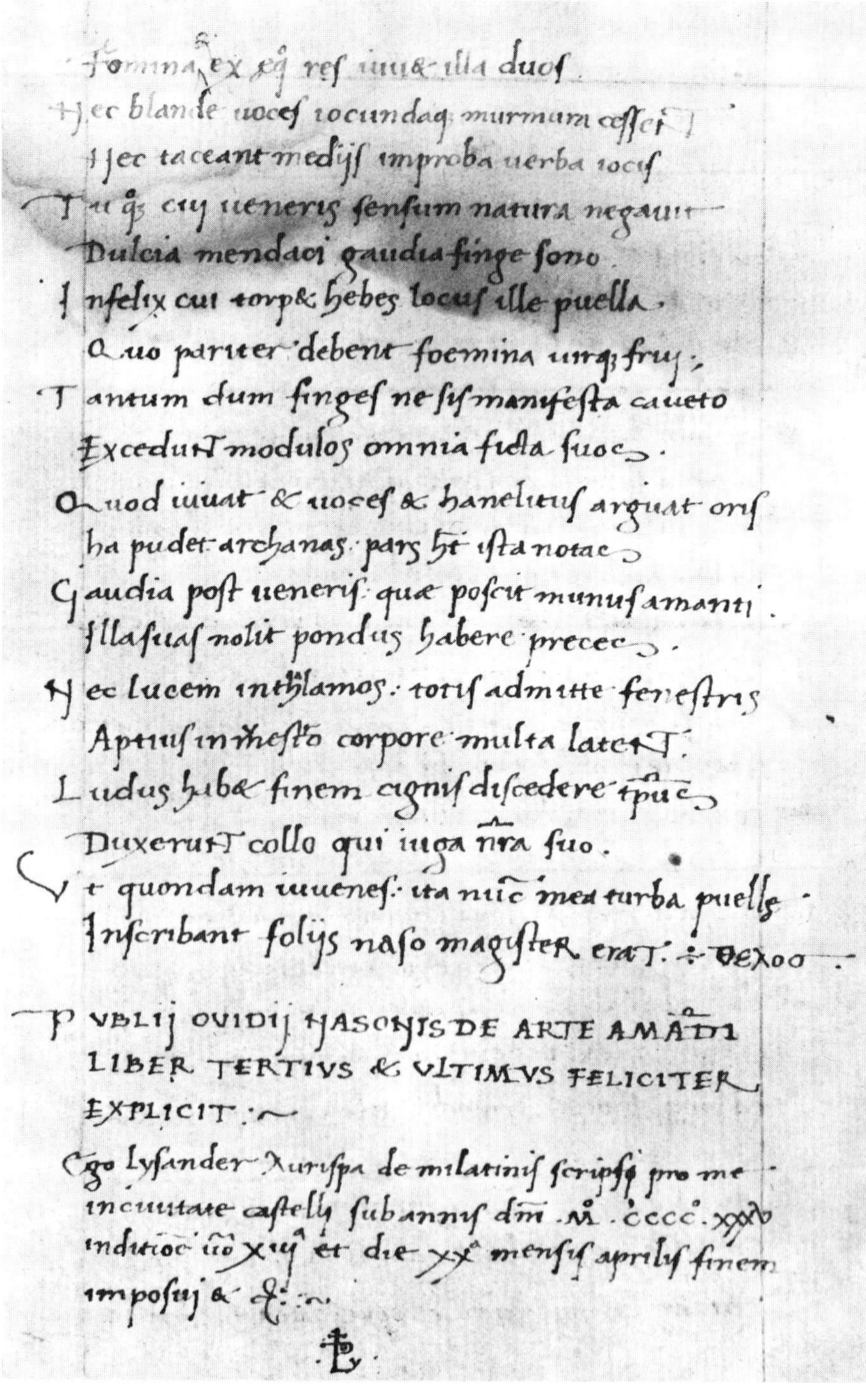
Femina, ex equo res iuu& illa duos.
Nec blande uoces iocundaq; murmura cessent
Nec taceant mediis improba uerba iocis
Tu q3 cui ueneris sensum natura negauit
Dulcia mendaci gaudia finge sono.
Infelix cui torp& hebes locus ille puella.
Quo pariter debent foemina uirq; frui.
Tantum dum finges ne sis manifesta caueto
Excedunt modulos omnia ficta suos.
Quod iuuat & uoces & hanelitus arguat oris
ha pudet archanas. pars ht ista notas.
Gaudia post ueneris que poscit munus amanti.
Illa suas nolit pondus habere preces.
Nec lucem in thalamos. totis admitte fenestris
Aptius in mesto corpore multa latent.
Ludus hab& finem cignis discedere tpus
Duxerunt collo qui iuga nra suo.
Ut quondam iuuenes. ita nuc mea turba puelle.
Inscribant foliis naso magister erat. ÷ ΘΕΧΟΟ.

PUBLII OUIDII NASONIS DE ARTE AMADI
LIBER TERTIUS & ULTIMUS FELICITER
EXPLICIT.

Ego Lysander Aurispa de milatinis scripsi pro me
in ciuitate castelli sub annis dni M. CCCC. XXXV
indictione iiio XIIIa et die XXa mensis aprilis finem
imposui & c.

LY.

Plate II.15 — **1435** — Città di Castello (near Arezzo)

E 45 Sup., f. 43v — Lysander Aurispa de Miatinis

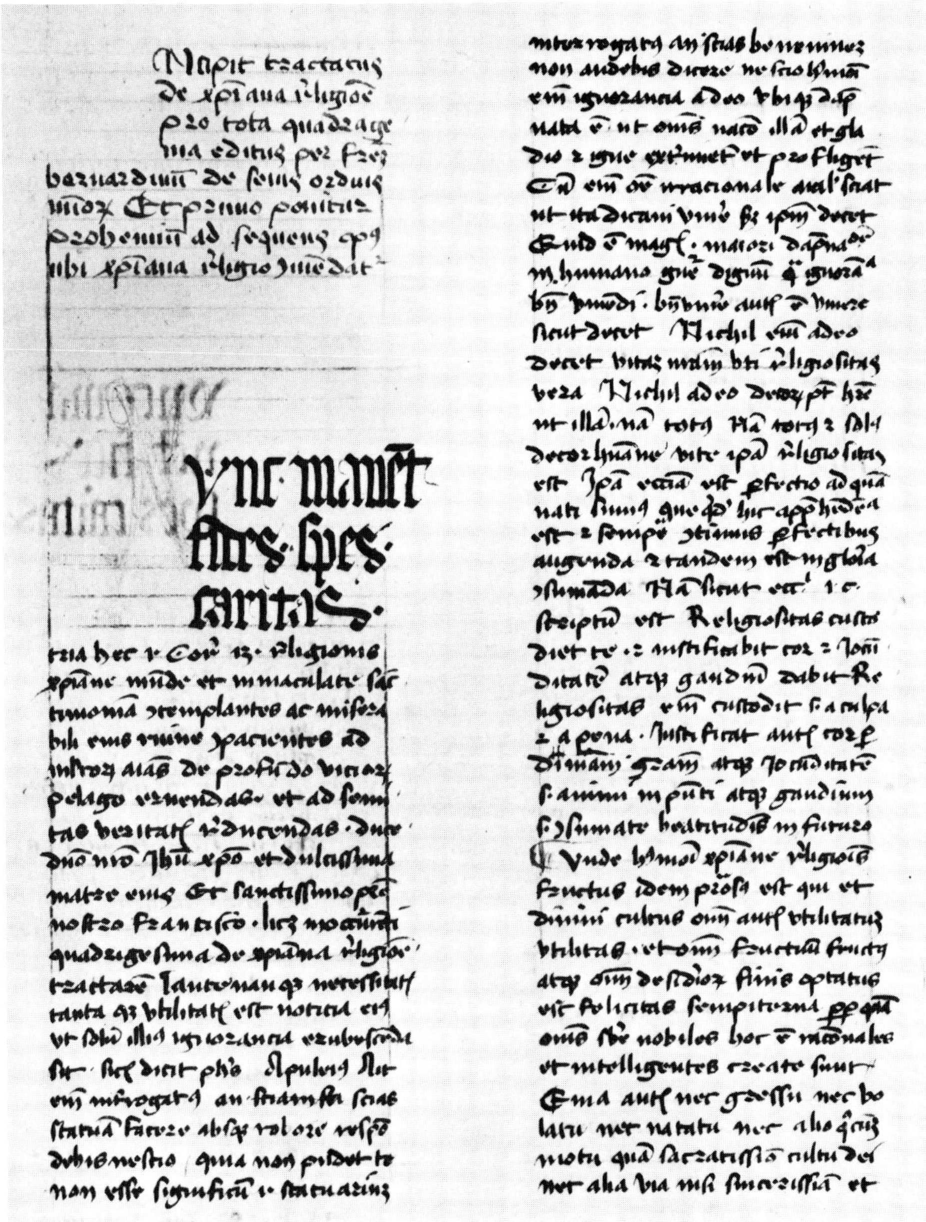

Plate II.16 **1436** [Belgium, possibly Aische]
C 94 Sup., f. 1r Iohannes de Brabantia

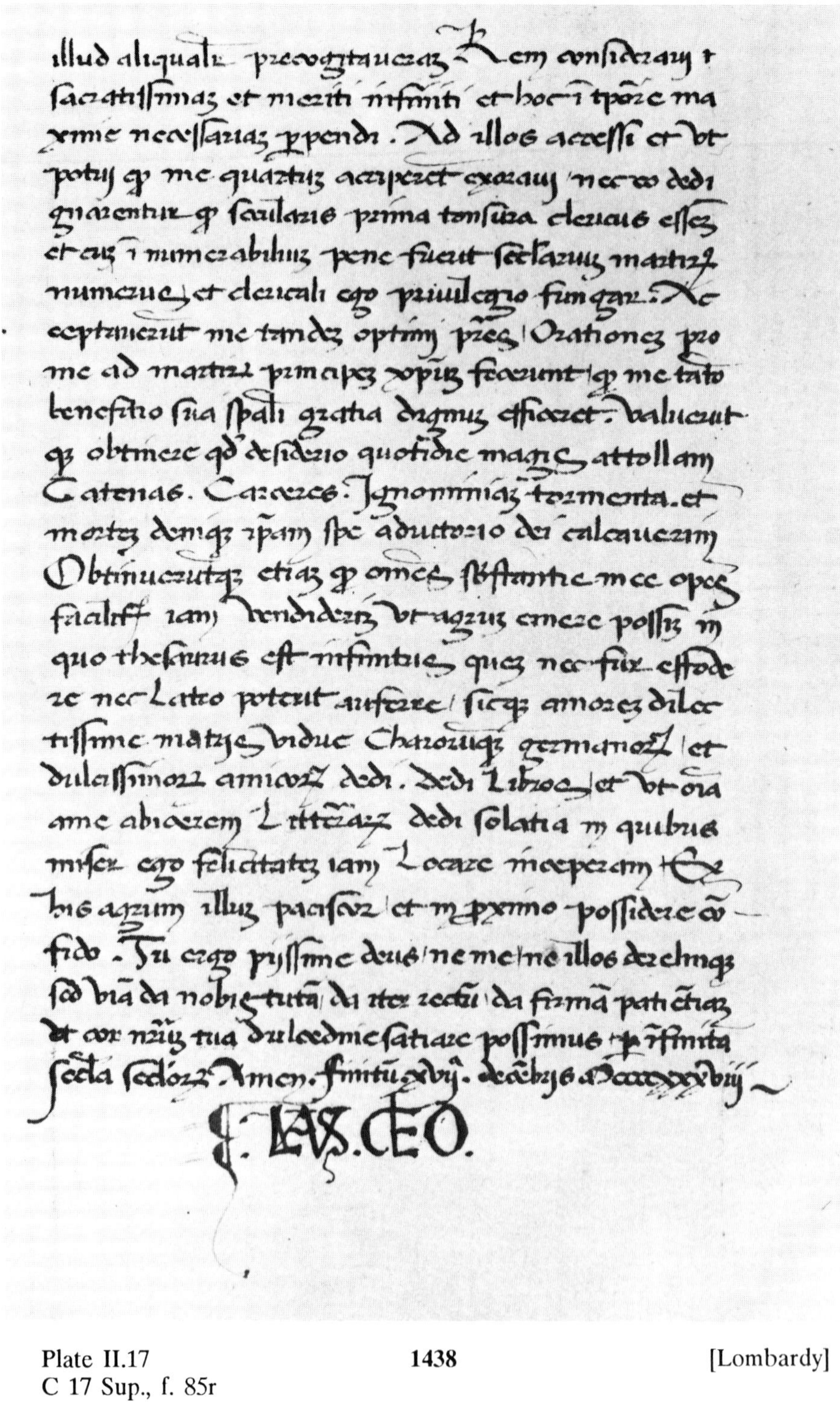
illud aliqualiter precogitauerat. Rem consideraui et
sacratissimam et meriti infiniti et hoc in tempore ma
xime necessariam perpendi. Ad illos accessi et ut
potius quam me quartum acciperet exoraui nec eo dedi
gnarentur quod secularis prima tonsura clericus essem
et cum innumerabilium pene fuerit secularium martirum
numerus et clericali ego priuilegio fungar. Ac
ceptauerunt me tandem optimi patres. Orationem pro
me ad martirum principem Christum fecerunt quod me tanto
beneficio sua speciali gratia dignum efficeret. Valuerunt
que obtinere quod desiderio quotidie magis attollam
Catenas. Carceres. Ignominiam. tormenta. et
mortem denique ipsam spe adiutorio dei calcauerim
Obtinueruntque etiam quod omnes substantie mee opes
facultates iam vendiderim ut agrum emere possim in
quo thesaurus est infinitus quem nec fur effode
re nec latro poterit auferre. Sicque amorem dilec
tissime matris uidue Charorumque germanorum et
dulcissimorum amicorum dedi. Dedi libros et ut omnia
anime abicerem litterarum dedi solatia in quibus
miser ego felicitatem iam locare inceperam. Ex
his agrum illum paciscor et in proximo possidere con
fido. Tu ergo piissime deus ne me ne illos derelinque
sed uiam da nobis tutam da iter rectum da firmam patientiam
ut cor nostrum tua dulcedine satiare possimus per infinita
secula seculorum. Amen. Finitum xvij. decembris MCCCCxxxviij
F. LAUS DEO.

Plate II.17 **1438** [Lombardy]
C 17 Sup., f. 85r

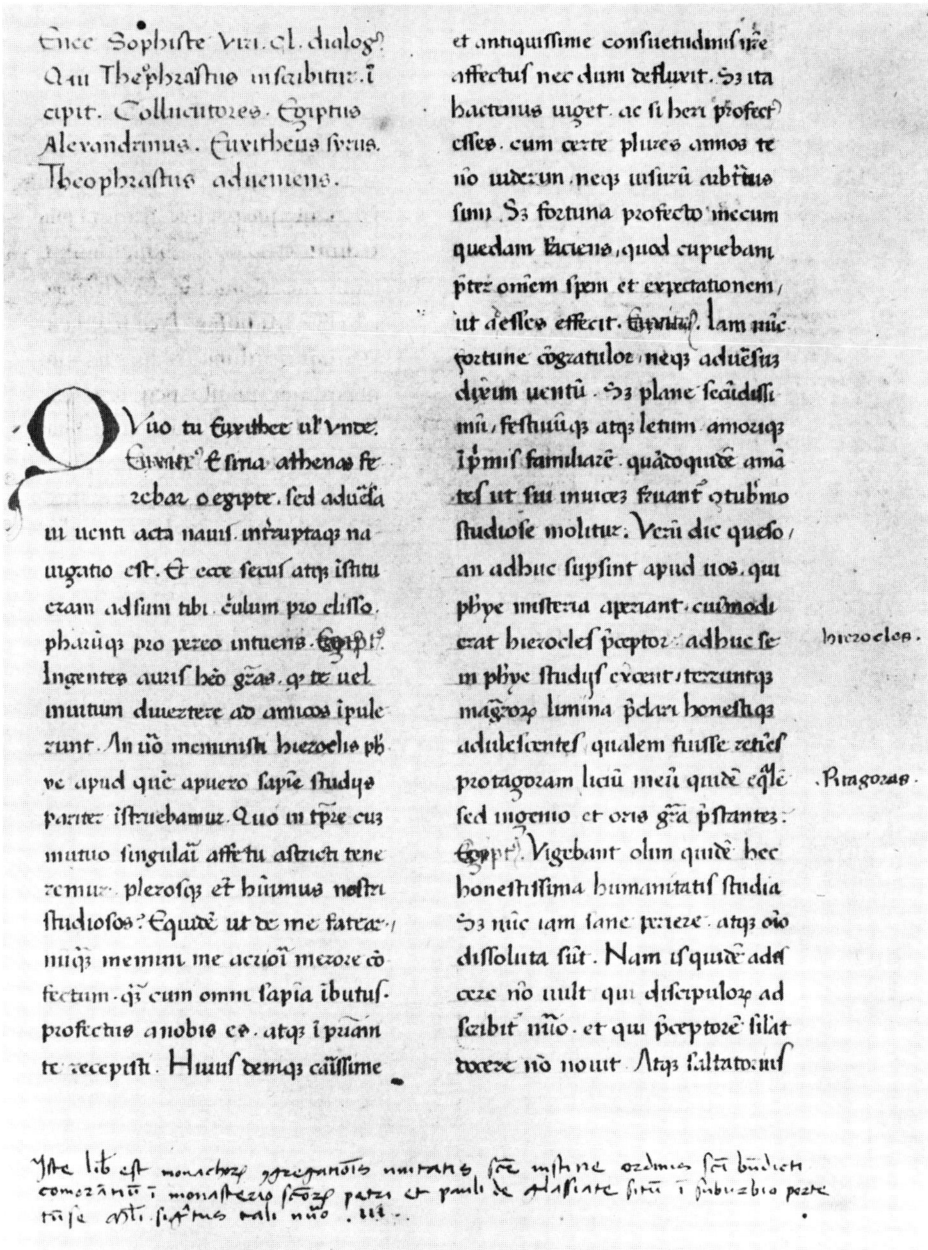

[Inc]ipit Sophiste viri cl. dialogus Qui Theophrastus inscribitur. Incipit. Collocutores. Egiptius Alexandrinus. Euritheus Syrus. Theophrastus adveniens.

Quo tu Euritheu vel unde. Euritheus. E Siria athenas ferebar o egipte. sed adversa in venti acta navis. interruptaque navigatio est. Et ecce secus atque institueram adsum tibi. celum pro clisso. pharumque pro pereo intuens. Egiptius. Ingentes auris habeo gratias. que te vel invitum divertere ad amicos impulerunt. An non meministi hierocles philosophye apud quem apuero sapientie studiis pariter instruebamur. Quo in tempore cum mutuo singulari affectu astricti teneremur. plerosque et hominus nostri studiosos? Equidem ut de me fatear, nunquam memini me acriori merore confectum. quam cum omni sapientia imbutus. profectus a nobis es. atque in pu[...] te recepisti. Huius demque carissime et antiquissime consuetudinis vere affectus nec dum defluxit. Sed ita hactenus viget. ac si heri profectus esses. cum certe plures annos te non viderim. neque visurum arbitratus sim. Sed fortuna profecto mecum quedam faciens, quod cupiebam preter omnem spem et expectationem, ut adesses effecit. Euritheus. Iam nunc fortune congratulor, neque adversum dicam ventum. Sed plane secundissimum, festivumque atque letum amoremque in primis familiarem. quandoquidem amantes ut sui invicem fruantur contubernio studiose molitur. Verum dic queso, an adhuc supersint apud nos. qui philosophye misteria aperiant. cuiusmodi erat hierocles preceptor adhuc se in philosophye studiis exercent, teruntque magistrorum limina preclari honestique adulescentes, qualem fuisse te vidisses protagoram licium meum quidem equalem sed ingenio et oris gratia prestantem. Egiptius. Vigebant olim quidem hec honestissima humanitatis studia Sed nunc iam sane periere atque omnino dissoluta sunt. Nam is quidem adest certe non vult qui discipulorum adscribit nomen. et qui preceptorem simulat docere non novit Atque saltatoriis

hierocles.

Pitagoras.

Iste liber est monachorum congregationis [...] sancte iustine ordinis sancti benedicti commorantium in monasterio sanctorum petri et pauli de Alsiate situm in suburbio [...] [illegible]

Plate II.18 **1439** [Milan?]
A 166 Sup., f. 1r Iohannes

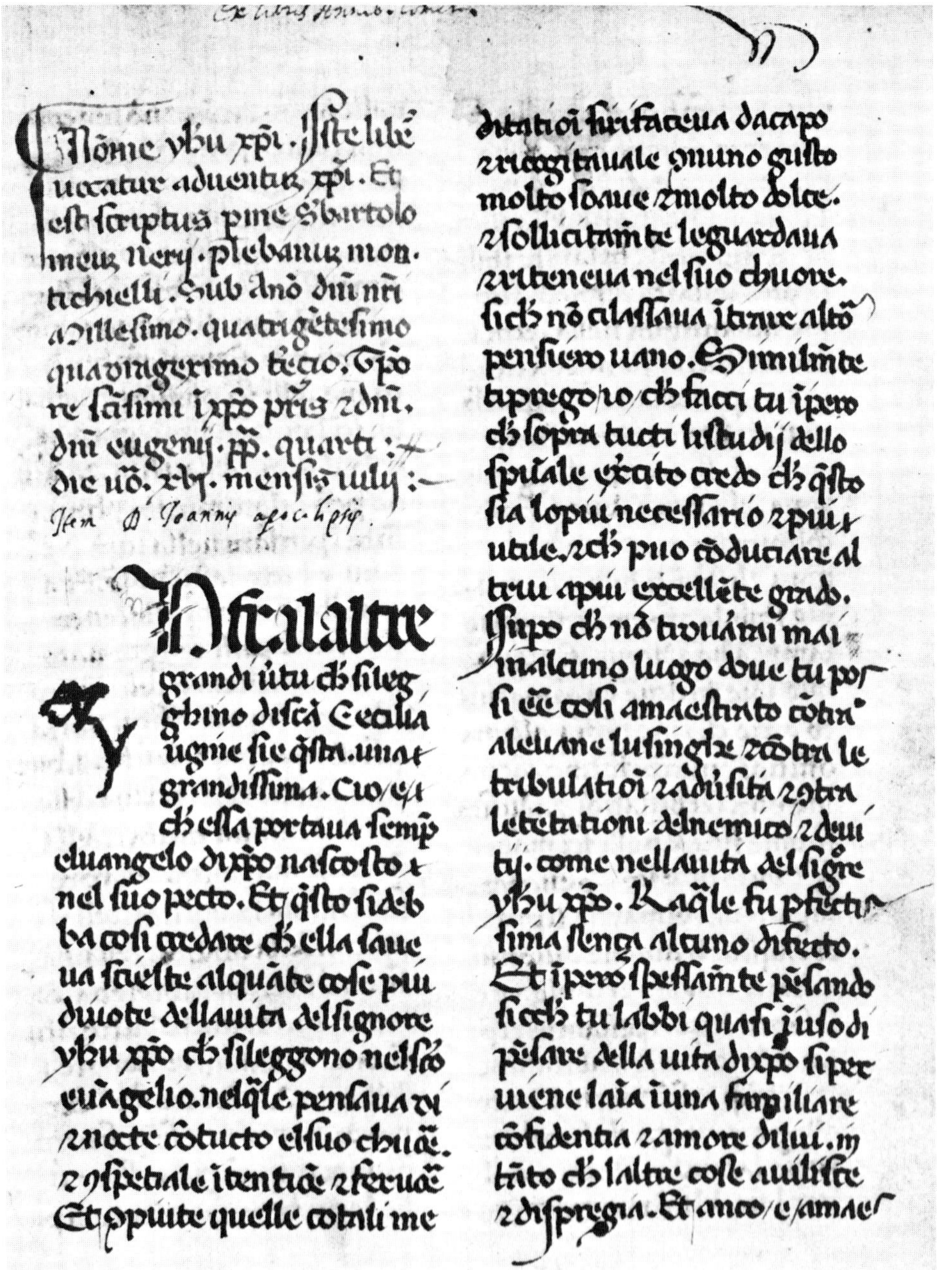

Plate II.19 — **1443** — [contado of Siena]

D 25 Sup., f. 1r — Ser Bartholomaeus Nerii

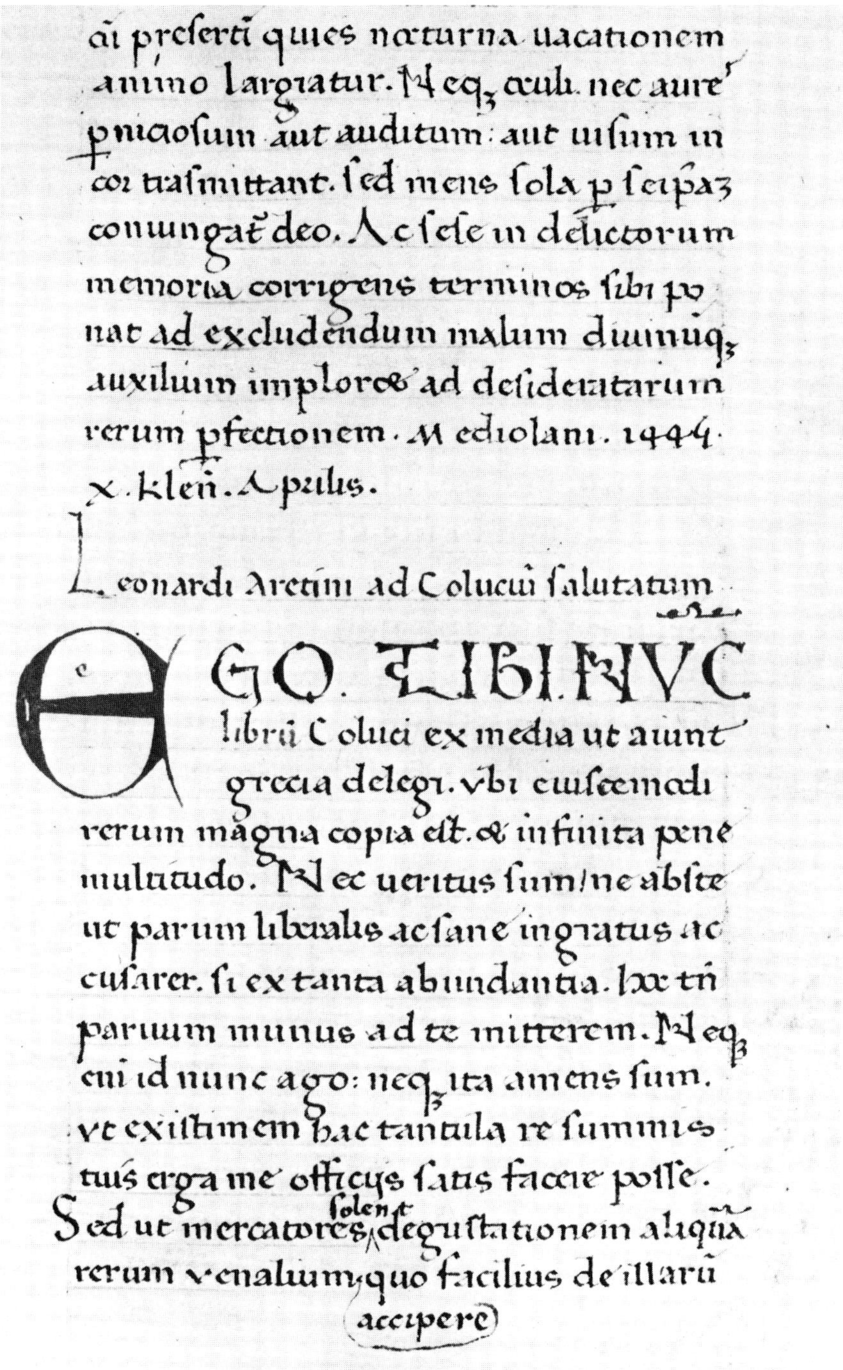
ai preserti quies nocturna uacationem
animo largiatur. Neq; oculi. nec aure
pniciosum aut auditum: aut uisum in
cor trasmittant. sed mens sola p seipsa
coniungat deo. Ac sese in delictorum
memoria corrigens terminos sibi po
nat ad excludendum malum diuinuq;
auxilium imploret ad desideratarum
rerum pfectionem. Mediolani. 1444.
x. klen. Aprilis.
Leonardi Aretini ad Colucium salutatum
EGO. TIBI. NUNC
librum Colucii ex media ut aiunt
grecia delegi. ubi eiusce modi
rerum magna copia est. & infinita pene
multitudo. Nec ueritus sum/ne abste
ut parum liberalis ac sane ingratus ac
cusarer. si ex tanta abundantia. hoc tam
paruum munus ad te mitterem. Neq;
enim id nunc ago: neq; ita amens sum.
ut existimem hac tantula re summis
tuis erga me officiis satis facere posse.
Sed ut mercatores solent degustationem aliquam
rerum venalium quo facilius de illarum
accipere

Plate II.20 **1445** Milan
D 6 Sup., f. 23r

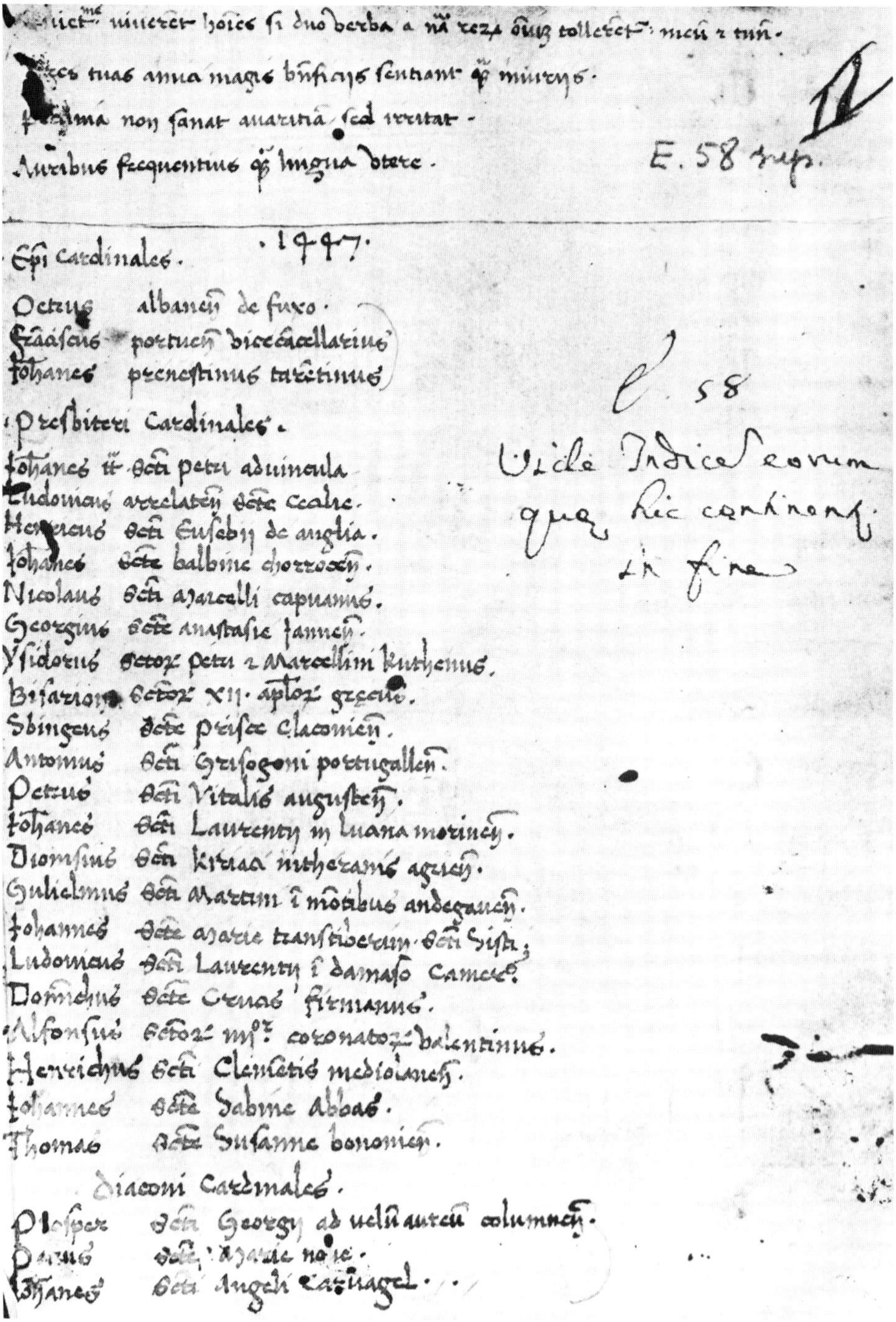
...uiet^me uiuerent hoies si duo verba a nã rerũ õiũ tollerent: meũ et tuũ.
...ces tuas anima magis bñficijs sentiant q̃ muneris.
...ma non sanat auaritia sed irritat.
Auribus frequentius q̃ lingua utere.

E. 58 sup.

Epi cardinales. ·1447·

Petrus albanen de fuxo.
Frãciscus portuen vicecancellarius
Iohanes penestinus tarentinus

Presbiteri cardinales.

Iohanes tt scti petri aduincula
Ludouicus arelaten scte cecilie.
Henricus scti Eusebij de anglia.
Iohanes scte balbine chorroren.
Nicolaus scti marcelli capuanus.
Georgius scte anastasie januen.
Ysidorus sctor petri et marcellini Ruthenus.
Bisarion sctor xij aplor grecus.
Sbingeus scte prisce cracouien.
Antonius scti Grisogoni portugallen.
Petrus scti Vitalis augusten.
Iohanes scti Laurentij in lucina morinen.
Dionisius scti Kiriaci inthermis agrien.
Gulielmus scti martini ĩ mõtibus andegauen.
Iohannes scte marie transtiberim scti sisti.
Ludouicus scti Laurentij ĩ damaso camer.
Dominicus scte Crucis firmanus.
Alfonsius sctor iiij^or coronator valentinus.
Henricus scti Clemẽtis mediolanen.
Iohannes scte Sabine Abbas.
Thomas scte Susanne bononien.

diaconi Cardinales.

Prosper scti Georgij ad uelũ aureũ columnen.
Petrus scte marie noue.
Iohanes scti Angeli carnagel.

E 58

Vide Indice eorum que hic continent in fine

Plate II.21 — **1447** or shortly thereafter
E 58 Sup., f. IIr — [Italy]

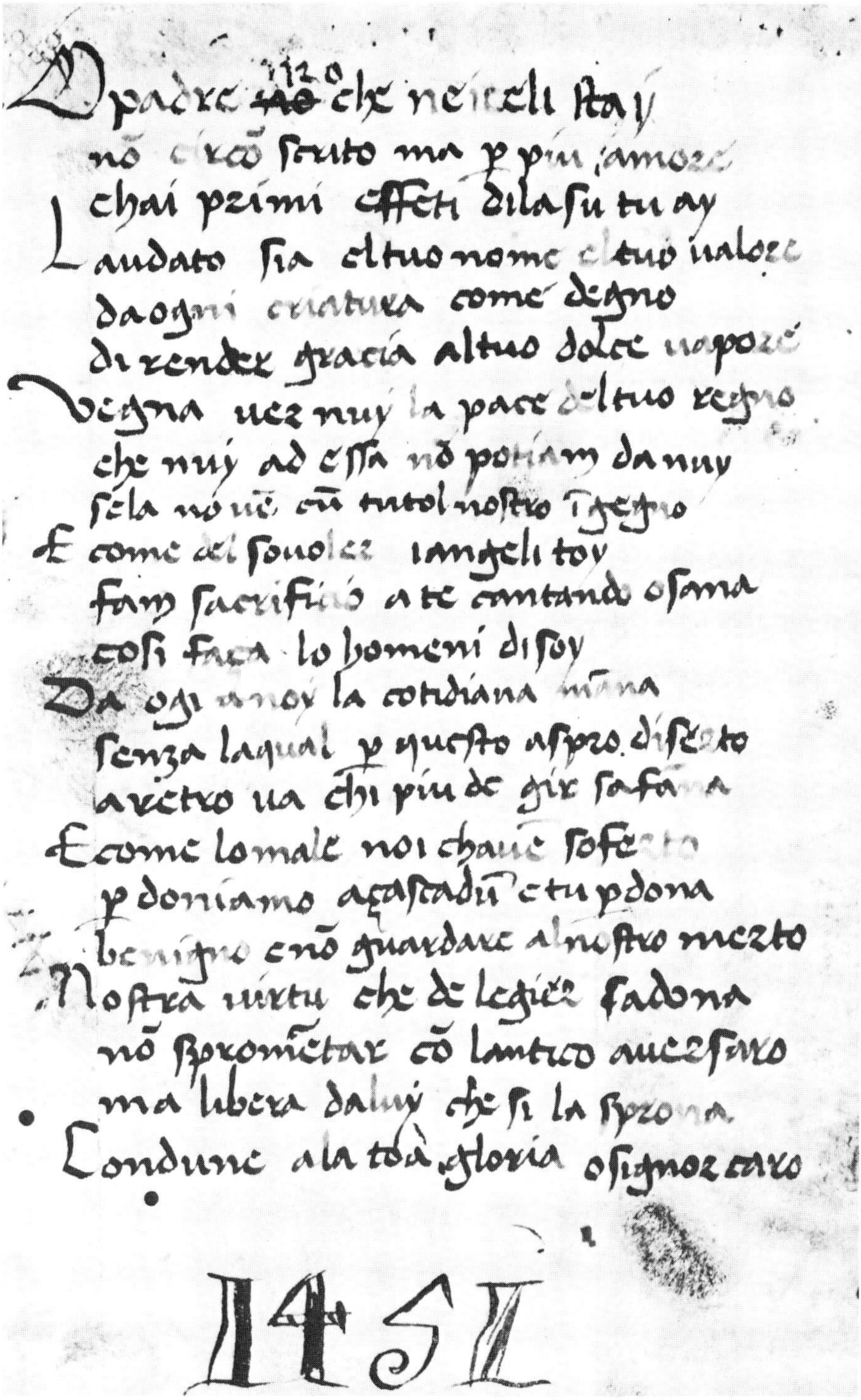

O padre nostro che nei cieli stay
nō circōscritto ma p piu amore
chai primi effecti dilasu tu ay
Laudato sia el tuo nome el tuo valore
da ogni creatura come degno
di render gracia al tuo dolce vapore
Vegna ver nuy la pace del tuo regno
che nuy ad essa nō potiam da nuy
sela nō vien cū tutol nostro ĩgegno
E come del so volere li angeli toy
fan sacrificio a te cantando osanna
cosi faca lo homeni di soy
Da ogi a noy la cotidiana mãna
senza laqual p questo aspro diserto
arectro va chi piu de gir safanna
E come lo male noi chave sofferto
pdoniamo a ciascadū e tu pdona
benigno e nō guardare al nostro merto
Nostra virtu che de legier sadona
nō sperimentar cō lantico aversaro
ma libera da luy che si la sprona
Conduce a la toa gloria o signor caro

1451

Plate II.22 **1451** [Tuscany?]
A 1 Sup., f. 73r

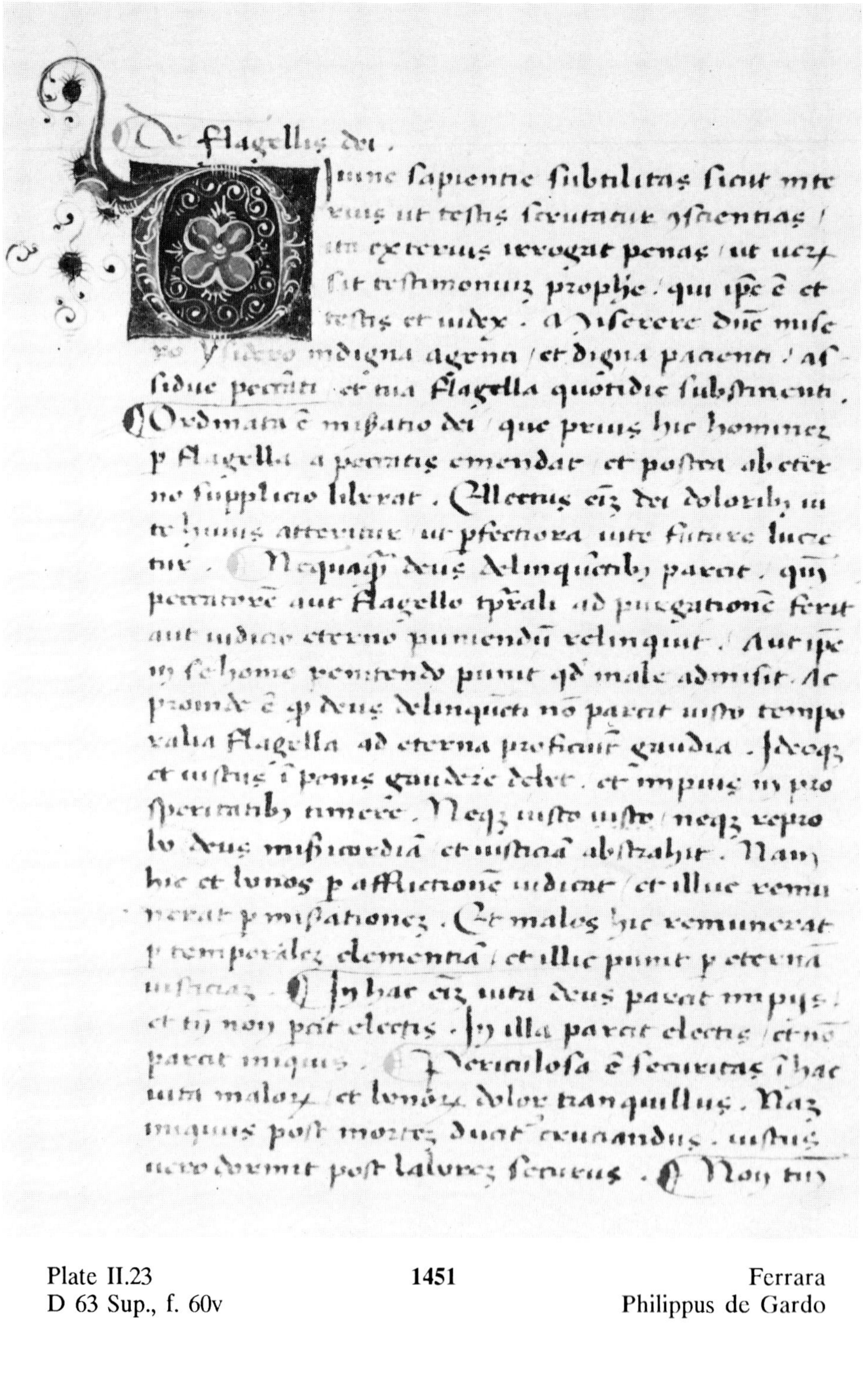

De flagellis dei.
Omnis sapientie subtilitas sicut inte
rius ut testis scrutatur conscientias
ita exterius revocat penas ut uera
sit testimonium prophetie. qui ipse est et
testis et iudex. Miserere domine mise
ro. Video indigna agenti et digna patienti. as
sidue peccanti et tua flagella quotidie sustinenti.
Ordinata est miseratio dei que prius hic hominem
per flagella a peccatis emendat et postea ab eter
no supplicio liberat. Electus enim dei doloribus in
te hunus atteritur ut perfectiora uite future lucre
tur. Nequaquam deus delinquentibus parcit. quia
peccatorem aut flagello temporali ad purgationem ferit
aut iudicio eterno puniendum relinquit. Aut ipse
in se homo penitendo punit quod male admisit. Ac
proinde est quod deus delinquenti non parcit iusto tempo
ralia flagella ad eterna proficiunt gaudia. Ideoque
et iustus in penis gaudere debet. et impius in pro
speritatibus timere. Neque iusto iuste neque repro
bo deus misericordiam et iustitiam abstrahit. Nam
hic et bonos per afflictionem iudicat et illuc remu
nerat per miserationem. Et malos hic remunerat
per temporalem clementiam et illic punit per eternam
iustitiam. In hac enim uita deus parcit impiis
et tamen non parcit electis. In illa parcit electis et non
parcit iniquis. Periculosa est securitas in hac
uita malorum et bonorum dolor tranquillus. Nam
iniquus post mortem ducitur cruciandus. iustus
uero dormit post laborem securus. Non tamen

Plate II.23 | **1451** | Ferrara
D 63 Sup., f. 60v | | Philippus de Gardo

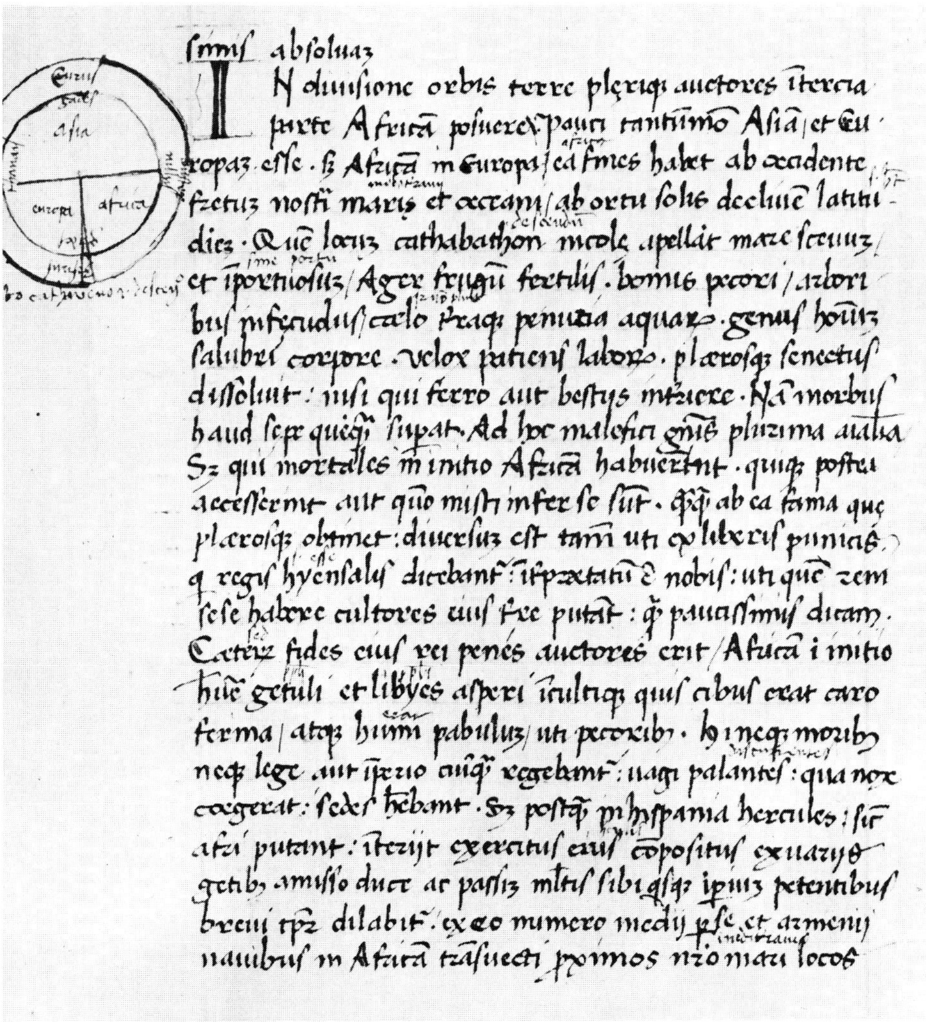

finis absoluam
IN diuisione orbis terre plerique auctores terciam
partem Affricam posuere. Pauci tantummodo Asiam et Eu-
ropam esse. sed Affricam in Europa. ea fines habet ab occidente
fretum nostri maris et occeani. ab ortu solis decliuem latitu-
dinem. Quem locum cathabathmon incole appellant mare seuum
et importuosum. Ager frugum fertilis. bonus pecori. arbori
bus infecundus. celo terraque penuria aquarum. genus hominum
salubri corpore. velox patiens laborum. plerosque senectus
dissoluit. nisi qui ferro aut bestiis interiere. Nam morbus
haud sepe quemquam superat. Ad hoc malefici generis plurima animalia
Sed qui mortales initio Affricam habuerint. quique postea
accesserint aut quo modo inter se sint. quamquam ab ea fama que
plerosque obtinet. diuersum est tamen uti ex libris punicis
qui regis hyempsalis dicebantur. interpretatum nobis. uti que rem
sese habere cultores eius terre putant. quam paucissimis dicam.
Ceterum fides eius rei penes auctores erit. Affricam initio
habuere getuli et libyes asperi incultique quis cibus erat caro
ferina. atque humi pabulum uti pecoribus. hi neque moribus
neque lege aut imperio cuiusquam regebantur. uagi palantes. qua nox
coegerat. sedes habebant. Sed postquam in hyspania hercules. sicut
afri putant. interiit exercitus eius compositus ex uariis
gentibus. amisso duce ac passim multis sibi quisque imperium petentibus
breui tempore dilabitur. ex eo numero medii perse et armenii
nauibus in Affricam transuecti proximos nostro mari locos

Plate II.24 — **1453** — [vicinity of Tortona] (Piedmont)

D 1 Sup., f. 101v — Anthonius Gratapalius

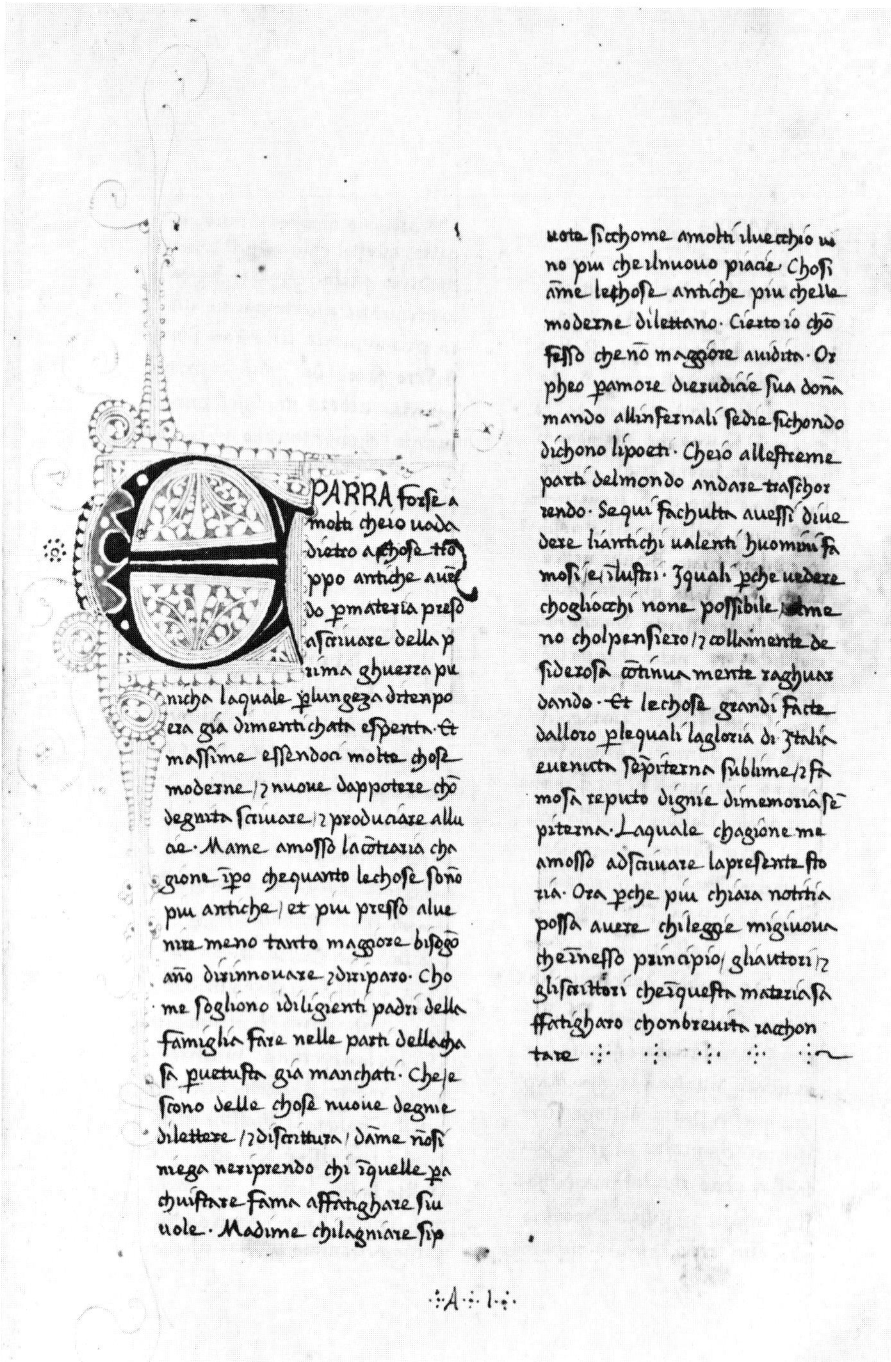

PARRA forse a molti cheio uada dietro a chose tro ppo antiche aue do p materia preso a scriuare della p rima ghuerra pu nicha laquale p lungeza ditenpo era gia dimentichata essenta. Et massime essendoci molte chose moderne / 7 nuoue dappotere cho degnita scriuare / 7 producieare allu ce. Mame amosso lacotraria cha gione ipo chequanto lechose sono piu antiche / et piu presso alue nire meno tanto maggore bisogo ano dirinnouare 7 diripararo. Cho me sogliono idiligienti padri della famiglia fare nelle parti dellacha sa puetusta gia manchati. Che se sono delle chose nuoue degnie dilettere / 7 discrittura / dame nosi niega neriprendo chi quelle pa chuistare fama affatighare si uole. Madime chilagniare sip

uota sichome amolti iluecchio ui no piu chelnuouo piace. Chosi ame lechose antiche piu chelle moderne dilettano. Cierto io cho fesso cheno maggiore audita. Or pheo pamore dieuridice sua dona mando allinfernali sedie sichondo dichono lipoeti. Cheio allestreme parti delmondo andare traschor rendo. Sequi fachulta auessi diue dere liantichi ualenti huomini fa mosi / e illustri. Iquali pche uedere choglocchi none possibile / almeno no cholpensiero / 7 collamente de siderosa cotinua mente raghuar dando. Et lechose grandi fatte dalloro plequali lagloria di Italia euenuta sepiterna sublime / 7 fa mosa reputo dignie dimemoria se piterna. Laquale chagione me amosso adscriuare lapresente sto ria. Ora pche piu chiara notitia possa auere chilegge miginoua chemesso principio / ghautori 7 ghiscrittori chequesta materia sa ffatighano chonbreuita rachon tare

A. i.

Plate II.25 — **1455** — Siena
E 130 Sup., f. 1r — Iachomo di Buccio di Ghinucci

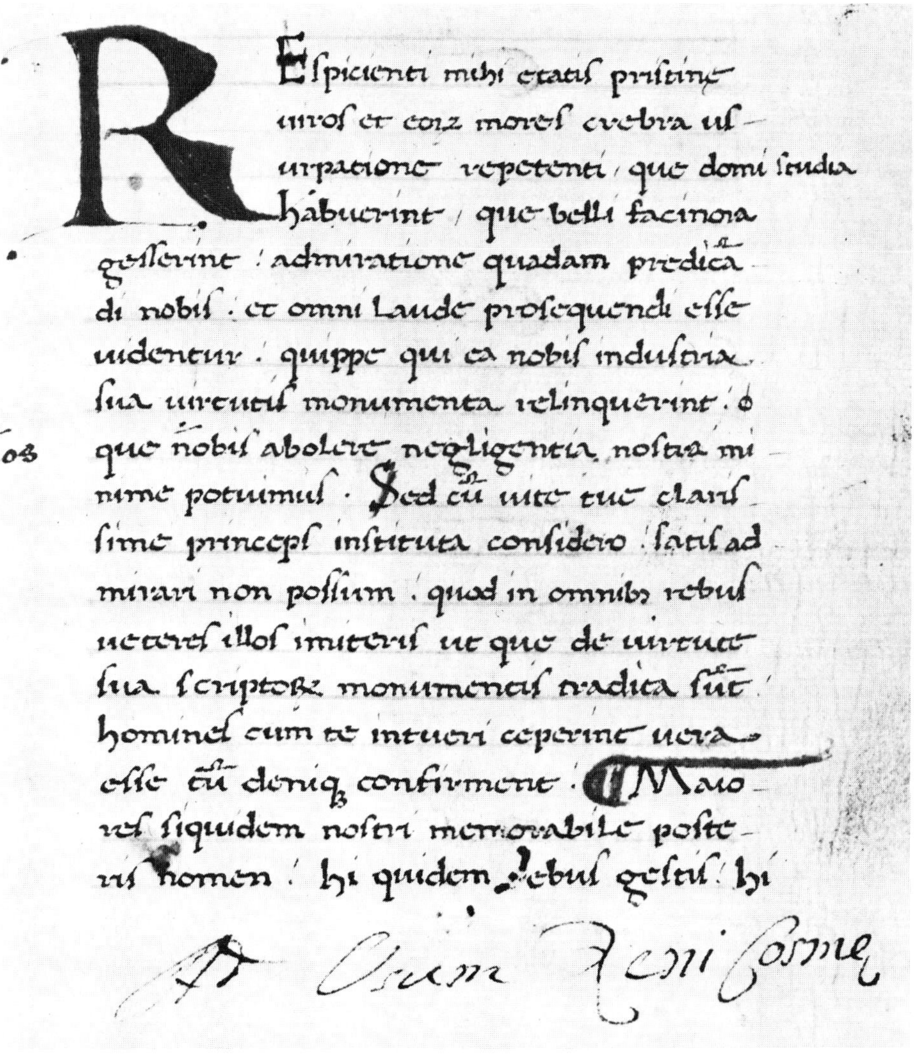

Respicienti mihi etatis pristine
uiros et eorum mores crebra us-
urpatione repetenti, que domi studia
habuerint, que belli facinora
gesserint: admiratione quadam predican-
di nobis. et omni laude prosequendi esse
uidentur. quippe qui ea nobis industria
sua uirtutis monumenta relinquerint. q
que nobis abolere negligentia nostra minime potuimus. Sed cum uite tue clarissime princeps instituta considero. satis ad-
mirari non possum. quod in omnibus rebus
ueteres illos imiteris ut que de uirtute
sua scriptorum monumentis tradita sunt
homines cum te intueri ceperint uera
esse tum denique confirment. Maiores siquidem nostri memorabile poste-
ris nomen: hi quidem rebus gestis: hi

Plate II.26 **1455** [Northern Italy]
A 22 Sup., f. 1r

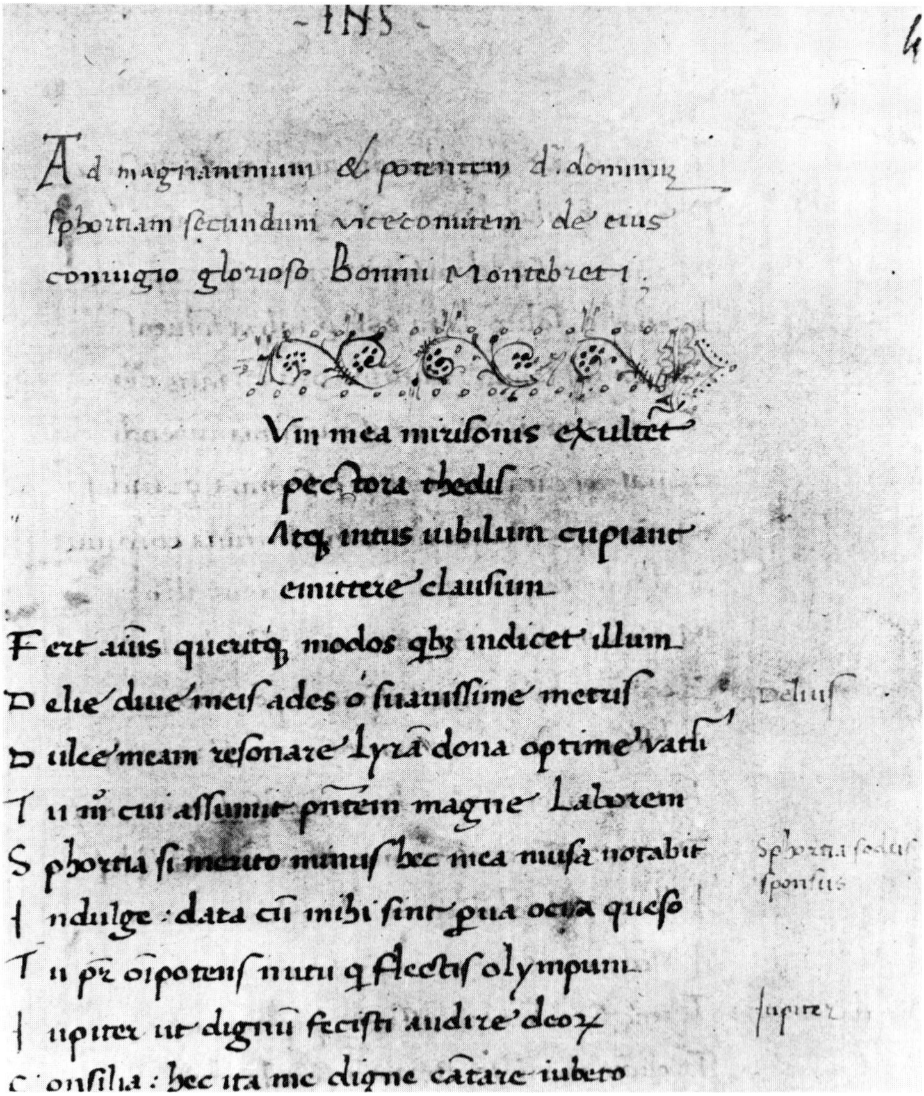
IHS

Ad magnanimum & potentem d. dominum
Sphortiam secundum vicecomitem de eius
coniugio glorioso Bonini Montebreti.

Vin mea miusonis exultet
pectora thedis
Atque intus iubilum cupiant
emittere clausum

Fert auus queruq modos qbz indicet illum
Delie diue meis ades o suauissime metris Delius
Dulce meam resonare lyram dona optime vati
Tu m cui assumit pntem magne laborem
Sphortia si merito minus hec mea musa notabit Sphortia sedus sponsus
Indulge: data cu mihi sint pua ocia queso
Tu pr oipotens nutu q flectis olympum
Iupiter ut dignu fecisti audire deorum Iupiter
Consilia: hec ita me digne cantare iubeto

Plate II.27 — **1455** — [Milan]

C 42 Sup., f. 47r — [Boninus Mombritius]

FRatris Anthonii Raudensis theologi ad Sanctissimum papam
EVgenium dialogus in lactentium feliciter. INCIPIT.

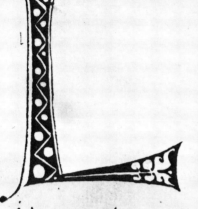

LACTENTII Firmiani diuinas institutiones Eugeni beatissime cum propter
dicendi summam illam elegantiam
summamque suauitatem suam. Ubi
nulla prorsus affectata eloquentia:
nulla sermonis preparatio inesse percipitur:
tum inprimis ob illius doctrinam grauis-
simam qui Christi Iesu ueri dei nostri
causam aduersus gentes pro sua virili
portione tutari conatus est: et sepe et
libenter in manibus teneo: illas euoluo: illas volupe lectito: Pascuntur
enim mirum in modum legentium aures: nutritur et animus dum orationis
splendorem et ornatum summamque simul grauitatem animaduertentes
intellegunt. Tanta est enim apud illum uirum loquendi facilitas: tanta
humanarum diuinarumque rerum et disciplina et eruditio: ut plerique
omnes ex his qui tempestate hac nostra eloquentiam profitentur et
nouique Cicerones quidam predicari gestiunt: cum illum degustauerint:
sese ineptissimos homines quosdam iudicent: et ab eloquentia exules
omnino esse se sentiant. Orationem suam ut prope plebeam ac pene
infantem damnent: illam uero summe probent summe admirentur:
ac summis laudibus ad celum tollant. Sed quis iam ille ita lectioni
tam et si suauissime: aut scriptioni dedicatus est percupidus litterarum
ut non aliquando calamum ponat: oculos remittat et auocet: ac per
oblectamenta alia quedam modo honesta illa sint recte illos recreet:
et ut dici solet pascat. Secesseram igitur beatissime pater relaxandi
animi causa in ortulum meum quempiam quasi in suburbanum rus:
locum quidem apricum amenum et herbidum ac celule ipsi mee
continentem. Ibi pallebant viole lilia candebant. Ibi feniculum
verbena rosa celidonia rutha Isopus et ambrosia aliorumque olerum

Plate II.28 **1455** Milan
D 105 Sup., f. 4r

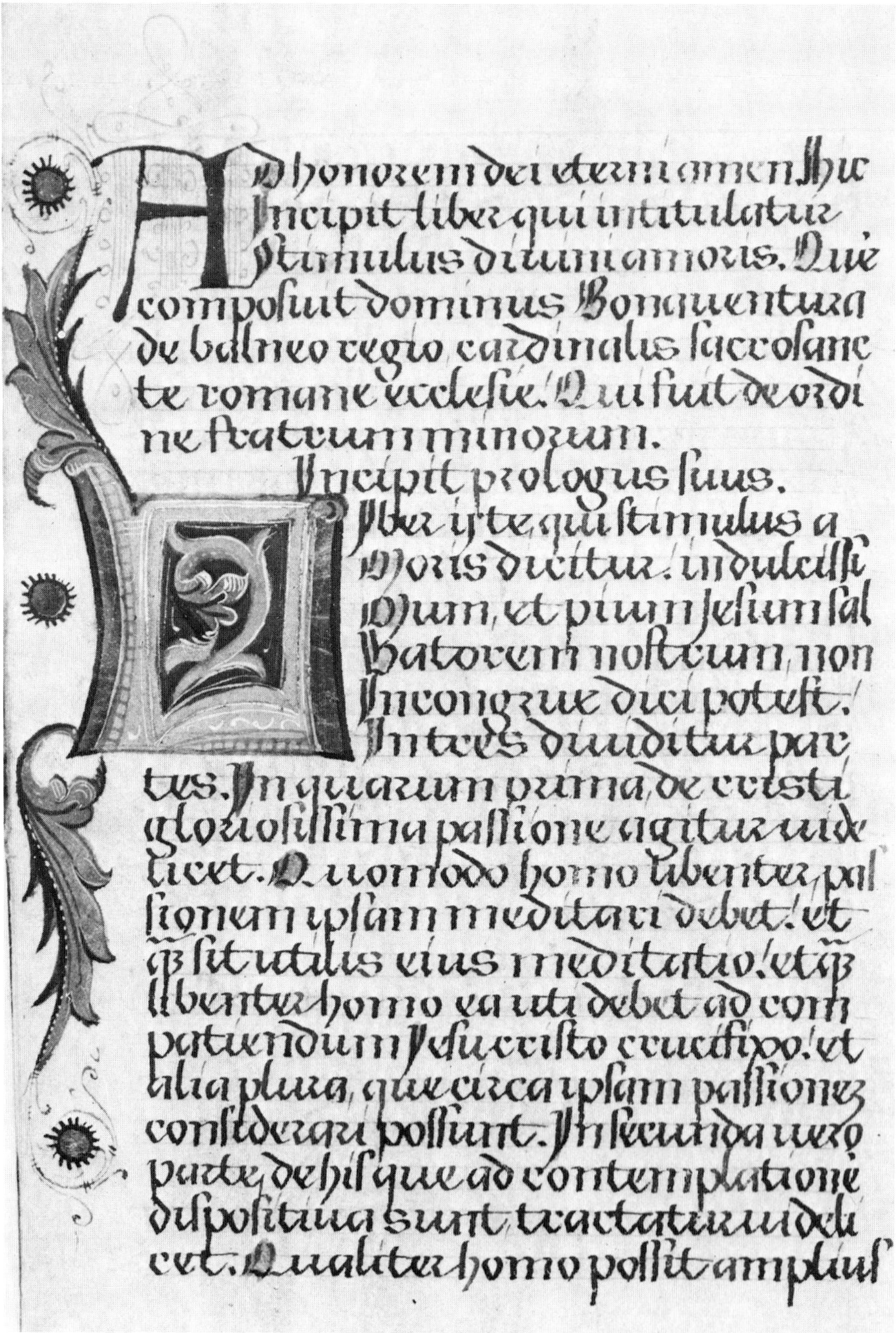

Ad honorem dei eterni amen. Ihu
Incipit liber qui intitulatur
Stimulus diuini amoris. Quem
composuit dominus Bonauentura
de balneo regio cardinalis sacrosanc
te romane ecclesie. Qui fuit de ordi
ne fratrum minorum.
Incipit prologus suus.
Liber iste qui stimulus a
moris dicitur. in dulcissi
mum et pium iesum sal
uatorem nostrum non
incongrue dici potest.
In tres diuiditur par
tes. In quarum prima de cristi
gloriosissima passione agitur uide
licet. Quomodo homo libenter pas
sionem ipsam meditari debet. et
quam sit utilis eius meditatio. et quam
libenter homo ea uti debet ad com
patiendum iesu cristo crucifixo. et
alia plura que circa ipsam passionem
considerari possunt. In secunda uero
parte de his que ad contemplationem
dispositiua sunt tractatur uide
licet. Qualiter homo possit amplius

Plate II.29 **1455** Venice
E 79 Sup., f. 1r

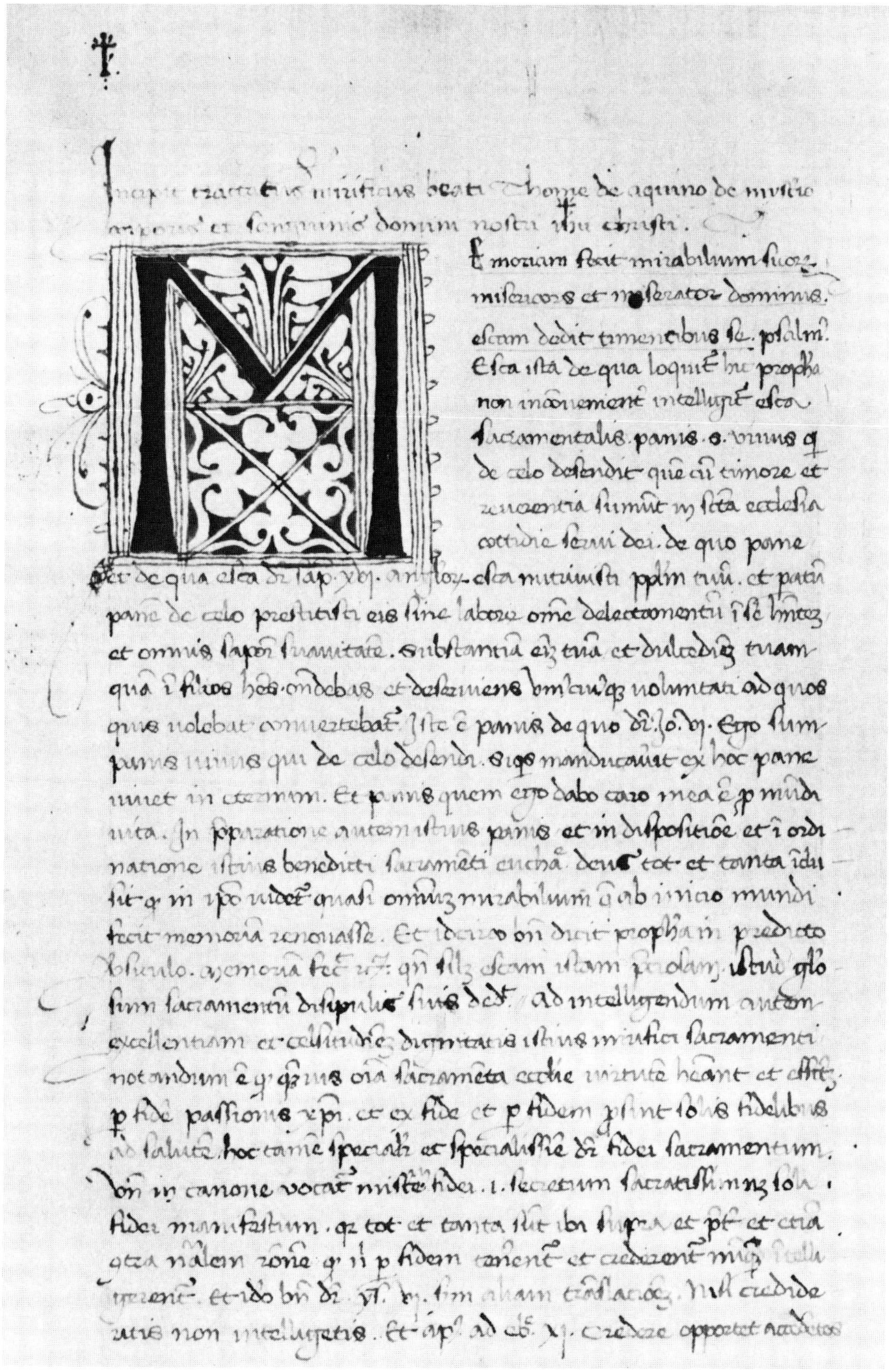

Incipit tractatus misticus beati Thome de aquino de misterio
corporis et sanguinis domini nostri ihu christi.
Memoriam fecit mirabilium suorum
misericors et miserator dominus.
escam dedit timentibus se. psalm.
Esca ista de qua loquitur hic propheta
non inconvenienter intelligitur esca
sacramentalis. panis .s. vivus qui
de celo descendit quem cum timore et
reverentia sumunt in sancta ecclesia
cottidie servi dei. de quo pane
et de qua esca dicitur sap. xvj. angelorum esca nutrivisti populum tuum. et paratum
panem de celo prestitisti eis sine labore omne delectamentum in se habentem
et omnis saporis suavitatem. substantia enim tua et dulcedinem tuam
quam in filios habes ostendebas et deserviens uniuscuiusque voluntati ad quod
quisque volebat convertebatur. Iste est panis de quo dicitur Io. vj. Ego sum
panis vivus qui de celo descendi. Si quis manducaverit ex hoc pane
vivet in eternum. Et panis quem ego dabo caro mea est pro mundi
vita. In preparatione autem istius panis et in dispositione et in ordi
natione istius benedicti sacramenti eucharistie dominus tot et tanta indu
sit quod in ipso videtur quasi omnium mirabilium que ab initio mundi
fecit memoriam renovasse. Et ideo bene dicit propheta in predicto
versiculo. Memoriam fecit etc. quasi diceret escam istam preciosam istius glo
riosi sacramenti discipulis suis dedit. Ad intelligendum autem
excellentiam et celsitudinem dignitatis istius mistici sacramenti
notandum est quod quamvis omnia sacramenta ecclesie virtutem habeant et effectum
per fidem passionis christi et ex fide et per fidem prosint solis fidelibus
ad salutem hoc tamen specialiter et specialissime dicitur fidei sacramentum.
Unde in canone vocatur misterium fidei. i. secretum sacratissimum soli
fidei manifestum. quia tot et tanta sunt ibi supra et preter et etiam
contra naturalem rationem quod nisi per fidem teneantur et credantur nunquam intelli
gerentur. et ideo bene dicitur ys. vij. secundum aliam translationem. Nisi credide
ritis non intelligetis. Et apostolus ad heb. xj. Credere oportet accedentem

Plate II.30 | 1456 | Milan
A 143 Sup., f. 1r | | Antonius de Iuniis

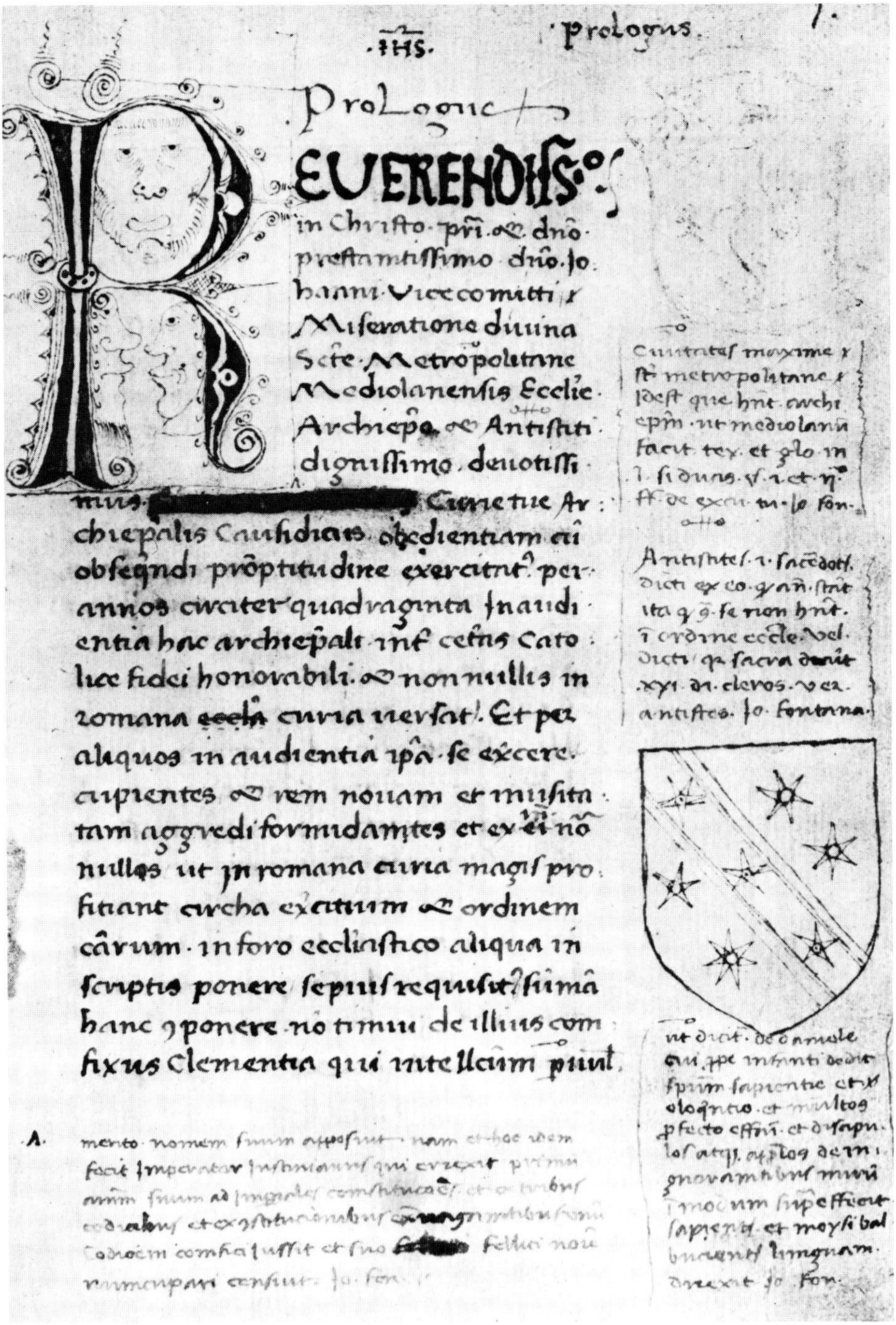
·IHS·

prologus.

Prologus

Reuerendiss.o
in Christo pri. et dno
prestantissimo dno. Jo
hanni Vicecomiti
Miseratione diuina
Sancte Metropolitane
Mediolanensis Ecclie.
Archiepo. et Antistiti
dignissimo, deuotissi
mus [redacted] Cemetue Ar
chiepalis causidicus obedientiam cum
obsequendi promptitudine exercitus per
annos circiter quadraginta in audi
entia hac archiepali inter ceteros cato
lice fidei honorabili. et nonnullis in
romana eccla curia versat. Et per
aliquos in audientia ipa se excere
cupientes et rem nouam et insolita
tam aggredi formidantes et ex eis no
nullos ut in romana curia magis pro
ficiant circha exercitium et ordinem
carum in foro ecclesiastico aliqua in
scriptis ponere sepius requisitus, summa
hanc componere no timui de illius con
fisus clementia qui intellectum prestat

Plate II.31 — **1458** — Milan

D 32 Sup., f. 1r — Iohannes Fontana de Zabarella de Padua

IHC

MAGNO & excellenti ingenio viri cum se doctrine penitus dedissent quicquid Laboris poterat impendi contemptis oib[us] & priuatis & publicis actionib[us] ad inquirende veritatis studium contulerunt existimantes multo ee preclarius humanarum diuinarumq[ue] rerum inuestigare ac scire rationem q[uam] struendis opibus ac cumulandis honoribus inherere. quib[us] rebus quoniam fragiles terreneq[ue] sunt & ad solius corporis pertinent cultum, nemo melior nemo iustior effici potest. Erant quidem illi ueritatis cognitione dignissimi quam scire tantopere cupiuerunt atq[ue] ita ut eam rebus omnibus anteponerent. Nam & abiecisse quosdam res familiares suas & renuntiasse vniuersis uoluptatibus constat. ut solam nudamq[ue] virtutem nudi expeditiq[ue] sequerentur. tantum apud eos virtutis nomen & auctoritas valuit, ut in ipsa ee summi boni premium predicarent. S[ed] neq[ue] adepti sunt id qd volebant. et operam simul atq[ue] industriam perdiderunt. q[uia] veritas idest archanum summi dei qui fecit omnia ingenio ac proprijs sensibus non potest comprehendi. Aliquin nihil inter deum hominemq[ue] distaret. si consilia & dispositiones illius maiestatis ineterne cogitatio assequeretur humana. Quod quia fieri no potuit ut homini p se ipsum ratio diuina notesceret. no est passus hominem deus lumen sapientie requirentem diutius errare ac sine ullo laboris effectu uagari p tenebras inextricabiles. Aperuit oculos eius aliquando & notionem ueritatis munus suum fecit. ut et

Quare Archanum dei comphendi no pot.

Plate II.32 — **1459** — [Lombardy, Milan?]

B 154 Sup., f. 6r

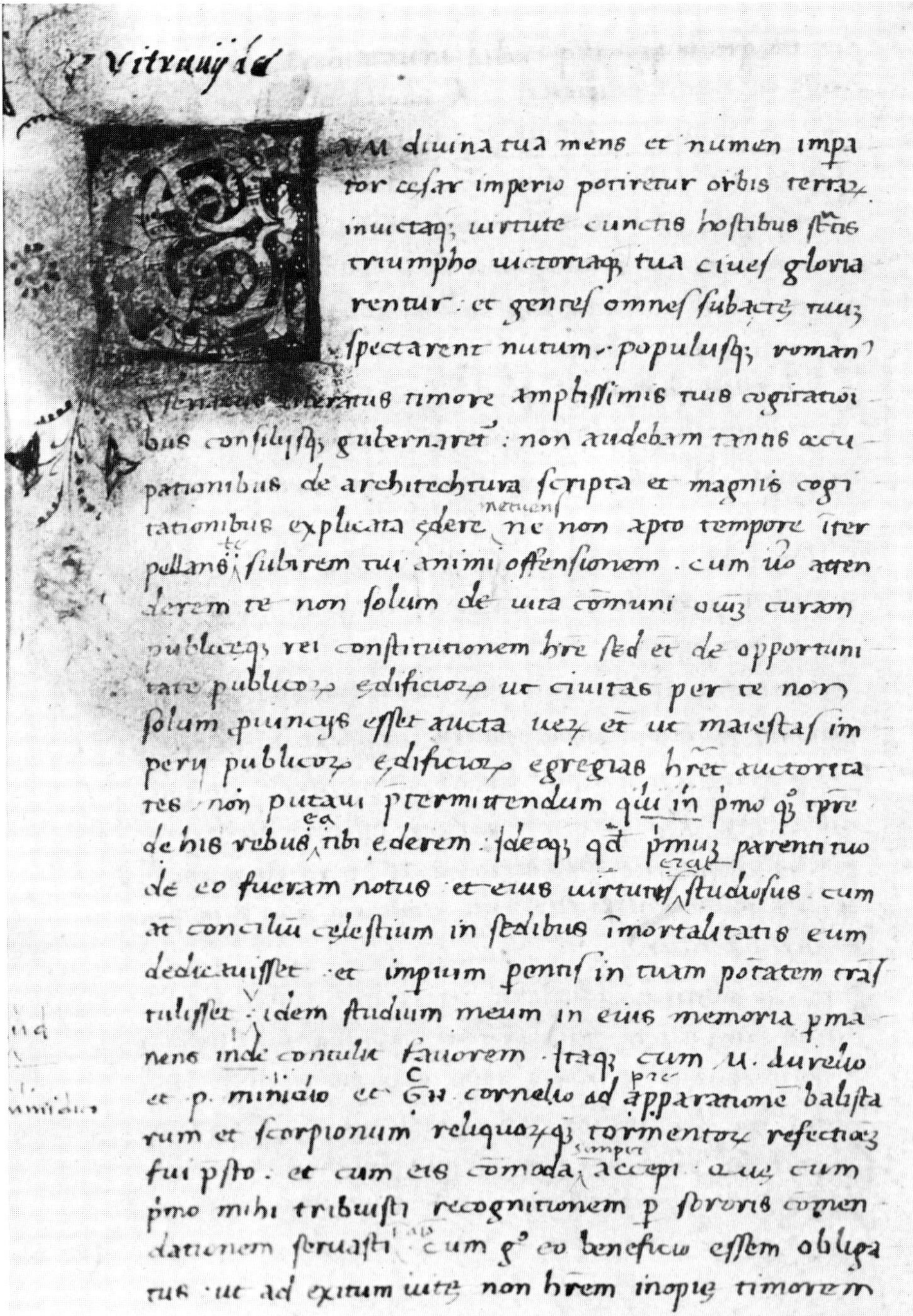

Vitruuij de

CVm diuina tua mens et numen impa
tor cesar imperio potiretur orbis terraz
inuictaq; uirtute cunctis hostibus stratis
triumpho uictoriaq; tua ciues gloria
rentur : et gentes omnes subacte tuuz
spectarent nutum populusq; romanus
et senatus liberatus timore amplissimis tuis cogitatio
bus consiliisq; gubernaret : non audebam tantis occu
pationibus de architechtura scripta et magnis cogi
tationibus explicata edere, ne non apto tempore inter
pellans subirem tui animi offensionem . cum uero atten
derem te non solum de uita comuni omnium curam
publiceq; rei constitutionem habere sed et de opportuni
tate publicorum edificiorum ut ciuitas per te non
solum prouinciis esset aucta uerum et ut maiestas im
perii publicorum edificiorum egregias haberet auctorita
tes : non putaui pretermittendum quin in primo quoque tempore
de his rebus ea tibi ederem : ideoq; quod primum parenti tuo
de eo fueram notus et eius uirtutis studiosus . cum
autem concilium celestium in sedibus immortalitatis eum
dedicauisset . et imperium parentis in tuam potestatem tras
tulisset : idem studium meum in eius memoria perma
nens in te contulit fauorem . itaq; cum M. aurelio
et P. minidio et Cn. cornelio ad apparatione balista
rum et scorpionum reliquorumq; tormentorum refectionem
fui presto . et cum eis comoda semper accepi . que cum
primo mihi tribuisti recognitionem per sororis commen
dationem seruasti . cum ergo eo beneficio essem obliga
tus : ut ad exitum uite non haberem inopie timorem

Plate II.33 — **1462** — [Milan]

A 137 Sup., f. 1r — Boninus Mombritius

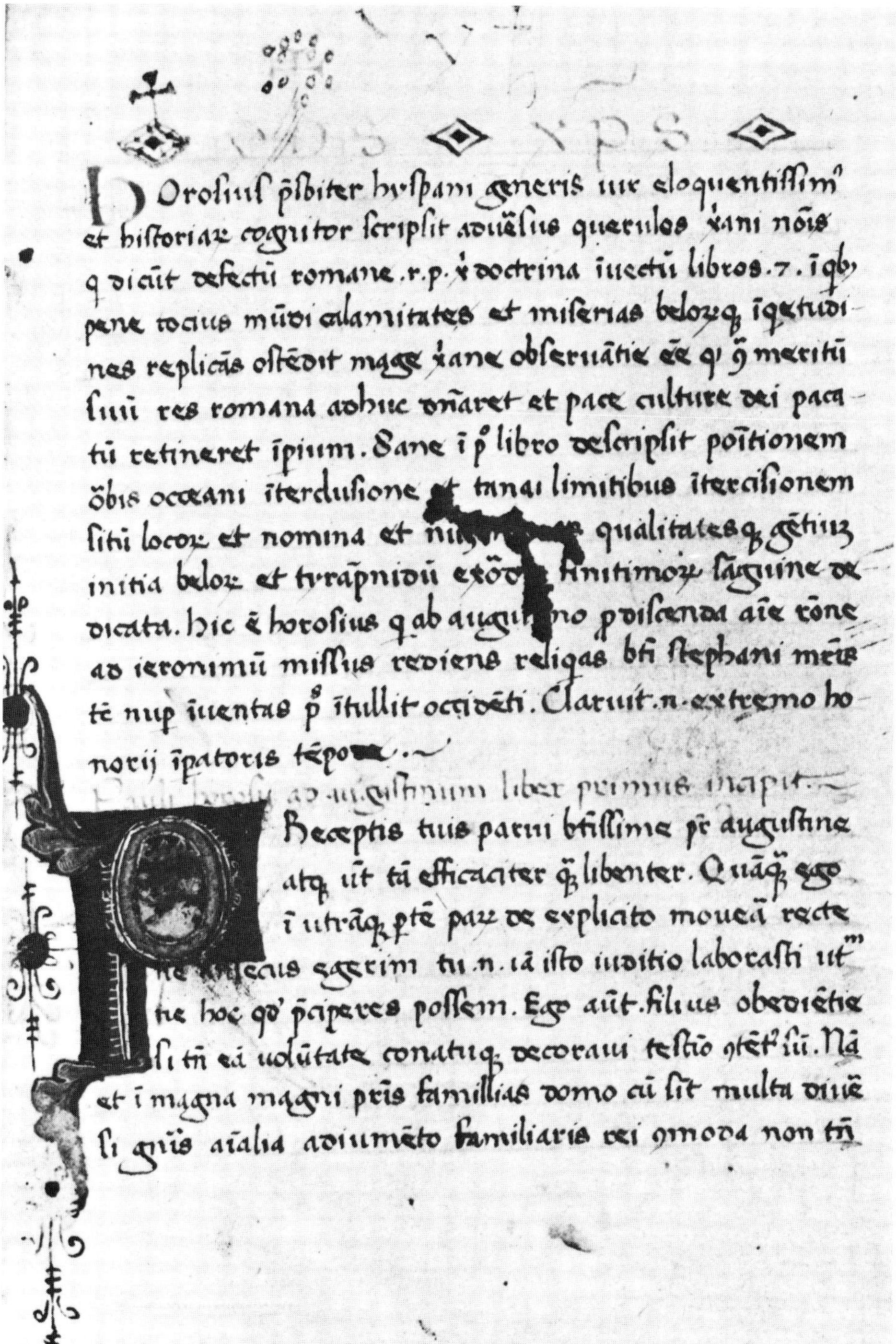
Orosius presbiter hyspani generis uir eloquentissimus
et historiarum cognitor scripsit aduersus querulos xpiani nominis
qui dicunt defectum romane r. p. xpi doctrina inuectum libros .7. in quibus
pene totius mundi calamitates et miserias belorumque inquietudi-
nes replicans ostendit magis xpiane obseruantie esse quod contra meritum
suum res romana adhuc duraret et pace culture dei paca-
tum retineret imperium. Sane in primo libro descripsit positionem
orbis occeani interclusione et tanai limitibus intercisionem
situm locorum et nomina et numerum qualitatesque gentium
initia belorum et tyrannidum exordia finitimorum sanguine de-
dicata. hic est horosius qui ab augustino pro discenda anime ratione
ad ieronimum missus rediens reliquias beati stephani martiris
tunc nuper inuentas primus intullit occidenti. Claruit enim extremo ho-
norij imperatoris tempore.~

Pauli orosij ad augustinum liber primus incipit.~

PReceptis tuis parui beatissime pater augustine
atque utinam tam efficaciter quam libenter. Quamquam ego
in utramque partem parum de explicato moueam recte
ne an secus egerim. tu enim iam isto iuditio laborasti utrum
me hoc quod preciperes possem. Ego autem filius obedientie
si tamen eam uoluntate conatuque decoraui testimonio contentus sum. Nam
et in magna magni patris familias domo cum sit multa diuer-
sa genera animalia adiumento familiaris rei commoda non tamen

Plate II.34 — 1463 — Venice

A 43 Sup., f. 1r — L. de F.

Plate II.35 — **1463-64** — Genoa, Sampierdarena

A 122 Sup., f. IIr — Iacobus de Auria

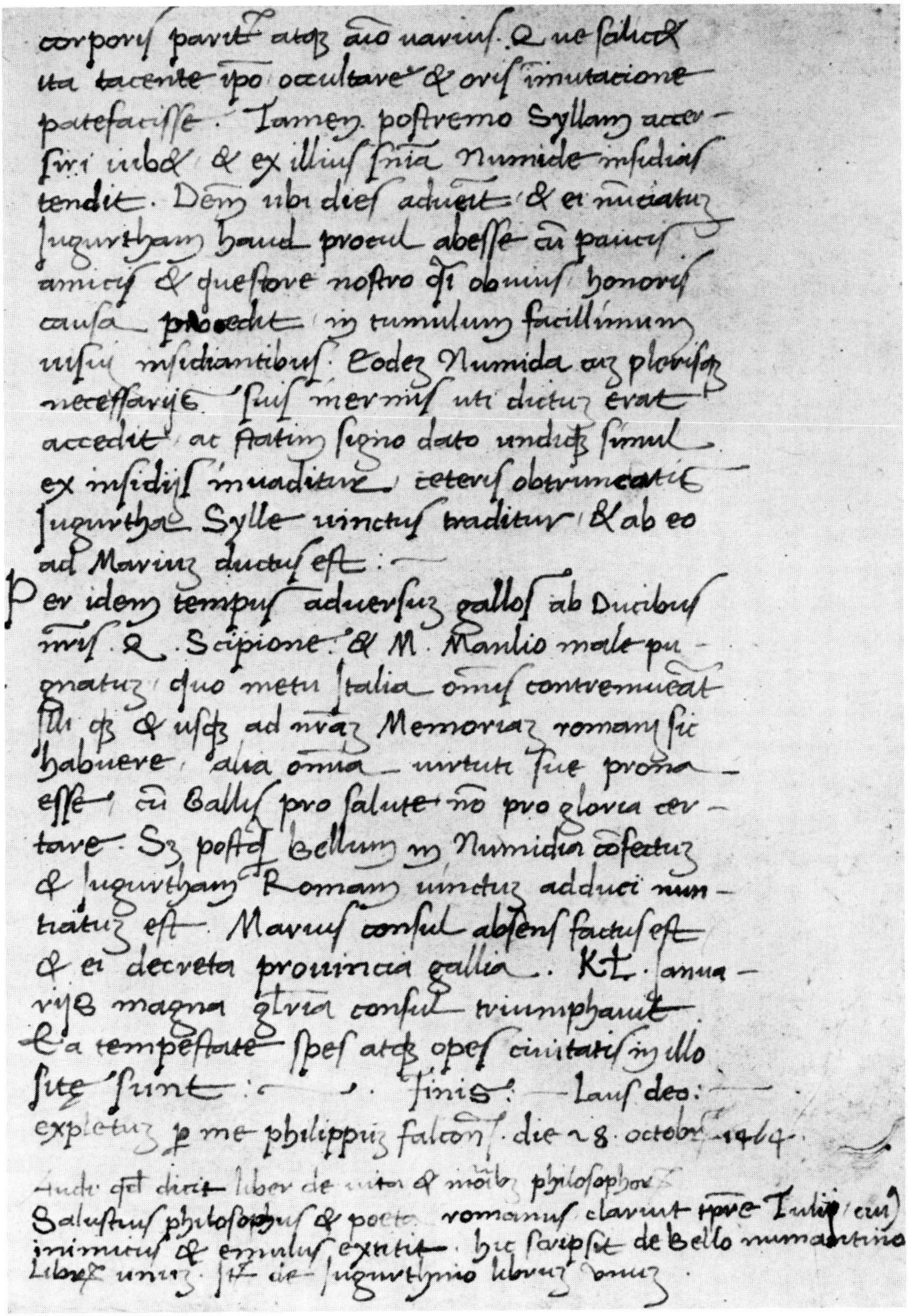

corporis pariter atque animo varius. Quae scilicet
ita tacente ipso occultare et oris immutatione
patefecisse. Tamen postremo Syllam accer-
siri iubet et ex illius sententia Numide insidias
tendit. Deinde ubi dies advenit et ei nunciatum
Jugurtham haud procul abesse cum paucis
amicis et questore nostro quasi obvius honoris
causa procedit in tumulum facillimum
visu insidiantibus. Eodem Numida cum plerisque
necessariis suis inermis uti dictum erat
accedit at statim signo dato undique simul
ex insidiis invaditur ceteris obtruncatis
Jugurtha Sylle vinctus traditur et ab eo
ad Marium ductus est.
Per idem tempus adversum Gallos ab Ducibus
nostris Q. Scipione et M. Manlio male pu-
gnatum quo metu Italia omnis contremuerat
illique et usque ad nostram memoriam romani sic
habuere alia omnia virtuti sue prona
esse cum Gallis pro salute non pro gloria certare. Sed postquam bellum in Numidia confectum
et Jugurtham Romam vinctum adduci nun-
tiatum est Marius consul absens factus est
et ei decreta provincia Gallia. Kl. Janua-
riis magna gloria consul triumphavit
Ea tempestate spes atque opes civitatis in illo
site sunt. Finis. Laus deo.
Expletum per me philippum falconis die 28 octobris 1464
Unde quidam dicit liber de vita et moribus philosophorum
Salustius philosophus et poeta romanus claruit tempore Iulii cuius
inimicus et emulus extitit. hic scripsit de bello numantino
librum unum. et de Jugurthino librum unum.

Plate II.36 — **1464** — [Italy]
A 113 Sup., f. 87r — Philippus Falconi

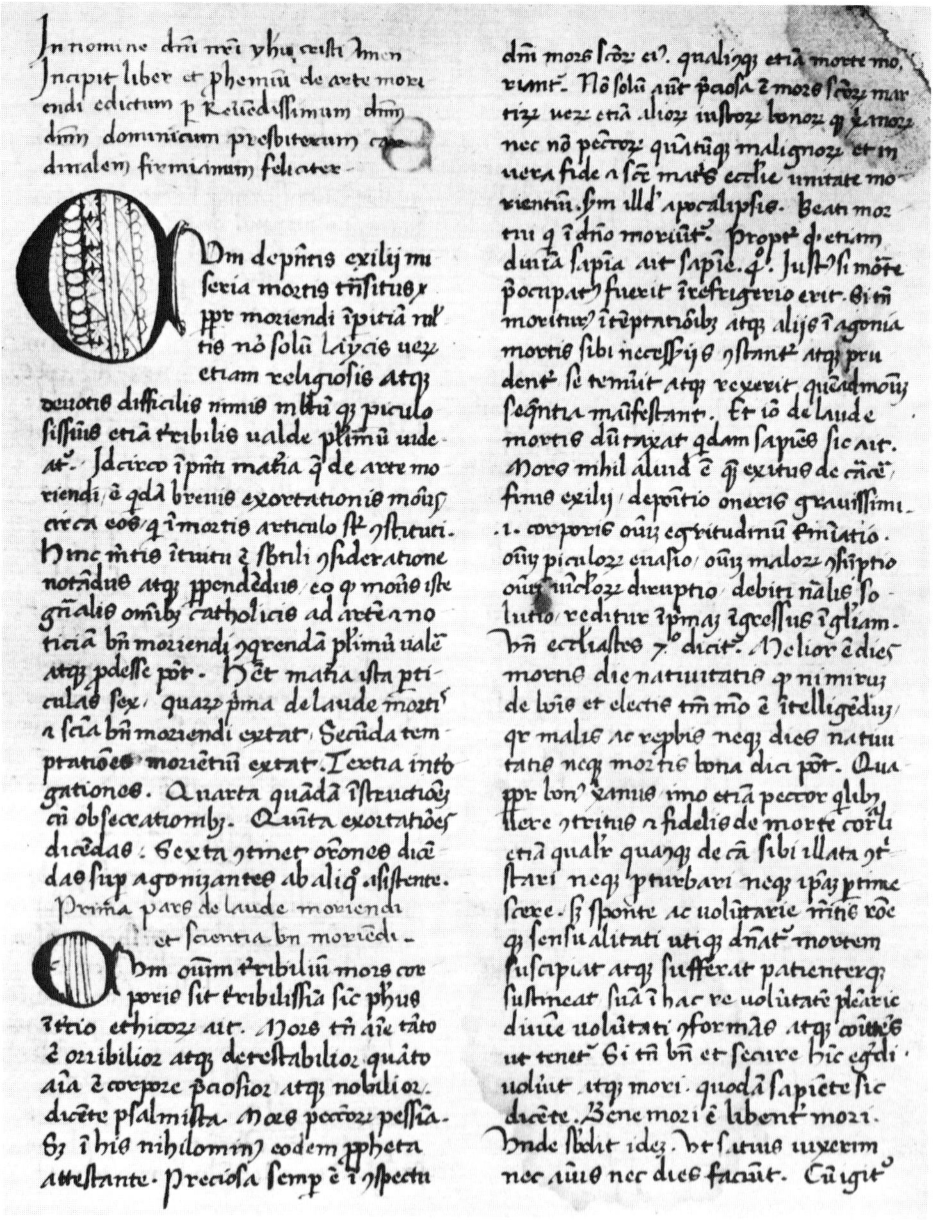

Plate II.37 **1464** Asso, near Como
C 81 Sup., f. 1r Iohannes de Canona

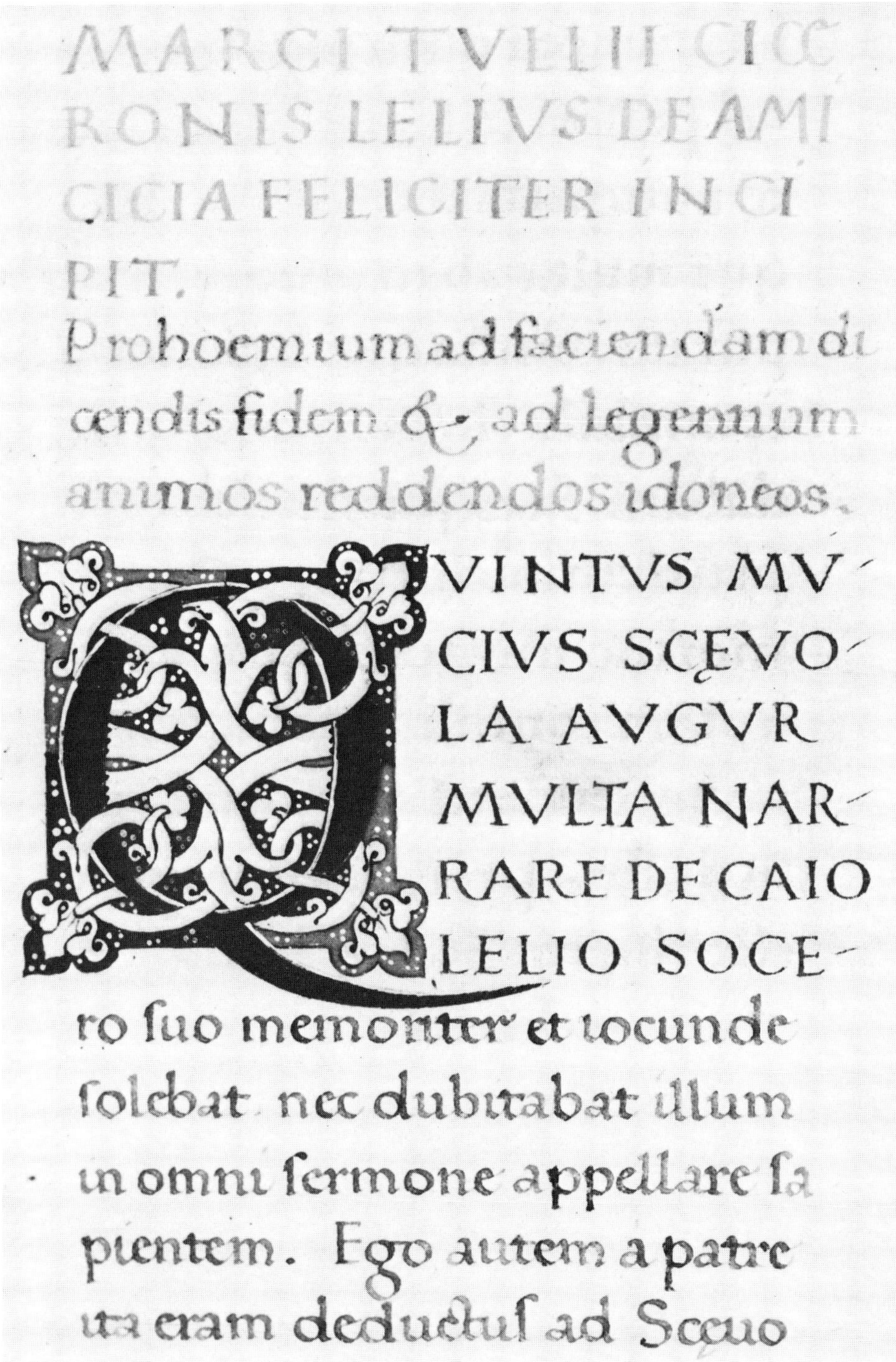
MARCI TVLLII CICE
RONIS LELIVS DE AMI
CICIA FELICITER INCI
PIT.
Prohoemium ad faciendam di
cendis fidem & ad legentium
animos reddendos idoneos.
QVINTVS MV-
CIVS SCEVO-
LA AVGVR
MVLTA NAR-
RARE DE CAIO
LELIO SOCE-
ro ſuo memoriter et iocunde
ſolebat nec dubitabat illum
in omni ſermone appellare ſa
pientem. Ego autem a patre
ita eram deductuſ ad Sceuo

Plate II.38 | **1466** | Milan
D 3 Sup., f. 1r

In noie dni nostri yhu xpi cru
cifixi in eternu et i seculum se
culi benedicti. Incomencia el
libro del melifluo doctore che
fece sancto Bernardo Abba
te de Clara uale sopra la co
templatione de la passioe del no
stro segnore mess yhu xpo da
fare p chaduna hora cano
nica il prologo. : -
Septe fiade
el di te laudai
el psalmista
pregasti me
che io te demo
strasse alcuno modo de cotem
plare ine la passioe del tuo dio
secondo le septe hore canoni
che del di. po che tu diceui
che tu desiderai cisto sopra
ogni cossa. Pero che spessam
te tu podessi hauere memo
ria de colluy el quale p te uol
se patire molte cosse. Et in per
cio p lo tuo amore et adiu
torio quato piu solicitame
te et meglio che io possuto ho
scripto le cosse le quale tu
domadasti. et diuossim amete
no esponedo ogni cossa ma
tochado molte raxone le qua
le io lasciato che tu le coprisse e
disponi. Nota che qui he la in
tetione de sco Bernardo chel
si debia pensare tuta la passioe
ordinatamete ben che luy qui
no lo pona p breuitade. Pero
che la ia coteplatiua et spiri
tuale de poche cosse ne trahe
molte si come la ia zoza et
carnale di molte cosse ne faye
poche. P la qualle cossa sapy
pmamete che se tu uorai haue
re pfecto i qsta sciencia de la
coteplatioe ho sia coteplare
he sopra tute le sciencie a sera
dibixogno che cu gradissima
solicitudine tute astegni dal
cibo delicato et dal beuere i
moderato et secodo la toua
necessitade prede de luno et
delaltro tepezatamete. Et
etiadio he dibixogno che tu te
guardi dal molto parlare et
da la allegreza uana et des
conza. Pero che no si couene
a coluy che uole el dolore de xpo
de occuparsi desutilemete inele
parole ne inlo ridere ne in
li zuoghi ne in uana allegre
ça. Et breuemete dicedo da
la solicitudine tepozale et da
la dellectatioe ho uero coso

Plate II.39 **1466** S. Maria Annunziata, Milan
E 109 Sup., f. 1r

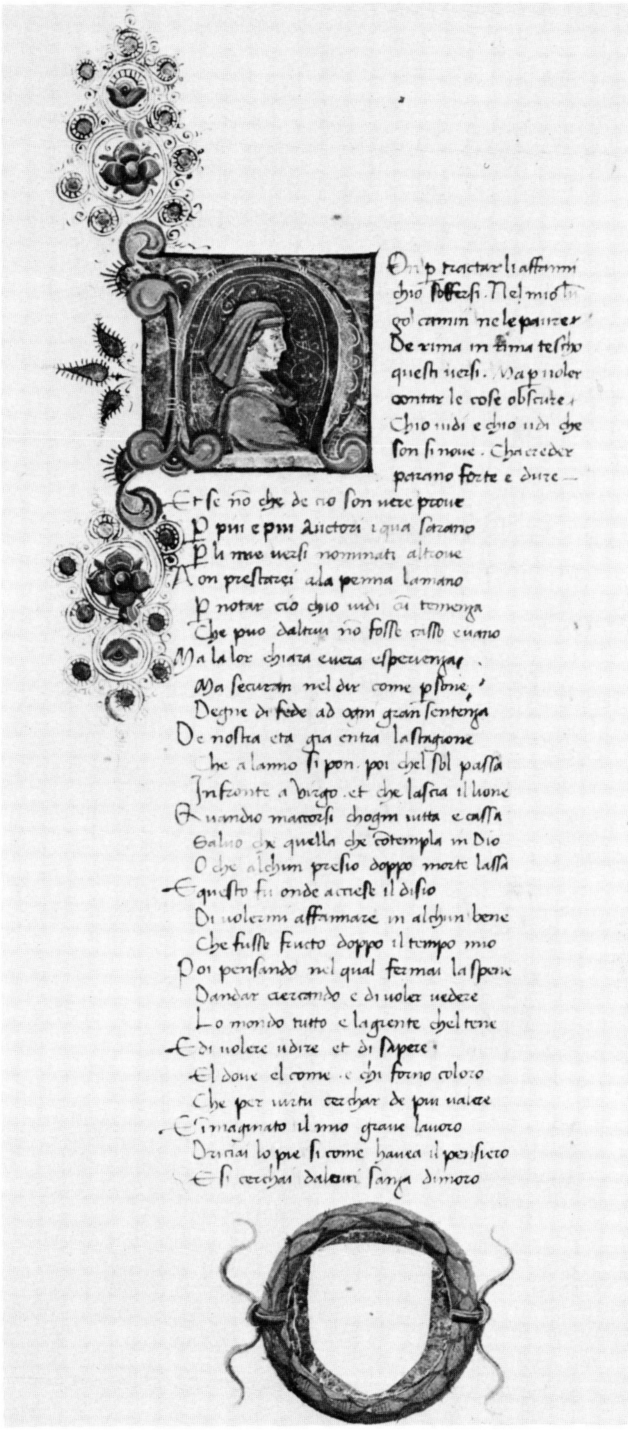
[N]on p tractar li affanni
chio soffersi. Nel mio lu
go camin ne le paure
De rima in rima tesso
questi versi. Ma p voler
contar le cose obscure.
Chio vidi e chio udi che
son si nove. Cha creder
parrano forte e dure
Et se non che de cio son vere prove
P piu e piu auctori i qua sarano
P li mie versi nominati altrove
Non prestarei ala penna la mano
P notar cio chio vidi e tenenza
Che puo dalcun non fosse casso e vano
Ma la lor chiara e vera esperienza
Ma securan nel dir come psone
Degne di fede ad ogni gran sentenza
De nostra eta gia entra la stagione
Che a lanno si pon. poi chel sol passa
Infronte a virgo. et che lassa il lione
Quando io mavedi chogni vita e cassa
Salvo che quella che cotempla in Dio
O che alchun presio doppo morte lassa
E questo fu onde acciese il disio
Di volerm affamare in alchun bene
Che fusse fructo doppo il tempo mio
Poi pensando nel qual fermai la spene
Dandar cercando e di voler vedere
Lo mondo tutto e la gente chel tene
E di volere udire et di sapere.
El dove el come. e chi forno coloro
Che per virtu cerchar de piu valere
E imaginato il mio grave lavoro
Drizai lo pie si come havea il pensiero
E si cerchai dalcun sanza dimoro

Plate II.40 — **1467** — [Bologna]

E 141 Sup., f. 1r — T[omaso] L[ione]

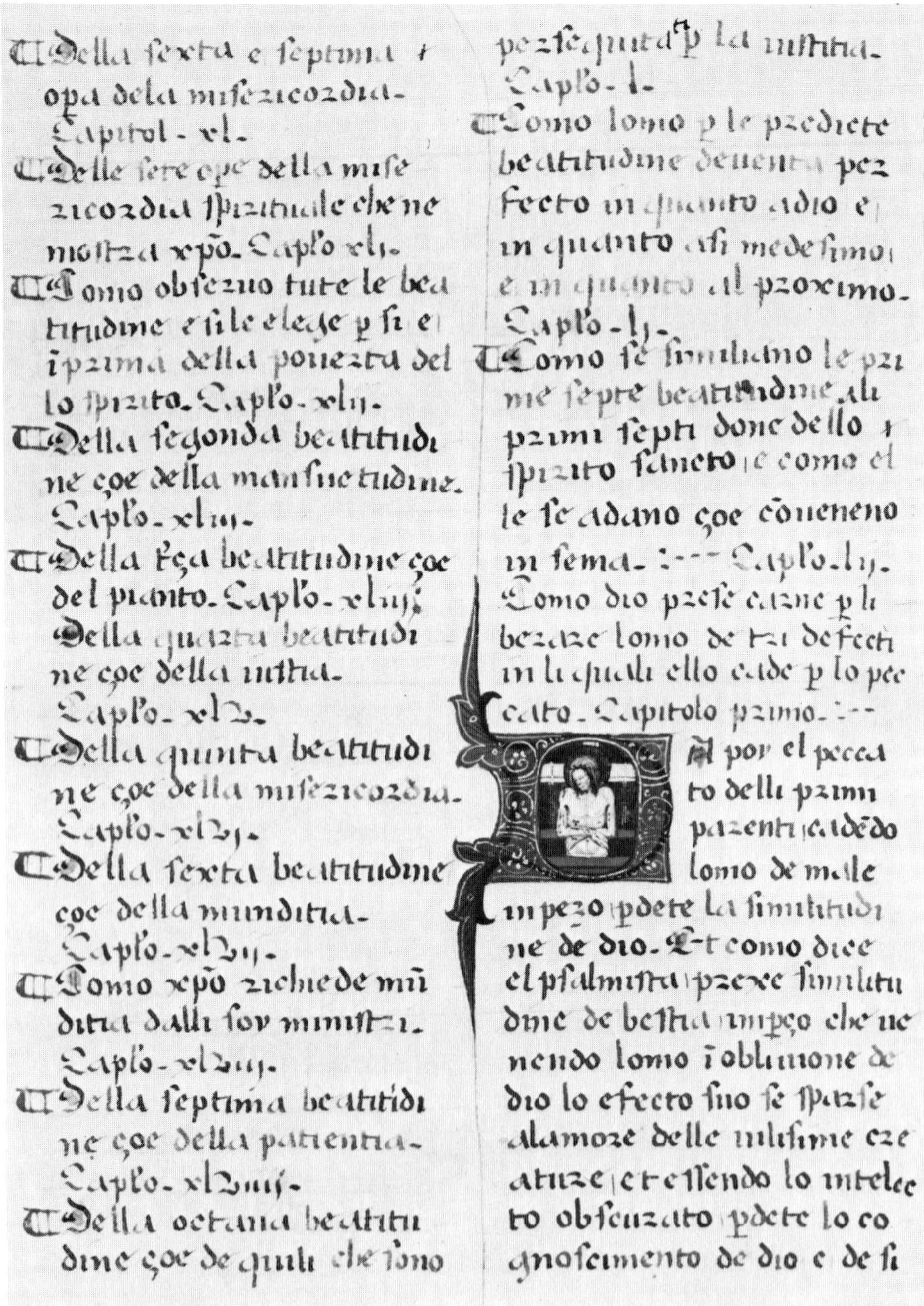
Della sexta e septima +
opa dela misericordia.
Capitol. xl.
Delle sete ope della mise
ricordia spirituale che ne
mostra xpo. Caplo xli.
Como obseruo tute le bea
titudine e si le elege p si e
i prima della poverta del
lo spirito. Caplo. xlii.
Della segonda beatitudi
ne coe della mansuetudine.
Caplo. xliii.
Della terza beatitudine coe
del pianto. Caplo. xliiii.
Della quarta beatitudi
ne coe della iustia.
Caplo. xlv.
Della quinta beatitudi
ne coe della misericordia.
Caplo. xlvi.
Della sexta beatitudine
coe della munditia.
Caplo. xlvii.
Como xpo richiede mun
ditia dalli soi ministri.
Caplo. xlviii.
Della septima beatitudi
ne coe della patientia.
Caplo. xlviiii.
Della octava beatitu
dine coe de quili che sono
persequitati p la iustitia.
Caplo. l.
Como lomo p le predicte
beatitudine deventa per
fecto in quanto a dio e
in quanto a si medesimo
e in quanto al proximo.
Caplo. li.
Como se simiglano le pri
me septe beatitudine ali
primi septi done dello +
spirito sancto e como el
le se adano coe conveneno
in sema. Caplo. lii.
Como dio prese carne p li
berare lomo de tri defecti
in li quali ello cade p lo pec
cato. Capitolo primo.
Per el pecca
to delli primi
parenti cadendo
lomo de male
in pezo perdete la similitudi
ne de dio. Et como dice
el psalmista prexe similitu
dine de bestia impero che ve
nendo lomo i oblivione de
dio lo efecto suo se sparse
alamore delle vilissime cre
ature et essendo lo intelec
to obscurato perdete lo co
gnoscimento de dio e de si

Plate II.41 **1467** S. Maria Annunziata, Milan
C 86 Sup., f. 3v

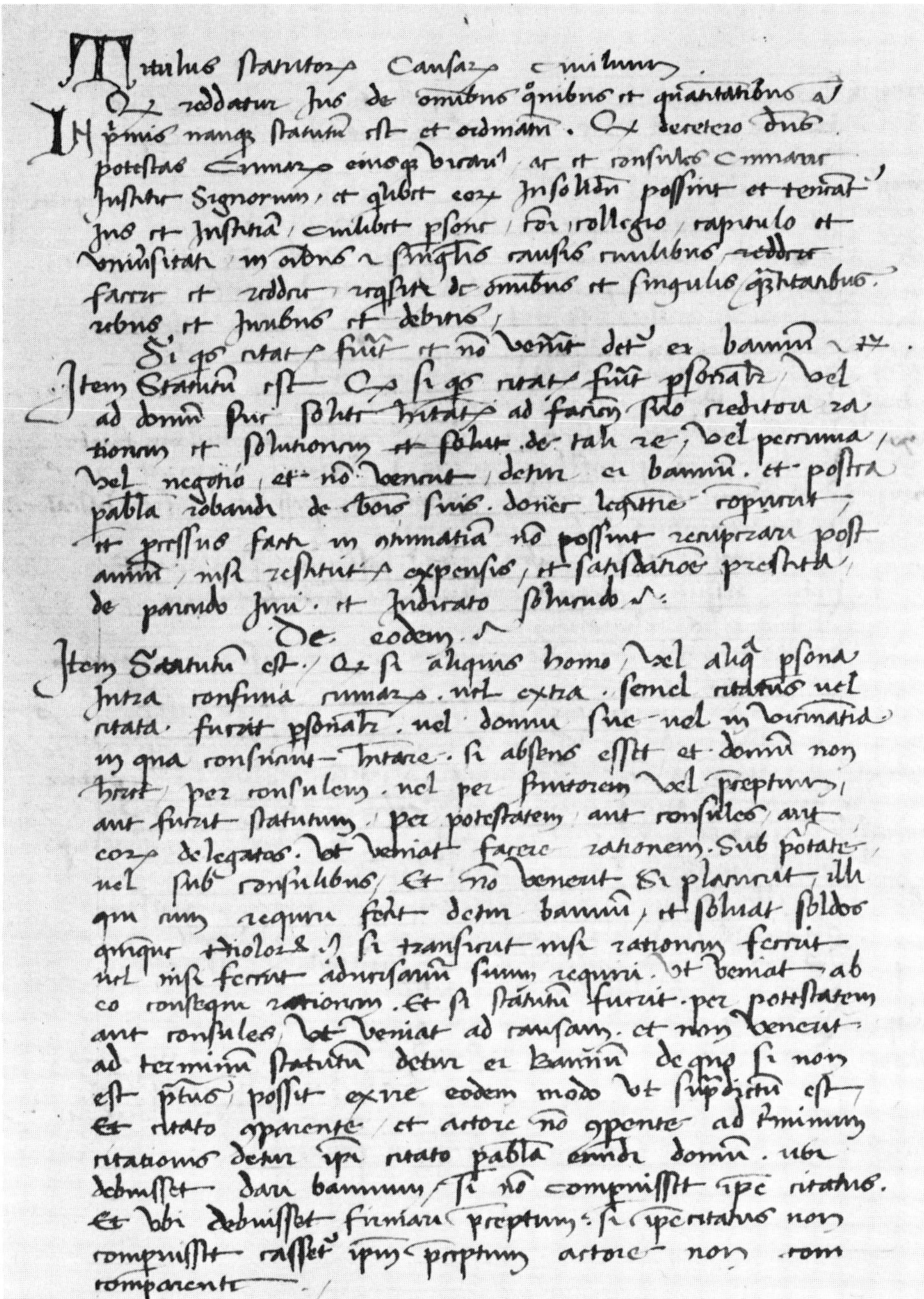
Titulus statutorum causarum civilium.
Quod reddatur ius de omnibus quibus et quantitatibus etc.
In primis namque statutum est et ordinatum. quod de cetero dominus
potestas Cumarum eiusque vicarius ac et consules Cumarum
iustitie Signorum, et quilibet eorum in solidum possint et teneantur
ius et iustitiam cuilibet persone, seu collegio, capitulo et
universitati in omnibus et singulis causis civilibus reddere
facere et reddere, regestum de omnibus et singulis quantitatibus
rebus, et iuribus et debitis,
Si quis citatus fuerit et non venerit detur ei bannum etc.
Item statutum est quod si quis citatus fuerit personaliter vel
ad domum sue habitationis ad faciendum suo creditori ra
tionem et solutionem et solvere de tali re, vel pecunia,
vel negotio, et non venerit, detur ei bannum. et postea
parabola dandi de bonis suis. donec legitime compareat,
et processus facti in contumatia non possint recuperari post
annum, nisi restitutis expensis, et satisdatione prestita,
de parendo iuri. et iudicato solvendo etc.
De eodem etc.
Item statutum est. quod si aliquis homo vel aliqua persona
intra confinia Cumarum. vel extra. semel citatus vel
citata fuerit personaliter. vel domum sue vel in vicinantia
in qua consuevit habitare. si absens esset et domum non
haberet per consulem. vel per servitorem vel preceptum,
aut fuerit statutum per potestatem aut consules aut
eorum delegatos. ut veniat facere rationem. sub potestate,
vel sub consulibus, et non venerit si clamaverit ille
qui eum requiri fecit detur bannum, et solvat soldos
quinque tertiolorum. et si transierit nisi rationem fecerit
vel nisi fecerit adversarium suum requiri. ut veniat ab
eo consequi rationem. et si statutum fuerit. per potestatem
aut consules, ut veniat ad causam. et non venerit
ad terminum statutum detur ei bannum de quo si non
est plus possit exire eodem modo ut supradictum est,
Et citato comparente et actore non comparente ad terminum
citationis detur ipsi citato parabola eundi domum. ubi
debuisset dari bannum, si non comparuisset ipse citatus.
Et ubi debuisset firmari preceptum si ipse citatus non
comparuisset cassetur ipsum preceptum actore non com
comparente.

Plate II.42 **1468** [Lombardy]
D 118 Sup., f. 44v

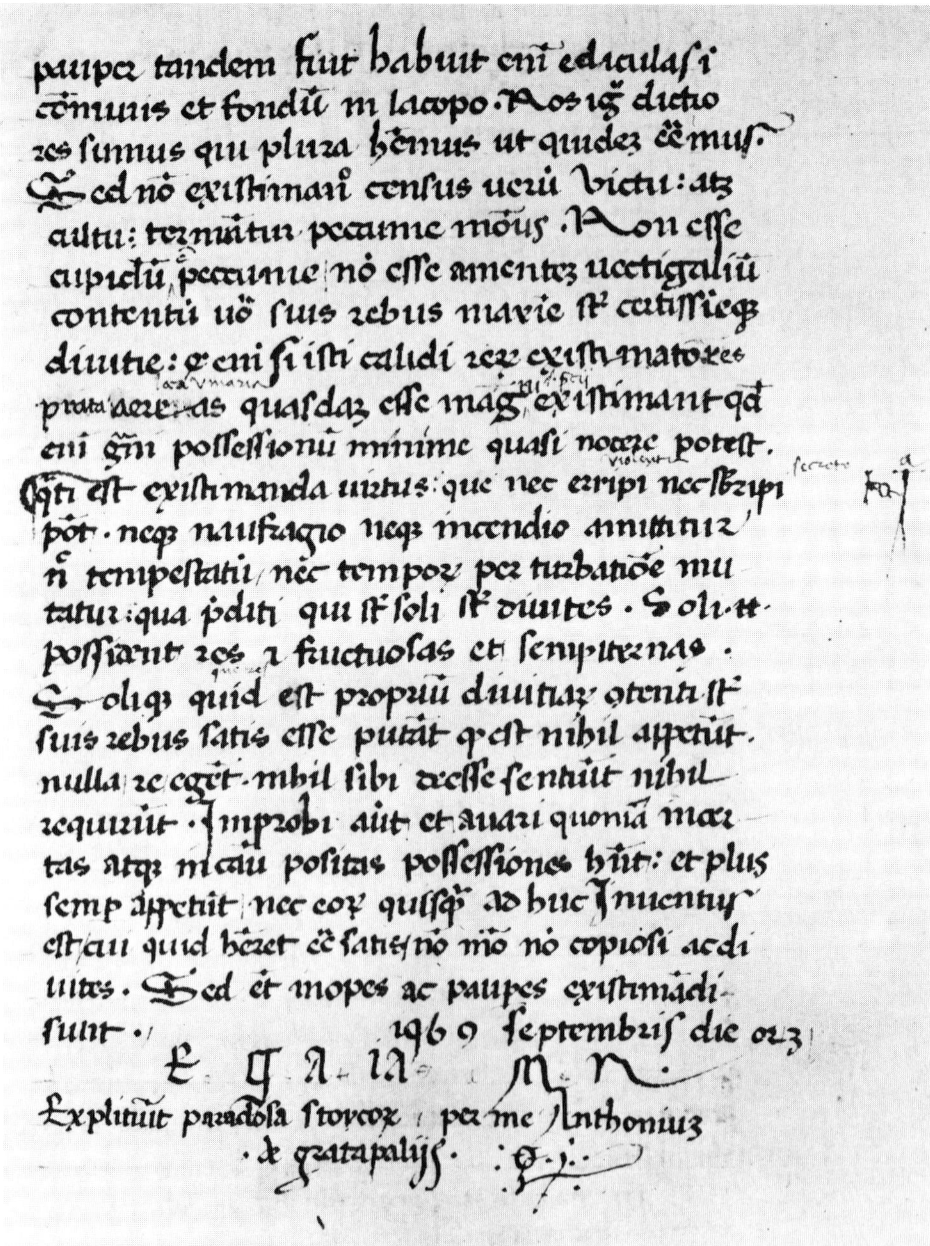

Plate II.43 **1469** [vicinity of Tortona] (Piedmont)

D 1 Sup., f. 195r Antonius de Gratapalius

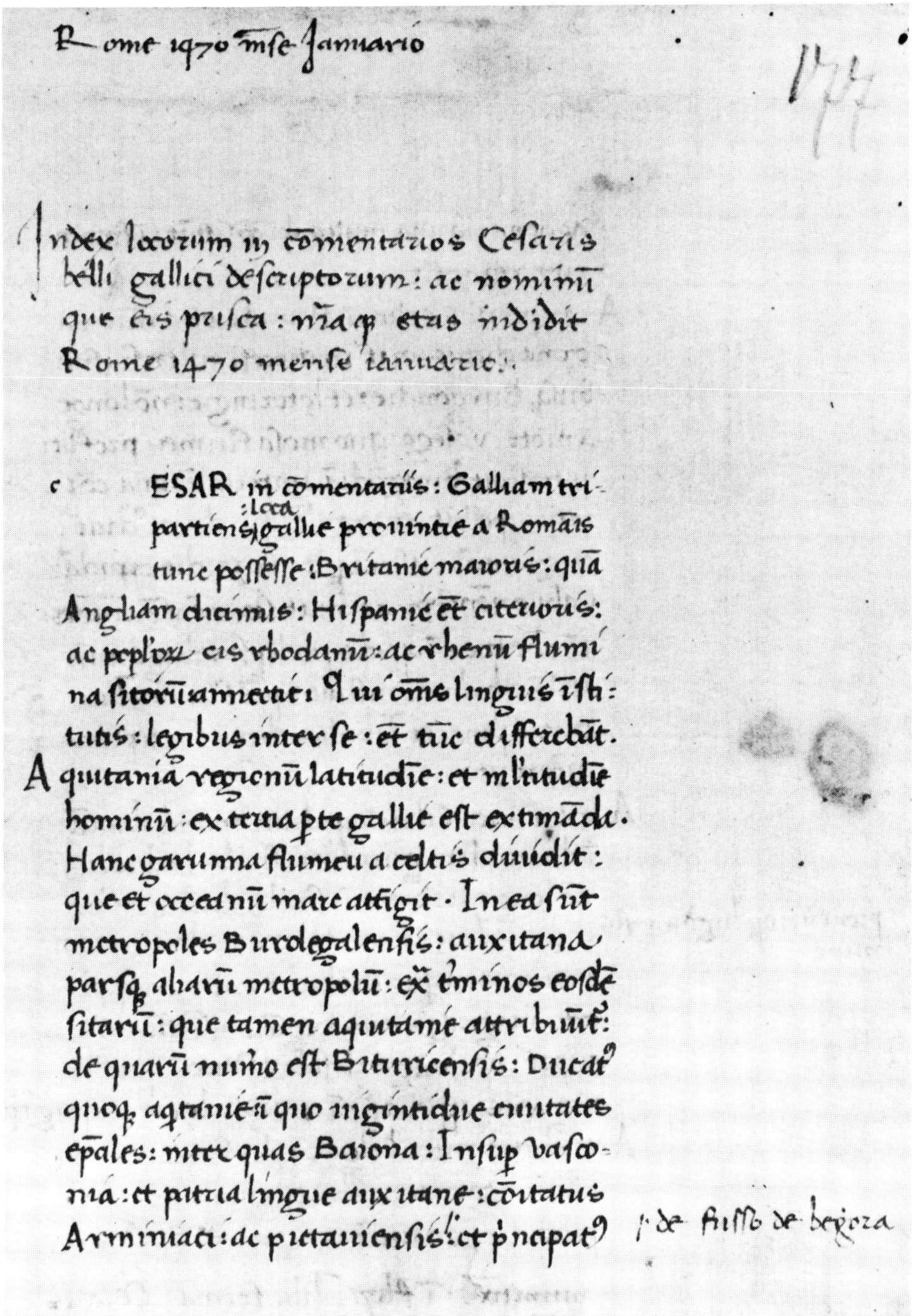
Rome 1470 mense Januario 177

Index locorum in comentarios Cesaris belli gallici descriptorum: ac nominum que eis prisca: nostra quam etas indidit Rome 1470 mense ianuario.

C ESAR in comentariis: Galliam tripartiens: loca gallie prouintie a Romanis tunc possesse: Britanie maioris: quam Angliam dicimus: Hispanie et citerioris: ac populorum cis rhodanum: ac rhenum flumina sitorum amectit: Qui omnes linguis institutis: legibus inter se: et tunc differebant.
Aquitania regionum latitudine: et multitudine hominum: ex tertia parte gallie est extimanda. Hanc garumna flumen a celtis diuidit: que et occeanum mare attigit. In ea sunt metropoles Burdegalensis: auxitana parsque aliarum metropolium: ex terminos eosdem sitarum: que tamen aquitanie attribuuntur: de quarum numero est Bituricensis: Ducatus quoque aquitanie in quo uiginti due ciuitates episcopales: inter quas Baiona: Insuper Vasconia: et patria lingue auxitane: comitatus Arminiaci: ac pictauiensis: et principatus de Fusso de Begora

Plate II.44 — 1470 — Rome

E 66 Sup., f. 177r

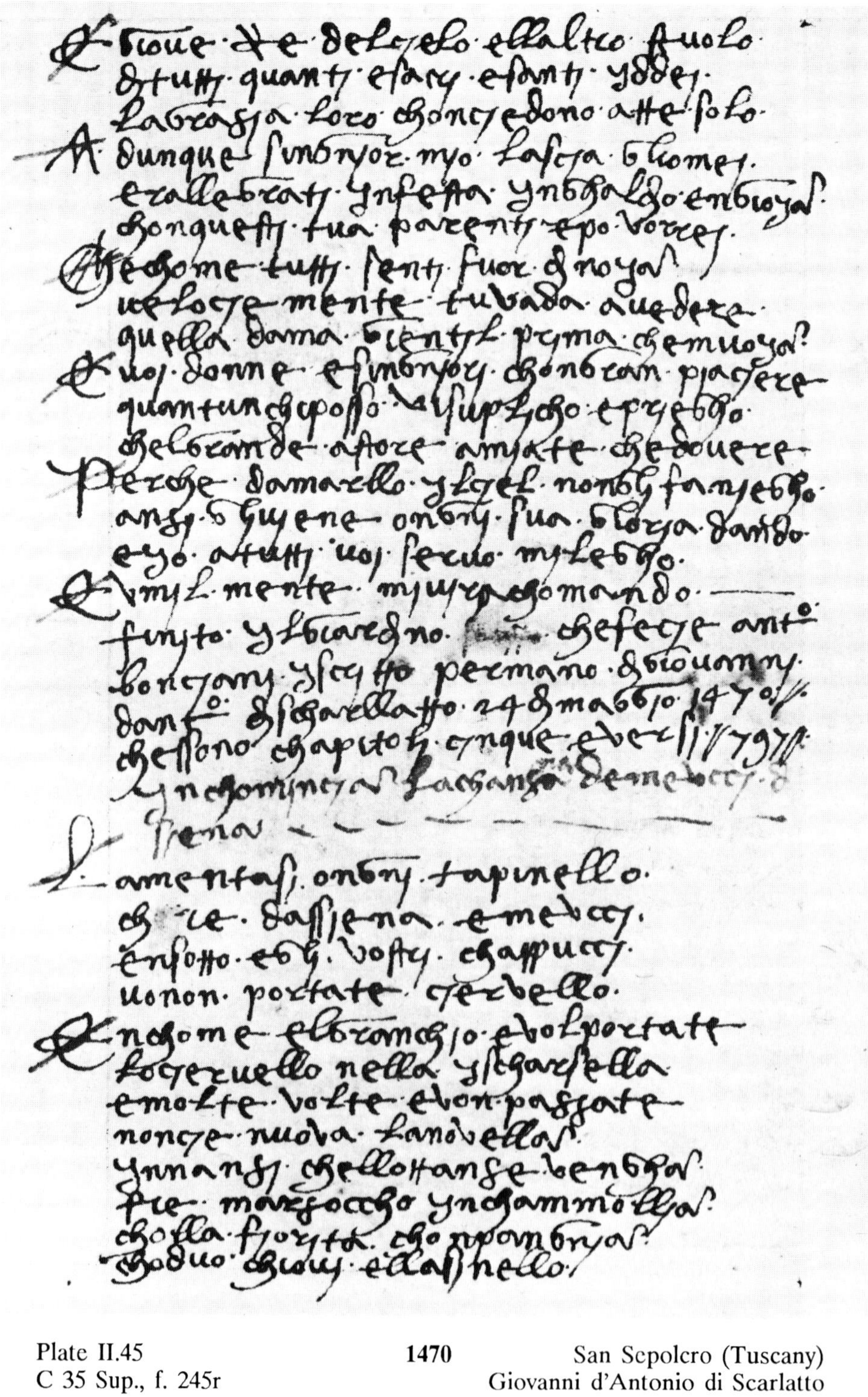
E gioue re del cielo ellaltro stuolo
di tutti quanti e sacri e santi iddei
la grazia loro chonciedono atte solo
A dunque signor mio lascia e lamenti
e rallegrati in festa ynbaldo enbioya
chonquesti tua parenti e po vorrei
E chome tutti senti fuor di noya
veloce mente tu vada a vedere
quella dama gientil prima che muoya
E voi donne e signori chon gran piacere
quantunche posso vi supplicho e priegho
che el grande afore amate che dovere
Perche damarello il ciel non gli fa niegho
anzi gli viene onbri sua gloria dando
e io a tutti voi servo mi legho
Umil mente mi vi racchomando
Finito il sbiaregno ... che fecie ant.o
bonciani iscritto per mano di giovanni
dant.o di scharlatto 24 di maggio 1470
chessono chapitoli cinque e versi 797
Incominciasi la ciancia de medici di siena
Lamentasi onbri tapinello
che e da siena e medici
e sotto e gli vostri chappucci
vo non portate cervello
Enchome el bramchio e vol portatte
lo cervello nella scharsella
e molte volte e son passate
non ce nuova landella
innanzi chello tange bengha
ser marzocho in chammollia
cholla fiorita chon pomboria
e duo chiovi e lasinello

Plate II.45 **1470** San Sepolcro (Tuscany)
C 35 Sup., f. 245r Giovanni d'Antonio di Scarlatto

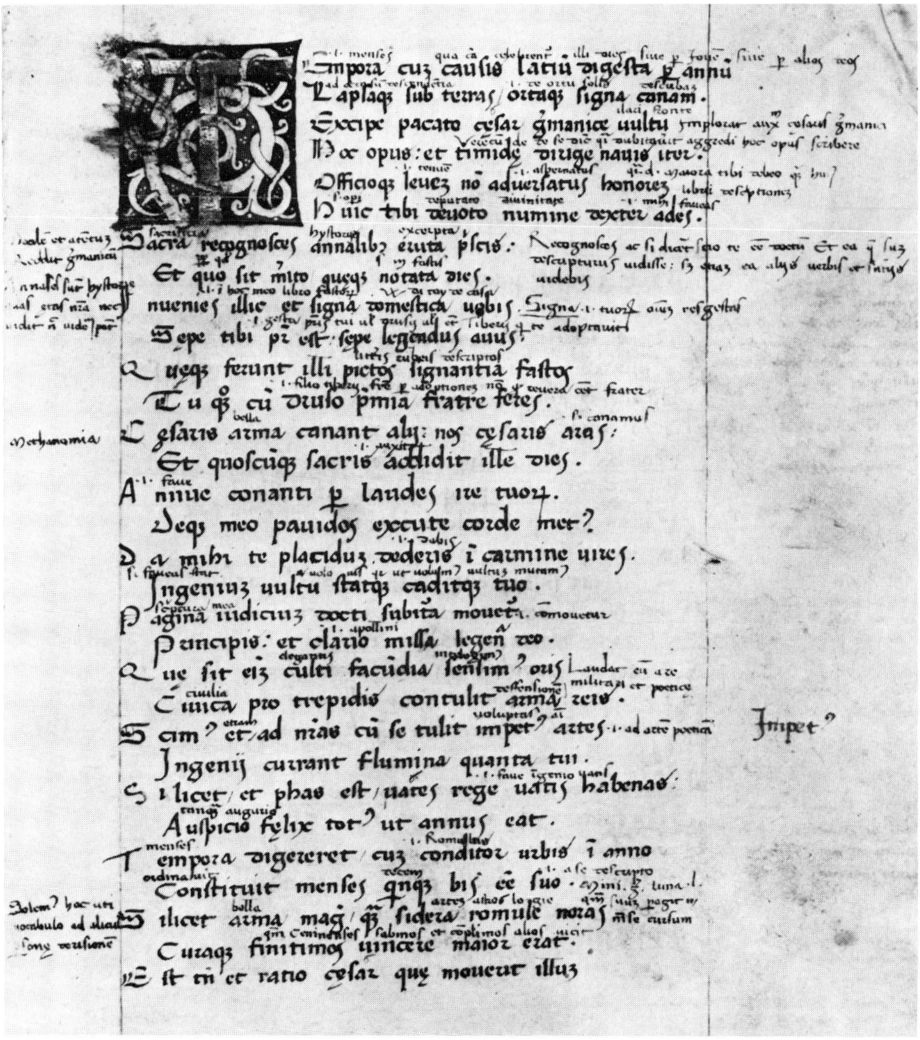
Tempora cuz causis latiu digesta p annu
Lapsaqz sub terras ortaqz signa canam.
Excipe pacato cesar gmanice uultu
Hoc opus: et timide dirige nauis iter.
Officioqz leuez no aduersatus honorez
Huic tibi deuoto numine dexter ades.
Sacra recognosces annalibz eruta priscis:
Et quo sit merito queqz notata dies.
Inuenies illic et signa domestica uobis
Sepe tibi pr est: sepe legendus auus.
Queqz ferunt illi pictos signantia fastos
Tu qz cu druso pmia fratre feres.
Cesaris arma canant alij: nos cesaris aras:
Et quoscuqz sacris addidit ille dies.
Annue conanti p laudes ire tuorz.
Deqz meo pauidos excute corde met?
Da mihi te placiduz dederis i carmine uires.
Ingeniuz uultu statqz caditqz tuo.
Pagina iudiciuz docti subita mouet
Principis: et clario missa legen deo.
Que sit eiz culti facudia sensim ous
Ciuica pro trepidis contulit arma reis.
Scim? et ad nras cu se tulit impet? artes
Ingenij currant flumina quanta tui.
Si licet et phas est uates rege uatis habenas:
Auspicio felix tot? ut annus eat.
Tempora digereret cuz conditor urbis i anno
Constituit menses qnqz bis ee suo.
Scilicet arma magi qz sidera romule noras
Curaqz finitimos uincere maior erat.
Est tn et ratio cesar que mouerat illuz

Plate II.46 — 1470 — [Lombardy?]
E 44 Sup., f. 1r — Marcus

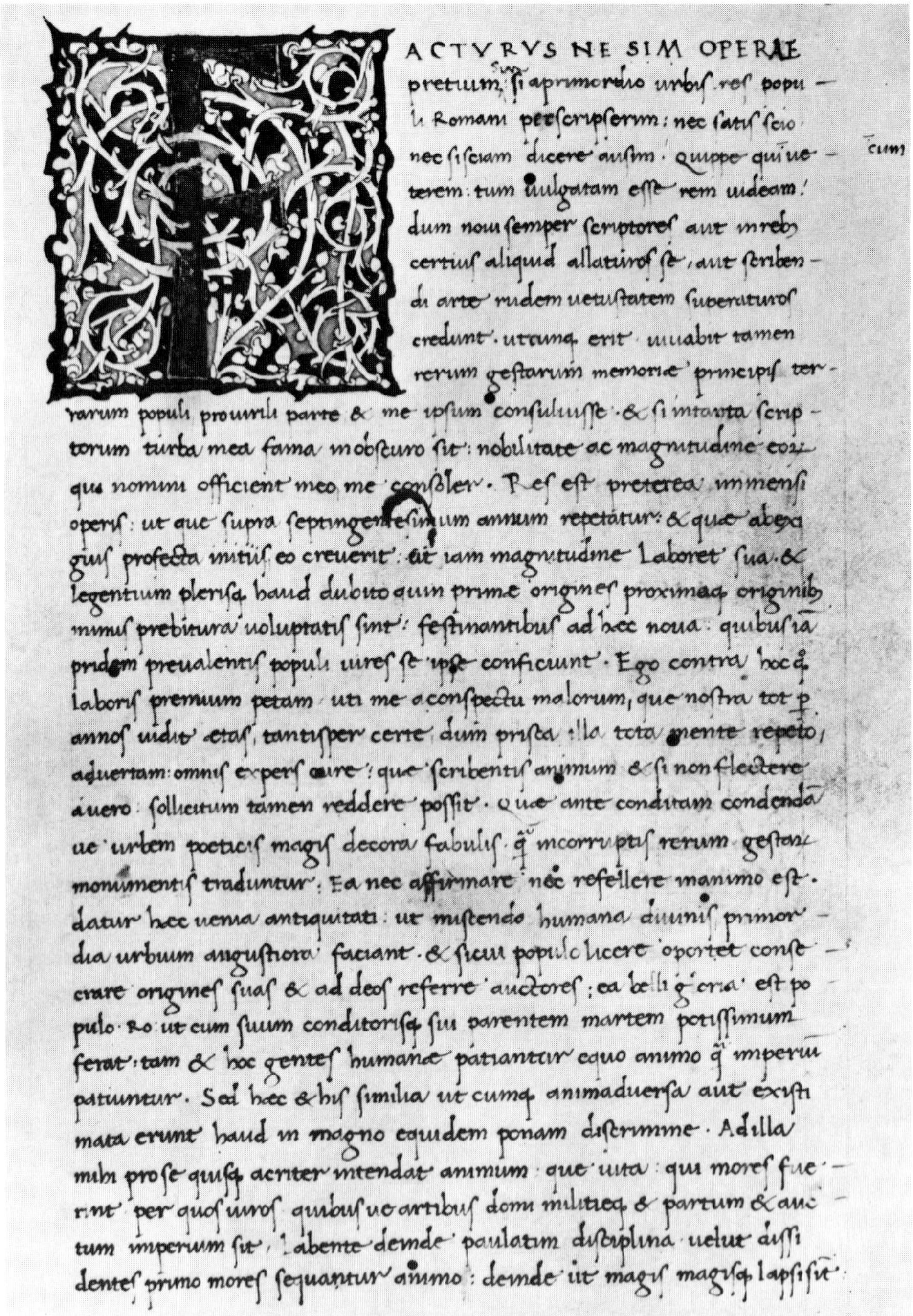

ACTVRVS NE SIM OPERAE
pretium, si a primordio urbis res populi Romani perscripserim: nec satis scio
nec si sciam dicere ausim. quippe qui ue-
cum
terem: tum uulgatam esse rem uideam:
dum noui semper scriptores aut in rebus
certius aliquid allaturos se, aut scribendi arte rudem uetustatem superaturos
credunt. utcumque erit. iuuabit tamen
rerum gestarum memoriae principis ter-
rarum populi pro uirili parte & me ipsum consuluisse. & si in tanta scriptorum turba mea fama in obscuro sit: nobilitate ac magnitudine eorum
qui nomini officient meo me consoler. Res est preterea immensi
operis: ut que supra septingentesimum annum repetatur: & que ab exi-
guis profecta initiis eo creuerit: ut iam magnitudine laboret sua. &
legentium plerisque haud dubito quin prime origines proximaque originibus
minus prebitura uoluptatis sint: festinantibus ad hec noua: quibus iam
pridem preualentis populi uires se ipse conficiunt. Ego contra hoc quoque
laboris premium petam: uti me a conspectu malorum, que nostra tot per
annos uidit etas, tantisper certe dum prisca illa tota mente repeto,
auertam: omnis expers cure: que scribentis animum & si non flectere
a uero: sollicitum tamen reddere possit. Que ante conditam condenda-
ue urbem poeticis magis decora fabulis quam incorruptis rerum gestarum
monumentis traduntur: Ea nec affirmare: nec refellere in animo est.
datur hec uenia antiquitati: ut miscendo humana diuinis primor-
dia urbium augustiora faciant. & si cui populo licere oportet conse-
crare origines suas & ad deos referre auctores: ea belli gloria est populo Ro. ut cum suum conditorisque sui parentem martem potissimum
ferat: tam & hoc gentes humane patiantur equo animo quam imperium
patiuntur. Sed hec & his similia ut cumque animaduersa aut existi-
mata erunt haud in magno equidem ponam discrimine. Ad illa
mihi pro se quisque acriter intendat animum: que uita: qui mores fuerint per quos uiros quibusue artibus domi militieque & partum & auc-
tum imperium sit. Labente deinde paulatim disciplina uelut dissi-
dentes primo mores sequantur animo: deinde ut magis magisque lapsi sint.

Plate II.47 — **1472** — Ferrara

D 100 Sup., f. 1r — Petrus Frotinus

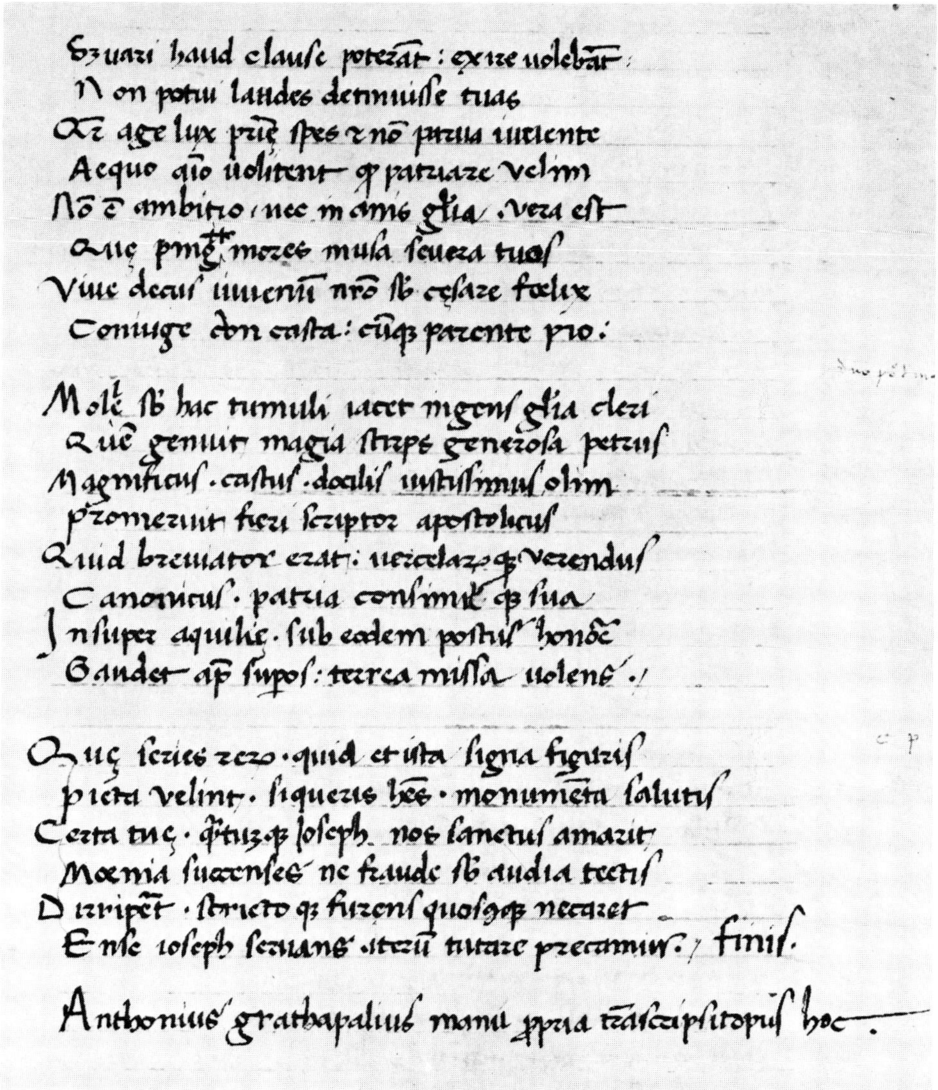

Plate II.48 **1473** [vicinity of Tortona] (Piedmont)

D 5 Sup., f. 97r Anthonius de Gratapalius

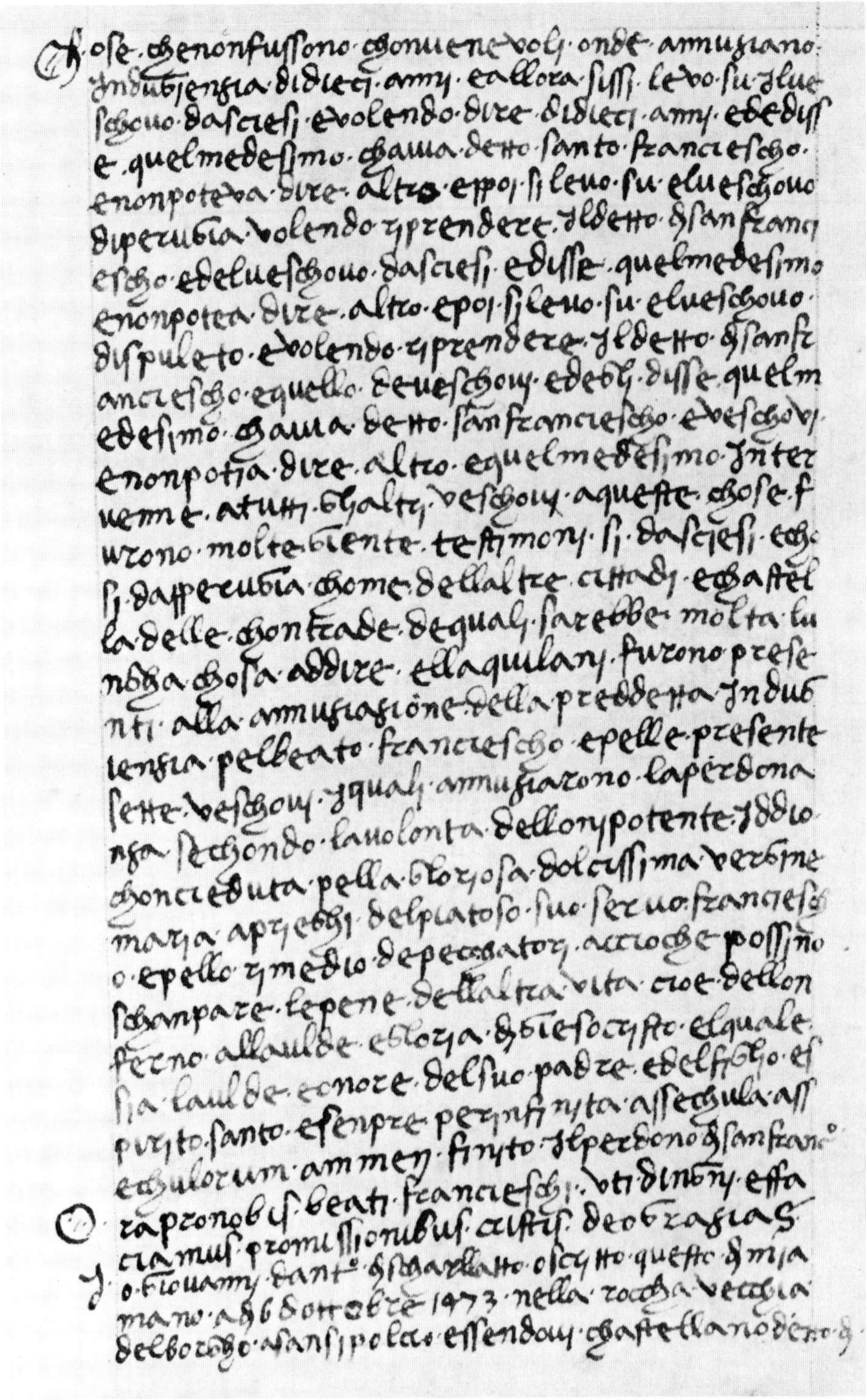

(C)hose che non fussono chonuiene volg onde amunziano
indulgienzia di dieci anni e allora si ssi leuo su il ue
schouo dasciesi e volendo dire di dieci anni e disse
e quel medesimo chaua detto santo francieschο
e non poteua dire altro e poi si leuo su el ueschouo
di perugia volendo riprendere il detto di san franci
escho e del ueschouo dasciesi e disse quel medesimo
e non potea dire altro e poi si leuo su el ueschouo
di spuleto e volendo riprendere il detto di sanfr
ancieschο e quello de ueschovi e deboli disse quelm
edesimo chaua detto san francieschο e veschovi
e non potia dire altro e quel medesimo inter
uenne a tutti ghaltri veschovi a queste chose f
urono molte giente testimoni si dasciesi cho
si da pperugia chome dellaltre citta e chastel
la delle chontrade de quali sarebbe molta lu
ngha chosa a ddire ellaquilani furono prese
nti alla amunziagione della predetta indul
genzia pel beato francieschο e pelle presente
sette veschovi i quali amunziarono la perdona
nza sechondo la uolonta dellonipotente iddio
chonceduta pella gloriosa dolcissima vergine
maria a priegihi del piatoso suo seruo franciesch
o e pello rimedio de peccatori accioche possino
schampare le pene dellaltra vita cioe dellon
ferno alla laude e gloria di giesocristo el quale
sia laude e onore del suo padre e del figlio e s
pirito santo e senpre per infinita assechula ass
echulorum ammen. finito il perdono di sanfranc°
(O)ra pro nobis beati francieschi ut digni effi
ciamus promissionibus christi. deo gratias
Io Giouanni dant° di Scharlatto o scritto questo di mia
mano a dì 6 dottobre 1473 nella roccha vecchia
delborgho a sansipolcro essendoui chastellano dessa

Plate II.49 **1473** San Sepolcro (Tuscany)
C 35 Sup., f. 377r Giovanni d'Antonio di Scarlatto

Plate II.50 **1473** [Northern Italy]
D 99 Sup., f. 101r rubricator: Iohannes de Puteo

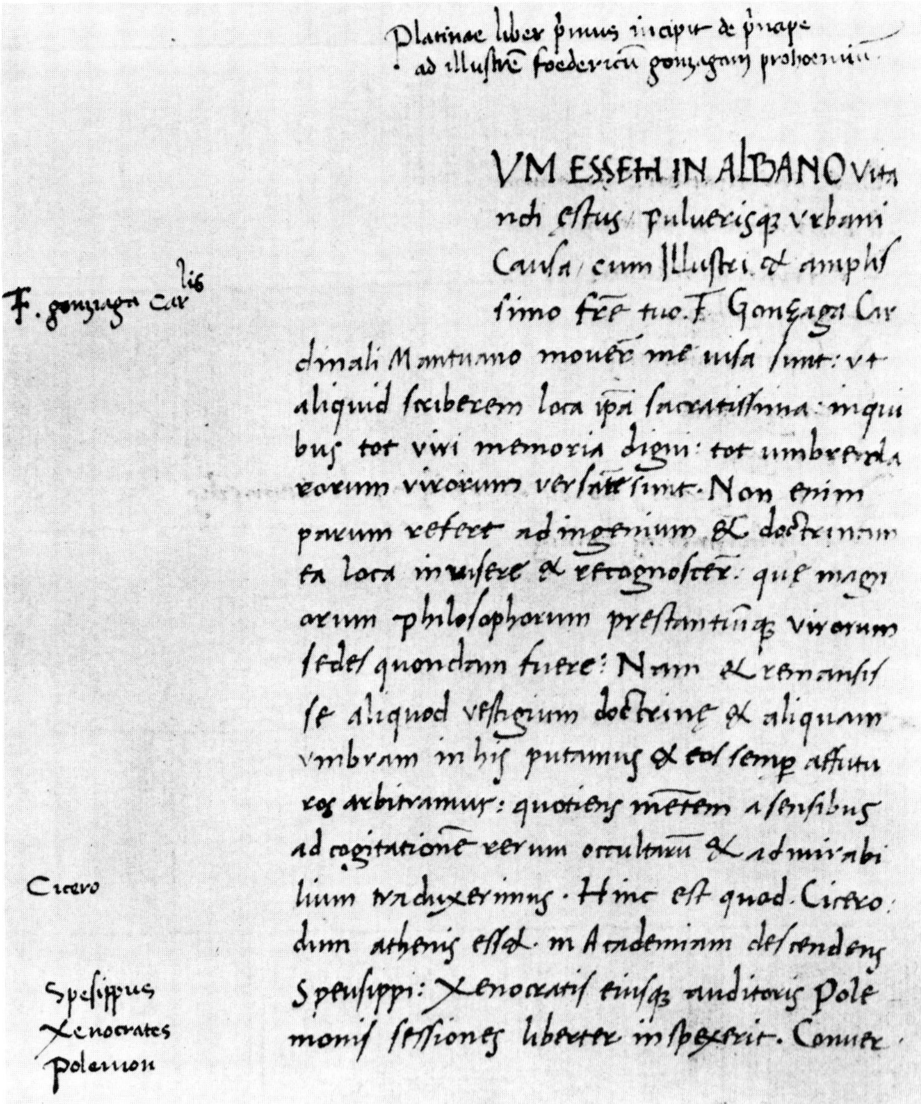
Platinae liber primus incipit de principe
ad illustrem Foedericum Gonzagam prohoemium

VM ESSEM IN ALBANO vita
ndi estus pulverisque urbani
causa cum Illustri et amplis
simo fratre tuo F. Gonzaga Car
dinali Mantuano movere me visa sunt: ut
aliquid scriberem loca ipsa sacratissima: in qui
bus tot viri memoria digni: tot umbre cla
rorum virorum versati sunt. Non enim
parum refert ad ingenium et doctrinam
ea loca invisere et recognoscere: que magi
strorum philosophorum prestantiumque virorum
sedes quondam fuere: Nam et remansis
se aliquod vestigium doctrine et aliquam
umbram in his putamus et eos semper affutu
ros arbitramur: quotiens mentem a sensibus
ad cogitationem rerum occultarum et admirabi
lium traduxerimus. Hinc est quod Cicero:
dum athenis esset in Academiam descendens
Speusippi: Xenocratis eiusque auditoris Pole
monis sessiones libenter inspexerit. Conuer

F. gonzaga cardinalis

Cicero

Spesippus
Xenocrates
Polemon

Plate II.51 — **1473** — [Rome]
E 66 Sup., f. 42v — Antonius minorista Calvuss de Marscoctis

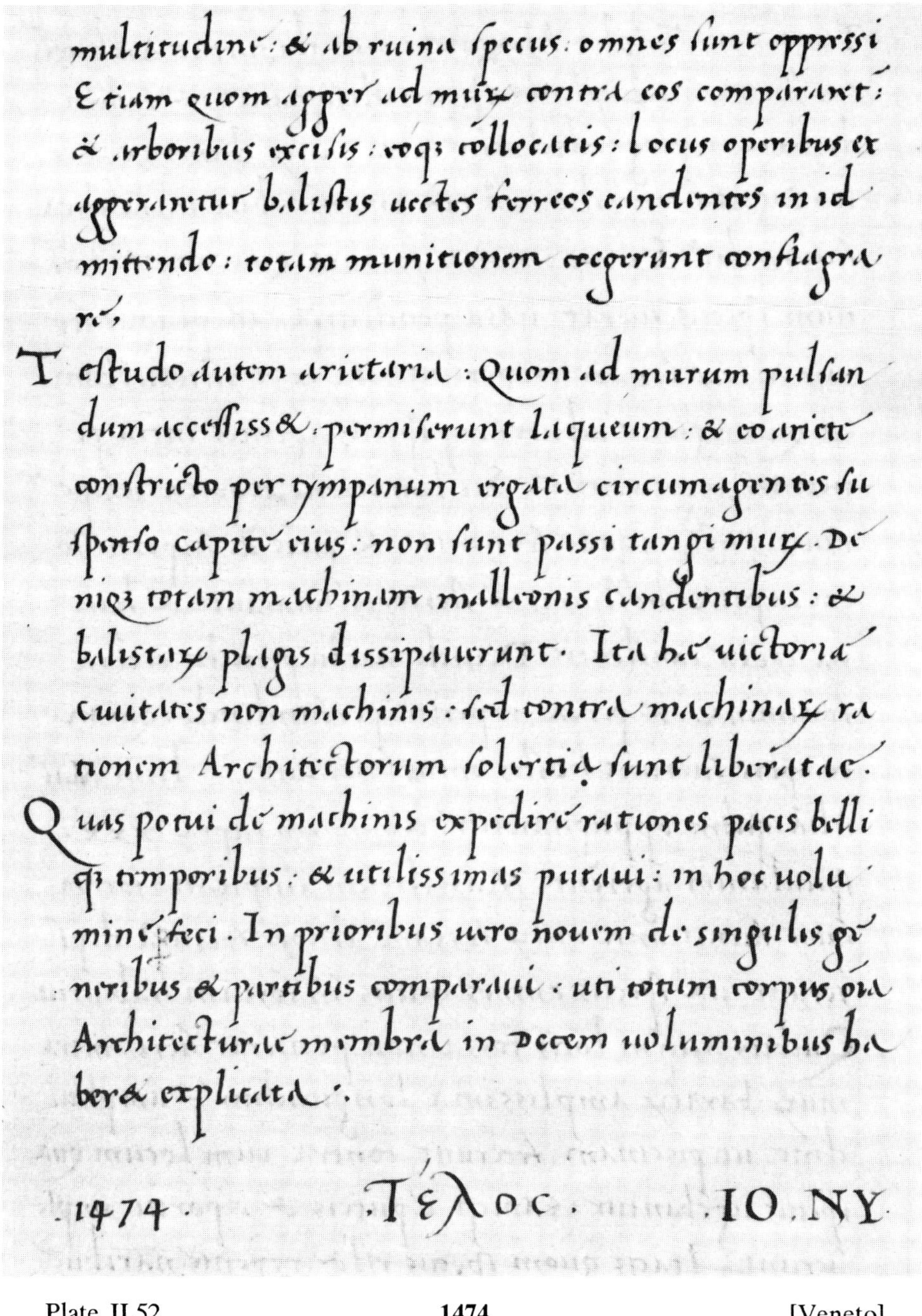
multitudine: & ab ruina specus: omnes sunt oppressi
Etiam quom aggerem ad murum contra eos compararet:
& arboribus excisis: eoque collocatis: locus operibus ex
aggerarentur balistis uectes ferreos candentes in id
mittendo: totam munitionem coegerunt conflagra
re.
Testudo autem arietaria: quom ad murum pulsan
dum accessisset, permiserunt laqueum: & eo ariete
constricto per tympanum ergata circumagentes su
spenso capite eius: non sunt passi tangi murum. De
nique totam machinam malleolis candentibus: &
balistarum plagis dissipauerunt. Ita hae uictoria
ciuitates non machinis: sed contra machinarum ra
tionem Architectorum sollertia sunt liberatae.
Quas potui de machinis expedire rationes pacis belli
que temporibus: & utilissimas putaui: in hoc uolu
mine feci. In prioribus uero nouem de singulis ge
neribus & partibus comparaui: uti totum corpus omnia
Architecturae membra in decem uoluminibus ha
beret explicata.

·1474· ·ΤΕΛΟϹ· ·IO. NY·

Plate II.52 | **1474** | [Veneto]
A 90 Sup., f. 178v | | Iohannes Nydenna de Confluentia

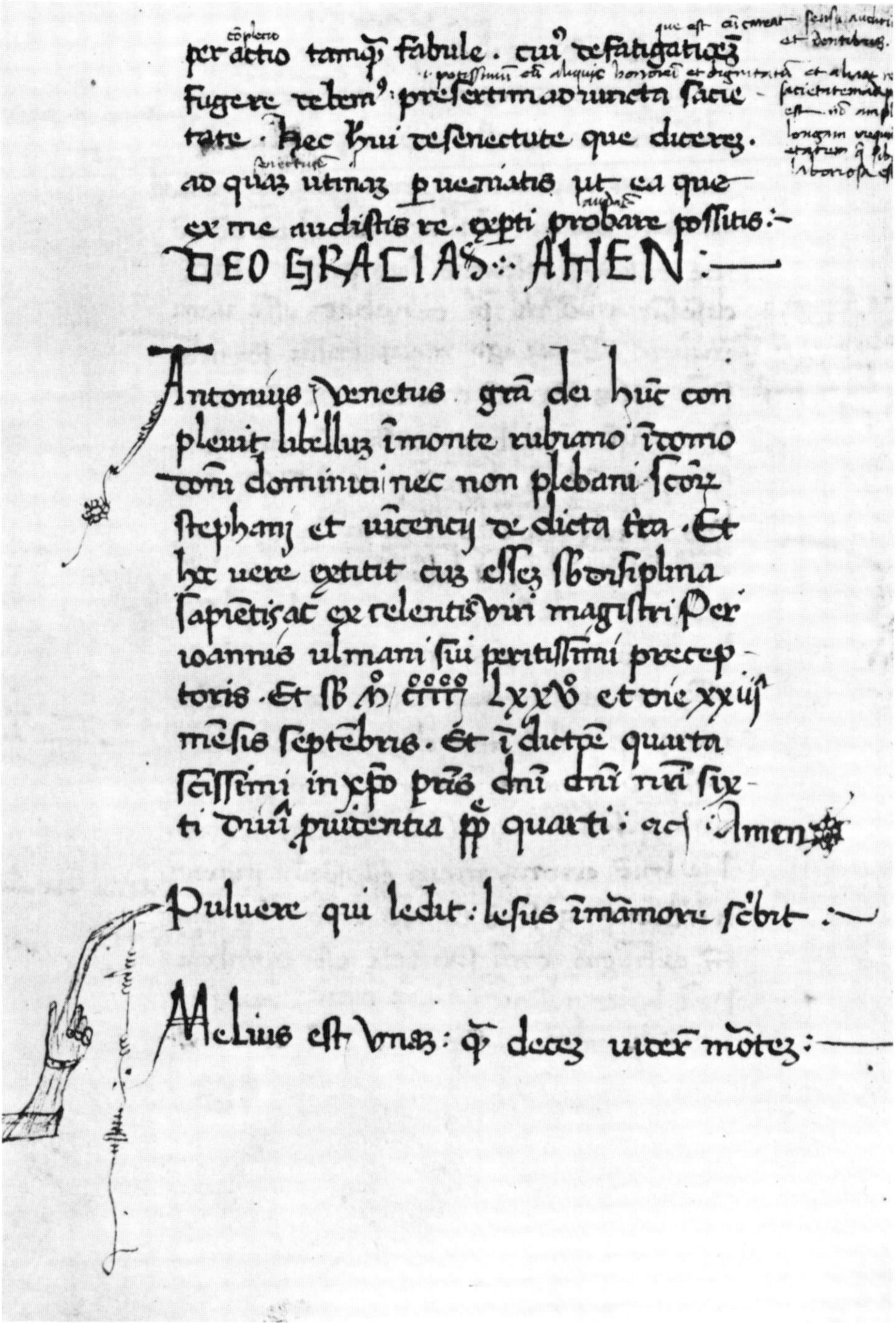

per actio tamquam fabule. cuius defatigationem
fugere debemus: presertim adiuncta sacietate. Hec habui de senectute que dicerem.
ad quam utinam perveniatis ut ea que
ex me audistis re experti probare possitis.
DEO GRACIAS AMEN
Antonius Venetus gratia dei huc conplevit libellum in monte rubiano in domo
domini dominici nec non plebani sancti
Stephani et Vicencii de dicta terra. Et
hec vere extitit cum essem sub disciplina
sapientissimi ac excelentis viri magistri Per
Ioannis ulmani sui peritissimi preceptoris. Et sub anno domini MCCCCLXXV et die XXIII
mensis septembris. Et in die tempore quarta
sanctissimi in Christo patris domini domini nostri Sixti divina providentia pape quarti. Amen
Pulvere qui ledit: Iesus in amore scribit
Melius est unam quam decem videre mortem

Plate II.53 **1475** Monterubbiano (Marche)
E 43 Sup., f. 29v Antonius Venetus

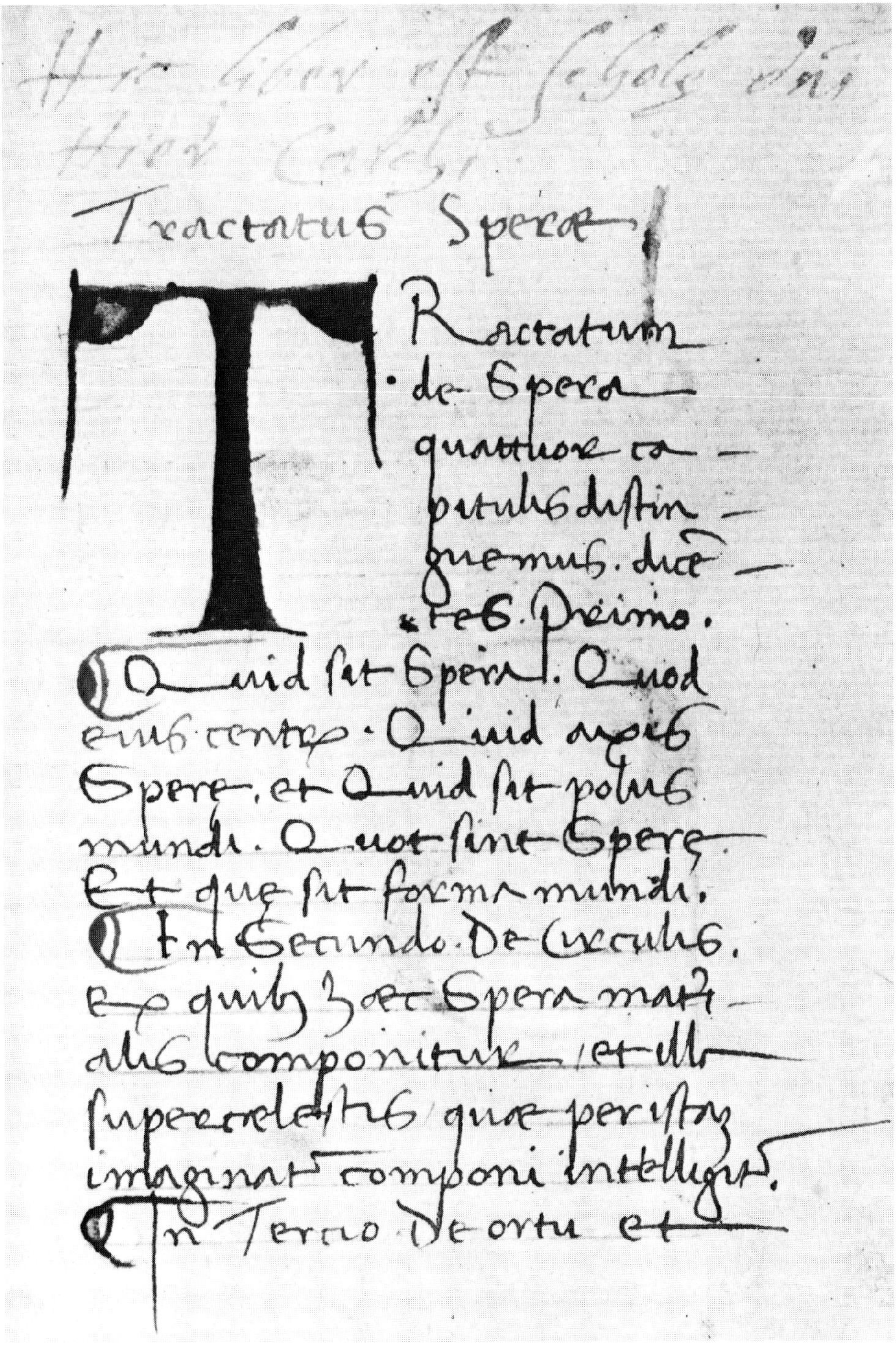

Hic liber est Schole divi Hier. Carlsi

Tractatus Spere

Tractatum de Spera quattuor capitulis distinguemus, dicentes. Primo.

Quid sit Spera. Quod eius centrum. Quid axis Spere, et Quid sit polus mundi. Quot sint Spere. Et que sit forma mundi.

In Secundo. De Circulis. Ex quibus et Spera materialis componitur, et illa supercelestis quae per istam imaginatur componi intelligitur.

In Tercio De ortu et

Plate II.54 | **1476** | [Milan]
E 12 Sup., f. 1r | | Albrisii

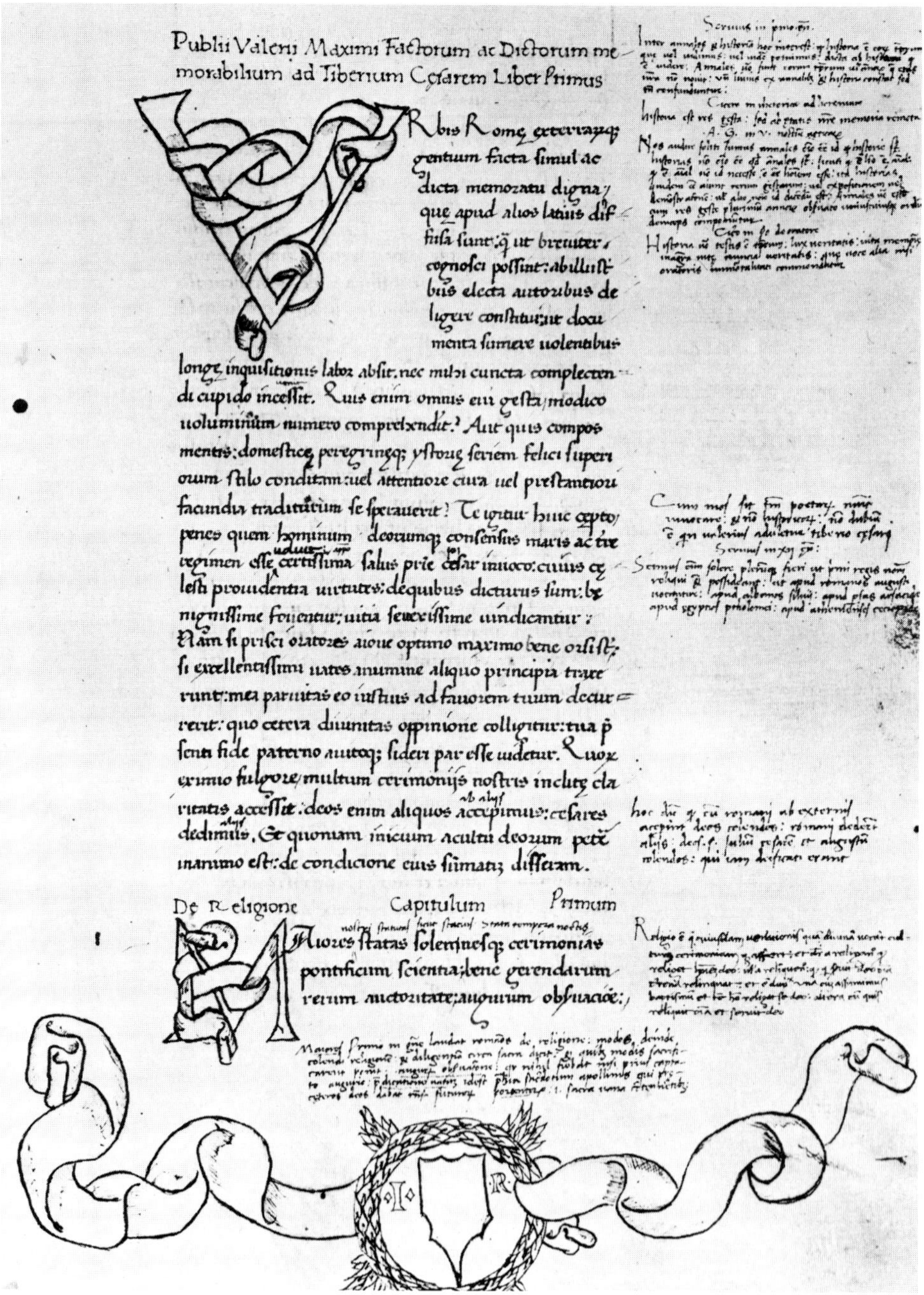

Publii Valerii Maximi Factorum ac Dictorum memorabilium ad Tiberium Cesarem Liber Primus

Urbis Rome exterarumque gentium facta simul ac dicta memoratu digna, que apud alios latius diffusa sunt quam ut breviter cognosci possint, ab illustribus electa auctoribus deligere constitui, ut documenta sumere volentibus longe inquisitionis labor absit. nec mihi cuncta complectendi cupido incessit. Quis enim omnis evi gesta modico voluminum numero comprehenderit? Aut quis compos mentis domestice peregrineque ystorie seriem felici superiorum stilo conditam vel attentiore cura vel prestantiori facundia traditurum se speraverit? Te igitur huic cepto, penes quem hominum deorumque consensus maris ac terre regimen esse voluit, certissima salus patrie Cesar invoco: cuius celesti providentia virtutes de quibus dicturus sum benignissime foventur, vitia severissime vindicantur. Nam si prisci oratores ab Iove optimo maximo bene orsi sunt, si excellentissimi vates a numine aliquo principia traxerunt, mea parvitas eo iustius ad favorem tuum decurrerit, quo cetera divinitas opinione colligitur, tua presenti fide paterno avitoque sideri par esse videtur. Quorum eximio fulgore multum cerimoniis nostris inclite claritatis accessit: deos enim aliquos ab aliis accepimus, Cesares aliis dedimus. Et quoniam initium a cultu deorum petere in animo est, de condicione eius summatim disseram.

De Religione Capitulum Primum

Maiores statas solempnesque cerimonias pontificum scientia, bene gerendarum rerum auctoritate, augurum observatione,

Plate II.55 — **1477** — [Italy]

B 158 Sup., f. 5r

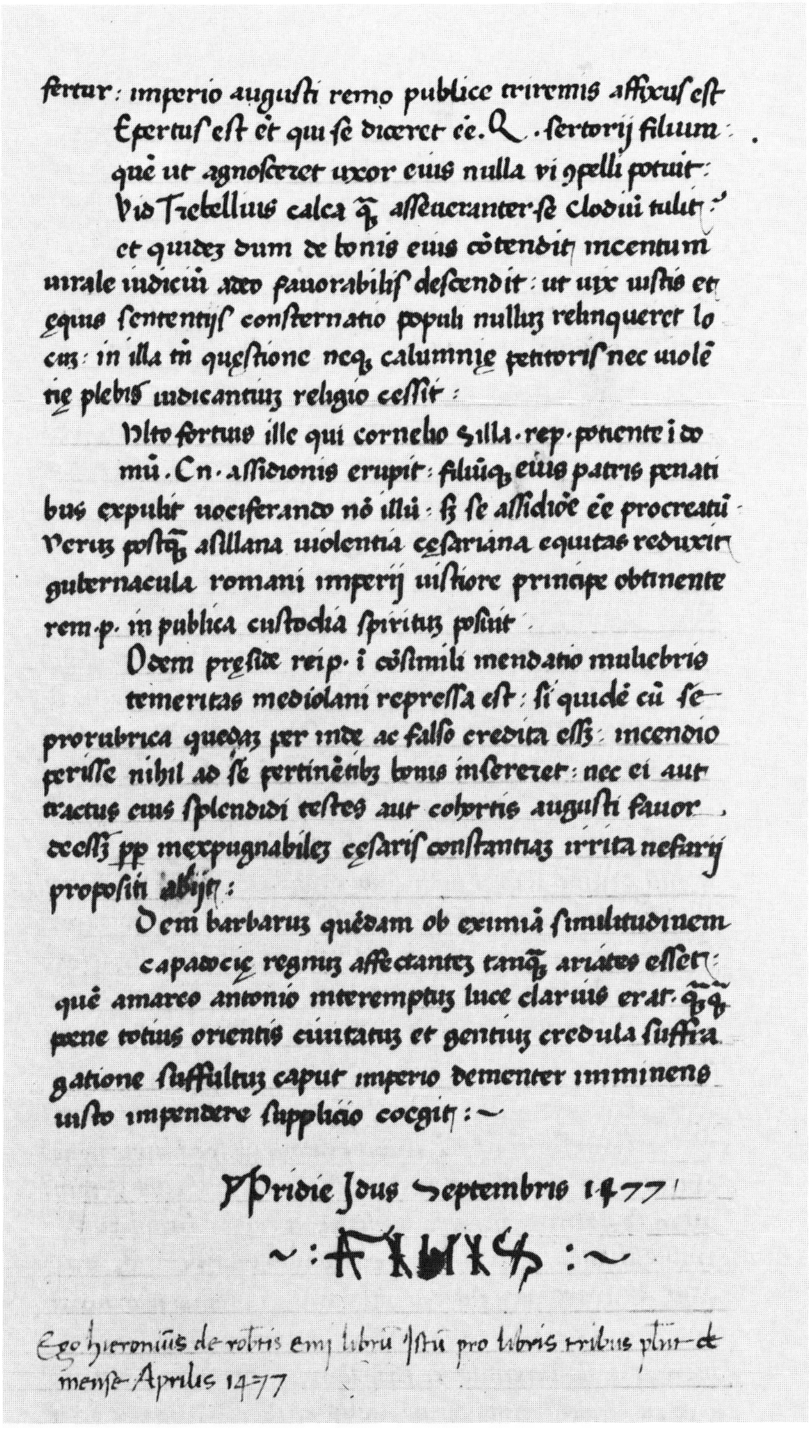

fertur: imperio augusti remo publice triremis affixus est
Expertus est et qui se diceret esse Q. Sertorij filium
quem ut agnosceret uxor eius nulla vi compelli potuit:
Uis Trebellius calca quam asseueranter se clodium tulit:
et quidem dum de bonis eius contendit in centum
uirale iudicium adeo fauorabilis descendit: ut uix iustis et
equis sententijs consternatio populi nullum relinqueret lo
cum: in illa tamen questione neque calumnie petitoris nec uiolen
tie plebis iudicantium religio cessit:
Ulto fortius ille qui cornelio Silla rep. potiente i do
mum Cn. assidionis erupit: filiumque eius patris penati
bus expulit uociferando non illum: sed se assidione esse procreatum
Uerum postquam a sillana uiolentia cesariana equitas reduxit
gubernacula romani imperij uisiore principe obtinente
rem p. in publica custodia spiritum posuit
Odem presidie reip. i consimili mendatio muliebris
temeritas mediolani repressa est: siquidem cum se
prorubrica quedam per inde ac falso credita esset: incendio
perisse nihil ad se pertinentibus bonis insereret: nec ei aut
tractus eius splendidi testes aut cohortis augusti fauor
decessit pp inexpugnabilem cesaris constantiam irrita nefarij
propositi abijt:
Oem tum barbarum quendam ob eximiam similitudinem
capadocie regnum affectantem tanquam ariates esset
quem a marco antonio interemptum luce clarius erat quamquam
pene totius orientis ciuitatum et gentium credula suffra
gatione suffultum caput imperio dementer imminens
iusto impendere supplicio coegit:~

Pridie Idus Septembris 1477

~: FINIS :~

Ego hieronimus de robertis emi librum istum pro libris tribus plus et
mense Aprilis 1477

Plate II.56 — **1477** — [Italy]

B 158 Sup. f. 167v — Antonio fratello da Francissco

(below colophon is a note by:) Hieronimus de Robertis

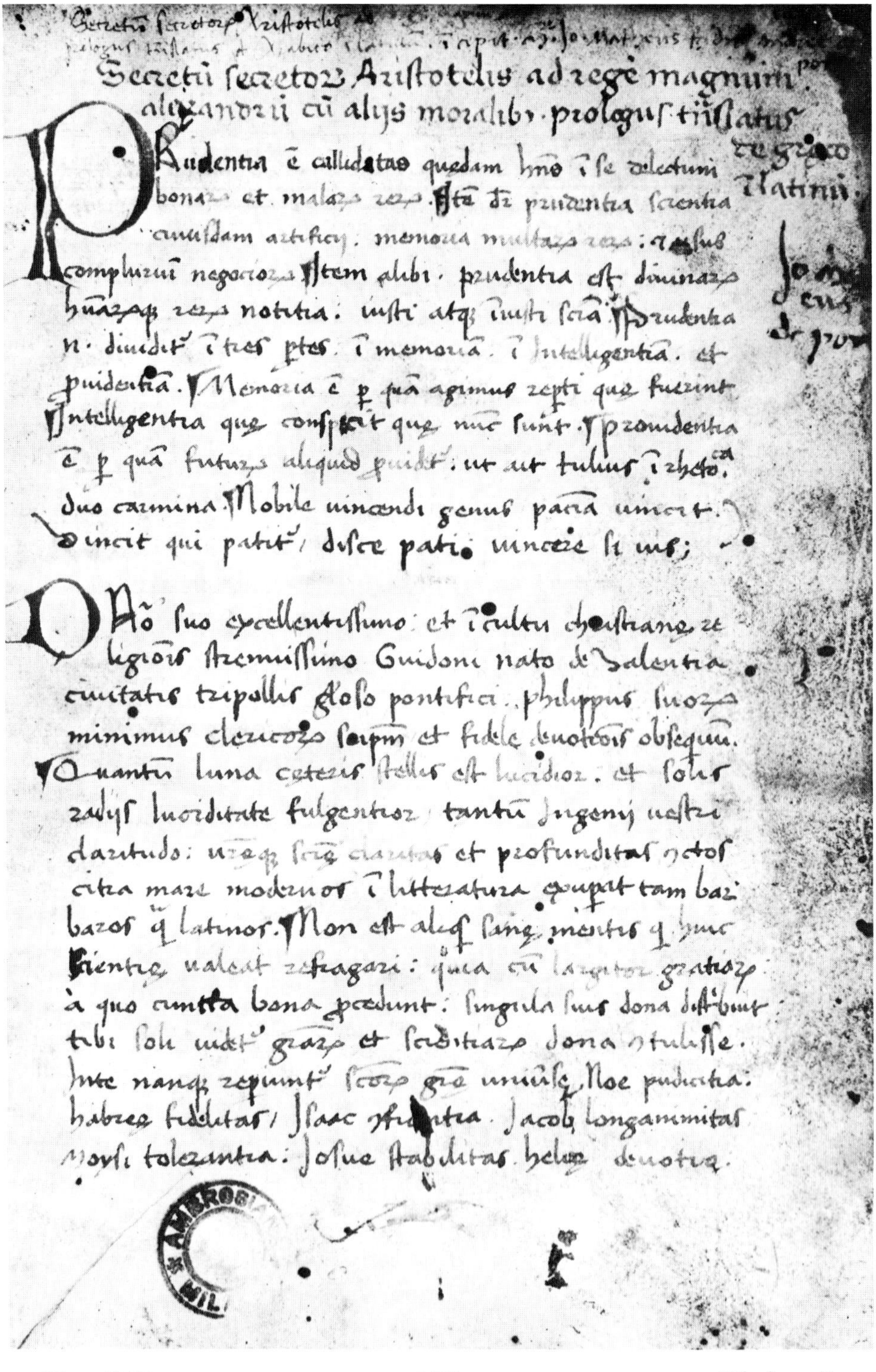

Secretum secretorum Aristotelis ad regem magnum alexandrum cum aliis moralibus prologus translatus de greco in latinum.

Prudentia est calliditas quedam homo in se delectum bonarum et malarum rerum. Item dicitur prudentia scientia cuiusdam artificii, memoria multarum rerum, et usus complurium negociorum. Item alibi prudentia est diuinarum humanarumque rerum notitia, iusti atque iniusti scientia. Prudentia non dividitur in tres partes, in memoriam, in intelligentiam et prouidentiam. Memoria est per quam agimus recepti que fuerint. Intelligentia que conspicit que nunc sunt. Prouidentia est per quam futurum aliquid prouidetur, ut ait tulius in rhetorica. Duo carmina. Nobile uincendi genus pacientia uincit. Vincit qui patitur, disce pati si uincere uis.

Domino suo excellentissimo et in cultu christiane religionis strenuissimo Guidoni nato de valentia ciuitatis tripolis glorioso pontifici, philippus suorum minimus clericorum seipsum et fidele deuotionis obsequium. Quantum luna ceteris stellis est lucidior et solis radiis luciditate fulgentior, tantum ingenii uestri claritudo, ubique scientie claritas et profunditas doctores citra mare modernos in litteratura precellit tam barbaros quam latinos. Non est aliquis lingue mentis qui huic scientie ualeat refragari: quia cum largitor gratiarum a quo cuncta bona procedunt singula suis dona distribuit, tibi soli uidetur graciarum et scientiarum dona contulisse. Inter namque reperiuntur sanctorum gratie uniuersis: Noe prudentia, Abrahe fidelitas, Isaac obedientia, Jacob longanimitas, Moysi tolerantia, Josue stabilitas, Helye deuotio.

Plate II.57 — **1479** — [Piedmont]

B 53 Sup., f. 1r

Plate II.58 — **1480** — Tours

D 38 Sup., f. 253v — Nicolaus Guernon Baiocensis

Plate II.59 **1482** Sancta Maria Incoronata, Milan

E 110 Sup., f. 1r Andrea di Pavia

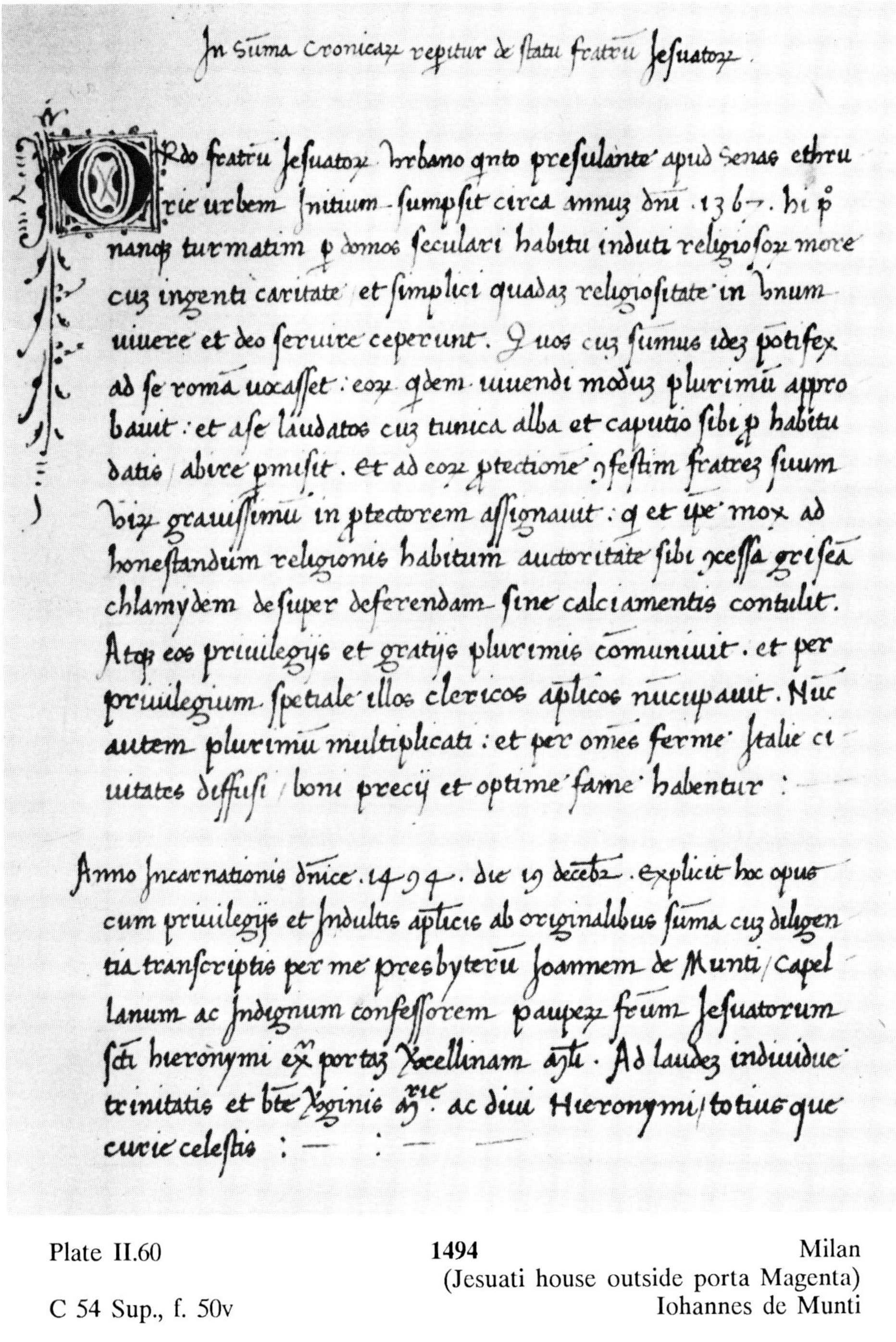
In suma cronicarum reperitur de statu fratrum Jesuatorum.
Ordo fratrum Jesuatorum Urbano quinto presulante apud Senas ethru
rie urbem initium sumpsit circa annum domini .1367. hi primo
nanque turmatim per domos seculari habitu induti religiosorum more
cum ingenti caritate et simplici quadam religiositate in unum
uiuere et deo seruire ceperunt. Quos cum summus idem pontifex
ad se romam uocasset: eorum quidem uiuendi modum plurimum appro
bauit: et a se laudatos cum tunica alba et caputio sibi pro habitu
datis abire permisit. Et ad eorum protectione confestim fratrem suum
virum grauissimum in protectorem assignauit: qui et ipse mox ad
honestandum religionis habitum auctoritate sibi concessa grisea
chlamydem desuper deferendam sine calciamentis contulit.
Atque eos priuilegiis et gratiis plurimis comuniuit. et per
priuilegium spetiale illos clericos apostolicos nuncupauit. Nunc
autem plurimum multiplicati: et per omnes ferme Italie ci
uitates diffusi boni precii et optime fame habentur:
Anno incarnationis dominice .1494. die 19 decembris. explicit hoc opus
cum priuilegiis et indultis apostolicis ab originalibus summa cum diligen
tia transcriptis per me presbyterum Joannem de Munti capel
lanum ac indignum confessorem pauperum fratrum Jesuatorum
sancti hieronymi extra portam Vercellinam ăzti. Ad laudem indiuidue
trinitatis et beate Virginis Marie ac diui Hieronymi totiusque
curie celestis : — : —

Plate II.60 — **1494** — Milan (Jesuati house outside porta Magenta)

C 54 Sup., f. 50v — Iohannes de Munti

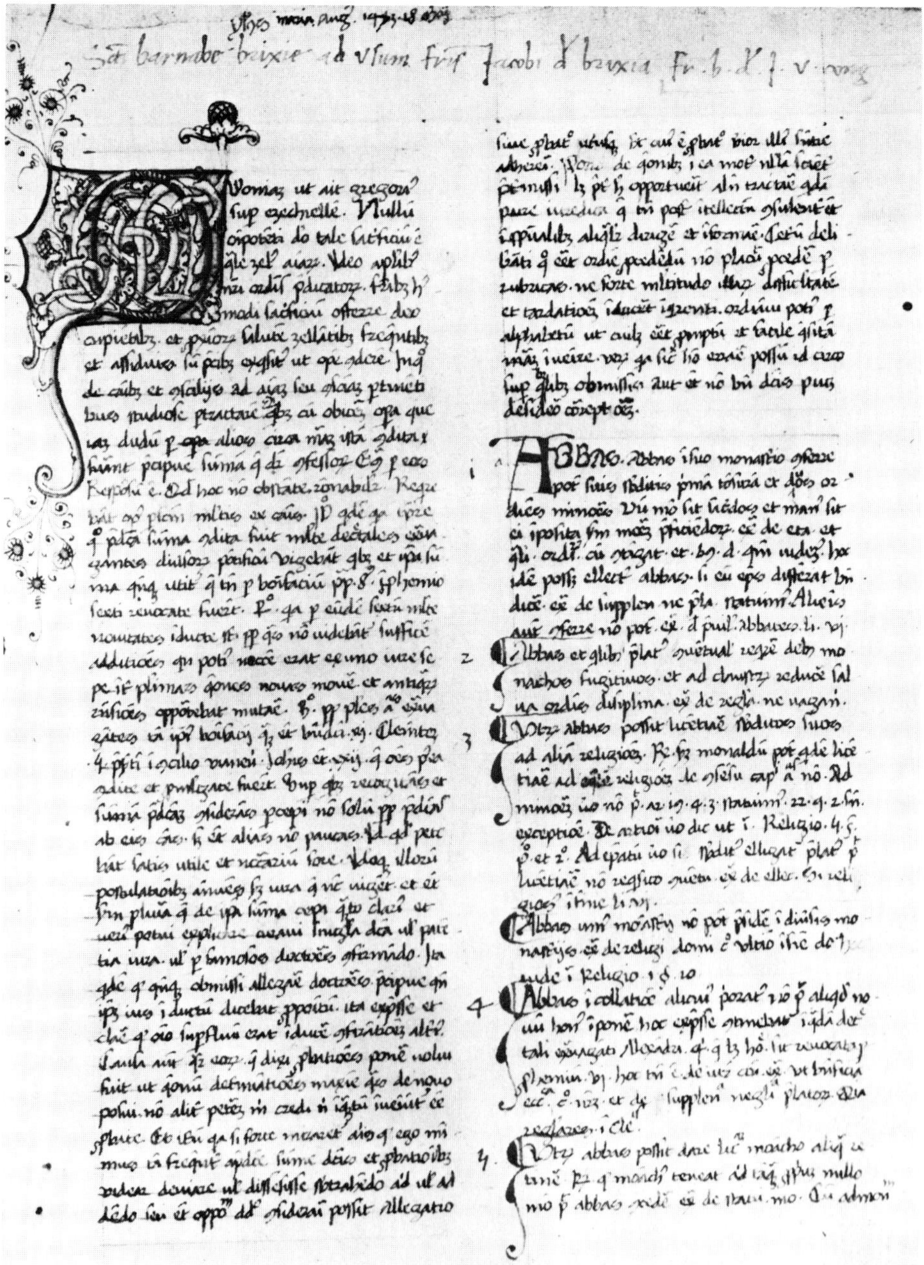

Plate II.61
C 29 Sup., f. 4r

1495

Sancta Barnaba, Brescia
Iacobus de Brixia

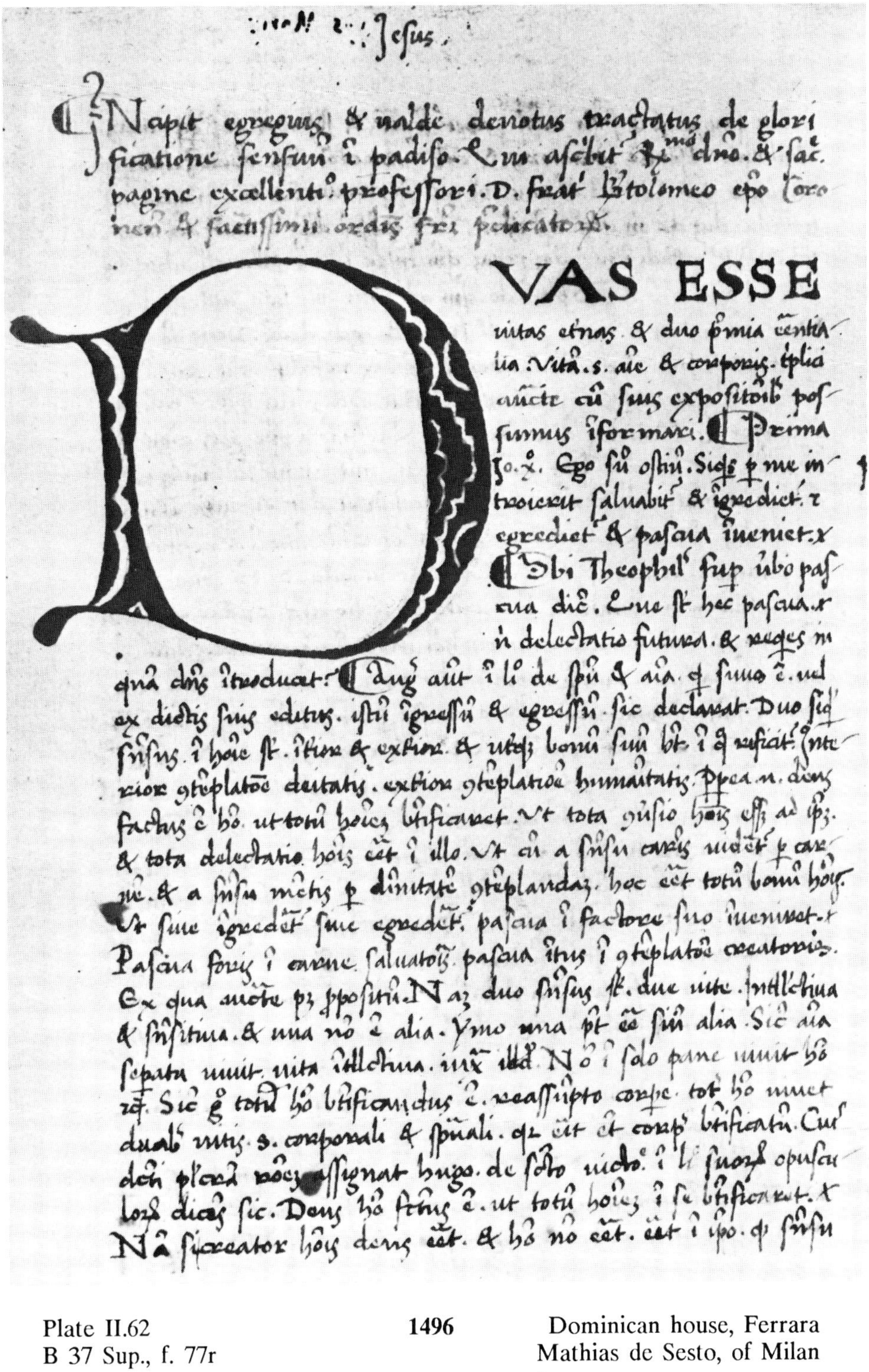

Jesus

Incipit egregius & valde devotus tractatus de glori-
ficatione sensuum in paradiso. Quem ascribit R[everendissi]mo d[omi]no & sacre
pagine excellentissimo professori D. fratri Ptolomeo episcopo Torcel-
lano & sanctissimi ordinis fratrum predicatorum.

DUAS ESSE vitas eternas & duo premia essentialia, vitam s. anime & corporis, triplici auctoritate cum suis expositoribus possumus informari. Prima Jo. x. Ego sum ostium. Si quis per me introierit salvabitur & ingredietur et egredietur & pascua inveniet. Ubi Theophilus super verbo pascua dicit: Que sunt hec pascua nisi delectationes future et reges in qua dominus introducat. Augustinus autem in libro de spiritu & anima, qui sumus est vel ex dictis suis editus, istum ingressum & egressum sic declarat: Duo sunt sensus in homine, scilicet interior & exterior, & uterque bonum suum habet in quo reficiatur. Interior contemplatione deitatis, exterior contemplatione humanitatis. Propterea enim deus factus est homo ut totum hominem beatificaret, ut tota conversio hominis esset ad ipsum, & tota delectatio hominis esset in illo. Ut cum a sensu carnis videretur per carnem, & a sensu mentis per divinitatem contemplandam, hoc esset totum bonum hominis. Ut sive ingrederetur sive egrederetur pascua in factore suo inveniret. Pascua foris in carne salvatoris, pascua intus in contemplatione creatoris. Ex qua auctoritate patet propositum. Nam duo sensus sunt due vite, intellectiva & sensitiva, & una non est alia. Immo una potest esse sine alia. Sic anima separata vivit vita intellectiva, iuxta illud: Non in solo pane vivit homo. Sic ergo totus homo beatificandus est, reassumpto corpore, totus homo vivet duabus vitis, scilicet corporali & spirituali, quia erit et corpus beatificatum. Cuius dicti plerique rationes assignat Hugo de Sancto Victore in libro suorum opusculorum dicens sic: Deus homo factus est ut totum hominem in se beatificaret. Nam si creator hominis deus esset & homo non esset, esset in ipso quod sensu

Plate II.62 — **1496** — Dominican house, Ferrara
B 37 Sup., f. 77r — Mathias de Sesto, of Milan

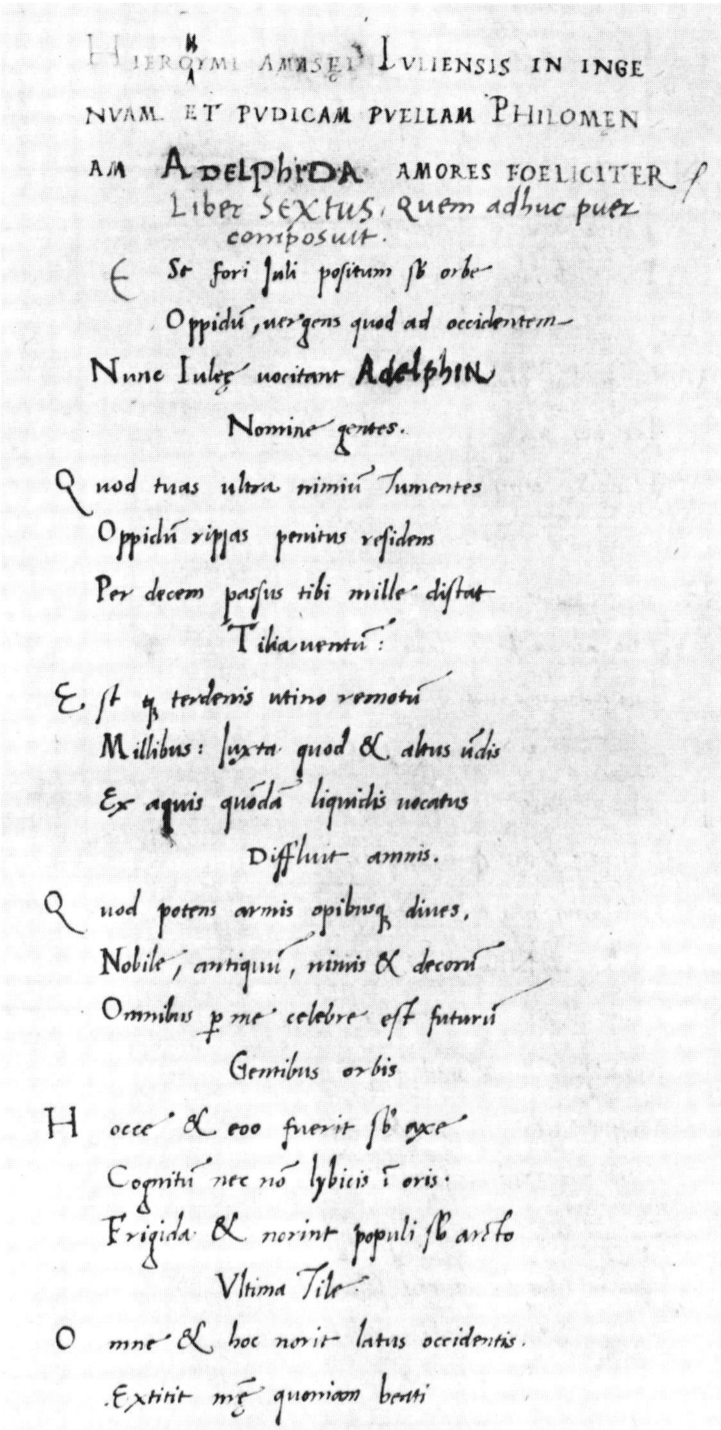
HIERONYMI AMASEI IVLIENSIS IN INGE
NVAM ET PVDICAM PVELLAM PHILOMEN
AM ADELPHIDA AMORES FOELICITER
Liber sextus. Quem adhuc puer
composuit.
Est fori Iuli positum sub orbe
Oppidum, vergens quod ad occidentem
Nunc Iulenses vocitant Adelphin
Nomine gentes.
Quod tuas ultra nimium tumentes
Oppidum rippas penitus residens
Per decem passus tibi mille distat
Tiliaventum:
Est et a terdenis utino remotum
Millibus: iuxta quod et altus undis
Ex aquis quodam liquidis vocatus
Diffluit amnis.
Quod potens armis opibusque dives,
Nobile, antiquum, nimis et decorum
Omnibus per me celebre est futurum
Gentibus orbis
Hoc occeo et eoo fuerit sub axe
Cognitum nec non lybicis in oris.
Frigida et norint populi sub arcto
Ultima Tile.
Omne et hoc norit latus occidentis.
Extitit mea quoniam beati

Plate II.63 **1498** Venice
A 187 Sup., f. 77r

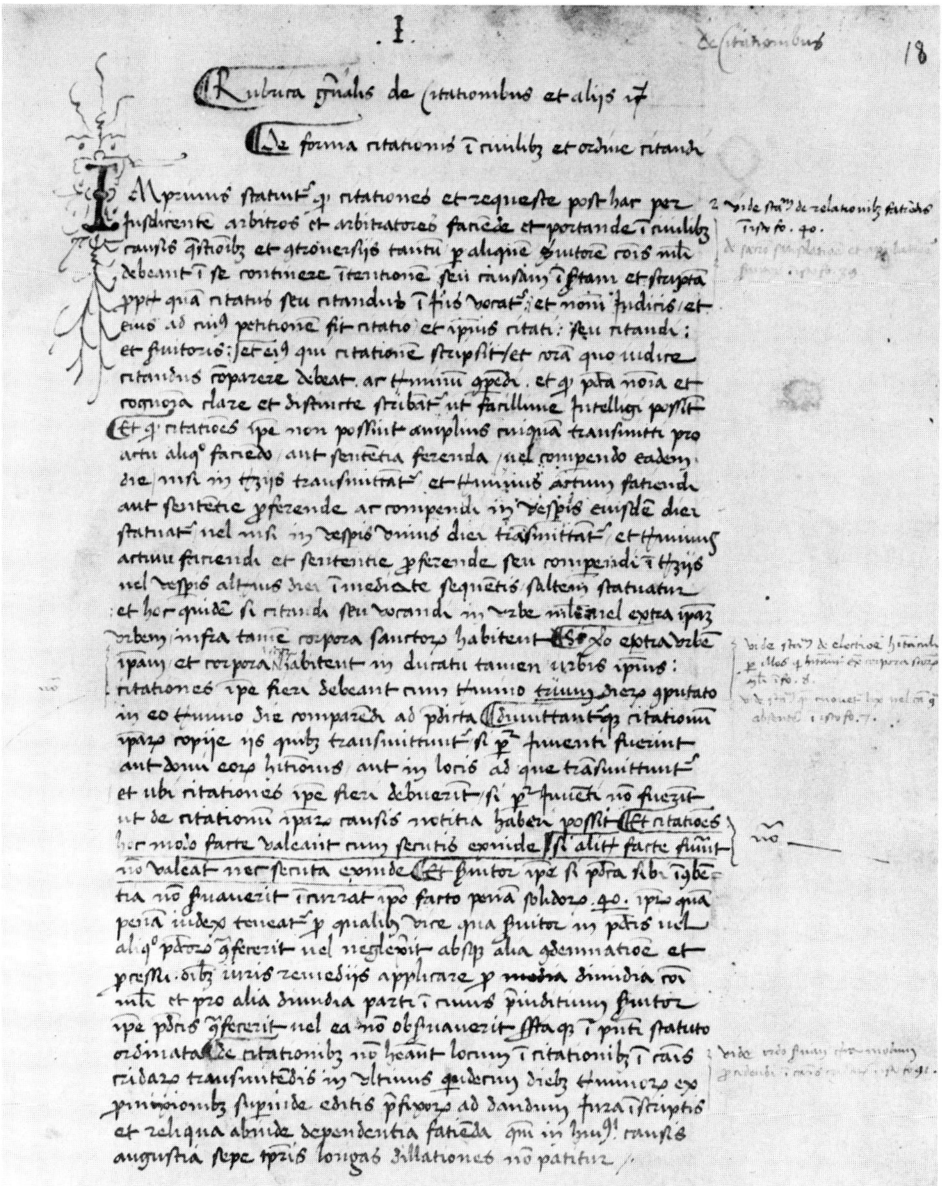

Plate II.64 | 1499 | Milan
E 152 Sup., f. 18r | Iohannes Marcus Biragus

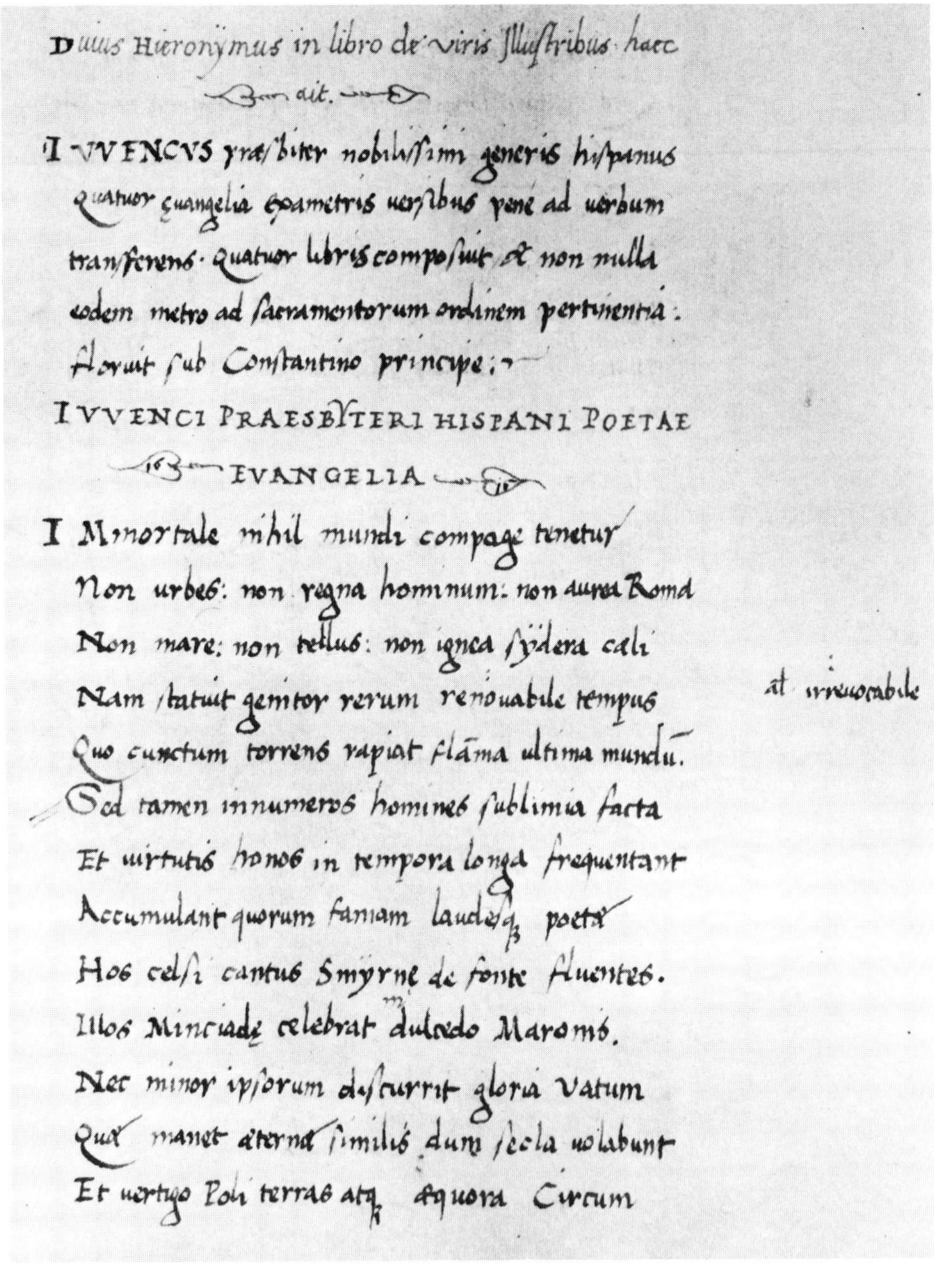
Diuus Hieronymus in libro de viris Illustribus haec
dixit.

IUVENCUS presbiter nobilissimi generis hispanus
Quatuor euangelia exametris uersibus pene ad uerbum
transferens. Quatuor libris composuit et non nulla
eodem metro ad sacramentorum ordinem pertinentia.
Floruit sub Constantino principe.

IUVENCI PRAESBYTERI HISPANI POETAE
EUANGELIA

Immortale nihil mundi compage tenetur
Non urbes: non regna hominum: non aurea Roma
Non mare: non tellus: non ignea sydera caeli
Nam statuit genitor rerum renouabile tempus — at irreuocabile
Quo cunctum torrens rapiat flāma ultima mundū.
Sed tamen innumeros homines sublimia facta
Et uirtutis honos in tempora longa frequentant
Accumulant quorum famam laudesque poetae
Hos celsi cantus Smyrnae de fonte fluentes.
Illos Minciadae celebrat dulcedo Maronis.
Nec minor ipsorum discurrit gloria uatum
Quae manet aeternae similis dum secla uolabunt
Et uertigo Poli terras atque aequora Circum

Plate II.65 — **1500** — [Rome?]
E 57 Sup., f. 25r

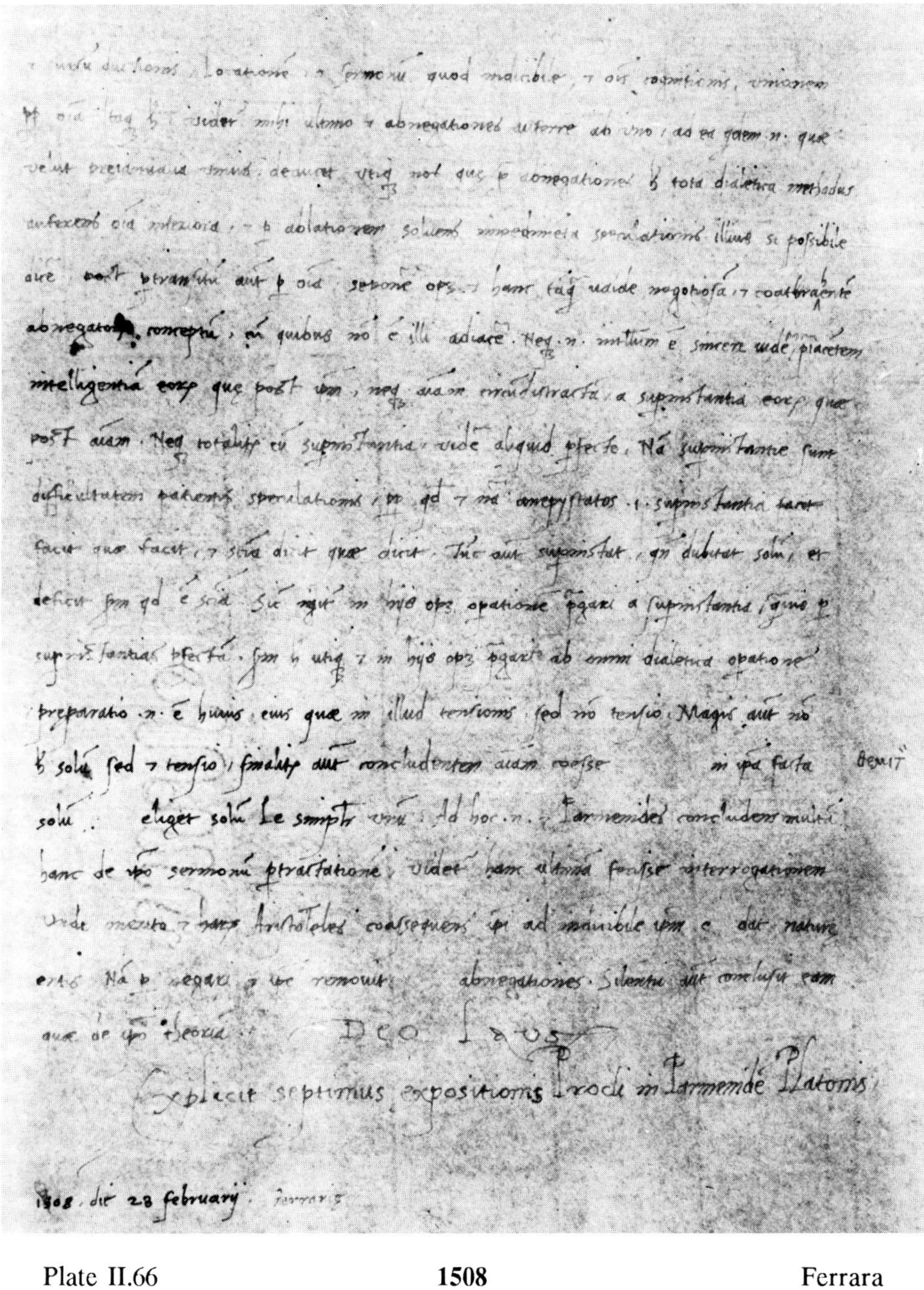
Deo laus

Explicit septimus expositionis Procli in Parmenidem Platonis

1508 die 28 februarij Ferrariae

Plate II.66 **1508** Ferrara
A 167 Sup., f. 229r

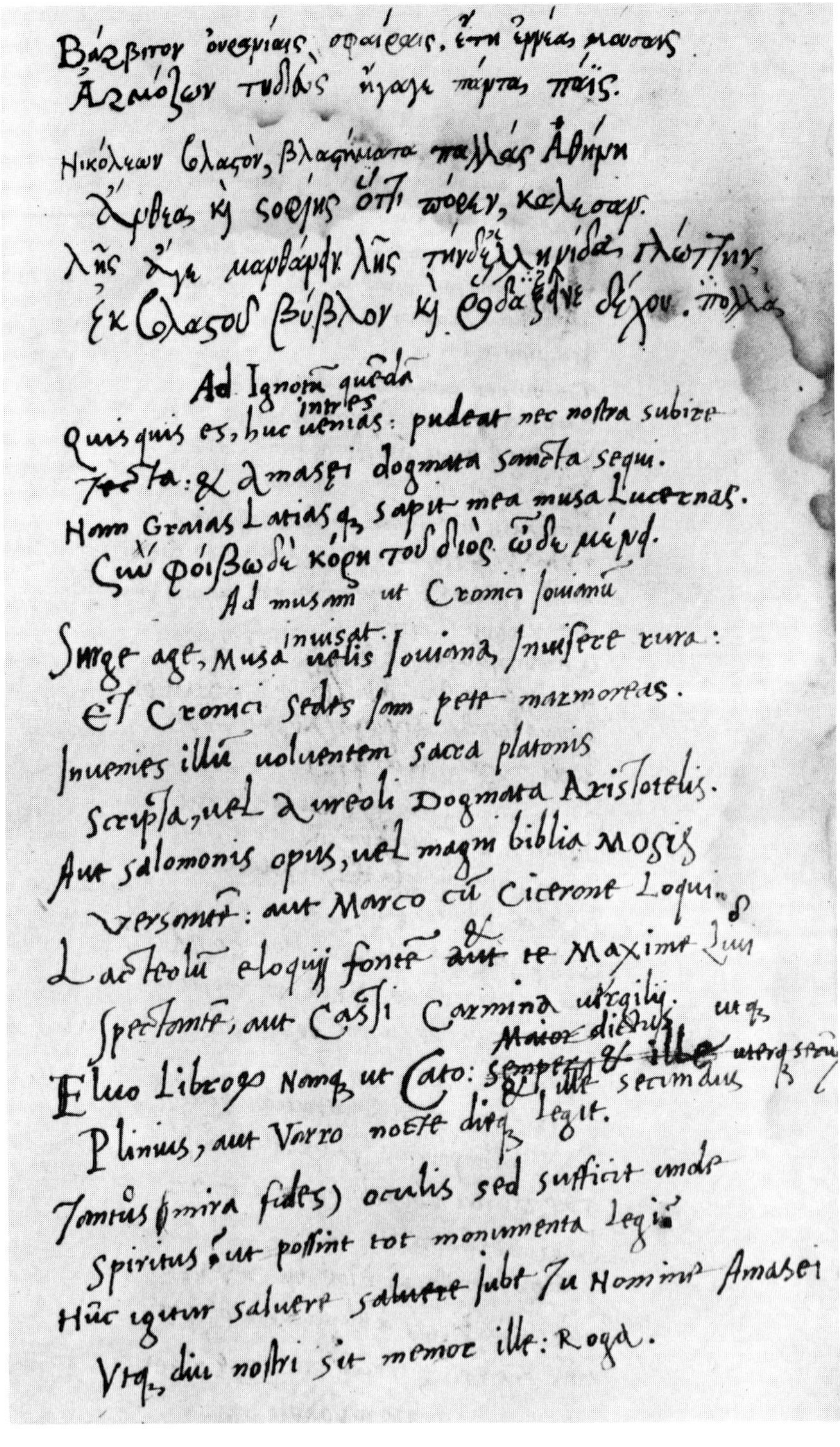

Βάρβιτον ὀνειρίαις σφαίραις, ἔτη ἔννεα μούσαις
Ἀγαμόζων τυδεὺς ἤγαγε πάντας παῖς.
Νικόλεων βλάσον, βλασφήματα παλλάς Ἀθήνη
ἄμβεας καὶ σοφίης ὅττι ποιεῖν, κάλεσαι.
λῦς ἄγε μαρβάρφι λῦς τὴν δ' ἑλληνίδα γλῶτταν
ἐκ βλάσου βύβλον καὶ ἐδίδαξέ με δέχου. πολλά

Ad Ignotum quendam

Quisquis es, huc uenias (intres): pudeat nec nostra subire
Tecta: & Amasei dogmata sancta sequi.
Hunc Graias Latias quod sapit mea musa Lucernas.
ζῶ φοῖβω δὲ κόρη τοῦ διός ὧδε μένω.

Ad musam ut Cromici Iouianum

Surge age, Musa uelis (inuisat) Iouiana inuisere rura:
Et Cromici sedes iam pete marmoreas.
Inuenies illum uoluentem sacra platonis
Scripta, uel Aureoli Dogmata Aristotelis.
Aut salomonis opus, uel magni biblia Mosis
Versantem: aut Marco cum Cicerone Loqui.
Lacteolum eloquij fontem aut (&) te Maxime Liui
Spectantem, aut Cassi Carmina uirgilij.
E tuo Librorum Nomen ut Cato: semper & ille (Maior dictus) uterque secundus
Plinius, aut Varro nocte dieque legit.
Tantus (mira fides) oculis sed sufficit omnis
Spiritus, ut possint tot monumenta legi.
Huc igitur saluere salutare iubet Tu Hominem Amasei
Utque diu nostri sit memor ille: Roga.

Plate II.67 — **1511** — Udine
A 187 Sup., f. 127v

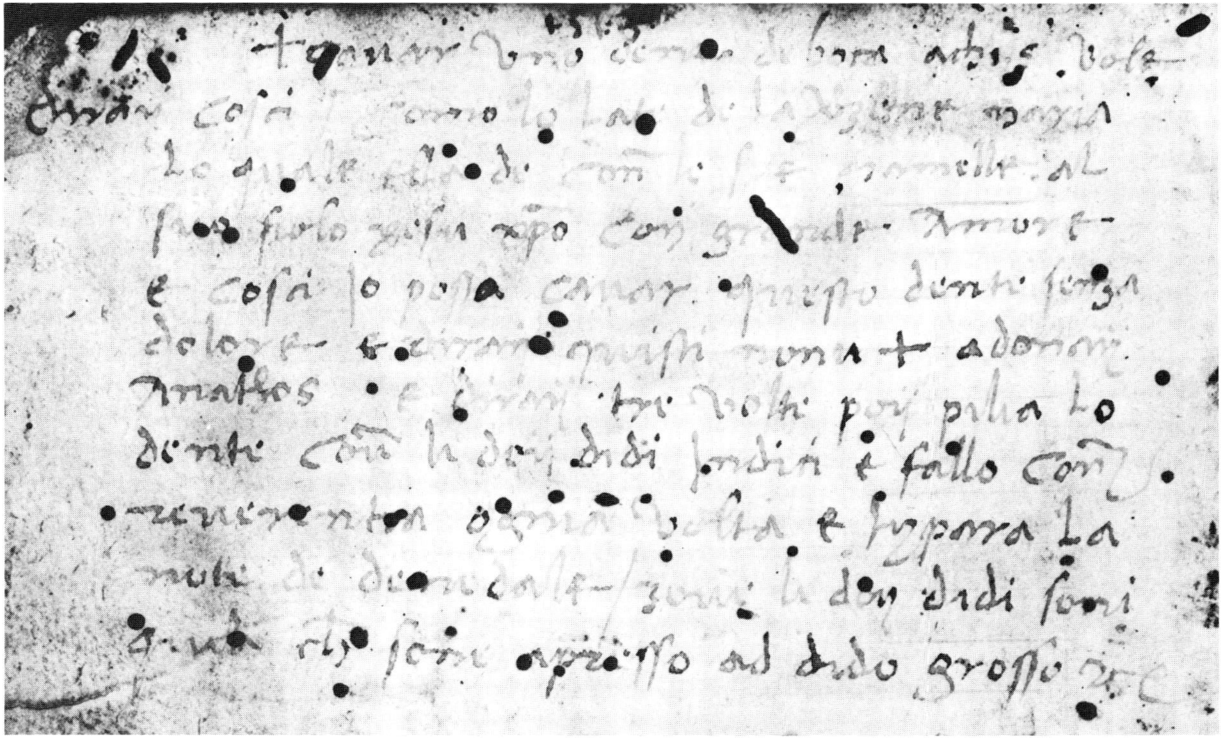

Plate II.68 | **1513** | [Piedmont?]
B 53 Sup., f. 52v

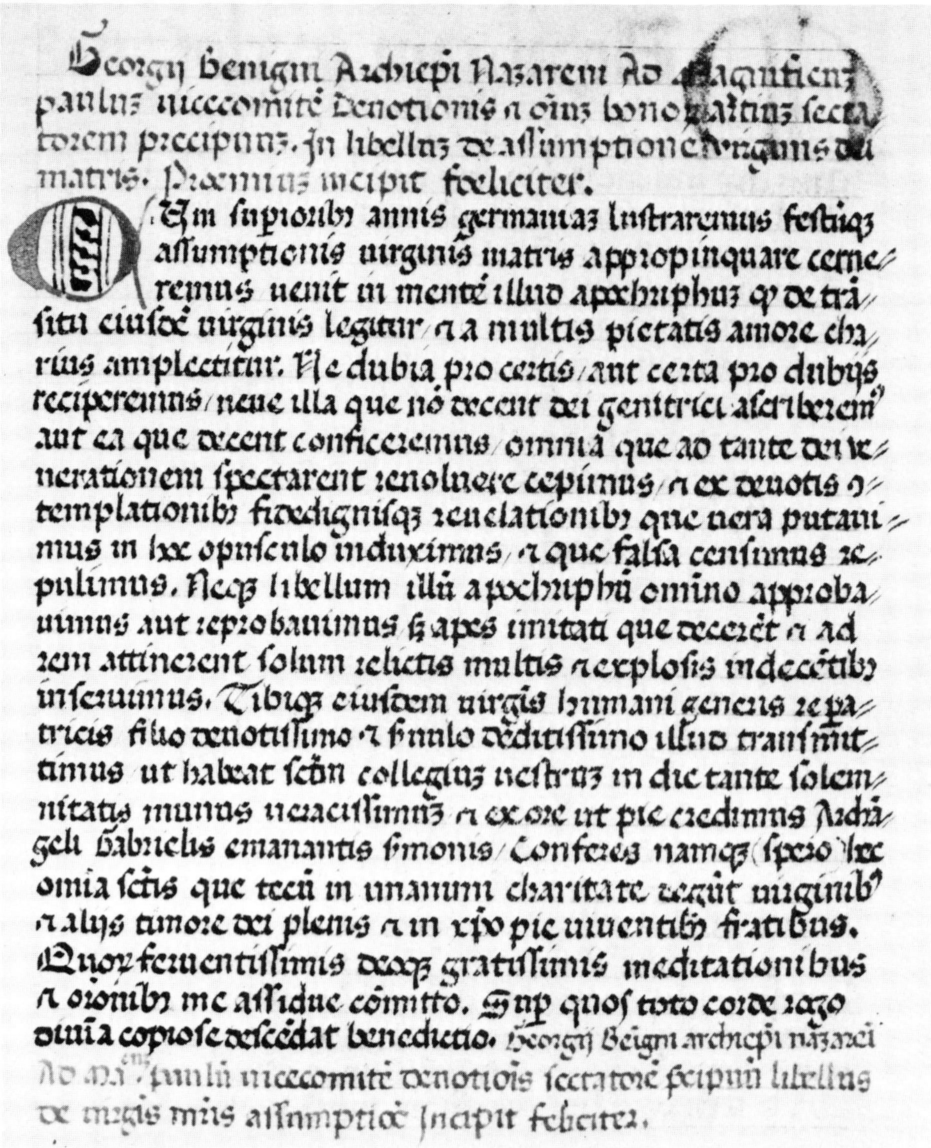

Georgij benigni Archiepi Nazareni Ad Magnificum
paulum uicecomitē deuotionis et oīum bonarum artium secta-
torem precipuum. In libellum de assumptione virginis dei
matris. Prohemium incipit foeliciter.
Cum superioribus annis germaniam lustraremus festiq3
assumptionis uirginis matris appropinquare cerne-
remus uenit in mentē illud apochriphum qd de trā-
situ eiusdē uirginis legitur et a multis pietatis amore cha-
rius amplectitur. Ne dubia pro certis aut certa pro dubijs
reciperemus neue illa que nō decent dei genitrici ascriberem9
aut ea que decent conficeremus omnia que ad tante ue-
nerationem spectarent reuoluere cepimus et ex deuotis cō-
templationibus fidedignisq3 reuelationibus que uera putaui-
mus in hoc opusculo induximus et que falsa censuimus re-
pulimus. Neq3 libellum illū apochriphū omnino approba-
uimus aut reprobauimus sed apes imitati que decerēt et ad
rem attinerent solum relictis multis et explosis indecētibus
inseruimus. Tibiq3 eiusdem uirgīs humani generis repa-
tricis filio deuotissimo et famulo deditissimo illud transmit-
timus ut habeat sctm collegium uestrum in die tante solem-
nitatis munus uiuacissimum et ex ore ut pie credimus Archā-
geli Gabrielis emanantis sermonis. Conferes namq3 spero hec
omia sctis que tecū in unanimi charitate degūt uirginib9
et alijs timore dei plenis et in xpo pie uiuentibus fratibus.
Quorum feruentissimis deoq3 gratissimis meditationibus
et orōnibus me assidue cōmitto. Super quos toto corde rogo
diuina copiose descēdat benedictio. Georgij Beīgni archiepi nazareni
Ad Magnificum paulum uicecomitē deuotiois sectatorē pcipuū libellus
de uirgis mris assumptiōe Incipit feliciter.

Plate II.69 — **1518** — [Milan]
A 30 Sup., f. 1r

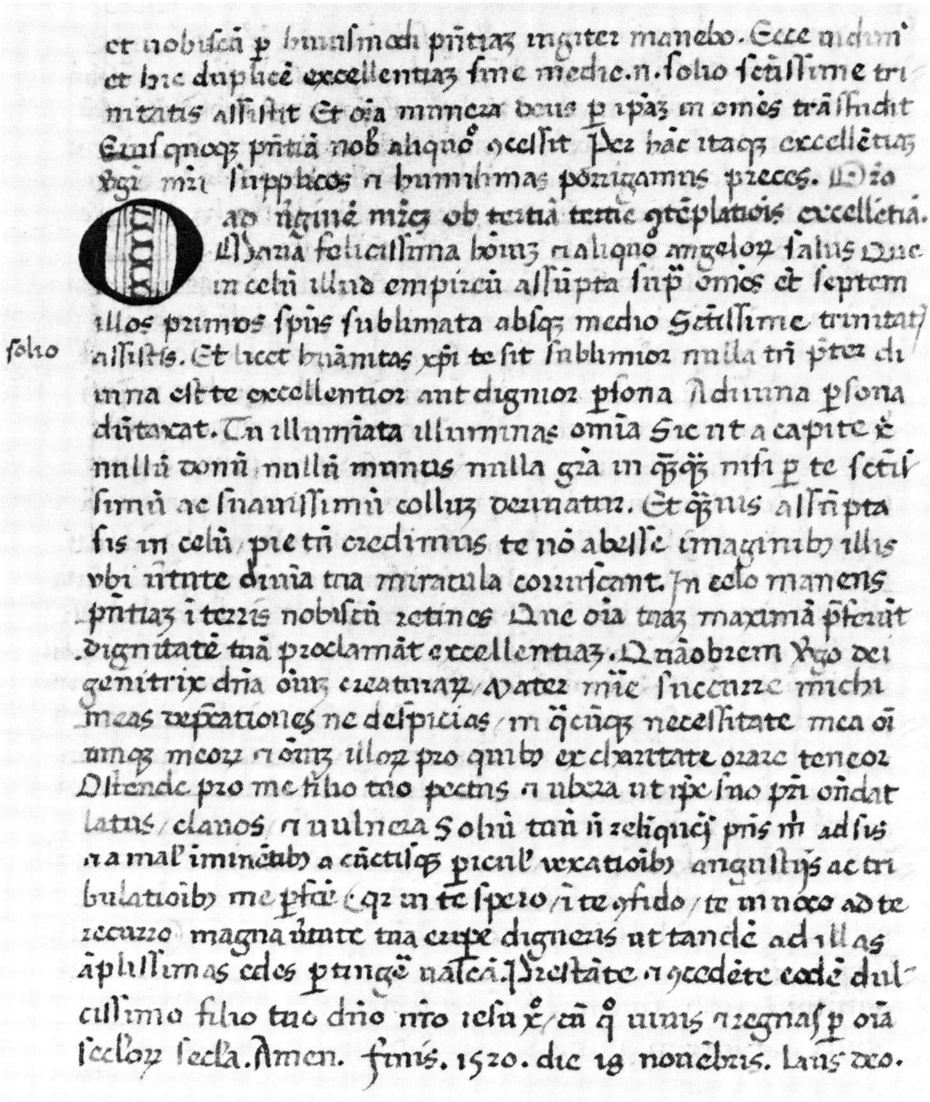
et nobiscũ p huiusmodi p̄ntiã integer manebo. Ecce videmus
et hic duplicẽ excellentiã sine medio .n. solio sctissime tri
nitatis assistit Et oĩa munera deus p ip̄ã in omẽs trãsfundit
Eius quoq̃ p̄ntiã nob aliquando concessit Per hãc itaq̃ excellẽtiã
Vgi mris supplices et humillimas porrigamus preces. O Ma
ad virginẽ mag ob tertiã terre cõtẽplatiõis excellẽtiã.
O Maria felicissima hoĩu et aliquo angelo salus Que
in celũ illud empireũ assũpta sup̃ omẽs et septem
illos primos spũs sublimata absq̃ medio Sctissime trinitat
solio assistis. Et licet huãnitas xpi te sit sublimior nulla tñ p̃ter di
uina est te excellentior aut dignior psona A diuina psona
dũtaxat. Tu illuminata illuminas omĩa Sicut ut a capite ẽ
nullũ donũ nullũ munus nulla gr̃a in quosq̃ nisi p te sctis
simũ ac suauissimũ collũ deriuatur. Et q̃uis assũpta
sis in celũ pie tñ credimus te nõ abesse imaginib illis
vbi virtute diuĩa tua miracula coruscant. In celo manens
p̄ntiã i terris nobiscũ retines Que oĩa tuã maximã p̄fecit
dignitatẽ tuã proclamãt excellentiã. Quãobrem Vgo dei
genitrix dña oĩu creaturarũ Mater mẽe succurre michi
meas depcationes ne despicias in q̃cũq̃ necessitate mea oĩ
umq̃ meo et oĩu illo pro quib ex charitate orare teneor
Ostende pro me filio tuo pectus et ubera ut ipse suo pr̃i ostẽdat
latus clauos et uulnera Soluũ tuũ ñ reliquẽs pris m adsis
et a mal imminẽtib a cũctisq̃ pericul vexatioib angustijs ac tri
bulatioib me p̃teg q2 in te spero i te cõfido te inuoco ad te
recurro magna virtute tua eripe digneris ut tandẽ ad illas
ãplissimas edes ptingẽ valeã. Prestãte et cõcedẽte eodẽ dul
cissimo filio tuo dño nr̃o iesu xp̃o cũ q̊ viuis et regnas p oĩa
seculo secula. Amen. finis. 1520. die 19 nouẽbris. Laus deo.

Plate II.70 **1520** [Milan]
A 30 Sup., f. 98v

Capitulum xlv Capitulum xlv. 245.

Finis.

Deo gratias 1529

Plate II.71 **1549** [Louvain?]
E 131 Sup., f. 245r

עובדיה

וגלות ירושלם רב
דבספמיא יחסנון
ית קרוי ארעא דרומא:
ויסקון מציבין ב
בטורא דציון למידן
ית כרכא דעשו ות
ותתגלי מלכותא דיי
על כל יתבי ארעא:

תרגום
יונה

והוה פתגם
נבואה מן קדם
יי עם יונה בר
אמתי למימר:
קום איזיל לנינוה
קרתא רבתא ו
ותתנבי עלה א
ארי סליקת

ABDIAS

Et migratio Jerusalem quæ
est in hispania possidebunt
Ciuitates terræ Australis.
Ascendentque seruatores
in montem Sion ad iudi
candum arcem Esau, ac
reuelabitur omnibus qui ter
ram inhabitant regnum do
mini

TARG
HUM.
IN, IONAM

Factus est sermo pro-
phetiæ à domino cum
Jona filio Amittai
in hæc verba. Surge
proficiscere Niniuen
vrbem magnam, atq; in
eam vaticinare, quo
niam ascendit in

Plate II.72 — 1553 — Salamanca

E 60 Sup., f. 336v — Ioannes Marçanus

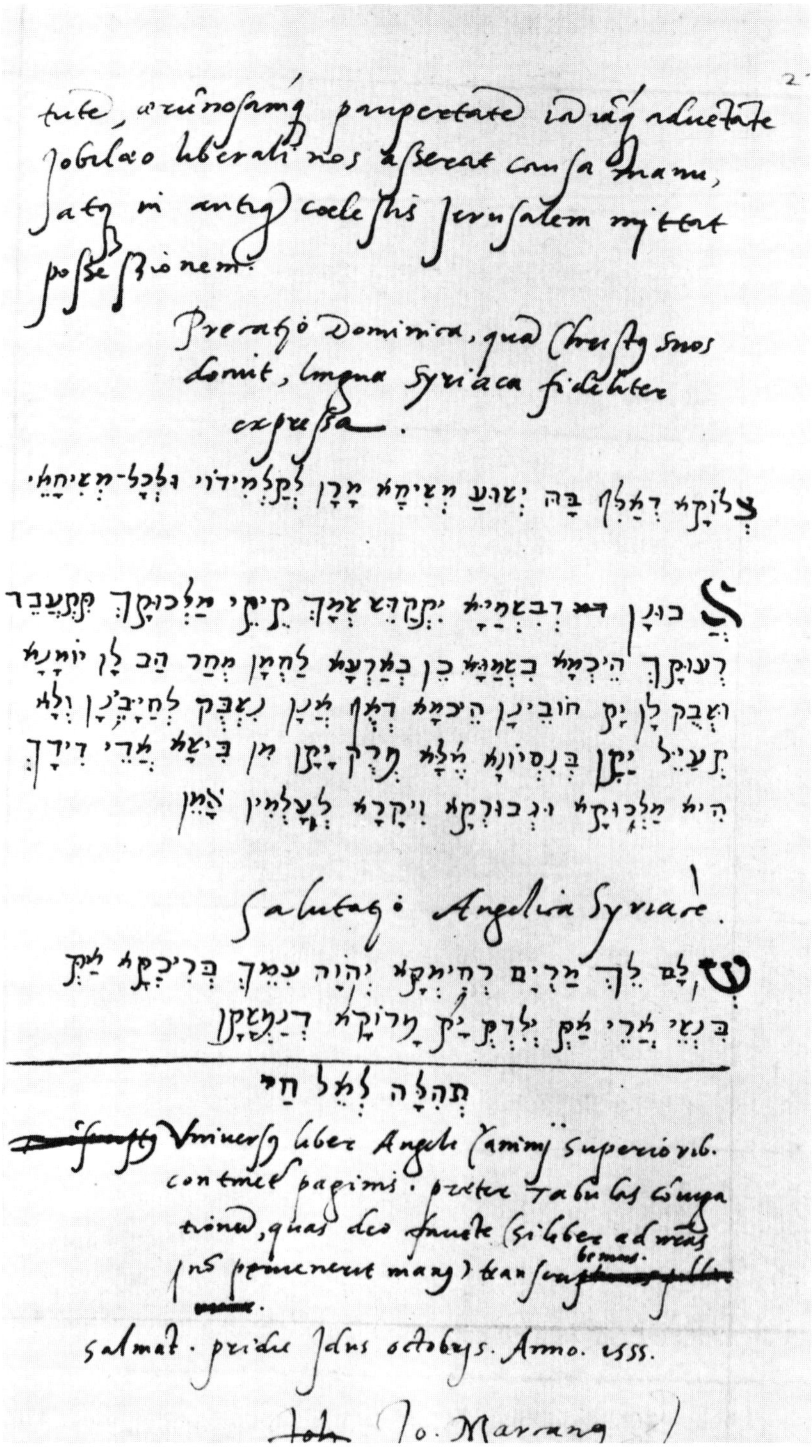

tute, aerumnosamque paupertatem in iugi ubertate
Jobilaeo liberali nos asserat causa humana,
satque in antiquam coelestis Jerusalem mitteret
possessionem.

Precatio Dominica, quam Christus nos
docuit, lingua Syriaca fideliter
expressa.

צלותא דאלף בה ישוע משיחא מרן לתלמידוי ולכל משיחאי

אבון דבשמיא יתקדש שמך תיתי מלכותך תתעבד
רעותך היכמא בשמיא כן בארעא לחמן מחר הב לן יומנא
ושבק לן ית חובינן היכמא דאף חנן שבקן לחיבינן ולא
תעיל יתן בנסיונא אלא פרק יתן מן בישא מטל דדילך
היא מלכותא וגבורתא ויקרא לעלמין אמין

Salutatio Angelica Syriace.

שלם לך מרים רחימתא יהוה עמך בריכתא אנת
בנשי מברי אף ילדת ית פרוקא דנשן

תהלה לאל חי

~~Descripsi~~ Universus liber Angeli Canini superioribus
continet paginis, praeter tabulas coniugationum, quas deo favente (si liber ad meas
manus pervenerit mox) transcribemus.

Salmant. pridie Idus octobris. Anno. 1555.

~~Ioh~~ Io. Marçanus

Plate II.73 — **1555** — Salamanca
E 60 Sup., f. 225r — Ioannes Marçanus

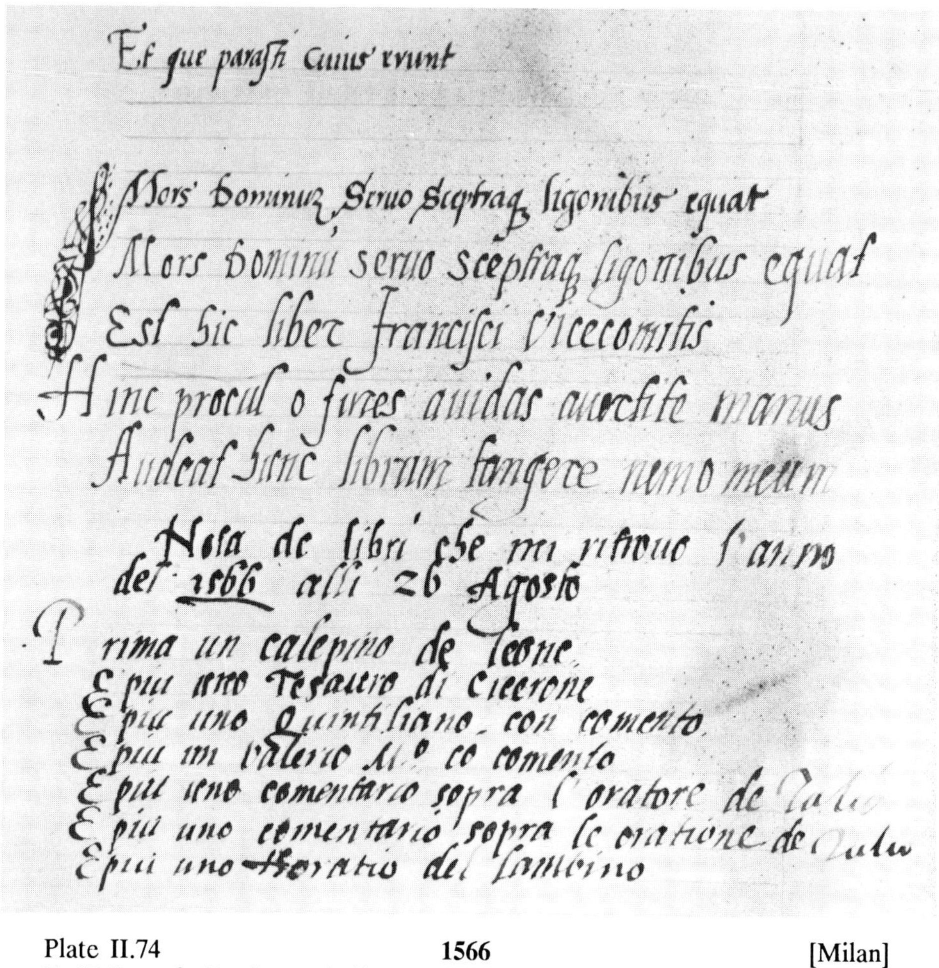
Et que parasti cuius erunt

Mors dominum servo sceptraque ligonibus equat
Mors dominum servo sceptraque ligonibus equat
Est hic liber francisci Vicecomitis
Hinc procul o fures avidas avertite manus
Audeat hunc librum tangere nemo meum

Nota de libri che mi ritrovo l'anno del 1566 alli 26 Agosto

Prima un calepino de leone
E piu uno Tesauro di Cicerone
E piu uno Quintiliano con comento
E piu un Valerio M.o co comento
E piu uno comentario sopra l'oratore de Tullio
E piu uno comentario sopra le oratione de Tullio
E piu uno Horatio del Landino

Plate II.74 — **1566** — [Milan]
E 67 Sup., f. 50v (lower half) — [Francesco Ciceri?]

Beatißime Pater.

Post sanctißimorum pedum oscula.

Cum à Cardinali Rusticuccio accepissem tuæ B.^nis mandatum: vt, epistolas ecclesiasticas Hispaniæ, quas aßidua cura, et diligentia ex vetustis bibliothecis erueram: quæq; certo indice, abeo eßent notatę; ad B.T. mitterem. Libentißime id quidem exequutus sum magnaq; obseruantia complexus. fuitq; mihi pergratum, vt oportuna (& si non ampla) sese offerret occasio, summo pastori, Christi vicario, Pontificiq; maximo, in omni re, præsertim literaria, {quod ad meam spectat rationem} summißo solicitoq; animo inseruiendi. Est enim mihi, præter insitum christianæ religionis studium Romanæ sedi iure debitum, peculiaris quidam amor, et propensior, erga tuæ sanctitatis singulares, excellentis animi, dotes: quib9, spiritus sancti motu, Petri nauem coelestibus mercib9 refortam, strenue, sancte et iuste moderaris: ne tantis fluctibus, & perdifficili nauigatione, oppreßa: flante crudo turbidißimoq; vento, succumbat. Quod faxit, qui excitato motu magno in mari, ei, ventisq; imperauit; & vndis tumidis tranquillitatem maximam iniecit. Neq; enim aliquid habet eximiu, atq; pulcherrimum, hocdonum; præterquam, mei animi abiecti & benefici significationem & antiquitatis in re ecclesiastica Hispaniæ notionem: Romanorum Pontificum in promouendo, augendo, ornando rudi adhuc eius cultu, solicitudinem: erga compostellanam præsertim metropolim, in qua, Apostoli Iacobi corp9 (Dei munere) summo honore conditum, religione optima, pietateq; plenißima, ab externis, & nostris veneratum quiescit. Mitto ergo prompto, atq; libentißimo animo, quod iussisti: si plura S.T. iußerit, missurus, eadem constantißima voluntate, & mente, qua semper opto, precorq; Deum, S.T. valetudine integra, et iocunda frui: vt incolumi pastori, incolume sit ouile: fiatq;, te gubernante, vnum. Madriti. XXX. Die Nouembris, Anno M.D.LXXXVij.

Sanctitatis tuæ

Obediens & fidelissi filius,

Garsias Loaisa

Plate II.75 — 1587 — Madrid
D 97 Sup., f. 1r — signed by Garcia de Loaysa

A Nobili, e Sapienti Leggitori.

Al chiarissimo, e Letterato Uomo Sig.r Francesco Arisi Ca-
deuo la notizia dell'ornatissimo, ed erudito Cavagliere
il Sig.r Marchese Don Giovanni Clemente Maggi
Scrittore d'un grosso volume circa le cose famigliari
economiche, e notizie della Famiglia Maggi l'
anno MDCLXXXII.

Nella sua lettera proemiale alli Nobili Sig.ri Maggi riporta
la sua Ricerca à ciò che scrivono Tito Livio, Velleio
Paterculo, Giulio Cesare, e Cornelio Tacito, ed in
specie fà menzione di due Santi Martiri della
Famiglia rammemorati dal Cardinale Baronio
(b), e si contiene in quelli di Cremona, Brescia,
Milano, e Como. Incomincia il Ceppo da Lorenzino,
o Lorenzo l'anno di nostra rigenerazione commune MCCC. e lo produce à suoi tempi.

Questo l'ha potuto formare lo studioso Cavagliere
co' documenti privatiui di sua Casa, e si spiega
di lasciare à Posteri la premura d'una più
Longa indagine, essendo il di lui instituto quello
solo di conseguire ciò che alla memoria de suoi

(a) T. III. Crem. litt. pag. VIII. et IX.
(b)

Plate II.76 — 1682 — Milan
B 170 Sup., f. IIIr — Giovanni Pirovano

Observations préliminaires

quoique ma Commission pour vérifier les Listes
et déclarations des Ecclesiastiques dans la province
de Namur, n'aye rien eû de commun avec le Laïque
Cependant j'ay pris dans chacun des villages et hameaux
les connoissances nécessaires pour dresser un dénombrem.t
des familles, des feux, des garçons, du nombre de
Chevaux en exercice dans chaque Lieu, de la quantité
de bêtes à cornes qui y existe aujourd'huy, du nombre
de Chariots, et charrettes qu'il y a dans tout le païs
et Enfin du montant de la Taille qui se Leve Toutes
les années par les Etats de la province.

Je n'ay pas oublié d'Entrer dans le détail de
La quantité des Terres, bois, prairies, pachis,
Jardins, et broussailles possedées par tous les
Laïques, mais comme la plupart de mes opérations
sur cet article n'ont été faittes que salvo justo; je
n'ay pas pû en faire mention dans le présent recüeil.
En effet sur la quantité de 292. villages et hameaux
dont la province est composée, il n'y en a pas 20. qui
connoissent au juste la consistance de leurs possessions.
on ne pourra point y parvenir sans avoir recours
à chacun des particuliers afin de reconnoître leurs
Justes possessions, Ensuitte de leurs déclarations

Plate II.77
B 147 Sup., f. IIIv

1752-53

Namur, Belgium
The secretary of S.M. Dupuy

55

quelle de' Sacerdoti, per ultimo atto di stima, di gratitudine, di amore a Lui, che qui in terra perdemmo, ma che speriamo di avere in quel giorno che il Signore ne chiami, eternamente compagno nel Cielo, chiedetegli dal Dio delle bontà e delle misericordie, che siccome Egli in terra mitissimo fu, in suo cuore non allignò frode, nè le infamie del mondo seguì, ma in Dio sempre sperò e credette, così il Padre di ogni perdono si degni purificarlo dalle macchie che per umana fragilità contrasse, e presto lo riceva ne' santi suoi tabernacoli a vivere e bearsi con Lui e di Lui ne' secoli de' secoli: così sia.

Cremona 31 Dicembre
1841

In attestazione di stima, d'amicizia e di dolore
Antonio Dragoni Primicerio

Plate II.78 **1841** Cremona
B 173 Sup., p. 55 Antonio Dragoni

Al Reverendissimo Signore
Signor Prefetto della Biblioteca Ambrosiana
Don Antonio Ceriani,

Milano.

Signore,

Nel Settembre del 1896 ebbi l'onore di presentarle la Grammatica di lingua Italiana, del fu professore di lingua e letteratura Italiana presso l'Imperiale Università di Kharcoff (Russia), mio padre Ambrogio Dagnini, dono che Ella gentilmente accolse per far parte della celebre biblioteca Ambrosiana.
Avendo fatto stampare nelle Memorie dell'Università di Kharcoff, la biografia ed il ritratto di mio padre, in commemorazione del 25° anniversario della sua morte, ho l'onore di presentarle, in un involto spedito separatamente, quest'aggiunta all'opera menzionata, nella speranza che Ella troverà la possibilità di conservare nella biblioteca questa memoria d'un letterato Italiano, propagatore della nostra insigne favella e della splendida nostra letteratura in Russia.
Anticipatamente ringraziandola per la di Lei cortesia, ho l'onore di essere, Reverendissimo Signore,

col più profondo rispetto,
il di Lei devotissimo
Camillo Dagnini

Pietroburgo (Russia) 1/XII 1897
Ragioniere C. Dagnini
Banca Volga-Kama

Plate II.79 | 1897 | St. Petersburg, Russia
B 172 Sup., f. 1r | | Camillo Dagnini